eXamen.press

T0224594

eXamen.press ist eine Reihe, die Theorie und Praxis aus allen Bereichen der Informatik für die Hochschulausbildung vermittelt.

Wolfram-Manfred Lippe

Soft-Computing

mit Neuronalen Netzen, Fuzzy-Logic
und Evolutionären Algorithmen

Mit 227 Abbildungen und 27 Tabellen

 Springer

Wolfram-Manfred Lippe
Institut für Informatik
Universität Münster
Einsteinstr. 62
48149 Münster
lippe@math.uni-muenster.de

Bibliografische Information der Deutschen Bibliothek
Die Deutsche Bibliothek verzeichnet diese Publikation in der Deutschen
Nationalbibliografie; detaillierte bibliografische Daten sind im Internet über
http://dnb.ddb.de abrufbar.

ISSN 1614-5216
ISBN-10 3-540-20972-7 Springer Berlin Heidelberg New York
ISBN-13 978-3-540-20972-0 Springer Berlin Heidelberg New York

Springer ist ein Unternehmen von Springer Science+Business Media
springer.de

© Springer-Verlag Berlin Heidelberg 2006
Printed in Germany

Satz und Herstellung: LE-TEX, Jelonek, Schmidt & Vöckler GbR, Leipzig
Umschlaggestaltung: KünkelLopka Werbeagentur, Heidelberg
Gedruckt auf säurefreiem Papier   33/3142 YL – 5 4 3 2 1 0

Vorwort

Soft-Computing beruht auf den Prinzipien der natürlichen Informationsverarbeitung. Die wesentlichste Eigenschaft von Soft-Computing-Systemen und -Methoden ist die Fähigkeit, aus Erfahrungen zu lernen. Im Gegensatz zur „klassischen" Programmierung, die aus den Teilschritten Analyse des Problems, Erarbeiten eines Lösungsalgorithmus und Codierung besteht, werden beim Soft-Computing Beispieldaten des Problems benötigt, aus denen selbstständig eine approximative Lösung erstellt wird. Auf Grund dieser Fähigkeit haben Soft-Computing-Methoden sich inzwischen in der Praxis ein weites Anwendungsspektrum in den Bereichen Mustererkennung, Analysesysteme, Data-Mining, Optimierung, Diagnose und Prozeßsteuerung erobert.

Dieses Buch soll einen Überblick über die wesentlichsten Soft-Computingdisziplinen Künstliche Neuronale Netze, Fuzzy Logik und Evolutionäre Algorithmen sowie über Kombinationsmöglichkeiten dieser Teildisziplinen geben. Es richtet sich sowohl an Studenten der Informatik, der Wirtschaftsinformatik und der Ingenieurwissenschaften als auch an Wissenschaftler aller Disziplinen, die nach alternativen Methoden zum Lösen ihrer Probleme suchen.

Wenn man ein so umfangreiches Buch schreibt, macht man Fehler. Sollten Sie als Leser Fehler in diesem Buch finden, so würde ich mich freuen, wenn Sie mir dies mitteilen würden, damit diese Fehler in folgenden Auflagen korrigiert werden können. Auch Berichte über eigene Erfahrungen und Entwicklungen sind willkommen.

Zum Schluß möchte ich allen denen danken, die zur Erstellung dieses Lehrbuches beigetragen haben. Hier sind zunächst die vielen Studenten zu nennen, die in ihren Seminar-, Staatsexamens- und Diplomarbeiten verschiedene Aspekte des Soft-Computings aufgearbeitet und weiterentwickelt haben. Ferner gebührt mein Dank den Drs. Feuring, Tenhagen, Niendieck und Borschbach sowie Herrn Dipl.-Math. Mertens, die durch ihre Arbeiten und ihre Hilfe dieses Buch erst ermöglicht haben. Besonders zu nennen sind hier Herr Feuring, der im Rahmen eines Lehrauftrages ein Skript zu dem Bereich der Fuzzy-Systeme erstellt hat, auf das ich zurückgreifen konnte, Herr Borschbach, der im Rahmen eines Lehrauftrages den Bereich der Evolutionären Algorithmen aufgearbeitet und darüber hinaus wesentliche Teile des Kap. 1 mitgestaltet hat sowie Herr Mertens, der die aufwendige Arbeit des Korrekturlesens übernommen hat. Ferner gilt mein Dank den Damen meines Vorzimmers, Frau Giesa und Frau Gentes, die meine handschriftlichen Vorlagen in oft mühevoller Arbeit in eine druckfähige Form umgesetzt haben. Zum Schluß möchte ich mich noch bei meiner Familie für ihre Geduld bedanken, mit der sie besonders in der Endphase der Erstellung dieses Lehrbuches einen streßgeplagten Familienvater erduldet hat.

Sommer 2005   Wolfram-M. Lippe

Einführung

Unter dem Begriff „Soft-Computing" sind in den letzten Jahren vier Disziplinen zusammengewachsen, die zunächst vollkommen unabhängig voneinander entstanden sind. Bei diesen vier Disziplinen handelt es sich um:

- Künstliche Neuronale Netze
- Fuzzy-Logik
- Evolutionäre Algorithmen
- Chaos-Theorie

Allen ist gemeinsam, daß sie sich an dem Vorbild der natürlichen Informationsverarbeitung orientieren. Der Begriff „Soft-Computing" geht auf eine Initiative von L. Zadeh an der University of California in Berkeley zurück. Auf Grund der Orientierung an Prinzipien der natürlichen Informationsverarbeitung stehen beim Soft-Computing nicht die exakten Lösungen, sondern ausreichend gut approximierte Lösungen im Vordergrund.

Im Rahmen des biologischen Prozesses der natürlichen Informationsverarbeitung ist der Beitrag, den jedes einzelne Neuron leistet, relativ gering. Erst durch das Zusammenspiel einer sehr großen Anzahl von Neuronen entsteht die enorme Leistungsfähigkeit bei der natürlichen Informationsverarbeitung. Die hierbei zu Grunde liegenden Prozesse sind dabei vollkommen verschieden von denjenigen, mit denen heute üblicherweise unsere Computer programmiert werden. Grundlage dieser „klassischen" Programmierung ist die sequentielle von-Neumann-Architektur moderner Rechner, bestehend aus Programm- und Datenspeicher sowie einer Verarbeitungseinheit. Zum Lösen eines Problems muß dieses zunächst in allen Einzelheiten analysiert werden. Danach muß ein Lösungsalgorithmus gefunden und dieser anschließend implementiert (codiert) werden. Diese Vorgehensweise ist bekanntlich sehr fehleranfällig. Bei der natürlichen Informationsverarbeitung kommt es dagegen zu einem fortwährenden Prozeß des Lernens durch Erfahrungen. Dieses Lernen durch Erfahrungen kann auf unterschiedliche Arten geschehen. Man kann z.B. auf Grund eines gemachten Fehlers lernen. Die Größe des Fehlers erkennt man entweder selbst oder erfährt ihn durch einen Dritten. Im diesem Fall spricht man von „überwachtem Lernen". Die Erziehung eines Hundes dagegen erfolgt lediglich durch Lob und Tadel. Man spricht hier von „verstärkenden Lernen". Die dritte Form des Lernens in der Natur ist das „unüberwachte Lernen", bei dem uns die vielen Eindrücke, die wir fortlaufend verarbeiten, unbewußt verändern und prägen.

Die genauen Vorgänge der biologischen Informationsverarbeitung sind bis heute nur unzureichend bekannt. Ihre Erforschung ist Gegenstand der aktuellen Forschung. Erfolge sind in jüngster Zeit vor allem durch das hinterdiszipliniere Zusammenwirken von Medizinern, Psychologen, Biochemikern und Informatikern zu verzeichnen.

Um sich ein Bild von der Komplexität und der Schwierigkeit dieser Forschungen zu machen, kann man sie mit dem Lösen eines riesigen Puzzles vergleichen, wobei das Lösen mit einigen zusätzlichen Erschwernissen verbunden ist. So ist im Gegensatz zu einem herkömmlichen Puzzle das Endbild nicht bekannt, d.h. man hat keine Vorlage. Außerdem sind die Bausteine, mit denen die Wissenschaftler arbeiten, nicht immer korrekt. Sie sind zum Teil falsch, fehlerhaft oder unvollständig. Ferner ist die Größe des Puzzels unvorstellbar groß.

Trotz unseres somit nur rudimentären Wissens über die Arbeitsweise der biologischen Informationsverarbeitung, konnten mit der auf sie aufbauenden Theorie große Erfolge bei praktischen Anwendungen erzielt werden. Entsprechend den unterschiedlichen Teilbereichen des oben skizzierten Puzzels, die bereits zusammengesetzt wurden, entstanden hierbei auch unterschiedliche Konzepte. Allen ist gemeinsam, daß sie nicht explizit programmiert werden, sondern daß ihre Fähigkeiten zum Lösen eines Problems durch Lernen aus präsentierten Beispielen erfolgt. Das „Finden" eines Lösungsalgorithmus durch den Programmierer entfällt.

Die älteste der vier Disziplinen ist die Theorie der Künstlichen Neuronalen Netze. Ihre Anfänge gehen bis in die vierziger Jahre zurück. Sie beruht auf der Modellierung der Arbeitsweise von Nervenzellen (Neuronen). Der Lernvorgang beruht hierbei in der Fähigkeit der Netze zur Selbstmodifikation. Unterschiede bestehen in der Architektur (z.B. mit oder ohne Rückkopplungen), in der Art des Lernens (überwacht, verstärkend, unüberwacht) und der Art der Selbstmodifikation. Auf Grund ihrer Ausrichtung an den Prinzipien der biologischen Informationsverarbeitung besitzen die Künstlichen Neuronalen Netze die gleichen Stärken und Schwächen. Sie sind de facto nicht für numerische Berechnungen geeignet, aber z.B. in den Bereichen Mustererkennung, Prozeßsteuerung, Diagnose oder Data-Mining konventionellen Rechnern meist überlegen. Zu dieser Überlegenheit zählt z.B. ihre Fähigkeit, sich dynamisch Veränderungen anzupassen und relativ unempfindlich gegenüber verrauschten Daten zu sein. Auf Grund der Erfolge bei den praktischen Anwendungen traten bei der Weiterentwicklung der einzelnen Konzepte oft die ursprüngliche Motivation, d.h. die Modellierung der Natur, in den Hintergrund und verbesserte und erweiterte Anwendungen in den Vordergrund. Erst seit neuestem ist mit der Entwicklung des Konzepts der Spike-Neuronen, eine Rückbesinnung

„back to the roots" zu beobachten. Neben dem Vorteil, daß bei Künstlichen Neuronalen Netzen eine Programmierung im eigentlichen Sinne nicht mehr erforderlich ist, sondern lediglich Beispieldaten für das Problem notwendig sind, besitzen sie jedoch einen Nachteil. Für den Benutzer sind sie eine „black box". Ihr exaktes Verhalten für beliebige Eingabedaten ist nicht bekannt, d.h. das Wissen, welches sich das Netz auf Grund der Beispiele angelernt hat, ist nicht aus dem Netz extrahierbar. Auch Testdaten, mit denen das Verhalten des Netzes überprüft wird, sind nur beschränkt geeignet das Verhalten des Netzes zu überprüfen. So wurde in den sechziger Jahren vom amerikanischen Verteidigungsministerium ein Projekt initiiert, auf der Basis von Künstlichen Neuronalen Netzen ein System zu entwickeln, um im Gelände getarnte Panzer und Fahrzeuge zu erkennen. Als Trainingsdaten dienten Fotos eines Truppenübungsplatzes, der zunächst ohne Fahrzeuge und danach mit getarnten Fahrzeugen fotografiert wurde. Die Laborergebnisse nach Training eines entsprechenden Künstlichen Neuronalen Netzes waren hervorragend. Die Erkennungsquote betrug fast 100%. Danach erfolgte die praktische Erprobung im Gelände. Das Ergebnis war niederschmetternd, das System versagte vollständig. Zunächst konnte man sich das Versagen nicht erklären, bis man die Ursache fand: Die Aufnahmen ohne Fahrzeuge wurden bei Sonnenschein gemacht, die Aufnahmen mit den getarnten Fahrzeugen dagegen bei bedecktem Himmel. Das System hatte nur perfekt gelernt, gutes Wetter von schlechtem Wetter zu unterscheiden. Man sieht an diesem Beispiel, wie wichtig eine sorgfältige Auswahl der Trainings- und Testdaten für den Einsatz von Künstlichen Neuronalen Netzen ist.

Historisch gesehen als nächstes entstanden die Fuzzy-Logik und hierauf aufbauend die Fuzzy-Systeme. Mitte der sechziger Jahre wurden sie von L. Zadeh entwickelt. Auch sie orientieren sich an der Erkenntnis, daß die Informationsverarbeitung z.B. im menschlichen Gehirn nicht auf der Basis der klassischen zweiwertigen Logik erfolgt. Beobachtet man sich selbst beim Sprechen, so stellt man fest, daß man sich in vielen Fällen „graduell" ausdrückt. So sagt man z.B. „dies ist aber *ziemlich* teuer" oder „mir ist *etwas* kalt". Dies läßt darauf schließen, daß der Mensch nicht in Ja-Nein-Mustern, sondern graduell denkt. Entsprechend ist die Fuzzy-Logik eine graduelle Logik, die für eine Aussage nicht nur die Wahrheitswerte „ja" und „nein" kennt, sondern es auch ermöglicht, eine Antwort wie „dies ist *ziemlich* richtig" zu modellieren. Große Erfolge in praktischen Anwendungen hat die Fuzzy-Logik als Basis von Fuzzy-Controllern zur Steuerung von Systemen. Hierbei ist das Wissen über die Steuerung in Form von „wenn-dann"-Regeln in einer Regelbasis hinterlegt. Beruhen diese Regeln und ihre Auswertungsstrategien auf der Fuzzy-Logik, so ist es möglich, auch vages Wissen zu erfassen. Hierdurch ist oftmals eine wesentlich feinere Steuerung möglich. Erstmalig eingesetzt wurden Fuzzy-Controller im Zusammenhang mit der Steuerung von Stabilatoren, die das Verwackeln bei Camcordern verhindern. Inzwischen haben sie in vielen Bereichen, von der Waschmaschine bis zu Automobilen, die klassischen Controller verdrängt. Ihr Vorteil gegenüber Künstlichen Neuronalen Netzen besteht darin, daß ihr Verhalten auf Grund der Speicherung des Wissens in „wenn-dann"-Regeln, relativ einfach nachvollziehbar ist. Vorhandenes Wissen kann leicht integriert werden. Ein Nachteil dieser Systeme besteht darin, daß sie keine adaptiven Fähigkeiten besitzen und daher nicht durch Beispiele trainiert oder verbessert werden können. Aus diesem Grund wird verstärkt versucht, Künstliche Neuronale Netze und Fuzzy-Logik zu kombinieren, um die jeweiligen Vorteile auszunutzen und ihre Nachteile zu vermeiden.

Ein weiterer wichtiger Prozeß in der Natur ist das erstmalig ausführlich von Darwin postulierte Evolutions-Prinzip. Jede Population unterliegt fortwährend kleinen und größeren Veränderungen. Einige dieser Veränderungen machen einzelne Individuen lebensfähiger und setzen sich daher durch, andere Veränderungen schwächen sie. Die Natur arbeitet in diesem Fall gemäß einem „try-and-error-Prinzip". Das Gütemaß ist hierbei die Lebensfähigkeit. Wird sie durch eine Veränderung verbessert, so wird diese Veränderung beibehalten, tritt eine Verschlechterung ein, so wird sie verworfen.

Das Evolutionsprinzip beruht auf drei einfachen Teilprinzipien: Mutation des Erbgutes, Rekombination der Erbinformation und Selektion aufgrund der Tauglichkeit. Diese Teilprinzipien ergänzen sich in idealer Weise, da sie gerichtetes und ungerichtetes Vorgehen kombinieren. Die Mutation ist ein ungerichteter Prozeß. Durch ihn werden „willkürlich" Varianten und Alternativen erzeugt. Hierdurch wird u.a. dem Problem des Verharrens in lokalen Minima bei der Optimierung begegnet. Die Rekombination ist ein im wesentlichen zielgerichteter Prozeß. Zwar werden die Stellen, an denen eine Rekombination stattfindet, vermutlich zufällig bestimmt, und bewirken somit ein zufälliges Mischen des Erbgutes, die Rekombination unterliegt aber gewissen statistischen Gesetzmäßigkeiten (z.B. Mendelsche Gesetze). So werden nahe beieinanderliegende und funktional verknüpfte Gengruppen seltener getrennt als weiter auseinander liegende. Die Selektion steuert die Richtung des Evolutionsprozesses. Sie legt fest, welche Phänotypen sich auf Grund der besseren Lebensfähigkeit stärker vermehren und welche weniger stark, und bestimmt dadurch die grundlegende Ausprägung und Ausrichtung des Genoms einer Art. Sie ist prinzipiell ein deterministischer Prozeß. Allerdings unterliegt die Selektion auch gewissen Störungen, wodurch auch sie, wenn auch in geringem Maße, einem gewissen Nichtdeterminismus unterliegt. Dieses Evolutionsprinzip wurde bereits von A. Turing als Vision für die Entwicklung von Programmen aufgegriffen. Konkretisiert wurde dieses Vorgehen jedoch erst ab den sechziger Jahren. Das Grundprinzip ist hierbei das folgende: Das

Problem bzw. das gesuchte Lösungsverfahren liegt zunächst in codierter Form in einer nicht zufrieden stellenden Variante vor. Zusätzlich wird eine Gütefunktion benötigt. Der Code wird einer zufälligen Veränderung durch eine genetische Operation unterworfen. Führt die Veränderung zu einer besseren Güte, so wird sie beibehalten, im anderen Fall verworfen. Aufbauend auf diesem Grundprinzip wurden im Laufe der Jahre eine Reihe von Varianten entwickelt. Gab es zu Beginn der Entwicklung bei praktischen Anwendungen noch eine Reihe von Problemen, z.B. hinsichtlich der Zeitkomplexität, so konnten in den letzten Jahren immer mehr Anwendungsfelder für Evolutionäre Algorithmen erschlossen werden. In Analogie zu den Künstlichen Neuronalen Netzen muß auch bei der Anwendung von Evolutionären Algorithmen keine detaillierte Kenntnis über den Lösungsalgorithmus vorhanden sein. Es werden nur wenige Beispieldaten benötigt. Dagegen stellt sich hier das Problem der geeigneten Codierung und der Definition der Gütefunktion.

Die jüngste Disziplin des Soft-Computings ist die Chaos-Theorie. Sie stammt ursprünglich aus der Physik und modelliert das Verhalten komplexer rückgekoppelter Systeme. Ihren Einzug in den Bereich des Soft-Computings fand sie, als man versuchte, die Speicherungs- und Zugriffsmethoden innerhalb des menschlichen Gehirns mit Hilfe von Methoden der Chaos-Theorie zu modellieren. Zwar wurde eine Reihe von interessanten Modellen entwickelt mit denen sich gewisse Phänomene erklären lassen, aber die konkreten Anwendungen beschränken sich bisher ausschließlich auf Laborversuche. Aus diesem Grunde wurde bei diesem Lehrbuch, welches sich vor allem an Studenten und Anwender richtet, auf eine Darstellung der Chaos-Theorie verzichtet.

Inhalt

1 Biologische Informationsverarbeitung

1.1 Einführung

Obwohl die biochemischen Abläufe, die innerhalb und außerhalb einer Nervenzelle (Neuron) ablaufen, äußerst komplex sind, ist die Leistungsfähigkeit eines einzelnen Neurons aus Sicht der Informationsverarbeitung äußerst gering. Erst durch das prinzipiell parallele Zusammenwirken vieler Nervenzellen in einem Nervensystem kann eine leistungsfähige Informationsverarbeitung erfolgen. Die Anordnung der Nervenzellen im Nervensystem des Menschen, die prinzipielle Arbeitsweise und die Zuordnung einiger bisher bekannter Funktionen im Organismus des Menschen wird im folgenden als Einführung in das Kapitel „Eigenschaften des biologischen Vorbildes Neuronaler Netze" beschrieben. Am Ende der Einführung wird anhand eines Beispiels gezeigt, wie mit einer einfachen Modellierung der physiologischen Gegebenheiten auftretende Effekte nachgebildet und erklärt werden können.

Tabelle 1.1 Einige charakteristische Dimensionen

Anzahl der Nervenzellen:	ca. $10^{11} - 10^{12}$ ($\approx$ einer Billion)
Schaltzeit einer Nervenzelle:	ca. 10^{-3}/sec
Schaltvorgänge /sec (Nervenzelle):	ca. 10^3
Länge einer Nervenzelle:	bis 1 m
Schaltvorgänge insgesamt (theoretisch):	ca. 10^{14}/sec ($\approx$ einer Billiarde)
Schaltvorgänge insgesamt (tatsächlich):	ca. $10^{12} - 10^{13}$/sec

Die Tabelle 1.1 zeigt einige charakteristische Dimensionen für das Nervensystem des Menschen. Hierbei ist zu beachten, daß die Zahlen, insbesondere hinsichtlich der Anzahl der Nervenzellen, auf Schätzungen beruhen. So gab vor einigen Jahren die Mehrzahl der Autoren deren Anzahl im menschlichen Körper noch mit ca. 10 Milliarden an, während es heute Schätzungen mit über einer Billion gibt. Die anderen Zahlen sind gesicherter, da sie zum Teil auf konkreten Messungen beruhen.

Jede Nervenzelle hat Kontakt mit vielen anderen. Man vermutet, daß im Durchschnitt jede Nervenzelle mit 10.000 anderen Nervenzellen in Kontakt steht. Diese Kontaktaufnahme bedeutet, daß 10.000 Nervenzellen von einer

Nervenzelle beeinflußt werden (Prinzip der Divergenz) und daß jede Nervenzelle von 10.000 Nervenzellen beeinflußt wird (Prinzip der Konvergenz).

Grundsätzlich kann das Nervensystem in das periphere und das zentrale Nervensystem eingeteilt werden. Das periphere Nervensystem hat die Aufgabe, Signale von den Rezeptorzellen (z.B. Druck- u. Schmerzempfindung, Gehör, Sehen) zum zentralen Nervensystem zu senden. Inwieweit im peripheren Nervensystem bereits eine Vorverarbeitung der Signale erfolgt, ist noch unklar.

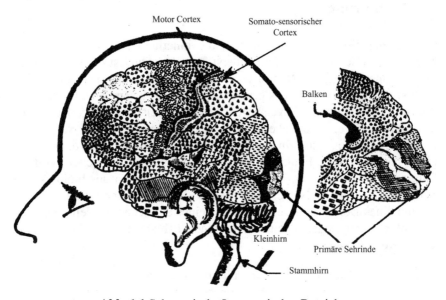

Abb. 1.1 Schematische Lage typischer Bereiche

Eine andere mögliche Unterteilung kann hinsichtlich der funktionellen Aufgaben erfolgen. Hierbei wird zwischen dem animalen und dem vegetativen Nervensystem unterschieden. Das animale Nervensystem dient zur Kommunikation mit der Außenwelt, das vegetative zur Steuerung des Organismus (z.B. Regulation der Herzfrequenz).

Das zentrale Nervensystem ist vorwiegend für die Signalverarbeitung zuständig. Neben dem Gehirn wird auch das Rückenmark als Teil des zentralen Nervensystems aufgefaßt, obwohl letzteres überwiegend mit der Weiterleitung von Signalen beschäftigt ist.

Wie bereits erwähnt, ist das menschliche Gehirn ein Gebilde von ca. 10^{11} Nervenzellen ($\approx$ einer Billion). Auffallend ist seine Spiegelsymmetrie, d.h. seine Aufteilung in zwei fast identische Hälften, die mit einer Brücke von Nervenfasern (corpus callosum) miteinander verbunden sind. Trennt man diese Brücke auf, so können – mit gewissen Einschränkungen – beide Gehirnteile unabhängig voneinander weiterarbeiten.

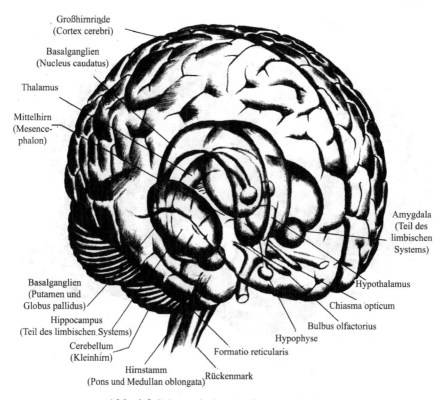

Großhirnrinde
(Cortex cerebri)

Basalganglien
(Nucleus caudatus)

Thalamus

Mittelhirn
(Mesence-
phalon)

Amygdala
(Teil des
limbischen
Systems)

Basalganglien
(Putamen und
Globus pallidus)

Hippocampus
(Teil des limbischen Systems)

Cerebellum
(Kleinhirn)

Hirnstamm
(Pons und Medullan oblongata)

Rückenmark

Formatio reticularis

Hypophyse

Bulbus olfactorius

Chiasma opticum

Hypothalamus

Abb. 1.2 Schematischer Aufbau des Gehirns

Anatomisch läßt sich das Gehirn u.a. in die Bereiche Mittelhirn, daran, bis zum Bereich des Rückenmarks sich anschließend das Hinterhirn sowie Stammhirn, Kleinhirn, Großhirnrinde (Kortex oder Neokortex genannt) und den Thalamus-Bereich (Thalamus und Hypothalamus) unterteilen. Der Thalamus-Bereich leitet alle von der Außenwelt auf die sensorischen Nervenzellen auftreffenden und aus dem Körperinneren stammenden Reize in die Großhirnrinde weiter.

Das Kleinhirn ist nach dem Rückenmark und dem Stammhirn entwicklungsgeschichtlich eines der ältesten Teile des Gehirns. Das Kleinhirn scheint u.a. die Koordination der Stützmotorik mit genauen, zielgerichteten Bewegungen durch inhibitorische Modulation zu übernehmen. Die genaue Arbeitsweise wird immer noch kontrovers diskutiert. Eine Theorie besagt, daß dies durch einen zeitgenauen Ablauf (Uhrenfunktion) von einzelnen Bewegungsmustern geschieht. Andererseits ist das Kleinhirn für die prinzipielle Bewegungssteuerung offensichtlich nicht notwendig. Bei Patienten ohne Kleinhirn (z.B. nach einer Krebsoperation) ist immer noch eine langsame und etwas wacklige Bewegung möglich.

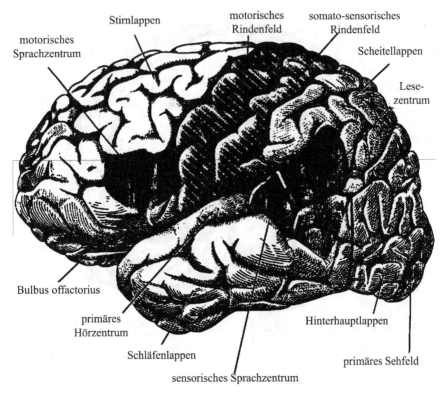

Abb. 1.3 Anordnung der Gehirnlappen

Eine der wesentlichsten Rollen in der Informationsverarbeitung spielt der Kortex. Anatomisch gesehen ist die Gehirnrinde ein mehrschichtiges, vielfach gefaltetes neuronales Gewebe. Jede der beiden Großhirnhälften (Hemisphären) des Gehirns besteht aus vier Lappen: Stirnlappen, Scheitellappen, Schläfenlappen und Hinterhauptlappen. Abbildung 1.3 zeigt die Anordnung der Lappen. Im somato-sensorischen Rindenfeld treffen z.B. die Signale von den Sinnesorganen des Körpers ein, während das motorische Rindenfeld die Körperbewegungen steuert.

Erstellt man ein Schnittdiagramm des menschlichen Kortex, so stellt man zunächst fest, daß im Kortex unterschiedliche Typen von Nervenzellen anzutreffen sind.

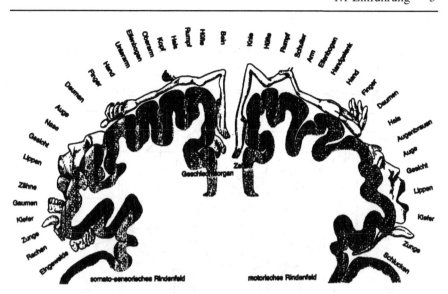

Abb. 1.4 Projektion der Sinnesorgane des Körpers auf die Großhirnrinde

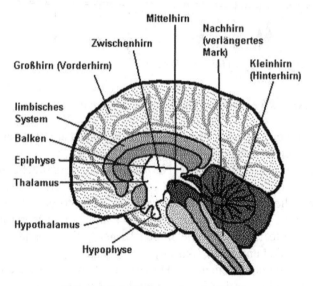

Abb. 1.5 Schnittdiagramm des Kortex

Je nach Häufigkeitsgrad der einzelnen Typen läßt sich die Großhirnrinde in sechs Schichten unterteilen, wobei jeder Schicht eine besondere Teilfunktionalität zukommt. Die nachfolgende Abbildung zeigt den Schichtaufbau schematisiert und ferner die für jede Schicht typischen Zelltypen.

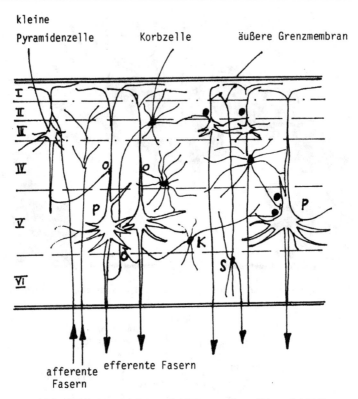

Abb. 1.6 Schematisierter Schichtenaufbau (Grauel 1992)

Die nachfolgend beschriebene beispielhafte Modellbildung anhand der Retina lehnt sich an (Mahowald u. Mead 1991) an:

Die menschliche Retina oder Netzhaut kann vereinfachend in drei Schichten eingeteilt werden (Abb. 1.7). Die erste Schicht besteht aus den Sinneszellen, die das einkommende Licht in Rezeptorpotentiale umwandeln. Sowohl die Sinneszellen als auch die Bipolar- und Horizontalzellen sind spezialisierte Neuronen. Sie bilden keine Aktionspotentiale. Erst in den Ganglienzellen entstehen Aktionspotentiale.

Die zweite Schicht nehmen die Horizontalzellen ein. Sie stellen Querverbindungen zwischen den Sinneszellen her. Zusätzlich zu den Querverbindungen sind benachbarte Horizontalzellen auch noch untereinander verbunden. Aus diesen Verbindungen „berechnen" die Horizontalzellen einen gewichteten Durchschnitt der Erregungszustände der Neuronen in ihrer unmittelbaren Umgebung.

Die Bipolarzellen bilden die dritte Schicht. Sie geben Rezeptorpotentiale an die Ganglienzellen weiter. Die Ganglienzellen werden hier nicht mehr weiter betrachtet. Die Rezeptorpotentiale der Bipolarzellen sind abhängig von der Differenz der Inputs von den Sinneszellen und den Horizontalzellen.

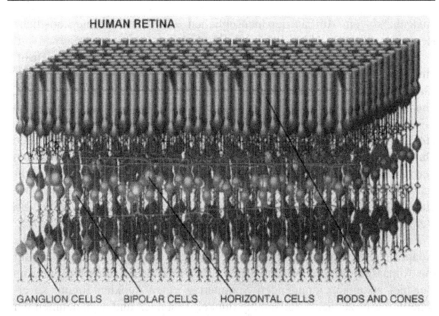

Abb. 1.7 Vereinfachte Darstellung des Aufbaus der menschlichen Netzhaut (Retina) (Mahowald u. Mead 1991)

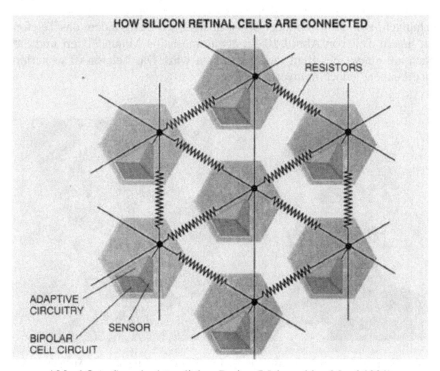

Abb. 1.8 Aufbau der künstlichen Retina (Mahowald u. Mead 1991)

Ausgehend vom Aufbau der menschlichen Retina wurde eine künstliche Retina gemäß der in Abb. 1.8 dargestellten Struktur konstruiert.

Jeder der künstlichen Photorezeptoren besteht aus einem Lichtsensor, einer künstlichen Bipolarzelle sowie aus einem Adaptionsschaltkreis, der für die automatische Anpassung an wechselnde Lichtverhältnisse sorgt. Die einzelnen Photorezeptoren sind durch ein Netzwerk von Widerständen miteinander verbunden. Die Widerstände übernehmen die Aufgabe der Horizontalzellen im menschlichen Auge und übergeben den lokalen Durchschnitt an die Photorezeptoren weiter. Die künstlichen Bipolarzellen verstärken die Signaldifferenz vom Lichtsensor und dem lokalen Durchschnittswert und leiten den Output an die dahinter liegende Hardware, wie zum Beispiel dem Silicon-Cortex-Board weiter. Abbildung 1.9 zeigt den Vergleich zwischen Eingabefoto und der Ausgabe der künstlichen Retina.

Eine der wichtigsten Eigenschaften von biologischen Neuronen ist die Adaption. Beim menschlichen Auge ist die Adaption verantwortlich für die Anpassung an die verschiedenen Lichtverhältnisse. Betreten wir zum Beispiel an einem strahlenden Sommertag einen dunklen Raum, so erscheint dieser zunächst vollständig dunkel. Erst nach und nach nehmen wir die geringe Helligkeit des Raumes wahr und erkennen die Konturen einzelner Objekte im Raum.

Das Adaptionsverhalten des Auges führt aber auch zu optischen Täuschungen, von dem sich jeder selbst überzeugen kann, indem das Telefon im linken Teil von Abb. 1.10 für etwa eine halbe Minute fixiert und danach auf ein weißes Blatt Papier geschaut wird. Das Telefon ist weiterhin zu erkennen, jedoch in invertierter Form.

Abb. 1.9 Eingabe für die künstliche Retina (links) und rechts die Ausgabe (Mahowald u. Mead 1991)

Diese Art der optischen Täuschung läßt sich auch mit der zuvor vorgestellten künstlichen Retina simulieren. Wird der künstlichen Retina das Lincoln Portrait (Abb. 1.9) längere Zeit als Input gegeben und danach ein weißes Blatt Papier, so gibt die künstliche Retina ein Negativ des Ursprungsbild zurück (Abb. 1.9 rechtes Bild).

Dieses Phänomen läßt sich dadurch erklären, daß die Sinneszellen im menschlichen Auge bzw. die Photorezeptoren der künstlichen Retina mit ungleichen Intensitäten beleuchtet und somit unterschiedlich stark stimuliert wurden. Durch die Wahrnehmung eines weißen Blatt Papiers werden alle Sinneszellen bzw. Photorezeptoren sprungartig auf ein identisches Beleuchtungsniveau gehoben. Aufgrund des schnellen Helligkeitswechsels zeigen die ursprünglich nur schwach gereizten Sinneszellen/Photorezeptoren eine große Veränderung, so daß deren Ausgangssignal über dem adaptierten Signal der anderen Sinneszellen/Photorezeptoren liegt. Für eine gewisse Zeitspanne ist daher ein Negativbild des originalen Bildes zu sehen. Mit zunehmender Adaption der Lichtintensität wird das Negativbild immer schwächer, bis es schließlich ganz verschwindet.

Abb. 1.10 Beispiel für optische Täuschung. Der schwarze Punkt in der Mitte der Wählscheibe muß für etwa 30 Sekunden fixiert werden. Anschließend ist das Telefon beim Blick auf ein einfarbiges Blatt in invertierter Form zu erkennen.

1.2 Aufbau einer Nervenzelle

Grundbausteine der biologischen Informationsverarbeitung sind die Nervenzellen (Neuronen). Auch wenn sich die einzelnen Lebewesen hinsichtlich von Komplexität, Teilaspekten und Neuronenformen ihres Nervensystems unterscheiden, scheint jedoch allen ein gewisses Grundmuster zugrunde zu liegen. Die im Einzelnen ablaufenden Prozesse sind äußerst komplex und zum größten Teil noch unerforscht. Sie sind wegen ihrer enormen Bedeutung sowohl für die Medizin und die Naturwissenschaften, als auch für die Informationstechnologie und Informatik z.Zt. weltweit Gegenstand intensivster wissenschaftlicher Forschung. Vor allem in Japan, aber auch in den USA, Frankreich, England und Deutschland, gibt es interdisziplinäre Zentren, bestehend aus Medizinern, Biologen, Biochemikern, Psychologen und Informatikern, die sich mit diesem Gebiet unter dem Begriff „brain science" beschäftigen.

Die nachfolgende kurze Einführung in die Vorgänge der biologischen Informationsverarbeitung kann daher nur eine sehr grobe und sehr vereinfachende Beschreibung darstellen. Interessierten Lesern sei entsprechende Spezialliteratur (siehe z.B. (Kandel et al 1991)) empfohlen.

Betrachten wir zunächst die einzelnen Neuronen. Sie lassen sich aus informationstechnischer Sicht prinzipiell auf zwei verschiedene Arten klassifizieren:

Aufgaben   (sensorisch, weiterleitend, verarbeitend)
Aufbau   (Struktur)

wobei zwischen Aufgaben und Aufbau ein enger Zusammenhang besteht.

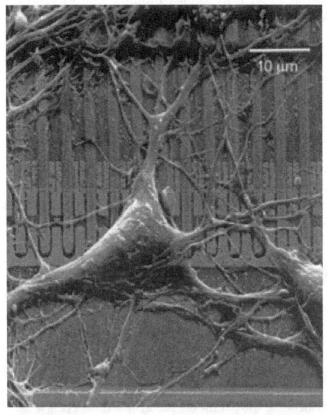

Abb. 1.11 Nervenzelle auf einem Silizium-Chip (Fromherz 2003)

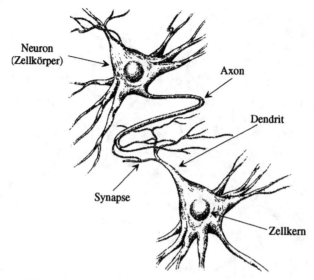

Abb. 1.12 Aufbau und Verbindung von Nervenzellen

Betrachten wir weiter den prinzipiellen Aufbau einer Nervenzelle. Wie aus Abb. 1.12 ersichtlich, sind die Grundkomponenten:

- Zellkörper (Soma)
- Zellkern (Nucleus)
- Dendriten
- Nervenfaser (Axon)
- Synapsen.

Der Zellkörper ist umgeben von der Zellmembran. Er enthält neben dem Zellkern diverse andere funktionelle Einheiten (sog. Organellen), wie Golgi-Apparat, Mitochondrien, endoplasmatisches Retikulum, Lipidtröpfchen usw., die für die Arbeit des Neurons notwendig sind (Abb. 1.13). So sind u.a. die Mitochondrien für die Energieversorgung der Zelle zuständig.

Die Dendriten sind dünne, röhrenförmige und meist stark verästelte Fortsätze der Zelle, mit denen die Zelle Eingangssignale aufnimmt.

Der Zellkern hat die Aufgabe, die Eingangssignale zu verarbeiten und unter gewissen Randbedingungen Ausgangssignale zu generieren.

Die Nervenfaser übernimmt die Weiterleitung der Ausgangssignale des Neurons. Die Nervenfaser verdichtet sich an ihrem Ende und bildet die Synapsen.

Die Synapsen, die Endköpfchen der Nervenfaser, bilden über den synaptischen Spalt die Kontaktstelle zwischen den Enden der Nervenfaser und den Dendriten von weiteren Neuronen. Synapsen können in erregende und hemmende Synapsen unterteilt werden. Wenn ein Nervenimpuls die

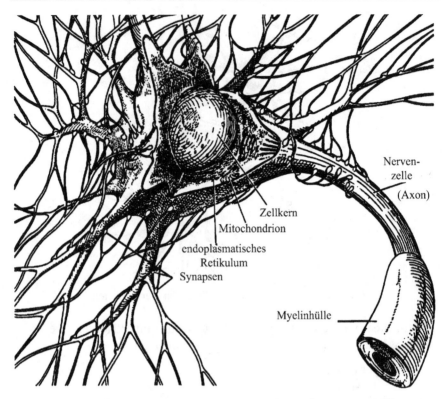

Abb. 1.13 Querschnittsdarstellung des Aufbaus einer Nervenzelle

Synapse erreicht, bewirkt ein Einstrom von Calcium-Ionen, daß sich die Struktur der Membrane der Nachfolgezelle und das elektrische Potential dieser Zelle verändern. Die Signalübermittlung zwischen zwei Nervenzellen erfolgt also über die präsynaptische Endung der Nervenfaser, den synaptischen Spalt und die postsynaptische Membran der Dendriten. Auf die Details wird im Folgenden noch etwas näher eingegangen.

Der oben beschriebene prinzipielle Aufbau von Neuronen kann nun je nach Aufgabe variieren. So können zum Beispiel Nervenzellen anhand der Anzahl ihrer Fortsätze unterschieden werden. Unipolare Zellen besitzen neben dem Zellkörper nur einen Fortsatz, die Nervenfaser. Bipolare Zellen besitzen zwei Fortsätze, die Nervenfaser und einen Dendriten. Multipolare Zellen, die vermutlich ausschließlich nur bei Wirbeltieren vorkommen, besitzen eine Nervenfaser und viele Dendriten.

Auch andere morphologische Unterschiede können auftreten. So besitzen die Neuronen von Insekten z.B. Dendriten, die direkt in das Axon übergehen (Rehkämper 1986). Der Zellkörper liegt hier abseits der Stellen, an denen die Hauptaktivität der Zellen stattfindet, hat aber immer noch die Funktion, die für die Zellaktivität notwendigen Stoffe zu produzieren.

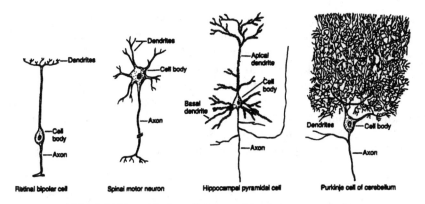

Abb. 1.14 Verschiedene Typen multipolarer Nervenzellen

Ein sehr anschauliches Beispiel einer realen Nervenzelle findet sich in Abb. 1.11, die eine Nervenzelle auf einem Silizium-Chip (Fromherz 2003) darstellt. Was zunächst an eine zähe graue Flüssigkeit erinnert, ist in Wirklichkeit eine Nervenzelle, die auf einem Siliziumchip sitzt. Das rund fünfzig Mikrometer große Neuron entstammt dem Gehirn einer Schlammschnecke (Lymnaea stagnalis) und wird durch eine Nährlösung am Leben gehalten. Die hochempfindlichen Sensoren auf dem Siliziumchip registrieren die elektrischen Signale der Nervenzelle und leiten sie an einen Computer weiter. Umgekehrt können die winzigen Feldeffekt-Transistoren das Neuron aber auch mit elektrischen Impulsen reizen, das darauf mit Aktionspotentialen antwortet. Jeder der insgesamt 16384 Kontaktsensoren, die auf dem quadratmillimetergroßen Chip untergebracht sind, kann mindestens zweitausend Zellsignale pro Sekunde erfassen. Diese sind mit nur fünf Millivolt extrem schwach. Bei dem elektrischen Wechselspiel mit dem Siliziumchip wird die Nervenzelle nicht beschädigt und bleibt sogar mehrere Wochen intakt. Der Neurochip wurde am Max-Planck-Institut für Biochemie in Martinsried von der Gruppe von Peter Frommherz für die Analyse von mehreren Nervenzellen in Zusammenarbeit mit der Firma Infineon entwickelt (vgl. u.a. Fromherz 2003).

1.3 Arbeitsweise von Nervenzellen

Die Arbeitsweise von Nervenzellen beruht auf relativ komplexen elektrochemischen Prozessen, die durch eine Reihe von Komponenten und Faktoren gesteuert werden. Eine wesentliche Komponente ist der Natrium-Kalium-Ionenaustausch zwischen dem Inneren einer Nervenzelle und ihrer Umgebung und soll daher etwas ausführlicher erläutert werden:

Salze werden dem Körper in Form von positiven und negativen Ionen zugeführt, z.B. positive Natriumionen (Na^+), positive Kaliumionen (K^+), positive Kalziumionen (Ca^{2+}) und negative Chlorionen (Cl^-).

Die Membranen der Nervenzellen sind nun unterschiedlich permeabel (durchlässig) für die unterschiedlichen Ionen. Die Durchlässigkeit der Zellmembran, die ca. 5 nm dick ist und aus einer Doppelschicht von fettartigen Molekülen (Lipide) besteht, bzgl. einer Ionenklasse wird durch die Anzahl und Größe der Membranporen festgelegt.

Abbildung 1.15 zeigt eine schematische Aufteilung einer Zellmembran:

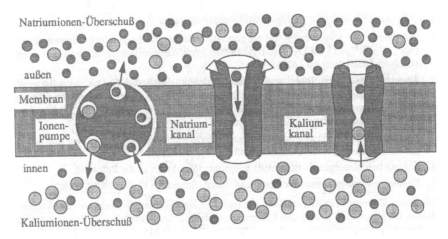

Abb. 1.15 Ein Bio-Chemisches Modell einer Membran einer Nervenzelle

Die wesentlichsten Komponenten sind

1. Na^+-K^+-Ionenpumpe
   Durch Sie werden in einem Zyklus drei Na^+-Ionen nach außen und zwei K^+-Ionen nach innen transportiert.
2. Natriumkanal
   Durch diesen Kanal fließen im geöffneten Zustand Na^+-Ionen nach innen.
3. Kaliumkanal
   Durch diesen Kanal fließen im geöffneten Zustand K^+-Ionen nach außen.

Wie man sieht, ist also die Ionenpumpe hinsichtlich der Arbeitsrichtung das Gegenstück zum Natrium- bzw. Kaliumkanal. Für dissoziierte Anionen ist die Zellmembran relativ undurchlässig, z.B. für Cl^--Ionen.

Die Kräfte, die für den Transport durch die Kanäle sorgen, beruhen auf physikalisch-chemischen Grundprinzipien. Prinzipiell besitzen alle

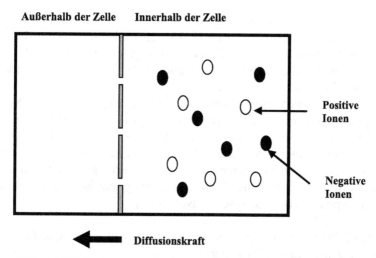

Abb. 1.16 Diffusion von Ionen durch eine Membran/Diffusionskraft

Teilchen die thermodynamische Tendenz, sich im Raum gleichmäßig zu verteilen. Dieser physikalische Prozeß wird *Diffusion* genannt, die Kraft, die diesen Prozeß bewirkt, *Diffusionskraft*.

In Abb. 1.16 ist eine Situation dargestellt, in der die Ionenkonzentration im Inneren der Zelle (rechts) größer ist, als die Ionenkonzentration außerhalb der Zelle. Sowohl die positiven als auch die negativen Ionen sind

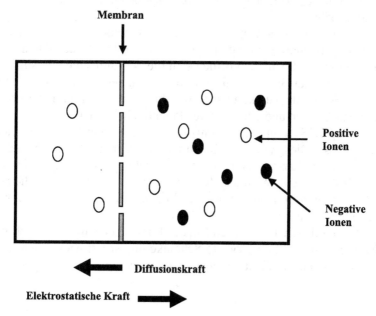

Abb. 1.17 Diffusion von Ionen durch eine Membran/Gleichgewicht

bestrebt, eine Gleichverteilung herzustellen. Da die negativen Ionen (z.B. Cl^-) größer als die positiven Ionen (K^+) sind, werden jedoch nur die Kalium-Ionen durch die Kaliumkanäle nach außen gelangen.

Somit lädt sich das Zellinnere langsam auf. Wegen des entstehenden elektrischen Potentialunterschiedes zwischen innen und außen wächst die elektrostatische Kraft, die der Diffusionskraft entgegenwirkt. Das System gerät in ein Gleichgewicht. Ist dieser Gleichgewichtszustand erreicht, so befindet sich die Nervenzelle im Ruhezustand (vgl. Abb. 1.20).

Aufgrund der unterschiedlichen Ionenkonzentration zwischen dem Inneren der Nervenzellen und ihrer Umgebung besteht im Ruhezustand eine Potentialdifferenz (Spannungsdifferenz). Man spricht in diesem Fall auch von einem polarisierten Zustand der Nervenzelle.

Tabelle 1.2 Typische Konzentration verschiedener Ionen innerhalb und außerhalb von Nervenzellen (Mill mol pro Liter)

Innen		Außen	
K^+ =	400	K^+ =	20
Cl^- =	30	Cl^- =	590
Na^+ =	60	Na^+ =	436

Wie bereits erwähnt, wird die Durchlässigkeit einer Zellmembran durch Anzahl und Typ ihrer geöffneten Ionenkanäle gesteuert. Man unterscheidet zwischen ständig geöffneten, spannungsabhängigen und ligandengesteuerten Ionenkanälen.

Betrachten wir die spannungsabhängigen Ionenkanäle etwas genauer. Diese Kanäle reagieren auf jede Depolarisation, d.h. fällt das Potential des Zellinneren unter -80 mV, so öffnen sich die Natriumkanäle. Positive Natriumionen strömen in die Zelle und das Zellinnere wird positiv. Durch Öffnen der Kaliumkanäle können umgekehrt positive Kaliumionen aus der Zelle herausströmen und ein negatives Potential herstellen.

Abbildung 1.18 zeigt einen Natriumkanal, der nur für Natriumionen durchlässig ist. Dies wird sowohl durch eine Verengung des Kanals als auch durch eine Konzentration von negativen Ladungen am äußeren Rand der Membran erreicht. Wird das Zellinnere positiver, so wandern die negativen Ladungen zum inneren Rand der Membran und öffnen eine dort befindliche Schranke.

Die Natriumionen können jetzt ins Zellinnere einströmen. Nach einer gewissen Zeit schließt eine zweite Schranke und sperrt wieder den Kanal. Die Wirkungsweise des Kaliumkanals erfolgt analog.

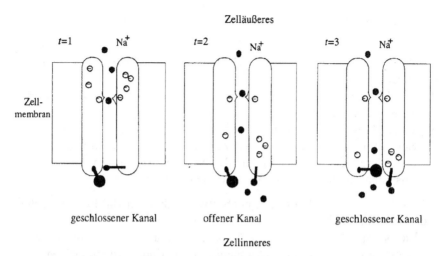

Abb. 1.18 Elektrisch gesteuerte Ionenkanäle am Beispiel des Natriumkanals

Die zweite Komponente neben den Kanälen ist die Ionenpumpe. Wie in jedem elektrischen System gibt es Spannungsverluste, die ständig ausgeglichen werden müssen. Wie bereits beschrieben, transportiert die Ionenpumpe die überschüssigen Natriumionen aus der Zelle heraus und gleichzeitig fehlende Kaliumionen in die Zelle hinein. Hierdurch wird das Ruhepotential konstant gehalten. Das Ein- bzw. Ausschalten erfolgt automatisch über die Ionenkonzentrationen im Inneren bzw. Äußeren.

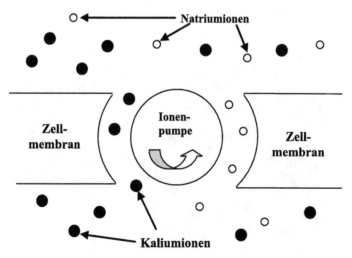

Abb. 1.19 Natrium-Kalium-Ionenpumpe

Der Gesamtablauf der Arbeitsweise einer Nervenzelle läßt sich folgendermaßen darstellen:

1. Über die Dendriten werden Eingangssignale (Potential-verändernde Reize) aufgenommen
2. Die Eingangssignale werden „verarbeitet" und führen zu einer Veränderung des Zellenpotentials
3. Überschreitet das Spannungspotential der Zelle einen gewissen Schwellwert, so gibt die Nervenzelle über das Axon ein neues Signal an andere Nervenzellen weiter (das Neuron aktiviert ein Ausgabeaktionspotential oder Spike („die Nervenzelle feuert")).

Der folgende Abschnitt geht noch etwas näher auf die biochemischen Vorgänge ein und lehnt sich bei (Grauel 1992) an:

Wie bereits erwähnt, ist der Zellkörper (Soma) umgeben mit der Zellmembran in der sich zahlreiche Ionenkanäle befinden. Innerhalb der Zellmembran befinden sich der eigentliche Zellkörper sowie andere funktionelle Einheiten (Golgi-Apparat, Mitochondrien, endoplasmatisches Retikulum, Lipidtröpfchen etc., vgl. Abbildung 1.23), die für eine funktionsgerechte Arbeitsweise der Zelle notwendig sind.

Die Nervenzelle selbst besitzt zahlreiche Dendriten und ein Axon mit einer präsynaptischen Endung. Präsynaptische Endung, synaptischer Spalt und postsynaptische Membran repräsentieren die Kontaktstelle, d.h. die Synapse (vgl. Abb. 1.12). Informationstechnisch gesehen nimmt die Nervenzelle über ihre Verzweigungen „Informationen" auf, vergleicht diese mit einem Schwellwert und gibt gegebenenfalls Signale über das Axon

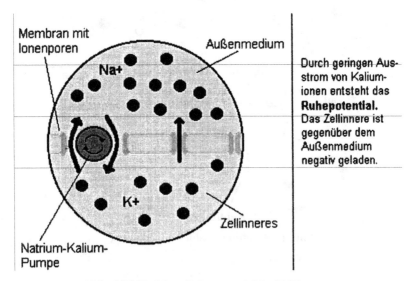

Abb. 1.20 Erzieltes Ruhepotential im Zellinneren

weiter. Sie besitzt einen Gleichgewichtszustand bei ca. -80 mV (Ruhepotential), und wir sagen deshalb die Zelle ist polarisiert (Abb. 1.20).

Depolarisierende Reize, d.h. positive Potentialbeiträge, z.B. von erregenden Synapsen auf den Verzweigungen des Neurons herrührend, können bewirken, daß das Schwellwertpotential überschritten wird. Die Folge ist, daß sich spannungsgesteuerte Natrium-Kanäle öffnen und Na^+-Ionen durch die Membran ins Innere der Zelle strömen und damit das Konzentrationsgefälle (Konzentration der Na^+-Ionen ist außerhalb ca. 12 mal höher als innerhalb der Membran) ausgleichen.

Ein negativer Ladungsüberschuß innerhalb der Membran wird abgebaut und es kommt zu einem positiven Spannungsanstieg (Abb. 1.21). Danach schließen die Na^+-Kanäle wieder, die Membran erreicht ihr größtes Potential (positiv). Anschließend beginnt die Repolarisation (Abb. 1.22). veranlaßt durch den Ausstrom von K^+-Ionen durch die Membran, wiederum aufgrund eines Konzentrationsgefälles (die K^+-Ionenkonzentration ist innen ca. 40 mal höher als außen).

Dieser Vorgang schreitet solange fort, bis sich ein negatives „hemmendes" Potential im Innern der Zelle aufgebaut hat. Dabei kann es zu einem negativen Potentialanstieg kommen, welcher dazu führt, daß das Membranpotential sogar kurzzeitig unterhalb des Ruhepotentials liegt. Dieser Zustand wird als Hyperpolarisation bezeichnet, der zeitlich eine Dauer im Millisekundenbereich besitzt, bis sich endlich nach einigen Millisekunden wieder das Ruhepotential eingestellt hat. Diese Einstellung geschieht nicht automatisch sondern über einen „Pumpmechanismus" (Na-Ka-Pumpe).

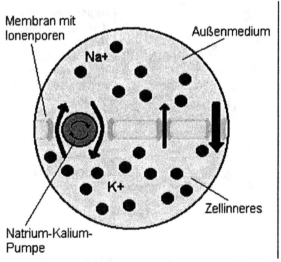

Membran mit Ionenporen

Na+

Außenmedium

Da mehr Natriumionen in die Zelle einströmen als Kaliumionen heraustreten, kommt es zu einer **Depolarisation.** Das Zellinnere ist gegenüber dem Außenmedium kurzfristig positiv geladen.

K+

Zellinneres

Natrium-Kalium-Pumpe

Abb. 1.21 Depolarisation durch äußere Reize

Die notwendige Energie für den Prozeß, Ionen entgegen einem Konzentrationsgefälle zu transportieren (aktiver Transport), wird bei einer biochemischen Umwandlung von Adenosintriphosphat in Adenosindiphosphat freigesetzt. An dieser Stelle sei angemerkt, daß die Ionen-Austauschvorgänge hier vereinfacht dargestellt wurden. Neben den Na^+- und K^+-Ionenkanälen gibt es Kanäle für Magnesium (Mg^{2+}), Calcium (Ca^{2+}), Chlor (Cl^-) etc. Weiterhin spielen die spannungsabhängigen K^+-Kanäle, wie am Beispiel hippocampaler Neuronen gezeigt werden kann, eine besonders wichtige Rolle für die parallel ablaufenden Prozesse. Die Pyramidenzellen im Hippocampus z.B. besitzen zwei unterschiedliche K^+-Leitfähigkeiten, die bei einer ansteigenden intrazellulären Ca^{2+}-Konzentration wirksam werden. Sie bewirken eine schnelle sowie eine langsame Nach-Hyperpolarisation.

Die schnellere Nach-Hyperpolarisation bewirkt die Repolarisation des Aktionspotentials. Durch die langsamere Nach-Hyperpolarisation wird die Entladungsrate des Neurons reduziert und den gegebenen Verhältnissen angepaßt. Blockiert man diese Nach-Hyperpolarisation, indem der intrazelluläre Ca^{2+}-Einstrom über spannungsabhängige Ca^{2+}-Kanäle reduziert wird, so antwortet die Zelle mit einer höheren Impulsrate als vorher auf denselben Depolarisations-Stimulus. Die langsamere Nach-Hyperpolarisation wird über den Neurotransmitter Norepinephrine verkleinert. Dieser aktiviert über Rezeptoren die G-Proteine und cAMP, dabei wird durch die cAMP-abhängige Proteinkinase A schließlich der für die langsamere

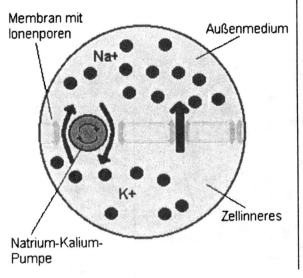

Membran mit Ionenporen

Na+

Außenmedium

K+

Zellinneres

Natrium-Kalium-Pumpe

Repolarisierung
durch einen starken Ausstrom von Kaliumionen. Das Zellinnere ist gegenüber dem Außenmedium negativ geladen.
Die ursprüngliche Ionenverteilung wird durch die Natrium-Kalium-Pumpe wiederhergestellt.

Abb. 1.22 Repolarisierung durch Ausstrom von Kaliumionen nach einer Depolarisierung

Nach-Hyperpolarisation verantwortliche Ca^{2+}-gesteuerte K^+-Kanal gehemmt. Weiterhin greift an dem Ca^{2+}-gesteuerten K^+-Kanal auch Acetylcholin inhibierend an.

Aber auch durch den Neurotransmitter GABA kann die K^+-Leit-
fähigkeit in den Pyramidenzellen beeinflußt werden. Die Freisetzung von
GABA (z.B. durch Interneuronen im Hippocampus) bewirkt an den Pyramidenzellen zweierlei: einen Cl^--Strom über GABA-A-Rezeptoren und
einen langsameren K^+-Strom über die Aktivierung von GABA-B-Rezep-
toren. Der langsamere Prozeß läuft über die Aktivierung von G-Proteinen
ab, die direkt ohne zweite Botenstoffe K^+-Kanäle aktivieren können. Mittels dieser synaptischen Beeinflussung einer Zelle durch GABA-
Transmitter wird das Aktivitätsverhalten bzw. Ladungsverhalten der Zelle
stark gehemmt. Anzumerken bleibt, daß derselbe K^+-Kanal auch durch die
Neurotransmitter Serotonin und Adenosin aktiviert werden kann. Daneben
existiert eine Reihe von weiteren Stoffen, die das Verhalten von Nervenzellen beeinflussen. Hierzu gehören u.a. Hormone oder Nikotine. Letzteres ist die Ursache dafür, daß eine Nikotinabhängigkeit entstehen kann.

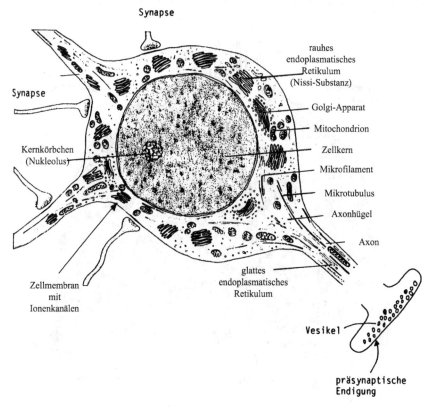

Abb. 1.23 Details einer Nervenzelle

Führt man dem Körper über einen längeren Zeitraum Nikotin von außen zu, so sinkt die Fähigkeit des Körpers zur Eigenproduktion. Wird die Nikotinzufuhr von außen eingestellt, so fehlt dieses für die Funktionsfähigkeit der Neuronen und der Körper signalisiert diesen Mangel, in dem er „Nikotinzufuhr" anfordert.

1.4 Fortpflanzung des Nervensignals

Zu betrachten ist noch die Signalübertragung am synaptischen Spalt, wobei zu beachten ist, daß die biologisch-chemischen Vorgänge auf molekularer Ebene an einer Synapse (Abb. 1.24) sehr komplex sind und daher hier nur vereinfacht (schematisch) auf phänomenologischer Ebene dargestellt werden können.

Gelangt ein elektrischer Impuls zur präsynaptischen Membran der Synapse, so bewirkt er an dieser Stelle eine Leitfähigkeitsänderung der Membran, so daß dort eine Überträgersubstanz (Neurotransmitter genannt und auch als Vesikel oder Quant bezeichnet) ausgeschüttet wird und damit in

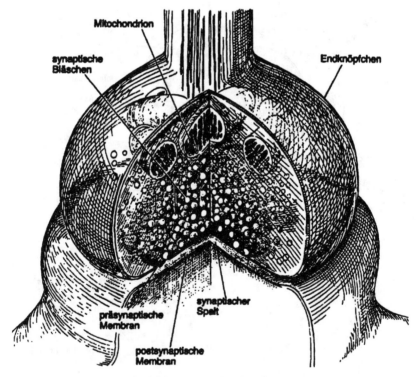

Abb. 1.24 Querschnitt einer Synapse

den synaptischen Spalt gelangt. Durch Diffusion einer Überträgersubstanz von der prä- zur postsynaptischen Membran, fließt ein postsynaptischer Strom (Post Synaptic Current). Dieser kommt dadurch zustande, daß durch die Anbindung der Überträgersubstanz an die Rezeptoren der postsynaptischen Membran eine Änderung der Leitfähigkeit der postsynaptischen Membran bewirkt wird.

Die Häufigkeit (Frequenz) der ankommenden Aktionspotentiale an der präsynaptischen Membran bestimmt die Konzentration des Neurotransmitters im synaptischen Spalt und diese wiederum die elektrische Aktivität der postsynaptischen Membran. Diese Vorgänge an dem synaptischen Spalt sind nicht umkehrbar, die Informationsübertragung ist somit einseitig gerichtet auf Grund der Funktion von prä- und postsynaptischer Membran. Es sei schon jetzt vermerkt, daß dieses Phänomen der gerichteten Übertragung einen ganz wesentlichen Einfluß auf die mathematische Modellierung künstlicher neuronaler Netze hat.

Hauptsächlich zwei Arten von Neurotransmittern sind bekannt. Zu den erregenden Transmittersubstanzen zählen z.b. Acetylcholin und Glutamat, die die Permeabilität für die Na+-Ionen erhöhen, so daß für die postsynaptische Membran das Schwellwertpotential leichter erreichbar wird. Hemmende Transmitter sind GABA (Gamma-Aminobuttersäure), Glycin etc. Demzufolge gibt es funktionell zwei Arten von Synapsen, einerseits die erregenden (exzitatorischen) Synapsen, es wird ein erregendes postsynaptisches Potential (EPSP) erzeugt, das die Membran depolarisiert und zur Entstehung eines Aktionspotentials beiträgt. Andererseits existieren Synapsen mit hemmender Funktion, kurz hemmende (inhibitorische) Synapsen genannt, diese hyperpolarisieren die Membran und erzeugen ein inhibitorisches postsynaptisches Potential (IPSP). Die zugeordneten postsynaptischen Ströme (EPSC und IPSC) sind durch das Ohmsche Gesetz über die Widerstände mit den entsprechenden Spannungen verknüpft.

Zu erklären ist noch, in welcher Weise ein an der Synapse erzeugtes Signal durch die Zelle zum Ende des Axons transportiert wird. Prinzipiell ist das Nervensignal ein elektrisches Signal, das durch den Strom von Ionen durch Kanäle der Membran hervorgerufen wird. Das elektrische Feld eines ankommenden Nervensignals bewirkt (vgl. Abb. 1.25), daß sich Natriumkanäle öffnen, durch die Natriumionen von außen in das Zellinnere strömen können. Dadurch verringert sich das negative Membranpotential an dieser Membranstelle. Dies bewirkt nun, daß sich noch mehr Natriumkanäle öffnen, wodurch kurzfristig ein hoher Strom von Natriumionen in die Zelle fließt. Das Membranpotential verringert sich weiter, wird positiv und erreicht einen Wert von +30 mV (zur Erinnerung: das Ruhepotential liegt zwischen -70 und -80 mV). Dadurch werden nun die Kaliumkanäle geöffnet und das ursprüngliche Ruhepotential wird wieder hergestellt.

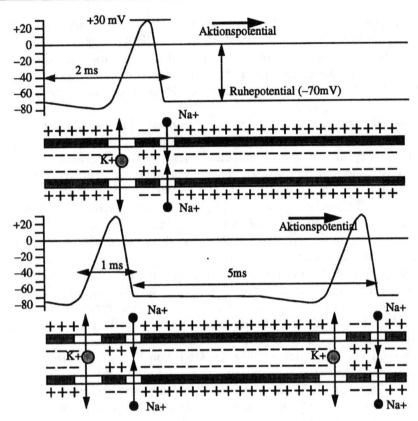

Abb. 1.25 Fortpflanzung des Nervensignals

Die Nervensignale bestehen somit aus einzelnen Depolarisationswellen, die sich stets in eine Richtung zum Axonende hin fortpflanzen. Eine solche Depolarisationswelle wird auch Aktionspotential genannt. Zwischen zwei Wellen existiert eine Ruhephase. Während dieser Zeit reagiert die Zellmembran nicht auf weitere Signale, da zunächst die Ionenpumpen ihre Arbeit verrichten müssen.

1.4.1 Funktion des Dendritenbaums

Biologische Neuronen stellen verschiedene Mechanismen zur Verfügung, die zur Interpretierung von temporalen Mustern in den Aktionspotentialen genutzt werden, und bis zum heutigen Tag im Wesentlichen nicht endgültig erforscht sind. Eine wesentliche Rolle besitzt die Struktur des Dendriten-Baums.

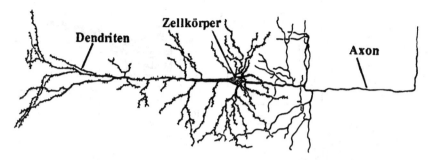

Abb. 1.26 Dendritenbäume und mehrere Synapsen-Übergänge eines Axons

Sie ist bei verschiedenen Neuronen unterschiedlich, wie z.B. bei Pyramidalzellen in zerebralen Kortex oder Purkinij-Zellen im Kleinhirn (Abb. 1.14 und Abb. 1.26). Nach dem klassischen Konzept von künstlichen Neuronen stellen die Dendriten eine Form von passivem, linearem Leiter dar. Für die Übertragung von Signalen über eine oder mehrere Axon-Synapsen-Endungen von präsynaptischen Neuronen bilden die Dendriten eine Art von Fläche für multiple Synapsen. Die Dendriten bieten damit verschiedene Mechanismen, die zur unterschiedlichen Gewichtung und zeitlichen Verzögerung von ankommenden Signalen dienen.

In eine Reihe von theoretischen Arbeiten (Rall 1964) wurden Unterschiede zwischen den Dendriten-Bäumen untersucht. Dabei hat sich herausgestellt, daß die Verarbeitung von temporalen Mustern von Aktionspotentialen von der Struktur des Baumes abhängt. Die Aktionspotentiale, die bei einem Dendritenbaum über das Axon des präsynaptischen Neurons eintreffen, aktivieren jeweils eine erregende (exitatorische) oder eine hemmende (inhibitorische) Synapse, die jeweils einer der Verzweigungen des Dendriten zugeordnet sind. Unterschiedliche Synapsen wurden hierfür jeweils 100 ms erregt und das Potential am Soma des künstlichen Neurons gemessen.

Wenn eine der Synapsen aktiviert wird, so bewegt sich das Postsynaptische Potential (PSP) entlang der Dendriten in beide Richtungen. Entsprechend besitzt das PSP am Soma die Form einer Alpha-Funktion (Jack 1975) mit einer Amplitude, die sich exponentiell mit der Entfernung zwischen Soma und der aktivierten Synapse verringert.

Gleichzeitig nimmt die so genannte *Peak-Latenz* (mittlere zeitliche Ausdehnung des Impulses) des PSP ungefähr proportional zur Entfernung des Soma zu (Abb. 1.27). Auf diese Weise wird nach dem natürlichen Vorbild für künstliche Dendriten das Eingangssignal abhängig von der Position der aktivierten Synapse gewichtet und verzögert (Northmore und Elias 1996).

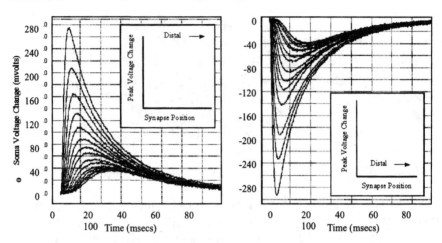

Abb. 1.27 Post-Synaptisches Potential (PSP) in Abhängigkeit der Distanz zwischen Position der Synapse auf einem Dendritenzweig und dem Soma (exzitatorisch links und inhibitorisch rechts) (Maas u. Bishop 1998)

Die Hauptfunktion des Dendriten-Baums ist die Summierung von postsynaptischen Potentialen. In Abb. 1.28 (a), (b) ist die klassische Methode von räumlicher und zeitlicher Summierung postsynaptischer Potentiale abgebildet. Dabei werden zwei Synapsen (A und B, (b)) auf verschiedenen primären Zweigen eines Dendritenbaumes mit zwei Zweigen mit einer sehr geringen Zeitverzögerung (2 msec) aktiviert (vgl. Impulse A und B in Abb. 1.28 (b)) und das resultierende Potential wird dann am zugehörigen Soma gemessen (b). Wie leicht in der vorausgegangenen Abbildung zu erkennen ist, werden die beiden postsynaptische Potentiale mit identischem Verlauf und einer geringen zeitlichen Verzögerung von 5 msec linear summiert. Die Kurven in (b) zeigen den Verlauf (Peak und Integral)

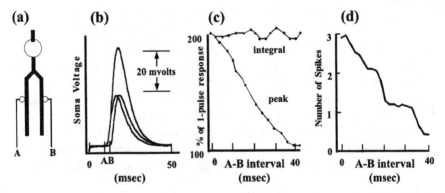

Abb. 1.28 Lineare Summation zeitgleicher Impulse auf unterschiedlichen Zweigen eines Dendritenbaumes (Maas u. Bishop 1998)

der linearen Summation in Abhängigkeit der zwischen 0 und 40 msec variierten Verzögerung. In Abb. 1.28 (d) ist die durchschnittliche Anzahl der durch das Soma-Potential generierten durchschnittliche Ausgabe-Aktionspotentiale des Somas („Spikes") ebenfalls in Abhängigkeit der Verzögerung der Stimuli A und B dargestellt.

Die lineare Summierung der bestehenden Vernetzung eines Neurons für die gewichteten Eingangssignale entspricht der verwendeten Konvention für die Vernetzung in den meisten klassischen Modellen Neuronaler Netze.

Die sublineare Summierung kann erreicht werden, wenn zwei nahezu zeitgleiche Impulse (Abb. 1.29 (f)) Signale A und B (Verzögerung von 5 ms) zweier Synapsen am gleichen primären Zweig (e) auftreten (Northmore u. Elias 1996). Diese Sub-Linearität ergibt sich aus der Tatsache, daß bei der Aktivierung einer Synapse die fließende Ladung in einem Zweig des Dendriten proportional zu der Differenz zwischen dem schon vorhandenem Potential und dem anliegendem Potential ist.

Das bedeutet, wenn dieser Teil des Dendritenzweigs schon durch eine Synapsen-Aktivierung polarisiert war, wird dieser bei erneuter Aktivierung der gleichen Synapse eine kleinere Menge von Ladung abgegeben, als es im Ruhezustand des Dendritenzweiges geschehen würde, d.h. während sich die Ladung entlang des Dendriten-Zweiges zum Soma verbreitet, wird eine erneute Aktivierung der Synapse einen geringeren Einwirkung für eine erneute Aktivierung eines Output-Aktionspotentials ausüben können. Ein solcher Sättigungseffekt führt zur sublinearen Summation von zwei PSPs. Auch das Zeitintervall zwischen zwei Aktivierungen spielt eine Rolle bei der Summierung. Bei gleichzeitiger Aktivierung von erregenden Synapsen von maximaler Stärke, wird das PSP genau so groß wie bei einer Aktivierung nur einer einzigen Synapse (Abb. 1.29 (g)). Wenn das Intervall zwischen zwei Aktivierungen zunimmt, wächst das PSP wegen der Verringerung der Sättigung. Bei weiterer Zunahme des Intervalls kommt es praktisch

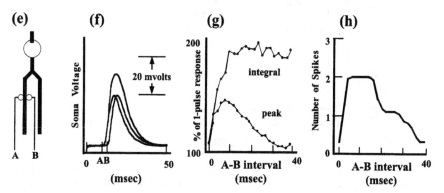

Abb. 1.29 Beispiel einer sublinearen Summation von zeitgleichen Impulsen auf dem gleichen Zweig eines Dendritenbaumes (Maas u. Bishop 1998)

zur linearen Summation (Abb. 1.29) Man sieht das Integral in (g) und die durchschnittliche Zahl der Output-Aktionspotentiale in (h). Bedingungen, die die Ladungsdiffusion bremsen, verlängern die Zeitperiode, in dem die sublineare Summation auftritt.

Neben der räumlichen Struktur der Dendritenbäume und der Position von Synapsen in dieser Struktur, besitzen Synapsen eine dynamische Eigenschaft (Katz 1996). Die meisten Modelle künstlicher neuronaler Netze setzen ‚statische' Synapsen voraus bzw. unterstellen, daß sich die synaptische Wirkung nicht sprunghaft ändert, sondern ein Parameter ist, der sich nur langsam während des Lernprozesses ändern kann.

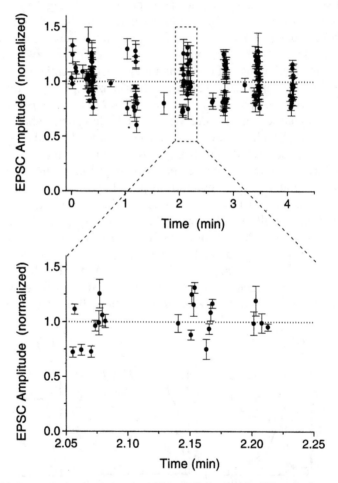

Abb. 1.30 Synaptische Reaktion in Abhängigkeit von der Historie der vorherigen Aktivitäten. Die gestrichelte Linie zeigt die Größe der Amplitude des PSP für eine konstante präsynaptische Anregung (Maas u. Bishop 1998)

Die Änderung (auch die sprunghafte) der synaptischen Wirkung wird synaptische Plastizität genannt (Abb. 1.30). Dargestellt sind die Amplitude von exzitatorischen postsynaptischen Flüssen (Excitatory Post Synaptic Currents (EPSC)) aufgenommen am CA1 Neuron als Reaktion auf eine Stimulation (Maas u. Zador 1999). Bestimmt wurde jeweils der Durchschnitt der Wirkung (dargestellt durch den Punkt) und die Abweichung für vier Wiederholungen (jeweils gekennzeichnet für jeden aufgezeichneten Punkt im Intervall in der Ordinate). Die gestrichelte Linie stellt zum Vergleich eine konstante (statische) synaptische Wirkung dar. Bei allen Aufzeichnungen einer synaptischen Wirkung die sich oberhalb der durchschnittlichen synaptischen Wirkung befindet, liegt eine Zunahme der synaptischen Wirkung, *Facilitation* genannt, vor und bei allen Aufzeichnungen, die geringer sind als die Durchschnittliche, liegt eine Abnahme der synaptischen Wirkung vor, *Depression* genannt.

Die zeitliche Abfolge zwischen präsynaptischen Emissionen von Aktionspotentialen variierte zwischen 1.95 ms und 35 s. In dem im unteren Teil in Abb. 1.30 dargestellten Ausschnitt, wird die Varianz der synaptischen Wirkung um ein Vielfaches von zwei für ein identisches präsynaptisches Aktionspotential im Detail erkennbar. Offensichtlich liegt die Dauer der Veränderung im Bereich von wenigen Millisekunden (ms oder msec).

Tabelle 1.3 Verschiedene Formen von synaptischer Plastizität

Phänomene	Dauer	Abhängigkeit
Short-term Enhancement		
Paired-pulse facilitation (PPF)	100 msec	Prä
Augmentation	10 sec	Prä
Post-tetanic potentiation	1 min	Prä
Long-term Enhancement		
Short-term potentiation (STP)	15 min	Post
Long-term potentiation (LTP)	> 30 min	Prä and Post
Depression		
Paired-pulse depression (PPD)	100 msec	Prä
Depletion	10 sec	Prä
Long-term depressions (LTD)	> 30 min	Pre and Post

Einige grundsätzliche Varianten sind in der Tab. 1.3 aufgelistet. Während einige eine Dauer von 10 bis 100 msec besitzen, dauern die anderen Stunden, Tage oder noch länger an (vgl. Tab. 1.3, Spalte „Dauer"). Ein weiterer Unterschied liegt in den Ursachen, die die Veränderung der synaptischen Wirkung auslösen. Während einige Formen von der Historie der präsynaptischen Stimulationen abhängen, sind andere von der Historie der postsynaptischen Reaktion abhängig (vgl. Tab. 1.3 Spalte: „Abhängigkeit"). Wiederum andere sind von beiden abhängig.

Die Kurzweiligen (PPF, Augmentation, Post-tetanic potentiation) entstehen nach kurzer und rapider präsynaptischer Stimulation, die sich durch eine stärkere präsynaptische Stimulierung in der Dauer verändert. Die Phänomene PPF und PPD setzen paarweise auftretende präsynaptische Aktionspotentiale voraus, in denen das zweite auftretende präsynaptische Aktionspotential eine höhere postsynaptische Reaktion erzeugt. Die Phänomene LTP und LTD, die eine längere Dauer (> 30 min) zeigen, beruhen auf einer Auslösung durch eine simultane, aber unabhängig auftretenden Aktivierung des prä- und postsynaptischen Potentials der Synapse.

1.4.2 Duales Verhalten einzelner Synapsen

Die zuvor charakteristisch skizzierten Phänomene beruhen auf Experimenten, bei denen das präsynaptische Neuron über mehrere Synapsen mit dem postsynaptischen Neuron verbunden ist (multiple Synapsen). Die dabei entstandene postsynaptische Reaktion ist eine Superposition von mehreren postsynaptischen Reaktionen der einzelnen Synapsen. Um die Entstehung der Synaptischen Plastizität systematisch zu ergründen, wurden einzelne postsynaptische Reaktionen der Synapsen isoliert. Das Ergebnis war sehr überraschend. Die Synapsen wiesen ein binäres Verhalten in der Reaktion auf präsynaptische Aktionspotentiale auf. Entweder gibt die präsynaptische Endung ein so genanntes Neurotransmitter-Vesikel in den synaptischen Spalt ab, und löst damit auf dem Dendrit des postsynaptischen Neurons einen elektrischen Impuls aus oder es erfolgt gar keine Reaktion. Gleichzeitig hat sich herausgestellt, daß die Durchschnittsgröße des elektrischen Impulses, der auf dem Dendrit des postsynaptischen Neuron bei der Freigabe des Vesikels ausgelöst wird, keine Gesetzmäßigkeit aufweist (vgl. Abb. 1.31, unteres Diagramm).

Allerdings besitzt die Freigabe-Wahrscheinlichkeit (oder auch Release-Wahrscheinlichkeit) eine Gesetzmäßigkeit in Abhängigkeit von der Spikeanzahl (vgl. Abb. 1.31 oberes Diagramm). Die stochastische Natur von synaptischen Verbindungen bilden die Basis für die sogenannte ‚Quantal'-Hypothese (Katz 1966), welche besagt, daß die Vesikel mit bestimmter Wahrscheinlichkeit freigegeben werden, wenn ein Signal an der präsynaptischen Endung anliegt.

Die Experimente auf neuromuskularen Verbindungen haben gezeigt, daß auch die einzelnen Synapsen einige Formen von Facilitation (Zunahme von Release-Wahrscheinlichkeit in Abhängigkeit von früheren Aktivitäten) bzw. Depression (Abnahme von Release- Wahrscheinlichkeit) aufweisen.

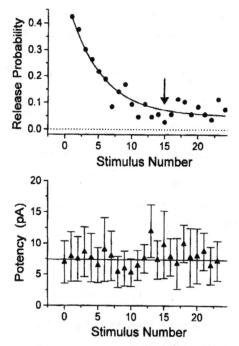

Abb. 1.31 Temporäre Entwicklung der Freigabewahrscheinlichkeit (oben) und Amplitude (Durchschnitt und Standardabweichung) der postsynaptischen Aktionspotentiale für eine Folge von präsynaptischen Aktionspotentialen von 10 Hz, ermittelt an einer Synapse des Hippocampus einer Ratte

Auf den ersten Blick scheint zwischen dem beobachteten Verhalten der synaptischen Plastizität und dem binären Verhalten einzelner Synapsen ein Widerspruch zu bestehen. Aber wenn bedacht wird, daß in den Experimenten multiple Synapsen zu Grunde gelegt wurden, wird erkennbar, daß die Größe der postsynaptischen Reaktion direkt von der Anzahl der Synapsen abhängt, die die Vesikel freigegeben haben, und damit von der Release-Wahrscheinlichkeit einzelner Synapsen (Maas u. Zador 1999).

1.4.3 Quantitative Modelle für die Bestimmung der postsynaptischen Reaktion

Wie schon zuvor beschrieben wurde, zeigen die Synapsen ein duales Verhalten: entweder die Freigabe des Vesikel oder das Ausbleiben der Freigabe. Das folgende stochastische Modell modelliert das Verhalten einer einzelnen dynamischen Synapse. In diesem Modell werden die präsynaptischen Aktionspotentiale als eine aufsteigende Folge t' von Aktivierungszeiten, den Aktivierungszeitpunkten $t_1 < t_2 < \dots$ aus $\mathfrak{R}^+$ als präsynaptischer

Eingabestrom definiert. Für jede Folge t´ von Aktionspotentialen wird durch die Synapse die Ausgabefolge S(t´) berechnet. Für jede Synapse kann daher eine stochastische Ausgabefolge t´→ S(t´) ausgehend von einer Folge t´ von Aktivierungszeitpunkten von präsynaptischen Aktionspotentialen definiert werden:

$$S(t´) := \{\ t_i \in t´ \ |\ \text{zum Aktivierungszeitpunkt } t_i$$
$$\text{wird ein Vesikel der Synapse S freigegeben } \}$$

Alternativ kann die Ausgabefolge als Freigabemuster

$$q` = q_1 q_2 ... \in \{R,F\}$$

dargestellt werden, in denen R für Release (Freigabe) und F für *Failure* (keine Freigabe) stehen, d.h. das Release-Muster wird also nach folgender Regel gebildet:

$$q_i := \begin{cases} R, & t_i \in S(t) \\ F, & \text{sonst} \end{cases}$$

Als wesentlichste Eigenschaft des Modells wird für eine präsynaptische Eingabefolge von Aktionspotentialen $t´ = (t_1, \ldots , t_k)$ die Wahrscheinlichkeit $P_S(t_i)$, zu der die Synapse S ein Transmitter-Vesikel zur Zeit t_i (i-tes präsynaptisches Aktionspotential) freigibt, definiert durch

$$p_S(t_i) := 1 - e^{-C(t_i)\,V(t_i)}$$

Eine Voraussetzung des Modells ist, daß die Release-Wahrscheinlichkeit nur für $t_i \in \underline{t} : p_S(t_i) \geq 0$ ungleich Null und für alle anderen Zeitpunkte Null ist $\left(\forall t_i \notin \underline{t} : p_S(t_i) = 0\right)$. Daher kann nur dann, wenn ein präsynaptisches Aktionspotential aktiviert ist, ein Vesikel der Synapse freigegeben werden. $C(t) \geq 0$ beschreibt in Abhängigkeit der Zeit die momentane Steigerung der synaptischen Wirkung und die Funktion $V(t) \geq 0$ beschreibt (als dem entgegen gesetzt wirkender Parameter der Synapse) die momentane Hemmung der synaptischen Wirkung. Der Zustand der Anregung der synaptischen Wirkung ist als Funktion der Zeit wie folgt definiert:

$$C(t) := C_0 + \sum_{t_i < t} c\,(t - t_i)$$

$$\text{mit } c(s) := \alpha \cdot e^{\frac{-s}{\tau_C}}$$

Der Parameter $C_0 \geq 0$ ist eine Konstante, dessen Entsprechung im Modell der elektro-chemischen Grundprinzipien von Nervenzellen in der

Restkonzentration von Kalzium in der präsynaptische Endung besteht. Die exponentielle Reaktionsfunktion c(s) modelliert die Reaktion von C(t) auf ein präsynaptisches Aktionspotential, der die präsynaptische Endung zum Zeitpunkt t_i erreicht hat. Insgesamt modelliert die Funktion C(t) in abstrakter Weise die internen Prozesse, die für die Verstärkung der synaptischen Wirkung einer einzelnen Synapse und damit der momentanen Wahrscheinlichkeit für emittierte Vesikel in Abhängigkeit der zeitlichen Abfolge von präsynaptischen Aktionspotentialen verantwortlich sind. Die Parameter α > 0 und τ_c > 0 beschreiben die Größe und zeitliche Ausdehnung der Änderung. Im Modell der elektro-chemischen Grundprinzipien von Nervenzellen wird die Änderung der synaptischen Wirkung durch die Konzentration von Kalzium in der präsynaptischen Endung motiviert. Die Funktion $V(t)$ beschreibt den Zustand der momentanen Hemmung der synaptischen Wirkung und wird wie folgt definiert:

$$V(t) := \max(\, 0, V_0 - \sum_{\substack{t_i \in S(\underline{t}), \\ t_i < t}} v\,(t - t_i)\,)$$

$$\text{mit} \quad v(s) := e^{\frac{-s}{\tau_V}}$$

Insgesamt modelliert $V(t)$ in abstrakter Weise die internen synaptischen Prozesse, die für die Minderung der synaptischen Wirkung verantwortlich sind, z.B. nach dem Modell der elektro-chemischen Grundprinzipien von Nervenzellen die Erschöpfung des Pools mit den zur Freigabe bereiten Vesikel. Dabei kann V_0 als die maximale Anzahl der Vesikel, die in diesem Pool gespeichert werden können, aufgefaßt werden und der Menge von einem Vesikel als der den der Pool schrittweise bei Freigabe verringert wird. Entsprechend ist der Minimalwert Null, wenn der Pool leer ist und dieser Wert kann nicht weiter unterschritten werden. Eine Veränderung der Hemmung der Synapse erfolgt nur dann, wenn ein Vesikel freigegeben wird ($t_i \in S(t')$). Entsprechend verändern die präsynaptischen Aktionspotentiale, die keine Vesikel-Freigabe ausgelöst haben, den Verlauf von $V(t)$ nicht. Die Reaktionsfunktion v(s) verläuft analog zu $c(s)$ exponentiell mit Vorgabe des zeitlichen Verlaufs durch die Konstante τ_V > 0, die in Anlehnung an das elektro-chemische Modell entsprechend interpretiert werden kann.

In Abb. 1.32 ist für eine gegebene Folge von präsynaptischen Aktionspotentialen (vgl. die in der obersten Zeile der Abbildung dargestellte Folge von Aktionspotentialen („presynaptic Spikes"), zu den in der letzten Zeile illustrierten Zeitpunkten), das postsynaptische Freigabemuster einer Synapse nach dem stochastischen Modell für eine einzelne Synapse (Zeile „release pattern") bestimmt worden.

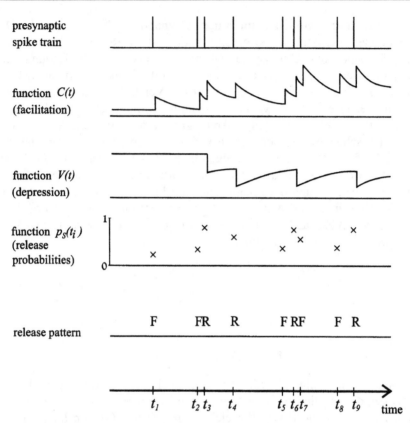

Abb. 1.32 Entwicklung der synaptischen Ausgabefolge von Vesikeln in Abhängigkeit einer Folge von präsynaptischen Aktionspotentialen als Eingabe, die beruhend auf dem stochastischen Modell für eine einzelne Synapse bestimmt wurde (Maas u. Bishop 1998)

Der Verlauf der Steigerung der synaptischen Wirkung ist für entsprechend konfigurierte Parameter in Zeile 2 der Abbildung („facilation") und für wiederum eigene Parameter der Verlauf der Hemmung der synaptischen Wirkung („depression") in Abhängigkeit der präsynaptischen Folge von Aktionspotentialen (und von tatsächlich freigegebenen Vesikeln) dargestellt.

Aus den Verläufen dieser beider Parameter der Synapse ergeben sich die Freigabewahrscheinlichkeiten in Zeile 4 („release probabilities") zu den entsprechenden Zeitpunkten. Vorausgesetzt ist ein stochastischer Verlauf der tatsächlich freigegebenen Vesikel, der für diese Folge von präsynaptischen Aktionspotentialen zu einer Freigabe der Vesikel ab einer Wahrscheinlichkeit von 0.6 führt.

1.4.4 Vereinfachtes quantitatives Modell einer Multiplen Synapse

Die Bestimmung des Verlaufs des postsynaptischen Potentials einer multiplen Synapse als Reaktion auf eine Folge von präsynaptischen Aktionspotentialen kann anhand eines einfachen quantitativen Modells beschrieben und die Güte dieses einfachen Model's anhand der Reaktion auf eine Folge von Aktionspotentialen mit einer Frequenz von 4 Hz evaluiert werden.

Die Amplitude des postsynaptischen Impulses $A(t_i)$ als Reaktion auf das i-te Aktionspotential einer Folge zum Zeitpunkt t_i wird als Produkt der Konstanten und der drei Funktionen F, D_1, D_2 modelliert:

$$A(t_i) = A_0 \cdot F(t_i) \cdot D_1(t_i) \cdot D_2(t_i)$$

Die Funktion F modelliert die Steigerung der synaptischen Wirkung der multiplen Synapse und kann durch den Verlauf der Funktion C(t) im vorausgegangenen Modell beschrieben werden. Wenn ein präsynaptisches Aktionspotential aktiviert wird, wird zum aktuellen Wert der Funktion F der feste Betrag $\alpha > 0$ addiert. Zwischen den Aktivitätszeitpunkten fällt der Funktionswert exponentiell (Zeitdauer bestimmt durch $\tau_c > 0$) auf den initialen Wert zurück.

Die Funktionen D_1 und D_2 modellieren die synaptische Depression in dualer Weise. Wenn ein präsynaptisches Aktionspotential aktiviert ist, wird der aktuelle Wert der Funktionen mit einem Faktor $d_i \in [0,1]$ multipliziert. Entsprechend dem Verlauf der Funktion $V(t)$ erholt sich der Wert wieder.

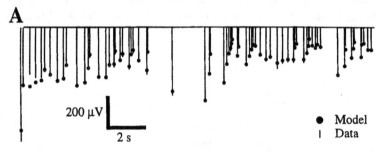

Abb. 1.33 Unterschied von experimentell ermittelter Amplitude des Aktionspotentials und der durch das Modell bestimmten (Maas u. Bishop 1998)

In Abb. 1.33 wird die mit dem quantitativen Modell bestimmte Amplitude (dargestellt durch Punkte für jeden Aktivierungszeitpunkt) mit den experimentell gemessenen Daten an einer multiplen Synapse im Vergleich dargestellt. Deutlich wird, wie genau dieses einfache quantitative Modell in diesem Experiment die Amplitude der multiplen Synapse als Reaktion auf eine Folge von präsynaptischen Aktionspotentialen moduliert.

Experimentell wurde die Modellierung genauer, je mehr individuelle Funktionen D_i für die Beschreibung der Hemmung verwendet wurden. Für eine exakte Bestimmung sind komplexere Modelle entwickelt worden, die für eine Freigabewahrscheinlichkeit der multiplen Synapse auf der Berücksichtigung jeder einzelnen Neuro-Transmitter-Freigabewahrscheinlichkeit der einzelnen Synapsen beruhen. Für das grundsätzliche Verständnis der Übertragungsphänomene an einer Synapse sind die hier die vorgestellten quantitativen Modelle eine Einführung (Zador 2001).

1.5 Reaktion der Nervenzelle auf eigene und präsynaptische Aktionspotentiale

Für die Beschreibung der Verarbeitung von Aktionspotentialen, die ein Neuron über die präsynaptischen Vernetzungen erreichen, wird im folgenden ein Modell vorgestellt, das die Reaktion des Neuron, im Gegensatz zu dem überwiegenden Teil der in den folgenden Kapitel vorgestellten Modellen Künstlicher Neuronaler Netze, nicht durch ein Schwellenwert-Gatter idealisiert, sondern die Reaktion des Neurons auf einen emittiertes Aktionspotential entsprechend typischer Aufzeichnungen vom biologischen Vorbild (vgl. Abb. 1.34) ähnlicher nachbildet.

In den vorausgegangenen Abschnitten ist die Generierung eines Ausgabeaktionspotentials durch eine Nervenzelle anhand des elektro-chemischen Modells und dessen Übertragung durch eine Depolarisationswelle beschrieben worden. Ein typisches biologisches Neuron besteht aus den drei Teilen: Dendriten, Zellkern (oder auch Soma) und Axon. Über die Dendriten nimmt

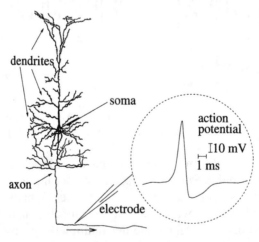

Abb. 1.34 Emittiertes Aktionspotential eines biologischen Neurons

die Nervenzelle Eingangssignale (entspricht einem das Potential verändernder Reiz) auf. Diese werden im Zellkern nach noch unbekannten nichtlinearen Verfahren verarbeitet und führen eventuell zur Veränderung des Zellpotentials. Überschreitet das Spannungspotential der Zelle einen gewissen Schwellenwert, emittiert das Neuron über das Axon ein neues Signal an weitere Neuronen. Das Neuron *aktiviert* ein Ausgabeaktionspotential (vgl. Abb. 2.34). Die Kontaktstellen zwischen dem Axon des emittierenden Neurons und dem Dendritenbaum eines angeschlossen Neurons sind die schon zuvor angeführten Synapsen. Das sendende Neuron wird gewöhnlich präsynaptisches Neuron und das empfangende postsynaptisches Neuron genannt.

Der Zustand eines Neurons i kann durch eine Zustandsvariable u_i beschrieben werden. Die Funktion $u_i(t)$ beschreibt den Wert von u_i im Verlauf der Zeit. Wenn u_i den Schwellenwert ϑ erreicht, sendet das Neuron einen Spike. Dieser Augenblick sei der Aktivierungszeitpunkt $t_i^{(f)}$. Die Menge aller Aktivierungszeitpunkte des Neurons i ist daher definiert durch

$$F_i := \{t_i^{(f)}; 1 \le f \le n\} = \{t \mid u_i(t) = \vartheta\}$$

Der letzte Aktivierungszeitpunkt wird als $t_i^{(n)}$ oder $\hat{t}$ notiert.

Zwei verschiedene Prozesse beeinflussen den Wert der Zustandsvariablen u_i:

Erstens wird u_i unmittelbar nach dem Senden eines Spikes erniedrigt bzw. „zurückgesetzt". Dies geschieht durch die Addition einer negativen Funktion $\eta_i(t - t_i^{(f)})$ zu $u_i(t)$. Ein typischer Verlauf einer solchen Funktion $\eta_i(s)$ ist in (Abb. 1.37 a) schematisch dargestellt. Sie ist Null für s $\le$ 0 und strebt gegen Null für s $\rightarrow \infty$, d.h. ihr Einfluß setzt nach dem emittierten Aktionspotential ein und nimmt im Zeitverlauf ab.

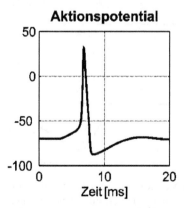

Abb. 1.35 Typischer Verlauf eines biologischen Aktionspotentials

Zweitens empfängt ein Neuron Ströme seiner präsynaptischen Neuronen $j \in \Gamma_i$, mit $\Gamma_i := \{ j \mid j$ ist ein präsynaptisches Neuron zu $i \}$.

Ein präsynaptischer Spike zum Zeitpunkt $t_j^{(f)}$ verändert die Zustandsvariable u_i um

$$w_{ij}\, \varepsilon_{ij}\left(t - t_j^{(f)}\right).$$

Das Gewicht w_{ij} steht für die Stärke der synaptischen Verbindung von Neuron j zu Neuron i. Die Funktion $\varepsilon_{ij}(s)$ stellt den Verlauf des postsynaptischen Potentials (PSP) dar, also des Potentials, das ein Neuron von einer vorgelagerten Synapse empfängt. Das Potential ist positiv bei exzitatorischen Synapsen, negativ bei inhibitorischen Synapsen. Man spricht deshalb von exzitarorischem bzw. inhibitorischem postsynaptischen Potential (EPSP bzw. IPSP vgl Abb. 1.36 (a) bzw. (b)). Selbstverständlichweise ist $\varepsilon_{ij}(s) = 0$ für $s \leq 0$.

Der zeitliche Verlauf des Potentials wird durch die Rücksetzfunktion („response function") $\varepsilon_{ij}(t - t_j^{(f)})$ beschrieben.

Es kann bei der Definition von $\varepsilon_{ij}(s)$ auch eine Übertragungsverzögerung Δ^{ax} berücksichtigt werden, dann gilt $\varepsilon_{ij}(s) = 0$ für $s \leq \Delta^{ax}$. Ein möglicher Verlauf eines EPSP mit Verzögerung ist in Abb. 1.37 (b) skizziert.

. Der Wert der Zustandsvariablen u_i zum Zeitpunkt t ist durch die lineare Überlagerung aller Einflüsse gegeben:

$$u_i(t) := \sum_{t_i^{(f)} \in F_i} \eta_i\left(t - t_i^{(f)}\right) + \sum_{j \in \Gamma_i} \sum_{t_j^{(f)} \in F_j} w_{ij}\varepsilon_{ij}\left(t - t_j^{(f)}\right)$$

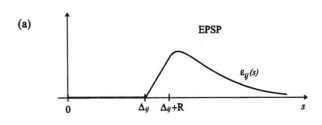

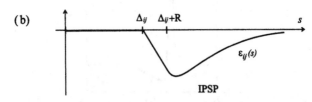

Abb. 1.36 (a) Typischer Verlauf eines exzitatorischen postsynaptischen Potentials (EPSP) im Modell. (b) Typischer Verlauf eines inhibitorischen postsynaptischen Potentials (IPSP) (Maas u. Bishop 1998)

Diese Summe beinhaltet die Reaktion des Neurons auf eigene Spikes (η_i) sowie auf präsynaptische Spikes (ε_{ij}).

Beide Formeln formen zusammen das *Spike Response Model* (SRM). In biologischer Hinsicht kann die Zustandsvariable u_i als elektrisches Membranpotential verstanden werden. Die Funktion $\varepsilon_{ij}(s)$ stellt die postsynaptischen Potentiale dar, und die Funktion $\eta_i(s)$ sorgt für sog. Refraktärphasen, in denen das Neuron gar nicht oder nur schwer angeregt werden kann.

Offensichtlich sind die Zeitpunkte $t_i^{(f)}$ für den Beginn der Refraktärphase durch die Erfüllung der Schwellenwertbedingung vorgegeben, und die Zeitpunkte einsetzender Einflüsse der präsynaptischen Synapsen durch deren Aktivierungszeitpunkte ($t_i^{(f)}$) gegeben.

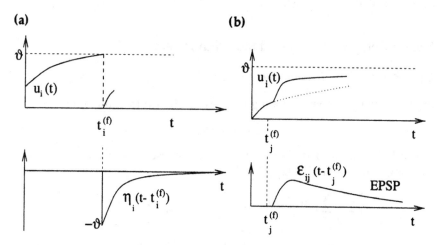

Abb. 1.37 (a) Typischer Verlauf einer „Rücksetzfunktion" $\eta_i(s)$ und ihr Einfluß auf den Zustand $u_i(t)$ eines Neurons nach dem Erreichen des Schwellenwerts ϑ im Zeitpunkt $t_i^{(f)}$. (b) Funktion $\varepsilon_{ij}(s)$ eines EPSP und ihr Einfluß auf den Zustand $u_i(t)$ nach einem präsynaptischen Spike zum Zeitpunkt $t_j^{(f)}$. (Maas u. Bishop 1998)

Nun sind geeignete Funktionsvorschriften für $\eta_i(s)$ und $\varepsilon_{ij}(s)$ *zu* definieren. Für $\eta_i(s)$ wäre z.B.

$$\eta_i(s) := -\vartheta \exp\left(-\frac{s}{\tau}\right) \mathrm{H}(s)$$

geeignet, wobei τ eine Zeitkonstante ist und $\mathrm{H}(s)$ die sogenannte *Heaviside-Funktion* darstellt, die für $s \leq 0$ den Funktionswert Null und sonst 1 annimmt. Sie sorgt dafür, daß $\eta_i(s) = 0$ für $s \leq 0$ gilt. Da die Exponentialfunktion für positive s stets im Intervall $]0;1[$ liegt, liegt der Funktionswert von $\eta_i(s)$ im Intervall $]-\vartheta;0]$. Es gilt $\lim_{s \downarrow 0} \eta_i(s) = -\vartheta$ und $\lim_{s \to \infty} \eta_i(s) = 0$, d.h. unmittelbar nach einem Spike wird der Zustand eines Neurons auf einen Wert $u_i(t_i^{(n)}) \to 0$ gesetzt. Der negative Einfluß auf die Membranspannung nimmt jedoch mit der Zeit ab (Abb. 1.37 (a)).

Der Verlauf des Einflusses eines Spikes eines präsynaptischen Neurons auf das Membranpotential wird durch folgende Funktion

$$\varepsilon_{ij}(s) := \left[\exp\left(-\frac{s - \Delta^{\alpha x}}{\tau_m} \right) - \exp\left(-\frac{s - \Delta^{\alpha x}}{\tau_s} \right) \right] H(s - \Delta^{\alpha x})$$

,

mit den Zeitkonstanten τ_s und τ_m und der axonalen Übertragungsverzögerung $\Delta^{\alpha x}$ definiert. Da auch hier die Exponentialfunktionen wie zuvor als Komponenten verwendet werden, ergibt sich ein Verlauf von $\varepsilon_{ij}(s)$ wie er in Abb. 1.36 dargestellt ist.

1.5.1 Interpretationen und Modifikationen

Dynamischer Schwellenwert

Im bisher vorgestellten Modell gilt die Schwellenwert-Bedingung:

$$u_i(t) = \vartheta.$$

Wird die für $u_i(t)$ definierte Funktion eingesetzt und die entstehende Gleichung umgestellt, so ergibt sich

$$\sum_{j \in \Gamma_i} \sum_{t_j^{(f)} \in F_j} w_{ij} \varepsilon_{ij}(t - t_j^{(f)}) = \vartheta - \sum_{t_i^{(f)} \in F_i} \eta_i(t - t_i^{(f)})$$

als dynamische Schwellenwert-Bedingung. Ein Spike wird ausgelöst, wenn die Summe der postsynaptischen Potentiale (linke Seite) den dynamischen Schwellenwert (rechte Seite) erreicht. Unmittelbar nach der Aktivierung wird der Schwellenwert erhöht und sinkt dann langsam wieder auf seinen asymptotischen Wert ϑ zurück (vgl. Abb. 1.38). Der dynamische Schwellenwert ist lediglich eine Interpretation des Spike-Response-Modells und keine Modifikation.

Kurzzeitgedächtnis

Um die analytische Behandlung des Spike-Response-Modells zu vereinfachen, kann angenommen werden, daß nur der jeweils letzte eigene Spike zur Refraktärphase eines Neurons beiträgt. Dies ist wegen

$$\lim_{s \to \infty} \eta_i(s) = 0$$

plausibel.

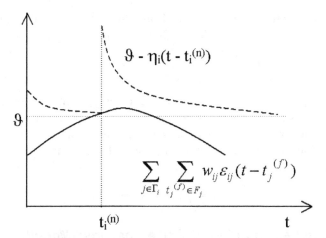

Abb. 1.38 Dynamischer Schwellenwert und Kurzzeitgedächtnis. Im Zeitpunkt $t_i^{(n)}$ erreicht die Summe der postsynaptischen Potentiale den dynamischen Schwellenwert und verursacht eine Aktivierung. Der Schwellenwert wird zunächst erhöht und fällt dann wieder gegen ϑ. Nur der letzte Spike hat eine Auswirkung auf den Schwellenwert.

Ein Neuron mit dieser Vereinfachung heißt Neuron mit Kurzzeitgedächtnis. Die bisherigen Definitionen müssen entsprechend modifiziert werden. Das Membranpotential eines Neurons ergibt sich jetzt aus:

$$u_i(t) := \eta_i(t - t_i^{(n)}) + \sum_{j \in \Gamma_i} \sum_{t_j^{(f)} \in F_j} w_{ij}\varepsilon_{ij}(t - t_j^{(f)})$$

Die dynamische Schwellenwert-Bedingung wird entsprechend modifiziert zu:

$$\sum_{j \in \Gamma_i} \sum_{t_j^{(f)} \in F_j} w_{ij}\varepsilon_{ij}(t - t_j^{(f)}) = \vartheta - \eta_i(t - t_i^{(n)})$$

Diese vereinfachte Bedingung wird unter Verwendung der Interpretation des dynamischen Schwellenwerts in Abb. 1.38 dargestellt.

Externer Input

Als eine letzte Modifikation des Spike-Response-Modells soll die Möglichkeit in Betracht gezogen werden, daß ein Neuron nicht nur spikeartigen Input von anderen Neuronen empfängt, sondern zusätzlich (oder statt dessen) einen analogen Strom. In der Realität kann ein solcher Strom bspw. von einem sensorischen Neuron stammen. Der Einfluß dieses Stroms auf das Membranpotential des Neurons i sei in der Funktion $h_i^{\text{ext}}(t)$ zusammengefaßt.

Der Gesamtbeitrag aller äußeren Einflüsse, d.h. von allen präsynaptischen Neuronen und einer analogen Quelle, ergibt sich als:

$$h_i(t) := \sum_{j \in \Gamma_i} w_{ij} \sum_{t_j^{(f)} \in F_j} \varepsilon_{ij}(t - t_j^{(f)}) + h_i^{\text{ext}}(t)$$

Für das Spike-Response-Modell mit Kurzzeitgedächtnis kann demnach der Verlauf des Soma-Potentials als Summe der Reaktionen auf präsynaptische Aktionspotentiale, dem Input sensorischer Neuronen und das letzte eigene Aktionspotential des Neurons (Kurzzeitgedächtnis) wie folgt definiert werden:

$$u_i(t) := \eta_i(t - t_i^{(n)}) + h_i(t)$$

Detaillierte Bestandteile des Spike-Response-Modells

In diesem Abschnitt sollen die Wahl der Bestandteile des Spike-Response-Modells begründet, sowie einige Bestandteile detaillierter erläutert werden. Der Output eines Neurons besteht aus Spikes. In realen Spike-Folgen ist der Verlauf des Aktionspotentials jedes Spikes eines Neurons in etwa gleich. Dies erlaubt es, Spikes als stereotype Ereignisse zu behandeln.

Für die Beschreibung des internen Zustands eines Neurons ist vor allem sein Membranpotential relevant. Deshalb wird für jedes Neuron i die Zustandsvariable u_i verwendet, die das Membranpotential darstellt. Spikes werden erzeugt, wenn das Membranpotential den Schwellenwert ϑ von einem niedrigeren Wert ausgehend überschreitet. Die Menge der Aktivierungszeitpunkte des Neurons i mit erweiterter Schwellenwertbedingung ist demnach wie folgt zu definieren

$$F_i := \{t \mid u_i(t) = \vartheta \wedge u'_i(t) > 0\}$$

wobei $u'_i(t)$ die erste Ableitung von $u_i(t)$ darstellt. Anders als bisher ist hier die Überschreitung des Schwellenwerts von einem niedrigeren Wert ausgehend explizit formuliert. Diese Bedingung war jedoch im bisherigen Spike-Response-Modell immer erfüllt, denn u_i konnte nicht größer als ϑ werden, da die Variable beim Erreichen von ϑ stets auf einen niedrigeren Wert zurückgesetzt wurde.

Das Erreichen des Schwellenwerts löst auf mikroskopischer Ebene eine ganze Folge von Aktivitäten aus. Ionenkanäle öffnen und schließen sich, Ionen fließen durch die Zellmembran in das Neuron hinein und aus ihm hinaus. Diese Vorgänge resultieren in einer Spannungsspitze gefolgt von einem lang anhaltenden negativen Nachpotential (vgl. Abb. 1.39). Da diese Spannungsverläufe für ein Neuron jeweils gleich sind, können sie durch eine Funktion $\eta_i(s)$ beschrieben werden, wobei s die seit Erreichen des Schwellenwerts verstrichene Zeit darstellt, also $s = t - t_i^{(f)}$.

Da der exakte Verlauf der Spannungsspitze keinerlei Informationen beinhaltet, kann er vernachlässigt werden. Jedoch ist zu beachten, daß im Zeitraum der Spannungsspitze kein weiterer Spike ausgelöst werden kann. Dieser Zeitraum heißt *absolute Refraktärphase* und kann durch die Formel

$$\eta_i(s) = -\eta_0 \exp\left(-\frac{s - \delta^{abs}}{\tau}\right) H(s - \delta^{abs}) - K\, H(s)\, H(\delta^{abs} - s)$$

modelliert werden. Dabei steht $H(s)$ wieder für die Heaviside-Funktion mit $H(s) = 0$ für $s \le 0$ und $H(s) = 1$ sonst sowie τ für eine Zeitkonstante. Die Konstante η_0 bestimmt die Amplitude in der relativen Refraktärphase. Der erste Summand sorgt dafür, daß der Funktionswert nach der absoluten Refraktärphase bei einem negativen Wert beginnt und dann gegen Null strebt. Der zweite Summand läßt den Funktionswert für $0 < s < \delta^{abs}$ gleich $-K$ sein, $-K \to -\infty$. Diese Vereinfachung des tatsächlichen Spannungsverlaufs ist in Abb. 1.39 (b) schematisch dargestellt. Als weitere Vereinfachung kann auch die absolute Refraktärphase vernachlässigt werden.

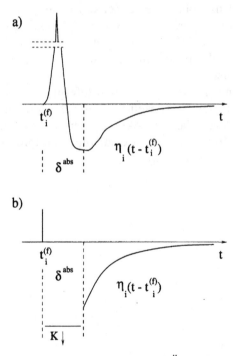

Abb. 1.39 (a) Tatsächlicher Spannungsverlauf bei Überschreitung des Schwellenwerts zum Zeitpunkt $t_i^{(f)}$ mit absoluter Refraktärphase δ^{abs}. (b) Vereinfachte Version mit Funktionswert $-K \to -\infty$ während der absoluten Refraktärphase, der eine weitere Aktivierung in diesem Zeitraum unmöglich macht.

Zur Erklärung der Funktion $\varepsilon_{ij}(s)$ im Spike-Response-Modell seien zwei durch eine Synapse verbundene Neuronen gegeben, das postsynaptische Neuron i und das präsynaptische Neuron j, welches zum Zeitpunkt $t_j^{(f)}$ einen Spike sendet. Dies hat einen Impuls zur Folge, der über das Axon des Neurons j zur Synapse wandert und dort eine Reaktion des Membranpotentials im Soma des Neurons i bewirkt. Diese Reaktion ist meßbar und wird das postsynaptische Potential genannt. Ein typischer Verlauf eines exzitatorischen postsynaptischen Potentials wurde bereits in Abb. 1.27 gezeigt.

Die Funktion $\varepsilon_{ij}(s)$ beschreibt einen solchen Verlauf, wobei $s = t - t_j^{(f)}$ die Zeit seit der Aktivierung des präsynaptischen Neurons darstellt. Die Reaktion des Membranpotentials des postsynaptischen Neurons setzt nicht unmittelbar ein, sondern mit einer Verzögerung, der *axonalen Übertragungsverzögerung* Δ^{ax}. Deshalb ist $\varepsilon_{ij}(s) = 0$ für $s \leq \Delta^{ax}$.

Der Verlauf für $s > \Delta^{ax}$ kann durch eine sog. α-Funktion

$$\alpha(s) := \frac{s - \Delta^{ax}}{\tau_s^2} \exp\left(-\frac{s - \Delta^{ax}}{\tau_s}\right) H(s - \Delta^{ax})$$

approximiert werden, wobei τ_s eine Zeitkonstante ist. Eine andere Möglichkeit ist die Verwendung zweier Exponentialfunktionen. In der Realität empfängt ein Neuron natürlich mehr Inputs als von nur einem präsynaptischen Neuron, wie hier im vereinfachten Spike Response Model mit Kurzzeitgedächtnis unterstellt.

Zu erklären ist noch, wie Nervenzellen Informationen codieren. Da das Aktionspotential in allen Nervenzellen die gleiche Amplitude und die gleiche Form besitzt, kann über das Aktionspotential selbst keine Codierung erfolgen. Auf die Möglichkeiten zur Codierung von Informationen wird im nächsten Kapitel näher eingegangen.

2 Künstliche Neuronale Netze

2.1 Modellierung von Neuronen

Die Bestandteile eines Künstlichen Neuronalen Netzwerks sind die von stark idealisierten Neuronen im Vergleich zu den im vorangegangenen Kapitel aufgeführten detaillierteren Eigenschaften einzelner Komponenten der Nervenzellen.

Sie bestehen – in Anlehnung an das biologische Vorbild – aus drei Komponenten: einem *Zellkörper* (*Zellkern, body*), den *Dendriten*, welche die Eingabe des Netzes in die Zelle aufsummieren, und einem *Axon*, welches die Ausgabe einer Zelle nach außen weiterleitet, sich verzweigt und mit den Dendriten nachfolgender Neuronen über Synapsen in Kontakt tritt. Die Stärke der Synapsen wird meist durch einen numerischen Wert, dem *Verbindungsgewicht*, dargestellt (Abb. 2.1). Hierbei sind a_i und a_j zwei Neuronen.

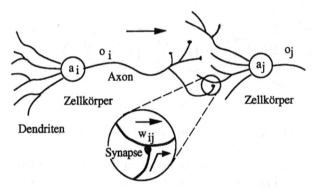

Abb. 2.1 Idealisierung zweier Neuronen und ihrer Vernetzung

Formal kann ein einzelnes Neuron wie folgt beschrieben werden:

Definition 2.1 (*Künstliches Neuron*)
Ein künstliches Neuron ist ein Tupel $\left(\vec{x}, \vec{w}, f_a, f_o, o \right)$ bestehend aus:

1. Eingabevektor $\quad\vec{x} := (x_1,...,x_n)$,
2. Gewichtsvektor $\quad\vec{w} := (w_1,\cdots,w_n)$,
3. Aktivierungsfunktion f_a mit $f_a : IR^n \times IR^n \rightarrow IR$
4. Ausgabefunktion $\quad f_o$ mit $f_o : IR \rightarrow IR$

Dabei wird durch $f_o(f_a(\vec{x},\vec{w})) = o$ der Ausgabewert des Neurons erzeugt, der an die nachfolgenden Neuronen über die Axonkollaterale weitergeleitet wird.

Häufig wird als Aktivierungsfunktion die gewichtete Summe verwendet. In diesem Fall gilt:

Definition 2.2 (*Aktivierungsfunktion*)
Die Aktivierung eines künstlichen Neurons ist gegeben durch die Funktion

$$f_a\left(\vec{x},\vec{w}\right) \ := \ \sum_{i=1}^{n} x_i w_i \ .$$

Der Wert der Aktivierungsfunktion wird als *Aktivierung* oder *Aktivierungszustand* bezeichnet. Das Modell aus Abb. 2.1 läßt sich damit weiter vereinfachen (Abb. 2.2).

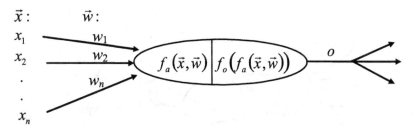

Abb. 2.2 Darstellung eines künstlichen Neurons ohne inneren Zustand

In manchen Fällen ist es – in Analogie zu den Nervenzellen – sinnvoll, einem Neuron einen „inneren Zustand" zuzuordnen. Für diese Variante wird Definition 2.1 modifiziert zu

Definition 2.3 (*Künstliches Neuron mit innerem Zustand*)
Ein künstliches Neuron mit innerem Zustand ist ein Tupel $(\vec{x},\vec{w},f_a,Z,f_o,o)$ bestehend aus:

1. Eingabevektor $\qquad\vec{x}$
2. Gewichtsvektor $\qquad\vec{w}$
3. Aktivitätsfunktion $\quad f_a$: $\quad IR \times IR \rightarrow IR$
4. Zustand $\qquad\qquad Z$
5. Ausgabefunktion $\quad f_o$: $\quad IR \rightarrow IR$

Hierbei ist die Ausgabefunktion f_o eine Funktion in Abhängigkeit von Z. Der Zustand hängt in diesem Fall ab vom „Altzustand" und der Veränderung der Aktivierungsfunktion, z.B.

$$Z^{neu} := Z^{alt} + f_a(\vec{x}, \vec{w})$$

Entsprechend Definition 2.3 läßt sich das Modell eines Neurons mit innerem Zustand darstellen wie in Abb. 2.3.

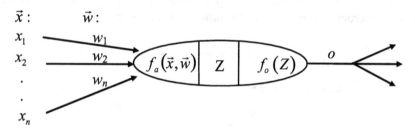

Abb. 2.3 Darstellung eines künstlichen Neurons mit innerem Zustand

Der Ausgabebereich eines Neurons wird in der technischen Realisierung unterschiedlich dargestellt. Unterschieden werden (quasi-) kontinuierliche und diskrete Wertebereiche. Im Falle kontinuierlicher Wertebereiche unterscheidet man wiederum Modelle, die alle reellen Zahlen als Werte zulassen, andere Modelle verwenden ein Intervall. Die meisten Modelle beschränken die Ausgabe auf ein Intervall, beispielsweise [0,1] oder [-1, +1]. Bedingt ist dies durch die Verwendung von nichtlinearen, häufig sigmoiden Ausgabefunktionen. Manche Modelle verwenden aus theoretischen Gründen diskrete Aktivierungszustände, wie etwa das ursprüngliche Hopfield-Modell. Diese werden dann beispielsweise auch in einer Implementierung als binäre Werte gespeichert und verarbeitet.

Bei den weiteren Betrachtungen beschränken wir uns meistens auf Definition 2.1, da die Übertragung der Ergebnisse auf Modelle nach Definition 2.3 einfach ist. Nur in einigen Fällen, z.B. bei der Beschreibung bestimmter historischer Modelle, wird auf die Definition 2.3 zurückgegriffen.

Bei der Vorstellung von biologischen Neuronen hatten wir gesehen, daß für die Auslösung eines Aktionspotentials ein gewisser Schwellenwert S

überschritten werden muß. Dies motiviert die Verwendung von binären Schwellenwertfunktionen.

Definition 2.4 *(Binäre Schwellenwertfunktion)*
Die Ausgabe eines Neurons mit innerem Zustand über eine binäre Schwellenwertfunktion ist gegeben durch

$$f_o\left(\sum_{l=1}^{n} x_l w_l\right) = \begin{cases} 1: & \text{\textit{falls}} \quad \sum_{l=1}^{n} x_l w_l \geq S \\ \\ 0: & \text{\textit{sonst.}} \end{cases}$$

Graphisch läßt sich das Ausgabeverhalten eines Neurons mit binärer Schwellenwertfunktion gemäß Abb. 2.4 darstellen.

Diese Art der Ausgabefunktion modelliert allerdings nicht die Intensität der aufeinander folgenden Aktionspotentiale eines biologischen Neurons. Deshalb werden lineare Ausgabefunktionen verwendet.

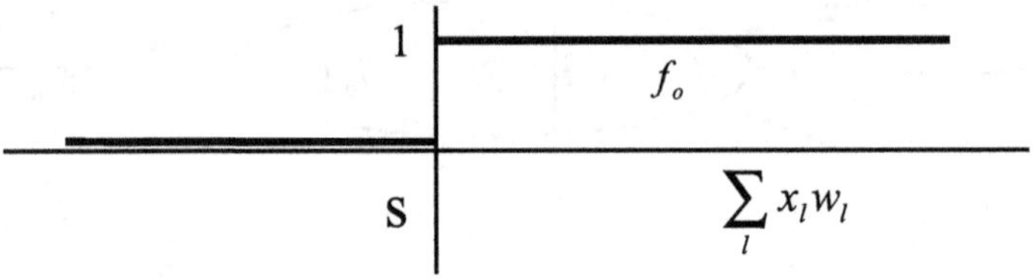

Abb. 2.4 Darstellung der Ausgabefunktion für die binäre Schwellenwertfunktion

Da der zeitliche Abstand, in dem die Aktionspotentiale durch die Nervenzelle weitergereicht werden, nach unten beschränkt ist, sollte in dem formalen Neuronenmodell eine beschränkte Ausgabefunktion Verwendung finden. Solche Ausgabefunktionen lassen sich durch semilineare Funktionen, d.h. mit in vorgegebenen Intervallen der gewichteten Aktivierung linearem Verlauf, der folgenden Form beschreiben:

$$f_o\left(\sum_{l=1}^{n} x_l w_l\right) = \begin{cases} 1 & : \quad \text{\textit{falls}} \quad \sum_{l=1}^{n} x_l w_l \geq \dfrac{1+a}{s} \\ \\ s * \left(\sum_{l=1}^{n} x_l w_l\right) - a & : \quad \text{\textit{falls}} \quad \dfrac{a}{s} \leq \sum_{l=1}^{n} x_l w_l < \dfrac{1+a}{s} \\ \\ 0 & : \quad \text{\textit{sonst.}} \end{cases}$$

Graphisch läßt sich ein derartiger Verlauf darstellen durch

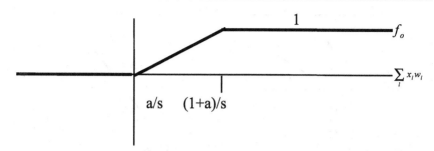

Abb. 2.5 Verlauf der semilinearen Ausgabefunktion in den durch die Parameter a und s vorgegebenen Intervallen der Aktivierung

Es scheint allerdings viel sinnvoller, die Aktivierung bzw. Ausgabe durch glattere, d.h. differenzierbare Funktionen zu beschreiben. Solche differenzierbaren und beschränkten Funktionen sind z.B. *s-förmige* oder auch *sigmoide* Funktionen. Genauer läßt sich dies definieren durch:

Definition 2.5 (Sigmoide oder s-förmige Funktion)
Eine Funktion $s_c : IR \rightarrow [0,1]$ heißt *sigmoide* oder *s-förmige* Funktion einer Neuronenzelle c, wenn sie monoton wachsend und differenzierbar ist und wenn

$$\lim_{\lambda \to -\infty} s_c(\lambda) = K_1 \text{ und } \lim_{\lambda \to \infty} s_c(\lambda) = K_2 \text{ mit } K_1 < K_2$$

gelten.

Abbildung 2.6 zeigt einige der gebräuchlichsten Aktivierungs- bzw. Ausgabefunktionen, wobei die beiden letzteren die am häufigsten verwendeten sind.
Mathematisch gibt der Schwellenwert (auch *bias* genannt) die Stelle der größten Steigung einer monoton wachsenden Aktivierungsfunktion an. Biologisch entspricht er der Reizschwelle, die erreicht werden muß, damit das Neuron „feuern" kann. In Simulationen kann dieser Schwellenwert unterschiedlich realisiert werden, entweder als Parameter in der Aktivierungsfunktion oder über einen zusätzlichen gewichteten Eingang (vgl. Abb. 2.6).

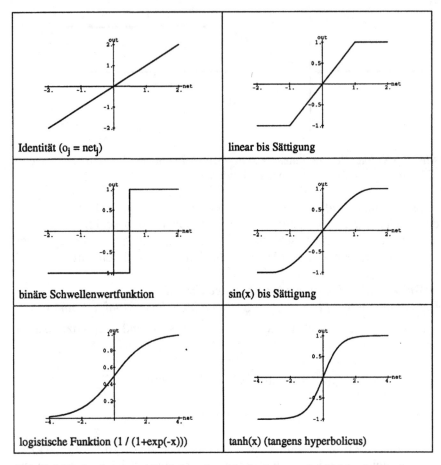

Identität (o_j = net$_j$)	linear bis Sättigung
binäre Schwellenwertfunktion	sin(x) bis Sättigung
logistische Funktion (1 / (1+exp(-x)))	tanh(x) (tangens hyperbolicus)

Abb. 2.6 Verlauf unterschiedlicher Ausgabefunktionen in Abhängigkeit der gewichteten Aktivierung

Realisiert man den Schwellenwert als Parameter von f_0, so hat man den Nachteil, daß die Schwellenwerte üblicherweise während der Lernphase mit trainiert werden müssen. Alternativ bietet sich die Hinzunahme einer zusätzlichen Bias-Eingabe an:

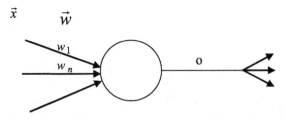

Abb. 2.7 Neuron mit Bias-Eingang als dynamischen Schwellwert

2.2 Struktur der Vernetzung

Verbindet man nun mehrere Neuronen miteinander, so erhält man ein Neuronales Netz. Dieses kann wie folgt formal definiert werden:

Definition 2.6 *(Neuronales Netz)*
Ein Neuronales Netz ist ein Paar (N, V) mit einer Menge N von Neuronen und einer Menge V von Verbindungen. Es besitzt die Struktur eines gerichteten Graphen, für den die folgenden Einschränkungen und Zusätze gelten (vgl. Abb. 2.8):

1. Die Knoten des Graphen heißen Neuronen.
2. Die Kanten heißen Verbindungen.
3. Jedes Neuron kann eine beliebige Menge von Verbindungen empfangen, über die das Neuron seine Eingaben erhält.
4. Jedes Neuron kann genau eine Ausgabe über eine beliebige Menge von Verbindungen aussenden.
5. Das Neuronale Netz erhält aus Verbindungen, die der „Außenwelt" entspringen, Eingaben und gibt seine Ausgaben über in der „Außenwelt" endende Verbindungen ab.

Graphisch läßt sich ein derartiges Netz z.B. darstellen wie in Abb. 2.8 darstellen.

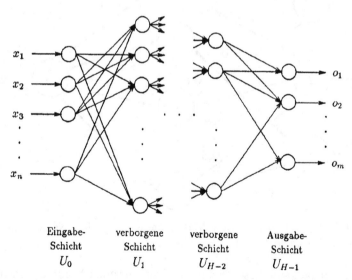

Abb. 2.8 Darstellung eines H-schichtigen künstlichen Neuronalen Netzes mit einer Eingabe-Schicht [engl.: *input-layer*], einer Ausgabe-Schicht [engl.: *output-layer*], entsprechend H-2 verborgener Schichten [engl.: *hidden-layers*] und ohne Rückkopplungen

Alle Verbindungen, die von anderen Neuronen zu einem einzelnen Neuron j gehen, ergeben den Eingabevektor $\vec{x}_j$ von j. Da, wie bereits beschrieben, bei den meisten neuronalen Netzen die Eingabe gewichtet wird, kann man die Verbindungsstruktur (Topologie) in Form einer Matrix beschreiben. Zeilen und Spalten werden mit den Neuronen (Zellen) identifiziert und in den Kreuzungspunkt wird das Gewicht der Verbindung notiert und die Semantik der Komponentenschreibweise wie folgt definiert:

Definition 2.7 *(Komponentenschreibweise eines Neuronalen Netzes)*
Die Komponentenschreibweise eines Neuronalen Netzes ist gegeben durch eine Matrix $W = [w_{ij}]$ mit:

$w_{ij} = 0$:   Verbindung mit dem Gewicht 0 von Neuron i zu Neuron j

(entspricht einer fehlenden Verbindung)

$w_{ij} < 0$:   hemmende Verbindung der Stärke $|w_{ij}|$

$w_{ij} > 0$:   anregende Verbindung der Stärke $|w_{ij}|$

Die folgende Abbildung zeigt ein Neuronales Netz mit drei Schichten:

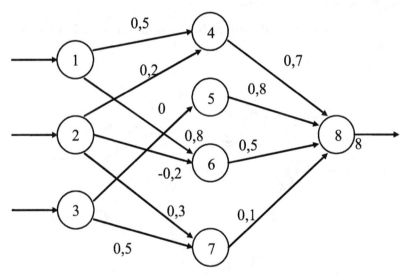

Abb. 2.9 Grafische Darstellung der Verbindungsstruktur eines Neuronalen Netzes anhand eines Beispielnetzes mit 3 Schichten

Entsprechend kann dieses Neuronale Netz in seiner Verbindungsstruktur tabellarisch in der Matrix-Komponenten-Schreibweise wie folgt repräsentiert werden:

Tabelle 2.1 Tabellarische Matrix-Komponenten-Darstellung der Verbindungsstruktur des Neuronalen Netzes aus Abb. 2.9

	1	2	3	4	5	6	7	8
1				-0,5		0,8		
2				0,2		-0,2	0,3	
3					0		0,5	
4								-0,7
5								0,8
6								0,5
7								0,1

Ist kein Wert für eine mögliche Vernetzung eingetragen, ist offensichtlich keine Vernetzung vorhanden. In diesem Fall entspricht der momentane Wert eines Gewichtes dem Betrag „Null".

Grundsätzlich können Neuronale Netze gemäß der nachfolgenden Grundstrukturen der Vernetzung klassifiziert werden.

2.2.1 Vernetzungsstrukturen ohne Rückkopplungen

Bei dieser Vernetzungsstruktur, die unter dem Begriff der „Feedforward-Netze" bekannt ist, existiert kein Pfad, der von einem gegebenen Neuron direkt oder über zwischengeschaltete Neuronen wieder zu diesem Neuron zurückführt. Mathematisch ist die Topologie des Netzes also ein azyklischer Graph. In der Matrixdarstellung wird daher eine obere Dreiecksmatrix erzielt, in der die Elemente unterhalb der Diagonalen entweder Null oder frei von Gewichten sind. Gleiches gilt für die Diagonale.

Die folgenden Arten dieses Typs der Vernetzungsstruktur lassen sich klassifizieren:

1. *Ebenenweise verbundene Feedforward-Netze:*
   Diese Netze sind in mehrere Ebenen (Schichten) eingeteilt. Es gibt nur Verbindungen von einer Schicht zur nächsten. Ein derartiges Netz ist in Abb. 2.8. dargestellt.
2. *Allgemeine Feedforward-Netze (mit shortcut connections)*
   Bei diesen Netzen gibt es neben den Verbindungen zwischen aufeinanderfolgenden Ebenen auch solche, die Ebenen überspringen, d.h. die direkt von einem Neuron in Ebene k zu einem Neuron in Ebene $k+i$ mit $i > 1$ verlaufen (s. Abb.2.10).
3. Bei ebenenweise verbundenen Feedforward-Netzen spricht man von *vollständig* oder *total verbundenen* Netzen, falls jedes Neuron einer Schicht mit jedem Neuron der folgenden Schicht verbunden ist.

In Abb. 2.10 ist ein Feedforward-Netz mit einem „Shortcut" graphisch dargestellt.

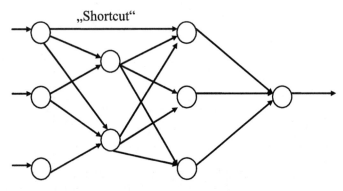

„Shortcut"

Abb. 2.10 Feedforward-Netz mit „Shortcut"

2.2.2 Vernetzungsstrukturen mit Rückkopplungen

Bei dieser Vernetzungsstruktur, die auch unter dem Begriff der „rekurrenten Netze" bekannt sind, werden Netze mit einer Vernetzungsstruktur bezeichnet, die Rückkopplungen aufweisen. Sie werden in die Klasse der Netze mit direkten Rückkopplungen (direct feedback), Netze mit indirekten Rückkopplungen (indirect feedback) und Netze mit Rückkopplungen innerhalb einer Schicht (lateral feedback) und vollständig verbundene Netze unterteilt. Formal lassen sich diese Vernetzungsstrukturen wie folgt beschreiben:

1. Netze mit direkten Rückkopplungen (*direct feedback*)
   Diese Netze erlauben es, daß ein Neuron seine eigene Aktivierung über eine Verbindung von seinem Ausgang zu seinem Eingang verstärkt oder abschwächt. Diese Verbindungen bewirken oft, daß Neuronen die Grenzzustände ihrer Aktivierungen annehmen, weil sie sich selbst verstärken oder hemmen. In der Matrix-Darstellung entsprechen die Rückkopplungen vorhandenen Gewichten in der Diagonalen.
2. Netze mit indirekten Rückkopplungen (*indirect feedback*)
   Bei diesen Netzen gibt es eine Rückkopplung von Neuronen höherer Ebenen zu Neuronen niederer Ebenen. Diese Art der Rückkopplung ist nötig, will man eine Aufmerksamkeitssteuerung auf bestimmte Bereiche von Eingabeneuronen oder auf bestimmte Eingabemerkmale durch das Netz erreichen. Entsprechend sind in der Matrix-Darstellung der Vernetzungsstruktur Gewichte verschieden von Null unterhalb der Diagonalen zu finden, die somit die Bedingung der oberen Dreiecksmatrix nur noch erfüllt, wenn die vorhandenen Gewichte Null sind.

3. Netze mit Rückkopplungen innerhalb einer Schicht (*lateral feedback*)
   Netze mit Rückkopplungen innerhalb derselben Schicht werden z.b.
   oft für Aufgaben eingesetzt, bei denen nur ein Neuron in einer Gruppe
   von Neuronen aktiv werden soll. Jedes Neuron erhält dann hemmende
   (inhibitorische) Verbindungen zu anderen Neuronen und oft noch eine
   aktivierende (exzitatorische) direkte Rückkopplung von sich selbst.
   Das Neuron mit der stärksten Aktivierung (der Gewinner) hemmt dann
   die anderen Neuronen, daher heißt eine solche Topologie auch *winner
   takes all*-Netzwerk.

4. Vollständig verbundene Netze
   Vollständig verbundene Netze haben Verbindungen zwischen allen
   Neuronen. Sie sind insbesondere als Hopfield-Netze bekannt geworden. Bei diesen gibt es allerdings noch 2 Restriktionen: Die Verbin-
   dungsmatrix muß symmetrisch sein und die Diagonale darf nur Nullen
   enthalten (kein direktes feedback).

Netze mit Rückkopplungen werden u.a. eingesetzt, um Zeitabhängigkei-
ten bei Daten, wie z.b. die Struktur einer Schwingung, modellieren zu können. Über die Rückkopplung erhält man als Netzeingabe nicht nur die „neu-
en" Daten, sondern auch wieder die (bereits verarbeiteten) „alten" Daten.

2.3 Arten des Lernens

Das Lernen innerhalb eines Netzes erfolgt durch Selbstmodifikation des
Netzes bzw. seiner Charakteristika gemäß einer fest vorgegebenen Vorschrift (Lernregel). Prinzipiell kann ein Lernprozeß aus den im folgenden
definierten Lernmechanismen (Selbstmodifikation) bestehen:

Definition 2.8 *(Lernmechanismen)*

1. Entwicklung neuer Verbindungen
2. Löschen existierender Verbindungen
3. Modifikation der Stärken der Verbindungen
4. Modifikation des Schwellenwertes (bzw. Bias)
5. Modifikation der Aktivierungs- bzw. Ausgabefunktion
6. Einfügen neuer Neuronen
7. Löschen bestehender Neuronen
8. Modifikation der Lernregel (z.B. durch Änderung der Parameter)
9. Indirektes Lernen der zeitlichen Charakteristik von Aktionspotentialen
   (beruhend auf den vorausgegangenen Mechanismen der Modifikation,
   Objekte sind sowohl einzelne Neuronen als auch die Vernetzung, Beispiel: Synchronisation)

Hierbei ist die dritte Methode, also ein Lernen durch Veränderung der Gewichte, die am häufigsten verwendete. Erst in letzter Zeit haben Verfahren, die auch eine Veränderung der Topologie beinhalten, eine zunehmende Bedeutung gefunden.

Eine weitere Unterscheidung besteht in der Art des verwendeten Lernparadigmas. Hier lassen sich prinzipiell drei Arten definieren und unterscheiden:

Definition 2.9 *(Arten des Lernens)*

1. Überwachtes Lernen (*supervised learning*)
   Beim überwachten Lernen gibt ein „externer" Lehrer dem Netz zu jeder Eingabe die korrekte Ausgabe oder die Differenz der tatsächlichen Ausgabe zu der korrekten Ausgabe an. Anhand dieser Differenz wird dann über die Lernregel das Netz modifiziert. Diese Technik setzt allerdings die Existenz von Trainingsdaten voraus, die aus Paaren von Ein- und Ausgabedaten bestehen.

2. Bestärkendes Lernen (*reinforcement learning*)
   Der Unterschied zum überwachten Lernen besteht hier darin, daß dem Netz lediglich mitgeteilt wird, ob seine Ausgabe korrekt oder inkorrekt war. Das Netz erfährt nicht den exakten Wert des Unterschiedes. Ihr Vorbild hat diese Art des Lernens in der Erziehung eines Tieres, welches ebenfalls nur durch Lob und Tadel erzogen werden kann.

3. Unüberwachtes Lernen (*unsupervised learning*)
   Bei diesem Lernparadigma (auch *self-organized learning* genannt) gibt es überhaupt keinen externen Lehrer. Das Netz versucht ohne Beeinflussung von außen die präsentierten Daten selbständig in Ähnlichkeitsklassen aufzuteilen.

Neben den bisher aufgezeigten Variationsmöglichkeiten – und damit Klassifikationsmöglichkeiten – für Künstliche Neuronale Netze lassen sich hinsichtlich der Äquivalenz der Neuronen innerhalb des Netzes weitere Varianten einführen, z.B.:

1. Alle Neuronen des Netzes besitzen die gleiche Aktivierungs- bzw. Ausgabefunktion
2. Nur die Neuronen innerhalb einer Schicht besitzen die gleiche Aktivierungs- bzw. Ausgabefunktion
3. Alle Neuronen des Netzes besitzen unterschiedliche Aktivierungs- bzw. Ausgabefunktionen.

Auch die Lernregel muß nicht für alle Neuronen identisch sein. Es ist sogar möglich, daß ein Neuron mehrere Lernregeln besitzt und z.B. jedes seiner Gewichte nach einer individuellen Lernregel modifiziert.

Wie man aus dieser Vielzahl von Variationsmöglichkeiten ersieht, gibt es nicht *das* Neuronale Netz, sondern eine Vielzahl unterschiedlicher Konzepte, denen jedoch allen gewisse Grundprinzipien gemeinsam sind.

2.4 Zeitliche Charakteristiken von Aktionspotentialen

2.4.1 Durchschnitt der emittierten Anzahl in einem Zeitfenster

Die erste und am häufigsten angewandte Definition der Aktivierungsrate für Neuronen ist die mittlere Anzahl von emittierten Aktionspotentialen (Spikes) eines Neurons über die Länge eines festgelegten Zeitfensters. Im Mittelpunkt dieser Variante steht die Auswahl der Länge des Zeitfensters, die die sich ergebene Aktivierungsrate entscheidend prägt. In Experimenten wird die Zeitfensterlänge abhängig von den untersuchten Neuronen und dem Stimulus gewählt. Übliche Werte in der Praxis sind zwischen 100 ms und 500 ms.

Definition 2.10 *(Aktivierungsrate eines Neurons)*
Die Aktivierungsrate anhand der mittleren Spike-Anzahl ist definiert durch

$$v := \frac{n_{sp}(T)}{T}$$

mit:

v	Spike-Aktivierungsfrequenz [Hz]
T	Zeitfensterlänge [ms]
$n_{sp}(T)$	Anzahl Spikes innerhalb der Länge des Zeitfensters T

In Situationen eines konstanten oder sich langsam bewegenden Stimulus, der keine schnellen Reaktionszeiten des Organismus erfordert, ist eine Kodierung mittels zeitlich gemittelten Aktivierungsraten vertretbar. Diese Definition der Aktivierungsrate wurde besonders in Experimenten an sensorischen oder motorischen Systemen erfolgreich verwendet. Ein klassisches Beispiel ist das Experiment an Dehnrezeptoren in Muskeln von (Adrian 1926).

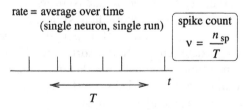

Abb. 2.11 Zusammengefaßte Elemente und Bedingungen der Definition der Aktivierungsrate als zeitliche Mittelung der Spike-Anzahl

Das älteste Konzept zur Dekodierung der Neuronenaktivität geht davon aus, daß eine erhöhte Anzahl von Spikes innerhalb eines bestimmten Zeitintervalls einen stärkeren Stimulus identifiziert.

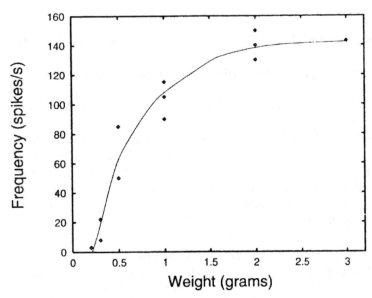

Abb. 2.12 Beziehung zwischen dem Gewicht auf dem Froschmuskel und der Aktivierungsrate der Dehn-Rezeptor-Neuronen (Adrian 1926)

Dieses Konzept geht auf Forschungen von Adrian (Adrian 1926) zurück. In einem Experiment hat Adrian nachgewiesen, daß die Aktivierungsraten der Dehn-Rezeptor-Neuronen von Muskeln in Beziehung zur Arbeitskraft dieser Muskeln stehen, d.h. die Anzahl der beobachteten aktiven Neuronen steigt mit der Anzahl der Kraftanstrengung der entsprechenden Muskeln an (Adrian 1926). Die genauen Aufzeichnungen dieses Versuches sind in Abb. 2.12 ersichtlich. Es fällt auf, daß die Kurve monoton ansteigt und sich ab 2 Gramm eine Sättigung bei der maximalen Aktivierungsrate des Neurons einstellt. Diese liegt bei den beobachteten Neuronen bei circa 140 Spikes pro Sekunde.

Weiterhin hat Adrian herausgefunden, daß Neuronen nur vorübergehend eine hohe Aktivierungsrate aufrechterhalten können. In Abb. 2.13 fällt trotz eines gleich bleibenden Stimulus z.B. Druck, die Aktivierungsrate der Neuronen mit der Zeit deutlich ab. Nach Adrian geschieht dies, weil das Lebewesen sich dem Stimulus anpaßt und dadurch eine geringere Wahrnehmung des Stimulus stattfindet. Dies führt dann zu einer geringeren Aktivierungsrate der entsprechenden Neuronen.

Zahlreiche Studien haben die oben behandelten Thesen bestätigt. In verschiedensten Lebewesen konnten diese Aussagen u.a. im Empfindungs- und Bewegungssystem nachgewiesen werden, z.b. die Untersuchung von Berührungsrezeptoren in einem Blutegel von Kandel und Schwartz (Kandel u. Schwartz 1991).

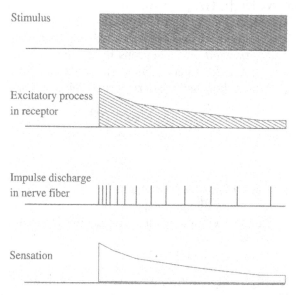

Abb. 2.13 Beziehung zwischen Aktivierungsrate und konstantem Stimulus, gekennzeichnet durch abnehmende Wahrnehmung (Sensation) (Gerstner u. Kistler 2002)

Die Aktivierungsratenhypothese hat dazu geführt, daß viele Aufgabenbereiche einzelner Neuronen erforscht werden konnten. Trotzdem gibt es inzwischen zahlreiche Hinweise dafür, daß die Aktivierungsratenhypothese nicht alleine für die Entschlüsselung der Informationen in Aufzeichnungsketten von Spikes ausreicht und die genauen Zeitpunkte der Aktionspotentiale in die Auswertung der „Spike Trains" (Aufzeichnung einer direkten Folge von Aktionspotentialen in einem entsprechendem zeitlichen Intervall) mit einbezogen werden müssen.

2.4.2 Spike-Intensität anhand der Mittelung über Wiederholungen

Bei dieser Definition der Aktivierungsrate wird ein Stimulus in mehreren Durchläufen wiederholt. Dabei wird das Neuron in mehreren Durchläufen immer mit einer identischen Dauer dem Stimulussignal ausgesetzt. Die jeweiligen emittierten Aktivierungsabfolgen werden aufgezeichnet und in ein so genanntes „Post-Stimulus-Time-Histogram" (PSTH) eingetragen.

Weiter definiert man die Länge eines kurzen Zeitintervalls Δt im Bereich von einer ms bis zu mehreren ms. Anhand des PSTHs werden dann für die Zeiträume *vor*, *während* und *nach* der Stimulierung jeweils in den kurzen Zeitintervallen [t, t+Δt] die Anzahl der Spikes gezählt und innerhalb dieses Zeitintervalls vertikal über alle Durchläufe summiert. Die Summe der Spikes dividiert durch die Anzahl der Durchläufe K ist das Maß der *normalen Aktivität* eines Neurons im Zeitintervall [t, t+Δt]. Eine weitere Division durch die Intervalllänge Δt ergibt die Spike-Intensität. Diese ist natürlich nicht konstant sondern variiert mit der Zeit t:

$$\rho(t) = \frac{1}{\Delta t} \frac{n(t; t + \Delta t)}{K}$$

wobei:

$\rho(t)$	Spike-Intensität zu Zeitpunkt t
Δt	Zeitintervalllänge [ms]
$n(t; t+\Delta t)$	Summe der Spikes aller Durchläufe innerhalb des Zeitintervalls [t, t+Δt]
K	Anzahl der Durchläufe

Um eine reellwertige Aktivierungsrate zu erzielen, wird die zeitabhängige Spike-Intensitätsfunktion oft „geglättet". Setzt man für t einen Wert ein, erhält man dann die Aktivierungsrate des Neurons zu Zeitpunkt t.

Diese Sichtweise erscheint in Situationen eines zeitabhängigen Stimulus als vernünftig, um die neuronale Aktivität zu evaluieren. So kann nach

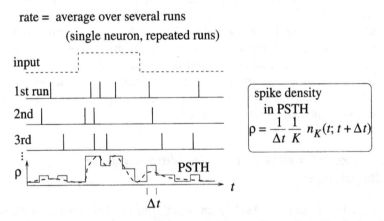

Abb. 2.14 Ermittlung der Aktivierungsrate über mehrere Durchläufe in einem PSTH und Approximation durch eine stetige Aktivierungsrate (Gerstner u. Kistler 2002)

mehreren Versuchen zum Beispiel festgestellt werden, ob eine Reaktion des Neurons zum Zeitpunkt der Stimulation vorliegt oder wie lange es im Durchschnitt dauert, bis das Neuron auf den Stimulus reagiert. Weiterhin hilfreich ist dieses Verfahren in Situationen, wo eine sehr große Anzahl von Neuronen unabhängig voneinander auf den gleichen Stimulus reagiert. Für diesen Fall ist es experimentell einfacher, anstatt in einem Durchlauf alle Aktivierungen aller Neuronen aufzuzeichnen, in mehreren Durchläufen die Aktivierung eines einzigen Neurons aufzuzeichnen.

2.4.3 Aktivierungsrate anhand der durchschnittlichen Populationsaktivierung

Es existiert eine große Anzahl an Neuronen in unserem Gehirn. Sehr oft ist es der Fall, daß sehr viele Neuronen auf denselben Stimulus reagieren. In Versuchen faßt man daher diese Neuronen in einer Population zusammen. Die *idealisierte Situation* ist, daß Neuronen innerhalb einer Population identische Eigenschaften besitzen – wie zum Beispiel ein identisches Muster von Eingangs- und Ausgangsverbindungen – und identisch reagieren. Eine weitere Annahme ist, daß die emittierten Spikes einer Population j gleichförmig auf eine andere Population k einwirken. In diesem idealisierten Szenario bedeute dies, daß jedes Neuron in der Population k Signale von allen Neuronen der Population j empfangen können.

Die Aktivierungsrate auf Basis der Populationsaktivität – aus Sicht der präsynaptischen Population j – wird definiert als:

Definition 2.11 *(Aktivierungsrate als durchschnittliche Populatonsaktivierung)*
Die Aktivierungsrate $A(t)$ auf der Basis der Populationsaktivität ist gegeben durch:

$$A(t) = \frac{1}{\Delta t} \frac{n_{act}(t; t + \Delta t)}{N}$$

wobei:

   N Populationsgröße
   Δt Ein möglichst kleines Zeitintervall
   $n_{act}(t; t+\Delta t)$ Anzahl emittierter Spikes aller Neuronen der Population zwischen t und $t+\Delta t$.

Für die asymptotischen Betrachtungen $N \to \infty$ und $\Delta t \to 0$, wird für $A(t)$ eine stetige Größe und somit eine stetige Aktivierungsrate erzielt.

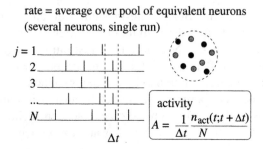

rate = average over pool of equivalent neurons
(several neurons, single run)

Abb. 2.15 Zusammengefaßte Elemente und Randbedingungen der Definition der Aktivierungsrate als Populationsaktivierung

Da die Populationsaktivierung sich ständig und schnell ändern kann und somit eine schnelle Reaktionszeit auf einen Stimulus nachbilden könnte, leidet diese nicht unter der Kritik, die berechtigt an der zeitlich gemittelten Aktivierungsrate geübt werden kann. Es ist jedoch unrealistisch, Neuronenpopulationen mit der oben beschriebenen Homogenität vorzufinden. Eine Variante dieser Definition wurde allerdings z.B. erfolgreich zur Interpretation der neuronalen Aktivität im motorischen Kortex von Primaten eingesetzt (Georgopoulos et al. 1986).

Unabhängig davon, nach welchem Konzept die Aktivierungsrate gebildet wird, ist zunächst zu kritisieren, daß die Verwendung von Aktivierungsraten alle Informationen vernachlässigen, die in dem exakten Timing der Spikes enthalten sind. Immer mehr Experimentergebnisse beweisen, daß Aktivierungsraten zu simpel zur Darstellung von neuronalen Nachrichten erscheinen. Ein Hauptargument liegt vor allem in den schnellen Reaktionszeiten der Organismen. Auf Grund von Verhaltensbeobachtungen und Messungen wurde festgestellt, daß die Reaktionszeiten zu kurz sind, um Aktivierungsraten überhaupt zu berechnen. Diese Tatsache ist daher inkonsistent zum naiven Konzept der Informationskodierung mittels Aktivierungsraten.

Verhaltensexperimente haben eine Reaktionszeit von Fliegen zwischen 30 und 40 ms ermittelt. In dieser kurzen Zeit reagieren Fliegen auf externe Stimuli und ändern ihre Flugrichtung. Betrachten wir die Definition der Aktivierungsrate mittels Summierung von Spikes und Mittelung dieser über lange Zeitfenster zwischen 100 und 500 ms, ist dies im Falle der Flugrichtungsänderung einer Fliege nicht möglich. Das menschliche Sehsystem kann visuelle Szenen innerhalb von wenigen hundert Millisekunden erkennen. Da der Erkennungsprozeß mehrere Verarbeitungsschritte benötigt, ist für die Berechnung der Aktivierungsrate keine entsprechende Zeit vorhanden.

Grundsätzlich sind die hier eingeführten verschiedenen Formen von Aktivierungsraten Möglichkeiten, das Ausgabeverhalten sowohl von Biologischen Neuronen als auch Künstlichen zu erfassen. Für die klassischen

Modelle Neuronaler Netze stehen binäre Ein/Ausgabe-Abbildungen, z.B. für die Mustererkennungen, oder statistische Eigenschaften der gelernten Ein/Ausgabe-Abbildung der Netze und des Lernprozesses im Vordergrund.

2.5 Geschichtliche Entwicklung klassischer Modelle

2.5.1 Historische Entwicklung

Die Anfänge der Entwicklung künstlicher neuronaler Netze gehen auf das Jahr 1943 zurück. In diesem Jahr beschrieben Warren McCulloch und Walter Pitts in ihrem Aufsatz *A logical calculus of the ideas immanent in nervous activity* neurologische Netzwerke basierend auf dem „McCulloch-Pitts"-Neuron und zeigten, daß auch einfache Klassen neuronaler Netze prinzipiell jede arithmetische oder logische Funktion berechnen konnten.

Abb. 2.16 Links: Warren McCulloch, Rechts: Walter Pitts

Diese Arbeit war der Anlaß für viele weitere Forscher, wie Norbert Wiener und John von Neumann, sich ebenfalls mit derartigen Untersuchungen zu beschäftigen. Diese ersten Netze besaßen aber noch nicht die Fähigkeit zur Selbstmodifikation bzw. damit verbunden zum Lernen. Es war ein Psychologe, der als erster ein derartiges Konzept anregte.

Abb. 2.17 Links: Norbert Wiener, Rechts: John von Neumann

1949 beschrieb Donald O. Hebb in seinem Buch *The Organization of Behaviour* die mittlerweile klassische Hebb'sche Lernregel als einfaches universelles Lernkonzept individueller Neuronen. Er verwendete diese Lernregel, um experimentelle Ergebnisse psychologischer Experimente zu begründen. In ihrer verallgemeinerten Form ist die Hebb'sche Lernregel bis heute Basis fast aller neuronalen Lernverfahren.

Abb. 2.18 Links: Donald O. Hebb, Rechts: Marvin Minsky

Der erste bekannte Neurocomputer wurde von Marvin Minsky 1951 entwickelt. Es war die Snark, die in der Lage war, ihre Gewichte automatisch einzusetzen. Sie wurde jedoch nie praktisch eingesetzt.

Abb. 2.19 Links: Frank Rosenblatt, Rechts: Karl Steinbuch

Der erste erfolgreiche Neurocomputer (*Mark I perceptron*) wurde in den Jahren 1957–1958 von Frank Rosenblatt, Charles Wightman und Mitarbeitern am MIT entwickelt und für Mustererkennungsprobleme eingesetzt. Er konnte bereits mit einem 20*20 Pixel großen Bildsensor einfache Ziffern erkennen und funktionierte mit Hilfe von 512 motorgetriebenen Potentiometern, je eines für jedes der variablen Gewichte. Neben dieser technischen Leistung ist Frank Rosenblatt besonders durch sein 1959 erschienenes Buch *Principles of Neurodynamics* bekannt geworden. In ihm beschreibt er detailliert verschiedene Varianten des Perceptrons und gibt auch einen Beweis dafür, daß das Perceptron alles, was es repräsentieren

Abb. 2.20 Links: Bernard Widrow. Rechts: Marcian E. Hoff

kann, durch das von ihm angegebene Lernverfahren lernen kann (Perceptron-Konvergenz-Theorem).

Daneben entstanden in den nächsten Jahren eine Reihe von Konzepten, z.B. von Oliver Selfridge oder von Karl Steinbuch, Bernard Widrow und Marcian E. Hoff stellten in *Adaptive switching circuits* das *Adaline* vor, ein adaptives System, das schnell und genau lernen konnte. Ähnlich wie das Perceptron war es ein binäres Schwellwert-Neuron. Bernard Widrow gründete auch später die Memistor Corporation, die erste Neurocomputing-Firma. Diese stellte *Memistoren* her, Transistor-ähnliche Elemente, mit denen die einstellbaren Gewichte eines künstlichen neuronalen Netzes realisiert werden konnten.

1969 unternahmen Marvin Minsky und Seymour Papert in ihrer Arbeit *Perceptrons* eine genaue mathematische Analyse des Perceptrons und zeigten, daß das Modell des Perceptrons viele wichtige Probleme gar nicht repräsentieren kann. Anhand einiger sehr einfacher Probleme, wie dem *XOR-Problem,* dem *„parity"-Problem* und dem *„connectivity"-Problem* (Problem eines neuronalen Netzes zu erkennen, ob eine gegebene Figur einfach verbunden ist oder aus mehreren separaten Figuren besteht) konnten sie zeigen, daß das ursprüngliche Perceptron, wie auch einige Varianten davon,

Abb. 2.21 Links: Seymour Papert, Rechts: Christoph von der Malsburg

diese und verwandte Probleme aus prinzipiellen Gründen nicht repräsentieren konnten. Ihre Schlußfolgerung jedoch, daß auch mächtigere Modelle als das Perceptron die gleichen Probleme aufweisen und damit das ganze Gebiet der neuronalen Netze ein *research dead-end* sei, war aus heutiger Sicht nicht zutreffend. Diese Schlußfolgerung führte zu dieser Zeit zu einer Stagnation des Gebietes. Die Konsequenzen dieser falschen Schlußfolgerung waren fatal.

Forscher auf diesem Gebiet erhielten in den nächsten 15 Jahren so gut wie keine Forschungsgelder, insbesondere keine Gelder der DARPA (*Defense Advanced Research Projects Agency*), so daß dieses Geld in das neue Gebiet „Künstliche Intelligenz" floß.

In diesen ca. 15 Jahren der geringen Anerkennung des Gebietes wurden allerdings von den heute berühmten Forschern die theoretischen Grundlagen für die heutige Renaissance des Gebiets gelegt.

Teuvo Kohonen stellte 1972 in seiner Arbeit *Correlation matrix memories* ein Modell des linearen Assoziierers, eines speziellen Assoziativspeichers, vor, das unabhängig von ihm auch James A. Anderson im gleichen Jahr präsentierte, allerdings aus neurophysiologischer Sicht. Charakteristisch für dieses Modell ist die Verwendung linearer Aktivierungsfunktionen und kontinuierlicher Werte für Gewichte, Aktivierungen und Ausgaben. Die Arbeiten von Anderson wurden von L. N. Cooper aufgegriffen und in *„A possible organization of animal memory and learning"* erweitert. Teuvo Kohonen wurde besonders durch seine selbstorganisierenden Karten bekannt, die u.a. 1982 in dem Artikel *„Self-organized formation of topologically correct feature maps"* (Kohonen 1982) beschrieben wurden. Von ihm sind besonders auch seine beiden Bücher *Associative Memory – A System Theoretic Approach* (Kohonen 1977) und *Self-Organization and Associative Memory* (Kohonen 1984, Kohonen 1989) erwähnenswert.

Abb. 2.22 Links: Teuvo Kohonen, Rechts: Rumelhart

Abb. 2.23 Links: Paul Werbos, Rechts: John Hopfield

Ein bedeutender deutscher Beitrag gelang 1973 Christoph von der Malsburg in seiner Arbeit *„Self-organization of orientation sensitive cells in the striata cortex".* Er verwendet ein komplexeres, biologisch besser motiviertes nichtlineares Neuronenmodell, mit dem er durch Computersimulationen zeigen konnte, daß die Zellen mit seinem Lernverfahren rezeptive Felder ähnlicher Orientierungsspezifität herausbildeten, wie sie in neurophysiologischen Arbeiten von Hubel und Wiesel festgestellt wurden.

Bereits 1974 entwickelte Paul Werbos in seiner Dissertation an der Harvard-Universität das Backpropagation-Verfahren, das allerdings erst ca. 10 Jahre später durch die Arbeiten von Rumelhart und McClelland seine große Bedeutung erlangte und von ihnen defacto neu entdeckt wurde.

Stephen Grossberg hat im Laufe der letzten 20 Jahre eine Vielzahl von Arbeiten veröffentlicht, die sich durch eine detaillierte mathematische Analyse der darin vorgestellten neuronalen Modelle auszeichnen, aber nicht leicht zu lesen sind. Viele seiner Arbeiten behandeln das Problem, wie ein neuronales Netz lernfähig (plastisch) bleiben kann, ohne bereits gelernte Muster durch neue Muster zu zerstören. Grossberg war einer der ersten, die sigmoide Aktivierungsfunktionen und eine nichtlineare laterale Hemmung verwendeten. Am besten bekannt sind derzeit seine Modelle der *Adaptive Resonance Theory (ART),* die mit Gail Carpenter und weiteren Mitarbeitern entwickelt wurden. Zu diesen gehörten ART-1, ART-2, ART-3, ARTMAP und Fuzzy-ART, um nur einige zu nennen.

John Hopfield, ein bekannter Physiker, schrieb 1982 einen sehr einflußreichen Artikel *„Neural Networks and physical systems with emergent - collective computational abilities"* (Hopfield 1982), in dem er binäre Hop1ield-Netze als neuronales Äquivalent der Ising-Modelle der Physik untersuchte. Zwei Jahre später erweiterte er das Modell auf kontinuierliche Hopfield-Netze und zeigte in *„Neurons with graded response have collective computational properties like those of two-state neurons"* (Hopfield 1984), daß diese ebenfalls mit Hilfe einer Energiefunktion untersucht werden können.

Abb. 2.24 Links: Stephen Grossberg, Rechts: Hermann Haken

Fukushima, Miyake und Ito stellten 1983 in „*Neocognitron: a neural network model for a mechanism of visual pattern recognition*" (Fukushima et al. 1983) mit dem Neocognitron ein neuronales Modell zur Positions- und Skalierungs-invarianten Erkennung handgeschriebener Zeichen vor. Dieses war eine Erweiterung des schon 1975 entwickelten Cognitrons (Fukushima 1975) und bestand aus einer Schichtweisen Folge einfacher und komplexer Zellen (S-Zellen und C-Zellen), wie sie auch im biologischen visuellen System von Katzen vorkommt. Interessant ist darin weiterhin der Einsatz rezeptiver Felder, Unschärfe-Operatoren (blurring) und die Verwendung gemeinsamer Verbindungen (shared weights). Diese Modelle wurden von Fukushima bis in die heutige Zeit systematisch weiter verbessert.

Einen besondere Popularität fanden die künstlichen Neuronalen Netze durch die Publikation des Lernverfahrens Backpropagation 1986 durch Rumelhart, Hinton und Williams in „*Learning internal respresentations by error propagation*" (Rumelhart et al.1986) in dem von Rumelhart und McClelland herausgegebenen Buch „*Parallel Distributed Processing*" (Rumelhart u. McClelland 1986) sowie der im gleichen Jahr erschienene Artikel in *Nature:* „*Learning respresentations by back-propagating errors*" (Rumelhart et al.1986). Darin wurde mit dem Lernverfahren Backpropagation ein im Vergleich zu den bisherigen Lernverfahren sehr schnelles und robustes Lernverfahren für mehrstufige vorwärts gerichtete Netze vorgestellt, das sich mathematisch elegant als Gradientenabstiegsverfahren des Netzwerkfehlers herleiten ließ.

Seit ca. 1986 hat sich das Gebiet geradezu explosiv entwickelt: die Zahl der Forscher auf diesem Gebiet beträgt derzeit mehrere Tausend, es gibt eine Vielzahl von wissenschaftlichen Zeitschriften, die als Hauptthema neuronale Netze haben (*Neural Networks, Neural Computation, Neurocomputing, IEEE Trans. on Neural Networks, etc.*), große anerkannte wissenschaftliche Gesellschaften wie die INNS (*International Neural Network Society*) die ENNS (*European Neural Network Society*), eine große IEEE-

sowie ACM-Fachgruppe über neuronale Netze und Fachgruppen nationaler Informatik-Gesellschaften wie die GI (Gesellschaft für Informatik).

Zu den deutschen Forschern, die sich auf diesem Gebiet hervorgetan haben, gehören Prof. Christoph von der Malsburg (Ruhr-Univ. Bochum), Prof. Hermann Haken (Univ. Stuttgart), Prof. Werner von Seelen (Univ. Dortmund), Prof. Günter Palm (Univ. Ulm), Prof. Rolf Eckmiller (Univ. Bonn) und Prof. Alex Waibel (CMU und Univ. Karlsruhe). Prof. von Seelen wurde durch neuartige neuronale Ansätze für das Stereosehen eines mobilen Roboters bekannt, Prof. Günter Palm ist durch seine theoretischen Arbeiten über Assoziativspeicher und ihre Hardware-Realisierung wissenschaftlich bekannt. Prof. Alex Waibel ist mit seinen Arbeiten über Time-Delay-Netze zur Spracherkennung hervorgetreten.

Zu nennen sind ferner die Arbeiten bei der Firma Siemens, bei denen nicht nur theoretische Grundlagen, sondern auch durch Ramach ein VLSI-Neurocomputer entwickelt wurde (Synapse), der z.B. auch an der Universität Münster im Einsatz ist.

2.5.2 McCulloch/Pitts

Das erste Modell für Neuronen wurde 1943 von W.S. McCulloch und W. Pitts entworfen. Es basiert auf den folgenden Annahmen:

Definition 2.12 *(McCulloch/Pitts Neuronenmodell)*

1. Ein Neuron ist ein binäres Schaltelement, welches entweder aktiv oder inaktiv ist.
2. Jedes Neuron besitzt einen festen Schwellenwert.
3. Ein Neuron empfängt sowohl Eingaben von erregenden (exzitatorischen) Synapsen, die alle das gleiche Gewicht besitzen als auch von hemmenden (inhibitorischen) Synapsen.
4. Eine einzige aktive hemmende Synapse verhindert die Aktivierung des gesamten Neurons.
5. Falls keine hemmende Synapse aktiv ist, werden die erregenden Eingaben addiert. Bei der Überschreitung des Schwellenwertes wird das Neuron aktiv.

Graphisch läßt sich ein McCulloch-Pitts-Neuron wie folgt darstellen:

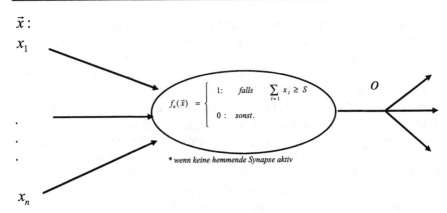

Abb. 2.25 Schematische Darstellung des McCulloch-Pitts-Neurons

Dabei ist S ein fest vorgegebener Schwellenwert, o die Ausgabe und $\vec{x}$ der Eingabevektor. Wie man sieht, war bei dem McCulloch-Pitts-Neuron noch keine Gewichtung (Identität) der Eingabe vorgesehen. Es handelt sich um ein rein „statisches" Neuron, d.h. es war keine Selbstmodifikation und damit auch keine Lernmöglichkeit vorgesehen.

McCulloch und Pitts untersuchten ihr Modell vor allem im Zusammenhang mit endlichen Automaten und mit Boole'schen Funktionen. Sie konnten u.a. zeigen, daß sich mit ihrem Neuronenmodell die logischen Verknüpfungen UND und ODER darstellen lassen. Hieraus folgt, daß sich auch alle Boole'schen Funktionen $b: \{0,1\}^n \rightarrow \{0,1\}$ durch ein dreischichtiges Netz von McCulloch-Pitts-Neuronen darstellen lassen. Dies ergibt sich unmittelbar daraus, daß jede Boole'sche Funktion in konjunktiver (oder alternativ in disjunktiver) Normalform darstellbar ist.

Die Modellierung von Boole'schen Funktionen kann mit diesem Neuronenmodell einfach realisiert werden:

Beispiel 2.1 „AND"-Funktion
Der „AND"-Funktion entspricht das „AND"-Neuron:

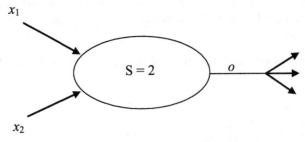

Abb. 2.26 McCulloch-Pitts-Neuron mit Schwellenwert für die „AND"-Funktion der Aussagenlogik

Gilt für die Eingabewerte $x_1 = x_2 = 1$, so liefert dieses Neuron als Ausgabe eine 1. Gilt dagegen $x_1 \neq 1 \vee x_2 \neq 1$, d.h. ist mindestens einer der Eingabewerte 0, so wird der Schwellenwert nicht erreicht und die Ausgabe ist 0. Da es sich bei dem McCulloch-Pitts-Neuron um ein binäres Neuron handelt, kann für S ein beliebiger Wert aus dem Intervall]1, 2] gewählt werden.

Beispiel 2.2 „OR"-Funktion
Wird im vorangegangenen Beispiel für den Schwellenwert S anstelle des Wertes 2 der Wert 1 gewählt, so erhält man ein McCulloch-Pitts-Neuron, welches die „OR"-Funktion modelliert:

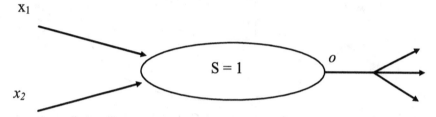

Abb. 2.27 McCulloch-Pitts-Neuron mit Schwellenwert für „OR"-Funktion der Aussagenlogik

Auch hier kann der Wert von S beliebig aus dem Intervall]0,1] gewählt werden. Die Arbeiten von McCulloch und Pitts haben eine Reihe von bekannten Wissenschaftlern, u.a. John von Neumann und Norbert Wiener, zu entsprechenden Untersuchungen animiert.
Eine Ausnahme im Vergleich zu den meisten anderen Modellen Neuronaler Netze bildet die Wirkungsweise von hemmenden Synapsen, wie in Definition 2.12 in den Konventionen 3.–5. zu finden. Dies muß bei der Modellierung von Booleschen Funktionen durch McCulloch Pitts Zellen berücksichtigt werden und in dieser Hinsicht ist die Aussage „logische Funktionen lassen sich durch diese Zellen einfach realisieren" auf die zuvor illustrierten Beispiele des AND und des OR eingeschränkt.
Um die graphische Repräsentation gemäß der in der Definition berücksichtigten aktiven hemmenden Eingaben zu vervollständigen, werden die hemmenden Eingaben als negierte Eingänge gekennzeichnet. Die Wirkungsweise unterscheidet sich gemäß der vorangegangen Definition jedoch von der üblichen Konvention der Aussagenlogik und der Darstellung in der Schaltungstechnik. Üblicherweise wird durch eine Negation in der Schaltungstechnik ein invertierter Eingang gekennzeichnet, der schlicht das Eingangssignal dieses Eingangs invertiert.

Für McCulloch Pitts besitzt ein derartig gekennzeichneter Eingang (im Beispiel der Eingang x_2) jedoch eine andere Bedeutung, die in Abb. 2.28 subsummiert ist. Um diese Konsequenz durch eine graphische Konvention erkennbar werden zu lassen, sind McCulloch-Pitts Zellen oval dargestellt. Die Interpretation der Wirkungsweise sollte sich daher entsprechend der Definition erschließen. Für das dargestellte Beispiel ist diese wie folgt:

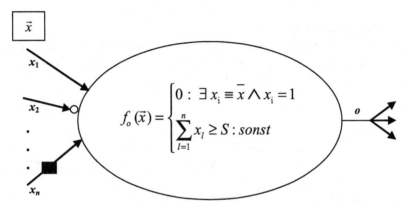

Abb. 2.28 Schematische Darstellung des McCulloch-Pitts-Neurons mit hemmendem und invertiertem Eingang

Wenn der Eingang x_2 das Eingangssignal eins besitzt, ist die Ausgabe des Neurons generell 0. Um ergänzend eine graphische Notation für ein invertiertes Eingangssignal für die McCulloch Pitts Zelle einzuführen, wird hierfür explizit ein Inverter in den Pfeil des Eingangssignals eingefügt (vgl. Eingang x_n in Abb. 2.28). Für McCulloch Pitts Zellen kann so ein hemmender und ein invertierter Eingang entsprechend der Definition exakt unterschieden werden.

2.5.3 Hebb'sche Lernregel

Die McCulloch-Pitts-Neuronen besaßen noch keine Lernfähigkeit, obwohl dies eine der Hauptcharakteristika von Neuronalen Netzen ist. Die erste Lernregel wurde von dem Psychologen Donald Hebb formuliert. Im Jahre 1949 veröffentlichte er einen Algorithmus, mit dem er die Lernfähigkeit des Gehirns zu klären versuchte. Der Lernmechanismus ist nach dem Lernprinzip unüberwacht. Sie basiert auf der Annahme, daß die Verbindung zwischen zwei Neuronen bei deren gleichzeitiger Aktivierung stärker gewichtet wird.

Der Algorithmus lautet:

„Wenn ein Axon der Zelle A nahe genug ist, um eine Zelle B zu erregen und wiederholt oder dauerhaft sich an der Aktivierung von Aktionspotentialen von B beteiligt, geschieht ein Wachstumsprozeß oder metabolische Änderung in einer oder beiden Zellen dergestalt, daß A´s Effizienz, als eine der von B aktivierenden Zellen anwächst."

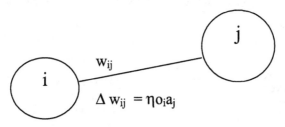

Abb. 2.29 Gewichtsänderung als Folge korrellierter Aktivierung

Überträgt man diesen Algorithmus in das mathematische Modell, so erhält man:

„Wenn Zelle j eine Eingabe von Zelle i erhält und beide gleichzeitig stark aktiviert sind, dann erhöhe das Gewicht w_{ij} (d.h. verstärke die Verbindung von Zelle i nach Zelle j)."

Als formale Lernvorschrift läßt sich die Hebb'sche Regel wie folgt definieren:

Definition 2.13 *(Hebb'sche Lernregel)*
In jedem Schritt wird das Gewicht an der Verbindung zwischen Neuron i und Neuron j verändert gemäß:

$$w_{ij}(t+1) = w_{ij}(t) + \Delta w_{ij}$$

$$\Delta w_{ij} = \eta \cdot o_i \cdot a_j$$

mit

$$\Delta w_{ij} \quad : \quad \text{Änderung des Gewichtes } w_{ij}$$

$$\eta \quad : \quad \text{Konstante (Lernrate)}$$

$$o_i \quad : \quad \text{Ausgabe der Vorgängerzelle } i$$

$$a_j \quad : \quad \text{Aktivität der Nachfolgerzelle } j$$

Die Änderung des Gewichtes einer Verbindung zweier Neuronen ist somit bei der Hebb'schen Lernregel abhängig von der konstanten Lernrate, der

Ausgabe des Vorgängerneurons und dem aktuellen Wert der Aktivitätsfunktion des Nachfolgerneurons.

Graphisch ist der Aktivierungsfluß des Hebb'schen Lernens zwischen
zwei Schichten für die Varianten der „feedforward"-Vernetzungsstruktur
in Abb. 2.30 illustriert:

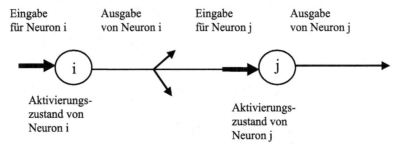

Abb. 2.30 Prinzipieller Fluß der Aktivierung für Feedforward-Varianten der Vernetzungsstruktur und dem Lernprinzip nach Donald O'Hebb

Viele der in den folgenden Jahren entwickelten Lernregeln basieren auf
dem Grundprinzip der Hebb'schen Lernregel.

Es gibt allerdings bei der Hebb'schen Lernregel ein Problem: Bei anhaltenden Aktivitäten beider Zellen i und j wachsen die Gewichte ins Unendliche; die Zellen kennen kein „Vergessen". Somit ist die Hebb'sche Lernregel nicht realistisch. Durch entsprechende Modifikationen läßt sich
dieser Nachteil jedoch beseitigen.

Grundsätzliche Methoden das Wachstum zu begrenzen sind die folgenden:

1. Veränderung der Lernrate in jeder Iteration, abhängig vom momenta-
    nen w_{ij}.
2. Angabe fester Ober- und Untergrenzen für w_{ij}
3. Manuelle Normalisierung der Gewichte nach jeder Iteration.

2.5.4 Das Perceptron

Das erste effektive Künstliche Neuronale Netzwerk wurde 1958 von dem
Psychologen F. Rosenblatt entwickelt und unter dem Namen „Perceptron"
vorgestellt. Genauer gesagt handelt es sich um eine Klasse von neuronalen
Netzwerken, da er eine Reihe von Modifikationen untersuchte, deren
Grundsystem jedoch stets identisch war. Dieses Grundschema orientiert
sich am Sehvorgang:

Das Grundschema der verschiedenen Perceptron-Varianten besteht aus
einer Eingabe („künstliche Retina"), einer Eingabeschicht mit mehreren

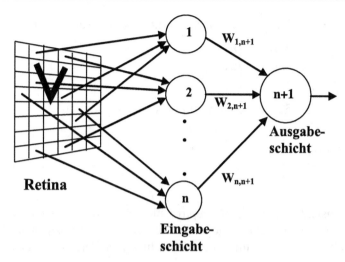

Abb. 2.31 Grundarchitektur des Perceptrons

Einheiten (Neuronen) und einer Ausgabeschicht (Neuronen) mit nur einer Ausgabe. Die Verbindungen zwischen der Retina und der Eingabeschicht sind fest und mehr oder weniger zufällig vorhanden. Die Neuronen der Eingabeschicht „beobachten" dabei mehrere Bildpunkte der Retina. Die Verbindungen der Eingabeschicht zur Ausgabeschicht sind über Gewichte modifizierbar.

Erfährt ein Neuron der Eingabeschicht einen Reiz, so sendet es einen (gewichteten) Impuls an die Ausgabeschicht. Die Ausgabeschicht addiert diese Impulse auf und wird aktiv, wenn die Summe einen festen Schwellenwert überschreitet. Da die Ausgabe nur zwei Zustände annehmen kann (erkannt/nicht erkannt), besteht seine Funktionalität in der Berechnung eines Prädikates $P(R)$, wobei R den Zustand der Retina beschreibt. Dementsprechend kann man ein Perceptron als ein zweischichtiges Feedforward-Netz charakterisieren.

Formal läßt sich ein Perceptron wie folgt definieren:

Definition 2.14 *(Perceptron)*
Ein (zweischichtiges und daher einstufiges) Perceptron ist ein Neuronales Netz $P = (N, V)$
   mit

1. $N = E \cup A$ mit $E, A \neq \varnothing$, $E \cap A = \varnothing$, E heißt Eingabeschicht, A
    heißt Ausgabeschicht und ist einelementig (Ausgabeneuron).
2. $V = E \times A$, d.h. es existieren lediglich Verbindungen von jedem Neuron der Eingabeschicht zu dem Ausgabeneuron.

3. $f_o(n) : IN \to \{0,1\}$ für alle $n \in N$ mit (s_n = Schwellenwert)

$$f_o(n) = \begin{cases} 0 & \text{falls} \quad f_a(n) < s_n \\ 1 & \text{falls} \quad f_a(n) \geq s_n \end{cases}$$

4. Für alle $n \in E$ gilt

$$f_a(n) = \begin{cases} 1 & \text{falls ein externer Impuls anliegt} \\ 0 & \text{sonst} \end{cases}$$

und für $n \in A$ gilt

$$f_a(n) = \sum_{i \in E} f_o(i) \cdot w_i$$

Es ist offensichtlich, daß ein Perceptron nicht nur ein Ausgabeneuron besitzen kann, sondern beliebig viele, ohne daß sich an dem Prinzip etwas ändert. Ferner läßt sich diese Definition zu mehrschichtigen Perceptrons erweitern.

Mächtigkeit des Perceptrons

Im folgenden soll die Mächtigkeit eines einzelnen Perceptrons genauer untersucht werden. Hierzu betrachten wir ein einzelnes Perceptron:

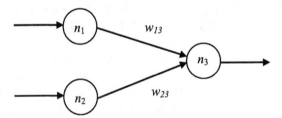

Abb. 2.32 Graphisches Abbild eines Perceptrons

Die Ausgabe des Neurons n_3 (Ausgabe o_3) soll 0 sein, falls seine binären Eingaben gleich sind, d.h. $o_1 = o_2$, sonst soll sie 1 sein.

Offensichtlich definiert diese Bedingung die „exklusiv-oder"-Funktion der Aussagenlogik für zwei Eingabevariable, hier als Ausgabe der beiden Neuronen der Eingabeschicht des Perceptrons.

Tabelle 2.2 Wahrheitstafel der XOR-Funktion

x	y	XOR
0	0	0
0	1	1
1	0	1
1	1	0

Für den Schwellenwert des Neurons s_3 kann in Bezug auf die Gewichtung seines direkten Inputs die folgende Äquivalenz für die Ausgabe $o_3 = 1$ konstatiert werden:

$$o_3 = 1 \quad \Leftrightarrow \quad o_1 \cdot w_{13} + o_2 \cdot w_{23} \geq s_3 .$$

Für $w_{23} > 0$ ist dies äquivalent zu der Ungleichung

$$o_2 \geq \frac{1}{w_{23}} (s_3 - o_1 \cdot w_{13}) .$$

Offensichtlich existiert entsprechend dieser Ungleichung für jeden Schwellenwert $s_3 > 0$ ein komplementäres zweites Gewicht $w_{13} > 0$ des Perceptrons, so daß die Ungleichung erfüllt ist.

Jedoch werden durch diese eine Ungleichung nur die Bedingungen für die Ausgabe $o_3 = 1$ des Perceptrons in Bezug auf Gewichte und Schwellenwert beschrieben. Dieser Bedingung ist für jede Konfiguration eines Perceptrons zu genügen, die mit positiven Gewichten und Schwellenwert eine durch die Kombination möglicher Eingaben erfüllbare Aussage Boolscher Funktionen realisiert.

Um zu entscheiden, ob das Perceptron die Mächtigkeit besitzt die XOR Funktion zu realisieren, sind daher die Bedingungen für die Gewichte und Schwellenwerte für jede der möglichen Belegungen der beiden Eingabevariablen und der entsprechend durch die XOR-Funktion vorgegebenen Ausgabe zu bestimmen.

Für jede dieser Kombinationen ergibt sich für den Schwellenwert und Gewichte des Perceptrons eine Bedingung:

1. $\quad 0 \cdot w_{13} + 0 \cdot w_{23} \qquad < s_3$

2. $\quad 0 \cdot w_{13} + 1 \cdot w_{23} \qquad \geq s_3$

3. $\quad 1 \cdot w_{13} + 0 \cdot w_{23} \qquad \geq s_3$

4. $\quad 1 \cdot w_{13} + 1 \cdot w_{23} \qquad < s_3$

Entsprechend besitzt ein einzelnes Perceptron die Mächtigkeit das XOR-Problem zu realisieren, wenn die beiden Gewichte w_{13}, w_{23} und der Schwellenwert s_3 so gewählt werden können, daß alle einzelnen Bedingungen erfüllt werden können. Schrittweise muß daher deren Konsistenz überprüft werden. Die binären Eingaben werden hierzu als absolute Werte interpretiert.

1. Aus der ersten Bedingung folgt offensichtlich, daß diese erfüllt ist, wenn der Schwellenwert größer Null ist ($0 < s_3$).

2. und 3. Aus der zweiten Bedingung folgt, das Gewicht w_{23} ist größer als der Schwellenwert zu wählen ($w_{23} \geq s_3 > 0$) und aus der dritten Bedingung folgt, daß das zweite Gewicht w_{13} des Perceptrons in gleicher Weise ($w_{13} \geq s_3 > 0$) zu wählen ist.

4. Aus der vierten Bedingung ergibt sich die Forderung, beide Gewichte so zu wählen, daß deren Summe kleiner als der Schwellwert ist ($s_3 > w_{13} + w_{23}$). Dies ist offensichtlich mit den aus 2. und 3. folgenden Forderungen, daß jedes einzelne Gewicht größer als der Schwellwert ist, nicht zu vereinbaren, da deren Summe dann sogar größer als das Zweifache des Schwellwerts ($w_{13} + w_{23} \geq 2\,s_3$) sein muß.

$\Rightarrow$ Ein einzelnes Perceptron hat daher nicht die Mächtigkeit, das XOR-Problem zu realisieren.

Um die Mächtigkeit eines Perceptrons allgemein zu untersuchen, betrachten wir die lineare Trennbarkeit von Punktmengen durch einen Vektor.

Definition 2.15 (*Lineare Trennbarkeit*)
Gegeben sei ein n-dimensionaler Raum X, sowie die Teilmengen P und N aus X. Dann heißen P, N linear trennbar, wenn es einen n+1-dimensionalen Vektor $\vec{w}$ gibt, so daß

$$\sum_{i=1}^{n} x_i w_i \quad = \begin{cases} \geq w_{n+1} & \forall \vec{x} = (x_1, \cdots, x_n) \in P \\ < w_{n+1} & \forall \vec{x} = (x_1, \cdots, x_n) \in N \end{cases} \text{gilt.}$$

Sind die Mengen absolut trennbar, d.h.:

$$\sum_{i=1}^{n} x_i w_i \quad = \begin{cases} > w_{n+1} & \forall \vec{x} = (x_1, \cdots, x_n) \in P \\ < w_{n+1} & \forall \vec{x} = (x_1, \cdots, x_n) \in N, \end{cases}$$

so heißen P und N *absolut linear trennbar*.

Sind P und N endlich und linear trennbar, so sind sie auch absolut linear trennbar.

Für das zuvor verwendete Beispiel des XORs mit zwei Eingangsvariablen und einem vorgegeben konstanten Schwellenwert s_3 ist ein Trennvektor in der durch o_1 und o_2 gebildeten Ebene eine Gerade mit der Eigenschaft:

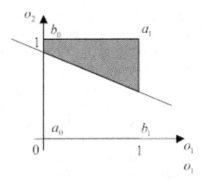

Abb. 2.33 Lage des Vektors für lineare Separierbarkeit eines Perceptrons

1. Alle Punkte oberhalb dieser Geraden stellen bei positiven w_{23} und w_{13} Kombinationen von o_1 und o_2 dar, für die Neuron 3 aktiviert wird.

2. Alle Punkte unterhalb dieser Geraden stellen bei positiven w_{23} und w_{13} Kombinationen von o_1 und o_2 dar, für die Neuron 3 nicht aktiviert wird.

Diese Herleitung gilt allgemein für reellwertige Aktivierungen. Im Fall von binären Aktivierungen sind nur die mit a_o, a_1, b_o, b_1 gekennzeichneten Eckpunkte des Einheitsquadrates möglich.

Ein Neuronales Netz, welches das XOR-Problem lösen will, muß somit folgendes Separierungsproblem lösen:

1. Zuordnung der Punkte $a_o = (0,0)$ und $a_1 = (1,1)$ einer Klasse A

2. Zuordnung der Punkte $b_o = (0,1)$ und $b_1 = (1,0)$ einer Klasse B

Andererseits ist aus der Zeichnung ersichtlich, daß mit nur einer einzigen Geraden eine derartige Separierung nicht möglich ist.

Zusammenfassend läßt sich damit aussagen:

1. Die Mengen $A = \{a_o, a_1\}$ und $B = \{b_o, b_1\}$ des XOR-Problems sind nicht linear separierbar, d.h., es gibt keine Wertekombination von w_{12}, w_{13} und s_3 für die $o_3 = 1$ für alle Werte in A und $o_3 = 0$ für alle Punkte in B ist.

2. Das XOR-Problem ist durch ein einstufiges Perceptron (d.h. ein Perceptron mit nur einer Stufe modifizierbarer Gewichte) nicht lösbar.
   und generell:

3. Ein einstufiges Perceptron kann nur linear separierbare Mengen, d.h. Mengen, die durch eine Hyperebene trennbar sind, klassifizieren (Eingabe- Dimension n > 2).

Existiert nach dem Kriterium von Definition 2.15 eine Hyperebene, z.B. für die binären Funktionswerte einer logischen Funktion, dann können für einen Schwellenwert s die einzelnen Gewichte des Perceptrons als Gewichtsvektor $\vec{w}$ so gewählt werden, daß für jede Eingabe das Produkt $\vec{x}^T \vec{w}$ nur für die geforderten Funktionswerte der logischen Funktion über dem Schwellenwert liegen. Hierdurch kann jede gewählte Gewichtung des Netzes für alle möglichen Eingaben überprüft werden.

Für praktische Anwendungen stellt sich die Frage, in welchem Umfang reale Probleme linear separierbar sind. Allgemein ist diese Frage jedoch nicht zu beantworten. Widner (Widner 1960) hat diese Frage theoretisch untersucht und die Anzahl der linear separierbaren Funktionen in der Menge aller 2^{2^n} binären Funktionen von n Eingabeneuronen berechnet. Hierbei kam er zu in Tabelle 2.3 angegebenen Ergebnissen.

Für eine mögliche Eingabe ($n = 1$) sind dies die Nullfunktion, die Negation, die Identität und die Einsfunktion. In der digitalen Schaltungstechnik wird sich für $n \geq 3$ Eingaben auf die bekannten logischen Funktionen AND und OR beschränkt. Erkennbar wird, wie stark der Anteil linear separierbarer Funktionen mit der Größe der Eingabedimension abnimmt.

Tabelle 2.3 Zahl der binären Funktionen von n Eingaben und Zahl der linear separierbaren Funktionen (nach (Wasser 1989) mit Ergebnissen von (Widner 1960)).

n	Anzahl der binären Funktionen von n Eingaben	Anzahl der davon linear separierbaren Funktionen
1	4	4
2	16	14
3	256	104
4	65.536	1.772
5	$4{,}3 \cdot 10^9$	94.572
6	$1{,}8 \cdot 10^{19}$	5.028.134

Als Fazit bleibt, daß ein einstufiges Perceptron nur für sehr einfache Aufgaben mit einer geringen Zahl von Eingaben pro Zelle geeignet ist. Für die Realisierung beliebiger logischer Funktionen kann mit Hilfe der Aussagenlogik eine äquivalente Disjunktive- oder Konjunktive-Normalform gefunden werden, die entsprechend durch mehrstufige Perceptron-Netzwerke (u.a. Kombination der Grundgatter möglich) realisiert werden können.

Entsprechend ist die Frage von Interesse, in welchem Umfang mehrstufige Perceptrons, die nicht aus einer strukturellen Anordnung nach KNV oder DNV bestehen, mächtiger als einstufige sind.

Hierzu sei das folgende zweischichtige Perceptron-Netzwerk als einfachste Variante eines Multi-Layer-Perceptrons betrachtet:

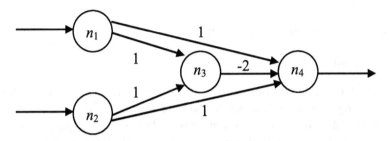

Abb. 2.34 Anordnung eines 2-stufigen Perzeptron Netzes

Die Gewichte seien wie dargestellt konfiguriert und die Schwellwerte mit $s_3 = 1,5$ und $s_4 = 0,5$ eingestellt.

Die Gewichtsmatrix lautet:

Tabelle 2.4 Gewichtsmatrix des 2-stufigen Perceptron-Netzes aus Abb. 2.34

	1	*2*	*3*	*4*
1			1	1
2			1	1
3				-2

Die Wirkungsweise dieses Perceptron-Netzwerkes ergibt sich für die binäre Aktivierung der Neuronen der Eingangsschicht in jeder Stufe für Eingabekombinationen wie folgt:

Tabelle 2.5 Aktivierung des Perceptron Netzes in beiden Stufen für alle möglichen Eingabekombinationen

o_1	o_2	$f_a(n_3)$	o_3	$f_a(n_4)$	o_4
0	0	$0 \cdot 1 + 0 \cdot 1 = 0$	0	$0 \cdot 1 + 0 \cdot 1 + 0 \cdot (-2) = 0$	0
0	1	$0 \cdot 1 + 1 \cdot 1 = 1$	0	$0 \cdot 1 + 1 \cdot 1 + 0 \cdot (-2) = 1$	1
1	0	$1 \cdot 1 + 0 \cdot 1 = 1$	0	$1 \cdot 1 + 0 \cdot 1 + 0 \cdot (-2) = 1$	1
1	1	$1 \cdot 1 + 1 \cdot 1 = 2$	1	$1 \cdot 1 + 1 \cdot 1 + 1 \cdot (-2) = 0$	0

Wie aus binären Funktionswerten von o_4 ersichtlich, repräsentiert dieses zweischichtige Perceptron-Netzwerk das XOR-Problem. Ein mehrstufiges Netz von Perceptronen besitzt damit die Mächtigkeit, die nicht linear trennbare XOR-Funktion zu realisieren, die mit einem einzelnen Perceptron nicht abgebildet werden kann.

2.5.5 ADALINE und MADALINE

Aufbau des ADALINE

Im Jahr 1960 wurde von Bernhard Widrow und Marcian E. Hoff eine Mustererkennungsmaschine vorgestellt, die bald sehr bekannt wurde. Ziel dieser Entwicklungen war es, einen adaptiven, linearen Filter zu entwickeln, der mit Hilfe von präsentierten Mustern eine Klassifizierung der Eingabedaten (binäre Ausgabe) erlaubt. Das Funktionsschema zeigt die folgende Abbildung:

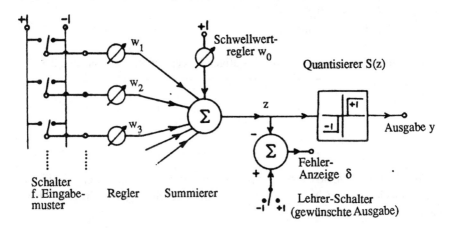

Abb. 2.35 Funktionsschema des ADALINE nach Widrow und Hoff

Die Maschine bestand aus elektromechanischen Bauteilen. Die Eingabe der Muster erfolgte über 16 Schalter, die sich auf der Frontplatte befanden. Die Gewichte und der Schwellenwert wurden mit Drehwiderständen (Potentiometer) realisiert und bestimmen die Größe der elektrischen Ströme. Im Summierer wurden diese elektrischen Ströme zusammengeführt und mit der gewünschten Ausgabe verglichen. Die Differenz (Fehler) wurde an einem Zeiger-Messinstrument angezeigt. Nach jeder Eingabe eines Musters mußten mit der Hand die entsprechenden Potentiometer so weit gedreht werden, bis die Fehleranzeige ein Minimum erreichte.

Das ADALINE (ADAptive LInear NEuron) war somit ähnlich wie ein Perceptron aufgebaut: Durch Schalter erzeugte Eingabesignale $x_i \in \{-1, +1\}$ werden mit Koeffizienten w_i gewichtet und aufsummiert. Ist die Gesamtsumme > 0, so wird +1 ausgegeben, anderenfalls −1. Analog zur Definition des Perceptrons läßt sich die Struktur des ADELINE formal beschreiben durch:

Definition 2.16 (ADALINE)
Ein *ADALINE* ist ein Neuronales Netz $P = (N, V)$ mit

1. $N = E \cup A$ mit $E, A \neq \emptyset, E \cap A = \emptyset$.
   E heißt *Eingabeschicht*, A heißt *Ausgabeschicht* und ist einelementig (Ausgabeneuron).
2. $V = E \times A$, d.h. es existieren lediglich Verbindungen von jedem Neuron der Eingabeschicht zum Ausgabeneuron.
3. Für alle $n \in E$ gilt $f_a(n) = f_o(n) = id$ (*Identitätsfunktion*).
4. Für $n \in A$ gilt $f_a(n) = \sum_{i \in E} f_o(i) \cdot w_i$ und

$$f_o(n) = \begin{cases} +1 & falls \quad f_a(n) \geq s \\ -1 & falls \quad f_a(n) < s \end{cases}$$

Der Schwellenwert s kann statt eines Parameters von f_o auch als zusätzliches Bias-Neuron implementiert werden. Bei dem MADALINE (*M*ulti ADALINE) handelt es sich um ein ADALINE mit mehreren Neuronen in der Ausgabeschicht.

Lernregel

Der wesentliche Unterschied zum Perceptron besteht in der Art des Lernens. Obwohl bei der ADALINE-Maschine zum Lernen die Gewichte so verändert werden mußten, daß der Klassifizierungsfehler möglichst klein wurde, entwickelten Widrow und Hoff ein neues Verfahren zur Modifikation der Gewichte. Hierbei ist der Fehler als Differenz zwischen dem Wert von $f_a(n)$, $n \in A$, und der korrekten Ausgabe definiert. Dadurch kann trotz korrekter Klassifikation ein Fehlerwert auftreten, der zu einem weiteren Lernen benutzt werden kann. Auf diese Weise lernt ein ADALINE schneller als ein Perceptron, da dort die Gewichte nur bei einer fehlerhaften Klassifikation verändert werden.

Widrow und Hoff führten erstmalig eine iterative Gewichtsveränderung auf der Basis der Gradientenmethode ein. Bei der Entwicklung dieser

Lernregel stützten sie sich auf Arbeiten von Norbert Wiener zur Untersuchung von Filtern. Die Widrow/Hoff-Lernregel wird auch als δ-Regel (Delta-Regel) bezeichnet und ist der Stammvater von vielen weiteren Lernregeln. Der bekannteste Nachfolger ist die „verallgemeinerte Delta-Regel" für Backpropagation-Netze. Da diese Regel später noch ausführlich beschrieben wird und die Widrow/Hoff-Regel hiervon ein Spezialfall darstellt, sei deren Prinzip und ihre Herleitung nur kurz beschrieben:

Als „Gütemaß" wird der quadratische Fehler

$$F(W) = \left(\frac{1}{L}\right)\sum_{k=1}^{L}\left|y_k - W_{x_k}\right|^2$$

verwendet, um nicht mit positiven und negativen Fehlern arbeiten zu müssen. Zu jedem gegebenen Gewichtsvektor $\vec{w}$ läßt sich für alle Trainingsmuster der Fehler bestimmen und hieraus der „mittlere" Fehler ermitteln. Die so erhaltenen Paare (Gewichtsvektor, mittlerer Fehler) bilden eine Fehlerfunktion. Ziel des Lernens ist es, nun ein – möglichst globales – Minimum dieser Fehlerfunktion zu erreichen.

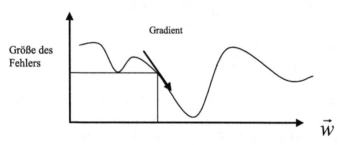

Abb. 2.36 Gradientenabstieg

Ist die Ableitung der Fehlerfunktion für einen gegebenen Gewichtsvektor $(w_1, \cdots, w_n)$ ungleich Null, so muß das nächste Minimum der Fehlerfunktion in Richtung des Gradientenabstieges liegen.

Definition 2.17 *(Widrow/Hoff-Lernregel, Delta-Lernregel)*
Seien

$\vec{w}_i$ der Gewichtsvektor des i-ten (Ausgabe-) Neurons,

$t_i^{(k)}$ die erwartete Ausgabe von Neuron i im k-ten Lernschritt,

$o_i^{(k)}$ die tatsächliche Ausgabe von Neuron i im k-ten Lernschritt,

$\delta_i^{(k)} = \left(t^{(k)} - o^{(k)}\right)$ der Fehler von Neuron i im k-ten Lernschritt,

$\vec{x}^{(k)}$ der Eingabevektor im k-ten Lernschritt,

η eine Konstante (Lernrate).

Dann werden die Gewichte nach n Lernschritten gemäß

$$\vec{w}_i^{neu} = \vec{w}_i^{alt} + \eta \cdot \frac{1}{n} \cdot \sum_{k=1}^{n} \delta_i^{(k)} \cdot \vec{x}^{(k)}$$

modifiziert.

Die Lernrate bestimmt die Schrittweite, um die in Richtung des negativen Gradienten abgestiegen wird. Die Wahl der Größe von η kann das Verhalten des Lernverfahrens wesentlich beeinflussen. Eine zu große Lernrate kann dazu führen, daß das Minimum übersprungen wird, eine zu kleine Lernrate verzögert das Erreichen des Minimums. Widrow und Hoff wählten für das ADALINE mit n Eingabesignalen die Lernrate $1/n$.

Die Regel wird Delta-Regel genannt, da die Gewichtsveränderungen proportional zum Fehler δ sind. Das für das Lernen erforderliche Fehlersignal wird nicht wie beim Perceptron aus dem binären Ausgangssignal gewonnen, sondern direkt aus der reellen Aktivität.

Neben der zuvor angegebenen offline-Variante, die den Gewichtsvektor erst nach n Schritten modifiziert, existiert die folgende online-Variante:

$$\vec{w}_i^{neu} := \vec{w}_i^{alt} + \eta \delta_i \vec{x}$$

Die Gewichte des Netzes werden nach jeder Aktivierung des Netzes geändert.

2.5.6 Assoziative Netze

Assoziative Netze sind zweischichtige Netzwerke, die neben der Eingabeschicht nur eine Arbeitsschicht besitzen. Ihre Aufgabe ist es in der Regel, L Vektorpaare zu assoziieren, einen Vektor x_k also auf einen Vektor y_k abzubilden. Auch verrauschten Eingaben $x_k + \varepsilon$ soll die richtige Ausgabe y_k zugeordnet werden.

Bei assoziativen Netzen unterscheidet man zwischen auto-assoziativen und hetero-assoziativen Netzen. Beim auto-assoziativen Netz wird ein Eingabedatenvektor der Länge m auf einen gleich langen Ausgabedatenvektor abgebildet, wobei jeder Datenvektor mit sich selbst assoziiert ist. Das bedeutet, daß die Eingabedaten beispielsweise ein verrauschtes Muster der Originaldaten enthalten, welches nun durch die Abbildung auf den ursprünglichen Datenvektor erkannt und wiederhergestellt werden kann. Hetero-assoziative Netze bilden einen Eingabevektor auf einen meist kürzeren Ausgabedatenvektor ab. Sie dienen also zur Identifizierung verrauschter Eingaben.

Der lineare Assoziierer

Bei dem linearen Assoziierer handelt es sich im Prinzip um ein Madaline. Seine Aufgabe besteht darin, eine Gewichtsmatrix W zu finden, so daß L Trainingspaare assoziiert werden. Dazu muß folgendes Gleichungssystem gelöst werden:

$$y = Wx$$

Eine Möglichkeit, die Gewichte des Netzes zu ändern ist die Hebb'sche Lernregel, die in diesem Kapitel bereits besprochen wurde. Eine weitere Möglichkeit ist der Pseudoinversen-Ansatz.

Der Pseudoinversen-Ansatz

Beim Pseudoinversen-Ansatz geht man von der Matrix X aus, die sämtliche Eingabedatenvektoren enthält. Die Bestimmung der Gewichtsmatrix W erfolgt nun über das Pseudoinverse der Matrix X:

$$W = YX^+$$

Dies ist dann die Lösungsmatrix, die den kleinsten Fehler zwischen tatsächlicher und gewünschter Ausgabe liefert. Im Gegensatz zum Inversen kann das Pseudoinverse immer gebildet werden. Es versucht, die Eigenschaften des Inversen möglichst genau nachzubilden und besitzt die folgenden Eigenschaften:

$$XX^+X = X$$

$$X^+XX^+ = X^+$$

$$XX^+ = (XX^+)^T$$

$$X^+X = (X^+X)^T$$

Dieser Lösungsansatz läßt sich einsichtig nachvollziehen, geht man von der quadratischen Fehlerfunktion aus. Definiert man den Fehler als Abstand einer Matrix M (m x n) als

$$\|M\|^2 = \left\|\left(m_{ij}\right)^2\right\| = \sum_{i=1}^{m}\sum_{j=1}^{n} m_{ij}^2,$$

dann kann die Pseudoinverse wie folgt abgeleitet werden:

$$F(W) = \left(\frac{1}{L}\right) \sum_{k=1}^{L} |\mathbf{y}_k - W\mathbf{x}_k|^2$$

$$= \left(\frac{1}{L}\right) \sum_{k=1}^{L} \left| \begin{pmatrix} y_{1k} \\ \vdots \\ y_{mk} \end{pmatrix} - \begin{pmatrix} \sum_{i=1}^{n} w_{1i}x_i \\ \vdots \\ \sum_{i=1}^{n} w_{mi}x_i \end{pmatrix} \right|^2$$

$$= \left(\frac{1}{L}\right) \sum_{k=1}^{L} \sum_{j=1}^{m} \left(y_{jk} - \sum_{i=1}^{n} w_{ji}x_i \right)^2$$

$$= \left(\frac{1}{L}\right) \|Y - WX\|^2.$$

Setzt man einen Fehler F(W) von Null voraus, so ergibt sich die gesuchte Gewichtsmatrix aus der Pseudoinversen und der vorgegebenen Lösungs-matrix Y gemäß

$$W = YX^+.$$

2.6 Backpropagation

2.6.1 Einleitung

Künstliche Neuronale Netze auf der Basis von Backpropagation sind die zur Zeit für praktische Anwendungen am häufigsten eingesetzten Netze. Das Backpropagation-Verfahren wurde in den 70er Jahren von mehreren Autoren unabhängig voneinander vorgeschlagen, so z.b. von Paul Werbos 1974 in seiner Dissertation. Danach gelangte es für über 10 Jahre in Vergessenheit, bis es – wiederum unabhängig voneinander – von mehreren Autoren wiederentdeckt wurde. Am bekanntesten wurde die Veröffentlichung von Rumelhart, Hinton und Williams in dem 1986 erschienenen Buch „*Parallel Distributed Processing: Explorations in the Microstructure of Cognition, Volume 1: Foundations*".

Wie bei vielen anderen Arten von Künstlichen Neuronalen Netzen, gibt es nicht *das* Backpropagation-Netz, sondern eine Menge von unterschiedlichen Netzen, die die im folgenden beschriebenen Gemeinsamkeiten aufweisen. Anstelle des Begriffes Backpropagation-Netz werden auch die Begriffe „multilayer perceptron" (MLP) oder „multilayer MADALINE" verwendet, obwohl diese beiden Begriffe nicht ganz korrekt sind.

Die Basis für Backpropagation-Netze bildet ein mehrschichtiges feed-forward-Netz, bestehend aus einer Eingabeschicht, einer Ausgabeschicht und mindestens einer verborgenen Schicht (Hidden-Layer). Verwendung finden sowohl total verbundene Topologien als auch nicht-total-verbundene Topologien, bzw. solche mit Shortcuts, d.h. Verbindungen auch zwischen nicht direkt benachbarten Schichten. Allen Typen von Backpropagation-Netzen ist jedoch folgendes gemeinsam:

1. Die Neuronen sind in $H \geq 3$ Schichten angeordnet (U_i bezeichnet die *i*-te Schicht).
2. Die „nullte" Schicht U_o (Eingabeschicht) besteht aus n Verteilerneuronen (die ihre jeweilige Eingabe unverändert an die zweite Schicht weiterreichen). Diese Neuronen besitzen keine Eingangs-Gewichte.
3. Die nun folgenden *H-2* Schichten sind verborgene Schichten. (Zwei aufeinanderfolgende Schichten sind bei den meisten Systemen jeweils total verbunden).
4. Die *(H-1)*.-Schicht U_{H-1} (Ausgabeschicht) besitzt m Neuronen.
5. Die ersten *H-1* Schichten können zusätzlich je ein konstantes Neuron besitzen, das an jedes Neuron der nachfolgenden Schicht den „bias-input" 1.0 liefert.
6. Als Aktivierungsfunktion dient in allen nicht-konstanten Neuronen außerhalb der Eingabeschicht im Regelfall die gewichtete Summe der Eingaben.

Für die meisten (aber nicht alle) Backpropagation-Netze gilt ferner

1. Als Ausgabefunktion wird in allen nicht-konstanten Neuronen der verborgenen Schichten eine sigmoide Funktion benutzt.
2. Die Neuronen der Eingabeschicht und der Ausgabeschicht besitzen die Identitätsfunktion als Ausgabefunktion.

Ferner sei $\#(U_i)$ die Anzahl der nicht-konstanten Neuronen in U_i. Bei den weiteren Ausführungen wird meistens aus Gründen der Übersichtlichkeit auf die Verwendung von konstanten Neuronen weitgehend verzichtet. Bei vollständig vernetzten Backpropagation-Netzen steht oft die Bezeichnung

$$\#(U_0) - \#(U_1) - ... - \#(U_{H-2}) - \#(U_{H-1}) - \text{Netz}$$

für ein Netz mit $\#(U_0)$ Neuronen in der Eingabeschicht, $\#(U_1)$ Neuronen in der 1. verborgenen Schicht, ..., $\#(U_{H-2})$ Neuronen in der letzten verborgenen Schicht und $\#(U_{H-1})$ Neuronen in der Ausgabeschicht.

$N_{h,i}$ bezeichnet das *i*-te Neuron der *h*-ten Schicht; die konstanten Neuronen besitzen den Index *i*=0. Die Ausgabe von $N_{h,i}$ wird entsprechend als $o_{h,i}$ gekennzeichnet. Das Gewicht für eine Verbindung zwischen $N_{h-1,i}$ und $N_{h,j}$ wird mit $w_{h,i,j}$ bezeichnet.

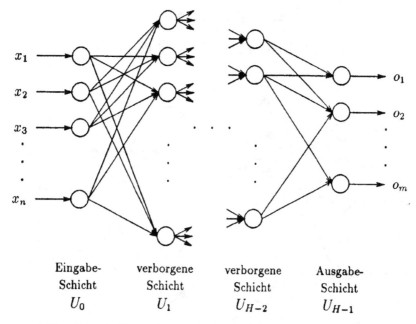

Abb. 2.37 Beispiel für die Topologie eines Backpropagation-Netzes

Das Lernen erfolgt bei den Backpropagation-Netzen durch überwachtes Lernen. Im Prinzip laufen alternierend die folgenden Schritte ab:

1. Forward-Pass
In diesem Schritt wird dem Netz ein beliebiger Eingabevektor $\vec{x}$ aus der Trainingsmenge eingegeben (präsentiert). Ist $\#(U_0) = n$, so ist $\vec{x} = (x_1, \ldots, x_n)$.

In der Schicht U_1 wird bei jedem Neuron zunächst die Aktivierung über die Aktivierungsfunktion (i. allg. gewichtete Summe der Eingaben) berechnet und danach mittels der Ausgabefunktion die Ausgabe ermittelt. Die Ausgaben der Schicht U_1 bilden die Eingabe für die Schicht U_2 usw. Die Daten durchlaufen somit schichtweise das Netz (von links nach rechts), bis die Ausgabeschicht einen Vektor $\vec{o} = (o_1, \ldots, o_m)^T$ mit $m = \#(U_{H-1})$ liefert.

2. Bestimmung des Fehlers
Die vom Netz gelieferte Ausgabe $\vec{o}$ wird mit der korrekten Ausgabe $\vec{o}'$ verglichen (Anm.: Da $\vec{x}$ aus der Trainingsmenge ist, ist $\vec{o}'$ bekannt). Liegt der Fehler unterhalb einer vorgegebenen Güteschwelle, so wird das Training abgebrochen und ggf. eine spezielle Testphase eingeleitet, andernfalls erfolgt die Selbstmodifikation durch Schritt 3.

Arbeitsrichtung beim Forward-Pass

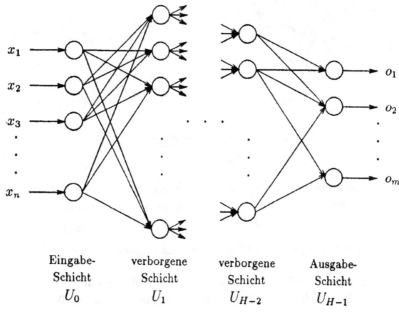

Abb. 2.38 Vorgehensweise beim Forward-Pass

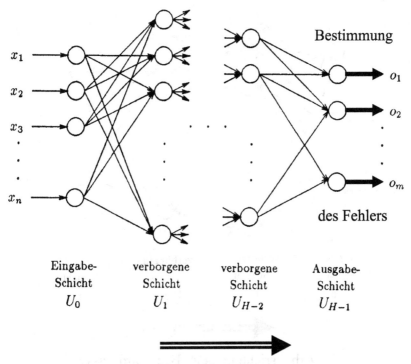

Abb. 2.39 Vergleich der Netzausgabe mit der korrekten Ausgabe

3. Backward-Pass
Der Backward-Pass erfolgt in umgekehrter Richtung wie der Forward-Pass. In ihm werden sukzessive die Gewichte, beginnend mit den Gewichten der Ausgabeschicht U_{H-1}, (d.h. die Gewichte an den Kanten (Verbindungen) von den Neuronen der Schicht U_{H-2} nach U_{H-1}) nach einer vorgegebenen Lernregel verändert.

Zunächst wird die erwartete (korrekte) Ausgabe $\vec{o}'$ (bzw. die Differenz $|\vec{o} - \vec{o}'|$) benutzt, um die Gewichte von U_{H-1} zu ändern. Die neuen Gewichte von U_{H-1} (bzw. deren Änderungen) dienen als Basis für die Änderung der Gewichte der Schicht U_{H-2} usw. Die Fehlerkorrektur (Änderung der Gewichte) erfolgt also schichtenweise von rechts nach links, bis zum Schluß die Gewichte der Schicht U_1 verändert sind.

Wie bereits erwähnt, stellen die Trainingsdaten Stützstellen dar, über die das Backpropagation-Netz eine Funktion approximiert (interpoliert). Um zu garantieren, daß das Netz auch außerhalb dieser Stützstellen, für die im 2. Schritt der Fehler bestimmt wird, eine genügende Genauigkeit besitzt, muß das Netz durch spezielle Testdaten, die disjunkt zu den Trainingsdaten

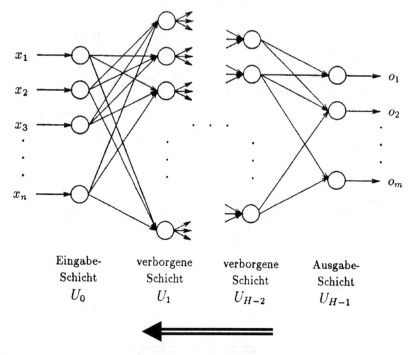

Arbeitsrichtung beim Backward-Pass

Abb. 2.40 Backward-Pass

sind, getestet werden. Dies geschieht im Regelfall dann, wenn für alle Trainingsdaten im 2. Schritt die gewünschte Genauigkeit erreicht wurde. Liefern hierbei die Testdaten noch keine gewünschte Genauigkeit, so muß weiter trainiert werden.

Hinsichtlich des Zeitpunktes der Anpassung der Gewichte (Einleitung des 3. Schrittes) sind zwei Variationen möglich:

– Erfolgt die Anpassung der Gewichte (Backward-Pass) nach jeder Präsentation eines Beispiels, so spricht man von *online-Training*
– Wird die Anpassung erst nach der Präsentation mehrerer Beispiele, z.B. auf der Basis des durchschnittlichen Fehlers, vorgenommen, so spricht man von *offline- oder batch-Training*.

Unter einem Trainingszyklus (Epoche, sweep) versteht man die vollständige Präsentation aller Trainingsbeispiele (jedes genau einmal). Üblicherweise werden Netze in mehreren Zyklen trainiert. Da die Gefahr besteht, daß das Backpropagation-Netz die „Reihenfolge" der Trainingsdaten lernt (ein Effekt, der z.B. auch beim Vokabellernen auftritt), sollte die Reihenfolge der präsentierten Beispiele in jedem Zyklus unterschiedlich sein.

2.6.2 Fehlerbestimmung

Für das Trainieren eines Netzes bzw. um Aussagen über seine Güte machen zu können, ist die Bestimmung des Netzfehlers von besonderer Bedeutung. Da ein Backpropagation-Netz für einen Eingabevektor $\vec{x}$ und eine fest vorgegebene Belegung aller Gewichte im Netz stets die gleiche Ausgabe liefert, läßt sich das Ein/Ausgabeverhalten des Netzes als Funktion o_{Netz} darstellen. Sei q die Gesamtanzahl der Gewichte im Netz und

$$\vec{w} = \left(\vec{w}_{U_1}, \ldots, \vec{w}_{U_{l-1}} \right) \in I\!R^q$$

der Gewichtsvektor des Netzes, dann gilt für $\vec{o}$

$$\vec{o} = o_{Netz}\left(\vec{x}, \vec{w} \right) .$$

Für ein gegebenes Trainings- oder Testdatum $\left(\vec{x}, \vec{o}' \right)$ ist die Güte (Fehler) der Netzausgabe zunächst gegeben durch $\vec{o}' - \vec{o}$. Bezeichnet man mit f die „zu lernende Funktion", so gilt $\vec{o}' = f(\vec{x})$ und man erhält zunächst für die Güte $f(\vec{x}) - o_{Netz}(\vec{x}, \vec{w})$.

Da es jedoch nicht sinnvoll ist, zwischen positiven und negativen Fehlern zu unterscheiden, verwendet man üblicherweise den sog. quadratischen Fehler:

Definition 2.18 (*Quadratischer Fehler*)
Der quadratische Fehler F eines Backpropagation-Netzes ist für gegebenes $\vec{x}$ und $\vec{w}$ definiert durch:

$$F\left(\vec{x}, \vec{w} \right) := \left| f(\vec{x}) - o_{Netz}(\vec{x}, \vec{w}) \right|^2$$

Durch die obige Definition erhält man jedoch nur eine Aussage über die Güte des Netzes hinsichtlich der konkreten Eingabe $\vec{x}$. Gewünscht ist jedoch eine Güteaussage hinsichtlich aller möglichen Eingabevektoren. Hierzu muß der quadratische Fehler für möglichst viele Eingabevektoren $\vec{x}_k, k = 1,2,\ldots$ bestimmt und danach gemittelt werden. Man erhält

Definition 2.19 (*Mittlerer quadratischer Fehler*)
Der mittlere quadratische Fehler (MSE) ist definiert durch:

$$F(\vec{w}) = \lim_{N \to \infty} \frac{1}{N} \sum_{k=1}^{N} F(\vec{x}_k, \vec{w}).$$

Der mittlere quadratische Fehler ist das am häufigsten verwendete Fehlermaß. Es gibt jedoch auch eine Reihe von Anwendungen, z.B. bei der Bildverarbeitung, bei denen andere Fehlermaße sinnvoll sind.

Der MSE besitzt eine Reihe von Eigenschaften, von denen für Backpropagation-Netze insbesondere die folgenden relevant sind:

1. $F(\vec{w})$ existiert, da die Reihe konvergiert

2. $F(\vec{w})$ ist stetig und differenzierbar in $\vec{w}$

3. $F(\vec{w}) \geq 0$

Variiert man nun $\vec{w}$, so läßt sich $F(\vec{w})$ für jedes $\vec{w}$ bestimmen. Bestimmt man nun für alle möglichen Gewichtskombinationen $\vec{w} \in IR^q$, den MSE $F(\vec{w})$ und definiert man mit W den Vektorraum aller $\vec{w}$, so ergeben, grob gesprochen, alle Werte zusammen die Fehlerverkaufskurve bzgl. W.

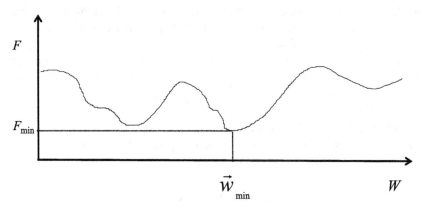

Abb. 2.41 Beispiel für eine Fehlerverlaufskurve

Ziel der Gewichtsveränderungen ist es nun, eine Belegung $\vec{w}_{\min}$ aller Gewichte des Netzes derart zu finden, so daß F ein absolutes Minimum $F_{\min} > 0$ ist. Auf den theoretisch erreichbaren Wert wird später noch eingegangen.

Bei der obigen Darstellung ist zu beachten, daß die einzelnen $\vec{w}$ auf der W-Achse selbst mehrdimensional sind. Die obige Abbildung ist jedoch aus Darstellungsgründen nur zweidimensional dargestellt und entsprechend vereinfacht. Genauer wird also durch F eine Oberfläche über dem Raum der möglichen Gewichtsvektoren ($\subset IR^q$) des Backpropagation-Netzes definiert. $F(\vec{w})$ gibt die „Höhe" dieser Fehleroberfläche in $\vec{w}$ an.

2.6.3 Lernregel

Betrachten wir noch einmal Abb. 2.40. Zu einem gegebenen Gewichtsvektor $\vec{w}'$ des Backpropagation-Netzes gehört ein bestimmter Punkt $\left(\vec{w}', F(\vec{w}')\right)$ auf der MSE-Oberfläche. Gesucht ist ein Verfahren, das $\vec{w}'$ auf der $\vec{W}$-Achse so verschiebt, daß $\left(\vec{w}', F(\vec{w}')\right)$ in ein (möglichst globales) Minimum bewegt wird.

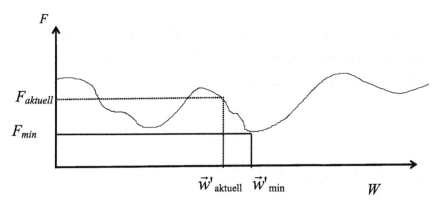

Abb. 2.42 Gewichtsmatrix und zugehörender Fehler für aktuelle und gewünschte Situation

Das Backpropagation-Verfahren beruht nun auf einem Gradienten-abstiegsverfahren:

Im Punkt $\vec{w}'$ wird die „Tangente" der MSE-Oberfläche bestimmt und auf der Tangente um eine gewisse vorgegebene Länge abgestiegen. Man erhält den Gewichtsvektor $\vec{w}'_{neu}$, bestimmt wieder die Tangente und wiederholt das Verfahren.

Da die einzelnen $\vec{w}'$ Vektoren q-dimensional sind, erhält man allgemein für die Richtung des Anstieges:

$$\nabla_{\vec{w}} F(\vec{w}) := \left(\frac{\partial F(\vec{w})}{\partial w_1}, ..., \frac{\partial F(\vec{w})}{\partial w_q} \right)^T$$

Durch Verschiebung von $\vec{w}$ in Richtung $-\nabla_{\vec{w}} F(\vec{w})$ kann man sich somit einem Minimum nähern. Hierzu benötigt man ein Verfahren zur komponentenweisen Berechnung von $\nabla_{\vec{w}} F(\vec{w})$. Es stellt sich aber zunächst die Frage, ob dieser Vektor überhaupt existiert. Die Antwort liefert ein Satz, der von Hecht-Nielsen mit statistischen Methoden bewiesen wurde:

Satz 2.1

Sei $F_k(\vec{x}_k, \vec{w}) = |f(\vec{x}_k) - o_{Netz}(\vec{x}_k, \vec{w})|^2$

und $F(\vec{w}) = \lim\limits_{N \to \infty} \dfrac{1}{N} \sum\limits_{k=1}^{N} F_k(\vec{x}_k, \vec{w})$,

dann ist F differenzierbar in $\vec{w}$ und es gilt

$$\nabla_{\vec{w}} F(\vec{w}) = \lim\limits_{N \to \infty} \dfrac{1}{N} \sum\limits_{k=1}^{N} \nabla_{\vec{w}} F_k(\vec{x}_k, \vec{w}).$$

Im folgenden sei $F_k(\vec{x}_k, \vec{w})$ abgekürzt mit $F_k(\vec{w})$. Es stellt sich nun die Frage nach der Berechnung von $-\nabla_{\vec{w}} F(\vec{w})$. Hierzu betrachten wir zunächst für ein $p \in \{1, ..., q\}$ den Term

$$\dfrac{\partial F}{\partial w_p}.$$

Es gilt $\dfrac{\partial F(\vec{w})}{\partial w_p} = \lim\limits_{N \to \infty} \dfrac{1}{N} \sum\limits_{k=1}^{N} \dfrac{\partial F_k(\vec{w})}{\partial w_p}$

und für w_p gibt es genau einen Index (h, i, j), so daß

$$w_p = w_{h,i,j}.$$

Da bei Backpropagation-Netzen für die Aktivierungsfunktion f_a die gewichtete Summe genommen wird, gilt bzgl. des Neurons $N_{h,i}$

$$f_a \equiv A_{h,i} = \sum\limits_{j=0}^{\#(U_{h-1})} o_{h-1,j} \; w_{h,i,j}.$$

Somit besteht eine funktionale Abhängigkeit der F_k von $w_{h,i,j}$, da für die Ausgabe $o_{h,i}$, die den Fehler F_k beinhaltet, gilt

$$o_{h,i} = s(A_{h,i}).$$

Aus diesem Grund muß für die weitere Berechnung die Kettenregel angewandt werden:

$$\dfrac{\partial F_k(\vec{w})}{\partial w_p} \equiv \dfrac{\partial F_k(\vec{w})}{\partial w_{h,i,j}} = \dfrac{\partial F_k(\vec{w})}{\partial A_{h,i}} \cdot \dfrac{\partial A_{h,i}}{\partial w_{h,i,j}}$$

Kürzt man $\dfrac{\partial F_k(\vec{w})}{\partial A_{h,i}}$ mit $\delta_{h,i}^k$ ab, so ergibt sich

$$\frac{\partial F_k(\vec{w})}{\partial w_p} = \delta_{h,i}^k \frac{\partial}{\partial w_{h,i,j}}\left(\sum_{r=0}^{\#(U_{n-1})} o_{h-1,r}^k w_{h,ir}\right) = \delta_{h,i}^k o_{h-1,j}^k,$$

da die Ableitungen

$$\frac{\partial\left(o_{h-1,r}^k w_{h,i,r}\right)}{\partial w_{h,i,j}}$$

für $r \neq j$ den Wert *Null* bzw. für $r = j$ den Wert $o_{h-1,j}^k$ ergeben. Hierbei ist $o_{h-1,j}^k$ die Ausgabe des j-ten Neurons in der $(h-1)$-ten Schicht während des k-ten Trainingsschrittes. Man erhält damit

$$\frac{\partial F(\vec{w})}{\partial w_p} = \lim_{N\to\infty}\frac{1}{N}\sum_{k=1}^{N}\delta_{h,i}^k o_{h-1,j}^k .$$

Es verbleibt noch die Berechnung von $\delta_{h,i}^k$

$$\delta_{h,i}^k = \frac{\partial F_k(\vec{w})}{\partial A_{h,i}} .$$

Wir müssen die unterschiedlichen Möglichkeiten für h betrachten:

1. $h = H-1$

   Für den Fall, daß h die Ausgabeschicht ist, gilt $o_{h,i} = A_{h,i}$, da hier die Ausgabefunktion die Identität ist. Es gilt

   $$\delta_{h,i}^k = \frac{\partial F_k(\vec{w})}{\partial o_{h,i}}$$

   bzw.

   $$\frac{\partial F_k(\vec{w})}{\partial o_{h,i}} = \frac{\partial}{\partial o_{h,i}}\sum_{r=1}^{\#(U_{H-1})}\left(y_r^k - o_{h,r}^k\right)^2 = -2\left(y_i^k - o_{h,i}^k\right)$$

   mit y_i^k ist die i-te Komponente der korrekten Ausgabe.

2. $h \neq H-1$

   Wenn die h-te Schicht nicht die Ausgabeschicht ist, gilt, da F_k über

$o_{h,i}$ funktional von $A_{h,i}$ abhängt:

$$\delta_{h,i}^{k} \equiv \frac{\partial F_k(\vec{w})}{\partial A_{h,i}} = \frac{\partial F_k(\vec{w})}{\partial o_{h,i}} \frac{\partial o_{h,i}}{\partial A_{h,i}} = \frac{\partial F_k(\vec{w})}{\partial o_{h,i}} s'(A_{h,i}) \ .$$

Für

$$\frac{\partial F_k}{\partial o_{h,i}}$$

ergibt sich

$$\frac{\partial F_k}{\partial o_{h,i}} = \sum_{r=1}^{\#(U_{h+1})} \frac{\partial F_k}{\partial A_{h+1,r}} \cdot \frac{\partial A_{h+1,r}}{\partial o_{h,i}}$$

da F_k über $A_{h+1,r}\left(r=1,...,\#(U_{h+1})\right)$ funktional von $o_{h,i}$ abhängt.

Damit erhält man für $\delta_{h,i}^{k}$

$$\delta_{h,i}^{k} = s'(A_{h,i}) \sum_{r=1}^{\#(U_{h+1})} \delta_{h+1,r}^{k} \cdot w_{h+1,r,i}$$

Aufgrund der obigen Berechnungen ergibt sich für die Lernregel die Formel:

$$\vec{w}^{neu} = \vec{w}^{alt} - \eta \nabla_{\vec{w}} F(\vec{w})$$

bzw. für die Veränderung eines einzelnen Gewichtes:

$$w_{h,i,j}^{neu} = w_{h,i,j}^{alt} - \eta \cdot \lim_{N\to\infty} \frac{1}{N} \cdot \sum_{k=1}^{N} \delta_{h,i}^{k} o_{h-1,j}^{k}$$

Diese Lernregel wird in Anlehnung an die δ-Regel als die *verallgemeinerte δ-Regel* bezeichnet.

Der in der Lernregel auftretende Faktor $\eta > 0$ wird Lernrate genannt und steuert, um welchen Anteil von $-\nabla_{\vec{w}} F(\vec{w})$ der Vektor $\vec{w}$ verschoben wird.

2.6.4 Implementierung

Bei der Implementierung sind zwei Aspekte zu berücksichtigen: zum einen kann aufgrund der Endlichkeit der Daten die Auswertung wegen „$N \to \infty$" nur annähernd erfolgen und zum anderen kann man ausnutzen, daß im Forward-Pass und im Backward-Pass zum Teil die gleichen Informationen benötigt werden, so daß es sich anbietet, diese Informationen nur einmal zu berechnen.

Für die näherungsweise Berechnung von „ $N \rightarrow \infty$ „ werden im wesentlichen zwei Techniken eingesetzt:

1. Bei der sog. *Batch-Version* führt man eine Konstante „batchsize" ein, die das ∞ ersetzt, womit die Grenzwertbildung entfällt. Es ist einleuchtend, daß diese Technik immer ein vernünftiges Ergebnis liefert, wenn man batchsize „ausreichend groß" wählt.

2. Die *jump-every-time-Version* ist eine Variante der Batch-Version, in der *batchsize* = 1 gesetzt wird. Man arbeitet hier somit mit der Formel:

$$w_{h,i,j}^{neu} = w_{h,i,j}^{alt} - \eta \, \delta_{h,i}^{k} \, o_{(h-1),j}^{k}$$

Es läßt sich zeigen, daß auch diese Version einen Gradientenabstieg auf der MSE-Fehleroberfläche durchführt.

Für die Implementierung des Forward- und Backward-Pass bietet sich folgende Vorgehensweise an, wobei jeweils zwischen Eingabeschicht, Ausgabeschicht und verborgenen Schichten unterschieden werden muß.

1. *Forward-Pass*
   i. Eingabeschicht h = 0:

Bei der Schicht U_0 handelt es sich um eine reine Verteilerschicht. Die Ausgabe ergibt sich unmittelbar aus der Eingabe:

$$o_{0,i} = x_i \ , \ (i = 1,...,n)$$

Falls ein konstantes Bias-Neuron vorhanden ist, gilt für dessen Ausgabe:

$$o_{0,0} = 1.0$$

ii. Verborgene Schichten h= 1,...,H − 2:

Jedes Neuron jeder Schicht h empfängt die Ausgaben der Schicht $h-1$ und berechnet seine eigene Ausgabe. Dazu wird in der Trainingsphase in jedem $N_{h,i} \left(i \neq 0 \right)$ der Zwischenwert $A_{h,i}$ bestimmt und lokal gespeichert:

$$A_{h,i} = \sum_{j=0}^{\#(U_{h-1})} w_{h,i,j} \, o_{h-1,j} \ , \ i = 1,...,\#\left(U_h \right)$$

Die Speicherung erfolgt, da dieser Wert im Backward-Pass wieder benötigt wird, um die Gewichte zu verändern. Daher wird die Speicherung auch nur für die Trainingsphase benötigt, danach kann die Speicherung entfallen.

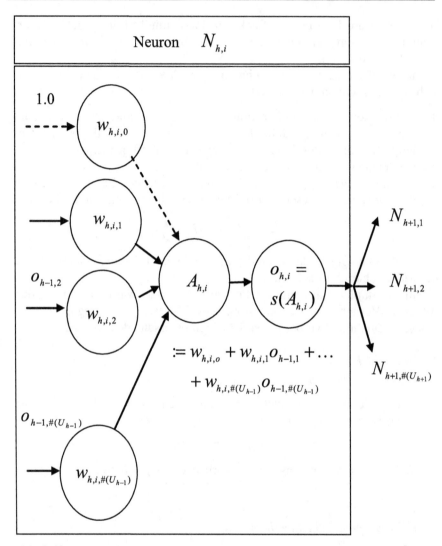

Abb. 2.43 Schematische Darstellung des Forward-Pass für ein Neuron mit $1 \leq h \leq H$-2 und $i > 0$. Die eingekreisten Werte werden lokal gespeichert.

Für die Ausgaben der Neuronen der verborgenen Schichten erhält man:

$$o_{h,i} = s(A_{h,i}), \quad i = 1,\ldots,\#(U_h)$$

wobei meistens für s die sigmoide Funktion

$$s(x) = \frac{1}{1+e^{-x}}$$

gewählt wird.

Falls ein konstantes Bias-Neuron vorhanden ist, so gilt für dessen Ausgabe wieder:

$$o_{h,0}=1.0$$

Auch die Ausgabe wird für den Backward-Pass gespeichert.

iii. Ausgabeschicht ($h = H - 1$):

Die Vorgehensweise ist hier einfacher, da die Ausgabefunktion nicht die sigmoide Funktion, sondern die Identitätsfunktion ist, und $A_{h,i}$ nicht für den Backward-Pass gespeichert werden muß. Entsprechend erhält man:

$$o_i = o_{H-1,i} = A_{H-1,i} = \sum_{j=0}^{\#(U_{H-2})} w_{H-1,i,j} o_{H-2}, (i = 1,...,m)$$

Schematisch läßt sich der Algorithmus, der bei dem Forward-Pass in jedem Neuron $N_{h,i}$ mit $1 \le h \le H-2$ und $i > 0$ abläuft, wie in Abb. 2.43 darstellen, wobei die Werte, die in dem Neuron lokal gespeichert werden, eingekreist sind.

2. *Backward-Pass*
   i. Ausgabeschicht ($h = H - 1$)

Jedes Neuron $N_{H-1,i}$, $i = 1,...,m$ der Ausgabeschicht erhält zu Beginn dieser Phase die Eingabe $\vec{y}'_i$. Dies ist die i-te Komponente der korrekten Ausgabe $\vec{o}' = (o_1,...,o_m)$ zur Eingabe $\vec{x}$. Der Anteil von Neuron $N_{H-1,i}$ am Ausgabefehler des Netzes ist:

$$\delta_{H-1,i} = o'_i - o_i, \quad i = 1,...,m.$$

Bis auf die andersartige Berechnung der $\delta_{H-1,i}$ gibt es beim Ablauf des Backward-Pass keine Unterschiede zwischen Schicht $H - 1$ und den Schichten $H - 2,...,2$. Daher werden die weiteren Schritte, die in der Ausgabeschicht noch notwendig sind, in ii. zusammengefaßt.

ii. Verborgene Schichten ($h = H - 2,...,2$)

Jedes $N_{h,i}$, $i = 1,...,\#(U_h)$ reicht insgesamt $\#(U_{h-1})$ Werte an die Vorgängerschicht weiter, und zwar jeweils einen Wert an jedes $N_{h-1,j}$, $j = 1,...,\#(U_{h-1})$. Der Wert, den $N_{h,i}$ an $N_{h-1,j}$ reicht, ist:

$$w_{h,i,j} \delta_{h,i}$$

wobei $w_{h,i,j}$ der Wert des Gewichtes *vor* der nachfolgenden Modifizierung ist, d.h. $w_{h,i,j}$ ist der Wert des Gewichtes mit dem im Forward-Pass die Ausgabe von $N_{h-1,j}$ gewichtet wurde.

Anschließend wird in $N_{h-1,i}$ folgende Bedingung für $j = 0,...,\#\left(U_{h-2}\right)$ ausgewertet und damit die Gewichtsveränderung vorgenommen. Hierbei ist die bereits erwähnte Batch-Version zu grundegelegt.

if   count = batchsize
then   {

$$w_{h-1,i,j}^{neu} = w_{h-1,i,j}^{alt} + \frac{\eta}{batchsize} \Delta_{h-1,i,j}$$

$$\Delta_{h-1,i,j}^{neu} = \delta_{h-1,i} o_{h-2,j}$$

count = 1
}

else {

$$w_{h-1,i,j}^{neu} = w_{h-1,i,j}^{alt}$$

$$\Delta_{h-1,i,j}^{neu} = \Delta_{h-1,i,j}^{alt} + \delta_{h-1,i} o_{h-2,j}$$

count = count + 1
}

Zu beachten ist, daß die Werte $o_{h-2,j}$ seit dem Forward-Pass noch anliegen.

Die Werte count, batchsize, $\Delta_{h-1,i,j}^{neu}$ und η müssen gespeichert werden. Die Speicherung von $\Delta_{h-1,i,j}^{neu}$ erfolgt im lokalen Speicher von $N_{h-1,j}$. Die anderen Werte können global behandelt werden.

Damit sind alle Neuronen der Schicht h abgearbeitet und es wird mit der nächsten „weiter links" stehenden Schicht fortgefahren.

Dort wird zunächst für jedes $N_{h-2,j}, j = 1,...,\#\left(U_{h-2}\right)$ das $\delta_{h-2,j}$ berechnet. $N_{h-2,j}$ hat bereits aus jedem Neuron der „weiter rechts" stehenden Schicht (nicht aus dem konstanten Neuron) den Wert $w_{h-1,i,j} \delta_{h,i}$, $i = 1,...,\#\left(U_{h-1}\right)$, empfangen. Damit ergibt sich

$$\delta_{h-2,j} = s'\left(A_{h-2,j}\right) \sum_{i=1}^{\#(U_{h-1})} w_{h-1,i,j} \delta_{h,i}.$$

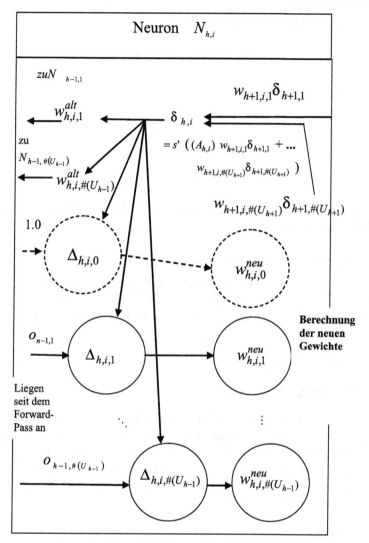

Abb. 2.44 Schematische Darstellung des Backward-Pass

Legt man für s die sigmoide Funktion

$$s(x) = \frac{1}{1+e^{-x}}$$

zugrunde, so erhält man für s':

$$s'(x) = \frac{d}{dx}\left(1 + e^{-x}\right)^{-1}$$

$$= -\left(1 + e^{-x}\right)^{-2} \cdot e^{-x} \cdot (-1)$$

$$= \frac{1}{1 + e^{-x}}\left(1 - \frac{1}{1 + e^{-x}}\right)$$

$$= s(x)(1 - s(x))$$

Damit kann $s'(x)$ leicht aus dem bereits im Forward-Pass berechneten $s(x)$ gewonnen werden.

iii. Eingabeschicht und 1. verborgende Schicht ($h = 0,1$)

In der Schicht U_1 wird im wesentlichen genauso verfahren wie in ii. beschrieben. Allerdings werden keine Werte in die Eingabeschicht U_0 zurückgereicht, denn dort finden sich keine modifizierbaren Gewichte.

2.6.5 Modifikationen

Probleme bei Backpropagation

Obwohl die Grundidee des Backpropagation-Verfahrens – ein Gradienten-abstieg – naheliegend und relativ einfach ist, beinhaltet dieses Verfahren eine Reihe von Problemen, die im wesentlichen darauf beruhen, daß der weitere Fortschritt lediglich durch die Kenntnis der aktuellen lokalen Umgebung (Gradient) beeinflußt wird. Die wesentlichsten Probleme sollen im folgenden kurz erläutert werden:

Lokale Minima

Ein generelles Problem aller Gradientenverfahren besteht darin, daß sie in einem lokalen Minimum der Fehleroberfläche hängenbleiben können und dadurch nicht das globale (optimale) Minimum erreichen, d.h. das Gradientenabstiegsverfahren landet in der Regel in einem suboptimalen Minimum. Die hierfür typische Situation zeigt Abb. 2.45.

Es ist ein prinzipielles Problem neuronaler Netze, daß die Fehleroberfläche mit wachsender Dimension des Netzes (d.h. mit wachsender Anzahl von Verbindungen) immer stärker zerklüftet ist und somit die Wahrscheinlichkeit, in einem lokalen anstelle des globalen Minimums zu landen, mit wachsender Dimension des Netzes größer wird.

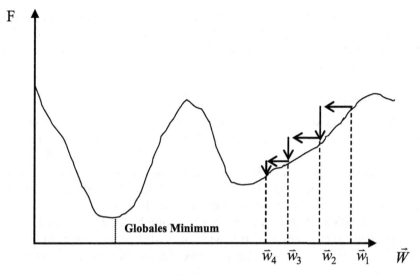

Abb. 2.45 Lokales Minimum

Wählt man die Schrittweite η nicht zu groß und probiert man ggf. mehrere verschiedene Initialisierungen der Gewichte aus, so zeigt die Erfahrung, daß hierdurch in der Regel ein Minimum erreicht wird, welches für die konkrete Anwendung akzeptabel ist.

Symmetry Breaking

Betrachtet man vollständig ebenenweise verbundene Feedforward-Netze, so darf man bei der Initialisierung der Gewichte diese nicht alle gleich groß wählen. Würde man nämlich dies tun, so läßt sich zeigen, daß durch die Modifikation der Lernregel *alle* Gewichte zwischen zwei Schichten stets den gleichen Wert erhalten. Daher ist es notwendig, zur Initialisierung der Gewichte zufällige (nicht zu große) Werte zu nehmen.

Dieser Effekt von gleich initialisierten Gewichten sei an dem folgenden Beispiel verdeutlicht:

Sei ein dreischichtiges Netz mit drei Eingabe-Neuronen, drei verborgenen und zwei Ausgabeneuronen gegeben, bei dem alle Gewichte gleich sind. Nach dem Forward-Pass für ein Muster p haben alle verdeckten Neuronen dieselbe Ausgabe. Die Gewichte der verborgenen Schicht werden gemäß der Formel $\Delta w_{ij} = \eta\, o_j \delta_i$ geändert. Damit sind die Gewichtsänderungen und die neuen Gewichte jedes verdeckten Neurons, die zum selben Ausgabeneuron führen, gleich. Die rekursiv berechneten δ der verborgenen Neuronen sind ebenfalls gleich. Daher werden auch jeweils die Gewichte der Verbindungen, die von einem Eingabeneuron ausgehen, genau gleich verändert. Dies hat zur Folge, daß beim nächsten Muster die Ausgaben der verborgenen Schicht alle gleich sind und wieder eine symmetrische Änderung der Gewichte erfolgt. Daher sind immer alle Gewichte von Verbindungen, die zum gleichen Ausgabe-Neuron hinführen bzw. vom gleichen Eingabe-Neuron wegführen, gleich.

Flache Plateaus

Die Größe der Gewichtsänderung hängt bei Gradientenverfahren von dem Betrag des Gradienten ab. In flachen Plateaus stagniert daher Backpropagation.

In einem derartigen Bereich werden besonders viele Iterationsschritte benötigt. Im Extremfall ist der Gradient der Nullvektor (Maxima) und es findet überhaupt keine Gewichtsveränderung mehr statt.

Eine zusätzliche Problematik ergibt sich dadurch, daß das Verhalten in einem flachen Niveau dem des Erreichens eines Minimums entspricht, so daß zunächst nicht erkannt werden kann, um welche Situation es sich handelt.

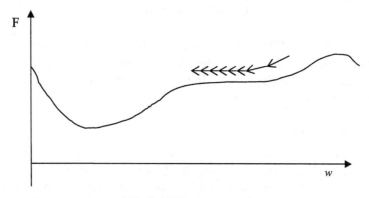

Abb. 2.46 Flache Plateaus

Oszillation

In unglücklichen Situationen kann das Verfahren oszillieren. Dies geschieht, wenn der Gradient am Rande einer Schlucht so groß ist, daß durch die Gewichtsänderung ein Sprung auf die gegenüberliegende Seite der Schlucht erfolgt. Ist die Schlucht dort genauso steil, bewirkt dies einen Sprung zurück zum Ausgangspunkt, da der Gradient jetzt den gleichen Betrag, aber das umgekehrte Vorzeichen besitzt.

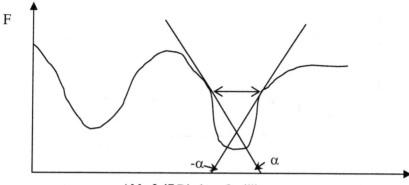

Abb. 2.47 Direktes Oszillieren

Dieser Effekt tritt vor allem bei relativ steilen Schluchten der Fehlerober-fläche auf. Ferner kann neben dem direkten Oszillieren auch ein indirektes Oszillieren auftreten.

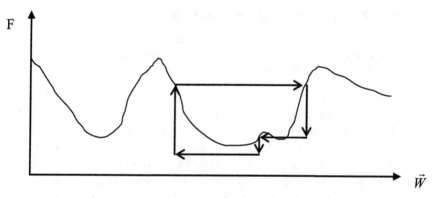

Abb. 2.48 Indirektes Oszillieren

Verlassen guter Minima

Liegt das – erstrebenswerte – globale Minimum in einem steilen Tal, kann der Betrag des Gradienten so groß sein, daß die Gewichtsänderung aus der Umgebung des globalen Minimums heraus in die Umgebung eines subop-timalen Minimums hineinführen.

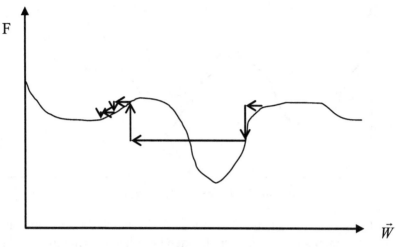

Abb. 2.49 Verlassen guter Minima

Möglichkeiten zur Behebung der Problematiken

Den oben aufgezeigten prinzipiellen Problemen, die bei der Anwendung des Backpropagation-Verfahrens auftreten können, kann man durch verschiedene Maßnahmen begegnen:

1. Eine „unglückliche" Initiierung der Startgewichte kann dazu führen, daß das Verfahren in einem kritischen Bereich der Fehleroberfläche (z.B. einem flachen Plateau) startet. Es ist in der Praxis daher sinnvoll, vor einer Änderung der Lernrate zunächst die Lernphase mit einer geänderten Initialisierung der Startgewichte zu wiederholen.

2. Die Wahl der Schrittweite η (Lernrate) ist entscheidend für das Verhalten des Backpropagation-Algorithmus. Wird nach einer vorgegebenen Trainingszeit trotz geänderter Initiierung der Stargewichte keine befriedigende Lerngüte erreicht, so empfiehlt es sich, η zu ändern. Generell bewirkt ein großes η starke Sprünge auf der Fehleroberfläche und erhöht somit das Risiko, ein globales Minimum in einem engen Tal zu überspringen. Zu kleine Werte von η bewirken einen spürbar höheren Zeitaufwand während des Trainings, der in einem flachen Bereich inakzeptabel hoch werden kann. Da der optimale Wert von η von vielen Faktoren, wie dem Problem, Wahl der Trainingsdaten, Größe und Topologie des Netzes usw. abhängt, kann keine generelle Empfehlung zur Wahl von η gegeben werden. Viele Erfahrungen haben gezeigt, daß es sinnvoll sein kann, zunächst mit einem höheren Wert von η, z.B. 0.7, zu beginnen und ggf. diesen Wert in Schritten von 0.1 zu verringern.

3. Um den Problemen des Backpropagation-Verfahrens zu begegnen, wurden ferner von verschiedenen Autoren Modifikationen des Verfahrens entwickelt. Fast allen dieser Modifikationen ist gemein, daß sie auf Heuristiken beruhen. Sie bewirken daher in den meisten Fällen eine spürbare Beschleunigung des Konvergenzverhaltens, jedoch lassen sich stets Fälle konstruieren, bei denen die Annahmen der Heuristiken nicht gegeben sind, so daß hier sogar eine Verschlechterung gegenüber dem klassischen Backpropagation-Verfahren eintritt. Im Folgenden werden einige der weitverbreitesten Modifikationen kurz beschrieben.

Momentum-Version

Diese Modifikation des Backpropagation-Verfahrens geht auf Hinton und Williams zurück und wurde erstmals in (Rumelhart et al. 1983) beschrieben. Bekannt ist dieses Verfahren auch unter dem Namen *„Konjugierter Gradientenabstieg" (conjugate gradient descent)*. Die Idee der Momentum-Version ist eine Erhöhung der Schrittweite η auf flachen Niveaus und eine Reduzierung von η bei Tälern. Hierzu müssen diese Situationen erkannt werden. Dies wird dadurch erreicht, daß die in der Vergangenheit durchgeführten Gewichtsveränderungen einen Einfluß auf die aktuelle Gewichtsveränderung haben. Die zugrundeliegende Heuristik unterstellt, daß flache Plateaus dadurch gekennzeichnet sind, daß das Vorzeichen des Gradienten in aufeinander folgenden Schritten unverändert bleibt, während ein Vorzeichenwechsel ein Indiz für eine Senke (Schlucht) ist.

Dementsprechend wird im Schritt t jedes Gewicht $w_i(t)$ des Netzes nach folgender Vorschrift modifiziert

$$w_i(t+1) = w_i(t) + \Delta w_i(t)$$

$$\Delta w_i(t) = -(1-\alpha)\eta \frac{\partial F(t)}{\partial w_i(t)} + \alpha \Delta w_i(t-1)$$

$$= -(1-\alpha)\eta \sum_{j=0}^{t} \alpha^j \frac{\partial F(t-j)}{\partial w_i(t-j)} \,,$$

dabei ist F das MSE-Fehlermaß, $\alpha \in [0,1[$ der sogenannte *Momentum-Term* und $\eta > 0$ die *Lernrate*.

Der Term $\Delta w_i(t-1)$ gibt an, wie das Gewicht w_i bei der letzten Veränderung modifiziert wurde. Durch Addition von $\alpha \Delta w_i \in [0,1[$ wird dem Gradientenabstiegsverfahren ein Trägheitsmoment verliehen.

Setzt man $\alpha=0$, so ist obige Vorschrift wieder identisch mit der klassischen verallgemeinerten δ-Regel.

Der Momentum-Term α steuert das Verhältnis der aktuell berechneten Ableitung von F für w_i bei der Bestimmung von $w_i(t+1)$. Dabei ist $\Delta w_i(t)$ im wesentlichen die exponentiell gewichtete Summe aller bisher für w_i berechneten Ableitungen. Der Einfluß einer solchen Ableitung ist um so kleiner, je „älter" sie ist, da wegen $\alpha \in [0,1)$ der Wert α^j mit steigendem j kleiner wird.

Haben (zeitlich) aufeinanderfolgende Ableitungen gleiche Vorzeichen, wächst die Summe (und w_i wird stärker modifiziert), ansonsten bleibt sie klein (und w_i wird weniger stark modifiziert). Hierbei wird zur Vereinfachung unterstellt, daß alle Gewichte innerhalb des Netzes fortlaufend über den Index i durchnumeriert sind.

Die Momentum-Version hat zwei Schwächen:

1. Das Trägheitsmoment wirkt sich auf flachen Gebieten der Fehleroberfläche sehr vorteilhaft auf die Lerngeschwindigkeit des Netzes aus. Die Summe kann aber eine obere Schranke besitzen (z.B. wenn alle Ableitungen konstant gleich sind). Damit ist auch die größtmögliche Gewichtsänderung beschränkt, was in flachen Gebieten der Fehleroberfläche nicht unbedingt erwünscht ist.
2. Die Summe ab j=1 kann ein anderes Vorzeichen besitzen als der Summand für j=0 (die momentane Ableitung); im Extremfall ist sie sogar betragsmäßig größer. Das Verfahren verschiebt dann $\vec{w}$ in die Richtung des Gradienten, vergrößert also den Fehler des Netzes. Aus diesem Grund kann für das Verfahren keine Konvergenz garantiert werden.

Wegen 2. kann man bei der Momentum-Version nicht mehr absolut von einem „Gradienten*abstiegs*verfahren" reden.

Durch die Wahl von unterschiedlichen Werten für α kann das Verhalten des Verfahrens stark beeinflußt werden. Typischerweise wird α nah bei 0.9 gewählt, um den Vorteil des Trägheitsmomentes auf flachen Gebieten ausnutzen zu können. In stark gekrümmten Gebieten versagt das Verfahren jedoch schnell, wenn α zu groß ist (siehe oben). Es wäre also wünschenswert, wenn sich der Wert des momentum-Terms verändern und an die Krümmungseigenschaften der Fehleroberfläche anpassen könnte. Erst durch Experimente kann für ein gegebenes Problem das am besten geeignete α bestimmt werden.

Weight Decay

Diese Modifikation geht auf Paul Werbos zurück, der in seiner Dissertation 1974 wohl als erster das Backpropagation-Lernverfahren beschrieben hat. Die Motivation für die Lernregel mit Gewichtsabnahme (weight decay) ist folgende:

Es ist neurobiologisch unplausibel, zu große Gewichte zuzulassen. Außerdem wird durch große Gewichte die Fehlerfläche steiler und zerklüfteter, wodurch die Häufigkeit von Oszillationen und unkontrollierten Sprüngen auf der Fehlerfläche beim Lernen zunimmt. Daher leitete Werbos die Forderung nach einem kleinen Betrag der Gewichte bei gleichzeitiger Annäherung an die Zielvorgaben der Trainingsmenge ab. Nimmt man diese Forderung als Term in die Fehlerfunktion auf, so führt das zu folgender Fehlerfunktion:

$$F^{neu} = F + \frac{d}{2}\sum_i w_i^2$$

Der zweite Summand „bestraft" zu große Gewichte. Durch Bildung der neuen partiellen Ableitung nach der Formel

$$\frac{\partial F^{neu}}{\partial w_i} = \frac{\partial F}{\partial w_i} + d \cdot w_i$$

ergibt sich eine Gewichtsmodifikationsregel, die gleichzeitig die Gewichte minimiert (weight decay):

$$\Delta w_i(t) = \eta \cdot \frac{\partial F(t)}{\partial w_i(t)} - d \cdot w_i(t-1) \ .$$

Dabei liegen die Werte von d im allgemeinen im Bereich von 0.005 bis 0.03. Bei der Verwendung dieses Parameters ist Vorsicht geboten, weil zu große Werte von d leicht die Gewichte des Netzwerks permanent auf zu kleinen Werten halten. Die Wirkung kleinerer Gewichte liegt dabei vor allem in einer besseren Generalisierungsleistung des Netzwerks, außerdem wird die Initialisierung der Gewichte weniger wichtig.

Quickprop

Dem Quickprop-Verfahren liegt folgende Heuristik zugrunde:

Man nimmt an, daß ein „Tal" innerhalb der Fehlerfunktion näherungsweise durch eine nach oben offene Parabel beschrieben werden kann.

Man verwendet nun Werte $\partial F/\partial w_i(t-1)$, d.h. die Ableitung der Fehlerfunktion nach dem Gewicht w_i zum vorhergehenden Zeitpunkt $t-1$, die Steigung $\partial F/\partial w_i(t)$ der Fehlerfunktion in Richtung w_i zum aktuellen Zeitpunkt t und die letzte Änderung Δw_i des Gewichts, um daraus den Scheitelpunkt der Parabel, d.h. das erwartete Minimum der Fehlerfunktion, zu bestimmen und in einem Schritt dorthin zu springen. Da der tatsächliche Verlauf der Fehlerfunktion meist nicht ganz mit der Parabel übereinstimmt, wird man nicht im tatsächlichen lokalen Minimum der

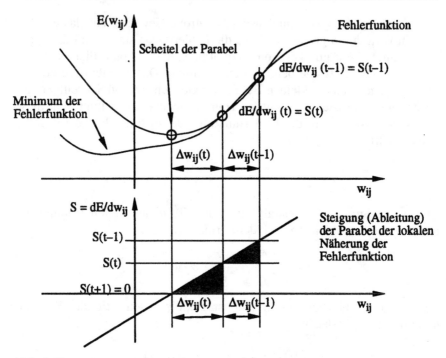

Abb. 2.50 Bestimmung des Scheitels der angelegten Parabel anhand der Steigung an zwei verschiedenen Punkten und ihrem Abstand

Fehlerfunktion landen, sondern in der Nähe. Da es sich hier aber wie bei Backpropagation um ein iteratives Verfahren handelt, ist diese Abweichung nicht gravierend.

Die angenäherte Bestimmung des lokalen Minimums wird dadurch sehr einfach und benötigt wie Backpropagation nur lokale Informationen eines Neurons:

$$\Delta w_i(t) = \frac{S(t)}{S(t-1)-S(t)} \cdot \Delta w_i(t-1)$$

Dabei ist

$$S(t) = \frac{\partial F}{\partial w_i(t)}$$

die Steigung der Fehlerfunktion in Richtung w_i zum Zeitpunkt t. Die Herleitung dieser Formel ergibt sich direkt aus Abb. 2.50. Man sieht, wie der Scheitel der Parabel, für den die Steigung $S(t+1) = 0$ ist, aus den beiden Steigungen $S(t-1)$ und $S(t)$ und dem Abstand $\Delta w_i(t-1)$ berechnet werden kann. Zu bestimmen ist hier lediglich $\Delta w_i(t)$, für das wegen der Ähnlichkeit der schraffierten Dreiecke in der Graphik der Ableitung der Parabel die Bedingung gilt

$$\frac{\Delta w_i(t)}{\Delta w_i(t-1)} = \frac{S(t)}{S(t-1)-S(t)}.$$

Man beachte, daß der Quotient dieser Gleichung im Prinzip einen veränderlichen Momentum-Term darstellt. Generell lassen sich vier Situationen unterscheiden:

1. Die aktuelle Steigung $S(t)$ ist kleiner als die vorhergehende Steigung $S(t-1)$, hat aber das gleiche Vorzeichen, d.h. $S(t) < S(t-1)$ und $\mathrm{sgn}\,(S(t)) = \mathrm{sgn}\,(S(t-1))$:
   Dann erfolgt die Gewichtsänderung in der gleichen Richtung wie vorher.
2. Die aktuelle Steigung verläuft in der umgekehrten Richtung wie die vorige Steigung $S(t-1)$, d.h. $\mathrm{sgn}\,(S(t)) \neq \mathrm{sgn}(S(t-1))$:
   Dann hat man ein Minimum übersprungen und ist jetzt auf der anderen Seite des Tales der Fehlerfunktion. In diesem Fall ergibt der nächste Schritt eine Position zwischen den beiden vorhergehenden Positionen.
3. Die aktuelle Steigung $S(t)$ ist gleich der vorhergehenden Steigung, d.h. $S(t) = S(t-1)$:
   Dann würde die Formel einen unendlich großen Schritt liefern bzw. das Simulationsprogramm würde wegen Division durch Null fehlerhaft abbrechen.
4. Die aktuelle Steigung $S(t)$ ist größer als die vorhergehende Steigung mit gleichem Vorzeichen, d.h. $S(t) > S(t-1)$ und $\mathrm{sgn}(S(t)) = \mathrm{sgn}\,(S(t-1))$:
   In diesem Fall würde man rückwärts in Richtung eines lokalen Maximums gehen (weil der Algorithmus dann den Scheitel einer nach unten offenen Parabel sucht).

Zur Lösung des Problems von Situation 3 kann man einen zusätzlichen Parameter μ einführen, den sog. *Maximalen Wachstumsfaktor*. Durch ihn wird über die zusätzliche Bedingung:

$$|\Delta w_i(t)| \leq \mu \cdot |\Delta w_i(t-1)|$$

die Gewichtsänderung auf das max. μ-fache der letzten Änderung beschränkt. Hierbei sollte μ nicht zu groß gewählt werden. Als relativ guter Wert für μ hat sich eine Größenordnung von 1,75 bis 2,25 bewährt. Bei

Beginn des Verfahrens oder wenn der vorherige Schritt $|\Delta w_i(t)| = 0$ ist, muß der Lernprozeß (neu) gestartet werden. Üblicherweise geschieht dies durch Standard-Backpropagation:

$$|\Delta w_i(t)| = -\eta \cdot \frac{\partial F}{\partial w_i}(t)$$

Um die Gewichte nicht zu sehr anwachsen zu lassen, kann Quickprop zusätzlich mit Weight Decay kombiniert werden.

Das Quickprop-Verfahren ist somit ein iteratives Verfahren zweiter Ordnung zur Bestimmung des Minimums der Fehlerfunktion eines Feedforward-Netzes, welches sich an das Newton-Verfahren anlehnt. Es wurde 1989 von Scott Fahlman entwickelt. In der Praxis hat es sich als ein relativ schnelles Verfahren bewährt, wobei wegen der zugrunde liegenden Heuristiken auch hier Gegenbeispiele existieren. Auch ist der Rechenaufwand für die einzelnen Schritte viel höher als bei dem Standard-Backpropagation-Verfahren.

Die δ-δ und die δ̄-δ-Regel

Von Jacobs wurden 1988 in Zusammenarbeit mit Sutton folgende naheliegende Vorschläge zur Verbesserung der Backpropagation-Lernregel gemacht:

1. Die Lernrate η beeinflußt maßgeblich, wie stark die Gewichte modifiziert werden. Da aber eine einheitliche Lernrate nicht die, in jeder Dimension unterschiedliche, Krümmungseigenschaft der Fehleroberfläche berücksichtigt, sollte jedes Gewicht eine *individuelle Lernrate* besitzen.
2. Jede Lernrate sollte mit der Zeit ihren *Wert verändern* können, da die Eigenschaften der Fehleroberfläche in einer Gewichts-Dimension nicht während des ganzen Verfahrens gleich bleiben.

Dabei sollen die folgenden Heuristiken zur Steuerung der Lernraten benutzt werden:

1. Wenn die Ableitung für ein Gewicht über mehrere aufeinanderfolgende Schritte das gleiche Vorzeichen hat, wird seine *Lernrate erhöht,* da die Gewichts-Dimension dann meist schwach gekrümmt ist.
2. Wechselt die Ableitung für ein Gewicht dagegen in einigen aufeinanderfolgenden Schritten ihr Vorzeichen, so ist die Bestimmung des Scheitels der angelegten Parabel anhand der Steigung an zwei verschiedenen Punkten und ihrem Abstand Fehleroberfläche in der entsprechenden Koordinatenrichtung stark gekrümmt, weshalb die *Lernrate verringert* wird.

Auch hier lassen sich Situationen konstruieren, bei denen diese Heuristiken nicht zutreffen und entsprechend dieses Verfahren versagt. Hierzu betrachtet man z.b. eine Oberfläche über einem zweidimensionalen Raum, die ein Tal mit stark gekrümmten Wänden besitzt, das im 45°-Winkel zu beiden Koordinatenrichtungen liegt. Von einem Punkt aus, der sich in diesem Tal (nicht auf dem Grund) befindet, ist dann die Krümmung der Oberfläche in beiden Koordinatenrichtungen stark, so daß nach Jacobs die zugehörigen Lernraten verringert würden. Besser wäre es dagegen, die Lernraten zu vergrößern, um schneller auf den „Boden" des Tals zu gelangen.

Wir betrachten zunächst die erste Heuristik, d.h. die Einführung von individuellen Lernraten:

Sei q die Anzahl der Gewichte eines Backpropagation-Netzes (also $\vec{w} \in \mathrm{IR}^q$), dann werden statt einer Lernrate η derer q $(\eta_1, \cdots, \eta_q > 0)$ verwendet.

Die neue Lernregel, nach der nun die Gewichte verändert werden, lautet allgemein:

$$w_i^{neu} = w_i^{alt} - \eta_i \frac{\partial F}{\partial w_i},$$

oder – für den Gewichtsvektor des Netzes:

$$\vec{w}^{neu} = \vec{w}^{alt} - (\eta_1 E_{1,1} \nabla F(\vec{w}) + \cdots + \eta_q E_{q,q} \nabla F(\vec{w})) = \vec{w}^{alt} - \sum_{i=1}^{q} \eta_i E_{i,i} \nabla F(\vec{w}).$$

Dabei ist $\eta_i > 0$ die zu w_i gehörende Lernrate und $E_{i,i}$ ist eine $q \times q$ Matrix, die nur in der i-ten Zeile und Spalte eine 1 trägt und sonst in jeder Komponente Null ist $(1 \leq i \leq q)$.

Durch die Verwendung individueller Lernraten wird ein Punkt auf der Fehleroberfläche von der Lernregel auch bei dieser Modifikation nicht mehr in die Richtung des negativen Gradienten verschoben, so daß kein Gradientabstiegsverfahren durchgeführt wird. Tatsächlich liegt nun eine Art Koordinatenabstiegsverfahren vor. Dabei wird nicht mehr $F(\vec{w})$ direkt minimiert, sondern für jede Komponente w_i von $\vec{w}$ wird nach dem $\min_{w_i} (F(\vec{w}))$ gesucht.

Im Unterschied zu „normalen" Koordinatenabstiegsverfahren aus der Numerik, bei denen alle Gewichte nacheinander verändert werden, werden hier alle Komponenten von $\vec{w}$ parallel modifiziert.

Es läßt sich zeigen:

Satz 2.2

Sei $G : D \subset IR^q \to IR$ differenzierbar für $\vec{w} \in \text{interior}(D)$. Für ein $\vec{v} \in IR^q$ gelte $\nabla G(\vec{w})\vec{v} > 0$. Dann gibt es ein $\beta > 0$, so daß

$$G(\vec{w} - \alpha\vec{v}) < G(\vec{w}), \text{ für alle } \alpha \in (0,\beta) \ (*).$$

Beweis:

Wegen der Differenzierbarkeit von G in $\vec{w}$ ist

$$\lim_{\alpha \to 0} \frac{G(\vec{w} - \alpha\vec{v}) - G(\vec{w})}{\alpha} + \nabla G(\vec{w})\vec{v} = 0.$$

Da $\vec{w} \in \text{interior}(D)$, gibt es $\beta > 0$, so daß

$$\vec{w} - \alpha\vec{v} \in D, \quad \text{für alle } \alpha \in (0,\beta).$$

Aufgrund von $(*)$ kann β dabei so klein gewählt werden, daß aus

$$\nabla G(\vec{w})\vec{v} > 0$$

$$\frac{G(\vec{w} - \alpha\vec{v}) - G(\vec{w})}{\alpha} + \nabla G(\vec{w})\vec{v} < G(w)\vec{v}$$

für alle $\alpha \in (0,\beta)$ folgt.

$$\Rightarrow \quad \frac{G(\vec{w} - \alpha\vec{v}) - G(\vec{w})}{\alpha} < 0 \quad \text{für alle } \alpha \in (0,\beta)$$

$$\Rightarrow \text{Behauptung.}$$

Mit Hilfe dieses Satzes läßt sich zeigen:

Korollar 2.1

Das oben beschriebene, parallele Koordinatenabstiegsverfahren besitzt die Eigenschaft der globalen Konvergenz, wenn die Lernraten eine gewisse Schranke nicht überschreiten.

Beweis:

F ist das MSE-Fehlermaß. Es ist bekannt, daß $F : IR^q \to IR$ differenzierbar in jedem beliebigen Vektor $\vec{w} \in IR^q$ ist.

Sei $\vec{w} \in IR^q$ beliebig mit $\nabla F(\vec{w}) \neq 0$.

Sei $\vec{v} = \left(\eta'_1 \frac{\partial F}{\partial w_1}, \cdots, \eta'_q \frac{\partial F}{\partial w_q} \right)^T \in IR^q, \quad \text{mit } \eta'_1, \cdots, \eta'_q > 0.$

Dann ist

$$\nabla F(\vec{w})\vec{v} = \left(\frac{\partial F}{\partial w_1}, \cdots, \frac{\partial F}{\partial w_q}\right)\left(\eta_1'\frac{\partial F}{\partial w_1}, \cdots, \eta_q'\frac{\partial F}{\partial w_q}\right)^T = \sum_{i=1}^{q}\eta_i'\left(\frac{\partial F}{\partial w_i}\right)^2 > 0 \quad.$$

Damit sind die Voraussetzungen für Satz 2.2 erfüllt und es gilt:
Es gibt $\beta > 0$ mit

$$F(\vec{w} - \alpha\vec{v}) < F(\vec{w}) \quad \forall \alpha \in (0,\beta) \quad.$$

Ist $\nabla F(\vec{w}) = 0$, dann ist $\vec{v} = 0$ und es gilt:

$$F(\vec{w} - \alpha\vec{v}) \leq F(\vec{w}) \quad \forall \alpha \in IR \quad.$$

Insgesamt folgt hieraus die Behauptung, denn die η_i' müssen nur so gewählt sein, daß für ein $\alpha_0 \in (0,\beta)$ gilt: $\eta_i = \eta_i'\alpha_0$ für $i = 1, \cdots, q$. $\alpha_0\vec{v}$ ist dann der Vektor, den das Koordinatenabstiegsverfahren von $\vec{w}$ subtrahiert.

Die δ-δ-Regel

Die Modifizierung der Gewichte erfolgt, wie oben beschrieben, nach der Regel:

$$w_i^{neu} = w_i^{alt} - \eta_i\frac{\partial F}{\partial w_i}$$

bzw. anders geschrieben durch

$$w_i(t+1) = w_i(t) - \eta_i(t+1)\cdot\frac{\partial F(t)}{\partial w_i(t)}$$

Dabei ist $w_i(t)$ der Wert des Gewichtes w_i im Schritt t und $\eta_i(t+1)$ der Wert der zu w_i gehörenden Lernrate im Schritt $t+1$.

Die Herleitung der Lernregel für die Lernratenmodifikation geschieht analog zur Herleitung der verallgemeinerten δ-Regel:

Die Regel sollen einen Gradientenabstieg auf einer Fehleroberfläche über dem „Lernratenraum" durchführen (die Fehlerfunktion, die durch Lernratenänderungen minimiert werden soll, ist also $\neq F$). Für eine Lernrate η_i ergibt sich trotzdem die folgende Modifizierungsregel, die wieder die Fehlerfunktion F benutzt:

$$\eta_i(t+1) = \eta_i(t) + \Delta\eta_i(t)$$

$$\Delta\eta_I(t) = \gamma\frac{\partial F(t)\partial F(t-1)}{\partial w_i(t)\partial w_i(t-1)} \quad,$$

wobei $\gamma > 0$ die Schrittweite des Gradientenabstiegs im „Lernratenraum"
ist.

Stimmen nun die Vorzeichen zweier (zeitlich) aufeinander folgender
Ableitungen eines Gewichtes überein, wird dessen zugehörige Lernrate
vergrößert $(\Delta\eta_i(t) \ge 0)$, sonst verkleinert $(\Delta\eta_i(t) \le 0)$.

Die Lernraten-Modifizierungsregel der δ-δ-Lernregel implementiert also zunächst die anfangs beschriebenen Heuristiken.

Eine genauere Überlegung zeigt jedoch, daß diese Implementation der
Vorschläge wieder neue Probleme aufwirft:

1. Auf flachen Gebieten der Fehleroberfläche von F sind beide Ablei-
    tungen gleichen Vorzeichens und betragsmäßig klein. Ist ihr Betrag
    sogar < 1 , so ist ihr Produkt noch kleiner. Dadurch wird das Verfah-
    ren auf flachen Gebieten immer langsamer. Abhilfe schafft dann nur
    noch ein Vergrößern von γ , was zu Problemen führt, wenn das
    Krümmungsverhalten der Fehleroberfläche sich plötzlich ändert.
2. Ein weiteres Problem tritt bei starken Krümmungen auf: Die Ableitun-
    gen haben dort möglicherweise betragsmäßig große Werte und unter-
    schiedliche Vorzeichen, so daß $\Delta\eta_i(t) \ll 0$ ist. Dann kann sogar
    $\eta_i(t+1) < 0$ sein und $w_i(t+1)$ wird in eine falsche Richtung verscho-
    ben. Dies geschieht noch schneller, falls γ groß ist.

Für eine zufrieden stellende Lernraten-Modifikationsregel ist es also nicht
ausreichend, die heuristischen Ideen zur Steuerung der Lernraten zu implementieren. Dies darf nicht auf eine so kurzsichtige Art und Weise erfolgen, daß die Steuerung aus anderen Gründen versagt.

Daher wird nun ein neuer Ansatz verfolgt, bei dem die Steuerung mit Hilfe
einiger zusätzlicher Parameter „überwacht" wird.

Die $\bar{\delta}$-δ-Regel

Auch bei dieser Lernregel sind Regeln zur Modifizierung von Gewichten
und Lernraten erforderlich, wobei ebenfalls mit individuellen, variablen
Lernraten gearbeitet wird.

Die Gewichtsveränderung erfolgt nach derselben Regel wie bei der
δ-δ-Regel. Die Lernraten werden folgendermaßen modifiziert:

$$\eta_i(t+1) = \eta_i(t) + \Delta\eta_i(t),$$

hierbei ist

$$\Delta\eta_i(t) = \begin{cases} \kappa & \text{,falls } \bar{\delta}_i(t-1)\delta_i(t) > 0 \\ -\varphi\,\eta_i(t) & \text{,falls } \bar{\delta}_i(t-1)\delta_i(t) < 0 \\ 0 & \text{sonst} \end{cases}$$

wobei

$$\delta_i(t) = \frac{\partial F(t)}{\partial w_i(t)}$$

und

$$\overline{\delta}_i(t) = (1-\theta)\delta_i(t) + \theta\overline{\delta}_i(t-1) = (1-\theta)\sum_{j=0}^{t}\theta^j\delta_i(t-j)$$

$w_i(t)$ ist ein Gewicht des Netzes im Schritt t, $\eta_i(t)$ die zugehörige Lernrate und κ, φ, θ sind Konstanten mit $\varphi, \theta \in [0,1]$ und $\kappa > 0$.

Die obige Formel zeigt, daß $\overline{\delta}_i$ ein exponentiell gewichteter Durchschnitt der momentanen und aller früheren Ableitungen für w_i ist.

Je „älter" eine frühere Ableitung ist, desto geringer ist ihr Einfluß auf $\overline{\delta}_i(t)$; da $\theta \in [0,1]$.

Die $\overline{\delta}$-δ-Regel realisiert die Heuristiken wie folgt:

Stimmt das Vorzeichen der momentanen (Schritt t) Ableitung mit dem des exponentiellen Durchschnitts bis zum Schritt $(t-1)$ überein ($\approx$ die Fehleroberfläche ist flach), wird die Lernrate um eine Konstante κ vergrößert, da in diesem Fall $\overline{\delta}_i(t-1)\delta_i(t) > 0$ ist.

Ist $\overline{\delta}_i(t-1)\delta_i(t) < 0$, sind die Vorzeichen unterschiedlich ($\approx$ die Fehleroberfläche ist stark gekrümmt) und die Lernrate wird um den φ-ten Anteil verringert.

Die Modifikation der Lernraten erfolgt asymmetrisch:

Die $\overline{\delta}$-δ-Regel vergrößert Lernraten linear, womit verhindert wird, daß sie zu schnell zu groß werden können.

Die Lernregel verringert die η_i jedoch exponentiell; dadurch ist gewährleistet, daß immer $\eta_i > 0$ gilt und daß die Lernraten schnell verringert werden können. Somit sind bei dieser Lernregel die Schwächen der δ-δ-Regel nicht vorhanden und tatsächlich liefert sie in der Praxis sehr zufrieden stellende Ergebnisse.

Der Grad der Verbesserung der Leistungsfähigkeit des Netzes hängt nun wesentlich von der Setzung für κ ab:

1. Wird es auf einen zu kleinen Wert gesetzt, können die Lernraten nur langsam wachsen. Damit liegt wieder das inzwischen bekannte Problem auf flachen Gebieten vor.

2. Ist κ dagegen zu groß, wird das gesamte Verfahren zu ungenau, da die Lernraten zu schnell zu groß werden.

Die $\overline{\delta}$-δ-Regel läßt sich durch zwei weitere Modifikationen noch verbessern:

1. Die $\overline{\delta}$-δ-Regel kann mit der Momentum-Variante kombiniert werden
2. Die Einführung eines variablen κ im Zusammenhang mit einer geeigneten Steuerung kann die Leistung der $\overline{\delta}$-δ-Regel steigern.

Beide Modifikationen lassen sich mit Hilfe von Fuzzy-Controllern realisieren.

2.7 Hopfield-Netze

2.7.1 Grundlegende Konzepte

Der amerikanische Physiker John Hopfield entwickelte 1982 ein Modell eines zunächst asynchronen neuronalen Netzes, welches später um eine synchrone Variante erweitert wurde. Es beruht auf den folgenden Annahmen:

1. Das Netz besteht aus einer einzigen Schicht von n Neuronen.
2. Die n Neuronen sind untereinander total vernetzt, d.h. jedes Neuron besitzt eine Verbindung zu jedem anderen Neuron (Rückkopplung, Rekursion).
3. Kein Neuron ist direkt mit sich selbst verbunden (keine unmittelbare Rückkopplung).
4. Das Netz ist symmetrisch gewichtet, d.h. das Gewicht der Bindung zwischen Neuron i und Neuron j ist gleich dem Gewicht der Verbindung zwischen Neuron j und Neuron i.
5. Den einzelnen Neuronen ist jeweils eine lineare Schwellenwertfunktion als Aktivierungsfunktion zugeordnet.
6. Eingabe ist die übliche gewichtete Summe.

Hopfield-Netze sind daher einschichtige neuronale Netze, die ausschließlich indirekte Rückkopplungen zwischen je zwei verschiedenen Knoten $i, j(i \neq j)$ des Netzes besitzen, aber keine direkte Rückkopplung zum gleichen Knoten. Alle Verbindungen zwischen zwei Neuronen sind symmetrisch, d.h. $w_{ij} = w_{ji}$. Dies kann auch so interpretiert werden, daß zwischen zwei Neuronen nur eine bidirektionale Leitung besteht.

Bei den bisher betrachteten Forward-Netzen geschah die Verarbeitung durch Propagation von der Eingabeschicht zur Ausgabeschicht. Bei rückgekoppelten Netzen hingegen müssen die Zustände der Neuronen solange neu berechnet werden, bis das Netz in einen Ruhezustand konvergiert ist, in dem sich keine Änderung der Aktivierungszustände mehr ergibt. Ein stabiler Zustand wird daher bestimmt durch die folgenden Parameter: Eingabe, Gewichtsmatrix und Schwellenwerte der Neuronen. Es wird noch gezeigt werden, daß Hopfield-Netze stets – unter gewissen Voraussetzungen – nach einer endlichen Zeit zu einem Ruhezustand konvergieren.

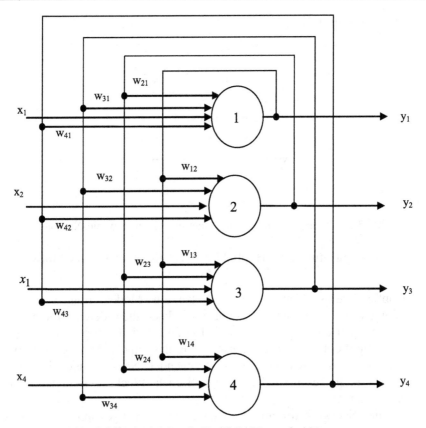

Abb. 2.51 Beispiel für ein Hopfield-Netz mit 4 Neuronen

Da wegen der Netzsymmetrie nur bidirektionale Leitungen existieren, findet man in der Literatur auch folgende graphische Darstellungsform:

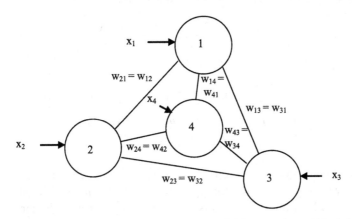

Abb. 2.52 Graphische Darstellung des Hopfield-Netzes aus Abb. 2.42

bzw. für ein Neuron N_i:

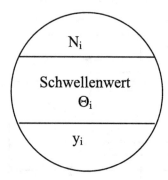

Abb. 2.53 Graphische Darstellung eines einzelnen Hopfield-Neurons

Für die Betrachtung von Hopfield-Netzen gibt es u.a. zwei Motivationen:

1. Hopfield selbst benutzte seine Netze zur Modellierung von sog. „Spingläsern". Hierunter versteht man Materialien, deren Atome sich wie magnetische Dipole verhalten. Bei der Modellierung entspricht jedem Dipol ein Neuron, die Ausrichtung des Dipols im Magnetfeld ist der Aktivierungszustand des entsprechenden Neurons und die Netzwerkstruktur beschreibt die magnetischen Wechselwirkungen zwischen den Dipolen.
2. Da die „Netzwerkstruktur" des Gehirns einen rückgekoppelten Aufbau besitzt, entspricht ein Hopfield-Netz in mancher Beziehung eher dem Ablauf einer natürlichen Informationsverarbeitung.

Im folgenden beschränken wir uns auf „Binäre Hopfield-Netze". Diese sind gekennzeichnet durch die Aktivierungsfunktion:

$$A_i(t+1) = \sum_{i \neq j} w_{ij} \cdot y_j(t) \quad + \quad x_i$$

und die Ausgabe:

$$y_i(t+1) = \begin{cases} 1 & \textit{falls} \quad A_i(t+1 > \Theta_i \\ 0 & \textit{falls} \quad A_i(t+1) < \Theta_i \\ y_i(t) & \textit{sonst .} \end{cases}$$

Somit berechnet jedes Neuron i zunächst die gewichtete Summe aller Eingangsverbindungen (Rückkopplungen und originale Eingabe). Die Ausgabe des Neurons i ist 1 falls die Aktivierung größer als der Schwellenwert ist; sie ist 0, falls die Aktivierung kleiner als der Schwellenwert ist und ansonsten bleibt die Ausgabe unverändert.

Bei der Arbeitsweise von Hopfield-Netzen lassen sich zwei Varianten unterscheiden:

1. *Asynchrone Aktivierung*
   Zu jedem Zeitpunkt ändert nur ein einziges Neuron seinen Aktivierungszustand (zufällige Auswahl)
2. *Synchrone Aktivierung*
   Alle Neuronen ändern ihren Zustand gleichzeitig

Da beide Varianten ein leicht unterschiedliches Verhalten besitzen, wird zunächst – soweit nicht anders vermerkt – eine asynchrone Arbeitsweise zugrunde gelegt.

Gemäß dem ursprünglichen Ansatz von Hopfield, Spingläser zu modellieren, kann man auf Hopfield-Netze den Begriff einer „Energiefunktion" übertragen. In Analogie zu den physikalischen Modellen muß dabei die Energie E eines Hopfield-Netzes so definiert werden, daß eine Änderung des Aktivierungszustandes eines Neurons genau dann vorgenommen wird, wenn dies eine Veränderung der Gesamtenergie bedeutet, d.h. z.B. die Änderung $\Delta E = E^{neu} - E^{alt}$ negativ ist. Dies führt dazu, daß Hopfield-Netze stets in einen stabilen Endzustand geraten.

Bevor diese Eigenschaft formal bewiesen wird, sollen zunächst noch die Randbedingungen in der Definition von Hopfield-Netzen näher betrachtet werden:

1. Bei Hopfield-Netzen sind direkte Rückkopplungen nicht zugelassen. Das folgende Beispiel zeigt, daß direkte Rückkopplungen das Erreichen eines stabilen Endzustandes verhindern können:

   Gegeben sei ein inkorrektes „Hopfield-Netz" aus drei Neuronen mit der Gewichtsmatrix:

$$W = \begin{pmatrix} -1 & -1 & -1 \\ -1 & -1 & -1 \\ -1 & -1 & -1 \end{pmatrix}$$

Man beachte. Daß bei einem korrekten Hopfield-Netz die Diagonale der Gewichtsmatrix stets 0 sein muß.

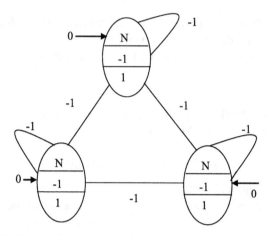

Abb. 2.54 Graphische Darstellung des beispielhaften Hopfield-Netzes

Der Eingabevektor sei (0,0,0), der momentane Zustandsvektor (1,1,1) und der Vektor der Schwellenwerte (-1,-1,-1). Dieses Netz ist in Abb. 2.54 graphisch dargestellt.

Für $A_i(t+1)$, $i \in \{1,2,3\}$, ergibt sich bei synchroner Arbeitsweise

$$A_i(t+1) = (-1) \cdot 1 + (-1) \cdot 1 + (-1) \cdot 1 + 0 = -3$$

und somit ist $y_i(t+1) = 0$.

Im darauf folgenden Schritt ergibt sich

$$A_i(t+2) = (-1) \cdot 0 + (-1) \cdot 0 + (-1) \cdot 0 + 0 = 0$$

und somit ist

$$y_i(t+2) = 1.$$

Damit ist der Netzzustand zum Zeitpunkt t wieder erreicht, d.h. das Netz oszilliert und erreicht keinen stabilen Zustand.

2. Eine weitere Anforderung bei Hopfield-Netzen war der symmetrische Aufbau. Die Relevanz dieser Anforderung zeigt das folgende Beispiel eines asymmetrischen Netzes: Gegeben sei ein „Hopfield-Netz" aus zwei Neuronen mit der Gewichtsmatrix

$$W = \begin{pmatrix} 0 & -1 \\ 1 & 0 \end{pmatrix}$$

dem Eingabevektor (+0.5, -0.5), dem momentanen Zustandsvektor (1,0) und dem Vektor der Schwellenwerte (0,0).

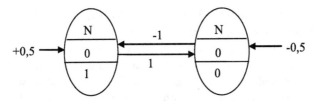

Abb. 2.55 Beispiel für ein pulsierendes Hopfield-Netz

Nacheinander ergeben sich folgende Veränderungen:

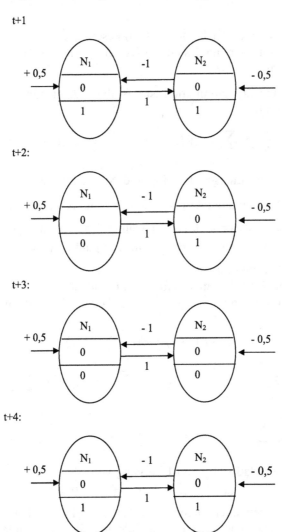

Abb. 2.56 Schrittweise Veränderungen des Hopfield-Netzes aus Abb. 2.55

Damit ist zum Zeitpunkt t+4 der Ausgangszustand zum Zeitpunkt t wieder erreicht und der Zyklus wiederholt sich.

Diese beiden Beispiele zeigen, daß die Vermeidung von direkten Rückkopplungen und der symmetrische Aufbau Grundvoraussetzungen für das Erreichen eines stabilen Endzustandes sind. Im folgenden wird gezeigt, daß diese beiden Bedingungen auch hinreichend sind, um einen stabilen Endzustand zu erreichen.

Hierzu führen wir zunächst für Hopfield-Netze eine so genannte Energiefunktion E ein. Eine Energiefunktion muß folgende beiden Eigenschaften besitzen:

1. Die Funktion muß nach unten (oben) beschränkt sein.
2. Der Funktionswert muß sich bei jedem Schritt des Netzes verringern (vergrößern).

Eine derartige Energiefunktion ist z.B. die sog. Liapunov-Funktion, die gegeben ist durch:

$$E(t) = -\frac{1}{2} \cdot \sum_i \sum_j w_{ij} \cdot y_i(t) \cdot y_j(t) - \sum_j x_j \cdot y_j(t) + \sum_j \Theta_j \cdot y_j(t)$$

Dabei ist $E(T)$ die Energie des Hopfield-Netzes zum Zeitpunkt t, w_{ij} das Gewicht der Verbindung zwischen Neuron i und Neuron j, x_j die externe Eingabe in das Neuron j (konstant während der betrachteten Zeitdauer), $y_j(t)$ die Ausgabe des Neurons j zum Zeitpunkt t und Θ_j der Schwellenwert von Neuron j (konstant).

Da sich der Wert der Energiefunktion bei jedem Schritt verringern soll, betrachten wir die Änderung der Energie E beim „Feuern" eines einzelnen Neurons k:

$$\Delta E(t+1) = E(t+1) - E(t)$$

$$= \left[-\frac{1}{2} \cdot \sum_i \sum_j w_{ij} \cdot y_i(t+1) \cdot y_j(t+1) - \sum_j x_j \cdot y_j(t+1) + \sum_j \Theta_j \cdot y_j(t+1) \right]$$

$$- \left[-\frac{1}{2} \cdot \sum_i \sum_j w_{ij} \cdot y_i(t) \cdot y_j(t) - \sum_j x_j \cdot y_j(t) + \sum_j \Theta_j \cdot y_j(t) \right]$$

Nehmen wir an, daß sich beim Übergang vom Zeitpunkt t zum Zeitpunkt $t+1$ die Ausgabe y_k des Neurons k ändert (von 0 auf 1 bzw. von 1 auf 0) und die Ausgaben aller anderen Neuronen gleich bleiben (Asynchrone Arbeitsweise). Da unter dieser Voraussetzung alle Summanden in der obigen Formel gleich sind bis auf diejenigen mit $i = k$ bzw. $j = k$, heben sich diese gleichen Summanden auf. Ferner gilt wegen der Eigenschaften von Hopfield-Netzen $w_{ii} = 0$ und $w_{ik} = w_{kj}$ für $i = j \neq k$. Wegen letzterer Eigenschaft existieren auch zwei gleiche Terme der Gewichte w_{ik} und w_{kj}, die gegen den Faktor ½ aufgerechnet werden können:

$$\Delta E(t+1) = \left[-\sum_{i \neq k} w_{ik} y_i(t+1) y_k(t+1) - x_k y_k(t+1) + \Theta_k y_k(t+1) \right]$$

$$- \left[-\sum_{i \neq k} w_{ik} \cdot y_i(t) \cdot y_k(t) - x_k \cdot y_k(t) + \Theta_k \cdot y_k(t) \right]$$

Ausklammern von $y_k(t+1)$ bzw. $y_k(t)$ liefert

$$\Delta E(t+1) = \left[-\sum_{i \neq k} w_{ik} \cdot y_i(t+1) - x_k + \Theta_k \right] \cdot y_k(t+1)$$

$$- \left[-\sum_{i \neq k} w_{ik} \cdot y_i(t) - x_k + \Theta_k \right] \cdot y_k(t).$$

Wegen $y_i(t+1) = y_i(t)$ für alle $i \neq k$ erhält man

$$\Delta E(t+1) = \left[-\sum_{i \neq k} w_{ik} \cdot y_i(t+1) - x_k + \Theta_k \right] \left[y_k(t+1) - y_k(t) \right]$$

$$= -\left[A_k(t+1) - \Theta_k \right] \cdot \Delta y_k(t+1)$$

wobei $\Delta y_k(t+1) = y_k(t+1) - y_k(t)$ die Änderung der Ausgabe in Neuron k ist.

Es sind nun zwei Fälle zu unterscheiden:

Fall 1: $A_k(t+1) > \Theta_k$
Nach der Definition von y gilt $y_k(t+1) = 1$. Nach der Annahme mußte dann $y_k(t) = 0$ gegolten haben. Somit gilt $\Delta y_k(t+1) > 0$. Wegen des Minus-Zeichens vor der Klammer gilt also $\Delta E(t+1) < 0$.

Fall 2: $A_k(t+1) < \Theta_k$
Nach der Definition von y gilt $y_k(t+1) = 0$. Nach der Annahme mußte dann $y_k(t) = 1$ gegolten haben. Somit gilt $\Delta y_k(t+1) < 0$ und $A_k(t+1) - \Theta_k < 0$. Wegen des Minus-Zeichens vor der Klammer gilt also $\Delta E(t+1) < 0$.

Damit wurde gezeigt, daß sich die Energiefunktion bei jeder Zustandsänderung eines Neurons k verringert und ansonsten gleich bleibt. Daher muss die Energiefunktion in ein stabiles Minimum geraten und daher auch das Netzwerk in einen stabilen Endzustand. Der Beweis ist jedoch nur für asynchrone Hopfield-Netze erbracht.

Für synchrone Hopfield-Netze, bei denen ggf. alle Neuronen ihren Zustand gleichzeitig ändern, muß der Begriff des stabilen Endzustandes genauer geklärt werden. Hierzu betrachten wir das

Beispiel 2.3
Gegeben sei ein Hopfield-Netz durch

$$w = \begin{pmatrix} 0 & -1 & -1 \\ -1 & 0 & -1 \\ -1 & -1 & 0 \end{pmatrix}, \vec{x} = (0,0,0), \vec{\Theta} = (-1,-1,-1)$$

und $\vec{y} = (+1,+1,+1)$. Dieses Netz ist graphisch dargestellt durch

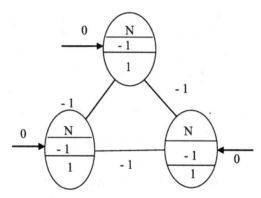

Abb. 2.57 Hopfield-Netz aus Beispiel 2.3

Für $A_i(t+1)$ ergibt sich
$$A_i(t+1) = (-1)\cdot 1 + (-1)\cdot 1 + 0 = -2$$
und somit ist $y_i(t+1) = 0$.

Für $A_i(t+2), i \in \{1,2,3\}$ ergibt sich
$$A_i(t+2) = (-1)\cdot 0 + (-1)\cdot 0 + 0 = 0$$
und somit ist $y_i(t+2) = 1$.

Damit ist der Netzzustand zum Zeitpunkt t wieder erreicht, d.h. das Netz oszilliert zwischen diesen beiden Netzzuständen hin und her.
Betrachtet man die entsprechende Energiefunktion für beide Netzzustände, so erhält man

$$E(t) = -\frac{6}{2}\cdot[(-1)\cdot 1 \cdot 1] - 3\cdot[0\cdot 1] + 3\cdot[(-1)\cdot 1] = 3-0-3 = 0$$

$$E(t+1) = -\frac{6}{2} \cdot \left[(-1) \cdot 0 \cdot 0\right] - 3 \cdot \left[0 \cdot 0\right] + 3 \cdot \left[(-1) \cdot 0 = 0\right] = 3 - 0 - 3 - = 0$$

Man sieht, daß der Energiewert für beide Netzzustände gleich ist. Definiert man nun bei synchronen Hopfield-Netzen das Erreichen eines stabilen Endzustandes durch das Erreichen eines minimalen Wertes für die Energiefunktion, so läßt sich der folgende Satz beweisen, der eine Variante des Cohen/Grossberg-Theorems darstellt:

Satz 2.3
Rekursive Netze, wie Hopfield-Netze, erreichen stets einen stabilen Endzustand, wenn für ihre Gewichtsmatrix $W = (w_{ij})$ gilt

1. $w_{ij} = w_{ji}$
2. $w_{ii} = 0$ für alle i.

Zu beachten ist, daß bei synchronen Hopfield-Netzen das Netz noch zwischen verschiedenen Netzzuständen oszillieren kann, die jedoch alle den gleichen Energiewert besitzen.

2.7.2 Beispiele für Hopfield-Netze

Beispiel 2.4 *Boolesche Funktionen*
Da die einzelnen Neuronen eines Hopfield-Netzes wie ein Perceptron arbeiten, lassen sich mit einem Hopfield-Netz auch Boolesche Funktionen modellieren. Als Beispiel betrachten wir das Hopfield-Netz aus Abb. 2.58:

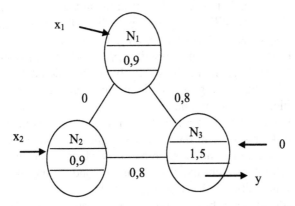

Abb. 2.58 Hopfield-Netz zur Modellierung einer Booleschen Funktion

Die relevante Eingabe erfolgt über die Neuronen N_1 und N_2. Daher ist die Eingabe von N_3 konstant auf 0 gesetzt. Die relevante Ausgabe ist die Ausgabe von Neuron N_3.

Tabelle 2.6 Wahrheitstafel für Hopfield-Netz aus Abb. 2.58

$x1$	$x2$	y
0	0	0
0	1	0
1	0	0
1	1	1

Man sieht, daß die Ausgabe von N_3 genau dann 1 ist, wenn die Ausgaben von N_1 und N_2 beide gleich 1 sind. Ist eine der beiden Ausgaben gleich 0, so ist auch die Ausgabe von N_3 gleich 0. Die Ausgabe von N_1 (bzw. N_2) ist jedoch nur 1, falls x_1 (bzw. x_2) den Wert 1 besitzt, d.h. es repräsentiert die Wahrheitstafel aus Tabelle 2.9.

Beispiel 2.5 *Problem des Handlungsreisenden*
Das Problem des Handlungsreisenden ist ein sehr bekanntes Problem aus der Komplexitätstheorie. Gesucht ist eine Reiseroute für einen Handlungsreisenden, der n Städte besuchen soll, derart, daß jede Stadt nur einmal besucht wird und der zurückgelegte Weg der kürzeste ist.

Bei n Städten gibt es $n!/2n$ verschiedene Touren unter denen die kürzeste gesucht werden muß. Für $n = 60$ sind dies ca. $69{,}3 * 10^{78}$ Touren. Von diesem Problem ist bekannt, daß es NP-hard und das zugrunde liegende Entscheidungsproblem NP-vollständig ist. NP-vollständig bedeutet, daß kein deterministischer Algorithmus existiert, der bei einer Eingabe der Länge n die Lösung mit einem Zeitbedarf $p(n)$ lösen kann, wobei $p(n)$ ein Polynom ist. Allerdings kann dieses Problem ein nichtdeterministischer Algorithmus, der die Lösung „raten" kann und sodann die Lösung verifiziert, das Problem in polynomialer Zeit lösen.

Versucht man das Problem mit Hilfe von Neuronalen Netzen zu modellieren, so muß klar sein, daß damit die Komplexitätsklasse des Problems nicht geändert werden kann. Andererseits wird das Neuronale Netz im Regelfall das Problem nicht exakt berechnen, sondern nur approximieren, d.h. es werden nur suboptimale Lösungen erreicht werden.

Die folgende Lösung beruht auf Untersuchungen von Hopfield and Tank (1985). Zur Darstellung der Touren wird eine spezielle Matrix verwendet. Bei ihr entsprechen die Zeilen den einzelnen Städten und die Spalten der Reihenfolge in der die einzelnen Städte besucht werden.

Tabelle 2.7 Matrix-Darstellung der Touren

Reihenfolge/ Städte	1	2	3	4	5
A	0	0	0	1	0
B	0	1	0	0	0
C	0	0	0	0	1
D	1	0	0	0	0
E	0	0	1	0	0

Eine 1 in einer Matrixposition (x,i) bedeutet, daß die Stadt x als i-te Stadt besucht wird. Die Beispielmatrix beschreibt die Tour

$$D \rightarrow B \rightarrow E \rightarrow A \rightarrow C \, .$$

Jedes Neuron wird durch zwei Indizes (x,i) bezeichnet, wobei x die Stadt und i die Position in der Tour angibt, d.h. y_{xi} ist die Ausgabe des Neurons, bei dem die Stadt x an Position i ist.

Gesucht werden jetzt Gewichte für das Netz, so daß das Netz eine möglichst optimale Lösung findet. Da die Gewichte in die Energiefunktion eingehen, wird zunächst eine spezielle Energiefunktion bestimmt, die den Randbedingungen des Problems genügt. Durch Koeffizientenvergleich mit der allgemeinen Energiefunktion für Hopfield-Netze (Liapunov-Funktion) werden dann die Gewichte bestimmt.

Die Randbedingungen, denen die spezielle Energiefunktion E genügen muß, sind

1. E muß für Lösungen mit kürzerer Tourenlänge geringer sein, als für solche mit längerer Tourenlänge.
2. E darf nur minimal sein für Lösungen, die genau eine 1 in jeder Zeile und Spalte besitzen.

Aufbauend auf diesen Randbedingungen werden nun die einzelnen Terme der speziellen Energiefunktion definiert:

1. Jede Stadt x darf nur einmal besucht werden. Benötigt wird daher ein Term, der nur dann Null ist, wenn jede Zeile nur eine einzige 1 besitzt. Dieser Bedingung genügt der Term:

$$\sum_x \sum_i \sum_{j \neq i} y_{xi} \cdot y_{xj}$$

da das Produkt $y_{xi} \cdot y_{xj}$ nur dann 1 ergibt, wenn y_{xi} und y_{xj} den Wert 1 besitzen.

2. Andererseits darf auch jede Spalte nur eine einzige 1 besitzen, da nicht mehrere Städte gleichzeitig besucht werden dürfen. In Analogie zu 1. genügt dieser Bedingung der Term:

$$\sum_x \sum_i \sum_{v \neq x} y_{vi} \cdot y_{xi}$$

3. Insgesamt müssen in der Matrix genau n Einsen auftreten, d.h. jede Stadt und jede Position muß einmal auftreten, denn durch 1. bzw. 2. ist noch nicht ausgeschlossen, daß eine Zeile bzw. Spalte nur aus Nullen besteht. Dieser Bedingung genügt der Term:

$$\left[\left(\sum_x \sum_i y_{xi} \right) - n \right]^2$$

4. Die Länge der Tour soll insgesamt minimal sein. Als Distanz für eine Stadt x, die an Position i steht, wird die Entfernung zu der Nachfolgerstadt v an Position $i+1$, addiert um die Entfernung zur Vorgängerstadt v an Position i-1, genommen. Dieser Bedingung genügt der Term:

$$\sum_x \sum_i \sum_v dist(x,v) \cdot y_{xi} \cdot (y_{v,i+1} + y_{v,i-1})$$

Zur Verbindung des Endpunktes der Tour mit dem Anfangspunkt werden die Indizes modulo n berechnet, d.h. $y_{v,n+k} = y_{vk}$.

Bei dem Term aus 4. muß beachtet werden, daß jede Verbindung doppelt berechnet wird. Dies motiviert die Einfügung eines Faktors ½, der auch in der allgemeinen Energiefunktion auftritt. Die Einführung von allgemeinen Korrekturkomponenten für jeden der obigen Terme und ihre Addition liefert die spezielle Energiefunktion:

$$E = \frac{A}{2} \cdot \sum_x \sum_i \sum_{j \neq i} y_{xi} \cdot y_{xj} + \frac{B}{2} \sum_x \sum_i \sum_{v \neq x} y_{vi} \cdot y_{xi}$$

$$+ \frac{C}{2} \left[\left(\sum_x \sum_i y_{xi} \right) - n \right]^2 + \frac{D}{2} \sum_x \sum_i \sum_v dist(x,v) \cdot y_{xi} \cdot (y_{v,i+1} + y_{v,i-1})$$

Für diese Energiefunktion müssen wir die Gewichte $w_{xi,vj}$ durch Koeffizientenvergleich mit der allgemeinen Energiefunktion für Hopfield-Netze bestimmen:

Hierzu wird jedes Gewicht $w_{xi,vj}$ in die vier Komponenten A, B, C, D der speziellen Energiefunktion zerlegt

$$w_{xi,vj} = w_{xi,vj}^{(A)} + w_{xi,vj}^{(B)} + w_{xi,vj}^{(C)} + w_{xi,vj}^{(D)}$$

Unter Berücksichtung der doppelten Indizes xi für die Neuronen lautet die allgemeine Energiefunktion (ohne das Argument t):

$$E = -\frac{1}{2}\sum_x\sum_v\sum_i\sum_j w_{xi,vj} \cdot y_{xi} \cdot y_{vj} + \sum_x\sum_i \Theta_{xi} \cdot y_{xi}$$

Da es keine externen Eingaben in das Netz gibt, konnte der mittlere Term weggelassen werden.

Zur Bestimmung der Gewichte sind die folgenden Fälle zu berücksichtigen:

1. $x = v$ und $j \neq i$

    In diesem Fall ist lediglich der erste Term aus der speziellen Energiefunktion von Null verschieden. Man erhält

    $$w_{xi,vj}^{(A)} = - A \cdot \delta_{xv} \cdot \left(1 - \delta_{ij}\right)$$

    mit

    $$\delta_{ij} = \begin{cases} 1 & \text{falls } i = j \\ 0 & \text{sonst.} \end{cases}$$

    Hierbei gibt $\delta_{xy} \cdot \left(1 - \delta_{ij}\right)$ genau die Bedingung $(x = v)$ und $(j \neq i)$ an.

2. $x \neq v$ und $j = i$

    In diesem Fall ist in Analogie zu Fall 1. lediglich der zweite Term von Null verschieden. Man erhält

    $$w_{xi,vj}^{(B)} = - B \cdot \delta_{ij} \cdot \left(1 - \delta_{xy}\right)$$

3. Im Fall aller anderen Terme einer unzulässigen Tour soll gelten

    $$w_{xi,vi}^{(C)} = - C$$

Dies sieht man durch Umformung des dritten Terms

$$E^{(C)} = \frac{C}{2}\left[\left(\sum_x\sum_i y_{xi}\right) - n\right]^2$$

$$= \frac{C}{2}\left[\left(\sum_x\sum_i y_{xi}\right) \cdot \left(\sum_v\sum_j y_{vj}\right) - 2n \cdot \left(\sum_x\sum_i y_{xi}\right) + n^2\right]$$

$$= \frac{1}{2} \cdot \sum_x\sum_v\sum_i\sum_j C \cdot y_{vj} \cdot y_{xi} - \sum_x\sum_i C \cdot n \cdot y_{xi} + \frac{C}{2} \cdot n^2$$

mit dem Schwellenwert $\Theta_{xi} = C \cdot n$. Der Term $\dfrac{C}{2} \cdot n^2$ kann vernach-lässigt werden, da es sich um einen konstanten Faktor handelt.

4. Für den Fall $x \neq v$, $j = j+1$ und $j = j - 1$ gilt der 4. Term der speziellen Energiefunktion. Man erhält

$$w_{xi,vj}^{(D)} = -D \cdot dist_{xv} \cdot \left(\delta_{j,i+1} + \delta_{j,i-1}\right)$$

Zusammenfassend erhält man für die Berechnung eines Gewichtes $w_{xi,yj}$ die Formel

$$w_{xi,vj} = -A \cdot \delta_{xy}\left(1-\delta_{ij}\right) - B \cdot \delta_{ij}\left(1-\delta_{xy}\right) - C - D \cdot dist_{xy} \cdot \left(\delta_{j,i+1} + \delta_{j,i-1}\right)$$

Das Problem dieses Ansatzes ist die Schätzung der Koeffizienten A bis D. Wählt man die Konstanten A, B und C zu groß im Verhältnis zu D, so konvergiert das Hopfield-Netz fast immer zu gültigen Touren, die weit entfernt vom Optimum liegen. Wählt man A, B und C zu klein, so führt dies oft zu ungültigen Routen.

Hopfield und Tank gaben 1985 die folgenden Erfahrungen mit dem System an:

Insgesamt gibt es 181.440 gültige Touren für eine Tour mit 10 Städten: Das Hopfield-Netz konvergierte in 16 von 20 Versuchen. Hierbei hatten 8 Lösungen eine Abweichung von unter 3% von einer optimalen Lösung.

Inzwischen gibt es eine Reihe von weiteren Ansätzen zur Lösung des Problems des Handlungsreisenden, die meistens Verbesserungen des obigen Ansatzes sind.

2.8 ART-Architekturen

Die Familie der ART-Modelle wurde von Gail Carpenter und Stephen Großberg an der Boston University entwickelt. Alle ART-Varianten basieren auf der gleichen Grundidee. Das erste Modell, ART-1, wurde bereits 1976 von Großberg vorgestellt. Die Nachfolge-Modelle entstanden ab Mitte der achtziger Jahre.

Ziel der Entwicklung der ART-Modelle war es, das sogenannte Stabilitäts-Plastizitäts-Dilemma zu lösen, d.h. eine Lösung für die Frage zu liefern:

„Wie können neue Assoziationen in einem Neuronalen Netz gelernt werden, ohne daß alte Assoziationen dabei vergessen werden?"

In Anlehnung an den Begriff der Anpaßbarkeit der Synapsen biologischer Neuronen bezeichnet man mit Plastizität die Modifizierbarkeit eines Neuronalen Netzes. Unter Stabilität versteht man die Fähigkeit der Beibehaltung des einmal gelernten. Die Lernverfahren Neuronaler Netze funktionierten bisher prinzipiell durch wiederholtes Lernen der Trainingsmuster. Durch ein selektives Trainieren eines neuen Musters kann daher das bisher erlernte Muster zerstört werden. Die bereits korrekt adaptierten Gewichte eines Neuronalen Netzes gehen dabei verloren. Ein biologisch motiviertes Lernverfahren kann jedoch nicht nach diesem Prinzip funktionieren: in vielen Fällen taucht ein Trainingsmuster nicht zweimal in der gleichen Form auf. Wegen der ständigen Veränderungen unserer Umwelt muß ein biologisches Lernverfahren in der Lage sein, daß ein einmal präsentiertes Eingabemuster behalten wird (*fast learning*). Dies leistet die ART-Familie.

Die ART-Familie umfaßt im wesentlichen die folgenden Modelle:

- ART-1 ist die ursprüngliche Version, sie kann binäre Muster in beliebiger Reihenfolge lernen.
- ART-2 ist die Erweiterung von ART-1, nicht nur binäre sondern auch reellwertige Eingangsmuster werden in zufälliger Reihenfolge gelernt.
- ART-2A ist die Vereinfachung von ART-2, ART-2A ermöglicht gegenüber ART-2 eine schnellere Konvergenz des Netzes.
- ART-3 ist die Erweiterung von ART-2, sie kann in einer mehrschichtigen Netzwerkhierarchie parallel suchen oder Hypothesen testen.
- ARTMAP ist ein ART-Modell mit überwachtem Lernverfahren, das aus einer Kombination von zwei ART-Netzen (ART-1 oder ART-2) besteht.
- Fuzzy-ART-Modell verallgemeinert schließlich ART-1 so, daß es sowohl analoge als auch reellwertige Eingangsmuster lernen kann.

2.8.1 ART-1

Die prinzipielle Arbeitsweise aller ART-Modelle beruht auf folgender Vorgehensweise:

1. Ein Eingabevektor wird angelegt und das Netz versucht, die Ähnlichkeit mit den bereits vorhandenen Mustern zu vergleichen und in eine schon bereits vorhandene Kategorie zu klassifizieren.
2. Kann das angelegte Muster nicht klassifiziert werden, wird eine neue Kategorie durch Speichern eines dem Eingabemuster ähnlichen Musters erzeugt.

3. Falls ein Muster gefunden wird, welches zur Eingabe ähnlich ist, wird versucht, durch Modifikation das Muster noch ähnlicher zu machen.

4. Eingabemuster, die mit den schon bereits vorhandenen gespeicherten Mustern nicht bis zu einem bestimmten Grad übereinstimmen, werden nicht verändert.

Damit erhält man eine Lösung des Stabilitäts-Plastizitäts-Dilemmas, denn

– neue Muster können neue Kategorien erzeugen (Plastizität),

und

– neue Muster können alte Muster nicht verdecken oder auslöschen, wenn sie diesen nicht sehr ähnlich sind (Stabilität).

Die ART-1-Architektur

ART-1 besteht aus folgenden Komponenten:

1. Die Vergleichsschicht (*comparison layer*)

   Jedes Neuron der Vergleichsschicht besitzt 3 Eingaben:

   – eine Komponente des Eingabevektors I[1,...,m],
   – das das Verstärkungssignal g_1 (für alle Neuronen gleich),
   – die gewichtete Summe der Ausgaben V[1,...,m] der Erkennungs-schicht,

$$s_i = \begin{cases} 1 & \textit{falls} \quad I_i v_i = 1 \ \lor \ I_i g_1 = 1 \ \lor \ v_i g_1 = 1 \\ 0 & \textit{sonst} \end{cases}$$

Der Vektor S ist die entsprechende Ausgabe. Dessen Berechungs-Vorschrift wird auch 2/3-Regel genannt.

2. Die Erkennungsschicht (*recognition layer*)

   Der Input-Vektor T[1,...,n] berechnet sich wie folgt:

$$t_j = \sum_i s_i w_{ij}.$$

Die Klassifikation ist gegeben durch $t_{max} = \max_{1 \leq j \leq n} t_j$.

3. Eine reellwertige bottom-up-Gewichtsmatrix w_1.

4. Eine binäre top-down-Gewichtsmatrix w_2.

5. Die Verstärkungsfaktoren g_1 und g_2 (gain 1 und gain 2):

$$g_1 = 1, \textit{wenn } I[1,\ldots,m] \neq (0,\ldots,0) \wedge U[1,\ldots,n] = (0,\ldots,0)$$

$$g_1 = (I_1 \vee I_2 \vee \ldots \vee I_m) \wedge \neg (u_1 \vee u_2 \vee \ldots \vee u_n), \textit{sonst}$$

$$g_2 = 1, \textit{wenn } I[1,\ldots,m] \neq (0,\ldots,0).$$

6. Die Reset-Komponente

Reset=1; wenn $\dfrac{|s|}{|I|} < \rho$, mit $0 < \rho \leq 1$.

7. Der Toleranzparameter ρ

ρ steuert die Genauigkeit der Klassenbildung $(0 < \rho \leq 1)$.

8. Eingabevektor $I[1,\ldots,m]$.
9. Ausgabevektor der Vergleichsschicht: $S[1,\ldots,m]$.
10. Eingabevektor der Erkennungsschicht: $T[1,\ldots,n]$ mit

$$t_j = \sum_i s_i w_{ij}.$$

11. Ausgabevektor der Erkennungsschicht: $U[1,\ldots,n]$ mit

$$u_j = \begin{cases} 1, & \textit{falls} \quad t_j = \sum_i s_i w_{ij} = \max \\ 0, & \textit{sonst} . \end{cases}$$

12. Eingabevektor der Vergleichschicht: $V[1,\ldots,m]$ mit

$$v_i = \sum_j u_j w_{ji}.$$

Die Architektur zeigt Abb. 2.59. Zur Vereinfachung der Darstellung wurde die Zeichnung auf vier Neuronen je Schicht beschränkt.

Das Zusammenwirken der oben beschriebenen und in der Abb. 2.59 dargestellten Komponenten und ihre Arbeitsweise werden im folgenden näher beschrieben.

Ein ART-1-Netz besteht im wesentlichen aus zwei Schichten. Man unterscheidet zwischen der Vergleichschicht und der Erkennungsschicht. Zu Beginn der Erkennung wird jedem Neuron der Vergleichsschicht eine Komponente des (binären) Eingabevektors zugeordnet. Die Vergleichsschicht erzeugt dann einen Ausgabevektor S, der im ersten Schritt noch vollständig dem Eingabevektor entspricht. Dieser Ausgabevektor gelangt über eine (reellwertige) Gewichtsmatrix in die Erkennungsschicht. Der Ausgabevektor U der Erkennungsschicht wird dann erneut über eine (binäre) Gewichtsmatrix wieder an die Vergleichsschicht angelegt. Zur Synchronisation des Netzes werden zwei Verstärkungsfaktoren (gain) eingesetzt. Des

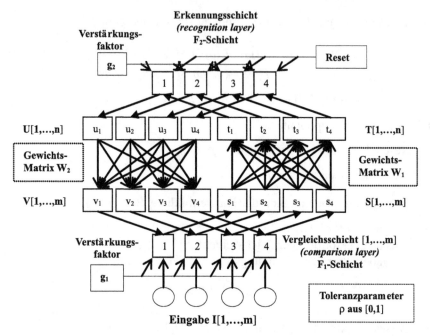

Abb. 2.59 Architektur von ART-1

weiteren existiert eine Reset-Komponente, welche das Ausschalten einzelner Neuronen der Erkennungsschicht ermöglicht.

Vergleichsschicht

Im ersten Schritt der Verarbeitung wird an jedes Neuron der Vergleichsschicht eine Komponente des Eingabevektors angelegt. Die Verstärkung g_1 ist gleich 1 und der Vektor der Erwartungen V entspricht dem Nullvektor. Wie aus der Zeichnung ersichtlich, besitzt also jedes Neuron der Vergleichsschicht drei Eingaben:

- I_i, eine Komponente des Eingabevektors
- g_1, das Verstärkungssignal (für alle Neuronen gleich)
- v_i, die gewichtete Summe der Ausgaben der Erkennungsschicht.

Die Komponenten des Ausgabevektors werden durch diese drei Eingaben bestimmt. Hierbei ist zu beachten, daß ein Neuron i der Vergleichsschicht nur feuert, falls die 2/3-Regel erfüllt ist. Diese besagt, daß ein Neuron nur feuern darf, falls mindestens auf zwei der Eingaben eine 1 anliegt. Jetzt erklärt sich auch, warum im ersten Verarbeitungsschritt der Eingabevektor unverändert als Ausgabevektor S weitergegeben wird: für alle Neuronen ist $g_1 = 1$ und $v_i = 0$, so daß für jede Komponente des Eingabevektors, welche eine 1 aufweist, die 2/3-Regel erfüllt ist und das entsprechende Neuron feuert. Weist eine Komponente allerdings eine Null auf, so ist die 2/3-Regel nicht erfüllt, so daß eine Null ausgegeben wird. Es wird also eine genaue Kopie des Eingabevektors erzeugt.

Erkennungsschicht

Die Erkennungsschicht klassifiziert Eingabevektoren in eine der existierenden Klassen beziehungsweise in eine neue Klasse, je nach Ähnlichkeit mit den gespeicherten Mustern. Anders als in der Vergleichsschicht, in welcher mehrere Neuronen feuern können, feuert jeweils nur ein Neuron der Erkennungsschicht. Hierbei handelt es sich um das Neuron, an welchem der größte Wert der Gewichte anliegt. Dieses Neuron wird auch häufig als Gewinnerneuron bezeichnet. Sollte an mehreren Neuronen der gleiche Wert anliegen, greift als Heuristik die Regel, daß das Neuron mit dem kleinsten Index zum Gewinnerneuron wird und als einziges feuert.

Verstärkungsfaktoren und Reset-Komponente

Die oben erwähnten Verstärkungsfaktoren (gain) dienen nicht, wie man vermuten könnte, der Verstärkung bestimmter Verbindungen, sondern stellen lediglich den synchronen Ablauf der Erkennung innerhalb des Netzes sicher. Dies geschieht durch die eben erläuterte 2/3-Regel. Der an die Vergleichsschicht anliegende Verstärkungsfaktor g_1 hat nur den Wert 1, falls der Vektor der Erkennungsschicht nicht der Nullvektor ist und mindestens eine Komponente des Eingabevektors 1 ist. Der an die Erkennungsschicht anliegende Verstärkungsfaktor g_2 hat den Wert 1, falls der Eingabevektor sich vom Nullvektor unterscheidet, also mindestens eine Komponente nicht 0 ist. Die Reset-Komponente ist wichtig für eine ausreichend genaue Klassifizierung eines angelegten Musters. Da sofort beim ersten Durchlauf irgendein Neuron der Erkennungsschicht das Gewinnerneuron ist, wäre die Klassifizierung sofort abgeschlossen, ohne daß sich Möglichkeiten bieten, diese Klassifizierung weiter zu beeinflussen. Dies ist aber nötig, falls das angelegte Muster sich über die Toleranzgrenze hinaus von seiner Klasse unterscheidet. Um an dieser Stelle eine endlose Wiederholung desselben Fehlers zu vermeiden, wird mittels der Reset-Komponente dieses Neuron für den restlichen Erkennungsvorgang ausgeschaltet, so daß es bei weiteren Durchläufen völlig unbeachtet bleibt.

Die Arbeitsweise eines ART-1 Netzes

Die Arbeitsweise eines ART-1-Netzes gliedert sich in die folgenden Phasen:

- Initialisierung (nur einmalig durchgeführt)
- Erkennungsphase (recognition)
- Vergleichphase (comparison)
- Suchphase (search)
- Adaption der Gewichte (training)

Initialisierung

Die Gewichte der reellwertigen Gewichtsmatrix w_1 werden alle auf den gleichen (niedrigen) Wert gesetzt, wobei gilt:

$$w_{ij} < \frac{L}{L-1+m}$$

dabei repräsentiert i das i-te Neuron der Vergleichsschicht, j das j-te Neuron der Erkennungsschicht, L ist eine Konstante > 1 (typisch: L=2) und m ist die Dimension des Eingabevektors I.

Die Gewichte der binären Gewichtsmatrix w_2 werden alle auf 1 gesetzt.

Darüber hinaus muß noch der Wert für den Toleranzparameter gewählt werden, welcher zwischen 0 und 1 liegen soll. Dabei führt ein hoher Wert nahe 1 dazu, daß nur Muster mit großer Übereinstimmung akzeptiert werden und niedrige Werte dazu, auch Muster zuzulassen, welche nur wenige Übereinstimmungen aufweisen.

Erkennungsphase

Im ersten Schritt wird der Eingabevektor an die Vergleichsschicht angelegt. Durch die Initialisierung hat g_1 den Wert 1, so daß aufgrund der 2/3-Regel genau die Neuronen der Vergleichsschicht feuern, welche durch den Eingabevektor I mit einer 1 belegt wurden. Als Ausgabevektor S der Vergleichsschicht entsteht also ein Duplikat des Eingabevektors. Dieser Ausgabevektor S wird nun mit der Gewichtsmatrix w_{ij} multipliziert. Der so erhaltene Vektor beinhaltet die Gewichte, welche jetzt an den Neuronen der Erkennungsschicht anliegen. Diese Gewichte beschreiben die Ähnlichkeit zwischen dem Eingabevektor und den bereits gespeicherten Mustern. Das Neuron der Erkennungsschicht, dessen Gewicht den höchsten Wert aufweist, ist das Gewinnerneuron. Es darf als einziges Neuron der Erkennungsschicht „feuern", alle anderen Neuronen feuern nicht. Im einzelnen laufen folgende Teilschritte ab:

Zu Beginn der Berechnung gilt für den Eingabevektor

$$I[1,...,m] = (0,...,0).$$

Dadurch wird der Verstärkungsfaktor g_2 auf Null gesetzt, denn g_2 ist das logische „oder" des Eingabevektors I, d.h.

$$g_2 = I_1 \vee \ldots \vee I_m.$$

Das Neuron g_2 hat damit den Wert 1, wenn ein vom Nullvektor verschiedener Eingabevektor vorliegt.

Die Neuronen der Erkennungsschicht (recognition layer) werden abgeschaltet. Der Erwartungsvektor V[1,...,m], der gleich dem Produkt aus U[1,...,n] und W_2 ist, ist ebenfalls der Nullvektor.

Wird nun eine Eingabe I[1,...,m] angelegt, die nicht dem Nullvektor entspricht, dann werden $g_1 = g_2 = 1$, denn g_1 hat den Wert 1 genau dann, wenn mindestens eine Komponente des Eingabevektors gleich 1 ist und alle Komponenten der Erkennungsschicht Null sind.

Generell gilt

$$g_1 = (I_1 \vee I_2 \vee \ldots \vee I_m) \wedge \neg \, (u_1 \vee u_2 \vee \ldots \vee u_n).$$

Die Eingabe I[1,...,m] wird nun mittels der sogenannten 2/3-Regel in der Vergleichsschicht (comparison layer) zum Vektor S[1,...,m] modifiziert. Diese Regel besagt, daß eine Komponente von S genau dann 1 ist, wenn mindestens zwei der drei folgenden Komponenten 1 sind:

1. eine Komponente des Eingabevektors I[1,...,m],
2. das Verstärkungssignal g_1 (für alle Neuronen gleich),
3. die gewichtete Summe der Ausgaben V[1,...,m] der Erkennungsschicht.

Als Ausgabevektor S der Vergleichsschicht entsteht also ein Duplikat des Eingabevektors.

$$s_i = \begin{cases} 1, & \text{falls} \quad I_i v_i = 1 \vee I_i g_1 = 1 \vee v_i g_1 = 1 \\ 0, & \text{sonst} \end{cases}.$$

Der Vektor T berechnet sich als Produkt von S und der Gewichtsmatrix W_1.

Aus seinen Komponenten wird das Maximum berechnet. Sei

$$t_{\max} = \max_{1 \leq j \leq n} t_j.$$

Jenes Neuron, welches mit t_{max} korrespondiert, wird auf 1 gesetzt, die übrigen Neuronen erhalten den Wert 0. Dieses Neuron in der Erkennungsschicht, welches auf 1 gesetzt wird, nennt man Gewinnerneuron J. Es gilt

$$u_j = \begin{cases} 1, & \text{falls} \quad t_j = \sum_i s_i w_{ij} = \max \\ 0, & \text{sonst} . \end{cases}$$

Der Vektor U ist die Ausgabe der Erkennungsschicht und enthält genau an der Stelle eine 1, an der sich das Gewinnerneuron befindet, d.h. dieses Neuron „feuert".

Vergleichsphase
Das feuernde Neuron der Erkennungsschicht liefert eine 1, alle anderen Neuronen liefern eine 0. Dieser Vektor U wird jetzt über die binäre Gewichtsmatrix W_{ji} wieder an die Vergleichsschicht verteilt. Hier ist zu beachten, daß es sich zwar um ein normales Skalarprodukt handelt, der zu multiplizierende Vektor allerdings nur aus 0 und einer einzigen 1 (der des Gewinnerneurons) besteht.

Dies besagt, daß unabhängig davon, welche Gewichte an den Neuronen der Erkennungsschicht anlagen, für dasselbe Gewinnerneuron durch die binäre Gewichtsmatrix immer der gleichen Vektor V für dieses bestimmte Gewinnerneuron an die Vergleichsschicht zurückgeliefert wird. Da von jetzt an der Vektor U nicht länger der Nullvektor ist, dies aber Bedingung für den Verstärkungsfaktor g_1 war, ist jetzt $g_1 = 0$.

Die 2/3-Regel sorgt nun dafür, daß nur noch die Neuronen feuern, bei denen die jeweilige Komponente des Eingabevektors $I_i = 1$ und zusätzlich die anliegende Komponente des zurückgelieferten Vektors $v_i = 1$ ist, d.h. $S = I \wedge V$. Nach diesem Schritt ist also der Ausgabevektor S der Vergleichsschicht nicht mehr länger ein Duplikat des Eingabevektors I.

Da sich aber der Ausgabevektor S und der Eingabevektor I voneinander unterscheiden, können sie auf ihre Ähnlichkeit hin verglichen werden. Sind sie einander nicht sehr ähnlich, wird der Vektor S an vielen Stellen ein 0 aufweisen, an denen er Eingabevektor eine 1 aufweist (und umgekehrt).

Die Reset-Komponente, welche I und S miteinander vergleicht, erkennt diesen Unterschied und sendet ein Reset-Signal, falls der Vergleichswert unter dem Wert des Toleranzparameters liegt. Dieses Signal bewirkt, daß das Gewinnerneuron des vorherigen Durchlaufs für die weiteren Durchläufe „ausgeschaltet" wird. Der Vergleich läßt sich durch folgende Formel ausdrücken

$$\frac{|S|}{|I|} = \frac{|I \wedge V|}{|I|} \geq \rho.$$

Ist diese Ungleichung nicht erfüllt, erfolgt ein Reset.

Suchphase

Wurde in der Vergleichsphase ein Reset durchgeführt, hat dies zur Folge, daß der Ausgabevektor U der Erkennungsschicht dem Nullvektor entspricht, da das Gewinnerneuron ausgeschaltet wurde. Aus diesem Grund ist $g_1 = 1$ und es erfolgt eine neuer Durchlauf mit dem ursprünglichen Eingabevektor. Durch das Ausschalten des Gewinnerneurons wird so im nächsten Durchlauf ein anderes Neuron den Vergleich gewinnen. Diese Suche wird solange wiederholt, bis einer der folgenden Fälle eintritt:

- Ein gespeichertes Muster wird gefunden, welches der Eingabe stark ähnelt. Anschließend kann das Netz in die Trainingsphase übergehen.
- Es wird kein gespeichertes Muster gefunden, welches der Eingabe I stark genug ähnelt (d.h. alle Neuronen der Erkennungsschicht wurden blockiert). Ein noch nicht benutztes Neuron j der Erkennungsschicht wird nur aktiviert und die entsprechenden Gewichte so gesetzt, daß sie dem Eingabemuster entsprechen.

Trainingsphase

In der Trainingsphase werden die Gewichtsmatrizen angepaßt. Es gibt zwei Arten des Trainings: *schnelles* und *langsames*. Beim schnellen Training wird der Eingabevektor so lange angelegt, bis die Gewichte ihre stabilen Werte erreichen. D.h. es wird eine Klasse gefunden, die ähnlich genug zur Eingabe ist. Es gilt:

$$w_{ij} = \frac{L \cdot s_i}{L - 1 + \sum_{k=1}^{m} s_k}$$

L ist die gleiche Konstante wie bei der Initialisierung und w_{ij} das Gewicht des bottom-up-Vektors W_i.

Die Gewichte des top-down-Vektors W_j werden wie folgt angepaßt:

$$w_{ji} = S_i$$

Beim langsamen Training werden die Eingabevektoren so kurz angelegt, daß die Gewichte des Netzwerks keine Zeit haben, ihre asymptotischen

Werte zu erreichen. Damit werden die Gewichte durch die statische Verteilung der Eingabevektore bestimmt. Die Beschreibung der Netzwerkdynamik erfolgt durch Differentialgleichungen, auf die hier nicht eingegangen wird.

Der Toleranzparameter ρ

Die Abb. 2.60 (a)-(f) beschreibt eine Serie von Simulationen, wobei die vier Eingabemuster – A, B, C, D – codiert sind. In dieser Simulation ist $A \subset B \subset C \subset D$. (a)–(f) in der Abb. 2.60 zeigt, wie sich kategorisches Lernen in Abhängigkeit von ρ ändert.

Mit $\rho = 0,8$ werden 4 Kategorien gelernt: (A)(B)(C)(D). Mit $\rho = 0,7$ werden 3 Kategorien gelernt: (A)(B)(C,D). Mit $\rho = 0,6$ werden 3 Kategorien in anderer Einteilung gelernt: (A)(B,C)(D). Mit $\rho = 0,5$ werden zwei Kategorien gelernt: (A,B)(C,D). Mit $\rho = 0,3$ werden 2 Kategorien in anderer Einteilung gelernt: (A,B,D,)(D). Wenn $\rho = 0,2$ ist, werden alle Muster in einer einzelnen Kategorie zusammengefaßt.

In Abb. 2.60 wird anhand vier einfacher Muster die Arbeitsweise eines ART-1-Netzes verdeutlicht. Je kleiner der Toleranzparameter wird, um so kleiner wird die Zahl der erzeugten Klassen bzw. Prototypen. In den Teilbildern (a)-(f) steht BU für die codierten Buchstaben ($A = |$, $B = +$, $C = \times$, $D = *$). RES bedeutet, daß das Muster erkannt wurde bzw. ein ähnliches Muster einer bereits vorhandenen Klasse klassifiziert wurde. Betrachtet man Teilbild, so sieht man:

Zuerst wird der Eingabevektor (Buchstabe A) angelegt. Da das angelegte Muster nicht klassifiziert werden konnte, wird eine neue Kategorie erzeugt. Der zweite Eingabevektor (Buchstabe B) wird angelegt und das Netz versucht, die Ähnlichkeit mit den bereits vorhandenen Kategorien zu klassifizieren. Ein Muster wurde gefunden, welches zur Eingabe ähnlich ist. Nun wird durch Modifikation versucht, das Muster noch ähnlicher zu machen. Durch die Modifikation wurde im nächsten Durchlauf das Muster als Buchstabe B erkannt und somit in eine neue Kategorie gespeichert. Der dritte Eingabevektor (Buchstabe C) wird an das Netz angelegt, auch dieses Muster versucht sich in die bereits vorhandene Kategorie zu klassifizieren. Im ersten Durchlauf wird C als A erkannt. Das Netz wird trainiert und somit wird im zweiten Durchlauf ein Muster gefunden, welches noch ähnlicher ist, denn nun wird der Eingabevektor C dem Muster (Buchstabe B) zugeordnet. Da diese Zuordnung noch nicht optimal ist, wird das Netz erneut trainiert. Erst jetzt wird das Muster als Buchstabe C erkannt, d.h. das Muster wird in eine neue Kategorie gespeichert. Auch der Eingabevektor (Buchstabe D) durchläuft alle drei Kategorien, bis sich das Muster selbst

(a)

$\rho = 0.8$				
Top-Down Templates				
	BU	1	2	3	4

	BU	1	2	3	4
A	|	| RES			
B	+	|	+ RES		
C	×	|	+	× RES	
D	*	|	+	*	* RES

(b)

$\rho = 0.7$				
Top-Down Templates				

	BU	1	2	3	4
A	|	| RES			
B	+	|	+ RES		
C	×	|	+	× RES	
D	*	|	+	× RES	

(c)

$\rho = 0.6$				
Top-Down Templates				

	BU	1	2	3	4
A	|	| RES			
B	+	|	+ RES		
C	×	|	+ RES		
D	*	|	+	× RES	

(d)

$\rho = 0.5$				
Top-Down Templates				

	BU	1	2	3	4
A	|	| RES			
B	+	| RES			
C	×	|	× RES		
D	*	|	× RES		

(e)

$\rho = 0.3$				
Top-Down Templates				

	BU	1	2	3	4
A	|	| RES			
B	+	| RES			
C	×	| RES			
D	*	|	× RES		

(f)

$\rho = 0.2$				
Top-Down Templates				

	BU	1	2	3	4
A	|	| RES			
B	+	| RES			
C	×	| RES			
D	*	| RES			

Abb. 2.60 Überblick über die Genauigkeit der Klassenbildung

erkennt und in eine neue Kategorie gespeichert wird. In diesem Fall erhält man für die vier Eingangsmuster vier Klassen. Im Extremfall (f) wird nur noch eine einzige Klasse erzeugt. Man beachte, daß hier immer das erste Musterbeispiel zum Prototypen wird. Diese Abhängigkeit von der Reihenfolge der Trainingsmuster ist als Nachteil von ART-Netzen zu nennen. Außerdem kann die Wahl des Toleranzparameters die Klassenzugehörigkeit eines Musters verändern. Dies wird in den Teilbildern (b) und (c) deutlich. Während in (b) die Muster 3 und 4 gruppiert werden, gehören in (c) dies Muster 2 und 3 zu einer Klasse. Die Wahl des Toleranzparameters ist demnach nicht unproblematisch.

Ein Beispiel

In diesem Abschnitt wird die Arbeitsweise eines ART-1-Netzes anhand eines konkreten Beispiels noch einmal detailliert erläutert. Als Basis dient das ART-1-Modell aus Abb. 2.59.

Die zur Verfügung stehenden Eingaben, d.h. die zu lernenden Muster, sind

$$I_1 = (1,1,1,1)$$
$$I_2 = (0,0,1,0)$$
$$I_3 = (1,1,0,1)$$
$$I_4 = (1,0,1,1)$$

Initialisierung

Zunächst muß die Gewichtsmatrix W_1 initialisiert werden. Mit der Wahl von L=2 erhält man als Randbedingung für w_{ij}

$$w_{ij} < \frac{L}{L-1+m}$$

$$< \frac{2}{2-1+4} = \frac{2}{5} = 0.4$$

Die w_{ij} werden nun zufällig gewählt mit der Bedingung $w_{ij} < 0.4$. In dem Beispiel soll gelten

$$W_1 = \begin{pmatrix} w_{11} & w_{12} & w_{13} & w_{14} \\ w_{21} & w_{22} & w_{23} & w_{24} \\ w_{31} & w_{32} & w_{33} & w_{34} \\ w_{41} & w_{42} & w_{43} & w_{44} \end{pmatrix} = \begin{pmatrix} 0,16 & 0,21 & 0,35 & 0,06 \\ 0,26 & 0,31 & 0,19 & 0,01 \\ 0,10 & 0,29 & 0,27 & 0,39 \\ 0,31 & 0,12 & 0,09 & 0,27 \end{pmatrix}$$

Die binäre Gewichtsmatrix W_2 ergibt sich zu

$$W_2 \begin{pmatrix} w_{11} & w_{12} & w_{13} & w_{14} \\ w_{21} & w_{22} & w_{23} & w_{24} \\ w_{31} & w_{32} & w_{33} & w_{34} \\ w_{41} & w_{42} & w_{43} & w_{44} \end{pmatrix} = \begin{pmatrix} 1 & 1 & 1 & 1 \\ 1 & 1 & 1 & 1 \\ 1 & 1 & 1 & 1 \\ 1 & 1 & 1 & 1 \end{pmatrix}$$

Für den Toleranzparameter ρ wird 0.9 gewählt.
Zu Beginn der Berechnung ist der binäre Eingabevektor

$$I[1,\ldots,m] = (0,\ldots,0).$$

Dadurch wird der Verstärkungsfaktor g_2 auf Null gesetzt. Die Neuronen der Erkennungsschicht werden abgeschaltet. Der Erwartungsvektor $V[1,\ldots,m]$, der gleich dem Produkt aus $U[1,\ldots,n]$ und W_2 ist, ist ebenfalls der Nullvektor.

Eingabe von I_1
Die Eingabe $I_1 = (1,1,1,1)$ wird angelegt. Dadurch werden $g_1 = 1$ und $g_2 = 1$. Die Eingabe $I_1 = (1,1,1,1)$ wird nun mittels der sogenannten 2/3-Regel in der Vergleichsschicht zum Vektor $S[1,\ldots,m]$ modifiziert, d.h. es gilt

$$s_i \begin{cases} 1 & falls \quad I_i v_i = 1 \vee I_i g_1 = 1 \vee v_i g_1 = 1 \\ 0 & sonst \end{cases}.$$

Man erhält

$$\left. \begin{aligned} I_1 v_1 &= 1.0 \neq 1 \\ I_1 g_1 &= 1.1 = 1 \\ v_1 g_1 &= 0.1 \neq 1 \end{aligned} \right\} \Rightarrow s_1 = 1 \qquad \left. \begin{aligned} I_3 v_3 &= 1.0 \neq 1 \\ I_3 g_1 &= 1.1 = 1 \\ v_3 g_1 &= 0.1 \neq 1 \end{aligned} \right\} \Rightarrow s_3 = 1$$

$$\left. \begin{aligned} I_2 v_2 &= 1.0 \neq 1 \\ I_2 g_1 &= 1.1 = 1 \\ v_2 g_1 &= 0.1 \neq 1 \end{aligned} \right\} \Rightarrow s_2 = 1 \qquad \left. \begin{aligned} I_4 v_4 &= 1.0 \neq 1 \\ I_4 g_1 &= 1.1 = 1 \\ v_4 g_1 &= 0.1 \neq 1 \end{aligned} \right\} \Rightarrow s_4 = 1$$

Als Ausgabe S der Vergleichsschicht entsteht also ein Duplikat des Eingabevektors.

$$S = (1,1,1,1)$$

Der Vektor T entsteht gemäß

$$t_j = \sum_i s_i w_{ij}$$

Seine Komponenten errechnen sich zu

$$\begin{aligned}
t_1 &= s_1 w_{11} + s_2 w_{21} + s_3 w_{31} + s_4 w_{41} \\
&= 1 \cdot 0,16 + 1 \cdot 0,26 + 1 \cdot 0,10 + 1 \cdot 0,31 \\
&= 0,83
\end{aligned}$$

$$\begin{aligned}
t_2 &= s_1 w_2 + s_2 w_{22} + s_3 w_{32} + s_4 w_{42} \\
&= 1 \cdot 0,21 + 1 \cdot 0,31 + 1 \cdot 0,29 + 1 \cdot 0,12 \\
&= 0,93
\end{aligned}$$

$$\begin{aligned}
t_3 &= s_1 w_{13} + s_2 w_{23} + s_3 w_{33} + s_4 w_{43} \\
&= 1 \cdot 0,35 + 1 \cdot 0,19 + 1 \cdot 0,27 + 1 \cdot 0,09 \\
&= 0,90
\end{aligned}$$

$$\begin{aligned}
t_4 &= s_1 w_{14} + s_2 w_{24} + s_3 w_{34} + s_4 w_{44} \\
&= 1 \cdot 0,06 + 1 \cdot 0,01 + 1 \cdot 0,39 + 1 \cdot 0,27 \\
&= 0,73
\end{aligned}$$

Gesucht ist das Maximum

$$t_{max} = t_2 = 0.93 .$$

Jenes Neuron der Erkennungsschicht, welches mit t_2 korrespondiert, wird auf 1 gesetzt, die übrigen Neuronen erhalten den Wert 0. Dieses Neuron in der Erkennungsschicht, welches auf 1 gesetzt wird, ist das Gewinnerneuron J. Es gilt

$$u_j = \begin{cases} 1 & falls \quad t_j = \sum_i s_i w_{ij} = \max \\ 0 & sonst . \end{cases}$$

Der Vektor U = (0,1,0,0) ist die Ausgabe der Erkennungsschicht.
  Der Vektor V berechnet sich gemäß

$$v_i = \sum_j u_j w_{ji}$$

d.h.,

$$v_1 = u_1 w_{11} + u_2 w_{21} + u_3 w_{31} + u_4 w_{41}$$
$$= 0 \cdot 1 + 1 \cdot 1 + 0 \cdot 1 + 0 \cdot 1$$
$$= 1$$

$$v_3 = u_1 w_{13} + u_2 w_{23} + u_3 w_{33} + u_4 w_{43}$$
$$= 0 \cdot 1 + 1 \cdot 1 + 0 \cdot 1 + 0 \cdot 1$$
$$= 1$$

$$v_2 = u_1 w_{12} + u_2 w_{22} + u_3 w_{32} + u_4 w_{42}$$
$$= 0 \cdot 1 + 1 \cdot 1 + 0 \cdot 1 + 0 \cdot 1$$
$$= 1$$

$$v_4 = u_1 w_4 + u_2 w_{24} + u_3 w_{34} + u_4 w_{44}$$
$$= 0 \cdot 1 + 1 \cdot 1 + 0 \cdot 1 + 0 \cdot 1$$
$$= 1$$

Da ein Neuron in der Erkennungsschicht gefeuert hat und der Vektor U nicht länger der Nullvektor ist, dies aber Bedingung für den Verstärkungsfaktor g_1 war, ist jetzt $g_1 = 0$. Anschließend werden die Komponenten von I und V miteinander verglichen. Enthalten I_i und v_i, $1 \le i \le m$, eine 1, so feuert das i-te Neuron der Vergleichsschicht. Stimmen I_i und v_i nicht überein bzw. sind sowohl I_i als auch v_i gleich Null, so werden die i-ten Komponenten von S auf Null gesetzt. Man erhält S = (1,1,1,1). Nach diesem Schritt ist also der Ausgabevektor S der Vergleichsschicht nicht mehr länger ein Duplikat des Eingabevektors I.

Es ist zu überprüfen, ob ein „Reset" erfolgen muß. Da alle s_i und alle I_i den Wert 1 besitzen, ergibt sich für die zu überprüfende Ungleichung:

$$\rho \le 1.$$

Damit wurde ein gespeichertes Muster gefunden, welches der Eingabe I genügend stark ähnelt. Das Netz geht zum Schluß in einen Trainingzyklus über.

Die Werte $w_{i,2}$, $1 \le i \le 4$, ergeben sich gemäß

$$w_{i,j} = \frac{L \cdot s_i}{L - 1 + \sum_{k=1}^{m} s_k}$$

Man erhält

$$w_{12} = \frac{2 \cdot 1}{2 - 1 + 4} = 0,4 \qquad w_{32} = \frac{2 \cdot 1}{2 - 1 + 4} = 0,4$$

$$w_{22} = \frac{2 \cdot 1}{2 - 1 + 4} = 0,4 \qquad w_{42} = \frac{2 \cdot 1}{2 - 1 + 4} = 0,4$$

Die neue Matrix W_1 lautet

$$W_1 = \begin{pmatrix} 0,16 & 0,4 & 0,35 & 0,06 \\ 0,26 & 0,4 & 0,19 & 0,01 \\ 0,10 & 0,4 & 0,27 & 0,39 \\ 0,31 & 0,4 & 0,09 & 0,27 \end{pmatrix}$$

Die Gewichtsmatrix W_2 lautet

$$W_2 = \begin{pmatrix} 1 & 1 & 1 & 1 \\ 1 & 1 & 1 & 1 \\ 1 & 1 & 1 & 1 \\ 1 & 1 & 1 & 1 \end{pmatrix}$$

Da ein passendes gespeichertes Muster gefunden wurde, kann eine neue Eingabe angelegt werden.

Eingabe von I_2

Die Eingabe $I_2 = (0,0,1,0)$ wird angelegt und im ersten Schritt zu S mittels der 2/3-Regel in der Vergleichsschicht modifiziert. Wegen $I_2 = (0,0,1,0)$, $V = (1,1,1,1)$, $g_1 = 0$, $g_2 = 1$ und

$$s_i = \begin{cases} 1, & falls \quad I_i v_i = 1 \vee I_i g_1 = 1 \vee v_i g_1 = 1 \\ 0, & sonst \end{cases}.$$

erhält man

$$\left. \begin{array}{l} I_1 v_1 = 0 \cdot 1 \neq 1 \\ I_1 g_1 = 0 \cdot 0 \neq 1 \\ v_1 g_1 = 1 \cdot 0 \neq 1 \end{array} \right\} \Rightarrow s_1 = 0 \qquad \left. \begin{array}{l} I_3 v_3 = 1 \cdot 1 = 1 \\ I_3 g_1 = 1 \cdot 0 \neq 1 \\ v_3 g_1 = 1 \cdot 0 \neq 1 \end{array} \right\} \Rightarrow s_3 = 1$$

$$\left. \begin{array}{l} I_2 v_2 = 0 \cdot 1 \neq 1 \\ I_2 g_1 = 0 \cdot 0 \neq 1 \\ v_2 g_1 = 1 \cdot 0 \neq 1 \end{array} \right\} \Rightarrow s_2 = 0 \qquad \left. \begin{array}{l} I_4 v_4 = 0 \cdot 1 \neq 1 \\ I_4 g_1 = 0 \cdot 0 \neq 1 \\ v_4 g_1 = 1 \cdot 0 \neq 1 \end{array} \right\} \Rightarrow s_4 = 0$$

und damit gilt

$$S = I_2 = (0,0,1,0).$$

Die Komponenten von T ergeben sich gemäß

$$t_j = \sum_i s_i w_{ij}$$

d.h. man erhält

$$t_1 = s_1 w_{11} + s_2 w_{21} + s_3 w_{31} + s_4 w_{41}$$
$$= 0 \cdot 0,16 + 0 \cdot 0,26 + 1 \cdot 0,10 + 0 \cdot 0,31$$
$$= 0,10$$

$$t_2 = s_1 w_{12} + s_2 w_{22} + s_3 w_{32} + s_4 w_{42}$$
$$= 0 \cdot 0,4 + 0 \cdot 0,4 + 1 \cdot 0,4 + 0 \cdot 0,4$$
$$= 0,40$$

$$t_3 = s_1 w_{13} + s_2 w_{23} + s_3 w_{33} + s_4 w_{43}$$
$$= 0 \cdot 0,35 + 0 \cdot 0,19 + 1 \cdot 0,27 + 0 \cdot 0,09$$
$$= 0,27$$

$$t_4 = s_1 w_{14} + s_2 w_{24} + s_3 w_{34} + s_4 w_{44}$$
$$= 0 \cdot 0,06 + 0 \cdot 0,01 + 1 \cdot 0,39 + 0 \cdot 0,27$$
$$= 0,39$$

und somit ist

$$t_{max} = t_2 = 0,40 .$$

Beim Vektor U wird jedes Neuron, welches mit t_2 korrespondiert, wird auf 1 gesetzt, die übrigen Neuronen erhalten den Wert 0. Als Ausgabe der Erkennungsschicht ergibt sich U zu

$$U = (0,1,0,0).$$

Es erfolgt die Berechnung von V gemäß

$$v_i = \sum_j u_j w_{ji}$$

und damit

$$v_1 = u_1 w_{11} + u_2 w_{21} + u_3 w_{31} + u_4 w_{41}$$
$$= 0 \cdot 1 + 1 \cdot 1 + 0 \cdot 1 + 0 \cdot 1$$
$$= 1$$

$$v_3 = u_1 w_{13} + u_2 w_{23} + u_3 w_{33} + u_4 w_{43}$$
$$= 0 \cdot 1 + 1 \cdot 1 + 0 \cdot 1 + 0 \cdot 1$$
$$= 1$$

$$v_2 = u_1 w_{12} + u_2 w_{22} + u_3 w_{32} + u_4 w_{42}$$
$$= 0 \cdot 1 + 1 \cdot 1 + 0 \cdot 1 + 0 \cdot 1$$
$$= 1$$

$$v_4 = u_1 w_{14} + u_2 w_{24} + u_3 w_{34} + u_4 w_{44}$$
$$= 0 \cdot 1 + 1 \cdot 1 + 0 \cdot 1 + 0 \cdot 1$$
$$= 1$$

Da ein Neuron in der Erkennungsschicht gefeuert hat und der Vektor U nicht länger der Nullvektor ist, dies aber Bedingung für den Verstärkungsfaktor g_1 war, ist jetzt $g_1 = 0$. Anschließend werden die Komponenten von I und V miteinander verglichen. Enthalten I_i und v_i, $1 \le i \le m$, eine 1, so feuert das i-te Neuron der Vergleichsschicht. Stimmen I_i und v_i nicht überein bzw. sind sowohl I_i als auch v_i gleich Null, so werden die i-ten Komponenten von S auf Null gesetzt und damit ist

$$S = (0,0,1,0).$$

Da $1 > 0,9 = \rho$ ist, wurde ein gespeichertes Muster gefunden, welches I genügend stark ähnelt.

Die abschließende Trainingsphase liefert

$$W_1 = \begin{pmatrix} 0,16 & 0 & 0,35 & 0,06 \\ 0,26 & 0 & 0,19 & 0,01 \\ 0,10 & 1 & 0,27 & 0,39 \\ 0,31 & 0 & 0,09 & 0,27 \end{pmatrix} \qquad W_2 = \begin{pmatrix} 1 & 1 & 1 & 1 \\ 0 & 0 & 1 & 0 \\ 1 & 1 & 1 & 1 \\ 1 & 1 & 1 & 1 \end{pmatrix}$$

Nochmalige Eingabe von I_2

Präsentiert man als Eingabe noch einmal, $I_2 = (0,0,1,0)$, so ergeben sich die Ergebnisse der einzelnen Berechnungen zu

– Modifikation von I_2 zu S

$$eS = (0,0,1,0)$$

– Berechnung von T

$$T = (0.10,\ 1.00,\ 0.27,\ 0.39)$$

und somit ist

$$t_{max} = t_2$$

– Berechnung von U

$$U = (0,1,0,0)$$

– Berechnung von V

$$V = (0,0,1,0)$$

– $g_1 = 0$

– Neuberechnung von S

$$S = (0,0,1,0)$$

– Vergleich auf Ähnlichkeit

$$1 > 0,9 = \rho$$

– Berechnung von W_1

$$W_1 = \begin{pmatrix} 0,16 & 0 & 0,35 & 0,06 \\ 0,26 & 0 & 0,19 & 0,01 \\ 0,10 & 1 & 0,27 & 0,39 \\ 0,31 & 0 & 0,09 & 0,27 \end{pmatrix}$$

– Berechnung von W_2

$$W_2 = \begin{pmatrix} 1 & 1 & 1 & 1 \\ 0 & 0 & 1 & 0 \\ 1 & 1 & 1 & 1 \\ 1 & 1 & 1 & 1 \end{pmatrix}$$

Da ein gespeichertes Muster gefunden wurde, kann eine neue Eingabe angelegt werden.

Eingabe von I_3
Die Eingabe $I_3 = (1,1,0,1)$ liefert nacheinander die folgenden Modifikationen:

– $S = (0,0,0,0)$
– $T = (0.00, 0.00, 0.00, 0.00)$
   Wenn die Werte vom Vektor T alle gleich sind, greift als Heuristik die Regel, daß das Neuron mit dem kleinsten Index zum Gewinnerneuron wird und als einziges feuert, d.h.:

$$t_{max} = t_1$$

– $U = (1,0,0,0)$
– $V = (1,1,1,1)$
– $g_1 = 0$
– $S = (1,1,0,1)$
– Vergleich auf Ähnlichkeit

$$1 > 0,9 = \rho$$

– Berechnung von W_1

$$W_1 = \begin{pmatrix} 0,5 & 0 & 0,35 & 0,06 \\ 0,5 & 0 & 0,19 & 0,01 \\ 0 & 1 & 0,27 & 0,39 \\ 0,5 & 0 & 0,09 & 0,27 \end{pmatrix}$$

– Berechnung von W_2

$$W_2 = \begin{pmatrix} 1 & 1 & 0 & 1 \\ 0 & 0 & 1 & 0 \\ 1 & 1 & 1 & 1 \\ 1 & 1 & 1 & 1 \end{pmatrix}$$

Da ein gespeichertes Muster gefunden wurde, kann eine neue Eingabe angelegt werden.

Nochmalige Eingabe von I_3

Die nochmalige Eingabe von $I_3 = (1,1,0,1)$ liefert nacheinander die folgenden Modifikationen:

– $S = (1,1,0,1)$
– $T = (1.50, 0.00, 0.63, 0.34)$
 und somit ist

$$t_{max} = t_1$$

– $U = (1,0,0,0)$
– $V = (1,1,0,1)$
– $g_1 = 0$
– $S = (1,1,0,1)$
– Vergleich auf Ähnlichkeit

$$1 > 0,9 = \rho$$

– Berechnung von W_1

$$W_1 = \begin{pmatrix} 0,5 & 0 & 0,35 & 0,06 \\ 0,5 & 0 & 0,19 & 0,01 \\ 0 & 1 & 0,27 & 0,39 \\ 0,5 & 0 & 0,09 & 0,27 \end{pmatrix}$$

– Berechnung von W_2

$$W_2 = \begin{pmatrix} 1 & 1 & 0 & 1 \\ 0 & 0 & 1 & 0 \\ 1 & 1 & 1 & 1 \\ 1 & 1 & 1 & 1 \end{pmatrix}$$

Da ein gespeichertes Muster gefunden wurde, kann eine neue Eingabe angelegt werden.

Eingabe von I_4
Die Eingabe von $I_4 = (1,0,1,1)$ liefert nacheinander die folgenden Modifikationen:

– $S = (1,0,0,1)$
– $T = (1.00, 0.00, 0.44, 0.33)$
   und somit ist

$$t_{max} = t_1$$

– $U = (1,0,0,0)$
– $V = (1,1,0,1)$
– $g_1 = 0$
– $S = (1,0,0,1)$
– Vergleich auf Ähnlichkeit

$$0.6 < 0.9 = \rho$$

Damit ist zum ersten Mal die Ungleichung nicht erfüllt, d.h. es wird kein passendes Muster gefunden. Daher muß ein „Reset" durchgeführt werden. Man erhält

$$Reset = 1$$

und

$$U = (0,0,0,0)$$

und somit wird $g_1 = 1$ und die Eingabe I erscheint wieder unverändert als Vektor S. Der Berechnungszyklus wird neu gestartet und solange wiederholt bis entweder

- ein gespeichertes Muster wird gefunden, welches I genügend stark ähnelt

oder

- es wird kein passendes Muster gefunden, d.h. alle Neuronen der Erkennungsschicht wurden blockiert. Ein noch nicht benutztes Neuron j der Erkennungsschicht wird aktiviert und die entsprechenden Gewichte so gesetzt, daß sie dem Eingabemuster entsprechen.

In dem Beispiel liefert der Neustart der Berechnungen folgende Ergebnisse:

- $S = (1,0,1,1)$
- $T = (1.00, 1.00, 0.71, 0.72)$
  und somit kann für t_{max} entweder t_1 oder t_2 gewählt werden. Sei $t_{max} = t_2$.
- $U = (0,1,0,0)$
- $V = (0,0,1,0)$
- $g_1 = 0$
- $S = (0,0,1,0)$
- Vergleich auf Ähnlichkeit

$$0.3 < 0.9 = \rho$$

Damit ist ein erneutes „Reset" notwendig. Der Neustart liefert

- $S = (1,0,1,1)$
- $T = (1.00, 1.00, 0.71, 0.72)$
- $U = (0,0,0,1)$
- $V = (1,1,1,1)$
- $g_1 = 0$
- $S = (1,0,1,1)$
- Vergleich auf Ähnlichkeit

$$1 > 0.9 = \rho$$

Damit wird jetzt ein passendes gespeichertes Muster gefunden und der Trainingszyklus kann gestartet werden.

– Berechnung von W_1

$$W_1 = \begin{pmatrix} 0,5 & 0 & 0,35 & 0,5 \\ 0,5 & 0 & 0,19 & 0 \\ 0 & 1 & 0,27 & 0,5 \\ 0,5 & 0 & 0,09 & 0,5 \end{pmatrix}$$

– Berechnung von W_2

$$W_2 = \begin{pmatrix} 1 & 1 & 0 & 1 \\ 0 & 0 & 1 & 0 \\ 1 & 1 & 1 & 1 \\ 1 & 0 & 1 & 1 \end{pmatrix}$$

2.8.2 ART-2

Das Art-2-Netz ist eine Erweiterung des Art-1-Netzes, die 1987 von Carpenter und Grossberg entwickelt wurde. Der auffälligste Unterschied zur Art-1-Architektur besteht darin, daß Art-2 in der Lage ist, reellwertige Eingabevektoren zu verarbeiten. Um dies zu ermöglichen, wurde die Vergleichsschicht von einer Schicht Neuronen auf 3 Schichten Neuronen mit 6 verschiedenen Neuronentypen erweitert. Dies scheint plausibel, da jetzt reellwertige Vektoren verglichen werden müssen, während in Art-1 nur die Anzahl gleicher Komponenten verglichen wurde. In Abb. 2.61 ist Aufbau eines Art-2-Netzes dargestellt.

Arbeitsweise von ART-2

Wenn man einen Eingabevektor an der Eingabeschicht I anlegt, wird dieser zuerst unverändert an die Zellen w_i der Vergleichsschicht weitergegeben. Die Zellen x_i erhalten die Norm des Vektors W. Über eine Funktion f, die der Rauschverminderung und der Kontrastverstärkung dient, werden die Inhalte der Zellen x_i an die über ihnen liegenden Zellen v_i weitergegeben. Diese Werte werden wieder normiert, und an die Zellen u_i überliefert. Aus diesen Zellen gelangen die Informationen an die Zellen p_i welche sie, nach einer Normierung, an die Zellen q_i weiterleiten.

Die Zellen q_i besitzen wiederum Rückkopplungen zu den Zellen v_i. Außerdem bestehen Rückkopplungen zwischen der mittleren und der unteren Schicht (von den Zellen u_i nach w_i). Die Art und Stärke dieser Rückkopplungen sollte so gewählt werden, daß die Vergleichsschicht nach wenigen Zyklen einen stabilen Zustand erreicht hat. Die Stärke der Rückkopplungen läßt sich über die Parameter a und b variieren. Hierbei ist a für die Stärke des Einflusses der mittleren Schicht auf die untere zuständig (Verbindung der Zellen u_i und w_i) während der Parameter b den Einfluß der oberen auf die mittlere Schicht wiedergibt. Abbildung 2.62 zeigt einen Schnitt durch die Art-2-Vergleichsschicht, in dem alle Verbindungen und alle relevanten Größen eingezeichnet sind.

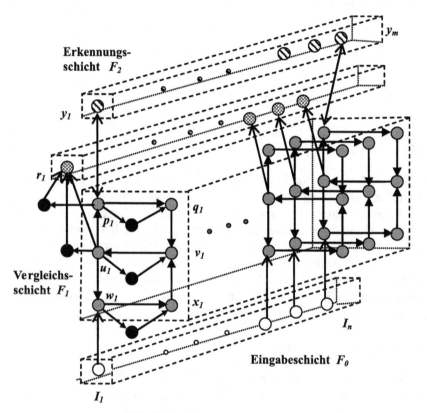

Abb. 2.61 Architektur von ART-2

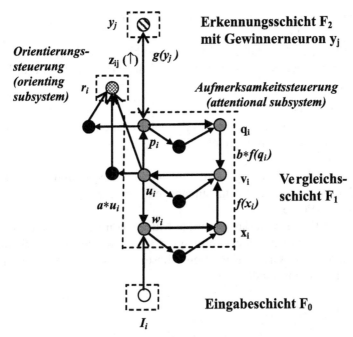

y_j ⊘

**Erkennungsschicht F_2
mit Gewinnerneuron y_j**

*Orientierungs-
steuerung
(orienting
subsystem)*

z_{ij} (↑) $g(y_j)$

r_i

*Aufmerksamkeitssteuerung
(attentional subsystem)*

p_i q_i

$b*f(q_i)$

u_i v_i **Vergleichsschicht F_1**

$a*u_i$ $f(x_i)$

w_i

x_i

I_i **Eingabeschicht F_0**

Abb. 2.62 Schnitt durch die ART-2 Vergleichsschicht

Wenn also ein Eingabevektor an der Eingabeschicht F_0 angelegt wird, wird dieser solange an die Vergleichsschicht propagiert, bis diese einen stabilen Zustand erreicht hat. Ist die Vergleichsschicht stabil, senden die Zellen p_i ihre Werte über bottom-up-Verbindungen z_{ij} an alle Zellen y_i der Erkennungsschicht, von denen eine den Vergleich gewinnt. Über top-down-Verbindungen z_{ji} wird nun der Vektor des erwarteten Musters von der Erkennungsschicht an die Zellen p_i herabpropagiert. Dadurch wird der Vektor P der Vergleichsschicht manipuliert, und die Suche nach einem stabilen Zustand beginnt von neuem.

Zu Beginn sind die top-down-Verbindungen mit Null initialisiert, so daß ein unbelegtes Neuron der Erkennungsschicht keinen Einfluß auf die Vergleichsschicht hat. Dadurch bleibt die Vergleichschicht in einem stabilen Zustand, wenn die Erkennungsschicht das erwartete Muster übermittelt.

Nachdem sich die Vergleichsschicht stabilisiert hat, wird überprüft, inwieweit der Eingabevektor und der Vektor, der vom Gewinnerneuron der Erkennungsschicht an die Vergleichsschicht übermittelt wurde, übereinstimmen. Zum Überprüfung der Ähnlichkeit wird meist der Winkel zwischen den Vektoren U und P verglichen.

Im Falle der Ähnlichkeit wird, wie bei ART-1, der Eingabevektor der Klasse des Gewinnerneurons der Erkennungsschicht zugeordnet. Ist die Ähnlichkeit nicht groß genug, wird ein Reset ausgelöst, und die fehlerhaft aktivierte Zelle der Erkennungsschicht blockiert, so daß sie nicht wieder aktiviert werden kann.

Um sicherzustellen, daß die Erkennungsschicht erst dann aktiviert wird, wenn die Vergleichsschicht stabil ist, wird der Suchzyklus in drei Phasen eingeteilt:

1. botom-up-Phase:
   Ein Eingabemuster wird in die Vergleichsschicht propagiert, bis diese einen stabilen Zustand erreicht hat.
2. Auswahlphase:
   Nach der Stabilisierung wird das Neuron ausgewählt, welches die größte Ähnlichkeit mit dem Eingabevektor besitzt.
3. top-down-Phase:
   In dieser Phase wird das erwartete Muster von der Erkennungsschicht an die Vergleichsschicht propagiert, was wieder einen Stabilisierungsprozeß in Gang setzt. Wenn dieser abgeschlossen ist, wird über einen Reset einschieden.

Theorie von ART-2

Die Aktivierung x_i aller Zellen der Vergleichsschicht basiert auf einer Membran-Differentialgleichung, welche dafür sorgt, daß die Zellen dieser Schicht in einen Resonanzzustand der Aktivierung einschwingen und dort verharren, bis die Eingabe nicht mehr anliegt. Die allgemeine Gleichung hierfür lautet:

$$\varepsilon \frac{dx_i}{dt} = -Ax_i + (1 - Bx_i)J_i^* - (C + Dx_i)J_i^-$$

Hierbei ist J_i^+ die erregende Komponente der Netzeingabe der Zelle i und J_i^- die hemmende Komponente. Der Parameter ε gibt das Verhältnis zwischen der Zeit zur Stabilisierung der Vergleichsschicht und der Adaption der Gewichte zwischen der Vergleichsschicht und der Erkennungsschicht an. Es gilt

$$0 < \varepsilon \ll 1 .$$

Ist die Netzeingabe Null, so ist auch die Aktivierung gleich Null.

In ART-2 gilt B=C=0. Außerdem betrachten wir den Zustand des eingeschwungenen Netzes. In diesem Fall gilt $\varepsilon \to 0$. Damit vereinfacht sich die Gleichung zu

$$Ax_i + Dx_iJ_i^- = J_i^+ .$$

Aufgelöst nach x ergibt sich:

$$x_i = \frac{J_i^+}{A + DJ_i^-} \ .$$

Diese Gleichung gilt für alle Zellen ($w_i, x_i, u_i, v_i, p_i, q_i, r_i$) der Vergleichsschicht. Für die einzelnen Zellen lauten die Gleichungen wie folgt:

$$w_i = I_i + au_i$$

$$x_i = \frac{w_i}{e + \|W\|}$$

$$v_i = f(x_i) + bf(q_i)$$

$$u_i = \frac{v}{e + \|V\|}$$

$$p_i = u_i + \sum_j g(y_j)z_j$$

$$q_i = \frac{p_i}{e + \|P\|}$$

Diese Gleichungen lassen sich alle als Ausprägung der oberen, allgemeineren Gleichung darstellen. Ein Großbuchstabe bezeichnet hierbei den entsprechenden Vektor und $\|W\|$ bezeichnet die euklidische Norm des Vektors W. $G(y_j)$ ist die Ausgabe des j-ten Neurons der Erkennungsschicht. A und b sind die oben erwähnten Konstanten, die den Einfluß der Schichten untereinander angeben und ε soll eine Division durch Null ausschließen. Diese Konstante ist so klein zu wählen, daß sie die Normierung nicht stört, aber so groß, um die Division durch Null zu verhindern.

Bei der Aktivierungsfunktion f hat man die Wahl zwischen den folgenden Varianten:

$$f(x) = \begin{cases} 0 & \textit{falls } 0 \le x \le \theta \\ x & \textit{sonst} \end{cases}$$

$$f(x) = \begin{cases} \dfrac{20x^2}{x^2 + \theta^2} & \textit{falls } 0 \le x \le \theta \\ x & \textit{sonst} \end{cases}$$

Der Zweck dieser beiden Funktionen ist es, kleine x-Werte auf Null zu setzen. Da sich die Aktivierungen der Zellen x_i und q_i aufgrund ihrer Normierung immer zwischen 0 und 1 befinden, bleiben auch die Ergebnisse der Funktion f zwischen 0 und 1. Der Parameter θ in dieser Funktion dient der Rauschunterdrückung. Bei Veränderung dieses Parameters ist Vorsicht geboten, da kleine Änderungen große Auswirkungen auf die Klasseneinteilung haben können. Im Allgemeinen gilt: $0 < \theta < 1$.

Die Arbeitsweise der Erkennungsschicht ist die gleiche wie bei Art-1. Nur das Neuron mit der höchsten Netzeingabe gewinnt den Vergleich und gibt eine positive Ausgabe über die top-down-Verbindungen an die Vergleichsschicht zurück. Für die Netzeingabe in die j-te Zelle der Erkennungsschicht gilt:

$$T_j = \sum_i p_i z_{ij}$$

Die Gewinnerzelle J wird ausgewählt, indem das Maximum der Eingaben bestimmt wird:

$$T_j = \max_{1 \le j \le M}(T_j)$$

Die Ausgabe der Zellen der Erkennungsschicht an die Vergleichsschicht ist wie folgt definiert:

$$g(y_J) = \begin{cases} d & \text{falls } T_J = \max_{1 \le j \le M}(T_j) \\ 0 & \text{sonst} \end{cases}$$

Wie schon erwähnt, nehmen nur die Zellen an der Auswahl des Gewinnerneurons teil, die nicht vorher durch einen Reset blockiert wurden. Dadurch läßt sich die Gleichung für die Zellen p_i der Vergleichsschicht vereinfachen zu

$$p_i = \begin{cases} u_i & \text{falls Zelle in Erkennungsschicht inaktiv} \\ u_i + dz_{ji} & \text{falls die j-te Zelle aktiv ist} \end{cases}$$

Die Anpassung der Gewichte zwischen der Vergleichsschicht und der Erkennungsschicht erfolgt nach folgenden Differentialgleichungen:

Für die top-down-Gewichte von der Erkennungsschicht zur Vergleichsschicht

$$\frac{d}{dt}z_j = g(y_i)(p_i - z_j).$$

Für die bottom-up-Gewichte verändern sich nur die Indizes

$$\frac{d}{dt}z_{ij} = g(y_i)(p_i - z_{ij}).$$

Diese Gleichungen lassen sich noch vereinfachen, da die Ausgaben $g(y_i)$ aller Neuronen j der Erkennungsschicht, außer dem Gewinnerneuron J, gleich Null sind. Für das Gewinnerneuron verändern sich die Gleichungen folgendermaßen:

$$\frac{d}{dt}z_{Ji} = d(u_i + dz_{Ji} - z_{Ji}) = d(1-d)(\frac{u_i}{1-d} - z_{Ji})$$

$$bzw. \quad \frac{d}{dt}z_{iJ} = d(u_i + dz_{iJ} - z_{iJ}) = d(1-d)(\frac{u_{iJ}}{1-d} - z_{iJ})$$

Für den Parameter d gilt: 0<d<1.

Betrachtet man den Fall des sogenannten schnellen Lernens (fast learning), so interessiert vor allem der Gleichgewichtszustand der Gewichte bei eingeschwungenem Netzwerk. In diesem Fall gehen die Gewichtsänderungen gegen Null. Damit lassen sich die Gleichungen folgendermaßen vereinfachen, da der Faktor d(1-d) in den obigen Gleichung durch die Bedingung 0<d<1 von Null verschieden ist und deshalb durch ihn dividiert werden kann:

$$z_{Ji} = \frac{u_i}{1-d} \quad ; \quad z_{iJ} = \frac{u_i}{1-d}$$

Für den Reset sind in ART-2 die sogenannten Reset-Zellen r_i zuständig. Ihre Aufgabe besteht im wesentlichen daraus, den Winkel zwischen den Vektoren U und P zu vergleichen. Ihre Werte ergeben sich aus:

$$r_i = \frac{u_i + cp_i}{e + \|U\| + \|cP\|}$$

Ein Reset wird dann ausgeführt, wenn

$$\frac{\rho}{e + \|R\|} > 1$$

gilt.

Der Parameter c ist ein Skalierungsfaktor für den P-Vektor. Es gilt: 0<c<1.

Der Parameter ε dient hier wiederum dazu, eine Division durch Null zu verhindern. Eine Ähnlichkeit zu der Reset Bedingung von Art-1 ist nicht von der Hand zu weisen. Setzt man $\varepsilon = 0$, erkennt man, daß ein Reset ausgelöst wird, wenn $\|R\| < \rho$ gilt, d.h. wenn die Ähnlichkeit der beiden Vektoren kleiner als der Ähnlichkeitsparameter ρ ist. R liegt in diesem Fall zwischen 0 und 1.

Für den Ähnlichkeitsparameter ρ läßt sich eine untere Schranke bei $\frac{1}{2}\sqrt{2}$ angeben, da die Ähnlichkeit der beiden Vektoren mindestens 70.71% beträgt. Dies läßt sich für den zweidimensionalen Fall leicht zeigen. Da bei einem ART-2-Netzwerk alle Eingaben positiv sein müssen, kann man sich auf den ersten Quadranten des Koordinatensystems beschränken, d.h. daß der Winkel zwischen den beiden Vektoren maximal 90° betragen kann. Für diesen Winkel ist der Fehler am größten. Im ungünstigsten Fall gilt weiterhin $\|cP\|=\|U\|=1$. Damit ist $\|U+cP\|=\sqrt{2}$ und damit

$$\|R\|=\frac{\|U+cP\|}{\|U\|+\|cP\|}=\frac{1}{2}\sqrt{2}=0,7071....\ .$$

Ein Reset erfolgt dann, wenn $\|R\|<\rho$ gilt. Da die Ähnlichkeit mindestens 70.71% beträgt, muß ρ mindestens den Wert 0.7071 annehmen, ansonsten würde die Reset-Kontrolle völlig abgeschaltet werden, da auch die unähnlichsten Vektoren noch angenommen würden.

Besonders wichtig ist bei ART-2 die richtige Initialisierung der Gewichte. Die top-down-Gewichte von der Erkennungsschicht zur Vergleichsschicht werden anfangs mit 0 initialisiert, um bei unbelegten Klassen keinen Einfluß auf die Vergleichsschicht zu nehmen.

Die bottom-up-Gewichte sollten so gewählt werden, daß beim Anlegen eines Musters die korrekte Klasse aktiviert wird. Deshalb muß die Norm des Startgewichtsvektors kleiner sein als nach mehreren Trainingszyklen. Falls alle Gewichte auf den gleichen Wert gesetzt werden, sollte für diese Werte gelten

$$z_{ij}(0)\le\frac{1}{(1-d)\sqrt{N}}\ .$$

2.8.3 ART-2a

ART-2a ist eine Optimierung von ART-2, die 1991 von Carpenter, Großberg und Rosen entwickelt wurde, um die Konvergenz von ART-2 zu beschleunigen. ART-2a erzielt durch vereinfachte Gleichungen Ergebnisse, die um ca. zwei bis drei Zehnerpotenzen schneller sind als bei ART-2. Deswegen wird empfohlen, ART-2a bei fast allen Anwendungen ART-2 vorzuziehen.

Wie ART-2 ist ART-2a eine unüberwachtes Lernverfahren, welches kontinuierliche Eingaben erhält, und diese dann in Klassen einteilt. Hier wird nur der Algorithmus von Art-2a kurz dargestellt. Bevor ein Eingabevektor I^0 an die Vergleichsschicht weitergegeben wird, wird er in der Eingabeschicht erst normalisiert und schwaches Rauschen wird unterdrückt. Dies geschieht nach der Gleichung:

$$I = \aleph F_0 \aleph I^0$$

Hierbei stellt $\aleph X = \dfrac{X}{\| X \|}$ die Normierung des Vektors auf die Einheitslänge eins dar, und die Funktion F_0 ist gegeben durch:

$$\left(F_0 X \right)_i = \begin{cases} x_i & \textit{falls } xi > \theta \\ 0 & \textit{sonst} \end{cases}$$

Hierbei ist der Schwellenwert θ eingeschränkt durch:

$$0 < \theta \leq \frac{1}{\sqrt{M}}$$

Auf die Verarbeitung der Vektoren in der Vergleichsschicht wird hier nicht näher eingegangen, sondern nur der Übergang zur Erkennungsschicht näher besprochen. Die Eingabe in das j-te Neuron der Erkennungsschicht sei gegeben durch:

$$T_j = \begin{cases} \alpha \sum_i I_i & \textit{falls } j \textit{ noch frei} \\ IZ_j^* & \textit{falls } j \textit{ belegt} \end{cases}$$

Für die Konstante α gilt hierbei:

$$\alpha \leq \frac{1}{\sqrt{M}}$$

Zu Beginn des Trainings sind alle Neuronen der Erkennungsschicht unbelegt. Wie bei allen anderen ART-Netzen gewinnt auch bei ART-2a das Neuron mit der höchsten Netzeingabe den Vergleich. Es gilt wieder

$$T_j = \max{}_j (T_j) \ .$$

Falls mehrere Neuronen die gleiche Netzeingabe haben, wird zufällig ein Gewinner ausgewählt, beispielsweise das Neuron mit dem kleinsten Index. Wurde ein Neuron J ausgewählt, gilt dieses als belegt.

Ein Reset wird ausgelöst, falls $T_J < \rho^*$, wobei für den Ähnlichkeitsparameter ρ^* gilt: $0 < \rho^* < 1$. Falls ein Reset ausgelöst wird, wird sofort ein
anderes, noch freies, Neuron ausgewählt, bei dem dann kein Reset auftritt.

Nachdem ein Neuron in der Erkennungsschicht ausgewählt wurde, wird
der Vektor Z_J^* des Gewinnerneurons verändert:

$$Z_J^*(t+1) = \begin{cases} I & \text{falls } J \text{ noch frei} \\ \aleph(\eta \aleph \psi + (1-\eta)Z_J^*(t)) & \text{falls } J \text{ belegt} \end{cases}$$

Dabei stellt η den Lernfaktor dar, für den $0 < \eta < 1$ gilt. Der Vektor Ψ ist
definiert durch:

$$\psi_i = \begin{cases} I_i & \text{falls } Z_{Ji}^*(t) > \theta \\ 0 & \text{sonst} \end{cases}$$

Im Vergleich zu der recht komplexen Arbeitsweise von ART-2 stellt die
ART-2a-Architektur eine deutliche Vereinfachung dar. In Simulationen
konnte außerdem gezeigt werden, daß die Ergebnisse von ART-2 und
ART-2a weitgehend identisch sind. Die Testmuster wurden fast immer in
identische Klassen eingeteilt.

Auch die Parametervergabe entspricht weitestgehend der von ART-2.
Nur für den Ähnlichkeitsparameter ist die Umrechnung etwas kritisch, für
ihn gilt folgende Gleichung:

$$\rho^* = \frac{\rho^2(1-\sigma)^2 - (1+\sigma^2)}{2\sigma}$$

Im Arbeitseinsatz ist ART-2a gegenüber ART-2 um den Faktor 25-150
schneller.

2.8.4 ART-3

ART-3 wurde 1990 von Carpenter und Grossberg als eine Weiterführung
von ART-2 entwickelt. Es beinhaltet mehrere Erweiterungen gegenüber
ART-2, die hier allerdings nur kurz dargestellt werden sollen. Die wichtigsten Erweiterungen sind:

1. Durch Änderung der Reset-Kontrolle wurde der Einsatz in Hierarchien
   von Art-Netzen vereinfacht.
2. Es können jetzt Folgen von asynchronen Eingabemustern verarbeitet
   werden.
3. Beim Suchen nach bereits gespeicherten Mustern werden Eigenschaften
   einer chemischen Synapse, wie Neurotransmitter-Ansammlung, -Frei-
   setzung und -Deaktivierung durch Differentialgleichungen modelliert.

Die postsynaptischen Eigenschaften des Kurzzeitgedächtnisses werden durch eine präsynaptische Transmitterdynamik modelliert. Das geschieht anhand der Kontrolle der nichtlinearen Rückkopplungen durch Parameter, die z.B. der Konzentration von Ionen wie Na^+ und Ca^{2+} entsprechen.

Um die Ähnlichkeit von Mustern zu vergleichen, werden im Modell drei Parameter benötigt. Diese Parameter stammen aus der Biologie:

1. Rate der Produktion und Ansammlung des Neurotransmitters
2. Rate der Freisetzung des Neurotransmitters bei einem präsynaptischen Signal
3. Rate der Deaktivierung des an Rezeptormoleküle gebundenen Neurotransmitters

Dies wird Abb. 2.63 zusammen mit den verwendeten Parametern dargestellt.

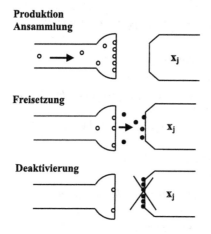

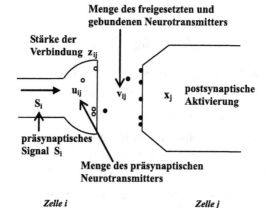

Abb. 2.63 Biologisches Vorbild für ART-3

Die Arbeitsweise eines ART-3-Netzes sei hier nur kurz erläutert:

Ein präsynaptischen Signal S_i kommt an einer Synapse von Zelle i an, deren Gewicht zur Zelle j den Wert z_{ij} hat. Z_{ij} steht hierbei, biologisch gesehen, für die maximal verfügbare Menge des Neurotransmitters. Die zur Freisetzung verfügbare Menge des Neurotransmitters ist durch den Parameter u_{ij} gegeben. Im Ruhezustand gilt $u_{ij} = z_{ij}$. Die Menge des freigesetzten Neurotransmitters gibt die Variable v_{ij} an. Ein Teil des freigesetzten Neurotransmitters wird an der postsynaptischen Membran gebunden, der übrige Teil wird im synaptischen Spalt oder an anderer Stelle abgebaut. Das Membranpotential der postsynaptischen Zelle wird von der Variablen x_j wiedergegeben.

Die Gleichungen für die Veränderungen der Größen lauten wie folgt:

1. Menge des präsynaptischen Neurotransmitters

$$\frac{du_{ij}}{dt} = (z_{ij} - u_{ij}) - u_{ij}[Freisetzungsrate]$$

2. Menge des gebundenen Neurotransmitters

$$\frac{dv_{ij}}{dt} = -v_{ij} + u_{ij}[Freisetzungsrate] - v_{ij}[Deaktivierungsrate]$$

$$= -v_{ij} + u_{ij}[Freisetzungsrate] - v_{ij}[\text{Re}set - Signal]$$

3. Postsynaptische Aktivierung

$$\varepsilon\frac{dx_j}{dt} = -x_j + (A - x_j)[erregende\ Eingaben] -$$

$$(B + x_j)[hemmende\ Eingaben]$$

$$= -x_j + (A - x_j)\left[\sum_i v_{ij} + [lokale\ Rückkopplung\right] -$$

$$(B + x_j)[Reset - Signal]$$

Die erste Gleichung zeigt, daß präsynaptische Transmitter produziert oder herbeitransportiert werden, bis die Menge u_{ij} des zur Freisetzung verfügbaren Neurotransmitters das Maximum z_{ij} erreicht hat. Der Wert z_{ij} bleibt für die Dauer des Vergleichs mit einem gespeicherten Muster konstant, er ändert sich durch das langsamere Lernen der Gewichte. Der verfügbare Neurotransmitter u_{ij} wird mit der Freisetzungsrate festgelegt. Die Freisetzungsrate wird später bestimmt. Ein Teil des Transmitters wird nach Gleichung 2 an der postsynaptischen Membran gebunden. Läßt man die Menge des „verschwindenden" Neurotransmitters außer acht, so wird der Neurotransmitter nur durch das Reset-Signal abgebaut.

Bei der postsynaptischen Aktivierung in Gleichung 3 versuchen die erregenden Eingaben die Aktivierung bis zu einem maximalen Wert A zu erhöhen, während die hemmenden Eingaben die Aktivierung bis zu einem minimalen Wert –B erniedrigen wollen. Ohne Einflüsse sinkt die Aktivierung auf Null. Der Parameter ε ist sehr klein zu wählen, weil die Dynamik der Aktivierung schneller sein soll als die Dynamik der Produktion oder die Ansammlung der Neurotransmitter. Unter der Voraussetzung, daß $\varepsilon \ll 1$, die Reset-Signale entweder 0 oder viel größer als 1 sind und die lokalen Rückkopplungen positiv sind, vereinfachen sich die drei Gleichungen wie folgt:

1. Menge des präsynaptischen Neurotransmitters

$$\frac{du_{ij}}{dt} = (z_{ij} - u_{ij}) - u_{ij}[Freisetzungsrate]$$

2. Menge des gebundenen Neurotransmitters

$$\frac{dv_{ij}}{dt} = v_{ij} + u_{ij}[Freisetzungsrate] \quad falls\ reset = 0$$

$$v_{ij}(t) = 0 \quad\quad\quad\quad\quad\quad\quad falls\ reset \gg 1$$

3. Postsynaptische Aktivierung

$$x_j(t) = \begin{cases} \sum_i v_{ij} + [lokale\ Rückkopplung]\ falls\ reset = 0 \\ 0 \quad\quad\quad\quad\quad\quad\quad\quad\quad falls\ reset \gg 1 \end{cases}$$

Die Freisetzungsrate des Neurotransmitters kann durch die Gleichung beschrieben werden:

$$Freisetzungsrate = S_i f(x_j) .$$

Hierbei ist $f(x_j)$ eine stückweise lineare Funktion, die Null ist für negative Werte bis zu einem Wert größer als –B und von da ab linear ist. Insbesondere muß gelten $f(0) > 0$. S_i ist die Stärke des präsynaptischen Potentials.

Soviel zu den Erweiterungen von Art-3 im Vergleich zu Art-2. Auf die Arbeitsweise des Systems beim Anlegen von Eingaben und die Wahl der Parameter wird nicht näher eingegangen.

2.8.5 ARTMAP

ARTMAP ist eine Kombination zweier ART-Netze zu einem Gesamtnetz. Durch diese Kombination wird es möglich, das Gesamtnetz überwacht lernen zu lassen. Diese Fähigkeit besitzen einfache ART-Netze nicht, da bei diesen die Klassifikation der Eingabemuster selbständig, also unüberwacht, erfolgte. Eine eingeschränkte Beeinflussung ist nur durch den Reset-Parameter möglich, da über diesen bestimmt werden kann, wie ähnlich das Eingabemuster der zu findenden Klassifikationsklasse sein muß. Bei ARTMAP dagegen ist es durch die Kombination zweier ART-Netze auch möglich, überwachtes Lernen zu realisieren. Hierbei wird das Netz, wie bei anderen Algorithmen auch, nicht mehr durch einzelne Eingabevektoren, sondern durch die Eingabe von Trainingspaaren, also Eingabemuster und gewünschte Ausgabe, realisiert.

ARTMAP-Architektur

Ein ARTMAP besteht aus zwei ART-Netzen, wobei hierfür prinzipiell alle ART-Netze geeignet sind. Als Beispiel wird hier nur der Aufbau von ARTMAP unter Verwendung von ART-1-Netzen beschrieben. An das erste ART-Netz, ART^a, wird der Eingabevektor, an das zweite Netz, ART^b, der zugehörige Ausgabevektor angelegt. Die Erkennungsschichten der beiden Netze sind über eine Matrix, das sogenannte MAP-Feld miteinander verbunden. Wichtig ist hierbei, daß die Erkennungsschichten auf unterschiedliche Art mit dem MAP-Feld verbunden sind. In der Erkennungsschicht von ART^a sind alle Neuronen unidirektional mit jedem Neuron des MAP-Feldes verbunden, es entsteht also eine Gewichtsmatrix. Die Verbindung zwischen MAP-Feld und ART^b besteht hingegen aus bidirektionalen 1:1 Verbindungen zwischen dem i-ten Neuron der Erkennungsschicht und dem i-ten Neuron des MAP-Feldes.

Dazu muß natürlich die Anzahl der Neuronen in der Erkennungsschicht mit der Anzahl der Neuronen des MAP-Feldes übereinstimmen. Diese Bedingung wird allerdings bei ARTMAP vorausgesetzt.

Die Arbeitsweise von ARTMAP

Bei der Beschreibung der generellen Arbeitsweise lassen sich zwei grundsätzlich Fälle unterscheiden:

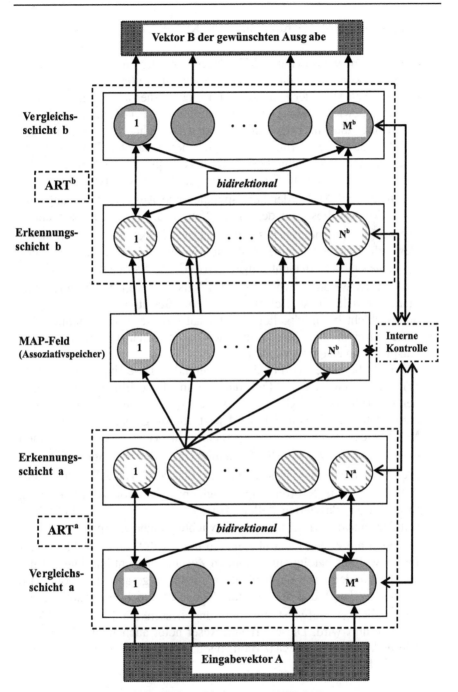

Abb. 2.64 Architektur von ARTMAP

1. Das Eingabemuster wird in eine neue Klasse der Erkennungsschicht a abgebildet:

   Wie bei einem normalen ART-1-Netz wird der an ART^a angelegte Eingabevektor A an die Erkennungsschicht weitergereicht. Im einfachsten Fall wird der Eingabevektor einer bisher noch nicht belegten Klasse zugewiesen. Das Gewinnerneuron in der Erkennungsschicht aktiviert über die mit 1.0 vorinitialisierten Gewichte alle Neuronen des MAP-Feldes. Dieses funktioniert nach der bekannten 2/3-Regel. Da eine Eingabe der Erkennungsschicht a vorliegt und der Verstärkungsfaktor aktiv ist, werden alle Zellen des MAP-Feldes aktiviert.

   Wenn jetzt an ART^b der korrespondierende Ausgabevektor angelegt wird, aktiviert dieser wiederum ein Neuron der Erkennungsschicht b. Dieses Gewinnerneuron aus ART^b aktiviert über die bidirektionalen Verbindungen genau eine Zelle des MAP-Feldes und der Verstärkungsfaktor ist jetzt nicht länger aktiv. Es ist also jetzt nur noch die Zelle aktiv, welche sowohl von ART^a als auch von ART^b eine Aktivierung erhält. Diese Belegung wird zur Bestätigung an die Erkennungsschicht b zurückgeliefert. Jetzt hat das Netz einen stabilen Zustand erreicht und die Gewichte der Gewichtsmatrizen können entsprechend adaptiert werden.

2. Das Eingabemuster wird in eine existierende Klasse eingeordnet:

   Wir betrachten jetzt den Fall, daß der angelegte Eingabevektor einer bereits vorhandenen Klasse zugeordnet werden kann. Im Unterschied zum oben betrachteten Fall wird jetzt allerdings nur ein Neuron des MAP-Feldes durch das Gewinnerneuron aktiviert. In dieser Situation existieren zwei weitere Möglichkeiten: Entweder bestätigt ART^b aufgrund des angelegten Ausgabevektors die Wahl von ART^a oder das ART^b aktivierte Neuron stimmt nicht mit dem von ART^a überein. Stimmen die aktivierten Zellen überein, hat das Netz auch hier einen stabilen Zustand erreicht und die Gewichte können angepaßt werden.

   Stimmen die Zellen nicht überein, so muß ART^a seine Wahl verwerfen, obwohl es bereits einen stabilen Zustand erreicht hat. Dies ist nur möglich, indem der Ähnlichkeitsparameter p gerade so erhöht wird (*match tracking*), daß die gewählte Klasse eine nicht mehr ausreichende Ähnlichkeit aufweist und aufgrund dessen ein Reset im ART^a durchgeführt wird. Diese Art von Reset heißt auch Inter-ART-Reset. Dieser Vorgang wird wiederholt, bis das Netz einen stabilen Zustand erreicht hat.

Überprüfung der gelernten Muster

Um in einem bereits trainierten Netz die Korrektheit und Zuverlässigkeit der Erkennung zu überprüfen, wird an ART^a ein normaler Eingabevektor angelegt, aber an ART^b wird kein Vektor, beziehungsweise der Nullvektor angelegt. ART^a arbeitet wie gewohnt und klassifiziert das Eingabemuster, indem es eine Zelle des MAP-Feldes aktiviert. Hierbei ist zu beachten, daß die Ausgabe der Klassifikation nicht über die Ausgabeneuronen von ART^b erfolgt, sondern durch das MAP-Feld. Sollte ART^a dem Eingabemuster eine neue Klasse zuweisen und deshalb alle Zellen des MAP-Feldes aktivieren, ist dies ein Anzeichen dafür, daß das Training noch nicht ausreichend war.

Komplementäre Kodierung

Die komplementäre Kodierung ist ein Verfahren, welches zur Vermeidung von Problemen beim „match tracking" dient. Beim Lernen von Teilmustern bereits gelernter Muster kommt es nämlich zu der Situation, daß der Ähnlichkeitsparameter soweit erhöht werden müßte $(p > 1)$, daß keine Klasse mehr gefunden werden kann, die diese Ähnlichkeitsbedingung erfüllt. Um dieses zu vermeiden, wendet man die komplementäre Kodierung an. Bei dieser wird zusätzlich zum Eingabevektor auch noch sein Komplement an die Vergleichsschicht angelegt. Dieses Vorgehen löst das beschriebene Problem, da die Untermengeneigenschaft des Teilmusters durch die Darstellung im Komplement verloren geht. Nachteil dieser Vorgehensweise ist natürlich der doppelte Speicherplatz für die Trainingsmuster sowie der doppelte Zeitaufwand für die Anpassung der Gewichte.

2.8.6 Fuzzy-ART

1990 wurde Fuzzy-ART von Carpenter, Grossberg und Rosen als eine Kombination von Fuzzy Logik mit ART-1 entwickelt. Durch Ersetzung des Durchschnittsoperators (logisches AND der 2/3 Regel bei $gain_1 = 0$) in der Vergleichsschicht durch den Min-Operator (Fuzzy-AND) der Theorie der Fuzzy-Mengen kann ART-1 dahingehend erweitert werden, daß es auch reellwertige Eingabevektoren erhalten kann. Das Fuzzy-AND ist definiert durch

$$(x \wedge y)_i = \min(x_i, y_i)$$

Zusätzlich zur Erkennungs- und Vergleichsschicht existiert bei Fuzzy-ART noch eine Vorverarbeitungsschicht, die verhindert, daß in der Erkennungsschicht zu viele Klassen entstehen. Hierbei wird die schon erwähnte

Technik der komplementären Codierung eingesetzt. Während des Lernens können alle veränderbaren Gewichte nur schrumpfen. Dadurch ist der Lernalgorithmus stabil.

Ein Vorteil von Fuzzy-ART ist, daß es sich geometrisch sehr gut veranschaulichen läßt. Dabei werden die einzelnen Klassen durch Rechtecke dargestellt, die sich während des Lernens vergrößern und dadurch den Eingaberaum immer besser ausfüllen. Wenn der ganze Eingaberaum ausgefüllt ist, bricht das Lernen ab.

Es wurde außerdem gezeigt, daß Fuzzy-ART nach einmaliger Präsentation aller Trainingsmuster diese gelernt hat.

Die wichtigsten Unterschiede zwischen Fuzzy-ART und ART-1 sind in der nachfolgenden Tabelle 2.8 aufgeführt. W_j ist hierbei der Vektor, der vom aktivierten Neuron j der Erkennungsschicht an die Vergleichsschicht gesendet wird. Der Operator $\cap$ stellt die AND-Funktion dar, $\wedge$ ist das Fuzzy-AND (Minimum Operator).

Tab. 2.8 Unterschiede zwischen Fuzy-ART und ART-1

	ART-1	*Fuzzy-ARTt*
Eingabevektoren	binär	reellwertig
Auswahl der Klasse in der Erkennungsschicht	$T_j = \dfrac{\lvert I \cap W_j \rvert}{\lvert W_j \rvert}$	$T_j = \dfrac{\lvert I \wedge W_j \rvert}{\lvert W_j \rvert}$
Ähnlichkeitskriterium, das erfüllt sein muß, um einen Reset zu vermeiden	$\dfrac{\lvert I \cap W_j \rvert}{\lvert I \rvert} \geq \rho$	$\dfrac{\lvert I \wedge W_j \rvert}{\lvert I \rvert} \geq \rho$
Gewichtsänderung beim schnellen Lernen	$W_j(t+1) = I \cap W_j(t)$	$W_j(t+1) = I \cap W_j(t)$

Zuerst soll auf den Algorithmus, der hinter Fuzzy-ART seht, eingegangen werden.

Wie bereits erwähnt, sind die Eingabevektoren bei Fuzzy-ART reellwertig und haben die Länge M. Jede einzelne ihrer Komponenten ist auf den Bereich [0,1] normalisiert. Dazu hat man N mögliche Klassen, wobei für jede einzelne der Klassen ein Neuron der Erkennungsschicht reserviert ist. Jedes dieser N Neuronen besitzt einen Gewichtsvektor W_j. Diesem Vektor entsprechen die top-down- und bottom-up-Gewichte von Art-1. Diese Gewichte werden zu Beginn des Algorithmus mit 1 initialisiert und die zugehörigen Neuronen sind noch nicht gelegt.

Wird jetzt ein Eingabevektor angelegt, üblicherweise in komplementärer Codierung, und ein Neuron der Erkennungsschicht ausgewählt, dann wird der zugehörige Gewichtsvektor verändert. Dabei darf jede Komponente nur gesenkt werden oder gleichbleiben, d.h. sie konvergiert gegen eine Grenze.

Die Auswahl einer Kategorie der Erkennungsschicht erfolgt nach der Formel:

$$T_j = \frac{|I \wedge W_j|}{\alpha \oplus |W_j|}$$

Dabei ist α ein sogenannter Auswahlparameter, der eine Division durch Null oder einen Zahlenüberlauf verhindern soll. Es gilt $\alpha > 0$. In der Theorie wird meist der Fall $\alpha \to 0$ betrachtet.

Der Operator $\oplus$ ist das Fuzzy-AND (s. Kap. 3). Die Norm ist in diesem Fall die Betragssummennorm:

$$|X| = \sum_i |x_i|$$

Das Neuron mit dem größten Eingabevektor T_j ist das Gewinnerneuron J.

$$T_j = \max_{j=1,...,N} \{T_j\}$$

Bei mehreren gleich großen Eingaben, wird das Neuron mit dem kleinsten Index ausgewählt, so daß die Wahl eindeutig ist.

Danach wird die Ähnlichkeit der beiden Vektoren überprüft und wenn das Ähnlichkeitskriterium

$$\frac{|I \wedge W_j|}{|J|} \geq \rho$$

erfüllt ist, werden die Gewichte des Gewichtsvektors W_J angepaßt.

Ist diese Bedingung nicht erfüllt, erfolgt ein Reset. Dann wird die Ausgabe des selektierten Neurons solange blockiert, wie der Eingabevektor I anliegt. Diese Suche wird dann solange durchgeführt, bis ein Neuron gefunden wird, bei dem kein Reset auftritt. Falls kein passendes Muster gefunden wird, wird ein bisher noch nicht belegtes Neuron der Erkennungsschicht aktiviert.

Die Gewichte des Gewichtsvektors W_J werden nach folgender Formel verändert:

$$W_J(t+1) = \eta(I \wedge W_j(t)) + (1 - \eta)W_J(t)$$

Der Parameter η gibt die Lernrate an und liegt im Intervall [0,1]. Ist die Lernrate gleich eins, so fällt der zweite Summand weg. Diese Parametereinstellung wählt man beim schnellen Lernen. Man kann die Lernrate auch noch während des Trainings verändern, z.B. setzt man sie am Anfang auf 1 um eine schnelle Zuordnung von Eingabevektoren zu noch nicht festgelegten Neuronen der Erkennungsschicht zu ermöglichen. Nach einigen Durchläufen wird dann $\eta < 1$ gesetzt, um eine langsame Umkodierung der Klassen zu ermöglichen.

Die Normierung der Eingabevektoren geschieht bei Fuzzy-ART entweder durch normale Längennormierung oder durch komplementäre Codierung. Im zweiten Fall würde statt des M-dimensionalen Eingabevektors I=A, der 2M-dimensionale Eingabevektor

$$I = (A, A^c) = (a_1, \ldots, a_M, a_1^c, \ldots, a_M^c)$$

verwendet. Dabei gilt: $a^c = 1 - a$. Um den doppelten Speicherbedarf für die komplementäre Kodierung zu vermeiden, kann man zuerst den einfachen Eingabevektor A weitergeben und das Komplement dann zur Laufzeit berechnen.

Für den Fall $\alpha \to 0$ wird beim schnellen Lernen zuerst die Klasse J ausgewählt, deren Gewichtsvektor W_J die größte Teilmenge von I besitzt. Ist W_J eine Teilmenge von I, so bleibt der Gewichtsvektor unverändert erhalten. Kleine Werte von α verhindern also das häufige Umkodieren der gespeicherten Muster beim Lernen.

In diesem Fall wird mit der Auswahlfunktion

$$T_j = \frac{|I \wedge W_j|}{|W_j|}$$

getestet, wie stark der Vektor W_j eine Fuzzy-Teilmenge des Eingabevektors I ist. Ist $T_j = 1$, so ist W_j eine Fuzzy Teilmenge von I.

Bei der top-down-Ähnlichkeitsüberprüfung wird umgekehrt getestet, wie stark der Eingabevektor I eine Fuzzy Teilmenge von W_j ist.

Man kann also sagen, daß ein Neuron der Erkennungsschicht, welches den Grad dafür maximiert, daß der Vektor W_j eine Fuzzy-Teilmenge des Eingabevektors ist, auch die Wahrscheinlichkeit dafür maximiert, daß die Ähnlichkeitsüberprüfung erfolgreich ist. Tritt bei einem Neuron J, welches T_J maximiert, ein Reset auf, so tritt dieser auch bei allen anderen auf. Unter diesen drei Bedingungen ($\eta = 1$, $\alpha \to 0$, normalisierte Eingabemuster also |I| = const.) braucht jedes Muster nur einmal präsentiert zu werden.

Die Arbeitsweise von Fuzzy-ART läßt sich bei Verwendung der komplementären Codierung an einem geometrischen Beispiel gut veranschaulichen. Der Eingabevektor A=(a_1, a_2) wird durch sein Komplement erweitert zu $I = (A, A^c) = (a_1, a_2, 1-a_1, 1-a_2)$. Der Gewichtsvektor läßt sich durch $W_j = (U_j, V_j^c)$ darstellen. U_j und V_j sind zwei Vektoren, die die gegenüberliegenden Ecken eines Rechtecks R_j definieren. Im Gegensatz zum zweiten Punkt des Rechtecks, der durch den Vektor V_j definiert ist, wird im Gewichtsvektor der Vektor V_j^c benutzt. Die Größe des Rechtecks ist durch die Summen der Seitenlängen gegeben:

$$|R_j| = |V_j - U_j|$$

Wird jetzt ein noch nicht belegtes Neuron als Gewinner des Vergleichs ausgewählt, so ist bei einer Lernrate von eins, der Gewichtsvektor gleich dem komplementär codierten Eingabevektor.

In unserem Fall gilt also $W_J(t+1) = I = (A, A^c), (U_J, V_J^c)$. Die Ecken des Rechtecks sind durch $U_J = A$ und $V_J^c = A$ gegeben, es handelt sich also um ein Rechteck, daß durch einen Punkt aufgespannt wird.

Nach mehreren Trainingszyklen vergrößert sich die Fläche des Rechtecks und der Eingaberaum wird immer besser abgedeckt. Gleichzeitig verringert sich die Größe des Gewichtsvektors. Die maximale Größe des Rechtecks ist durch den Ähnlichkeitsparameter bestimmt. Ist der Ähnlichkeitsparameter nahe 1, bleiben die Rechecke ziemlich klein, da viele verschiedene Klassen gebildet werden. Ist er dagegen sehr klein, können die Rechtecke fast den ganzen Eingaberaum ausfüllen.

Soll in ein Rechteck ein neuer Punkt aufgenommen werden, z.B. der Eingabevektor A, so wird das Recheck vergrößert, bis es den Punkt A gerade eingeschlossen hat.

Man kann also sagen, daß das Rechteck Rj das kleinste Rechteck ist, das alle der Klasse zugeordneten Punkte umfaßt.

2.9 Cascade-Correlation

Die Cascade-Correlation Learning Architecture wurde 1990 von Scott Fahlmann und Christian Lebiere entwickelt (Fahlmann und Lebiere 1990). Es ist ein Neuronaler Netztyp, bei dem durch die Lernregel nicht nur die Gewichte, sondern auch die Topologie des Netzes modifiziert werden.

Das Verfahren erzeugt zu Beginn ein rudimentäres, vollständig verbundenes Feedforward-Netz und ergänzt dieses Netzwerk wiederholt um eine aus einem einzigen Neuron bestehende verborgene Schicht zu einem neuen Feedforward-Netz. Das Netz verliert dabei die Detektorenwirkung für schon gelernte Muster nicht und hat nach Veränderung seiner Topologie die Möglichkeit, die Erkennungsleitung für noch nicht korrekt gelernte

Muster zu verbessern. Die jeweilige neue Schicht wird vor der Ausgabe-schicht plaziert und mit allen schon vorhandenen Neuronen des Netzes verbunden. Folglich entwickelt das Verfahren schmale Netze mit vielen verborgenen Schichten und shortcut-Verbindungen von jedem Neuron zu allen Neuronen der folgenden Schichten.

Da Cascade-Correlation ein überwachtes Lernen realisiert, sind die Di-mensionen der Ein- und Ausgabeschicht bekannt. Das Problem, eine op-timale Anzahl von verdeckten Neuronen zu finden, wie es z.B. bei den verschiedenen Backpropagation-Varianten der Fall ist, besteht hier nicht. Ein weiterer Vorteil dieser Architektur besteht darin, daß einmal gelernte Strukturen bei Änderung der Trainingsmenge behalten werden (Stabilität) und daß es im Gegensatz zu den Backpropagation-Verfahren keine Rück-wärtspropagierung der Fehlersignale von den Ausgaben zu den Eingaben benötigt wird. Damit ist es bei einigen Anwendungen teilweise schneller als die verschiedenen Varianten von Backpropagation (Feuring et al. 1994). Ein Nachteil besteht darin, daß suksezzive neue einelementige Schichten erzeugt werden, so daß eine Parallelverarbeitung nicht so ein-fach realisiert werden kann.

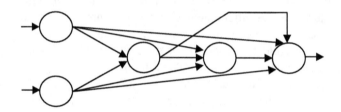

Abb. 2.65 Ein Cascade-Correlation-Netz mit zwei verborgenen Schichten

2.9.1 Verfahren

Die von dem Cascade-Correlation-Algorithmus zu bestimmenden Para-meter sind Topologie und Gewichte eines speziellen Feedforward-Netzes. Die endgültige Topologie des Netzes hängt von der Anzahl der im Laufe des Verfahrens eingefügten neuen Schichten ab. Alle Zwischenstufen des Netzes entsprechen jedoch einer einheitlichen Struktur.

Definition 2.20 *(Cascade-Netz zur Zeit t)*
Ein Cascade-Netz zur Zeit $t - CN_t(N,V)$ – ist ein Feedforward-Netz mit:

1. $N = \bigcup\limits_{i=0}^{t+1} U^i$, wobei $|U^i| = 1$ für $i = 1,\ldots,t$, d.h. es gibt neben Eingabe-

schicht U^0 und Ausgabeschicht U^{t+1} genau t aus einem einzigen Neuron bestehende verborgene Schichten.

$$N = \left\{ n_1,\ldots,n_{|U^0|}, n_{|U^0|+1},\ldots,n_{|U^0|+t}\cdots,n_{|U^0|+t+|U^{t+1}|} \right\}$$

2. $V = \bigcup\limits_{i<j}(U^i \times U^j)$, d.h. es existieren Verbindungen von jedem Neuron

der vorigen Schichten zu jedem Neuron der darauffolgenden Schichten.

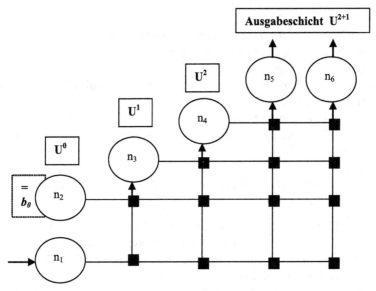

Abb. 2.66 Ein Cascade-Netz zur Zeit t = 2. Die vertikalen Verbindungen summieren alle Eingaben des entsprechenden Neurons auf. Die Gewichte w_{ij} sind als kleine Quadrate dargestellt

Da auch die Aufgabe eines Cascade-Netzes in der Approximation einer Funktion $f : IR^n \rightarrow IR^m$ liegt, besteht die Eingabeschicht U^0 aus einer der Dimension der Eingabedaten entsprechenden Anzahl von Eingabeneuronen, ggf. zuzüglich eines Bias-Neurons.

Die Anzahl der Ausgabeneuronen $\in U^{t+1}$ entspricht der Dimension der Ausgabedaten, die Anzahl der Eingabeneuronen $\in U^0$ entspricht der Dimension der Eingabedaten. Beide Dimensionen sind unmittelbar aus den Trainingsdaten ersichtlich.

Die Ausgabeneuronen können eine lineare oder eine nicht lineare Aktivierungsfunktion besitzen. Hauptsächlich werden jedoch sigmoide Aktivierungsfunktionen eingesetzt.

Das Cascade-Correlation-Verfahren besteht aus folgenden Schritten:

1. Erzeugung des Anfangsnetzes
   Zunächst wird ein den Trainingsdaten entsprechendes vollständig verbundenes Netz ohne verborgene Schichten erzeugt.
2. Fehlerminimierung
   Durch Modifikation der Gewichte der Ausgabeneuronen wird eine spezielle Fehlerfunktion minimiert.
3. Überprüfung auf Abbruch
   Spezielle Abbruchkriterien werden überprüft und das Verfahren abgebrochen, falls diese Kriterien erfüllt sind.
4. Kandidatentraining
   Die Gewichte derjenigen Neuronen, die um eine Aufnahme in das Netz konkurrieren, werden modifiziert.
5. Einfügen einer neuen Schicht
   Ein Kandidatenneuron wird als weitere verborgene Schicht in das Netz integriert.
6. Zyklus
   Im Anschluß an das Einfügen einer neuen Schicht ($\approx$ neues Neuron) wird bei 2. fortgefahren.

Das Verfahren stoppt, wenn das Abbruchkriterium bei 3. erfüllt ist. Während jeder einzelnen der wiederholten Phasen werden nur die Gewichte einer beschränkten Anzahl von Neuronen verändert, nie jedoch die Gewichte der verborgenen Schichten.

Es folgt eine genauere Beschreibung der einzelnen Phasen, die zusätzlich anhand der Lösung eines Beispielproblems veranschaulicht werden.

2.9.2 Beispiel

Anhand des XOR-Problems sollen im folgenden die einzelnen Teilschritte des Cascade-Correlations-Verfahrens detailliert erläutert werden. Die zum Training des Netzes zur Verfügung stehende Datenmenge besteht aus vier Mustern:

Nr. Muster	Eingabe		Ausgabe
1	1	1	1
2	1	0	-1
3	0	1	-1
4	0	0	1

Anfangsnetz

Das Verfahren startet mit dem Anfangsnetz $CN_0(N,V)$. Es besteht aus einer der Problemstellung entsprechenden Anzahl von Neuronen in der Ein- und Ausgabeschicht. Verdeckte Neuronen sind nicht vorhanden. Die Initialisierung der $(m \cdot (n+1))$-Gewichte ist willkürlich, erfolgt jedoch häufig aus dem Bereich [0,1].

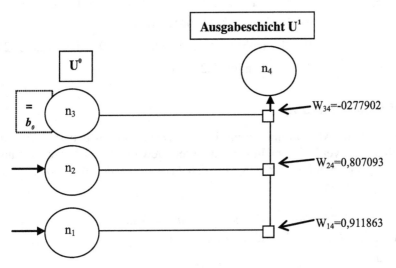

Abb. 2.67 Das $CN_0(\{n_1,n_2,n_3,n_4\},\{(n_1,n_4),(n_2,n_4),(n_3,n_4)\})$ für das XOR-Problem

Für das XOR-Problem ergibt sich z.B. eine Ausgangsfiguration gemäß Abb. 2.67. Die Dimension der Eingabe ist zwei. Die Eingabeschicht enthält zusätzlich das Bias-Neuron. Die Dimension der Ausgabe ist eins. Für die Ausgangskonfiguration wurden die Startgewichte willkürlich gewählt.

Legt man als Aktivierungsfunktion für das Ausgabeneuron den tangenshyberbolicus (tanh(x)) zugrunde, so erhält man bei Eingabe der Trainingsmuster die folgenden Ausgaben:

Nr. Muster	0_1	0_2	0_3	0_4
1	1	1	1	$\tanh(1 \cdot 0.911863 + 1 \cdot 0.807093 + 1 \cdot (-0.277902))$
				$= \tanh(1.44105) = 0.89391$
2	0	1	1	$\tanh(0 \cdot 0911863 + 1 \cdot 0.807093 + 1 \cdot (-0.277902))$
				$= \tanh(0.529191) = 0.484762$
3	1	0	1	$\tanh(1 \cdot 0.911863 + 0 \cdot 0.807093 + 1 \cdot (-0.277902))$
				$= \tanh(0.633961) = 0.560774$
4	0	0	1	$\tanh(0 \cdot 0.911863 + 0 \cdot 0.807093 + 1 \cdot (-0.277902))$
				$= \tanh(-0.277902) = -0.270962$

Fehlerminimierung

Der Cascade-Algorithmus minimiert im Gegensatz zu den schon vorgestellten Lernverfahren nicht den von allen Gewichten des Netzes abhängigen Fehler, sondern nur den von den Gewichten der Ausgabeneuronen abhängigen Fehler.

Definition 2.21 (Cascade-Fehlerfunktion zur Zeit t)
Sei $CN_t(N,V)$ ein Cascade-Netz zur Zeit t

und

$P = \bigcup_p (x_p, y_p)$ die entsprechende p-elementige Trainingsmenge,

so ist $E_t : IR^{(n+1+t) \cdot m} \to IR$ mit:

$$E_t(w^a) = \frac{1}{p} \sum_p \frac{1}{2} \sum_{j:n_j \in A} (O_{pj} - y_{pj})^2$$

die von den Gewichten der Ausgabeneuronen abhängige Fehlerfunktion des Netzes. Hierbei bezeichnet w^a den Vektor der Gewichte der Neuronen der Ausgabeschicht A.

Der für die unterschiedlichen Minimierungsverfahren notwendige Gradient der Fehlerfunktion läßt sich leicht nach der für allgemeine Backpropagation-Netze hergeleiteten Formel berechnen:

$$\frac{\partial E_t}{\partial w_{ij}}(w^a) = \frac{1}{p} \sum_p f'act(net_{pj}) \cdot o_{pi}(o_{pj} - y_{pj})$$

für w_{ij} Gewicht von (n_i, n_j) und $n_j \in A$.

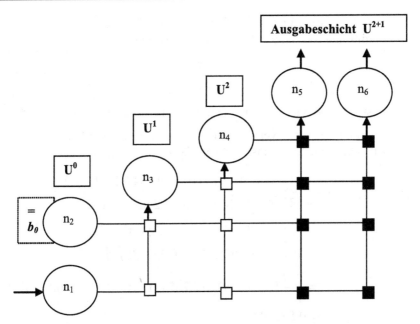

Abb. 2.68 Die Abbildung zeigt ein Cascade-Netz mit eindimensionaler Eingabe und zweidimensionaler Ausgabe zur Zeit t=2. Während der Fehlerminimierung verändert der Algorithmus nur die dunkel markierten Gewichte der Ausgabeneuronen.

Eine Rückpropagierung des Fehlers entfällt, da die Fehlerfunktion nur von den Gewichten der Ausgabeneuronen abhängt.

Die Minimierung der Fehlerfunktion zur Zeit erfolgt mit einem Gradienten- oder Koordinatenabstiegsverfahren, in der Regel jedoch mit Quickpropagation. Die Anzahl der zur Zeit t durchgeführten Gewichtsänderungen der Ausgabeneuronen ist implementationsabhängig. Da aber eine zufriedenstellende Entwicklung des Fehlers in einem Anfangsstadium des gesamten Verfahrens nicht zu erwarten ist, bieten sich Implementationen an, welche neben der Fehlerüberprüfung eine Wahl der Obergrenze der Anzahl der durchzuführenden Modifikationen zulassen. Die Zahl der Gewichte der Ausgabeschicht, die Größe des Netzwerkes und damit die Zahl der mathematischen Operationen zur Berechnung von Gradient und Fehler steigen mit wachsendem t. Somit führt der Algorithmus während der Fehlerminimierung für kleines t kostengünstigere Modifikationen durch.

Für das XOR-Problem ergeben sich folgende Teilberechnungen und Modifikationen:

Da es sich bei dem in Abb. 2.67 dargestellten Netz um ein $CN_0(N,V)$ handelt, minimiert der Algorithmus die Fehlerfunktion

$$E_0(w_{14}, w_{24}, w_{34}) = \frac{1}{4}\sum \frac{1}{2}\left(o_{p4} - r_{p4}\right)^2 .$$

Hierbei ist r_{p4} die vierte Komponente des projizierten Ausgabevektors.

Vor Beginn der Gewichtsveränderung durch die Lernregel Quickpropagation ergibt sich folgender Funktionswert der Fehlerfunktion:

$$
\begin{aligned}
E_0(w_{14}, w_{24}, w_{34}) &= \frac{1}{4}\cdot\frac{1}{2}\begin{pmatrix} (0.89391-(-1))^2 + (0.484762-1)^2 + \\ (0.560774-1)^2 + (-0270962-(-1))^2 \end{pmatrix} \\
&= \frac{1}{4}\cdot\frac{1}{2}\begin{pmatrix} (1.89391)^2 + (-0.515238)^2 + \\ (-0.439226)^2 + (0.729038)^2 \end{pmatrix} \\
&= \frac{1}{4}\cdot\frac{1}{2}\left((3.58689)+(0.26547)+(0.19292)+(0.53149)\right) \\
&= 0.572097
\end{aligned}
$$

Im Laufe der Fehlerminimierung zur Zeit t=0 ergeben sich folgende Werte:

$w^a(0)$	$(0.911863, 0.807093, -0.277902)$
$E_0(w^a(0))$	0.572097
$grad\left(E_0\left(w^a(0)\right)\right)$	$(0.0925919, 0.0655275, 0.17362)$
$\Delta\left(w^a(0)\right)$	$(0.00925919, 0.00655275, 0.017362)$
$w^a(1)$	$(0.902603, 0.80054, -0.295264)$
$E_0\left(w^a(1)\right)$	0.570275
$grad\left(E_0\left(w^a(1)\right)\right)$	$\ldots$
$\ldots$	$\ldots$
$w^a(41)$	$(0.0148358, 0.0149956, -0.0151057)$
$E_0\left(w^a(41)\right)$	0.50055

Das Netz hat nach Abschluß dieser Phase folgendes Aussehen:

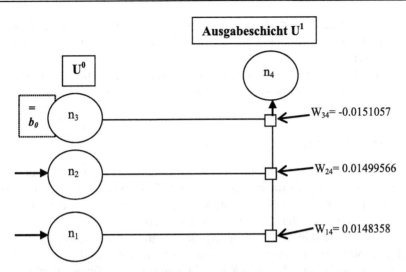

Abb. 2.69 Das durch die Fehlerminimierung zur Zeit t=0 veränderte Ausgangs-netz des XOR-Problems

Das Netz liefert nun folgende Ausgaben und Fehler bei Anlegen der Trainingsmenge:

Nr. Muster	0_1	0_2	0_3	0_4	δ_4
1	1	1	1	0.0147247	1.01472
2	0	1	1	-0.000110038	-1.00011
3	1	0	1	-0.000269924	-1.0027
4	0	0	1	-0.0151045	0.984895

Überprüfung auf Abbruch

Das Verfahren entscheidet nach Durchführung der Fehlerminimierung, ob ein zur Lösung des Problems günstiger Endzustand des Netzes erreicht ist oder nicht. Mögliche Entscheidungskriterien für das Abbrechen des Verfahrens können sein

1. Eine vorgegebene Fehlerschranke konnte unterschritten werden.
2. Das Netz unterschreitet auf einer Validierungsmenge eine vorgegebene Fehlergrenze.
3. Eine Obergrenze an verborgenen Schichten ist erreicht.

Ist das Abbruchkriterium nicht erfüllt, so fügt der Algorithmus eine neue Schicht in das bestehende Netz ein.

Für das betrachtete XOR-Problem sei als Abbruchkriterium festgelegt, daß das Training beendet wird, wenn ein Fehlerwert von 0.0025 unterschritten wird.

Da der Fehler des in Abb. 2.69 dargestellten Netzes noch bei 0.5005 liegt, fährt der Algorithmus mit der Durchführung des Kandidatentrainings fort.

Kandidatentraing

Das Verfahren erzeugt ein neues Neuron, initialisiert zufällig dessen Gewichte und modifiziert diese innerhalb einer Trainingsprozedur. Das Neuron erhält während seines Trainings Eingaben von allen Neuronen der Eingabeschicht und allen verborgenen Schichten.

Die Abb. 2.70 zeigt die Anordnung eines Kandidatenneurons. Es enthält in der Abbildung Eingaben aus der Eingabeschicht U^0 und den verborgenen Schichten U^1 und U^2. Ein Kandidatenneuron ist definiert durch:

Definition 2.22 (*Kandidat*)
Ein Kandidat zur Zeit t ist ein Neuron n^k mit beliebiger semilinearer, üblicherweise sigmoider Aktivierungsfunktion f_{act}^k und einem aus $n + 1 + t$ reellen Komponenten bestehenden Gewichtsvektor $w^k = (w_1^k, \ldots, w_{n+1+t}^k)$.

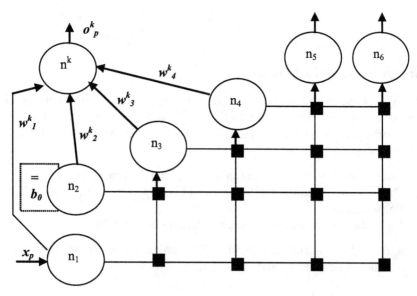

Abb. 2.70 Anordnung eines Kandidatenneurons n^k

$o_p^k = f_{akt}^k(net_p^k)$ ist die Ausgabe des Kandidaten bei Netzeingabe von Trainingsmuster x_p mit:

$$net_p^k \sum_{i,(n_i \notin A)} w_i o_{pi} = \left(\sum_{i=1}^{n+1+t} w_i \cdot o_{pi} \right)$$

Das Kandidatenneuron beeinflußt die Ausgabe des Netzes nicht, da es keinerlei Informationen in das Netzwerk leitet. Insbesondere besteht keinerlei Verbindung des Kandidaten zu den Neuronen der Ausgabeschicht.

Ziel des Kandidatentrainings ist die Bestimmung der Gewichte einer weiteren verborgenen Schicht, deren Einfügung sich positiv auf die zukünftige Fehlerentwicklung auswirkt.

Um die Auswirkung des potentiellen Einfügens eines Kandidaten in das Netz zu beurteilen, wird der Korrelationskoeffizient betrachtet.

Definition 2.23 (Korrelationskoeffizient)
Seien X, Y Zufallsvariablen, so ist:

$$(X,Y) = \frac{Cov(X,Y)}{\sqrt{Var(X) \cdot Var(Y)}}$$

der Korrelationskoeffizient von X und Y, wobei

$$Cov(X,Y) = E((X - E(X))(Y - E(Y)))$$

die Kovarianz von X und Y, E(X), E(Y) der Erwartungswert von X bzw. Y und

$$Var(X) = Cov(X,X) \; bzw \; Var(Y) = Cov(Y,Y)$$

die Varianz ist.

Definition 2.24 (Kovarianz)
Sei $CN_t(N,V)$ eine Cascade-Netz, $n_j \in A$ *und* n^k ein Kandidat zur Zeit t, so ist $Cov(o^k, \delta_j)$ die Kovarianz von der Ausgabe des Kandidaten n^k und dem Fehler des Ausgabeneurons n_j.

Interpretiert man den Durchlauf der Trainingsmenge durch das Netz als Zufallsexperiment, so können die Ausgabe des Kandidatenneurons und das Fehlersignal eines Ausgabeneurons als Zufallsvariablen aufgefaßt werden. Das Anlegen jedes Trainingsmusters ist dann ein Ereignis des Zufallsexperiments, welches mit der Wahrscheinlichkeit 1/p auftritt.

Die Ausgabe des Kandidaten und der Fehler des Ausgabeneurons bei Trainingsmuster p sind Ausprägungen der Zufallsvariablen bei diesem Ereignis. Der Erwartungswert der Ausgabe des Kandidaten und des Fehlers des Ausgabenneurons sind die jeweiligen Durchschnittswerte.

$Cov(o^k, \delta_j)$ läßt sich dann wie folgt berechnen:

$$Cov(o^k, \delta_j) = \frac{1}{p} \sum_p (o_p^k - \overset{-k}{o}) \cdot (\delta_{pj} - \overline{\delta}_j)$$

$$= \frac{1}{p} \sum_p (o_p^k \cdot (\delta_{pj} - \overline{\delta}_j) - \overset{-k}{o} \cdot (\delta_{pj} - \overline{\delta}_j)$$

$$= \frac{1}{p} \sum_p o_p^k \cdot (\delta_{pj} - \overline{\delta}_j) - \frac{1}{p} \sum_p \overset{-k}{o} \cdot (\delta_{pj} - \overline{\delta}_j)$$

$$= \frac{1}{p} \sum_p o_p^k \cdot (\delta_{pj} - \overline{\delta}_j) - \frac{1}{p} \sum_p (\overset{-k}{o} \cdot \delta_{pj} - \overset{-k}{o} \cdot \overline{\delta}_j)$$

$$= \frac{1}{p} \sum_p o_p^k \cdot (\delta_{pj} - \overline{\delta}_j) - \frac{1}{p} \sum_p \overset{-k}{o} \cdot \delta_{pj} + \frac{1}{p} \sum_p \overset{-k}{o} \cdot \overline{\delta}_j$$

$$= \frac{1}{p} \sum_p o_p^k \cdot (\delta_{pj} - \overline{\delta}_j) - \frac{1}{p} \cdot \overset{-k}{o} \cdot \sum_p \delta_{pj} + \frac{1}{p} \cdot p \cdot \overset{-k}{o} \cdot \overline{\delta}_j$$

$$= \frac{1}{p} \left(\sum_p o_p^k \cdot (\delta_{pj} - \overline{\delta}_j) \right) - \overset{-k}{o} \cdot \overline{\delta}_{pj} + \overset{-k}{o} \cdot \overline{\delta}_j$$

$$= \frac{1}{p} \sum_p o_p^k \cdot (\delta_{pj} - \overline{\delta}_j) - 0$$

$$= \frac{1}{p} \sum_p o_p^k \cdot (\delta_{pj} - \overline{\delta}_j)$$

Hierbei ist (bei Eingabe p):

δ_{pj} der Fehler des Ausgabeneurons n_j

$\overline{\delta}_j$ der Durchschnittsfehler des Ausgabeneurons n_j

$\overset{-k}{o}$ die Durchschnittsausgabe des Kandidaten n^k.

Da die Ausgaben und somit auch die Fehlerwerte der Ausgabeneuronen durch das in Abb. 2.70 dargestellte „Andocken" des Kandidatenneurons nicht verändert werden, hängt der Wert des Ausdrucks $Cov(o^k, \delta_j)$ nur von der Ausgabe des Kandidaten ab. In der Praxis schließt man auf einen kausalen Zusammenhang zwischen zwei Zufallsvariablen, wenn die Kovarianz, unabhängig vom Vorzeichen, hoch ist. Deshalb wäre es naheliegend, wenn der Algorithmus $|Cov(o^k, \delta_j)|$ maximieren würde. Im Allgemeinen besteht jedoch die Ausgabeschicht eines $CN_t(N,V)$ aus mehr als einem Ausgabeneuron und es lassen sich die Kovarianzen des Kandidaten zu jedem einzelnen Ausgabeneuron berechnen.

Diese Einzelkovarianzen werden durch folgende Funktion zusammengefaßt:

Definition 2.25 (Kovarianzsumme)

Sei $CN_t(N,V)$ ein Cascade-Netz und n^k ein Kandidat zur Zeit t, so ist $S_t : IR^{n+1+t} \to IR$ mit:

$$S_t^k(w^k) = \sum_{j,nj \in A} \left| Cov(o^k, \delta_j) \right|$$

$$= \sum_{j,nj \in A} \left| \frac{1}{p} \sum_p o_p^k \cdot (\delta_{pj} - \overline{\delta}_j) \right|$$

die Summe der Beträge der Kovarianzen $Cov(o^k, \delta_j)$.

Diese Funktion wird im Folgenden als Kovarianzsumme bezeichnet.
Es gilt:

$$S_t^k(w^k) = \sum_{j,nj \in A} \left| \frac{1}{p} \sum_p o_p^k (\delta_{pj} - \overline{\delta}_j) \right| = \sum_{j=n+1+t+1}^{n+1+t+m} \left| \frac{1}{p} \sum_p o_p^k (\delta_{pj} - \overline{\delta}_j) \right|$$

Da die Fehlersignale der Ausgabeneuronen zur Zeit des Kandidatentrainings konstante Werte sind, kann auch die Kovarianzsumme als eine von den Gewichten des Kandidaten abhängige Funktion interpretiert werden.

Für einen engeren Zusammenhang zwischen Ausgabe des Kandidaten und den Fehlern der Ausgabeneuronen maximiert der Cascade-Algorithmus die in Definition 2.25 definierte Kovarianzsumme während der Kandidatentrainingsphase durch Modifikationen der Gewichte des Kandidaten.

Der Cascade-Algorithmus optimiert jedoch weder die Korrelation, wie sein Name nahelegen würde, noch die Kovarianz der Ausgabe des Kandidaten zum Gesamtfehler des Netzes. Versuche haben gezeigt, daß die Kovarianzsummenmaximierung anstelle einer ebenso möglichen rechenintensiveren Korrelationssummenmaximierung sich nicht negativ auf den Lernverlauf auswirkt. Eine Auswirkung der Kovarianzmaximierung anstelle der Kovarianzsummenmaximierung auf das Lernverhalten des Netzes wurde in (Jankrift 1994) vorgestellt.

Die Maximierung erfolgt durch Modifikation der Gewichte des Kandidaten mittels beliebiger Gradienten oder Koordinatenaufstiegsverfahren. Die für den Gradienten der Zielfunktion $S_t^k(w^k)$ notwendigen partiellen Ableitungen berechnen sich wie folgt:

$$\frac{\partial S_t^k(w^k)}{\partial w_t^k} = \frac{\partial}{\partial w_i^k}\left(\sum_{j,n_j \in A}\left|\frac{1}{p}\sum_p o_p^k \cdot (\delta_{pj} - \overline{\delta}_j)\right|\right)$$

$$= \sum_{j,n_j \in A}\frac{\partial}{\partial w_i^k}\left|\frac{1}{p}\sum_p o_p^k \cdot (\delta_{pj} - \overline{\delta}_j)\right|$$

$$= \sum_{j,n_j \in A}sign(\sum_p o_p^k \cdot (\delta_{pj} - \overline{\delta}_j))\frac{1}{p}\sum_p \frac{\partial o_p^k}{\partial w_i}\cdot(\delta_{pj} - \overline{\delta}_j)$$

mit

$$\sigma_j = sign(\sum_p o_p^k \cdot (\delta_{pj} - \overline{\delta}_j))$$

ergibt sich

$$\frac{\partial S_t^k(W)}{\partial w_i^k} = \sum_{j,n_j \in A}\sigma_j\frac{1}{p}\sum_p\frac{\partial o_p^k}{\partial w_i}\cdot(\delta_{pj} - \overline{\delta}_j)$$

$$= \frac{1}{p}\sum_{j,n_j \in A}\sigma_j\sum_p\frac{\partial o_p^k}{\partial net_p^k}\frac{\partial net_p^k}{\partial w_i}(\delta_{pj} - \overline{\delta}_j)$$

$$= \frac{1}{p}\sum_{j,n_j \in A}\sigma_j\sum_p f_{act}'(net_p^k)\cdot o_i(\delta_{pj} - \overline{\delta}_j)$$

Es gilt:

- Innerhalb der Kandidatentrainingsphase modifiziert der Algorithmus nur die Gewichte des Kandidaten n^k.
- Die Maximierung der Kovarianzsumme erfolgt mit einem beliebigen Gradienten oder Koordinatenverfahren, häufig jedoch mit Quickpropagation.
- Die maximal mögliche Kovarianzsumme des Kandidaten ist im Allgemeinen nicht bekannt.
- Die Anzahl der zur Zeit t durchgeführten Gewichtsänderungen des Kandidaten ist implementationsabhängig.
- Die Zahl der Gewichte des Kandidaten und die Größe des Netzes steigen mit zunehmendem t an. Somit führt der Algorithmus auch während des Kandidatentrainings für kleine t kostengünstigere Modifikation durch.
- Da die Gefahr besteht, daß das Training eines einzelnen Kandidaten in einem lokalen Maximum hängenbleibt, kann ein Pool von Neuronen trainiert werden. Die verschiedenen Kandidaten konkurrieren dann um

die endgültige Aufnahme in das Netzwerk. Ein paralleles Training verschiedener Kandidaten $n^{k1},\ldots,n^{kl}$ zur Zeit t ist möglich, da unterschiedliche Kandidaten keinerlei Informationen austauschen.

Häufig wird folgende Formel der Kovarianzsumme und ihrer Ableitung angegeben

$$S_t^k(w^k) = \sum_{j,n_j \in A} | \sum_p (o_p^k - \overset{-k}{o}) \cdot (\delta_{pj} - \overline{\delta}_j) |$$

$$\frac{\partial S_t^k(w^k)}{\partial w_i^k} = \sum_{j,n_j \in A} \sigma_j \sum_p f_{act}'(net_p^k) \cdot o_i \cdot (\delta_{pj} - \overline{\delta}_j)$$

mit

$$\sigma_j = sign\left(\sum_p (o_p^k - \overset{-k}{o}) \cdot (\delta_{pj} - \overline{\delta}_j) \right)$$

Ausgehend von dieser Kovarianzsummenformel läßt sich die Berechnung der Ableitung nicht einfach durchführen, da das Gewicht w_i^k auch einen Anteil an der Durchschnittsausgabe des Kandidaten $\overline{o}^k$ hat, deren Ableitung in der Gradientenformel der Kovarianzsumme nicht auftritt.

$$
\begin{aligned}
\frac{\partial S_t^k(w^k)}{\partial w_i^k)} &= \frac{\partial}{\partial w_i^k}\left(\sum_{j,n_j \in A} | \sum_p (o_p^k - \overset{-k}{o}) \cdot (\delta_{pj} - \overline{\delta}_j) | \right) \\[2mm]
&= \sum_{j,n_j \in A} \sigma_j \frac{\partial}{\partial w_i^k}\left(\sum_p (o_p^k - \overset{-k}{o}) \cdot (\delta_{pj} - \overline{\delta}_j) \right) \\[2mm]
&= \sum_{j,n_j \in A} \sigma_j \sum_p \frac{\partial}{\partial w_i^k}((o_p^k - \overset{-k}{o}) \cdot (\delta_{pj} - \overline{\delta}_j)) \\[2mm]
&= \sum_{j,n_j \in A} \sigma_j \sum_p (\delta_{pj} - \overline{\delta}_j) \cdot \frac{\partial}{\partial w_i^k}(o_p^k - \overset{-k}{o}) \\[2mm]
&= \sum_{j,n_j \in A} \sigma_j \sum_p (\delta_{pj} - \overline{\delta}_j) \cdot \left(\frac{\partial}{\partial w_i^k} o_p^k - \frac{\partial}{\partial w_i^k} \overset{-k}{o} \right) \\[2mm]
&= \sum_{j,n_j \in A} \sigma_j \sum_p (\delta_{pj} - \overline{\delta}_j) \cdot \frac{\partial}{\partial w_i^k} o_p^k \\[2mm]
&= \sum_{j,n_j \in A} \sigma_j \sum_p (\delta_{pj} - \overline{\delta}_j) \cdot f_{akt}'(net_p^k) \cdot o_{pi}
\end{aligned}
$$

Es gilt jedoch

$$
\begin{aligned}
\frac{\partial}{\partial w_i^k} \overset{-k}{o} &= \frac{\partial}{\partial w_i^k} \sum_p o_p^k \\
&= \sum_p \frac{\partial o_p^k}{\partial w_i^k} \\
&= \sum_p \frac{\partial o_p^k}{\partial net_p^k} \cdot \frac{\partial net_k^p}{\partial w_i^k} \\
&= \sum_p f'_{akt}(net_p^k) \cdot o_{pi} \\
&\neq 0
\end{aligned}
$$

Im Fall des XOR-Problems befindet sich das aktuelle Netz immer noch im Zustand t=0. Es wird ein Neuron n^k mit einem dreidimensionalen Gewichtsvektor erzeugt. Als Aktivierungsfunktion seit $tanh(x)$ gewählt. Die Abb. 2.71 demonstriert diese Situation.

Das Kandidatenneuron liefert folgende Ausgaben bei Anlegen der Eingabedaten an das Netz:

Muster	o_1	o_2	o_3	o^k
1	1	1	1	$\tanh(1 \cdot 0.41908 + 1 \cdot 0.443739 + 1 \cdot (-0.817347))$
				$= \tanh(0.0454726) = 0.0454413$
2	0	1	1	$\tanh(0 \cdot 0.41908 + 1 \cdot 0.443739 + 1 \cdot (-0.817347))$
				$= \tanh(-0.373608) = -0.357143$
3	1	0	1	$\tanh(1 \cdot 0.41908 + 0 \cdot 0.443739 + 1 \cdot (-0.817347))$
				$= \tanh(-0.398267) = -0.378465$
4	0	0	1	$\tanh(0 \cdot 0.41908 + 0 \cdot 0.443739 + 1 \cdot (-817347))$
				$= \tanh(-0.817347) = -0.673623$

Anschließend verändert das Verfahren die Gewichte des Kandidatenneurons durch Maximierung der Kovarianzsumme $S_0^k(w_1^k, w_2^k, w_3^k)$, die zur Zeit folgenden Wert annimmt:

$$
S_0^k(0.41908, 0.443739, -0.817347) = \left| \frac{1}{p} \sum_p o_p^k \cdot (\delta_{p4} - \overline{\delta}_4) \right|
$$

$$=|\frac{1}{4}(0.0454413 \cdot (1.01472 - (-0.00018996))$$

$$+(-0.357143) \cdot (-1.00011 - (-0.00018996))$$

$$+(-0.378465) \cdot (-1.00027 - (-0.00018996))$$

$$+(-0.672623) \cdot (0.984895 - (-0.00018996)))|$$

$$=|\frac{1}{4}(0.0454413 \cdot (1.01490996) + (-0.357143) \cdot (-0.99992004)) +$$

$$(-0.378465) \cdot (-1.00045996) + (-0.673623) \cdot (0.98470504))|$$

$$=\frac{1}{4}|0.1182| = 0.02955$$

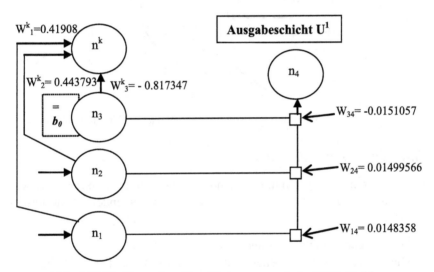

Abb. 2.71 Einfügen eines Kandidatenneurons beim XOR-Problem

Im Laufe des Kandidatentrainings berechnet das Verfahren die folgenden Werte:

$w^k(0)$	(0.41908, 0.443739, -0.817347)
$S_0(w^k(0))$	0.02955
$grad(S_0(w^k(0)))$	(0.157469, 0.141939, -0.78308)
$\Delta(w^k(0))$	(0.0551143, 0.0496788, -0.0624078)
$w^k(1)$	(0.474194, 0.493418, -0.879755)
$S_0(w^k(1))$	0.03651825

$grad(S_0(w^k(1)))$ ...

...   ...

$w^k(41)$ $(4.96842, 4.96878, -7.52774))$

$S_0(w^k(60))$ 0.49774425

Zum Abschluß der Kandidaten-Trainingsphase hat der Kandidat das Aussehen:

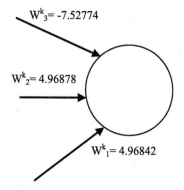

Abb. 2.72 Das Kandidatenneuron im Anschluß an die Trainingsphase

Einfügung der neuen Schicht

Das Verfahren integriert nun das Kandidatenneuron mit maximaler Kovarianzsumme in das existierende Netzwerk gemäß folgendem detailliertem Vorgehen:

1. Die Ausgabeschicht U^{t+1} ändert sich zu U^{t+2}.
2. Die Indizes der Ausgabeneuronen erhöhen sich um 1. Die Verbindungen und Gewichte zu den Ausgabeneuronen werden entsprechend umnumeriert.
3. Das Kandidatenneuron bildet die zusätzliche verborgene Schicht U^{t+1}. Das Neuron n^k wird zu Neuron $n_{n+1+t+1}$ des Netzes $N^{neu} = N^{alt} \cup n_{n+1+t+1}$.

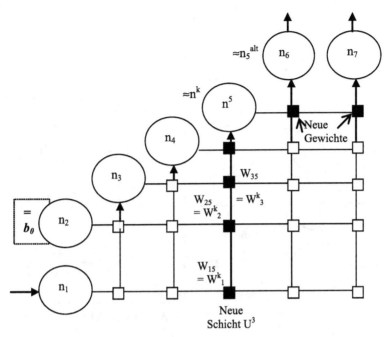

Abb. 2.73 Einbau des erzeugten Kandidaten in das bestehende Netz aus Abb. 2.70

Das Verfahren baut das trainierte Kandidatenneuron n^k in das Netzwerk ein. Die Verbindungen des Kandidaten zur Trainingszeit werden feste Verbindungen des Netzes (graue Quadrate). Die schwarzen Quadrate sind die neuen Gewichte der ganz neuen Verbindungen zu den Ausgabeneuronen.

– Es entstehen neue Verbindungen des Neurons der neuen Schicht zu allen Neuronen des Netzes

$$V^{neu} = V^{alt} \cup \bigcup_{i=0}^{t}(U^i \times U^{t+1}) \cup (U^{t+1} \times A).$$

– Die Gewichte der Verbindungen der Eingabeschicht und aller verborgenen Schichten zu dem Neuron der neuen Schicht

$$(n_i, n_k) = (n_i, n_{n+1+t+1}), j < n+1+t+1$$

entsprechen den während des Kandidatentrainings berechneten Gewichten w_i^k.

– Die Gewichte der Verbindungen $(n_k, n_j), n_j \in A$ der neuen Schicht zu den Ausgabeneuronen sind Gewichte völlig neu entstehender Verbindungen. Sie werden positiv gewählt, falls die Kovarianz der Ausgabe des Kandidaten zu dem Fehler des Ausgabeneurons positiv ist, ansonsten negativ.

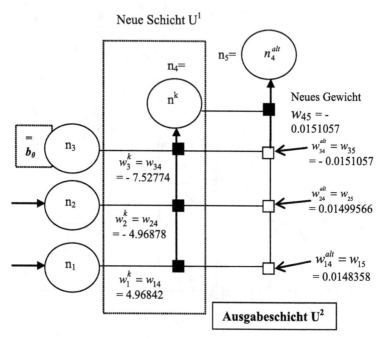

Abb. 2.74 Das Netz für das XOR-Problem nach dem Einfügen einer neuen Schicht.

Das Cascade-Netz zur Zeit t wächst also um eine weitere verborgene Schicht zu einem Cascade-Netz zur Zeit $t+1$. Der Algorithmus erhöht t um 1 und führt jetzt erneut eine Fehlerminimierung der Fehlerfunktion zur Zeit t durch.

Beim XOR-Problem integriert das Verfahren nun das Kandidatenneuron aus Abb. 2.72 in das in Abb. 2.69 dargestellte Netz.

Das Verfahren baut das trainierte Kandidatenneuron n^k in das Netzwerk ein. Die Verbindungen des Kandidaten werden feste Verbindungen des Netzes (graue Quadrate). Das schwarze Quadrat ist das neue Gewicht der ganz neuen Verbindungen zu dem Ausgabeneuron. Das neue Gewicht wird mit einem negativen Wert initialisiert, da die Korrelation des Kandidaten n_k zu dem Ausgabeneuron ein positives Vorzeichen hatte. Das Cascade-Netz zur Zeit $t=0$ hat sich zu einem Cascade-Netz zur Zeit $t=1$ verändert.

Die Neuronen des Netzes liefern nun folgende Werte bei Anlegen der Trainingsmenge:

Nr. Muster	o_1	o_2	o_3	o_4	o_5	δ_5
1	1	1	1	0.983978	-0.951768	0.0482325
2	0	1	1	-0.988094	0.953833	-0.0461665
3	1	0	1	-0.988103	0.953821	-0.0461795
4	0	0	1	-0.999999	0.954511	1.95451

Das Verfahren fährt jetzt mit der Fehlerminimierung zur Zeit $t = 1$ fort, indem es die, mittlerweile um eines vermehrten, Gewichte des Ausgabeneurons modifiziert.

Zu Beginn der Fehlerminimierung beträgt der Wert der veränderten Fehlerfunktion:

$$E_1(w^a) = E_1(0.0148358, 0.0149956, -0.0151057, -1.89532) = 0.478338$$

Es ist nicht typisch für das Verfahren, daß der Wert der Fehlerfunktion zu Beginn der Fehlerminimierung nach Einfügen einer neuen Schicht geringer ist als am Ende der Fehlerminimierung der vorhergehenden Periode.

Im Laufe der Fehlerminimierung zur Zeit $t = 1$ ergeben sich folgende Werte:

$w^a(0)$	$(0.0148358, 0.0149956, -0.0151057, -1.89532)$
$E_1(w^a(0))$	0.478338
$grad(E_1(w^a(0)))$	$(0.000196129, 0.000197354, 0.138015, -0.131058)$
$\Delta(w^a(0))$	$(-1.96129e-05, -1.97354e-05, -0.0138015, 0.0131058)$
$w^a(1)$	$(0.014816, 1\ 0.0149759, -0.0289072, -1.88222)$
$E_1(w^a(1))$	0.4771975
$grad(E_1(w^a(1)))$	$\ldots$
$\ldots$	$\ldots$
$w^a(164)$	$(3.24891, 3.24891, -495323, -3.4283)$
$E_1(w^a(164))$	0.0024518875

Das Netz aus Abb. 2.74 hat am Ende der Fehlerminimierung folgendes Aussehen:

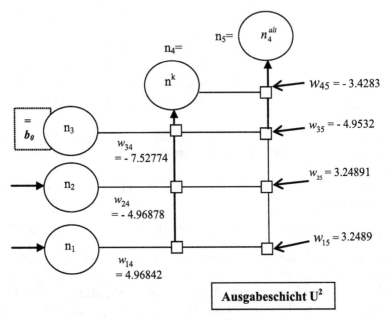

Abb 2.75 Das zur Lösung des Beispielproblems entwickelte Netz nach Abschluß der Fehlerminimierung zur Zeit $t = 1$.

Nach Abschluß der Fehlerminimierung zur Zeit $t = 1$ liefert das Netz diese Ausgaben:

Muster Nr.	erwünschte Ausgabe	tatsächliche Ausgabe
1	-1	-0.949707
2	1	0.933271
3	1	0.933275
4	-1	-0.909552

Das Verfahren legt nun erneut das Abbruchkriterium an, um zu entscheiden, ob er ein neues Kandidatenneuron trainiert oder aber das Gesamtverfahren beenden soll.

Da der Wert der Fehlerfunktion $E_1(w^a)$ die vorgegebene Grenze von 0.0025 unterschreiten konnte, beendet das Verfahren an dieser Stelle das Training. Die endgültige Struktur des Netzes entspricht nun der in Abbildung 2.75.

2.10 Kohonen-Netze

Von Teuvo Kohonen wurde zwischen 1982 und 1992 eine Reihe von Netztypen entwickelt, die alle auf den gleichen Grundideen beruhen. In den letzten Jahren fanden sie eine relativ weite Verbreitung in den Bereichen Klassifizierung, Clusterbildung und Mustererkennung.

2.10.1 Grundprinzipien

Bei allen Netztypen handelt es sich um einschichtige neuronale Netze. Legt man einen n-dimensionalen Eingaberaum zugrunde, d.h. die Eingabevektoren $\vec{x}$ besitzen die Gestalt $\vec{x} = (x_1, \ldots, x_n)$, so ist jedem Neuron N_j ein n-dimensionaler Gewichtsvektor $W_j = (w_1, \ldots, w_n)$ zugeordnet, wobei die Werte x_i und w_i jeweils aus einem gleichen Wertebereich stammen. Anschaulich sind sowohl die Eingabedaten als auch die Neuronen durch ihre Position im Raum gekennzeichnet. Die zu den einzelnen Neuronen gehörenden Positionen bezeichnet man als die Gewichte dieser Neuronen.

Beispiel 2.6
Betrachten wir z.B. einen zweidimensionalen Eingaberaum und sei der Wertebereich von x_1 durch [0, 10] und derjenige von x_2 durch [0, 5] gegeben. Dann lassen sich die Neuronen N_1 mit $w_1 = (1, 2)$, N_2 mit $w_2 = (2.5, 4)$, N_3 mit $w_3 = (7, 3)$, N_4 mit $w_4 = (5, 2.5)$ und N_5 mit $w_5 = (8, 1.5)$ folgendermaßen darstellen:

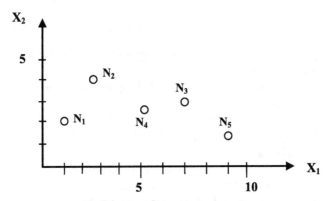

Abb. 2.76 Position und Gewichte der Neuronen aus Bsp. 2.6

Auf dem Eingaberaum wird nun eine Ähnlichkeitsfunktion definiert, durch die jeweils zwei Punkten des Raumes ein Ähnlichkeitsgrad zugeordnet wird. Ziel der Lernverfahren ist es, die Neuronen derart im Raum zu verteilen, daß eine Clusterung erreicht wird. Jedes Neuron N_j ist für einen speziellen Unterraum zuständig („repräsentiert diesen Bereich"). Der Unterraum ist dadurch gekennzeichnet, daß alle Punkte des Unterraums zu dem repräsentierenden Neuron eine größere Ähnlichkeit besitzen, als zu allen anderen Neuronen. Überlappungen der Unterräume können nicht auftreten.

Beispiel 2.7
Wählt man in Beispiel 2.6 als Ähnlichkeitsfunktion den Abstand zwischen zwei Punkten, so ergibt sich eine Clusterung gemäß Abb. 2.77.
Präsentiert man nun eine Eingabe $\vec{x} = (7,1)$, so liegt diese Eingabe im Cluster welches Neuron N_5 repräsentiert, und wird entsprechend klassifiziert.

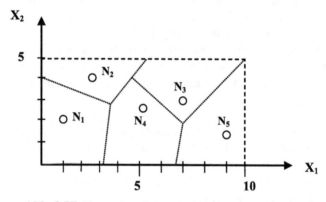

Abb. 2.77 Cluster-Bereiche der Neuronen aus Bsp. 2.6

Alle Lernverfahren beruhen auf folgenden prinzipiellen Schritten:

1. Lege die Anzahl der Neuronen fest (hierdurch ist die maximale Anzahl der Cluster bestimmt).
2. Verteile die Neuronen willkürlich im Eingaberaum (Initialisierung der Gewichte).
3. Präsentiere ein Eingabe-Datum.
4. Bestimme dasjenige Neuron, welches die größte Ähnlichkeit zum Eingabe-Datum besitzt.
5. „Bewege" dieses Neuron durch Veränderung des Gewichtsvektors „etwas" in Richtung des Eingabe-Datums.
6. Wiederhole die Schritte 3.–5. solange, bis ein Abbruchkriterium erfüllt ist.

Bei den Lernverfahren für Kohonen-Netze wird also ein n-dimensionaler Eingabevektor $\vec{x} = (x_1, \ldots, x_n)$ parallel mit allen Gewichtsvektoren $w_j = (w_{j1}, \ldots, w_{jn})$ in einer beliebigen Metrik verglichen, das

Gewinnerneuron bestimmt und sein Gewichtvektor in Richtung des Eingabevektors verschoben.

Beispiel 2.8
Ausgangspunkt ist Bsp. 2.7. Präsentiert man den Eingabevektor $\vec{x} = (7,1)$,
so wird die Position (Gewichtsvektor) von Neuron N_5 in Richtung $(7,1)$
verschoben. Die Abb. 2.78 zeigt diesen Effekt.

Hierbei sind die Neuronen durch Kreise und das Eingabedatum durch
ein Kreuz gekennzeichnet. Die neue Position von Neuronen N_5 liegt näher
an $\vec{x}$ als die alte Position.

Zur Demonstration des Effektes dieses Lernverfahrens seien neun Eingabedaten gegeben, deren Vektoren (Positionen) gemäß Abb. 2.79 gegeben sind. Es ist sofort erkennbar, daß sich diese neun Eingabedaten zu drei
Clustern zusammenfassen lassen.

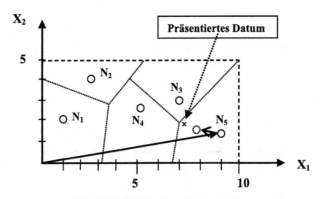

Abb. 2.78 Effekt eines Lernschrittes

Seien nun zur Initialisierung willkürlich drei Neuronen im Eingaberaum
plaziert, z.B. wie in Abb. 2.80 dargestellt.

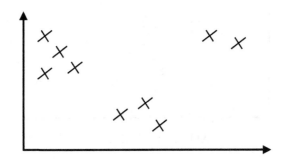

Abb. 2.79 Beispiel für eine dreifache Clusterbildung

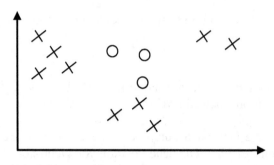

Abb. 2.80 Initialisierung dreier Kohonen-Neuronen

Präsentiert man nun eines der neun Eingabedaten, so wird das Neuron mit dem geringsten Abstand bestimmt und sein Gewichtsvektor in Richtung des Vektors des Eingabedatums verändert:

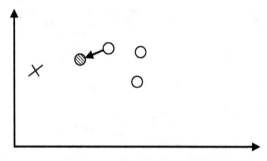

Abb. 2.81 1. Lernschritt

Präsentiert man nun ein weiteres Datum, so wiederholt sich das Vorgehen und man erhält die Situation aus Abb. 2.82.

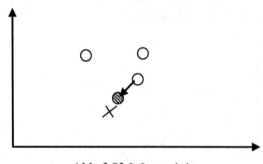

Abb. 2.82 2. Lernschritt

Präsentiert man nun mehrmals nacheinander in willkürlicher Reihenfolge die Eingabedaten, so verschieben sich sukzessive die Neuronen, bis eine stabile Situation gemäß Abb. 2.83 erreicht wird.

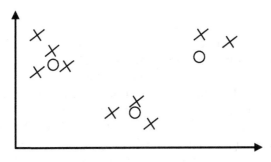

Abb. 2.83 Endanordnung der Neuronen

Wie man sieht, haben die Neuronen derart ihre Positionen verschoben, daß sich jeweils ein Neuron im Zentrum eines Clusters befindet und damit dieses repräsentiert. Das Netz hat damit selbstständig die drei Cluster korrekt klassifiziert und kann bei der Präsentation eines der neuen Eingabedaten eindeutig feststellen, zu welchem Cluster es gehört. Wird ein bisher nicht vorhandenes Eingabedatum neu präsentiert, so kann es durch das Netz eindeutig einem der bestehenden drei Cluster zugeordnet werden.

Dieses Prinzip der Lernverfahren für Kohonen-Netze kann sowohl mit überwachten als auch mit nicht-überwachtem Lernen realisiert werden. Probleme können sich dadurch ergeben, daß schon zu Beginn eine gewisse Information über die Anzahl der möglichen Cluster benötigt wird, um die Anzahl der Neuronen entsprechend wählen zu können. Ferner hat die Reihenfolge der Präsentation der Daten Auswirkungen auf das Verhalten des Netzes. In der Praxis kann sich auch die Definition der Ähnlichkeitsfunktion als schwierig erweisen.

2.10.2 Lernende Vektorquantifizierung (LVQ)

Bei den lernenden Vektorquantifizierungen handelt es sich um Varianten der Kohonen-Netze mit überwachtem Lernen. Sie wurden gegen Ende der 80er Jahre entwickelt. Die Neuronen werden hierbei als Referenzvektoren, Codebook-Vektoren oder Kohonen-Neuronen bezeichnet. Da es sich um ein überwachtes Lernverfahren handelt, ist in der Trainingsphase die Zugehörigkeit der präsentierten Daten sowie der Referenzvektoren zu den einzelnen Clustern bekannt. Hierbei können für ein Cluster durchaus mehrere Referenzvektoren existieren. Ziel ist es, daß die Netze (bekannte oder unbekannte) Eingabevektoren diesen Klassen selbständig zuordnen können. Von der lernenden Vektorquantifizierung gibt es mehrere Varianten.

LVQ1

Bei LVQ1 wird ein Eingabevektor $\vec{x} = (x_1,...,x_n)$ aus einem n-dimensionalen Eingaberaum mit allen Gewichtsvektoren W_j der Referenzvektoren verglichen. Zum „Gewinner-Neuron" g wird dasjenige erklärt, dessen Gewichtsvektor W_g der Eingabe am ähnlichsten ist. „Ähnlichkeit" wird hierbei mit Hilfe einer Norm $\|.\|$ festgestellt. Am gebräuchlichsten ist die euklidische L_2-Norm, die den Abstand zwischen zwei Vektoren bestimmt, d.h.

$$\| X - W_g \| = \min(\| X - W_j \|).$$

Das Neuron g hat also den minimalsten Abstand von allen Neuronen zu X.

An Stelle der euklidischen Norm kann man auch das Skalarprodukt als Ähnlichkeitsmaß nehmen. In diesem Fall berechnen die Neuronen die von anderen Neuronalen Netzen bekannte gewichtete Summe

$$X^T W_j = \sum_i x_i w_{ij}$$

der Netzeingabe. Hierbei ist das Neuron mit dem größten zugehörigen Skalarprodukt das Gewinner-Neuron.

Unter der Annahme, daß sowohl Eingabe- als auch Gewichtsvektoren normiert sind, ergibt sich folgender Zusammenhang zwischen Skalarprodukt und euklidischer Norm:

$$(\| X - W_g \|)^2 = (X - W_j)^T (X - W_j)$$
$$= X^T X - 2 \cdot X^T W_j + W_j^T W_j$$
$$= 2 - 2 \cdot X^T W_j$$

Da es sich um ein überwachtes Lernverfahren handelt, ist die Clustereinteilung und die Zugehörigkeit der Trainingsdaten zu den einzelnen Clustern bekannt. Zu Beginn werden üblicherweise die Neuronen mit den Werten ausgewählter Trainingsdaten initialisiert.

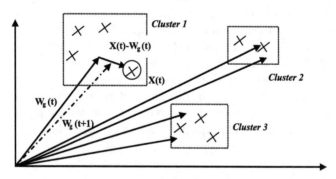

Abb. 2.84 Anpassung des Gewinnerneurons bei LVQ1

In der Trainingsphase wird jeweils der Gewichtsvektor W_g des Gewinner-Neurons g dem Eingabevektor noch ähnlicher gemacht, falls g der gleichen Klasse wie der Eingabevektor angehört. Sind die Klassen von Eingabe und Gewinner-Neuron unterschiedlich (hat das Netz also eine falsche Klassifikation durchgeführt), dann wird der Gewichtsvektor dem Eingabevektor unähnlicher gemacht. Dies geschieht durch Addition bzw. Subtraktion der Differenz zwischen beiden Vektoren X und W_g zum vorherigen Vektor W_g, d.h.

$$W_g(t+1) = \begin{cases} W_g(t) + \alpha(t)\,[X(t) - W_g(t)] \; \textit{falls Klasse}(W_g(t)) = \textit{Klasse}(X(t)) \\ W_g(t) - \alpha(t)\,[X(t) - W_g(t)] \; \textit{falls Klasse}(W_g(t)) \neq \textit{Klasse}(X(t)) \end{cases}$$

Alle anderen Gewichtsvektoren $W_{j \neq g}$ bleiben unverändert. Die Lernrate α besitzt einen Wert zwischen $0 \leq \alpha(t) < 1$. Sie kann konstant sein oder was öfters der Fall ist, mit der Zeit monoton fallen.

OLVQ1 (Optimized Learning Vektor Quantisation)

Für das Verfahren LVQ1 existiert eine Erweiterung, die es ermöglicht, die Konvergenz des Verfahrens zu beschleunigen. Dazu wird jedem Gewichtsvektor eine eigene Lernrate $\alpha_j(t)$ zugewiesen. Der Gewichtsvektor des Gewinner-Neurons g wird also wie folgt verändert:

$$W_g(t+1) = W_g(t) + s(t)\alpha_g(t)[X(t) - W_g(t)]$$

$$s(t) = \begin{cases} +1 & \textit{falls Klasse}(W_g(t)) = \textit{Klasse}(X(t)) \\ -1 & \textit{falls Klasse}(W_g(t)) \neq \textit{Klasse}(X(t)) \end{cases}$$

Um eine statistisch optimale Verteilung der Codebook-Vektoren (Gewichtsvektoren) zu erlangen, muß auf lange Sicht der Einfluß aller Trainingsmuster, die einen Vektor W_g bewegen, auf dessen Endzustand gleich sein, d.h. es muß gelten:

$$\alpha_g(t) = [1 - s(t)\alpha_g(t)]\alpha_c(t-1)$$

Ähnlich wie bei der Momentum-Version von Backpropagation geht in die Veränderung die komplette „Historie" ein. Bei der Berechnung von $W_g(t+1)$ wird der Betrag von X(t) um den Faktor $\alpha_g(t)$ verringert, der

Betrag von X(t-1) um den Faktor $[1 - s(t)\alpha_g(t)]\,\alpha_g(t-1)$ usw. Nach $\alpha_g(t)$ aufgelöst ergibt sich

$$\alpha_g(t) = \frac{\alpha_g(t-1)}{1 + s(t)\,\alpha_g(t-1)}.$$

Zu beachten ist hier, daß $\alpha_g(t)$ für s(t) = -1 wachsen kann; es muß daher sichergestellt sein, daß der Wert nicht größer als 1 wird, da sonst der Codebook-Vektor ervtl. über den Vektor X „hinausschießt".

LVQ2.1

Um schneller zu einer schärferen Klassentrennung zu gelangen, kann das Verfahren zur Gewichtsadaption von LVQ1 modifiziert werden. Hierbei verändert man nicht nur den Gewichtsvektor des Neurons i, welches dem Eingabevektor am ähnlichsten ist, sondern ebenfalls den Gewichtsvektor des Neurons j, welches dem Eingabevektor am zweitähnlichsten ist. Die Gewichtsadaption an diesen Neuronen erfolgt jedoch nur dann, wenn folgende Bedingungen erfüllt sind:

1. Die Klasse der beiden Gewichtsvektoren W_i und W_j sind unterschiedlich,

2. X gehört einer der beiden Klassen von W_i oder W_j an, und

3. X liegt in einem „Fenster" entlang der Mittelsenkrechte zwischen beiden Klassen.

Das Fenster entlang der Mittelsenkrechten zwischen den Klassen beschreibt alle Punkte, deren Quotient der euklidischen Abstände zu den Gewichtsvektoren größer ist als ein Schwellenwert s. Genauer formuliert muß also gelten:

$$\min\left(\frac{d_i}{d_j}, \frac{d_j}{d_i}\right) > s \quad mit\; d_i = \|X - W_i\|, d_j = \|X - W_j\| und\; s = \frac{1 - v}{1 + v}$$

Dabei beschreibt v die relative Breite des Fensters. Das so beschriebene Fenster hat die Form einer konkaven Linse, welche mit größer werdendem Abstand zu den Gewichtsvektoren immer breiter wird. Dies ist sinnvoll, weil bei dicht aneinander liegenden Eingabe- und Referenzvektoren die Klassengrenzen seltener verschoben werden sollen als in dem Fall, daß Eingabe- und

Referenzvektoren weit voneinander entfernt sind. Sind die drei Bedingungen erfüllt, dann lautet die Formel für die Gewichtsänderungen:

$$W_i(t+1) = W_i(t) + \alpha(t)[X(t) - W_i(t)] \quad wobei \; Klasse(W_i(t)) = Klasse(X(t))$$
$$W_j(t+1) = W_j(t) - \alpha(t)[X(t) - W_j(t)] \quad wobei \; Klasse(W_j(t)) \neq Klasse(X(t))$$

W_i und W_j sind hierbei die beiden nächsten Codebook-Vektoren (Gewichtsvektoren von NeuronenI relativ zu X.

Bei diesem Verfahren ist zu beachten, daß die Grenzflächen der Klassen zwar effizient modifiziert werden, jedoch nicht die Dichte der Eingabevektoren durch die Dichte der Gewichtsvektoren angenähert wird.

LVQ3

LVQ3 ist eine Modifikation von LVQ2.1, bei dem neben einer Änderung der Gewichtsvektoren an der Klassengrenze zusätzlich die Vektoren W_i und W_j verändert werden, sofern sie der gleichen Klasse wie X angehören, d.h. wiederum werden die beiden ähnlichsten Gewichtsvektoren der Neuronen i und j verwendet, jedoch wird hierbei auf Bedingung 1 verzichtet, d.h. die Gewichtsvektoren werden auch dann verändert, wenn sowohl W_i als auch W_j der gleichen Klasse wie X angehören. Wie bisher werden die Gewichtsvektoren nach folgender Formel geändert, falls die Klassen von W_i und W_j unterschiedlich sind und X in das Fenster an der Grenze zwischen den Klassen fällt:

$$W_i(t+1) = W_i(t) + \alpha(t)[X(t) - W_i(t)] \quad wobei \; Klasse(W_i(t)) = Klasse(X(t))$$
$$W_j(t+1) = W_j(t) - \alpha(t)[X(t) - W_j(t)] \quad wobei \; Klasse(W_j(t)) \neq Klasse(X(t))$$

Gilt Klasse $(W_i) = Klasse(W_j) = Klasse(X)$ zum Zeitpunkt t, dann wird folgende Formel angewandt:

$$W_i(t+1) = W_i(t) + e\alpha(t)[X(t) - W_i(t)] \quad wobei \; Klasse(W_i(t)) = Klasse(X(t))$$
$$W_j(t+1) = W_j(t) + e\alpha(t)[X(t) - W_j(t)] \quad wobei \; Klasse(W_j(t)) = Klasse(X(t))$$

Der Parameter e sollte in Abhängigkeit von der Fensterbreite v gewählt werden, gute Werte liegen nach Kohonen zwischen 0,1 und 0,5.

Vergleichende Bewertung

LVQ3 ist stabiler als LVQ2.1, ein fortlaufendes Lernen verändert optimal eingestellte Gewichtsvektoren nicht mehr. Während LVQ1 und LVQ3 in der Lage sind, die Dichte der Eingabevektoren mit den Gewichtsvektoren anzunähern, optimiert LVQ2.1 nur die relativen Entfernungen der

Referenzvektoren zu der Grenzlinie zwischen den Klassen. Dies bedeutet jedoch nicht, daß die Referenzvektoren so plaziert sind, daß sie die Form der Klassengrenze annähern.

Bei den LVQ-Algorithmen haben folgende Faktoren Einfluß auf die Genauigkeit der Klassifikation:

1. Die Zahl der Codebook-Vektoren pro Klasse

   Meist ist es ausreichend, gleich viele Neuronen (also auch Codebook-Vektoren) für jede Klasse zu verwenden, selbst wenn die a-priori-Wahrscheinlichkeiten der beim Training als auch bei der Anwendung des Netzes stellen allerdings eine obere Schranke her.

2. Die Initialisierung der Codebook-Vektoren

   Um zu verhindern, daß manche Neuronen nie Gewinner-Neuronen werden und folglich niemals zur Klassifizierung herangezogen werden („tote Neuronen"), ist es ratsam, die Gewichtsvektoren der Neuronen mit zufällig aus der Trainingsmenge ausgesuchten Elemente zu initialisieren.

3. Der verwendete Lernalgorithmus

   In der Literatur wird empfohlen, mit OLVQ1 zu beginnen, um eine schnelle Konvergenz der Codebook-Vektoren zu erzwingen. Man hat empirisch beobachtet, daß nach einer Zahl von Trainingsschritten, die etwa der 30- bis 50-fachen Zahl der Codebook-Vektoren entspricht, die Grenzen der Erkennungsgenauigkeit erreicht werden. Ist diese erreichte Erkennungsgenauigkeit nicht ausreichend, so kann mit einem der anderen Lernverfahren fortgefahren werden, jedoch mit kleinerer Lernrate α.

4. Die Wahl des Lernraten-Parameters

5. Das Abbruchkriterium zur Beendung der Lernphase

   Bei LVQ-Verfahren ist zu beobachten, daß der Effekt des „Übertrainierens" auftritt. Übertrainieren heißt hier, daß sich die Codebook-Vektoren zu sehr an die Trainingsmenge anpassen und daher nicht mehr in der Lage sind, unbekannte Muster richtig zu klassifizieren. Die Generalisierungsfähigkeit des Netzes nimmt also ab einem gewissen Zeitpunkt wieder ab, weshalb man den Trainingsvorgang nach einer gewissen Anzahl von Trainingsschritten (empirisch: die 50- bis 200-fache Anzahl der Codebbook-Vektoren) abbrechen und das so trainierte Netz weiter verwenden sollte.

2.10.3 Selbstorganisierende Karten

Auf der Basis der in Kap. 2.8.1 beschriebenen Grundprinzipien läßt sich auch ein unüberwachtes Lernen realisieren. Diese Systeme sind als *self-organizing maps (SOM)* bzw. *Kohonen maps* bekannt. Sie werden vor

Abb. 2.85 Lage der Universitätsstädte

allem dann eingesetzt, wenn in vorhandenen Datenbeständen bisher unbekannte Zusammenhänge entdeckt werden sollen, wie z.b. bei data-mining-
Verfahren.

Bei einer direkten, d.h. unmodifizierten Übertragung des Grundprinzips
kann es jedoch u.U. zu unerwünschten Effekten kommen. Die Abb. 2.85
zeigt eine Weltkarte mit einigen ausgewählten Universitätsstädten. Es ist
offensichtlich, daß sie sich in vier Cluster einteilen lassen: Europa, Südamerika, Nordamerika und Asien.

Zur Initialisierung werden vier Neuronen wie in Abb. 2.86 dargestellt
auf der Karte plaziert.

Präsentiert man eine dem Netz eine Stadt aus Europa, so wird eines der
Neuronen N_1 oder N_2 das Gewinnerneuron sein und seine Position entsprechend etwas modifiziert werden. Präsentiert man eine asiatische Stadt,
so ist stets das Neuron N_3 das Gewinnerneuron. Präsentiert man eine amerikanische Stadt, so ist stets Neuron N_4 das Gewinnerneuron. Im Laufe
des Trainings werden sich also die Neuronen N_1 und N_2 in Europa verteilen, Neuron N_3 in Richtung Asien und Neuron N_4 nach Amerika wandern. Eine Unterclusterung zwischen Nord- und Südamerika kann nie erfolgen. Auch die Plazierung weiterer Neuronen zu Beginn in Europa
würde hieran nichts ändern.

Um dieser Problematik zu begegnen besitzen daher die selbstorganisierenden Karten neben der Ähnlichkeitsfunktion eine sog. Nachbarschaftsfunktion, die eine Nachbarschaftsbeziehung zwischen den Neuronen definiert. Diese Nachbarschaftsfunktion kann auf dem gleichen Raum und mit

Abb. 2.86 Initialisierung der Neuronen

der gleichen Metrik definiert sein wie die Ähnlichkeitsfunktion, sich von ihr aber auch vollständig unterscheiden.

Lernverfahren

Genauso wie beim LVQ-Verfahren wird ein Gewinner-Neuron g bestimmt, für das der Abstand zwischen Eingabevektor und Gewichtsvektor minimal ist. Wiederum wird meist die euklidische Norm verwendet, um dies festzustellen:

$$\| X - W_g \| = \min_j (\| X - W_j \|).$$

Bei normierten Vektoren bietet sich ebenso wieder die Verwendung des Skalarproduktes zur Bestimmung des Gewinner-Neurons an, hierbei gewinnt das Neuron mit dem größten Skalarprodukt

$$X^T W_j = \sum_i x_i w_{ij}.$$

Beim Lernen wird jedoch nicht nur der Gewichtsvektor des Gewinner-Neurons g verändert, sondern ebenfalls diejenigen Vektoren, die in einer definierten topologischen Nachbarschaftsbeziehung $h_{g,j}(t)$ zu ihm stehen.

Die Nachbarschaftsfunktion $h_{g,j}(t)$ kann z.B. folgendermaßen formalisiert werden:

$$h_{g,j}(t) = h(\| r_g - r_j \|, t) = h(z,t).$$

Dabei beschreiben r_g und r_j die Position des Neurons g und des Neurons j auf dem Gitter der Neuronen (nicht die Position der Gewichtsvektoren im Raum), d.h. $z = \| r_g - r_j \|$ beschreibt die Entfernung von Neuron g zu Neuron j.

Für die Nachbarschaftsfunktion werden meist folgende Eigenschaften unterstellt:

1. Sie ist unimodal und erreicht ihr Maximum bei dem Gewinner-Neuron c, bei dem die Distanz z offensichtlich null ist.
2. Der Funktionswert fällt mit steigendem Abstand z zum Gewinner-Neuron und nähert sich 0 für $z \to \infty$.
3. Für $t \to \infty$ gilt $h_{cj}(t) \to 0$.

Häufig verwendet man für die Formulierung der Nachbarschaftsfunktion einen Distanzparameter d, der die Größe der Umgebung angibt, mit $d \to 0$ für $t \to \infty$:

$$h(z,t) = h'(z,d)$$

Die Änderung der Gewichtsvektoren ergibt sich dann als

$$W_j(t+1) = W_j(t) + \eta(t)\big[X(t) - W_j(t) \big],$$

wobei $\eta(t)$ die zeitlich veränderliche Lernrate beschreibt. Sie ist üblicherweise monoton fallend und liegt im Intervall [0,1].

Wie schon bei den LVQ-Verfahren wird der Gewichtsvektor eines Neurons j stärker geändert, falls er „weit" von der Eingabe entfernt ist, d.h. wenn der Differenzvektor $X(t) - W_j(t)$ groß ist. Die Änderung wird schwächer, je weiter das Neuron j auf dem Gitter entfernt ist vom Gewinner-Neuron g, dessen Gewichtsvektor dem Eingabevektor am ähnlichsten war. Zu beachten ist jedoch, daß das Kriterium der Ähnlichkeit nur für das Auffinden des Gewinner-Neurons eine Rolle spielt, die Änderung der Gewichtsvektoren ist allein abhängig von der Nachbarschaftsbeziehung zu g und der Lernrate $\eta(t)$.

Anhand von Abb. 2.87 kann der Prozeß der Gewichtsänderung bei einem eindimensionalen Kohonen-Netz veranschaulicht werden. Die Nachbarschaftsfunktion beschreibt drei Abstufungen: starke Änderung (bei Distanz 0), mittlere Änderung (bei Distanz 1) und geringfügige Änderung (bei Distanz 2). Die Neuronen 3 und 7 werden also geringfügig geändert, die Neuronen 4 und 6 mittel und das Gewinner-Neuron 5 schließlich am stärksten. Die Neuronen 1, 2, 8 und 9 liegen außerhalb des Nachbarschaftsradius und werden daher nicht modifiziert.

In der Praxis wird meistens eine der folgenden Alternativen für $h_{g,j}(t)$ verwendet:

1. Die bubble-Funktion

$$h_{c,j\,bubble}(t) = \begin{cases} 1 & \textit{falls } j \in \Lambda_c(t) \\ 0 & \textit{sonst} \end{cases}$$

Die bubble-Funktion ist somit konstant (=1) für eine Nachbarschaft von Punkte $\Lambda_c(t)$ um das Gewinner-Neuron c und sonst Null.

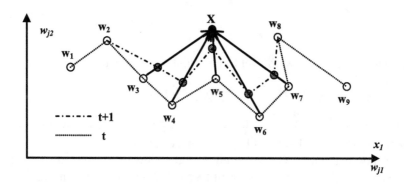

Abb. 2.87 Beispiel zur Gewichtsadaption eines eindimensionalen Kohonen-Netzes

2. Die normalisierte Gaußfunktion

$$h_{c,j\,gauss}(t) = \frac{1}{\sigma(t)\sqrt{2\pi}}\exp\left(-\frac{\|r_c - r_j\|^2}{2\sigma^2(t)}\right)$$

Die Varianz $\sigma(t)$ gibt hier die Breite des Nachbarschaftskerns an. Unter Verwendung eines Parameters d, der statt des Zeitparameters t die Größe des Nachbarschaftsradius sowie alle Konstanten enthält, kann man diese Funktion auch folgendermaßen beschreiben (z sei die wie oben definierte Abstandsgröße $\|r_c - r_j\|$):

$$h_{gauss}(z,d) = e^{-(z/d)^2}$$

3. Die Zylinderfunktion

$$h_{cylinder}(z,d) = \begin{cases} 1 & \text{falls } z < d \\ 0 & \text{sonst} \end{cases}$$

In einer kreisförmigen Nachbarschaft um das Gewinner-Neuron c werden alle Neuronen in gleichem Maße (bzgl. Der Nachbarschaftsfunktion) verändert.

4. Die Kegelfunktion

$$h_{cone}(z,d) = \begin{cases} 1 - \dfrac{z}{d} & \text{falls } z < d \\ 0 & \text{sonst} \end{cases}$$

Relativ steil linear an den Flanken abfallende Nachbarschaftsfunktion um das Gewinner-Neuron mit kreisförmiger Grundfläche.

5. Die Kosinus-Funktion

$$h_{\cos}(z,d) = \begin{cases} \cos\left(\dfrac{z}{d}\dfrac{\pi}{2}\right) & \text{falls } z < d \end{cases}$$

Gewölbt abfallende Nachbarschaftsfunktion, wiederum um das Gewinner-Neuron als Zentrum.

6. Die Gitter-Funktion

$$h_{next4}((r_c,r_j),d) = \begin{cases} 1 & \text{falls } c = j \\ 1/10 & \text{falls } r_j \in N_4(r_c) \\ 0 & \text{sonst} \end{cases}$$

$N_4(r_c)$ ist dabei die Menge der direkten Nachbarn des Neurons c auf einem quadratischen Gitter, die Gewichtungen 1 bzw. 1/10 sind willkürlich gewählt.

Wahl der Parameter

Der Lernprozeß eines Kohonen-Netzes ist stochastischer Natur, was zur Folge hat, daß die Genauigkeit des Netzes von der Anzahl der Lernschritte und von der Wahl der Parameter für den Lernprozeß kritisch abhängt.

Der SOM-Algorithmus der Kohonen-Netze konvergiert nur dann, wenn sowohl die Lernrate $\eta(t)$ als auch der Radius der Nachbarschaftsfunktion während des Lernprozesses langsam sinken. Für die konkrete Parameterwahl haben sich einige Heuristiken bewährt; ein theoretischer Unterbau hierfür existiert jedoch nicht.

1. Wahl der Lernrate $\eta(t)$
    Die Lernrate sollte nicht konstant während des gesamten Lernprozesses gewählt werden. Sie sollte in den ersten 1000 Lernschritten nahe bei Eins liegen und danach langsam bis auf einen Wert um 0,1 abfallen. Dabei ist es nicht sehr entscheidend, wie die Form des Abfallens gewählt wird, sie kann linear, exponentiell oder auch antiproportional zu t sein. Während dieser Lernschritte findet die topologische Sortierung der Gewichtsvektoren w_j statt, man bezeichnet diese Phase innerhalb der Lernphase deshalb auch als Ordnungsphase. Um eine Feinabstimmung der topologisch sortierten Gewichtsvektoren zu erreichen, wird in der Konvergenzphase der Lernparameter $\eta(t)$ auf einem kleinen Wert ($\approx 0,01$) relativ lange (mehrere tausend Interationen) konstant gehalten.

2. Wahl der Nachbarschaftsfunktion
    Gewöhnlich wählt man die Nachbarschaftsfunktion so, daß sie zu Beginn alle Neuronen des Netzes umfaßt und ihr Radius danach mit fortschreitender Zeit schrumpft. In der Ordnungsphase der Gewichtsvektoren verringert man den Radius normalerweise linear, in der Konvergenzphase sollte die Nachbarschftsfunktion nur noch die nächsten Nachbarn mit einbeziehen.

3. Wahl des Gewinner-Neurons
    Um dem zu Beginn des Kap. 2.8.3 skizzierten Effekt zu vermeiden, kann man jedes Neuron mit einem Zähler versehen, der festhält, wie oft ein Neuron zum Gewinner-Neuron wurde. Übertrift diese Anzahl eine vorgegebenen Grenzwert, so wird dieses Neuron für eine gewisse Zeit „ausgeschaltet", d.h., falls dieses Neuron wieder zum Gewinner-Neuron wird, wird nicht dieses Neuron genommen, sondern das zweitähnlichste Neuron wird zum Gewinner-Neuron erklärt.

2.11 Sonstige Künstliche Neuronale Netzte

Neben den bisher vorgestellten Netzen gibt es noch eine Vielzahl weiterer Ansätze. Zum Teil sind es Modifikationen bekannter Netztypen, zum Teil Kombinationen verschiedener Netzarten, aber es gibt auch Netztypen, die auf bisher noch nicht erwähnten Konzepten beruhen. Da es den Umfang dieses Buches sprengen würde, sie alle ausführlich darzustellen, sollen in diesem Kapitel nur einige dieser Netze abschließend skizziert werden.

2.11.1 Jordan-Netze

Künstliche Neuronale Netze können auch zur Analyse von Zeitreihen eingesetzt werden. Prinzipiell lassen sich hierfür zwei Vorgehensweisen unterscheiden:

– Bewegliches Fenster
  Hierbei wird eine Teilfolge von n Mustern als Eingabe angelegt. Bei jedem neuen Muster verschiebt sich dieses Fenster um eine Position. Durch diese Vorgehensweise können relativ einfache Neuronale Netze, z.B. Backpropagation-Netze, eingesetzt werden. Anderseits ergeben sich auch Nachteile:

  i. Das Fenster besitzt eine feste Größe. Daher muß die Größe der zu erkennenden Strukturen bekannt sein.
  ii. Zwei gleiche Teilfolgen der Länge n erzeugen immer dieselbe Ausgabe, unabhängig vom Kontext, in dem sie auftreten.
  iii. Die Netzausgabe ist nur von der Fensterlänge abhängig. Globalere Zusammenhänge können nicht erkannt werden.

– Rückkopplungen
  Durch die Verwendung von Rückkopplungen, d.h. rekurrenten Netzen, stehen als Eingabe, neben dem aktuellen Muster, die bis zu diesem Zeitpunkt präsentierten Eingabemuster in „verarbeiteter" Form zur Verfügung. Hierbei kann es sich um vollständig rekurrente Netze oder partiell rekurrente Netze handeln. Vor allem bei letzteren werden hierbei häufig spezielle Rückkopplungs-Neuronen (*Kontextzellen*) eingesetzt. Dies hat den Vorteil, daß die Feedforward-Struktur des Netzes weiterhin mit klassischen Lernverfahren trainiert werden kann und nur die Kontextzellen besonders behandelt werden müssen.

Beide Vorgehensweisen können auch miteinander kombiniert werden.
Eines der bekanntesten Beispiele für partiell rekurrente Netze sind die Jordan-Netze, die ab Mitte der achtziger Jahre von M. I. Jordan entwickelt wurden. Ausgangspunkt ist ein einfaches Feedforward-Netz, welches um

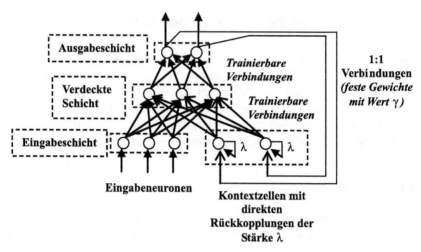

Abb. 2.88 Architektur eines Jordan-Netzes

Kontextzellen erweitert wurde, die die jeweilige Netzausgabe als Eingabe erhalten. Die Architektur der Jordan-Netze gibt Abb. 2.88 wieder.

Wie hieraus ersichtlich ist, handelt es sich um ein dreischichtiges Netz, wobei die Eingabeschicht aus den Eingabeneuronen mit dem aktuell anliegenden Eingabevektor und den zusätzlichen Kontextzellen besteht. Die Kontextzellen selbst sind noch einmal mit sich selbst rückgekoppelt (direkte Rückkopplung). Die Kontextzellen erhalten ferner die Ausgabe des Netzes als Eingabe. Anstelle von einer verdeckten Schicht können auch mehrere verwendet werden. Man sieht, daß die Anzahl der Kontextzellen mit der Anzahl der Neuronen in der Ausgabeschicht übereinstimmen muß. Modifiziert durch das Lernverfahren werden nur die Feedforward-Verbindungen, nicht die Rückkopplungen.

Geht man davon aus, daß die Gewichte nicht mehr verändert werden, so kann der aktuelle Zustand des Netzes zum Zeitpunkt t beschrieben werden durch

$$S(t) = \lambda^{t-1} S_0 + \gamma \sum_{n=1}^{t-1} \lambda^{n-1} o(t-n).$$

Hierbei ist S(t) der Zustand des Netzes zum Zeitpunkt t, o(t) die Ausgabe des Netzes zum Zeitpunkt t und λ bzw. γ die in der Abb. 2.88 aufgeführten Parameter. Die Gesamtausgabe des Netzes zu einem Zeitpunkt t hängt somit von S(t) und der aktuellen Eingabe I(t) ab, d.h.

$$o(t) = f(S(t), I(\in)).$$

Unterstellt man, daß der Initialkontext der Nullvektor ist und γ den Wert 1 für alle Rückkopplungen besitzt, vereinfacht sich die Formel für S(t) zu

$$S(t) = \sum_{n=1}^{t-1} \lambda^{n-1} o(t-n).$$

In diesem Fall ist S(t) die exponentiell gewichtete Summe aller bisherigen Ausgaben.

Der Wert von λ steuert den Einfluß der bisherigen Eingaben, d.h. λ steuert das Erinnerungsvermögen des Netzes, und liegt im Bereich [0,1]. Kleine Werte bewirken, daß weiter zurückliegende Eingaben nur noch einen minimalen Einfluß besitzen. Bei Werten nahe bei 1 ist der Einfluß der Historie größer. In praktischen Anwendungen hat sich ein Wert um 0.5 bewährt.

2.11.2 Elman-Netze

J. L. Elman führte 1990 eine Modifikation der Jordan-Netze ein. Bei den nach ihm benannten Netzen erhalten die Kontextzellen ihre Rückkopplung nicht von der Ausgabeschicht, sondern von der verdeckten Schicht. Da die Gewichte an den Verbindungen den Wert 1 besitzen, ergibt sich der neue Zustand der Kontextzellen als Kopie der Ausgabe der verdeckten Zellen. Eine direkte Rückkopplung bei den Kontextzellen existiert normalerweise nicht, sie kann aber eingeführt werden. Die Anzahl der Kontextzellen muß hier also mit der Anzahl der Zellen in der verdeckten Schicht übereinstimmen.

Da die Kontextzellen stets die Ausgabe der verdeckten Zellen enthalten und deren Ausgabe von der präsentierten vorherigen Eingabe und dem vorherigen Inhalt der Kontextzellen abhängt, ist ein zeitlicher Bezug zu

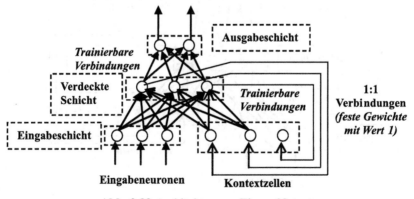

Abb. 2.89 Architektur von Elman-Netzen

den früheren Eingabemustern hergestellt. Es existiert auch eine Variante, bei der zusätzlich eine Rückkopplung zwischen der Ausgabeschicht und sich selbst mit entsprechenden zusätzlichen Kontextzellen (in Abb. 2.89 zwei zusätzliche Kontextzellen) existiert.

Für komplexere Anwendungen kann die Verwendung von mehreren verdeckten Schichten sinnvoll sein. Dies führt zu hierarchischen Elman-Netzen. Hierbei verfügt jede verdeckte Schicht über ihr zugeordnete Kontextzellen.

Als weitere Modifikation kann man auch analog zu den Jordan-Netzen eine über einen Parameter λ gesteuerte direkte Rückkopplung einführen. Ein Vorteil der hierarchischen Elman-Netze ist hierbei, daß für die verschiedenen Kontextschichten unterschiedliche Werte für λ gewählt werden können. Abbildung 2.90 zeigt ein derartiges Netz mit zwei verdeckten

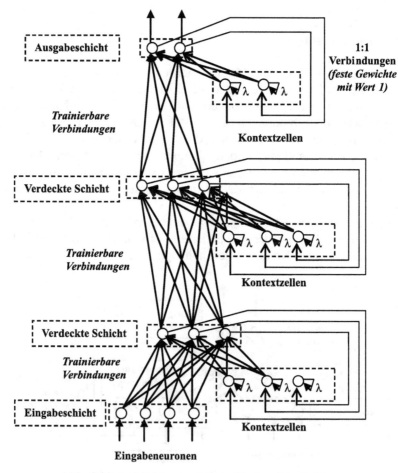

Abb. 2.90 Architektur von hierarchischen Elman-Netzen

Schichten. Jede verdeckte Schicht verfügt über eine eigene Kontextschicht. Auch die Ausgabeschicht verfügt über eine Kontextschicht. Alle Kontextzellen sind ferner alle direkt rekurrent.

2.11.3 Counterpropagation

Counterpropagation wurde gegen Ende der achtziger Jahre von Robert Hecht-Nielson entwickelt. Trotz der Ähnlichkeit der Namen besteht jedoch keine Verwandtschaft mit dem Backpropagation-Verfahren. Seine Architektur beruht auf einem Feedforward-Netz mit einer Eingabeschicht und zwei zusätzlichen unterschiedlichen Schichten. Die erste Schicht ist die sogenannte *Kohonen-Schicht*, die zweite die sogenannte *Grossberg-Schicht*. Die Details der Architektur ergeben sich aus Abb. 2.91.

Aufgabe eines Counterpropagation-Netzes ist es, Eingabevektoren mit entsprechenden Ausgabevektoren zu assoziieren. Das Lernverfahren beruht auf überwachtem Training. Um die Abbildung (Assoziation)

$$f(X) = Y \text{ (X, Y Vektoren)}$$

zu lernen, wird Konkatenation von X und Y sowohl als Eingabe, als auch als gewünschte Ausgabe verwendet (identische Abbildung von (X, Y) auf (X, Y)). Hierbei handelt es sich bei X und Y um normalisierte Vektoren.

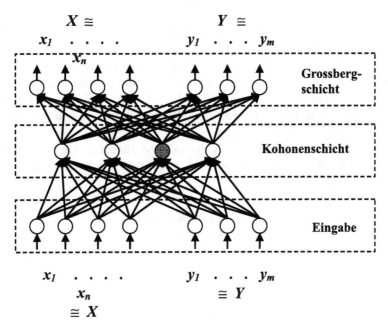

Abb. 2.91 Vollständiges Counterpropagation-Netz

Legt man nun in der Eingabeschicht nur X an (d.h. Y = 0), so wird interessanterweise als Ausgabe das konkatenierte Paar (X, Y) ausgegeben. Den gleichen Effekt hat man, wenn nur Y (d.h. X = 0) angelegt wird. Die – bei höherdimensionalen Vektoren meistens erfüllte – Bedingung ist hierbei, daß (X, 0) und (0, Y) das gleiche Kohonen-Neuron aktivieren wie (X, Y). In Abb. 2.91 ist dieses Neuron dunkel markiert. Dies bedeutet, daß ein auf f(X)=Y trainiertes Counterpropagation-Netz zusätzlich auch die Umkehrfunktion $f^{-1}(Y) = X$ approximieren kann, sofern diese Inverse existiert.

Zur Erläuterung des Lernverfahrens sei eine vereinfachte Form eines Counterpropagation-Netzes, wie sie in Abb. 2.92 dargestellt ist, gegeben.

Die Eingabeschicht I ist ausschließlich für die Verteilung der Eingabe zuständig. Sie führt keine Berechnungen durch. Jedes Eingabeneuron i ist mit jedem Neuron j der Kohonen-Schicht über ein Gewicht w_{ij} verbunden. Die w_{ij} bilden zusammen die Gewichtsmatrix W.

Entsprechend ist jedes Neuron i der Kohonen-Schicht mit jedem Neuron j der Grossberg-Schicht über ein Gewicht v_{ij} verbunden. Die v_{ij} bilden zusammen die Gewichtsmatrix V.

Die Kohonen-Schicht K ist eine „winner-takes-all-Netz", d.h. für einen Eingabevektor $X = (x_1,...,x_n)$ reagiert nur ein einziges Neuron der Kohonenschicht mit der Ausgabe „1". Die Ausgabe aller anderen Neuronen der Kohonenschicht ist „0". Gewinner ist dasjenige Neuron j, für das

$$\sum\nolimits_{i=1}^{n} x_i w_{ij}$$

maximal ist. Exixtieren mehrere Neuronen mit gleichem maximalen Wert, so wird eines zufällig ausgewählt.

Ziel des Trainings der Kohonen-Schicht ist es, die Gewichte w_{ij} so zu modifizieren, daß ähnliche Eingabe-Vektoren das gleiche Neuron in der Kohonen-Schicht aktivieren. Die Grossberg-Schicht soll dann daraus die gewünschte Ausgabe erzeugen. Das Lernen der Kohonen-Schicht ist selbstorganisiert und unüberwacht.

Üblicherweise werden die Eingabevektoren zunächst auf die Länge 1 normalisiert. Dies ist nicht notwendig, wird aber von vielen empfohlen. Die Normierung erfolgt durch

$$x_i^{neu} = \frac{x_i}{\sqrt{x_1^2 + ... + x_n^2}} \; .$$

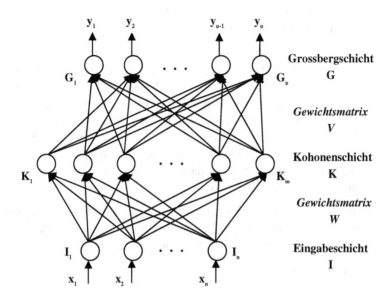

Abb. 2.92 Vereinfachtes Counterpropagation-Netz

Nur bei dem Gewinner-Neuron wird das Gewicht verändert, alle anderen Gewichte zwischen der Eingabeschicht I und der Kohonen-Schicht K bleiben unverändert. Ist K_j das Gewinnerneuron so gilt

$$w_{ij}(t+1) = w_{ij}(t) + \alpha(x_i(t) - w_{ij}(t))$$

für alle Eingabeneuronen I_i. Durch diese Änderung der Gewichte W_j wird das Neuron K_j, dessen Gewichts-Vektor W_j am ähnlichsten zu X ist, zu X noch ähnlicher gemacht.

Zu Beginn des Trainings werden die Gewichte w_{ij} zufällig initialisiert und danach normalisiert. Durch diese Normalisierung erreicht man, daß die Gewichtsvektoren den ebenfalls normalisierten Eingabevektoren bereits ähnlich sind, wodurch der Trainingsprozeß verkürzt wird.

Die zufällige Initialisierung kann jedoch auch zu Problemen führen. In höherdimensionalen Räumen wird hierdurch meist keine Gleichverteilung erreicht, sondern die Vektoren gruppieren sich in einem kleinen Raum des Hyperraums. Dies führt dazu, daß die Gewichtsvektoren innerhalb dieser Gruppen weit von der Eingabe entfernt sind. Sie stellen somit nie die beste Nährung dar und sind überflüssig, da sie immer nur eine Ausgabe „0" produzieren. Die übrigen Vektoren, die dann fast immer die beste Nährung darstellen, sind u.U. zu wenige, um die Eingaben sinnvoll zu trennen. Daher versucht man bei der Initialisierung eine Verteilung der Gewichte nach der Dichte der Eingabevektoren vorzunehmen. Damit verfolgt man zwei Ziele:

1. Mehrere ähnliche Eingabevektoren sollen u.U. verschiedenen Klassen zugeordnet werden. Daher müssen sie in diesem Fall unterschiedliche Neuronen der Kohonen-Schicht aktivieren. Dies wird durch die hohe Dichte der Gewichtsvektoren in diesem Bereich gewährleistet.
2. Mehrere ähnliche Eingabevektoren sollen in einer einzigen Klasse zusammengefaßt werden, also das gleiche Neuron der Kohonen-Schicht aktivieren. Hierfür sorgt dann eine geringe Dichte von Gewichtsvektoren in diesem Bereich.

Da die Verteilung der Gewichtsvektoren nach der Dichte der Eingabevektoren direkt nicht effizient zu implementieren ist, wendet man verschiedene Techniken an, um dieses Ziel zu approximieren:

1. Konvexe Kombinationsmethode
   Zu Beginn werden alle Gewichtsvektoren auf den Wert

$$\frac{1}{\sqrt{n}}$$

   gesetzt, wobei n die Anzahl der Neuronen in der Eingabeschicht ist ($\approx$ Anzahl der Komponenten eines Gewichtsvektors). Alle Gewichtsvektoren sind somit identisch. Alle Eingabevektoren x_i werden zu

$$x_i^{neu} = \alpha x_i + \frac{1}{\sqrt{n}}(1 - \alpha).$$

   Zu Beginn wird α auf einen kleinen Wert größer als 0 gesetzt, d.h. zu Beginn sind die Eingabevektoren den Gewichtsvektoren sehr identisch. Während des Trainings wird α langsam bis zum Wert 1 erhöht. Damit trennen sich die Eingabewerte und nehmen langsam ihren ursprünglichen Wert an. Die Gewichtsvektoren folgen jeweils einem oder einer kleinen Gruppe von Eingabevektoren. Die konvexe Kombinationsmethode erfordert eine längere Trainingszeit, da die Gewichtsvektoren sich verändernden Zielen folgen, aber sie funktioniert recht gut.
2. Verrauschen
   Fügt man zu den Eingabevektoren ein Rauschen, dann „springen" die Eingabevektoren und korrespondieren („fangen") irgendwann zufällig einen Gewichtsvektor. Diese Technik ist jedoch noch langsamer als die Technik der konvexen Kombinationsmethode.

3. Einführung einer Nachbarschaftsfunktion
   Die Kohonen-Schicht kann auch zu einer SOM verändert werden, d.h.
   analog zu den in Kap. 2.8.3 beschriebenen selbstorganisierenden Karten kann eine Nachbarschaftsfunktion um des Gewinnerneuron gelegt
   werden. Dadurch werden nicht nur die Gewichte des Gewinner-
   Neurons verändert, sondern auch die benachbarten Neuronen. Der Radius der Nachbarschaftsfunktion wird zu Beginn recht groß gewählt
   und während des Trainings sukzessive verringert.
4. Fairneß
   Analog zum Training von SOMs kann ein Neuron, welches zu oft eine
   Gewinnerneuron wird „bestraft" werden, in dem es einen gewissen
   Zeitraum aussetzen muß.

Als weitere Modifikation kann man vorsehen, daß nicht nur ein Neuron
der Kohonen-Schicht aktiv wird, sondern stets eine Gruppe von q Neuronen mit den höchsten Aktivierungen. Die Ausgaben aller Neuronen dieser
Gruppe werden zu einem Vektor zusammengefaßt, zur Länge 1 normalisiert durch

$$o_i^{neu} = \frac{o_i}{\sqrt{o_1^2 + \ldots + o_q^2}}$$

und danach an die Grossberg-Schicht weitergegeben. Diese Modifikation
nennt man, „interpolativer Modus" im Gegensatz zum zuvor beschriebenen „accretiven Modus". Mit dem interpolativen Modus werden vor allem
bei komplexeren Anwendungen zum Teil bessere Resultate erzielt. Allerdings ist die optimale Zahl für q problemabhängig und kann in der Praxis
nur schwer bestimmt werden.

Im Gegensatz zur Kohonen-Schicht erfolgt das Training der Grossberg-
Schicht mit Hilfe von überwachtem Lernen. Nach Anlegen eines Eingabevektors wird zunächst die Ausgabe der Kohonenschicht bestimmt und
danach die Ausgabe der Grossberg-Schicht bestimmt. Die Ausgabe der
Grossberg-Schicht erfolgt mit einer analog zur Kohonen-Schicht vorge-
nommenen Berechnung.

Allerdings gilt nicht das „winner-takes-all-Prinzip". Jedes Neuron j der
Grossberg-Schicht gibt den Wert des Gewichtes v_{ij} von dem Gewinner-
Neuron i der Kohonen-Schicht zu ihm selbst aus, denn die Ausgabe des
Neurons j der Grossberg-Schicht ist gegeben durch

$$o_j = \sum_{i \in k} o_i v_{ij} \ .$$

Da das Gewinnerneuron i der Kohonen-Schicht den Wert „1" als Ausgabe liefert und alle anderen Neuronen den Wert „0", kann man obige Definition von o_j zu

$$o_j = o_i \, v_{ij} = v_{ij}$$

vereinfachen.

Nach der Berechnung der Ausgabe der Grossberg-Schicht werden die Gewichte der Gewichtsmatrix v verändert. Die Gewichtsänderung eines Gewichtes v_{ij} einer Verbindung zwischen Neuron i der Kohonen-Schicht und Neuron j der Grossberg-Schicht ist gegeben durch

$$v_{ij}(t+1) = v_{ij}(t) + o_i(t) \cdot \beta \cdot (t_j - v_{ij}(t)).$$

Hierbei ist t_j die gewünschte Ausgabe für Neuron j, o_i die Ausgabe des Neurons i der Kohonen-Schicht und β eine Lernrate. Die Lernrate β wird üblicherweise zunächst auf ca. 0.1 gesetzt und im Laufe des Trainings langsam reduziert. Wie aus der Formel für die Gewichtsänderung ersichtlich, werden nur diejenigen Gewichte v_{ij} geändert, deren Kohonen-Neuron i eine Ausgabe ungleich Null hat. Die Gewichtsänderung ist proportional zur Ausgabe des Neurons i der Kohonen-Schicht und der Differenz zwischen gewünschter Ausgabe und dem Verbindungsgewicht w_{ij}. Die Gewichtsvektoren v_{ij} der Grossberg-Schicht konvergieren somit langsam gegen die mittleren Werte der gewünschten Ausgabe.

2.11.4 Neocognitron

Das Neocognitron wurde von Kunihiko Fukushima an der Osaka University ab dem Beginn der achtziger Jahre entwickelt. Seine stetige Weiterentwicklung dauert bis heute an. Der primäre Anwendungsbereich des Neocognitron ist die Erkennung visueller Muster. Besondere Erfolge wurden bei der Erkennung von handgeschriebenen Zeichen erzielt. Es zeichnet sich vor allem durch seine Robustheit gegenüber Deformationen und Verrauschungen aus.

Die Grundkonzeption des Neocognitron besteht aus einer Eingabeschicht, gefolgt von einer variablen Anzahl von Verarbeitungsstufen (*stages*). Jede Verarbeitungsstufe besteht selbst wieder aus zwei Schichten (*layers*). Die erste Schicht besteht aus den sog. *S-Zellen* (*S-Neuronen*), die zweite Schicht aus den sog. *C-Zellen* (*C-Neuronen*). Die Neuronen jeder Schicht sind selbst wieder in Gruppen (*planes*) zusammengefaßt.

Das Prinzip des Neocognitrons besteht darin, daß alle Neuronen einer Gruppe das gleiche Teilmuster erkennen. Daher besitzen alle Neuronen

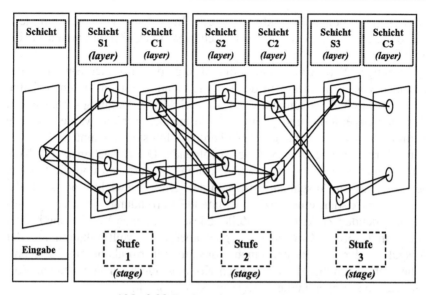

Abb. 2.93 Struktur des Neocognitrons

einer Gruppe das gleiche Gewicht. Allerdings erkennen die einzelnen Neuronen einer Gruppe das Teilmuster jeweils an verschiedenen Positionen. Die ersten Stufen sind für feine Detailstrukturen zuständig, in den späteren Stufen werden diese zu komplexeren Muster zusammengefaßt.

Die Architektur des Neocognitrons zeigt Abb. 2.93. Die Anzahl der planes in der S-Schicht und der C-Schicht bei den einzelnen Stufen ist hierbei nicht unbedingt gleich. Mehrere planes einer S-Schicht können auf eine plane der nachfolgenden C-Schicht abgebildet werden.

Die S-Zellen (*feature extracting cells*) dienen der Extraktion von Eigenschaften oder Mustern der Vorgängerschicht. Die Verbindungen (*links*), die zu den S-Zellen führen, sind variabel und können durch Lernen modifiziert werden. Eine S-Zelle wird genau dann aktiviert, wenn ein bestimmtes Muster (*feature*) an einer genau bestimmten Stelle der vorherigen C-Schicht zu finden ist. Das Muster, auf das die Zelle reagiert, wird durch den Lernprozeß bestimmt. Dies entspricht einem gewissen Muster der Eingabeschicht, wobei spätere Schichten globalere, komplexere Muster erkennen können.

Die C-Zellen haben die Aufgabe, die Erkennung von Mustern positions- und skalierungsinvariant zu machen. Die Verbindungen zwischen den S-Zellen und den C-Zellen innerhalb einer Stufe sind fest und unterliegen keiner Veränderung durch das Training.

Jede C-Zelle erhält eine Eingabe von einer Gruppe von S-Zellen (planes), die das gleiche Muster an leicht unterschiedlichen Positionen erkennen. Ursprünglich wurde eine C-Zelle aktiviert, sobald eine der S-Zellen, mit der sie verbunden ist, aktiviert wurde. In späteren Versionen hing teilweise die Stärke der Verbindung zwischen S- und C-Zellen von der Position der S-Zelle ab.

Im ganzen Netz werden durch die Abfolge der einzelnen Stufen immer Gruppen von Teilmustern in der vorhergehenden Schicht durch S-Zellen erkannt, durch C-Zellen wird der Bereich der Erkennung ausgeweitet (Unschärfeoperation) und in einer nachfolgenden Schicht werden größere Teilmuster bestehend aus den einfacheren Teilmustern erkannt.

Die Arbeitsweise einer S-Zelle ist folgende: Die Ausgaben o_i der Vorgängerzellen werden mit Gewichtsfaktoren w_{ij} versehen und die Summe der gewichteten Ausgaben wird gebildet. Diese Gewichte w_{ij} sind alle positiv. Es existiert eine einzige hemmende Verbindung von einer speziellen hemmenden Zelle, einer V-Zelle. Diese hemmende Verbindung besitzt auch ein positives Gewicht w_{vj}, geht aber nach Multiplikation mit der Ausgabe v der V-Zelle und einem konstanten Term als hemmende Komponente h gegenüber der erregenden Komponente e der gewichteten Vorgängeraktivierungen in die Aktivierungsfunktion ein.

Für die erregende Komponente e gilt somit

$$e = \sum_i o_i w_{ij} \, .$$

Die Stärke der hemmenden Komponente h ergibt sich zu

$$h = \frac{r}{1+r} \cdot v \cdot w_{vj} \, .$$

Hierbei ist r eine positive Konstante, die die Stärke der Hemmung durch die V-Zelle angibt.

Die Aktivierung x einer S-Zelle ist durch das Verhältnis der erregenden zur hemmenden Aktivierung bestimmt:

$$x = \frac{1+e}{1+h} - 1$$

Als Ausgabefunktion wird eine stückweise lineare Funktion verwendet, die für Aktivierungen unter Null den Wert Null als Ausgabe liefert, sonst eine lineare Funktion:

$$o_j = r \cdot \phi(x).$$

$$\phi(x) = \begin{cases} x & \textit{falls } x \geq 0 \\ 0 & \textit{falls } x < 0 \end{cases}$$

Die Arbeitsweise einer S-Zelle kann somit gemäß Abb. 2.94 dargestellt werden.

Alle Verbindungen w_{ij} von C-Zellen der Vorgängerschicht zu einer S-Zelle j sind positiv und variabel, sie können durch Training modifiziert werden. Die Verbindungen von den C-Zellen zu der hemmenden V-Zelle sind auch erregend, aber fest. Jede S-Zelle besitzt eine mit ihr assoziierte V-Zelle. Die Verbindung von der V-Zelle zur S-Zelle ist zwar positiv, wirkt aber über die Aktivierungsfunktion der S-Zelle inhibitorisch, und ist ebenfalls variabel.

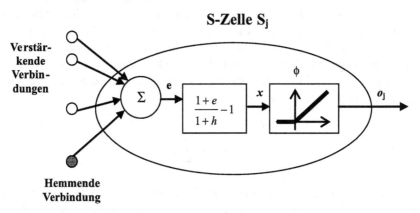

Abb. 2.94 Arbeitsweise einer S-Zelle

Dieses Zusammenspiel von festen und variablen, sowie erregenden und hemmenden Verbindungen illustriert Abb. 2.95

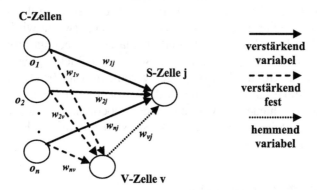

Abb. 2.95 Verbindungen zu einer S-Zelle

Die Aktivierung der hemmenden V-Zelle berechnet sich als Wurzel der gewichteten quadratischen Ausgaben der vorhergehenden C-Zellen

$$v = \sqrt{\sum_i o_i^2 w_{ij}} \quad .$$

Die C-Zellen sollen das Neocognitron invarianter gegenüber Positions- und Skalierungsveränderungen machen. Jede C-Zelle erhält Eingaben von einer Gruppe von S-Zellen, die das gleiche Muster an etwas verschiedenen Positionen entdecken. Die C-Zelle wird aktiviert, wenn mindestens eine S-Zelle aktiviert ist. Die Aktivierung einer einzelnen C-Zelle bewirkt dagegen die Aktivierung einer Reihe von S-Zellen (s. Abb. 2.93). Neocognitron existieren zwei Lernvarianten: unüberwachtes Lernen und überwachtes Lernen. Beim unüberwachten Lernen werden nur die Verbindungen derjenigen Zelle einer Gruppe verstärkt, die am stärksten auf einen Stimulus reagiert. Der Betrag der Verstärkung ist proportional zur Ausgabe der Zelle, von der die Verbindung ausgeht. Die hemmende Verbindung der V-Zelle wird zugleich ebenfalls verstärkt, jedoch weniger stark. Diese Vorgehensweise bezeichnet man auch als *competive learning*. Für die Gewichtsveränderungen gilt somit

$$\Delta w_{ij} = \eta w_{iv} o_i,$$

$$\Delta w_{vj} = \eta v = \eta \sqrt{\sum_i o_i^2 w_{iv}}.$$

Durch das Verstärken der variablen exzitatorischen Verbindungen und das gleichzeitige Verstärken der hemmenden Verbindung von der V-Zelle wird erreicht, daß die S-Zelle nach kurzem Training nur auf ein oder einige wenige Muster ihrer Vorgängerschicht anspricht.

Beim überwachten Lernen wird jede Stufe des Neocognitrons getrennt auf Teilmuster, wie sie z.B. in Schriftzeichen auftreten, trainiert. Hierdurch unterscheidet sich diese Art des überwachten Lernens von der sonst üblichen Art, bei der nur die Endausgabe des Netzes überwacht wird.

Neben dem hier skizzierten Grundschema eines Neocognitrons, gibt es inzwischen eine Reihe von Varianten. So wurden Rückkopplungen eingeführt, die jede Stufe mit der vorherigen verbinden. Daneben wurden weitere Zelltypen eingeführt. Hinsichtlich der Erkennung audiovisueller Muster stellen die verschiedenen Varianten des Neocognitrons sicher die leistungsfähigsten Neuronalen Netze dar. Sie sind allerdings aber auch sehr rechenintensiv.

2.11.5 Boltzmann-Maschine

Einführung

Die Boltzmann-Maschine ist eine Beispiel für ein Neuronales Netz, das auf einer stochastische Form des Lernens basiert. Der Name rührt von der formalen Äquivalenz zwischen der Arbeit des bekannten Physikers Boltzmann auf dem Gebiet der statischen Thermodynamik und dem Verhalten dieses Netzwerkes her. Es gibt daher einige Gemeinsamkeiten zu den in Kap. 2.5 vorgestellten Hopfield-Netzen, die ursprünglich auch aus dem Bestreben heraus entstanden, physikalische Phänomene zu behandeln. Zu diesen Gemeinsamkeiten gehören:

1. Die Zustände der Recheneinheiten (Neuronen) haben binäre Werte (+1 oder -1).
2. Die synaptischen Verbindungen zwischen diesen Einheiten sind symmetrisch.
3. Die Einheiten sind nicht mit sich selbst verbunden (kein self-feedback).

Sie unterscheiden sich aber in drei wichtigen Punkten:

1. Die Boltzmann-Maschine erlaubt den Gebrauch von verdeckten Neuronen, wohingegen das Hopfield-Netz nur aus einer Schicht besteht.
2. Die Boltzmann-Maschine nutzt stochastische Neuronen mit einem Feuermechanismus (Zustandsänderung), der über eine Wahrscheinlichkeitsverteilung realisiert ist; dies ist im Standard-Hopfield-Netz nicht vorgesehen.
3. Im Gegensatz zum Hopfield-Netz, das unüberwacht arbeitet, kann die Boltzmann-Maschine überwachte betrieben werden.

Bei den bisherigen Betrachtungen wurde davon ausgegangen, daß die Signalübertragung zwischen den Neuronen über die synaptischen Gewichte störungsfrei abläuft. Biologische Nervensysteme motivieren allerdings, Störungskomponenten in den Übertragungsprozeß einzubeziehen. Von Nervenzellen ist bekannt, daß das Freilassen der Neurotransmitter in den Synapsen Schwankungen unterliegt. Um diesen Störungsvorgang zu simulieren, wird ein *Temperaturterm* eingeführt. Der deterministische Prozeß zur Berechnung des Zustands s_j eines Neurons j aus dem Potential v_j wird durch eine Wahrscheinlichkeitsregel ersetzt. Hierfür definiert man:

$$s_j = +1 \quad \textit{mit der Wahrscheinlichkeit} \quad P(v_j)$$
$$s_j = -1 \quad \textit{mit der Wahrscheinlichkeit} \quad 1 - P(v_j) \quad .$$

Falls das Potential v_j den Wert 0 haben sollte, wird der Zustand +1 bzw. -1 mit gleicher Wahrscheinlichkeit eingenommen. Die Wahrscheinlichkeitsverteilung muß noch den folgenden Grenzwertbedingungen gehorchen:

$$P(v) = 0 \quad \textit{für} \quad v \to -\infty$$
$$P(v) = 1 \quad \textit{für} \quad v \to \infty$$

Weiterhin sollte die Funktion monoton steigend sein. Eine Standardfunktion ist die sigmoide Funktion:

$$P(v) = \frac{1}{1 + \exp(^{-2v}/T)}$$

In dieser Funktion wird der Parameter T auch als „Temperatur" bezeichnet. T sollte jedoch nicht mit der physikalischen Temperatur verwechselt werden. Vielmehr dient dieser Parameter dazu, das Geräuschniveau in der Signalübertragung zu regulieren. Der Feuerungsmechanismus wird also durch eine Wahrscheinlichkeitsverteilung geregelt.

Bei der Boltzmann-Maschine kann man die stochastischen Neuronen nun in zwei Gruppen unterteilen, die sichtbaren und die verdeckten Neuronen. Die sichtbaren Neuronen stellen die Verbindung zur Arbeitsumgebung her. Bei der Trainingsphase werden die sichtbaren Neuronen in einem festen Zustand, der durch die Umgebung bestimmt ist, gehalten (*clamped*), wohingegen die verdeckten Neuronen immer frei arbeiten (*freely*). Die verdeckten Neuronen stellen tiefergehende Beziehungen zwischen den Eingabevektoren her, indem sie höhere Ordnungen statistischer Korrelation nutzen. Diesen speziellen Fall einer Boltzmann-Maschine kann man als „unsupervised learning" ansehen. Hier wird eine Wahrscheinlichkeitsverteilung modelliert, indem Muster mit entsprechenden Wahrscheinlichkeiten in der Lernphase angelegt werden. Bei diesem Vorgehen kann das Netz Muster vervollständigen, indem bei unvollständigen Eingabevektoren die übrigen sichtbaren Neuronen mit den vorher gelernten Verteilungen besetzt werden.

Das Ziel des Boltzmann Lernens ist es, ein Neuronales Netzwerk zu schaffen, daß Eingabe-Muster gemäß der Boltzmann-Verteilung korrekt klassifiziert. Das Netz soll also lernen, sich bei einer vorgegebenen Eingabe auf eine bestimmte, statistisch beschreibbare Weise zu verhalten. Wenn man diese Form des Lernens wählt, muß man zwei Voraussetzungen machen:

1. Jedes von außen angelegte Muster muß Zeit genug haben, um im Netz thermisches Gleichgewicht zu erreichen.
2. Die Muster werden beim Lernen nicht in einer bestimmten Struktur angelegt.

Man sagt, ein Netz errichtet ein perfektes Model der Strukturen der Umwelt, wenn beim freely- und clamped-Modus jeweils bei den gleichen Eingabedaten die gleichen Wahrscheinlichkeitsverteilungen entstehen.

Die Boltzmann-Maschine wählt während des Lernprozesses zufällig ein Neuron N_j aus und ändert den Zustand s_j in den Zustand $-s_j$ bei der Temperatur T (während des Abkühlvorgangs) mit der Wahrscheinlichkeit

$$\text{Prob}(s_j \to -s_j) = \frac{1}{1 + \exp(-\frac{\Delta E_j}{T})}$$

wobei ΔE_j die Energiedifferenz zwischen den beiden Zuständen ist.

Die Boltzmann-Maschine nutzt symmetrische Verbindungen, so daß in Analogie zu den Hopfield-Netzen eine Energiefunktion definiert werden kann gemäß

$$E = -\frac{1}{2} \sum_i \sum_{i \neq j} w_{ji} s_j s_i.$$

Daher kann die Energiedifferenz, die aus einem Zustandswechsel des j-ten Neurons resultiert, beschrieben werden durch

$$\Delta E = (\textit{Differenz der Energiezustände})$$
$$= -(s_j) \sum_i w_{ji} s_i + (-s_j) \sum_i w_{ji} s_i = -2 s_i \sum_i w_{ji} s_i = -2 s_j v_j,$$

wobei v_j das Potential von N_j ist. Damit ergibt sich die Übergangswahrscheinlichkeit für die Zustandsänderung zu

$$\text{Prob}(s_j \to -s_j) = \frac{1}{1 + \exp\left(\frac{2 s_j v_j}{T}\right)}$$

Auf Grund der Binarität der Zustände erhält man

$$\frac{1}{1 + \exp\left(\frac{+2 v_j}{T}\right)} = \frac{1}{1 + \exp\left(\frac{-2 v_j}{T}\right)}$$

und damit wieder die sigmoide Funktion.

In der oben angegebenen Energiefunktion läuft die Doppelsumme sowohl über die sichtbaren als auch über die verdeckten Neuronen.

Die Bedingung der Ungleichheit von i und j bedeutet das „no-self-feedback". w_{ji} ist das synaptische Gewicht von Neuron i nach j und N die Gesamtzahl der Neuronen im Netz. Der Wert der Energiefunktion hängt ab vom globalen Zustand des Netzwerks. Ein globaler Zustand ist definiert als ein Satz von Zuständen aller Neuronen im Netz. Wenn man von N Neuronen mit binären Werten ausgeht, gibt es 2^N globale Zustände.

Wendet man nun die obige Wahrscheinlichkeitsvorschrift wiederholt auf die Neuronen an, erreicht das Netz thermisches Gleichgewicht. Im thermischen Gleichgewicht ändern die Neuronen ihre Zustände, aber die Wahrscheinlichkeit, das System in einem bestimmten Zustand zu finden, bleibt konstant und abhängig von der Boltzmann-Verteilung. Die Einfachheit der Verteilung und die Tatsache, daß der Weg des Erreichens des thermischen Gleichgewichts nicht relevant ist, machen die Boltzmann-Maschine so interessant.

Minima in der Energiefunktion E sehen im direkten Zusammenhang mit einer stabilen Konfiguration der Boltzmann-Maschine. Um so eine stabile Situation zu finden, die passend für das jeweilige Problem ist, findet Boltzmann-Lernen statt, indem das Netz erst bei hohen Temperaturen betrieben wird, und die Temperatur dann allmählich erniedrigt wird. Dieser Vorgang wird in Analogie zu dem aus der Physik bekannten, *Simulated-Annealing* durchgeführt. Bei hohen Temperaturen ignoriert das Netz kleine Energiedifferenzen und strebt schnell zum thermischen Gleichgewicht. Auf diese Weise leistet es eine „ungeschliffene" Suche auf dem Raum der globalen Zustände, und findet dadurch ein gutes Minimum. Wenn die Temperatur erniedrigt wird, startet eine Feinsuche in Bezug auf kleine Energiedifferenzen und man findet u.U. in der Nachbarschaft ein noch besseres Minimum. Boltzmann-Maschinen sind daher besonders für Aufgaben geeignet, bei denen der Unterschied zwischen der Kostenfunktion, die minimiert werden muß, und einem Satz von Bedingungen, der eingehalten werden muß, nicht klar festgelegt ist.

Simulated-Annealing

Der Zusammenhang des oben erwähnten Simulated-Annealing (simulierte Vergütung) aus der Physik und den hier betrachteten Typus von Neuronalen Netzen ergibt sich wie folgt:

Ziel bei dem hier betrachteten Typus von Neuronalen Netzen ist es, eine Kostenfunktion zu minimieren, die als globale Energie des Netzes definiert ist. Hiermit zeigt sich die starke Ähnlichkeit zu physikalischen Systemen und die Suche nach deren Energieminimum. Trotzdem ist zu beachten, daß natürlich die Temperatur eines physikalischen Systems keine direkte Äquivalenz zu Neuronalen Netzen besitzt. Lediglich die Vorgehensweise zur Modellierung lassen sich übertragen und damit dem Problem des Verharrens in lokalen Minima begegnen.

Die Grundidee des Simulated-Annealing-Algorithmus wurde 1983 von Kirkpatrik entwickelt und lautet:

„Wenn man ein sehr großes und komplexes System mit vielen Frei-
heitsgraden simulieren will, sollte man anstatt immer *abwärts zu ge-*
hen, versuchen, meistens abwärts zu gehen. "

Dieses Vorgehen unterscheidet sich nun von konventionellen Methoden
in zwei wichtigen Punkten:

1. Der Algorithmus muß nicht in einem lokalen Minimum verharren, da
   ein Übergang aus einem lokalen Minimum immer erlaubt ist, wenn das
   System bei Temperaturen arbeitet, die nicht Null sind (thermisches
   Rauschen).
2. Der Algorithmus zeigt ein divide-and-conquer-feature, das auch in der
   Natur bekannt ist, d.h. grobe Eigenschaften des Systems werden bei
   hohen Temperaturen gesehen, wohingegen die Feinstrukturen des Zustandes bei niedrigeren Temperaturen erscheinen.

Der Algorithmus basiert auf der Analogie zwischen dem Verhalten eines physikalischen Systems mit vielen Freiheitsgraden im thermischen
Gleichgewicht bei einer Reihe von endlichen Temperaturen, wie man es in
der statistischen Physik findet, und dem Problem, ein Minimum einer gegebenen Funktion, die von vielen Parametern abhängt, wie man es in der
kombinatorischen Optimierung findet, zu erreichen. In der Festkörperphy-
sik bedeutet „annealing" ein Prozeß, der folgendermaßen abläuft:

1. Ein Festkörper wird in einem Hitzebad solange erwärmt, bis alle Teilchen des Festkörpers sich in der flüssigen Phase befinden.
2. Wenn man nun die Temperatur des Bades erniedrigt, ordnen sich die
   Teilchen selbst so in einem dazugehörigen Gitter bei der Grundzu-
   standsenergie an.

Man muß hierbei davon ausgehen, daß die Temperatur in Phase 1 genügend hoch und der Vorgang in Phase 2 genügend langsam ist. Wenn nämlich das Abkühlen zu schnell vor sich geht, also dem System nicht die Zeit
gegeben wird, thermisches Gleichgewicht zu erreichen, wird man Defekt-
stellen bekommen.

Bereits im Jahre 1953 hat Metropolis einen Algorithmus vorgeschlagen,
mit dem die Entwicklung des thermischen Gleichgewichts eines Festkörpers bei gegebener Temperatur simuliert werden kann. Bei jedem Schritt
wird hierbei ein Atom des Systems einer kleinen zufälligen Verschiebung
unterworfen und die hieraus resultierende Energieänderung ΔE des Systems berechnet. Ist diese Energieänderung $\Delta E \leq 0$, so wird diese zufällige

Verschiebung beibehalten. Ist diese Energieänderung $\Delta E > 0$, so wird der neue Zustand nur mit der Wahrscheinlichkeit (bis auf Skalierung)

$$P(\Delta E) = \exp\left(-\frac{\Delta E}{T}\right)$$

beibehalten.

Erniedrigt man die Temperatur nun genügend langsam, kann das System das Gleichgewicht bei jeder Temperatur erreichen. Dies wird hier verwirklicht, indem für jede Temperatur sehr viele Übergänge realisiert werden. Auf diese Weise simuliert man effizient die Bewegung von Atomen in einem physikalischen System im thermischen Gleichgewicht in einem Hitzebad bei der absoluten Temperatur t. Wenn man die Wahrscheinlichkeitsverteilung wie oben nimmt, stellt man sicher, daß das thermische Gleichgewicht durch die Boltzmannverteilung charakterisiert wird. Übereinstimmend mit der Boltzmannverteilung ist die Wahrscheinlichkeit, ein physikalisches System im Zustand α mit der Energie E_α bei der Temperatur T zu finden, gegeben durch

$$P\alpha = \frac{1}{Z}\exp(-\frac{E\alpha}{T}) \ ,$$

wobei Z eine Teilfunktion ist, die durch

$$Z = \sum_\beta \exp\left(-\frac{E_\beta}{T}\right)$$

zur Normierung definiert ist. Man erkennt, daß bei hohen Temperaturen alle Zustände unabhängig von der Energie wahrscheinlich sind, wohingegen bei Temperaturen um 0, nur Zustände mit sehr kleinen Energien wahrscheinlich sind.

Ein wichtiger Aspekt von Simulated-Annealing ist, daß eine asymptotische Konvergent gegeben ist. Durch German wurde 1984 gezeigt:

„Wenn die Temperatur T_k, die im k-ten Schritt der Simulation ver-

wandt wurde, für jedes k der Grenze $T_k \geq \dfrac{T_0}{\log(1+k)}$ genügt, wobei

T_0 eine genügend große Konstante ist (unabhängig von k), dann wird das System mit der Wahrscheinlichkeit 1 in den Zustand mit minimaler Energie konvergieren."

Dies ist eine ausreichende aber nicht notwendige Bedingung für die Konvergenz.

Um das Verfahren zu beschleunigen, geht man in der Praxis zu einer „finite-time-Approximation" der asymptotischen Konvergenz des obigen Verfahrens über. Den Preis, den man hierfür zahlen muß, ist natürlich der Verlust der Wahrscheinlichkeit 1 für das Aufspüren des globalen Maximums. Trotzdem ergibt diese Form des Algorithmus fast optimale Ergebnisse für viele praktische Aufgaben.

Um nun diese Methode zu modulieren, muß man einen Satz von Parametern vorgeben, der die Konvergenz des Algorithmus verwaltet. Diesen Satz nennt man auch *annealing-schedule*. Die Suche nach diesen Vorschriften war einige Jahre lang Gegenstand der Forschung. Das nun betrachtete anneling-schedule ist das von Kirkpatrick 1983 vorgestellte. So ein schedule legt eine endliche Zahl von Temperaturen und eine begrenze Zahl von Übergängen für jede Temperatur fest. Konkret spezifiziert das annealing-schedule von Kirkpatrick die wichtigen Parameter wie folgt:

1. Initialisierungstemperatur
   T_0 ist mindestens so groß, daß praktisch alle vorgeschlagenen Übergänge von Algorithmus erlaubt wären.

2. Abfall der Temperatur
   Normalerweise geschieht das Abkühlen exponentiell, wobei die Änderungen in den Werten der Temperatur gering sind. Die Abfallfunktion ist definiert als $T_k = \alpha T_{k-1}$, $k = 1, 2, \ldots$ Typische Werte für α liegen zwischen 0.99 und 0.8. Bei jeder Temperatur werden genügend Übergänge versucht, so daß im Schnitt 10 angenommen werden.

3. Endtemperatur
   Das System ist eingefroren und das Abkühlen wird angehalten, wenn die geforderte Anzahl von Übergängen in drei aufeinanderfolgenden Temperatureinstellungen nicht erreicht wurde.

Die Temperatur T spielt die Rolle eines Kontrollparameters. Der andere Parameter ist die Anzahl der Übergänge, die bei jedem Iterationschritt des Metropolisverfahrens gemacht werden.

Die Boltzmann-Lernregeln

Der Gebrauch der verdeckten Neuronen erhöht bei der Boltzmann-Maschine die Leistungsfähigkeit im Vergleich zu Hopfield-Netzen. Allerdings sind auch neue Lernregeln notwendig, die sich auf das in 2.9.5.2 skizzierte Konzept des Simulated-Annealing abstützen.

Zunächst seien einige neue Notationen eingeführt. Die Zustände der sichtbaren Neuronen seien mit α und die Zustände der verdeckten Neuronen mit β bezeichnet. Vorausgesetzt, das Netz besteht aus K sichtbaren und L verdeckten Neuronen, dann nimmt α die Werte zwischen 1 und 2^K

und β die Werte zwischen 1 und 2^L an. Weiter sei P_α^+ die Wahrscheinlichkeit, daß alle sichtbaren Neuronen im Zustand α sind, wobei hier das Netz im clamped-Modus ist, wohingegen P_α^- die Wahrscheinlichkeit für den freely-Modus ist, aber ohne Input von außen. Dies sind natürlich beides bedingte Wahrscheinlichkeiten, gemessen bei thermischem Gleichgewicht. Folglich kann man den Satz der Wahrscheinlichkeiten

$$\left\{ P_\alpha^+ : \alpha = 1, 2, 3, \ldots, 2^K \right\}$$

als Wunschwahrscheinlichkeit ansehen, der die Umwelt beschreibt und

$$\left\{ P_\alpha^- : \alpha = 1, 2, 3, \ldots, 2^K \right\}$$

als die aktuellen Wahrscheinlichkeiten, die das Netz berechnet hat. Beim Boltzmann-Lernen modifiziert man die synaptischen Gewichte nun so, daß man den sichtbaren Neuronen eine Wunschwahrscheinlichkeit gibt. Also ist es die Aufgabe des Lernens, die aktuellen Wahrscheinlichkeiten den Wunschwahrscheinlichkeiten anzupassen. Hierzu braucht man nun ein Maß für die Unterschiede zwischen der Umwelt und dem Modell des Netzes. Hierfür wird die *relative Entropie* wie folgt definiert:

$$H_{P^+|P^-} = \sum_{\alpha=1}^{2^K} P_\alpha^+ \ln\!\left(\frac{P_\alpha^+}{P_\alpha^-}\right)$$

Dieses Entropie-Maß besitzt stets positive Werte. In dem speziellen Fall, daß $P_\alpha^+ = P_\beta^-$, $\forall \alpha$, ist die Entropie 0 und man hat eine perfekte Übereinstimmung zwischen der Umwelt und dem Modell des Netzes.

P_α^+ hängt im Gegensatz zu P_α^- nicht von den synaptischen Gewichten ab. Daher minimiert man die relative Entropie, indem man die Gewichte anpaßt. Um ein Gradientenabstiegsverfahren im Raum H zu erhalten, muß die Ableitung der Entropie nach den Gewichten errechnet werden.

Ein Problem stellt die Berechnung der partiellen Abteilung

$$\frac{\partial H_{P^+|P^-}}{\partial W_{ji}}$$

dar.

Unter Berücksichtigung der Unabhängigkeit der Wahrscheinlichkeit P_α^+ von den Gewichten ergibt sich für die Abteilung nach den Gewichten

$$\frac{\partial H_{P^+|P^-}}{\partial w_{ji}} = \sum_{\alpha=1}^{2^K} P_\alpha^+ * \frac{1}{(P_\alpha^-)^2} * \frac{\partial P_\alpha^-}{\partial w_{ji}} = -\sum_{\alpha=1}^{2^K} \frac{P_\alpha^+}{P_\alpha^-} * \frac{\partial P_\alpha^-}{\partial w_{ji}} \ .$$

Zur Minimierung der Entropie nutzt man nun den Gradientenabstieg

$$\Delta w_{ji} = -\varepsilon \frac{\partial H_{P^+|P^-}}{\partial w_{ji}} = \varepsilon \sum_\alpha \frac{P_\alpha^+}{P_\alpha^-} \frac{\partial P_\alpha^-}{\partial w_{ji}} \ ,$$

wobei ε eine pos. Konstante ist.

Zu entwickeln ist noch

$$\frac{\partial P_\alpha^-}{\partial w_{ji}} \ .$$

Hierzu sei $P_{\alpha\beta}^-$ die Wahrscheinlichkeit, daß die sichtbaren Neuronen im Zustand α und gleichzeitig die verdeckten Neuronen im Zustand β sind, wobei sich das System im clamped-Modus befinden soll. Damit gilt

$$P_\alpha^- = \sum_\beta P_{\alpha\beta}^- \ ,$$

Da ein thermisches Gleichgewicht existiert, ergibt sich gemäß Kap. 2.9.5.2

$$P_\alpha^- = \frac{1}{Z} \cdot \sum_\beta \exp\left(-\frac{E_{\alpha\beta}}{T}\right),$$

wobei $E_{\alpha\beta}$ die Energie des Netzes ist, bei dem die sichtbaren Neuronen im Zustand α und die verdeckten im Zustand β sind. Man erhält nun Z, indem man

$$\sum_\alpha P_\alpha^- = 1 \Rightarrow Z = \sum_\alpha \sum_\beta \exp(-\frac{E_{\alpha\beta}}{T})$$

betrachtet. Setzt man für die Energie

$$E = -\frac{1}{2} \sum_i \sum_{j_{i \neq j}} w_{ji} S_{j|\alpha\beta} S_{i|\alpha\beta}$$

ein, können die Ableitungen mit Hilfe der Kettenregel und der Produktregel berechnet werden durch

$$\frac{\partial Z}{\partial w_{ji}} = -\frac{1}{T} \sum_\alpha \sum_\beta \exp(-\frac{E_{\alpha\beta}}{T}) \frac{\partial E_{\alpha\beta}}{\partial w_{ji}};$$

$$\frac{\partial E_{\alpha\beta}}{\partial w_{ji}} = -S_{j|\alpha\beta} S_{i|\alpha\beta} \, aus \, w_{ji} = w_{ij}$$

$$\frac{\partial P_\alpha^-}{\partial w_{ji}} = -\frac{1}{ZT} \sum_\beta \exp(-\frac{E_{\alpha\beta}}{T}) \frac{\partial E_{\alpha\beta}}{\partial w_{ji}} - \frac{1}{Z^2} \frac{\partial Z}{\partial w_{ji}} \sum_\beta \exp(-\frac{E_{\alpha\beta}}{T}).$$

Den ersten Term auf der rechten Seite kann man mit Hilfe der Boltzmann-verteilung noch schreiben als

$$\frac{1}{Z}\sum_\beta \exp(-\frac{E_{\alpha\beta}}{T})\frac{\partial E_{\alpha\beta}}{\partial w_{ji}} = -\sum_\beta P^-_{\alpha\beta}S_{j|\alpha\beta}S_{i|\alpha\beta}\ .$$

Der zweite Term wird in zwei Faktoren zerlegt, so daß man wieder die Boltzmann-Verteilung einsetzen und die partielle Ableitung von Z anwenden kann. Unter Verwendung von

$$P^-_\alpha = \frac{1}{Z}\sum_\beta \exp(-\frac{E_{\alpha\beta}}{T})$$

erhält man

$$\frac{1}{Z^2}\frac{\partial Z}{\partial w_{ji}}\sum_\beta \exp(-\frac{E_{\alpha\beta}}{T}) = \left[\frac{1}{Z}\sum_\beta \exp(-\frac{E_{\alpha\beta}}{T})\right]\left(\frac{1}{Z}\frac{\partial Z}{\partial w_{ji}}\right) = \frac{P^-_\alpha}{T}\sum_\alpha\sum_\beta P^-_{\alpha\beta}S_{j|\alpha\beta}S_{i|\alpha\beta}\ .$$

Damit sind alle Komponenten der Ableitung bestimmt. Als Ableitung erhält man

$$\frac{\partial P^-_\alpha}{\partial w_{ji}} = \frac{1}{T}\sum_\beta P^-_{\alpha\beta}S_{j|\alpha\beta}S_{i|\alpha\beta}$$

und damit für den Gradientenabstieg

$$\Delta w_{ji} = \frac{\varepsilon}{T}\sum_\alpha \frac{P^+_\alpha}{P^-_\alpha}\sum_\beta P^-_{\alpha\beta}S_{j|\alpha\beta}S_{i|\alpha\beta} - \frac{\varepsilon}{T}\sum_\alpha P^+_\alpha \sum_\alpha\sum_\beta P^-_{\alpha\beta}S_{j|\alpha\beta}S_{i|\alpha\beta}\ \ .$$

Diese Formel kann auf Grund folgender Überlegungen noch vereinfacht werden:

1. $\sum_\alpha P^+_\alpha = 1$

2. $P^-_{\alpha\beta} = P^-_{\alpha|\beta}P^-_\alpha$

3. $P^+_{\alpha\beta} = P^+_{\alpha|\beta}P^+_\alpha$

4. Entstand ein verdeckter Zustand im clamped- oder free-Modus, so ist dennoch die Wahrscheinlichkeit gleich, d.h. es gilt

$$P^-_{\alpha\beta} = P^+_{\beta|\alpha}\cdot P^-_\alpha$$

und

$$\frac{P_\alpha^+}{P_\alpha^-} \cdot P_{\alpha\beta}^- = P_\alpha^+ \cdot P_{\beta|\alpha}^+ = P_{\alpha\beta}^+$$

Aus Vereinfachungsgründen definiert man noch

$$\rho_{ji}^+ = \left\langle S_j S_i \right\rangle^+ = \sum_\alpha \sum_\beta P_{\alpha\beta}^+ S_{j|\alpha\beta} S_{i|\alpha\beta}; \quad i,j = 1,2,\ldots,N \ und \ i \neq j .$$

Hierbei läuft α von 1 bis 2^K, β von 1 bis 2^L und N=L-K ist die Gesamtzahl der Neuronen. Der erste Term ist nun die Korrelation der Zustände der Neuronen i und j, bedingt durch die sichtbaren Neuronen, die clamped sind (an der Umwelt). Der zweite Term ist nun die nicht bedingte Korrelation der Neuronen i und j. Beide haben Werte zwischen -1 und 1. Setzt man dies ein, erhält man das einfache Ergebnis

$$\Delta w_{ji} = \eta(\rho_{ji}^+ - \rho_{ji}^-); i,j = 1,2,\ldots,N, i \neq j,$$

wobei η der Parameter der Lernrate ist, abhängig von $\eta = \dfrac{\varepsilon}{T}$. Diese Gradientenabstiegsregel nennt man Boltzmann-Lernregel.

2.11.6 Radiale-Basisfunktionen-Netze (RBF)

Einführung

Ein Radial-Basis-Function-Network ist ein spezielles vorwärtsgerichtetes Neuronales Netz, das z.B. zur Mustererkennung geeignet ist und in grundlegender Form aus drei Schichten aufgebaut ist. Die erste Schicht ist die sog. Eingabeschicht mit einer Neuronenanzahl entsprechend der Größe der Eingabevektoren. Die zweite, eine verdeckte Schicht (hidden layer), ist ausreichend mit Neuronen besetzt, um sämtliche Trainingsmuster berücksichtigen zu können. Jedes Neuron hat spezielle radialsymmetrische Aktivierungsfunktionen, die, mathematisch gesehen, Basisfunktionen eines Funktionensystems zur Approximation von mehrdimensionalen Funktionen (unter Zuhilfenahme der Werte von Stützstellen) sind. Die dritte Schicht (Ausgabeschicht) besteht im einfachsten Fall aus nur einem Neuron, das den Funktionswert $y = f(x_1,\ldots,x_n)$ angibt. Die Erweiterung der Ausgabeschicht kann ohne Probleme erfolgen.

Der Übergang von der Eingabeschicht in die verdeckte Schicht erfolgt nichtlinear, währenddessen die Übergabe von der verdeckten Schicht in die Ausgabeschicht linear vorgenommen wird. Die verdeckte Schicht ist von genügend hoher Dimension, da nach *Cover's Theorem on Separability of Patterns* in hoch-diemensionalen Räumen die Umwandlung von nichtlinearen Ausdrücken in lineare Ausdrücke besser zu lösen ist, als in niedrigdimensionalen Räumen.

RBF-Netzwerke haben gegenüber anderen Netzmodellen zwei Vorteile:

1. Große Werte werden von den Neuronen nur dann geliefert, wenn sich das Eingabemuster in der Nähe einer Stützstelle befindet. Liegt es außerhalb der mit Trainingsmustern erarbeiteten Bereiche, liefert es nur niedrige Aktivierungen (ein mehrstufiges Perceptron liefert dort nur unvorhersehbare Aussagen).
2. RBF-Netze haben mit nur einer verdeckten Schicht Neuronen eine einfache Struktur, die eine direkte (nichtiterative) Berechnung der Gewichtungen des Netzwerkes erlaubt.

Lernen in diesem neuronalen Netz kann man mit dem Finden einer Oberfläche im mehrdimensionalen Raum gleichsetzen, die zu den Trainingsmustern am besten paßt. Gemessen wird die „Paßgenauigkeit" im statistischen Sinn.

Lernstrategien

Der Lernprozeß der Radiale-Basisfunktionen-Netze (RBF-Netze) kann in zwei Teile gegliedert werden:

1. nichtlineare Anpassung der verdeckten Schicht
2. lineare Optimierung der Ausgabeschicht.

Hierbei ist zu beachten, daß bei der Optimierung der beiden Schichten unterschiedliche Zwecke verfolgt werden. Es ist deshalb zweckmäßig, bei der Optimierung der Schichten mit verschiedenen Techniken zu operieren.

Dazu werden im folgenden drei unterschiedliche Lernstrategien vorgestellt, die sich in der Bestimmung der Stützpunkte, d.h. der Ermittlung der Zentren für die Gaußfunktionen, unterscheiden.

Zufällige Auswahl der Stützpunkte

Dieses einfache Verfahren nimmt an, daß konstante Radiale-Basisfunktionen für die verdeckte Schicht verwendet werden. Außerdem wird davon ausgegangen, daß die Trainingsmenge über das Problemfeld gleichverteilt ist und damit bei der zufälligen Auswahl der Stützpunke der Funktionsraum gleichmäßig abgedeckt wird. Es ist leicht einzusehen, daß bei einer unausgeglichen Verteilung der Zentren der Gaußfunktion die Netzleistung nachläßt. Für die Basisfunktionen werden isotrope Gauß'sche Funktionen mit einer Standardabweichung in Abhängigkeit von den Stützpunktabständen verwendet:

$$G\left(\left\|x-t_i\right\|^2\right)=\exp\left(-\frac{M}{d^2}\left\|x-t_i\right\|^2\right),\ i=1,2,\ldots,M$$

wobei M die Anzahl der Stützpunkte und d der maximaler Abstand zwischen den ausgewählten Stützpunkten ist.

Daraus folgt, daß die Standardabweichung für alle Gauß'schen Radiale-Basisfunktionen

$$\sigma=\frac{d}{\sqrt{2M}}$$

ist und damit die Funktionen weder zu flach noch zu steil werden.

Der einzige Parameter, der bei diesem Verfahren gelernt werden muß, ist die lineare Gewichtung der Ausgabeschicht. Diese Gewichtung kann mit der „Pseudoinversen Methode" berechnet werden

$$w=G^+d\ ,$$

wobei d der erwartete Ausgabevektor und G^+ die pseudoinverse Matrix von G ist. Dabei ist G definiert als

$$G=\left\{g_{ji}\right\}$$

mit

$$g_{ji}=\exp\left(-\frac{M}{d^2}\left\|x_j-t_i\right\|^2\right),\quad j=1,2\ldots,N;\ i=1,2,\ldots M$$

wobei x_j der j-te Eingabevektor der Trainingsdaten ist.

Grundlegend für den Algorithmus ist die Berechnung der Pseudoinversen G^+.

Wenn G eine N x M-Matrix ist, dann existieren folgende orthogonale Matrizen

$$U=\left\{u_1,u_2,\ldots,u_N\right\}$$

und

$$V=\left\{v_1,v_2,\ldots,v_M\right\}$$

damit dann

$$U^TGV=diag(\sigma_1,\sigma_2,\ldots,\sigma_K),\quad K=\min(M,N)$$

mit

$$\sigma_1 \geq \sigma_2 \geq \ldots \geq \sigma_k \geq 0$$

gilt.

Der Spaltenvektor der Matrix U wird linker singulärer Vektor von G und der Spaltenvektor der Matrix V wird rechter singuläre Vektor genannt. $\sigma_1, \sigma_2, \ldots, \sigma_K$ werden als singuläre Werte der Matrix G bezeichnet. Gemäß des Theorems der singuläre Wertezerlegung wird die M x N Pseudoinverse der Matrix G definiert durch

$$G^+ = V * \sum{}^+ U^T$$

wobei $\sum^+$ eine N x N – Matrix ist, die definiert ist durch

$$\sum{}^+ = diag(\frac{1}{\sigma_1}, \frac{1}{\sigma_2}, \ldots, \frac{1}{\sigma_k}, 0, \ldots, 0) \ .$$

Selbstorganisierte Wahl der Stützpunkte

Dieser Ansatz erlaubt, im Gegensatz zu dem oben vorgestellten Verfahren, die Verschiebung der Stützpunkte der Gaußfunktionen durch das Programm. Dabei werden sinnvollerweise nur Orte gewählt, für die eine hinreichende Menge von Eingabedaten vorliegen. Die Gewichte für die Ausgabeschicht werden mit Hilfe einer überwachten Lernregel bestimmt.

Die Wahl der Zentren kann z.B. durch die k-nächstgelegenen-Nachbarn-Regel erfolgen. Dabei wird aus der Menge von k zusammenliegenden Trainingsdaten der beste Repräsentant für den Datenbereich gesucht. Dieser Repräsentant dient als Stützpunkt für die Graußfunktion.

Die Gewichtung der Ausgabeschicht wird mit Hilfe eines Fehlerkorrekturverfahrens optimiert. Hier bietet sich das einfache – aber dennoch effektive – Verfahren der kleinsten Quadrate an. Die Ausgabe der verdeckten Schicht dient hierbei als Eingabe für den Algorithmus.

Überwachte Auswahl der Stützpunkte

Beim dritten Ansatz werden die Stützpunkte der verdeckten Schicht und die anderen freien Parameter durch einen überwachten Lernprozeß bestimmt, wobei ein RBF-Netz in der allgemeinsten Form angewandt wird. Aufgrund der angenehmen Eigenschaften verwendet man oft eine Spezialisierung der kleinsten Quadrate-Methode, die Gradienten-Abstiegs-Methode. Dazu wird zuerst eine Kostenfunktion definiert

$$\xi = \frac{1}{2} \sum_{j=1}^{N} e_j^2$$

wobei N die Anzahl der Trainingsdaten des Lernprozesses und e_j das Fehlersignal ist. Letzteres ist gegeben durch

$$e_j = d_j - F^*\left(x_j\right)$$

$$= d_j - \sum_{j=1}^{M} w_j G\left(\left\|x_j - t_i\right\| c_i\right)$$

Die Anwendung des Verfahrens geschieht durch die Minimierung der Kostenfunktion.

Für den praktischen Einsatz ist es zweckmäßig, das RBF Netzwerk mit sinnvollen Werten zu initialisieren, da so die Gefahr reduziert wird, nicht relevante Gebiete zu durchsuchen und in einem lokalen statt im globalen Minimum zu enden.

Eine Frage, die hier kurz erörtert werden soll, ist, ob das Verschieben der Stützpunkte nennenswerte Vorteile bringt. Die in der Literatur erwähnten Beispiele deuten darauf hin, daß die Leistung von der Aufgabe und den Daten des Netzes abhängt, es sich aber dennoch gezeigt hat, daß verschobene, d.h. optimierte, Stützpunkte helfen, die verdeckte Schicht zu verkleinern.

Wettschereck und Dietterich haben Performanzversuche zu RBF-Netzen mit konstanten Zentren und RBF-Netzen mit überwachter Auswahl der Stützpunkte durchgeführt. Sie haben dabei das NETtalk-Experiment von Sejnowski und Rosenberg zur Aussprache von geschriebenen Worten verwendet, das diese mit Hilfe eines Multilayer-Percptrons realisiert haben. Dabei waren die Ergebnisse mit fixen Stützpunkten nicht annähernd so gut wie das mit dem Backpropagation-Algorithmus trainierte Multilayer-Perceptron. Dagegen erwies sich das generalisierte RBF-Netz (mit überwachtem Lernen der Stützpunkte und der Gewichtung der Ausgabeschicht) dem Multilayer-Perceptron überlegen.

3 Fuzzy-Systeme

3.1 Geschichtliche Entwicklung

Fuzzy-Logik [dt.: unscharfe Logik] stellt eine Erweiterung der klassischen binären Logik dar, die ihre Ursprünge schon in der alten griechischen Philosophie findet.

Abb. 3.1 Platon

PLATONS Vermutung, daß es eine dritte Region zwischen wahr und falsch geben müsse, ist der antike Vorläufer des fuzzy-logischen Prinzips. Sein Schüler ARISTOTELES postulierte jedoch das Gesetz vom ausgeschlossenen Dritten, das die Entwicklung logischer und mathematischer Systeme für die nächsten zwei Jahrtausende bestimmen sollte.

Abb. 3.2 Aristoteles

Moderne Philosophen wie G. HEGEL und B. RUSSEL nahmen PLATONS Vermutung wieder auf. So schreibt B. RUSSEL (Russel 1923):

„The law of excluded middle is true when precise symbols are employed, but it is not true when symbols are vague, as, in fact, all symbols are."

Beispielhaft stellt er die Ungenauigkeit in der Sprache an der Farbe *Rot* dar. Diese Farbe steht nicht für eine bestimmte genau festgelegte Wellenlänge, sondern beschreibt einen Bereich im Spektrum aller Farben.

Abb. 3.3 Russel

Auf B. RUSSEL geht ferner die Paradoxie des Barbiers einer spanischen Kleinstadt zurück, die besagt, daß alle Männer, die sich nicht selbst rasieren, vom Barbier rasiert werden. Die in der zweiwertigen Logik nicht lösbare Paradoxie entsteht durch die Frage, wer den Barbier rasiert.

Zur selben Zeit führt J. LUKASIEWICZ als erster eine systematische Alternative zu ARISTOTELES zweiwertiger Logik ein (Lukasiewicz 1957). J. LUKASIEWICZ zeigt, daß es Sätze gibt, denen keiner der Wahrheitswerte „wahr" oder „falsch" zugeordnet werden können. Hieraus schließt er auf die Existenz eines dritten Wahrheitswertes, den er zwischen „wahr" und „falsch" ansiedelt und „possible" nennt. Später entwickelte J. LUKASIEWICZ vier- und fünfwertige Logiken. Der Bezug zur Fuzzy-Set-Theorie ergibt sich, da er auch die Möglichkeit nannte, eine unendlichwertige Logik einzuführen. J. LUKASIEWICZ ließ dazu alle Zahlen aus dem Intervall [0,1] als Wahrheitswerte zu.

Abb. 3.4 Lukasiewicz

Die Ideen von B. RUSSEL nimmt M. BLACK 1937 wieder auf und stellt in (Black 1937) ein Verfahren vor, mit dem er die Unschärfe von Symbolen numerisch darstellen kann. Er nennt diese Methode *consistency-profile*. Er definiert dabei die Ungenauigkeit oder Vagheit eines Symbols unter Zuhilfenahme dessen Komplements. M. BLACK geht davon aus, daß es mindestens ein Element gibt, das weder zum Symbol selbst noch zu dessen Komplement vollständig gehört. Die Menge der Elemente, die nicht eindeutig zugeordnet werden können, nennt er *frings* [dt.: Fransen].

Abb. 3.5 Zadeh

Im Jahr 1965 veröffentlichte L. ZADEH den grundlegenden Artikel „Fuzzy Sets" (Zadeh 1965) in dem er die Mathematik der Fuzzy-Set-Theorie [dt.: unscharfe Mengenlehre] beschreibt. Dort verbindet L. ZADEH die Idee M. BLACKs der „Fransen" mit der unendlichwertigen Logik J. LUKASIE-WICZs.

3.2 Fuzzy-Mengen und Fuzzy-Logik

3.2.1 Klassische Mengen und klassische Logik

Klassische Mengentheorie

In der klassischen Mathematik und Logik ist eine Menge M auf einer Grundmenge G durch ihre Elemente bestimmt. Für jedes Element x der Grundmenge G wird festgelegt, ob es zur Menge M gehören soll („x $\in$ M") oder nicht zu M gehören soll („x $\notin$ M"). Klassische Mengen werden auch scharfe Mengen, „crispe" Mengen oder „crisp sets" genannt. Es gibt verschiedene Darstellungsformen für Mengen: eine Menge M kann in aufzählender Form, in beschreibender Form oder auch graphisch mit Hilfe von Diagrammen angegeben werden.

Die aufzählende Form, auch Listenform genannt, wird meist für endliche Mengen benutzt, z.B.

$$M = \left\{ a_1, a_2, \cdots, a_n \right\}$$

für eine n-elementige Menge M. Manchmal wird diese Form auch für unendliche Mengen benutzt, wenn deren Elemente als Glieder einer Folge mit leicht erkennbarem Bildungsgesetz gegeben sind, z.B.

$$M = \left\{ 2, 4, 6, 8, \cdots \right\}$$

für die Menge der geraden natürlichen Zahlen.

Beliebige, insbesondere unendliche Mengen, werden meist in der beschreibenden Form durch charakteristische Prädikate (Eigenschaften) erklärt. Man schreibt:

$$M = \left\{ x \in G \mid P(x) \right\}$$

und sagt, M besteht aus den Elementen x der Grundmenge G, welche das Prädikat P besitzen (bzw. die Eigenschaft P erfüllen). Die oben aufgeführte Menge der geraden natürlichen Zahlen läßt sich mittels

$$M = \left\{ n \in I\!N \mid n \bmod 2 = 0 \right\} = \left\{ n \in I\!N \mid n \text{ ist gerade} \right\}$$

auch in der beschreibenden Form angeben.

Eine weitere Möglichkeit, eine Menge M auf einer Grundmenge G zu beschreiben, besteht in der Angabe einer charakteristischen Funktion χ für $x \in G$. Diese Darstellungsform spielt insbesondere für die Fuzzy-Logik eine besondere Rolle. Die charakteristische Funktion hat die Grundmenge G als Definitionsbereich und die zweiwertige Menge $\{0, 1\}$ als Wertevorrat. Gehört ein $x \in G$ zu M, so nimmt die charakteristische Funktion χ_M den Wert 1 an, anderenfalls gilt $\chi_M = 0$.

Definition 3.1 *(Charakteristische Funktion)*
Sei G eine Grundmenge und M eine Teilmenge von G. Dann heißt die Funktion

$$\chi_M : G \to \{0,1\}$$

mit

$$\chi_M(x) = \begin{cases} 1 : x \in M \\ 0 : x \notin M \end{cases}$$

die Identifikator- oder charakteristische Funktion der Menge M.

Zwischen der Definition einer Menge in der beschreibenden Form mittels eine Prädikates und der Definition einer Menge durch ihre charakteristische Funktion besteht kein relevanter Unterschied. Das charakteristische Prädikat kann für ein $x \in G$ entweder wahr oder falsch sein, je nachdem, ob x die Eigenschaft P besitzt oder nicht besitzt. Die charakteristische Funktion nimmt in Analogie den Wert 1 an, wenn $x \in G$ zu M gehört bzw. den Wert 0 für diejenigen $x \in G$ an, welche nicht zu M gehören.

Beispiel 3.1
Die oben angegebene Menge M der geraden Zahlen auf der Grundmenge der natürlichen Zahlen läßt sich alternativ beschreiben durch

Aufzählende Form
$$M = \{2, 4, 6, 8, \cdots\}$$

Charakteristische Prädikate
$$M = \{n \in IN \mid n \bmod 2 = 0\} = \{n \in IN \mid n \text{ ist gerade}\}$$

Charakteristische Funktion
$$\chi_M(x) = 1 - (x \bmod 2)$$

In der klassischen Mengenlehre sind zwei Mengen von besonderer Bedeutung, die Universalmenge und die leere Menge:

Definition 3.2 *(Universalmenge, leere Menge)*
Es sei G eine Grundmenge und A eine Menge über G. A heißt Universalmenge, wenn sie gleich der Grundmenge G ist, also jedes Element der Grundmenge schon zu A gehört. A heißt leere Menge, wenn kein Element der Grundmenge in A enthalten ist.

Es ist A eine Universalmenge, wenn das A definierende Prädikat P allgemeingültig ist, oder anderes ausgedrückt, die charakteristische Funktion der Menge A, χ_A, für alle Elemente der Grundmenge G den Wert 1 annimmt. Ist A eine leere Menge, so ist charakteristische Funktion von A, χ_A, für alle $x \in G$ gleich 0. Das charakteristische Prädikat P der Menge A heißt in diesem Fall unerfüllbar (inkonsistent), es erfüllt kein Element der Grundmenge die Eigenschaft P.

In Definition 3.1 wurde bereits der Begriff der Teilmenge verwendet. Dieser Begriff muß noch genauer definiert werden. Anschaulich kann dies folgendermaßen erfolgen:

Seien M, N zwei klassische Mengen über der Grundmenge G. M heißt eine Teilmenge von N („$M \subseteq N$"), wenn jedes Element der Menge M auch in N („$M \subset N$") enthalten ist. M heißt eine echte Teilmenge von N („$M \subset N$"), falls $M \subseteq N$ gilt und N noch weitere Elemente der Grundmenge G enthält, die nicht in M enthalten sind. Die beiden Mengen heißen gleich („$M = N$"), falls beide Mengen genau die gleichen Elemente enthalten, oder anders ausgedrückt, wenn sowohl $M \subseteq N$ als auch $N \subseteq M$ gilt. Die Teilmengenbeziehung und die Gleichheit zweier klassischer Mengen kann aber auch über die charakteristischen Funktionen definiert werden:

Definition 3.3 *(Teilmengen und Gleichheit klassischer Mengen)*
Es seien M und N zwei klassische Mengen über der Grundmenge G und $\chi_M(x), \chi_N(x): G \to \{0,1\}$ die charakteristischen Funktionen von M und N.

Es heißt dann M eine Teilmenge von N (in Zeichen „$M \subseteq N$"oder auch „$N \supseteq M$"), wenn

$$\chi_M(x) \le \chi_N(x) \qquad \forall x \in G$$

gilt.

Es heißt M eine echte Teilmenge von N (in Zeichen „$M \subset N$" oder auch „$N \supset M$"), falls

$$\left(\forall x \in G: \quad \chi_M(x) \le \chi_N(x) \right) \quad \wedge \quad \left(\exists x \in G: \left(\chi_M(x) < \chi_N(x) \right) \right)$$

gilt.

Weiter heißen M und N gleich (in Zeichen: $M = N$), falls gilt:

$$\chi_M(x) = \chi_N(x) \qquad \forall x \in G$$

Neben diesen Beziehungen zwischen crispen Mengen existieren weiter die aus der klassischen Mathematik bekannten Mengenoperationen wie Komplementbildung, Schnitt und Vereinigung:

Definition 3.4 *(Mengenoperationen auf klassischen Mengen)*
Für zwei klassische Mengen A, B auf einer Grundmenge G definiert man folgende Mengenoperationen:

1. das *Komplement* von A, $A^c = \{x \in G \,|\, x \notin A\}$

2. den *Schnitt* von A und B, $A \cap B = \{x \in G \,|\, x \in A \wedge x \in B\}$

3. die *Vereinigung* von A und B, $A \cup B = \{x \in G \,|\, x \in A \vee x \in B\}$

4. die *Differenzmenge* A ohne B, $A - B = \{x \in G \,|\, x \in A \wedge x \notin B\}$

5. die *symmetrische Differenz* von A und B, $A * B = (A - B) \cup (B - A)$

6. die *Potenzmenge* von A, $\wp(A) = \{X \subseteq G \,|\, X \subseteq A\}$

7. das *kartesische Produkt* von A und B,
    $A \times B = \{(x, y) \,|\, x \in A \wedge y \in B\}$

Tabelle 3.1 Eigenschaften der Mengenoperationen für klassische Mengen

$\left(A^c\right)^c = A$	Involution
$A \cup B = B \cup A$	Kommutativität
$A \cap B = B \cap A$	
$(A \cup B) \cup C = A \cup (B \cup C)$	Assoziativität
$(A \cap B) \cap C = A \cap (B \cap C)$	
$A \cap (B \cup C) = (A \cap B) \cup (A \cap C)$	Distributivität
$A \cup (B \cap C) = (A \cup B) \cap (A \cup C)$	
$A \cap A = A$	Idempotenz
$A \cup A = A$	
$A \cup (A \cap B) = A$	Absorption
$A \cap (A \cup B) = A$	
$A \cup \left(A^c \cap B\right) = A \cup B$	Absorption des Komplements
$A \cap \left(A^c \cup B\right) = A \cap B$	
$A \cup G = G$	Identität
$A \cap \phi = \phi$	
$(A \cap B)^c = A^c \cup B^c$	De Morgansche Gesetze
$(A \cup B)^c = A^c \cap B^c$	
$A \cap A^c = \phi$	Gesetz vom Widerspruch
$A \cup A^c = G$	Gesetz vom ausgeschlossenen Dritten

Die Definition 3.4 kann auch auf der Basis der charakteristischen Funktion erfolgen, man erhält z.B.

$$\chi_{A^c}(x) = \left(1 - \chi_A(x)\right)$$

$$\chi_{A \cap B}(x) = \min\left(\chi_A(x), \chi_B(x)\right)$$

$$\chi_{A \cup B}(x) = \max\left(\chi_A(x), \chi_B(x)\right)$$

Aus den hier definierten Mengenoperationen für klassische Mengen lassen sich die in Tabelle 3.1 dargestellten Eigenschaften der Mengenoperationen auf crispen Mengen beweisen.

Statt A^c ist auch die Notation $\bar{A}$ gebräuchlich. Die Korrektheit der Eigenschaften läßt sich unmittelbar aus den Definitionen ableiten. Unter Verwendung der charakteristischen Funktion erhält man z.B.

Beispiele 3.2

1. Die Korrektheit von $\left(A^c\right)^c \equiv \bar{\bar{A}} = A$ ergibt sich aus

$$\chi_{\left(A^c\right)^c}(x) = 1 - \chi_{A^c}(x) = 1 - \left(1 - \chi_A(x)\right) = \chi_A(x).$$

2. Die Korrektheit von $A \cup A = A$ ergibt sich aus

$$\chi_{A \cup A}(x) = \max\left(\chi_A(x), \chi_A(x)\right) = \chi_A(x).$$

3. Die Korrektheit von $\chi_{(A \cap B)^c}(x) = \chi_{A^c \cup B^c}(x)$ ergibt sich aus

$$\chi_{(A \cap B^c)}(x) = 1 - \chi_{A \cap B}(x) = 1 - \min\left(\chi_A(x), \chi_B(x)\right).$$

o.B.d.A sei $\chi_A(x) \geq \chi_B(x)$

$$\Rightarrow \min\left(\chi_A(x), \chi_B(x)\right) = \chi_B(x) \text{ und}$$

$$\max\left(1 - \chi_A(x), 1 - \chi_B(x)\right) = 1 - \chi_B(x)$$

$$\Rightarrow 1 - \min\left(\chi_A(x), \chi_B(x)\right) = 1 - \chi_B(x)$$

$$= \max\left(1 - \chi_A(x), 1 - \chi_B(x)\right)$$

$$= \chi_{A^c \cup B^c}(x).$$

Klassische Aussagenlogik

Die klassische Aussagenlogik ist ein Teilgebiet der formalen Logik, in dem inhaltliches Denken und Schließen durch formale Kalküle modelliert werden. Aussagen werden dabei nicht nach inhaltlichen Überlegungen, sondern rein formal nach vorgegebenen Vorschriften bewertet (extensionaler Standpunkt). Kennzeichnend für die klassische Aussagenlogik ist die Beschränkung auf zwei Wahrheitswerte (wahr, falsch), das sogenannte Zweiwertigkeitsprinzip.

Ein *zulässiger Ausdruck (aussagenlogischer Ausdruck, Formel)* ist eine endliche Zeichenreihe (Wort), die induktiv über dem Alphabet (Zeichenvorrat) $A = \{a, \cdots z, \vee, \wedge, \neg, \rightarrow, \leftrightarrow, (,), W, F\}$ definiert ist.

Definition 3.5 *(Syntax der Aussagenlogik, zulässiger Ausdruck)*

1. Kleine lateinische Buchstaben sind zulässige Ausdrücke.

2. Die Zeichen W, F sind zulässige Ausdrücke.

3. Sind A und B zulässige Ausdrücke, so sind auch

$$(A), \neg A, (A \vee B), (A \wedge B), (A \rightarrow B), (A \leftrightarrow B)$$

   zulässige Ausdrücke.

Zur Vereinfachung der Schreibweise werden folgende Prioritäten für die Verknüpfung von zulässigen Ausdrücken vereinbart: „$\neg$" vor „$\vee$" (und „$\wedge$") vor „$\rightarrow$" vor „$\leftrightarrow$". Die damit entbehrlichen Klammern und die äußersten Begrenzungsklammern können entfallen. Bei gemeinsamen Auftreten von „$\vee$" und „$\wedge$" muß die Reihenfolge ihrer Ausführung in jedem Fall durch entsprechende Klammerung geregelt werden, da sie gleiche Priorität besitzen.

Dem Begriff des zulässigen Ausdrucks wird mit Hilfe von Wahrheitswerten und der Wahrheitswertefunktion δ eine Bedeutung (Interpretation) zugeordnet.

Definition 3.6 *(Semantik der Aussagenlogik)*

1. „W" steht für den *Wahrheitswert* „wahr" (also eine wahre Aussage), „F" steht für den Wahrheitswert „falsch" (also eine falsche Aussage).

2. Ein kleiner lateinischer Buchstabe bezeichnet eine *Aussagenvariable*. Eine Aussagenvariable a läßt sich als „wahr" oder „falsch" interpretieren, indem ihr durch eine Funktion δ wie folgt ein Wahrheitswert zugeordnet wird:

$$\delta(a) = W : a \text{ wird mit einer wahren Aussage belegt}$$
$$\delta(a) = F : a \text{ wird mit einer falschen Aussage belegt.}$$

3. Die Zeichen ¬ (nicht), ∨ (oder), ∧ (und), → (wenn – dann) und ↔ (genau dann – wenn) heißen *Negation, Disjunktion, Konjunktion, Subjunktion* bzw. *Bijunktion* und dienen nach Definition 3.4 zur Verknüpfung von zulässigen Ausdrücken. Ihre Bedeutung wird durch die Tab. 3.2 festgelegt.

4. Für einen n-stelligen zulässigen Ausdruck $A(x_1, \cdots, x_n)$ berechnet sich der Wahrheitswert $\delta(A(x_1, \cdots, x_n))$ bei gegebenen Wahrheitswerten $\delta(x_1), \cdots, \delta(x_n) \in \{W, F\}$ gemäß

$$\delta(A(x_1, \cdots, x_n)) = A(\delta(x_1), \cdots, \delta(x_n)).$$

Tabelle 3.2 Formale Bedeutung der Verknüpfungsoperatoren für Aussagen

		Negation	Disjunktion	Konjunktion	Subjunktion	Bijunktion
$\delta(a)$	$\delta(b)$	$\delta(\neg(a))$	$\delta(a \vee b)$	$\delta(a \wedge b)$	$\delta(a \to b)$	$\delta(a \leftrightarrow b)$
W	W	F	W	W	W	W
W	F	F	W	F	F	F
F	W	W	W	F	W	F
F	F	W	F	F	W	W

Der Wahrheitswert eines zulässigen Ausdrucks läßt sich mit Hilfe dieser Definition bei vorgegebener Belegung der Aussagevariablen formal berechnen, wobei es für einen n-stelligen zulässigen Ausdruck $A(x_1, \cdots, x_n)$ in der klassischen (zweiwertigen) Logik genau 2^n mögliche Belegungen gibt.

Beispiel 3.3

Es sei $A(a,b,c) = \neg(\neg a \to b) \wedge (c \vee b)$ ein zulässiger Ausdruck. Für die Belegung $\delta(a) = W, \delta(b) = F, \delta(c) = W$ ergibt sich für $A(a,b,c)$ folgender Wahrheitswert:

$$
\begin{aligned}
\delta(A(a,b,c)) &= \neg(\neg W \to F) \wedge (W \vee F) \\
&= \neg(F \to F) \wedge W \\
&= \neg W \wedge W \\
&= F \wedge W \\
&= F
\end{aligned}
$$

Neben der in Beispiel 3.3 dargestellten Auswertung eines zulässigen Ausdrucks bei vorgegebener Belegung der vorhandenen Aussagevariablen durch schrittweise Berechnung von innen nach außen, kann ein n-stelliger zulässiger Ausdruck durch eine Wahrheitstafel für alle 2^n möglichen Belegungen bewertet werden. Ein komplexer zulässiger Ausdruck wird dabei meist in mehrere zulässige Teilausdrücke getrennt, die sukzessive berechnet werden, wobei auf die Prioritäten der Junktoren geachtet werden muß. So lautet die Wahrheitstafel für den in Beispiel 3.3 angegebenen zulässigen Ausdruck $A(a,b,c)$ mit den Teilausdrücken

$$d := (\neg a \to b) \ und \ e := (c \vee b) :$$

a	b	c	$\neg a$	$d = (\neg a \to b)$	$\neg d$	$e := (c \vee b)$	$\neg d \wedge e$
W	W	W	F	W	F	W	F
W	W	F	F	W	F	W	F
W	F	W	F	W	F	W	F
W	F	F	F	W	F	F	F
F	W	W	W	W	F	W	F
F	W	F	W	W	F	W	F
F	F	W	W	F	W	W	W
F	F	F	W	F	W	F	F

Neben zulässigen Ausdrücken, die für einige Belegungen wahr sind, für die übrigen falsch sind, gibt es zulässige Ausdrücke, die für jede Belegung der Aussagevariablen falsch bzw. richtig sind:

Definition 3.7 (Konsistenz, Inkonsistenz, Tautologie)
Es sei $A(x_1, \cdots, x_n)$ ein n-stelliger zulässiger Ausdruck.

1. $A(x_1, \cdots, x_n)$ wird *erfüllbar* oder *konsistent* genannt, wenn es eine Belegung von Wahrheitswerten für $x_1, \cdots, x_n$ gibt, so daß $\delta(A(x_1, \cdots x_n)) = W$ gilt.

2. Gibt es keine Wahrheitswertebelegung der $x_1, \cdots, x_n$, für die $\delta(A(x_1, \cdots, x_n)) = W$ ist, so wird die Aussage $A(x_1, \cdots, x_n)$ als *inkonsistent* oder *unerfüllbar* bezeichnet.

3. Ist die Aussage $A(x_1, \cdots, x_n)$ für jede der 2^n möglichen Wahrheitswertebelegungen wahr, so heißt die Aussage *allgemeingültig* oder *Tautologie*.

Beispiele 3.4

1. $A \wedge (\neg A)$ ist unerfüllbar, denn es gilt

$\delta(A)$	$\delta(\neg A)$	$\delta(A \wedge (\neg A))$
W	F	F
W	F	F
F	W	F
F	W	F

2. $A \vee (\neg A)$ ist allgemeingültig, denn es gilt

$\delta(A)$	$\delta(\neg A)$	$\delta(A \vee (\neg A))$
W	F	W
W	F	W
F	W	W
F	W	W

Anstelle von $\delta(a) = W$ schreibt man auch oft vereinfacht $a = W$.

Für einen 2-stelligen zulässigen Ausdruck gibt es genau 4 verschiedene Belegungen und 16 verschiedene Verteilungen von Wahrheitswerten. Allgemein gibt es für einen n-stelligen zulässigen Ausdruck genau 2^n verschiedene Belegungen und 2^{2^n} verschiedene Verteilungen von Wahrheitswerten. Die Menge der n-stelligen zulässigen Ausdrücke ist für festes $n \in IN$ jedoch unendlich groß. Demzufolge gibt es für ein festes n zulässige Ausdrücke, deren Wahrheitswerte für jede Belegung übereinstimmen.

Definition 3.8 *(aussagenlogische Äquivalenz)*
Es seien $A = A(x_1, \cdots, x_n)$ und $B = B(x_1, \cdots, x_n)$ zwei n-stellige zulässige Ausdrücke. Ist für jede Belegung $(\delta(x_1), \cdots, \delta(x_n))$ der Wahrheitswert von A gleich dem Wahrheitswert von B, also $\delta(A) = \delta(B)$, so ist die Bijunktion $A \leftrightarrow B$ allgemeingültig. Man schreibt dann auch

$$A \Leftrightarrow B \quad (\text{„}A \text{ ist äquivalent zu } B\text{“})$$

und nennt die Beziehung zwischen A und B eine aussagenlogische Äquivalenz.

Das Äquivalenzzeichen „$\Leftrightarrow$" ist ein sogenanntes metasprachliches Symbol, welches zum Ausdruck bringt, daß die Bijunktion A $\leftrightarrow$ B allgemeingültig ist, und stellt keine aussagenlogische Verknüpfung dar.

Mit Hilfe von Wahrheitstafeln läßt sich ferner zeigen, daß sich jeder Junktor bereits mit Hilfe der Negation und der Disjunktion aussagenlogisch äquivalent darstellen läßt, d.h. jeder zulässige Ausdruck läßt sich unter ausschließlicher Verwendung dieser beiden Junktoren darstellen.

Dies nutzt man z.B. bei der Realisierung von Schaltkreisen aus, da dadurch die Anzahl der notwendigen Gattertypen auf zwei reduziert werden kann. Verknüpfungssymbole wie $\wedge$ oder $\rightarrow$ sind daher für den logischen Kalkül nicht unbedingt notwendig, sie dienen jedoch zur besseren Darstellung bzw. der besseren Verständlichkeit.

Analog zur klassischen Mengentheorie läßt sich auch in der Aussagenlogik eine Reihe von Äquivalenzen mit Hilfe der Wahrheitstafeln beweisen:

Tabelle 3.3 Äquivalenzen für die Aussagenlogik

1.	$A \wedge A \equiv A$	(Idempotenz)
	$A \vee A \equiv A$	
2.	$A \wedge B \equiv B \wedge A$	(Kommutativität)
3.	$(A \wedge B) \wedge C \equiv A \wedge (B \wedge C)$	(Assoziativität)
	$(A \vee B) \vee C \equiv A \vee (B \vee C)$	
4.	$A \wedge (A \vee B) \equiv A$	(Absorption)
	$A \vee (A \wedge B) \equiv A$	
5.	$A \wedge (B \vee C) \equiv (A \wedge B) \vee (A \wedge C)$	(Distributivität)
	$A \vee (B \wedge C) \equiv (A \vee B) \wedge (A \vee C)$	
6.	$\neg\neg A \equiv A$	(Doppelnegation)
7.	$\neg(A \wedge B) \equiv \neg A \vee \neg B$	(de Morgansche Regeln)
	$\neg(A \vee B) \equiv \neg A \wedge \neg B$	
8.	$\left.\begin{array}{l} A \vee B \equiv A \\ A \wedge B \equiv B \end{array}\right\}$ falls A allgemeingültig	(Tautologieregeln)
9.	$\left.\begin{array}{l} A \vee B \equiv B \\ A \wedge B \equiv A \end{array}\right\}$ falls A unerfüllbar	(Unerfüllbarkeitsregeln)
10.	$A \Rightarrow B \equiv \neg B \Rightarrow \neg A$	(Kontraposition)
11.	$A \Rightarrow B \equiv \neg A \vee B$	(Implikation)
12.	$A \Leftrightarrow B \equiv (A \Rightarrow B) \wedge (B \Rightarrow A)$	(Koimplikation)

Eine der wichtigsten Anwendungen der klassischen Aussagenlogik ist die aussagenlogische Folgerung (aussagenlogischer Schluß). Hierbei geht es darum, aus bekannten gültigen Aussagen neue Aussagen herzuleiten:

Definition 3.9 (*Aussagenlogische Folgerung*)
Es seien $A_1, \cdots, A_m, B_1, \cdots, B_k$ n-stellige zulässige Ausdrücke. Die $B_1, \cdots, B_k$ heißen aussagenlogische Folgerung aus $A_1, \cdots, A_m$, wenn mit jeder Belegung $(\delta(x_1), \cdots, \delta(x_n))$ für die

$$\delta(A_1) = \cdots = \delta(A_m) = W \quad (m \geq 1)$$

ist, auch gilt

$$\delta(B_1) = \cdots = \delta(B_k) = W \quad (k \geq 1).$$

Es ist also B eine aussagenlogische Folgerung aus den $A_1, \cdots, A_m$, wenn die Subjunktion $A_1 \wedge \cdots \wedge A_m \to B$ eine Tautologie ist. Hierfür verwendet man auch die Schreibweise $A_1 \wedge \cdots \wedge A_m \Rightarrow B$, („$(A_1 \wedge \cdots \wedge A_m)$ impliziert B") und spricht von einer aussagelogischen *Implikation*.

Einige aussagenlogische Folgerungen werden aufgrund ihres häufigen Auftretens unter dem Begriff *Schlußfiguren* zusammengefaßt:

Definition 3.10 *(Modus ponens)*
Die Schlußfigur

$a \to b$	„*wenn a, dann b*"
$\underline{a}$	„*jetzt gilt a*"
b	„*also gilt b*"

wird als Modus ponens (*Abtrennungsregel* oder *Ableitungsregel*) bezeichnet.

Für den Modus ponens wird oft auch die Notation

$$\frac{a, a \to b}{b}$$

verwendet.

Anschaulich kann man den Inhalt des Modus ponens wie folgt erklären:
Wir wissen generell, daß wenn „a" gilt auch „b" gilt. Wissen wir nun ferner in einem konkreten Fall, daß „a" zutrifft, so wissen wir nun, daß jetzt auch „b" gilt.

Beispiel 3.5
Aus der Analysis sind die Begriffe differenzierbar und stetig bekannt. Es gilt der Satz:
Wenn eine Funktion f: $D \to IR$ in a $\in D$ differenzierbar ist, dann ist f auch stetig in a. Sei nun eine gegebene Funktion f in einem Punkt a differenzierbar.
Es gilt also:

Wenn f in a differenzierbar, dann ist f stetig in a.
f ist differenzierbar in a
f ist stetig in a.

Der Modus ponens kann auch sukzessive angewandt werden:

Beispiel 3.6

Gegeben seien die beiden Ableitungsregeln

$$\frac{\text{Fieber} ,\quad \text{Fieber} \;\rightarrow\; \text{krank}}{\text{krank}}$$

und

$$\frac{\text{krank} ,\quad \text{krank} \;\rightarrow\; \text{arbeitsunfähig}}{\text{arbeitsunfähig}}$$

dann läßt sich daraus schlußfolgern, daß ein Student mit Fieber arbeitsunfähig ist.

Die beiden anderen besonders in der Mathematik sehr häufig verwendeten Schlußfiguren sind der Modus tollens (Widerspruchsregel)

$$((a \rightarrow b) \wedge \neg b) \Rightarrow \neg a$$

und der Modus barbara (Kettenschluß)

$$((a \rightarrow b) \wedge (b \rightarrow c)) \Rightarrow (a \rightarrow c).$$

Durch den Kettenschluß in Verbindung mit dem Modus tollens läßt sich die Gültigkeit des bekannten *indirekten Beweises* zeigen.

3.2.2 Fuzzy-Mengen und Fuzzy-Logik

Motivation der Fuzzyfikation

Die Zweiwertigkeit der klassischen Mengenlehre und klassischen Logik stößt im allgemeinen Sprachgebrauch an ihre Grenzen. Beobachtet man sich selbst beim Sprechen, so wird man feststellen, daß man überwiegend graduell abgestuft spricht: man gebraucht Formulierungen wie „ziemlich teuer", „es tut etwas weh" oder wie oben, „überwiegend graduell abgestuft". Derartige Formulierungen sind aber durch klassische Mengenlehre bzw. klassische Logik überhaupt nicht oder nur unzureichend zu beschreiben.

Dieses Sprachverhalten wird von vielen Forschern als Indiz angesehen, daß auch die natürliche Informationsverarbeitung, z.B. im menschlichen Gehirn, nicht auf einer zweiwertigen Logik beruht, sondern daß hier andere Prinzipien gelten.

Die Problematik der zweiwertigen Logik sei an drei konkreten Beispielen näher erläutert:

Beispiel 3.7

Sei $G = [10,30]$ ein reelles Intervall der möglichen Raumtemperaturen eines Zimmers in °C. Auf der Grundmenge G soll die Teilmenge der „angenehmen Zimmertemperaturen" modelliert werden. In der klassischen Mengenlehre ist die Modellierung des Begriffs „angenehme Zimmertemperatur" nur durch eine Teilmenge der Grundmenge G, also ein reelles Intervall, möglich. Bei der Modellierung treten zumindest zwei Probleme auf:

1. Eine Raumtemperatur von 21 °C wird objektiv von allen Menschen als angenehm bezeichnet werden. Die Festlegung des Intervalls einer angenehmen Zimmertemperatur ist jedoch eine subjektive Empfindung, die von Person zu Person verschieden beurteilt werden kann.
2. Legt sich die bewertende Person auf ein Intervall fest, beispielsweise die Teilmenge $M = [19,22]$, so macht es wenig Sinn, eine Zimmertemperatur von 19 °C als angenehm, eine Temperatur von 18,9 °C jedoch als unangenehm zu bezeichnen.

Wie dieses Beispiel verdeutlicht, entspricht die Angabe einer klassischen Menge als Menge der „angenehmen Zimmertemperatur" nicht der Intuition. Im Gegensatz zur Angabe „21 Grad" repräsentiert der Begriff „angenehme Zimmertemperatur" verschiedene Werte, die diesem Begriff mehr oder weniger gut entsprechen. Die Zweiwertigkeit der klassischen Mengen ist für diese Menge nicht geeignet, da es für die Elemente der Grundmenge G keinen kontinuierlich abgestuften Zugehörigkeitsgrad zwischen Nichtmitgliedschaft („nicht angenehme Zimmertemperatur") und Vollmitgliedschaft („angenehme Zimmertemperatur") gibt.

Beispiel 3.8

Die Frage, ob ein Mensch der Größe x groß ist, läßt sich nur schwer mit einer charakteristischen Funktion beantworten, z.B.:

$$\chi_{gross}(x) = \begin{cases} 1 \; f\ddot{u}r \; x > 175 \, cm \\ 0 \; f\ddot{u}r \; x \le 175 \, cm \end{cases}$$

Diese Funktion hat drei Probleme:

1. Nicht jeder Mensch ist derselben Meinung, d.h. ein anderer Mensch würde die Grenze evtl. nicht bei 175 cm ziehen. So würde ein 210 cm großer Mensch einen 175 cm großen Menschen eher als „klein" bezeichnen, während ein nur 150 cm großer Mensch einen Menschen mit 170 cm Körpergröße bereits als „groß" bezeichnen würde.
2. Ein Mensch der Größe 175 cm ist nicht groß, ein Mensch, der nur einen Zentimeter größer ist, ist bereits groß.

3. Ein Mensch, der genau 175 cm groß ist, wird je nachdem, ob gerundet oder die Nachkommastelle abgeschnitten wird, bzw. ob die Messung genau genug war, in verschiedene Kategorien eingeordnet.

Beispiel 3.9
Wir betrachten folgende Situation:
Gegeben sind ein Zimmer mit einem Kühlschrank und ein Apfel. Die Frage

„Befindet sich der Apfel im Kühlschrank?"

läßt sich mit Hilfe der klassischen zweiwertigen Logik eindeutig beantworten.

Beißt nun jemand von diesem Apfel ein Stück ab und verspeist dieses Stück, so ist die gleiche Frage mit Hilfe der klassischen Logik nicht mehr problemlos zu beantworten. Ein Mensch könnte diese Frage jedoch mit

„Der Apfel befindet sich zum Teil im Kühlschrank"

beantworten. Eine derartige graduelle Aussage ist jedoch in der klassischen zweiwertigen Logik nicht möglich.

Diese Problematiken lassen sich durch die im Jahre 1965 von Lotfi A. Zahdeh entwickelte Theorie der unscharfen Mengen (Fuzzy set theory, Fuzzy-Logik) lösen. Die Fuzzy-Logik erweitert das Prinzip der klassischen Mengen, indem der Wertevorrat der charakteristischen Funktion χ auf das Intervall der reellen Zahlen zwischen 0 und 1 (jeweils eingeschlossen), also [0,1] erweitert wird. Die Funktion wird nicht mehr charakteristische Funktion χ, sondern Zugehörigkeitsfunktion μ genannt. Man interpretiert den Funktionswert $\mu_M(x)$ eines Elements x der Grundmenge G als Maß für die Mitgliedschaft bzw. die Zugehörigkeit zur betreffenden Menge M. Je größer der Wert $\mu_M(x)$, desto stärker ist die Zugehörigkeit von x $\in$ G zur betreffenden Menge, Elemente können also auch nur zu einem Teil zur betreffenden Menge gehören. Die Erweiterung der klassischen charakteristischen Funktion zum Zugehörigkeitsgrad der Fuzzy-Mengen wird als *Fuzzifizierung* bezeichnet.

Im Gegensatz zur klassischen Mengenlehre kann also in der Fuzzy-Logik eine Eigenschaft auf einen Gegenstand bis zu einem gewissen Grad zutreffen, repräsentiert durch eine Zahl zwischen 0 und 1.

Fuzzy-Mengen

Der Unterschied zwischen klassischen Mengen und Fuzzy-Mengen ergibt sich aus der folgenden Definition:

Definition 3.11 *(Fuzzy-Menge)*

Es sei G eine Grundmenge und $\mu_{\tilde{A}}$ eine Funktion der Grundmenge G in das Einheitsintervall $[0,1]$ der reellen Achse, also $\mu_{\tilde{A}}: G \rightarrow [0,1]$. Dann heißt die Menge $\tilde{A}$ aller Paare $(x, \mu_{\tilde{A}}(x))$

$$\tilde{A} = \{\, (x, \mu_{\tilde{A}}(x)) \mid x \in G \}$$

eine Fuzzy-Menge *(unscharfe Menge, fuzzy set)* über G. Die Funktion $\mu_{\tilde{A}}$ wird als *Mitgliedsgrad-* bzw. *Zugehörigkeitsfunktion* (auch *membership function*) von $\tilde{A}$ bezeichnet. Für ein $x \in G$ wird der Wert $\mu_{\tilde{A}}(x)$ *Zugehörigkeitsgrad, Erfüllungsgrad* oder auch *Mitgliedsgrad* von x zu $\tilde{A}$ genannt.

Neben der klassischen Notation einer endlichen Fuzzy-Menge $\tilde{A}$ durch Aufzählen der Paare $(x, \mu_{\tilde{A}}(x))$ mit $x \in G$ im Sinne der Definition, also

$$\tilde{A} = \{(x_1, \mu_{\tilde{A}}(x_1)), (x_2, \mu_{\tilde{A}}(x_2)), \ldots, (x_n, \mu_{\tilde{A}}(x_n))\},$$

sind weitere Notationen gebräuchlich:

1. Die Notation für endliche Fuzzy-Mengen nach Zadeh über einer Grundmenge $G = \{x_1, x_2, x_3, \ldots, x_n\}$:

$$\tilde{A} = \frac{\mu_{\tilde{A}}(x_1)}{x_1} \cdots + \cdots + \frac{\mu_{\tilde{A}}(x_n)}{x_n} = \sum_{i=1}^{n} \frac{\mu_{\tilde{A}}(x_i)}{x_i} = \sum_{i=1}^{n} \mu_{\tilde{A}}(x_i) / x_i$$

2. Die Notation für unendliche Fuzzy-Mengen – die klassische Grundmenge G ist also unendlich – wird nach Zadeh mit Hilfe des klassischen Integralzeichens beschrieben:

$$\tilde{A} = \int_{G} \frac{\mu_{\tilde{A}}(x)}{x} = \int_{G} \mu_{\tilde{A}}(x) / x$$

3. Die Vektornotation für endliche Fuzzy-Mengen ergibt eine Darstellung in tabellarischer Form:

$$\tilde{A} \;=\; \frac{\mu_{\tilde{A}}(x_1) \quad \mu_{\tilde{A}}(x_2) \quad \cdots \quad \mu_{\tilde{A}}(x_n)}{x_1 \qquad\quad x_2 \qquad \cdots \qquad x_n}$$

Hierbei ist zu beachten, daß die in den Notationen auftretenden Integralzeichen, Pluszeichen und Bruchstriche rein formal-syntaktisch zu verstehen sind. So soll z.B. die Bruchschreibweise den Zusammenhang zwischen dem Zugehörigkeitsgrad ($\in [0,1]$) und dem Element kennzeichnen.

Fuzzy-Mengen werden also durch ihre Grundmenge und ihre Zugehörigkeitsfunktion definiert und können durch verschiedene Notationen angegeben werden. Meist zeigt die Mitgliedsgradfunktion einer Fuzzy-

Menge jedoch folgenden Verlauf: Mit zunehmenden x steigt μ monoton, erreicht an einer Stelle x = m_1 ihr Maximum, bleibt bis zu einem Wert x = m_2 konstant und fällt dann wieder monoton ab. In der Theorie und Praxis treten drei Arten von Fuzzy-Mengen mit einer solchen Mitgliedsgradfunktion besonders häufig auf, die genauer betrachtet werden sollen:

Definition 3.12 (*Trapezmengen, Dreiecksmengen, Gauß-Mengen*)

1. Trapezmengen:
   Eine Trapezmenge, kurz $\tilde{T}$ (l, m_1, m_2, r), ist gegeben durch eine linke Grenze l, Mitte 1 m_1, Mitte 2 m_2 und rechte Grenze r mit der Mitgliedsgradfunktion:

$$\mu_{\tilde{T}}(x) = \begin{cases} 0 & : x \leq l \\ \dfrac{x-r}{m_1-l} & : l < x < m_1 \\ 1 & : m_1 \leq x \leq m_2 \\ \dfrac{m_2-x}{r-m_2}+1 & : m_2 < x < r \\ 0 & : r \leq x \end{cases}$$

2. Dreiecksmengen:
   Eine Dreiecksmenge, kurz $\tilde{D}$ (l, m, r), ist gegeben durch eine linke Grenze l, die Mitte m und die rechte Grenze r mit der Mitgliedsgradfunktion

$$\mu_{\tilde{D}}(x) = \begin{cases} 0 : x \leq l \\ \dfrac{x-r}{m-l} : l < x < m \\ 1 : x = m \\ \dfrac{m-x}{r-m}+1 : m < x < r \\ 0 : r \leq x \end{cases}$$

3. Gauß-Mengen:
   Gauß-Mengen, kurz $\tilde{G}$ (m,w), werden durch die reelle Exponentialfunktion, ihre Mitte m und einen Weitenparameter w definiert:

$$\mu_{\tilde{G}}(x) = \exp\left(-\left(\frac{x-m}{w}\right)^2\right)$$

Beispiel 3.10

1. Beispiel für eine Dreiecks-Fuzzy-Menge $\tilde{A} \approx 2$

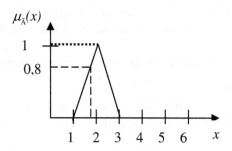

Hier ist x = 1,8 noch mit dem Erfüllungsgrad von 0,8 zur Menge $\tilde{A} \approx 2$ gehörig.

2. Beispiel für eine scharfe oder crispe Menge $A = \{2\}$

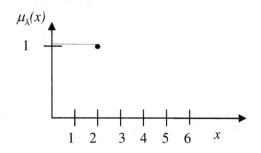

Eine derartige Menge kann auch dargestellt werden durch

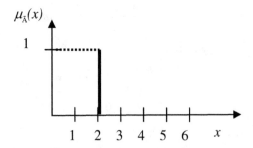

3. Beispiel für eine mögliche Darstellung der Menge „große Menschen"
    (s. Beispiel 3.8)

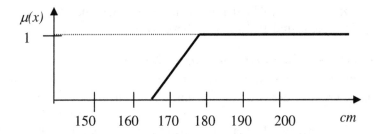

Generell seien zur Unterscheidung von crispen Mengen im folgenden die Fuzzy-Mengen mit einer Tilde („~") versehen.

Ein besonders für die Praxis relevanter Vorteil der drei speziellen Arten von Fuzzy-Mengen aus Definition 3.12 liegt in ihrer einfachen internen Repräsentation. So lassen sich Trapezmengen durch Speicherung von 4 Werten, Dreieckmengen durch Speicherung von drei Werten und Gauß-Mengen durch Speicherung von zwei Werten repräsentieren.

Für eine endliche Fuzzy-Menge $\tilde{A}$ auf einer Grundmenge G definiert man die Höhe von $\tilde{A}$, (height($\tilde{A}$)), als den größten Mitgliedsgrad eines Elementes $x \in G$, also height($\tilde{A}$) = $\max_{x \in G} \mu(x)$. Für unendliche Fuzzy-Mengen existiert dieses Maximum nicht notwendig, weswegen die Höhe im Allgemeinen über das aus der Analysis bekannte Supremum definiert wird, welches nach dem Vollständigkeitsaxiom immer existiert. Analog zur Höhe eier Fuzzy-Menge definiert man auch die Tiefe einer Fuzzy-Menge:

Definition 3.13 *(Höhe und Tiefe einer Fuzzy-Menge)*
1. Sei $\tilde{A}$ eine Fuzzy-Menge über der Grundmenge G. height ($\tilde{A}$) heißt die Höhe von $\tilde{A}$:

$$\text{height} (\tilde{A}) := \sup_{x \in G} \mu_{\tilde{A}}(x)$$

2. Das Infimum aller Mitgliedsgradwerte heißt die Tiefe oder auch Co-Höhe von $\tilde{A}$:

$$\text{coheight} (\tilde{A}) = \text{depth} (\tilde{A}) := \inf_{x \in G} \mu_{\tilde{A}}(x)$$

Definition 3.14 *(normale Fuzzy-Mengen)*
Eine Fuzzy-Menge $\tilde{A}$ heißt normal (oder auch normalisiert), wenn gilt:

$$\text{height} (\tilde{A}) = 1$$

Meistens wird anstatt des Supremums der Maximumsoperator für die Höhe verwendet. Gegebenenfalls ist daher der Maximumsoperator durch das Supremum zu ersetzen. Entsprechendes gilt für den Minimumsoperator und das Infimum.

Jede Fuzzy-Menge $\tilde{A}$ läßt sich normalisieren, indem man für jedes $x \in G$ den Zugehörigkeitsgrad $\mu_{\tilde{A}}(x)$ durch height($\tilde{A}$) teilt.

Definition 3.15 *(Modalwert einer Fuzzy-Menge)*
Man nennt m $\in G$ den Modalwert von $\tilde{A}$, falls height $(\tilde{A}) = 1$ gilt, und m das einzige Element der Grundmenge mit $\mu_{\tilde{A}}(m)$ = height $(\tilde{A}) = 1$ ist.

Für eine Fuzzy-Menge $\tilde{A}$ über einer Grundmenge G definiert man weiter die folgenden klassischen Mengen, die wiederum den Zusammenhang von Fuzzy-Mengen zu klassischen Mengen verdeutlichen:

Definition 3.16 *(α-Niveaumengen)*
Für eine Fuzzy-Menge $\tilde{A}$ über einer Grundmenge G und $\alpha \in [0, 1]$ heißt die klassische Menge

$$\text{cut}_\alpha(\tilde{A}) = \tilde{A}_\alpha := \{ x \mid x \in G \wedge \mu_{\tilde{A}}(x) \geq \alpha \}$$

die α-Niveaumenge *(α-Schnitt, α-level set, α-cut)* von $\tilde{A}$.
   Weiter bezeichnet man die Verschärfung

$$cut_\alpha^s (\tilde{A}) = \tilde{A}_\alpha := \{ x \mid x \in G \wedge \mu_{\tilde{A}}(x) > \alpha \}$$

als strenge α-Niveaumenge *(starken α-Schnitt, strong α-cut)*.

Der α-Schnitt einer Fuzzy-Menge $\tilde{A}$ faßt also alle Elemente der Grundmenge G, welche einen Zugehörigkeitsgrad größer oder gleich α haben, zu einer klassischen Menge zusammen, der strenge α-Schnitt alle Elemente der Grundmenge, deren Zugehörigkeitsgrad größer als α ist. Die strenge 0-Niveaumenge einer Fuzzy-Menge $\tilde{A}$ über einer Grundmenge G wird als Träger von $\tilde{A}$ bezeichnet:

Definition 3.17 *(Träger, Support)*
Der Träger oder auch Support einer Fuzzy-Menge $\tilde{A}$ über einer Grundmenge G bezeichnet die klassische Menge

$$\text{supp}(\tilde{A}) := \{ x \mid x \in G \wedge \mu_{\tilde{A}}(x) > 0 \}$$

Der Support der Fuzzy-Menge $\tilde{A}$ ist also die klassische Teilmenge der Grundmenge G, welche alle Elemente von G, die ganz oder zumindest zu einem Teil zur Fuzzy-Menge $\tilde{A}$ gehören, zusammenfaßt.
   Es seien hier noch drei weitere klassische Mengen angegeben, die zur Charakterisierung einer Fuzzy-Menge $\tilde{A}$ über einer Grundmenge G in der Theorie häufiger verwendet werden:

Definition 3.18 (α-Ebene)
Für die eine Fuzzy-Menge $\tilde{A}$ über einer Grundmenge G und $\alpha \in [0, 1]$ heißt die klassische Menge

$$\text{lev}_\alpha(\tilde{A}) := \{x \mid x \in G \wedge \mu_{\tilde{A}}(x) = \alpha\}$$

die α-Ebene oder auch das *α-Level* von $\tilde{A}$.

Definition 3.19 *(Kern, Co-Kern)*
Für eine Fuzzy-Menge $\tilde{A}$ über einer Grundmenge G bezeichnet man die klassische Menge aller Elemente von G, welche den vollen Mitgliedsgrad haben, als Kern von $\tilde{A}$:

$$ker(\tilde{A}) = \{x \mid x \in G \wedge \mu_{\tilde{A}}(x) = 1\}$$

Die Elemente x der Grundmenge G, welche nicht zu $\tilde{A}$ gehören, also für die $\mu_{\tilde{A}}(x) = 0$ gilt, werden zum Co-Kern zusammengefaßt:

$$coker(\tilde{A}) = \{x \mid x \in G \wedge \mu_{\tilde{A}}(x) = 0\}$$

Die aufgeführten Definitionen erklären Eigenschaften einer Fuzzy-Menge durch den Rückgriff auf klassische Mengen. Zwischen den Definitionen bestehen offensichtlich Zusammenhänge, die hier nicht näher aufgeführt werden sollen.

Umgekehrt ist klar, daß sich jede klassische Menge M auf einer Grundmenge G als Spezialfall einer Fuzzy-Menge $\tilde{M}$ über der Grundmenge G auffassen läßt, in dem der Wertebereich der Identikatorfunktion auf das Intervall [0, 1] erweitert wird:

$$\tilde{M} = \left\{\left(x, \mu_{\tilde{M}}(x)\right) \mid x \in G\right\} \text{ mit } \mu_{\tilde{M}}(x) = \begin{cases} \mu_{\tilde{M}}(x) = 1 : & x \in M \\ \mu_{\tilde{M}}(x) = 0 : & x \notin M \end{cases}$$

Speziell wird die klassische Grundmenge G als Fuzzy-Menge $\tilde{G}$ erklärt, indem allen Elementen der Mitgliedsgrad 1 zugeordnet wird, also

$$\tilde{G} = \left\{(x, 1) \mid x \in G\right\}.$$

Im Gegensatz zur klassischen leeren Menge $\emptyset$, die kein Element enthält, besteht die leere Fuzzy-Menge $\tilde{\emptyset}$ aus allen Elementen der Grundmenge G, aber sie alle besitzen den Mitgliedsgrad null. Die leere Fuzzy-Menge $\tilde{\emptyset}$ über einer Grundmenge G ist folglich gegeben durch

$$\tilde{\emptyset} = \{(x, 0) \mid x \in G\}.$$

Die verschiedenen Definitionen im Zusammenhang mit Fuzzy-Mengen seien anschaulich anhand der folgenden Beispiele erläutert:

Beispiele 3.11

1. Gegeben sei die Fuzzy-Menge $\tilde{A}$ durch

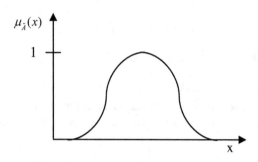

a) Der α-cut für α=0,8 ergibt sich zu

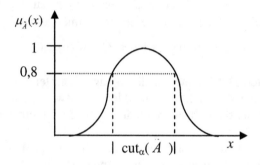

b) Der Träger ergibt sich zu

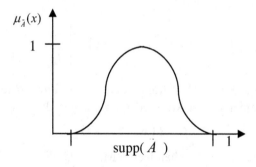

c) Der Modalwert ergibt sich zu

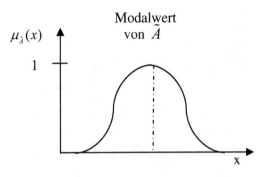

d) Der Kern bzw. der Co-Kern ergeben sich zu

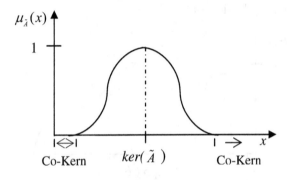

2. Gegeben sei die Fuzzy-Menge $\tilde{B}$ durch

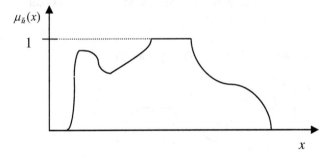

a) Der α-cut für $\alpha = 0,8$ ergibt sich zu

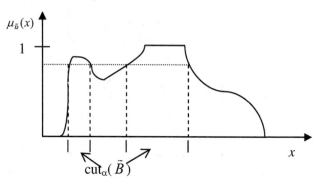

b) Der Träger ergibt sich zu

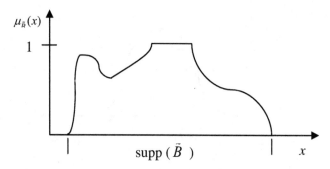

c) Es existiert kein eindeutig bestimmter Modalwert, da mehrere Elemente existieren mit height $(\tilde{B}) = 1$

d) Der Kern bzw. der Co-Kern ergeben sich zu

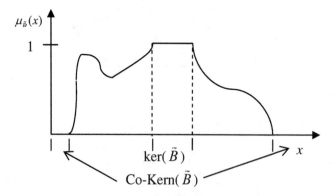

Interpretation von Fuzzy-Mengen

Es gibt nun verschiedene Interpretationen für die Semantik von Fuzzy-Mengen. Eine davon ist die Möglichkeitstheorie, die auf der Basis der Fuzzy-Mengen analog zur Wahrscheinlichkeitstheorie beschrieben werden kann. Sei dazu eine Variable u gewählt, die Werte aus der Grundmenge X annimmt. Dann lassen sich durch eine Fuzzy-Menge

$$\tilde{A} = \{(x, \mu_{\tilde{A}}(x)) \mid x \in X\}$$

die *„möglichen Werte von u"* beschreiben. Der gravierende Unterschied zwischen der Möglichkeitstheorie und der Wahrscheinlichkeitstheorie besteht aber darin, daß die Möglichkeit subjektiv bestimmt, die Wahrscheinlichkeit hingegen *formal* berechnet oder empirisch ermittelt wird (vgl. [Böhme, 1993]). Mit Hilfe der Fuzzy-Set-Theorie wird also eine andere Art der Unsicherheit beschrieben (vgl. [Zimmermann, 1991, Kap. 8], [Wicht, 1993]). Folgendes Beispiel soll den unterschiedlichen Informationsgehalt beider Formalismen und damit zwischen *„Zugehörigkeitsgrad"* und *„Wahrscheinlichkeit"* verdeutlichen.

Beispiel 3.12
Wir betrachten zwei Tische mit jeweils 10 Wassergläsern, die jeweils mit einer Flüssigkeit gefüllt sind. Auf allen Gläsern befinden sich Aufkleber, die über die Genießbarkeit der jeweiligen Flüssigkeit Auskunft geben. Auf den Gläsern des einen Tisches steht: „Diese Flüssigkeit ist zum Grad 0,2 tödlich". Auf den Gläsern des zweiten Tisches steht: „Diese Flüssigkeit ist mit der Wahrscheinlichkeit 0,2 tödlich". Beim Trinken der Gläser vom ersten Tisch wird bei jedem Glas eine Trübung des Wohlbefindens eintreten. Beim Trinken der Gläser vom zweiten Tisch wird bei einigen Gläsern keinerlei Beeinträchtigung eintreten, bei zwei Gläsern tritt jedoch der Tod ein.

Operationen auf Fuzzy-Mengen

Eine Fuzzy-Menge $\tilde{A}$ über einer Grundmenge G ist durch ihre reellwertige Mitgliedsgradfunktion bestimmt. Beziehungen zwischen Fuzzy-Mengen $\tilde{A}, \tilde{B}$ über einer gemeinsamen Grundmenge G müssen also über ihre Mitgliedsgradfunktionen definiert werden. In der klassischen Mengenlehre heißen zwei Mengen A, B gleich, wenn die Funktionswerte der charakteristischen Funktionen χ_A, χ_B für alle Elemente der Grundmenge G gleich sind. Es ist A eine Teilmenge von B, wenn $\forall x \in G : \chi_A(x) \leq \chi_B(x)$ gilt.

Die Gleichheit und Teilmengenbeziehung für Fuzzy-Mengen wird analog zur klassischen Mengenlehre definiert:

Definition 3.20 *(Gleichheit, Teilmenge)*

Seien $\tilde{A}, \tilde{B}$ zwei Fuzzy-Mengen über der Grundmenge G mit den Zugehörigkeitsfunktionen $\mu_{\tilde{A}}$ und $\mu_{\tilde{B}}$.

Dann ist $\tilde{A}$ *gleich* $\tilde{B}$ $\left(\tilde{A} = \tilde{B} \right)$ genau dann, wenn für alle $x \in G$ gilt:

$$\mu_{\tilde{A}}(x) = \mu_{\tilde{B}}(x)$$

und

$\tilde{A}$ Teilmenge von $\tilde{B}$ $\left(\tilde{A} \subseteq \tilde{B} \right)$ genau dann, wenn für alle x $\in G$ gilt:

$$\mu_{\tilde{A}}(x) \leq \mu_{\tilde{B}}(x).$$

Aus der Definition der Gleichheit zweier Fuzzy-Mengen ergibt sich, daß die Gleichheit reflexiv, symmetrisch und transitiv ist, da die Gleichheit bekanntlich eine Äquivalenzrelation auf den reellen Zahlen definiert. Entsprechend setzt sich die Ordnungsrelation der „≤"-Beziehung von IR auf die „⊆"-Beziehung zwischen Fuzzy-Mengen fort, so daß diese reflexiv, antisymmetrisch und transitiv ist.

Die Fuzzy-Teilmengenbeziehung ist eine aus dem alltäglichen Sprachgebrauch bekannte Eigenschaft, die eine sprachliche Verstärkung oder eine sprachliche Abschwächung zum Ausdruck bringt.

Beispiel 3.13

Für die Temperatur von Badewasser (in °C) auf dem reellen Intervall [20, 60] als Grundmenge seien die beiden Fuzzy-Mengen $\tilde{A}$ für „warmes Badewasser" und $\tilde{B}$ für „sehr warmes Badewasser" wie folgt modelliert:

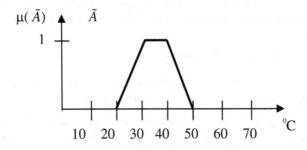

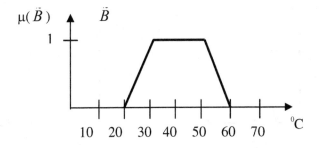

Dann gilt $\mu_{\tilde{A}}(x) \le \mu_{\tilde{B}}(x)$ für alle x ∈ [20, 60] und damit die Teilmengenbezeichnung

„warmes Badewasser" $\subseteq$ „sehr warmes Badewasser"

Fuzzy-Standard-Operatoren

Während sich die Fuzzy-Gleichheit und die Fuzzy-Teilmengenbeziehung direkt von der klassischen Mengenlehre auf Fuzzy-Systeme übertragen lassen, ist die Verknüpfung von Fuzzy-Mengen nicht eindeutig festgelegt. In der klassischen Mengenlehre wird die Vereinigung und der Durchschnitt crisper Mengen über die Maximum- und die Minimum-Funktion der jeweiligen charakteristischen Funktionen gebildet. Die Verallgemeinerung dieses klassischen Prinzips wird auch für die so genannten Fuzzy-Standard-Operatoren, wie sie ursprünglich von ZADEH eingeführt wurden, angewendet.

Definition 3.21 *(Fuzzy-Standard-Operatoren)*
Es seien $\tilde{A}, \tilde{B}$ zwei Fuzzy-Mengen über der gemeinsamen Grundmenge G mit Mitgliedsgradfunktionen $\mu_{\tilde{A}}$ und $\mu_{\tilde{B}}$.

Dann ist der *Fuzzy-Durchschnitt* von $\tilde{A}$ und $\tilde{B}, \tilde{A} \cap \tilde{B}$, gegeben durch

$$\tilde{A} \cap \tilde{B} = \left\{ \left(x, \mu_{\tilde{A} \cap \tilde{B}}(x)\right) \mid x \in G \right\} \quad mit \ \mu_{\tilde{A} \cap \tilde{B}}(x) = \min\left(\mu_{\tilde{A}}(x), \mu_{\tilde{B}}(x)\right),$$

die *Fuzzy-Vereinigung* von $\tilde{A}$ und $\tilde{B}, \tilde{A} \cup \tilde{B}$, gegeben durch

$$\tilde{A} \cup \tilde{B} = \left\{ \left(x, \mu_{\tilde{A} \cap \tilde{B}}(x)\right) \mid x \in G \right\} \quad mit \ \mu_{\tilde{A} \cap \tilde{B}}(x) = \max\left(\mu_{\tilde{A}}(x), \mu_{\tilde{B}}(x)\right),$$

und das *Fuzzy-Komplement* von $\tilde{A}, \tilde{A}^c$, gegeben durch

$$\tilde{A}^c = \left\{ \left(x, \mu_{\tilde{A}^c}(x)\right) \mid x \in G \right\} \quad mit \quad \mu_{\tilde{A}^c}(x) = 1 - \mu_{\tilde{A}}(x)$$

Beispiel 3.14
Die Fuzzy-Mengen $\tilde{A}$ und $\tilde{B}$ seien gegeben durch

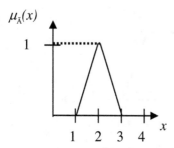 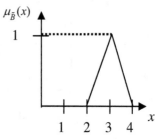

1. Der Durchschnitt $\tilde{A} \cap \tilde{B}$ von $\tilde{A}$ und $\tilde{B}$ ist gegeben durch

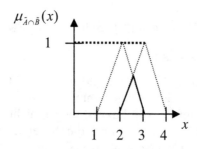

2. Die Vereinigung $\tilde{A} \cup \tilde{B}$ von $\tilde{A}$ und $\tilde{B}$ ist gegeben durch

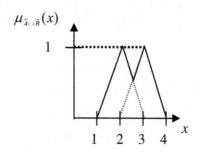

3. Das Komplement $\tilde{A}^c$ von $\tilde{A}$ ist gegeben durch

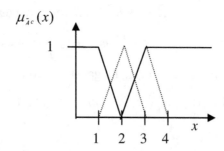

Aus Definition 3.21 lassen sich analog zur klassischen Mengenlehre weitere Gesetze für Verknüpfungen von Fuzzy-Mengen herleiten. Für die Standard-Operatoren und die Fuzzy-Mengen $\tilde{A}, \tilde{B}, \tilde{C}, \tilde{D}$ über einer Grundmenge G ergeben sich die in Tab. 3.4 aufgeführten Eigenschaften.

Tabelle 3.4 Eigenschaften der Fuzzy-Standard-Operatoren

Neutralelemente	$\tilde{G} \cap \tilde{A}$	$=$	$\tilde{A}$
	$\phi \cup \tilde{A}$	$=$	$\tilde{A}$
Kommutativität	$\tilde{A} \cap \tilde{B}$	$=$	$\tilde{B} \cap \tilde{A}$
	$\tilde{A} \cup \tilde{B}$	$=$	$\tilde{B} \cup \tilde{A}$
Assoziativität	$\left(\tilde{A} \cap \tilde{B}\right) \cap \tilde{C}$	$=$	$\tilde{A} \cap \left(\tilde{B} \cap \tilde{C}\right)$
	$\left(\tilde{A} \cup \tilde{B}\right) \cup \tilde{C}$	$=$	$\tilde{A} \cup \left(\tilde{B} \cup \tilde{C}\right)$
Monotonie	$\tilde{A} \subseteq \tilde{C} \wedge \left(\tilde{B} \subseteq \tilde{D}\right)$	$\Rightarrow$	$\left(\tilde{A} \cap \tilde{B}\right) \subseteq \left(\tilde{C} \cap \tilde{D}\right)$
	$\tilde{A} \subseteq \tilde{C} \wedge \left(\tilde{B} \subseteq \tilde{D}\right)$	$\Rightarrow$	$\left(\tilde{A} \cap \tilde{B}\right) \subseteq \left(\tilde{C} \cap \tilde{D}\right)$
Idempotenz	$\tilde{A} \cap \tilde{A}$	$=$	$\tilde{A}$
	$\tilde{A} \cup \tilde{A}$	$=$	$\tilde{A}$
Distributivität	$\tilde{A} \cap \left(\tilde{B} \cup \tilde{C}\right)$	$=$	$\left(\tilde{A} \cap \tilde{B}\right) \cup \left(\tilde{A} \cap \tilde{C}\right)$
	$\tilde{A} \cup \left(\tilde{B} \cap \tilde{C}\right)$	$=$	$\left(\tilde{A} \cup \tilde{B}\right) \cap \left(\tilde{A} \cup \tilde{C}\right)$
Absorption	$\tilde{A} \cap \left(\tilde{A} \cup \tilde{B}\right)$	$=$	$\tilde{A}$
	$\tilde{A} \cup \left(\tilde{A} \cap \tilde{B}\right)$	$=$	$\tilde{A}$
De Morgan-Gesetze	$\left(\tilde{A} \cap \tilde{B}\right)^c$	$=$	$\tilde{A}^c \cup \tilde{B}^c$
	$\left(\tilde{A} \cup \tilde{B}^c\right)$	$=$	$\tilde{A}^c \cap \tilde{B}^c$
Involution	$\left(\tilde{A}^c\right)^c$	$=$	$\tilde{A}$
Komplement von Grundmenge und leerer Menge	$\tilde{G}^c$	$=$	ϕ
	ϕ^c	$=$	$\tilde{G}$

Die in der Tabelle aufgeführten Gesetze für Operationen auf Fuzzy-Mengen lassen sich hierbei direkt aus den Eigenschaften der reellen Minimumsfunktion, Maximumsfunktion und des arithmetischen Einerkomplementes herleiten. Beispielsweise ergeben sich die De-Morganschen Gesetze wie folgt:

Beispiel 3.15

Die Gültigkeit der De-Morgan-Gesetze für Fuzzy-Standard-Operationen ergibt sich durch:

$$1 - \min\left(\mu_{\tilde{A}}(x), \mu_{\tilde{B}}(x)\right) = \max\left(1 - \mu_{\tilde{A}}(x), 1 - \mu_{\tilde{B}}(x)\right)$$

$$\Rightarrow \left(\tilde{A} \cap \tilde{B}\right)^c = \tilde{A}^c \cup \tilde{B}^c$$

bzw.

$$1 - \max\left(\mu_{\tilde{A}}(x), \mu_{\tilde{B}}(x)\right) = \min\left(1 - \mu_{\tilde{A}}(x), 1 - \mu_{\tilde{B}}(x)\right)$$

$$\Rightarrow \left(\tilde{A} \cup \tilde{B}\right)^c = \tilde{A}^c \cap \tilde{B}^c$$

Im Gegensatz zur klassischen Mengenlehre gelten für die Fuzzy-Operatoren jedoch nicht das Gesetz vom Widerspruch und das Gesetz vom ausgeschlossen Dritten. Das heißt, die beiden Gleichungen $\tilde{A} \cap \tilde{A}^c = \phi$ und $\tilde{A} \cup \tilde{A}^c = G$ gelten in der Fuzzy-Logik nicht!

Allgemeine Verknüpfungsoperatoren für Fuzzy-Mengen

In der klassischen Mengenlehre ist das Ergebnis einer Verknüpfung zweier crisper Mengen eindeutig, die Angabe einer Funktion, welche die Verknüpfung realisiert, jedoch auf verschiedene Arten möglich. Die aus der Booleschen Algebra bekannte Definition der klassischen Mengenoperationen durch Minimum, Maximum und Einerkomplement ist nicht die einzige Möglichkeit die Verknüpfungen zu definieren, wie zum Beispiel an der folgenden Gleichung deutlich wird:

$$\chi_{A \cap B}(x) = \begin{cases} \min\left(\chi_A(x), \chi_B(x)\right), & oder \\[2ex] \chi_A(x)\chi_B(x), & oder \\[2ex] \max\left(0, \chi_A(x) + \chi_B(x) - 1\right), & oder \\[2ex] \dfrac{\chi_A(x)\chi_B(x)}{\dfrac{3}{4} + \dfrac{1}{4}\left(\chi_A(x) + \chi_B(x) - \chi_A(x)\chi_B(x)\right)} \end{cases}$$

Die Modellierung des fuzzy-logischen Durchschnitts, der fuzzy-logischen Vereinigung und des fuzzy-logischen Komplements durch min, max und dem arithmetischen Einerkomplement folgen der traditionellen Denkweise, Operationen so zu definieren, daß sie über möglichst viele Verknüpfungseigenschaften verfügen.

Im Gegensatz zur klassischen Mengenlehre ist in der Fuzzy-Logik jedoch nicht eindeutig festgelegt, was das Ergebnis einer Vereinigung, eines Durchschnitts und eines Komplements ist. Auch im allgemeinen Sprachgebrauch ist die Bedeutung von „und", „oder" und „nicht" keineswegs eindeutig. Vielmehr werden diese Operatoren höchst unterschiedlich verwendet und verstanden.

Beispiel 3.16

Ein Gefangener sitzt in einer der im folgenden Bild dargestellten Gefängniszelle mit zwei Fenstern w_1 und w_2. Durch w_1 ist das Entkommen sehr schwierig („entkommen ist einfach" ist vom Grad 0.1), während w_2 sehr einfach zu knacken ist („entkommen ist einfach" ist vom Grad 0.9). Da die Fenster unterschiedlich stark verdreckt sind, gelangt das Sonnenlicht eher schlecht durch w_1 („Licht gelangt einfach durch das Fenster" ist vom Grad 0.6) und durch das wenig verdreckte Fenster w_2 eher leicht (Licht gelangt einfach durch das Fenster" ist vom Grad 0.9). Zwei Situationen sollen beurteilt werden:

1. Wie einfach ist es für den Gefangenen, aus der Zelle zu entkommen?
2. Wie einfach ist es für das Sonnenlicht, in die Zelle zu gelangen?

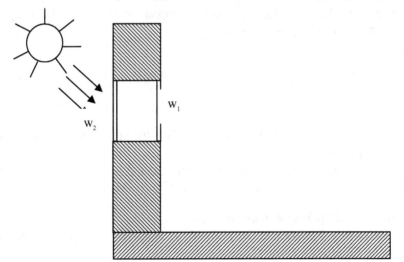

Der 1. Fall beschreibt eine UND-Situation. Der Gefangene muß Fenster w_1 und Fenster w_2 überwinden, das Sonnenlicht muß erst durch Fenster w_1 gelangen, dann aber auch noch durch w_2 hindurch, um in die Zelle zu gelangen. Die Beurteilung der Situationen könnte wie folgt aussehen: Für den Gefangenen ist es *einfach* vom Grad 0.1 aus der Zelle zu gelangen, denn wenn er w_1 überwindet, wird er auch das einfache Fenster w_2 ohne Schwierigkeiten überwinden können, also min $(0.1, 0.9) = 0.1$. Für das Sonnenlicht ist die Situation jedoch eine andere: Es muß erst durch w_2 gelangen und wenn es dies geschafft hat, muß es noch (mit reduzierter Intensität) durch das verdrecktere Fenster w_1 gelangen. Für das Sonnenlicht wird man nicht den Minimumsoperator verwenden, sondern eine andere Verknüpfung wählen, beispielsweise das Produkt $0.6 * 0.9 = 0.54$. Der 2. Fall beschreibt eine andere „UND"-Situation".

Obwohl also in verschiedenen Anwendungen unterschiedliche Operatoren für die jeweiligen Verknüpfungen gewählt werden und sinnvoll sein können, gibt es für die Vereinigung und den Durchschnitt Eigenschaften, die ein Opertor der jeweiligen Klasse immer erfüllen sollte. Diese Eigenschaften werden benutzt, um allgemein die Mindestanforderungen an Fuzzy-Durchschnitts-, Fuzzy-Vereinigungs- und Fuzzy-Komplementoperatoren zusammenzufassen.

Fuzzy-Komplement

Ganz allgemein soll die Komplementabbildung c: $[0, 1] \to [0, 1]$ Zugehörigkeitsgrade auf Zugehörigkeitsgrade abbilden. Da crispe Mengen spezielle Fuzzy-Mengen sind, sollte eine Komplementabbildung den folgenden beiden Bedingungen genügen:

Bedingung 1:

Sei c eine Komplementabbildung, dann gelte $c(0) = 1$ und $c(1) = 0$ (Randbedingungen).

Bedingung 2:

c sei monoton fallend, das heißt, für alle $a, b \in [0, 1]$ folgt mit $a < b$ unmittelbar $c(a) \geq c(b)$.

Alle Funktionen, die den Bedingungen 1 und 2 genügen, bilden genau die Klasse der Komplementabbildungen für Fuzzy-Mengen.

Definition 3.22 *(Komplementfunktion)*

Eine einstellige Funktion c: $[0; 1] \to [0; 1]$ heißt eine Komplementfunktion, wenn für alle $a, b \in [0; 1]$ gilt:

1. Randbedingungen: $c(0) = 1 \ \vee \ c(1) = 0$
2. C ist monoton fallend: $a \leq b \Rightarrow c(a) \geq c(b)$

In den meisten praktischen Anwendungen werden aber an das Komplement von Fuzzy-Mengen zwei zusätzliche Bedingungen gestellt:

Bedingung 3:

Die Komplementabbildung c sei stetig.

Bedingung 4:

Die Komplementabbildung c sei involutiv, daß heißt, für alle a ∈ [0, 1] gilt c(c(a)) = a.

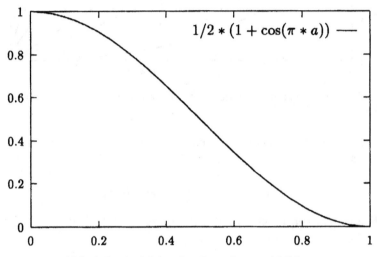

Abb. 3.6 Beispiel für eine Komplementabbildung

Die Klasse der Komplementabbildungen, die zusätzlich der Bedingung 3 genügen, bildet offenbar eine Unterklasse aller Komplementabbildungen. Ein Beispiel einer Abbildung dieser Unterklasse stellt die Funktion

$$c(a) = \frac{1}{2}(1 + \cos \pi a)$$

dar. Aufgrund von c(c(0.33)) = c(0.75) = 0.15 ist diese nicht involutiv. Eine Teilmenge der involutiven Komplemente stellt die nach SUGENO benannte SUGENO-Klasse dar. Diese ist durch

$$c_\lambda(a) = \frac{1-a}{1+\lambda a} \text{ für } \lambda \in]-1, \infty[$$

definiert. Für jeden Parameter λ erhält man so ein spezielles involutives Komplement. Dabei erhält man für $\lambda = 0$ gerade das ZADEH'sche Fuzzy-Komplement.

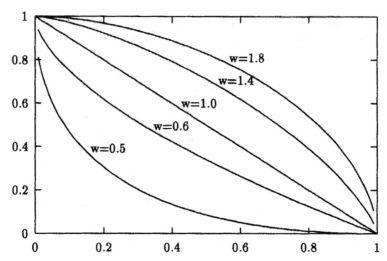

Abb. 3.7 YAGER's parametrisiertes Fuzzy-Komplement für w = 1, w = 0.6 und w = 0.5

Eine andere Klasse von involutiven Komplementen stellt die YAGER-Klasse dar, die durch

$$c_w(a) = \left(1 - a^w\right)^{\frac{1}{w}} \quad \text{für} \quad w \in \,]0, \infty[$$

gegeben ist. Hier ergibt sich ZADEH's Fuzzy Komplement für w = 1 (vgl. Abb. 3.7).

Eine wichtige Eigenschaft ist allen Fuzzy-Komplementen zu eigen: Hierbei handelt es sich um das *Gleichgewicht* eines Fuzzy-Komplements. Dabei heißt ein Punkt a $\in$ [0, 1] ein Gleichgewicht von c, wenn a ein Fixpunkt von c ist, also wenn gilt c(a) = a. Dieser Punkt heißt Gleichgewicht, da er den Zugehörigkeitsgrad angibt, zu dem ein Punkt einer Fuzzy-Menge $\tilde{A}$ sowohl zu $\tilde{A}$ als auch zu dessen Komplement $\overline{\tilde{A}}$ gehört. Für das ZADEH'sche Komplement liegt das Gleichgewicht bei 0.5, was unmittelbar aus der Gleichung a = 1 − a folgt. Für ein beliebiges Fuzzy-Komplement, welches den Bedingungen (1) und (2) genügt, gilt folgende Eigenschaft:

Es sei c ein Fuzzy-Komplement, dann hat c höchstens ein Gleichgewicht. Wird darüber hinaus c als stetiges Fuzzy-Komplement vorausgesetzt, dann hat c genau ein Gleichgewicht.

Ganz entsprechend können wir Klassen von Vereinigungs- und Durchschnittsoperatoren einführen, indem wir die grundlegenden Eigenschaften dieser Abbildungen fixieren.

Fuzzy-Durchschnitt

Ähnlich wie für das Fuzzy-Komplement, so können wir auch für den Durchschnitt von Fuzzy-Mengen notwendige Bedingungen formulieren. Allgemein ist ein Durchschnittsoperator i (für intersection) eine Abbildung

$$i: [0, 1] \times [0, 1] \rightarrow [0, 1]$$

Da i eine Fortsetzung der binären Durchschnittsoperation sein soll, erhalten wir für i zunächst folgende Randbedingungen:

Bedingung 1:

Für $a \in [0, 1]$ gelten die Randbedingungen $i(0, 0) = 0$, $i(a, 1) = i(1, a) = a$ und $i(1, 1) = 1$.

Bedingung 2:

Für alle $a, b \in [0, 1]$ gelte: $i(a, b) = i(b, a)$ (Kommutativität).

Bedingung 3:

Für $a \leq a'$ und $b \leq b'$ sei i *monoton*, das heißt, es gelte $i(a,b) \leq i(a', b')$.

Bedingung 4:

Für $a, b, c \in [0, 1]$ gilt $i(i(a,b),c) = i(a, i(b,c))$ (Assoziativität).

Abbildungen mit diesen Eigenschaften spielen eine wichtige Rolle in der Fuzzy-Set-Theorie. Daher führen wir folgende Definition ein:

Definition 3.23 *(t-Norm)*

Eine t-Norm ist eine Funktion t: $[0, 1] \times [0, 1] \rightarrow [0, 1]$, für die die Bedingungen (1) – (4) gelten.

Zusätzlich zu den Bedingungen (1) – (4) ist es manchmal nützlich, folgende Eigenschaften zu fordern:

Bedingung 5:

i ist eine stetige Funktion.

Bedingung 6:

i ist idempotent, das heißt, für alle $a \in [0, 1]$ gilt $i(a,a) = a$.

Beispiel 3.17

Ein Beispiel für parametrisierte t-Normen stellen die Operatoren i_w von R. YAGER (Yager, 1980) dar:

Dazu seien $\tilde{A}$ und $\tilde{B}$ Fuzzy-Mengen über X, dann definiert R. YAGER den Durchschnittsoperator vermöge

$$\tilde{A} \cap \tilde{B} = \left\{ \left(x, \mu_{\tilde{A} \cap \tilde{B}}(x) \right) \mid x \in X \right\} \text{ durch}$$

$$\mu_{\tilde{A} \cap \tilde{B}}(x) = 1 - \min\left(1, \left(\left(1 - \mu_{\tilde{A}}(x)\right)^w + \left(1 - \mu_{\tilde{B}}(x)\right)^w \right)^{1/w} \right)$$

$$= i_w\left(\mu_{\tilde{A}}(x), \mu_{\tilde{B}}(x) \right)$$

für $w \in]0, \infty[$. Diese Durchschnittsoperatoren sind offenbar auch stetig und genügen daher auch der Bedingung 5.

Für die Operatoren i_w gelten die folgende Eigenschaft:
Es seien a, b $\in [0, 1]$. Dann gilt für den Grenzoperator von i_w

$$\lim_{w \to \infty} i_w = \lim_{w \to \infty} \left(1 - \min\left(1, \left((1-a)^w + (1-b)^w \right)^{\frac{1}{w}} \right) \right) = \min(a,b).$$

Für den Zusammenhang zwischen allgemeinen t-Normen und dem min-Operator von Zadeh gilt:
Für alle t-Normen ist

$$t_w(a,b) \le t(a,b) \le \min(a,b)$$

mit

$$t_w(a,b) := \begin{cases} a & b=1 \\ b & a=1 \\ 0 & sonst \end{cases}$$

Das bedeutet, daß der min-Operator gerade den Grenzoperator der t-Normen darstellt. G. KLIR und T. FOLGER bezeichnen ihn deshalb auch als den optimistischsten Durchschnittsoperator (Klir et al., 1988).

Weitere Beispiele für parametrisierte Durchschnittsoperatoren sind in Tabelle 3.5 zusammengefaßt:

Tabelle 3.5 Beispiele für parametrisierte t-Normen

Referenz	parametrisierte t-Normen	Gültigkeitsbereich
Hamacher (1978)	$$\dfrac{ab}{\gamma + (1-\gamma)(a+b-ab)}$$	$\gamma \in \,]\,0,\infty\,[$
Frank (1979)	$$\log_s \left(1 + \dfrac{\left(s^a - 1\right)\left(s^b - 1\right)}{s-1} \right)$$	$s \in \,]\,0,\infty\,[$
Yager (1980)	$$1 - \min\left(1, \left((1-a)^w + (1-b)^w\right)^{1/w} \right)$$	$w \in \,]\,0,\infty\,[$
Dubois, Prade (1990)	$$\dfrac{ab}{\max(a,b,\alpha)}$$	$\alpha \in \,]\,0,1\,[$
Dombi (1982)	$$\dfrac{1}{1 + \left(\left(a^{-1} - 1\right)^{\lambda} + \left(b^{-1} - 1\right)^{\lambda}\right)^{1/\lambda}}$$	$\lambda \in \,]\,0,\infty\,[$

Fuzzy-Vereinigung

Entsprechend den Bedingungen (1) – (4) für Durchschnittsoperatoren lassen sich auch die Vereinigungsoperatoren charakterisieren. Da auch diese Klasse eine wichtige Rolle in der Theorie der Fuzzy-Mengen, insbesondere in den Anwendungen spielt, formulieren wir entsprechend zu Definition 3.23 folgende

Definition 3.24 *(s-Norm)*

Eine Abbildung s: [0, 1] × [0, 1] → [0, 1] heißt *s-Norm* oder auch *t-Conorm*, wenn für s die Bedingungen i) bis iv) gelten:

1. s(0,0) = 0, s(a,0) = s(0,a) = a $\forall$ a ∈ [0, 1]
   (Randbedingungen)

2. s(a,b) ≤ s(c,d), falls a ≤ c und b ≤ d mit a,b,c,d ∈ [0, 1]
   (Monotonie)

3. s(a,b) = s(b,a) $\forall$a,b∈ [0, 1]
   (Kommutativität)

4. s(a,s(b,c)) = s(s(a,b),c) $\forall$ a,b,c ∈ [0, 1]
   (Assoziativität)

Auch für s-Normen kann die Forderung nach Stetigkeit und Idempotenz hilfreich sein. Die zu YAGER's Durchschnittsoperatoren entsprechenden parametrisierten Vereinungsabbildungen betrachten wir im nachfolgenden Beispiel:

Beispiel 3.18

Es seien $\tilde{A}$ und $\tilde{B}$ Fuzzy-Mengen über X, dann definiert R. YAGER den Vereinigungsoperator u_w

$$\tilde{A} \cup \tilde{B} = \left\{ \left(x, \mu_{\tilde{A} \cup \tilde{B}}(x)\right) \mid x \in X \right\}$$

durch

$$\mu_{\tilde{A} \cup \tilde{B}}(x) = \min\left(1, \left(\left(\mu_{\tilde{A}}(x)\right)^w + \left(\mu_{\tilde{B}}(x)\right)^w\right)^{1/w}\right)$$

$$= u_w\left(\mu_{\tilde{A}}(x), \mu_{\tilde{A}}(x)\right)$$

Seien $a, b \in [0,1]$. Dann gilt für den Grenzoperator von u_w

$$\lim_{w \to \infty} \min\left(1, \left(a^w + b^w\right)^{1/w}\right) = \max(a,b)$$

Ähnlich wie für den min-Operator gilt für den Zusammenhang zwischen s-Normen und dem max-Operator von Zadeh

$$s_w(a, b) \geq s(a, b) \geq \max(a,b)$$

mit

$$s_w(a,b) := \begin{cases} a & b = 0 \\ b & a = 0 \\ 1 & wenn \; a \neq 0 \; und \; b \neq 0. \end{cases}$$

Daher bezeichnen G. KLIR und T. FOLGER den max-Operator auch als den pessimistischsten Vereinigungsoperator.

Definiert man die Komplementbildung wie in Definition 3.21, so kann man zu jeder t-Norm die zugehörige t-Conorm mittels

$$t(a, b) = 1 - s(1 - a, 1 - b)$$

berechnen. Insbesondere gelten für ZADEHs Operatoren:

$$\min(a, b) = 1 - \max(1 - a, 1 - b)$$

und damit ist auch formal max die zu min gehörige Conorm.

In Tabelle 3.6 sind die zu den in Tabelle 3.5 angegebenen t-Normen gehörenden Vereinigungsoperatoren angegeben.

Tabelle 3. 6 Beispiele für parametrisierte s-Normen

Referenz	parametrisierte s-Normen	Gültigkeitsbereich
Hamacher (1978)	$\dfrac{a+b-(2-\gamma)ab}{1-(1-\gamma)ab}$	$\gamma \in \,]\,0,\infty\,[$
Frank (1979)	$1-\log_s\left(1+\dfrac{\left(s^{1-a}-1\right)\left(s^{1-b}-1\right)}{s-1}\right)$	$s \in \,]\,0,\infty\,[$
Yager (1980)	$\min\left(1,\left(a^w+b^w\right)^{1/w}\right)$	$w \in \,]\,0,\infty\,[$
Dubois, Prade (1990)	$\dfrac{a+b-ab-\min(a,b,1-\alpha)}{\max(1-a,1-b,\alpha)}$	$\alpha \in \,]\,0,1\,[$
Dombi (1982)	$\dfrac{1}{1+\left(\left(a^{-1}-1\right)^{-\lambda}+\left(b^{-1}-1\right)^{-\lambda}\right)^{-1/\lambda}}$	$\lambda \in \,]\,0,\infty\,[$

An dieser Stelle soll noch einmal die exponierte Stellung von max und min innerhalb der s- und t-Normen deutlich gemacht werden. BELLMANN und GIERTZ wiesen 1973 in (Bellmann et al., 1973) den folgenden Satz nach:

Satz 3.1

Es seien $\tilde{A},\tilde{B}$ Fuzzy-Mengen in X. Dann sind unter den folgenden Bedingungen die in Definition 3.21 genannten Operatoren min und max eindeutig bestimmt:

1. $\exists\, t,s:[0,1]\times[0,1]\to[0,1],so\;'daß \;\forall\, x \in X:$

$$\mu_{\tilde{A}\cap\tilde{B}}(x)=t\left(\mu_{\tilde{A}}(x),\mu_{\tilde{B}}(x)\right) \quad und \quad \mu_{\tilde{A}\cup\tilde{B}}(x)=s\left(\mu_{\tilde{A}}(x),\mu_{\tilde{B}}(x)\right)$$

2. t, s sind kommutative, assoziative und gegenseitig distributive Operatoren.
3. t, s sind bzgl. jedes Arguments stetig und monoton wachsend.
4. t (u, u), s (u, u) sind streng monoton wachsend.
5. t (1, 1) = 1, s(0, 0) = 0 .

Dieser Satz liefert gleichzeitig das stärkste theoretische Argument für die Anwendung von max und min als Vereinigungs- und Durchschnittsoperator.

Darüber hinaus konnten sie zeigen, daß Vereinigung-, Durchschnitt- und Komplementoperator, die dem Gesetz vom ausgeschlossenen Dritten und dem Gesetz vom Widerspruch genügen, entweder nicht idempotent oder nicht distributiv sind.

Mittelnde Operatoren

Neben den t- und s-Normen betrachtet man ebenso Operatoren, die „zwischen" Minimum- und Maximum-Operator liegen. Die Klasse dieser Operatoren bezeichnet man als *mittelnde Operatoren.*

Definition 3.25 *(Mittelnde Operatoren)*
Ein mittelnder Operator m ist eine Abbildung

$$m : [0, 1] \times [0, 1] \to [0, 1] ,$$

die folgenden Bedingungen genügt:

1. m (a, b) $\leq$ m(c, d)   falls   a $\leq$ c und b $\leq$ d
   (Monotonie)

2. m (a, b) = m (b, a) $\forall$a, b $\in$ [0, 1]
   (Kommutativität)

3. m (a, m (b, c)) = m (m(a, b), c) $\forall$a, b, c $\in$ [0, 1]
   (Assoziativität)

4. min (a, b) $\leq$ m (a, b) $\leq$ max (a, b) $\forall$a, b $\in$ [0, 1]
   (Randbedingungen)

Beispiel 3.19
Der nachfolgende mittelnde Operator, der *„generalized mean operator"* genannt wird, stammt von A. DUJMOVIC (Dujmovic 1974) und wird von H. DYCKHOFF und W. PEDRYCZ in (Dyckhoff et al. 1984) vorgeschlagen. Er ist

$$g (x_1,...,x_n; p; w_1,...,w_n) = \left(\sum_{i=1}^{n} w_i x_i^p \right)^{\frac{1}{p}}, \, wobei \sum_{i=1}^{n} w_i = 1 \text{ gilt.}$$

Dabei ist p eine positive ganze Zahl, und es gilt

$$w_i, x_i \in IR \; \textit{für } 1 \leq i \leq n .$$

Neben den bereits beschriebenen Operatoren spielt noch eine weitere Klasse von Operatoren in der Fuzzy-Set-Theorie eine wichtige Rolle. Diese nennt man hybride Operatoren. Sie werden als geometrisches oder arithmetisches Mittel aus zugehören t-Normen und t-Conormen gebildet.

Beispiel 3.20
Als Beispiel soll hier kurz das auf H.-J. ZIMMERMANN und P. ZYSNO zurückgehende γ-Modell vorgestellt werden (Zimmermann et al. 1980,

Zimmermann et al., 1983). Diesen Operator nennen die Autoren „*compensatory AND operator*". Für ihn gilt

$$\mu_{\tilde{A}_{i,comp}}(x) = \left(\prod_{i=1}^{n} \mu_i(x) \right)^{1-\gamma} \left(1 - \prod_{i=1}^{n} (1 - \mu_i(x)) \right)^{\gamma} \quad \textit{für} \quad x \in X$$

$$\textit{und} \ \ 0 \le \gamma \le 1.$$

Dabei ist γ ein Parameter, der den Grad der Kombination zwischen dem algebraischen Produkt (AND) und der algebraischen Summe (OR) beschreibt.

3.3 Fuzzy-Relationen

Mit klassischen – im Sinne von scharfen – Relationen wird das Vorhandensein von Eigenschaften zwischen scharfen Mengen beschrieben. Dabei gilt auch für Relationen die binäre Sichtweise, womit ein Element zu einer Relation gehört oder nicht. Durch Fuzzy-Relationen können auch hier graduelle Zugehörigkeiten beschrieben werden, so daß diese eine Verfeinerung des klassischen Relationsbegriffs darstellen. Dabei werden wir uns auf die wesentlichsten Konzepte beschränken, die vor allem im Zusammenhang mit praktischen Anwendungen relevant sind.

3.3.1 Scharfe Relationen

Der Begriff der Relation ist in der klassischen Mathematik von fundamentaler Bedeutung. Für n Mengen $X_1, X_2, \ldots, X_n$ bezeichnet man eine Teilmenge R des kartesischen Produkts

$$X_1 \times X_2 \times \cdots \times X_n, R \subseteq X_1 \times X_2 \times \cdots \times X_n \,,$$

als Relation R zwischen $X_1, X_2, \ldots, X_n$. Eine Relation besteht also aus n-Tupeln $(x_1, x_2, \ldots, x_n)$ des kartesischen Produkts der Mengen. Endliche Relationen können durch Pfeildiagramme oder Relationstafeln anschaulich dargestellt werden. Mit Hilfe von Relationen können Eigenschaften zwischen scharfen Mengen beschrieben werden.

Speziell für n = 2 spricht man von einer binären Relation zwischen X_1 und X_2. Beispiele für binäre Relationen sind die Ordnungsrelationen und die Gleichheit. Ist (a, b) $\in$ R ein Paar der Relation R, so schreibt man oft auch *aRb* (a steht in Relation zu b), beispielsweise $2 \le 3$.

Definition 3.26 (*Kartesisches Produkt*)
Seien $X_1, X_2, \ldots, X_n$ klassische (scharfe) Mengen. Das kartesische Produkt über $X_1, X_2, \ldots, X_n$ ist definiert durch

$$X_1 \times X_2 \times \ldots \times X_n = \left\{ (x_1, x_2, \ldots, x_n) \mid x_1 \in X_1 \wedge x_2 \in X_2 \wedge \ldots \wedge x_n \in X_n \right\}$$

Definition 3.27 (*Relation*)
Eine Relation zwischen (über) scharfen Mengen $X_1, X_2, \ldots, X_n$ ist eine Teilmenge des kartesischen Produktes $X_1 \times X_2 \times \ldots \times X_n$.
  Dabei gilt

$$R(X_1, X_2, \ldots, X_n) \subseteq X_1 \times X_2 \times \ldots \times X_n .$$

Da eine Relation selbst eine Menge ist, können nicht nur Mengenoperationen ohne Modifikation auf Relationen angewendet werden, sondern Relationen können auch vollständig durch ihre zugehörige charakteristische Funktion χ beschrieben werden. Wie für Mengen gilt somit

$$\chi_R(x_1, \ldots, x_n) = \begin{cases} 1 & : \quad \textit{genau dann wenn } (x_1, x_2, \ldots, x_n) \in I\!R, \\ 0 & : \quad \textit{sonst.} \end{cases}$$

Beispiel 3.21
Gegeben seien die Menge X_1 durch

$$X_1 = \{1, 2, 3, 4, 5, 6\}$$

und die Menge

$$X_2 = \{ \textit{gerade, ungerade} \} .$$

Eine mögliche Relation über X_1 und X_2 ist

$$R(X_1, X_2) \equiv X_2 \, R \, X_2 \cdots = \left\{ (1, \textit{ungerade}), \, (2, \textit{gerade}), \right.$$
$$(3, \textit{ungerade}), \, (4, \textit{gerade}),$$
$$\left. (5, \textit{ungerade}), \, (6, \textit{gerade}) \right\}.$$

Graphisch läßt sich diese Relation veranschaulichen durch die Abb. 3.8:

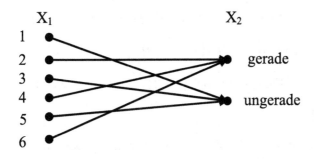

Abb. 3.8 Beispiel für eine klassische (scharfe) Relation

3.3.2 Fuzzy Relationen

In Analogie zur Fuzzyfikation der klassischen Mengen kann eine Fuzzy-Relation durch Erweiterung des Wertebereiches der charakteristischen Funktion χ_R auf das Intervall [0, 1] eingeführt werden. Hierzu muß zunächst der Übergang von eindimensionalen Fuzzy-Mengen zu mehrdimensionalen Fuzzy-Mengen erfolgen. Dies erfolgt durch Bildung des kartesischen Produkts analog zur Vorgehensweise bei scharfen Mengen.

Definition 3.28 (*kartesisches Fuzzy-Produkt*)
Für zwei Fuzzy-Mengen $\tilde{A} \in X$ und $\tilde{B} \in Y$, die durch ihre jeweilige Zugehörigkeitsfunktion $\mu_{\tilde{A}}$ bzw. $\mu_{\tilde{B}}$ gegeben sind, ist das kartesische Produkt $\tilde{A} \times \tilde{B}$ beider Fuzzy-Mengen wieder eine Fuzzy-Menge $\tilde{R}$. Diese liegt im kartesischen Produkt X × Y der Grundräume von $\tilde{A}$ und $\tilde{B}$ und ist durch

$$\mu_{\tilde{R}}(x, y) = \min\left(\mu_{\tilde{A}}(x), \mu_{\tilde{B}}(y)\right)$$

gegeben.
Entsprechend ist das mehrstellige kartesische Fuzzy-Produkt gegeben.

Definition 3.29 (*Fuzzy-Relation*)
Seien $X_1, X_2, \ldots, X_n$ klassische Mengen und deren kartesisches Produkt die Grundmenge $G = X_1 \times X_2 \times \cdots \times X_n$. Sei ferner

$$\mu_{\tilde{R}} : G \to [0,1]$$

eine n-stellige Mitgliedsgrad-Funktion. Dann heißt die Menge

$$\tilde{R} = \left\{ \left((x_1,\ldots,x_n), \mu_R(x_1,\ldots,x_n) \right) \ \mid \ x_1 \in X_1,\ldots,x_n \in X_n \right\}$$

eine n-stellige Fuzzy-Relation $(n \geq 2)$. Anstatt $\tilde{R}$ schreibt man häufig auch $\tilde{R}(X_1 \times \ldots \times X_n)$.

Für Fuzzy-Relationen gibt es neben der in der Definition angegebenen Notation weitere Darstellungsformen, die den Notationen bei Fuzzy-Mengen entsprechen. Für eine Grundmenge $G = X_1 \times X_2 \times \ldots \times X_n$ wird eine endliche Fuzzy-Relation $\tilde{R}$ meist nach Zadeh durch

$$\tilde{R} = \sum_{(x_1,x_2,\ldots,x_n) \in X_1 \times \ldots \times X_n} \mu_{\tilde{R}}(x_1,\ldots,x_n) / (x_1,\ldots,x_n)$$

angegeben, für unendliche Fuzzy-Relationen wird die Integral-Schreibweise

$$\tilde{R} = \int_{X_1 \times \ldots \times X_n} \mu_{\tilde{R}}(x_1,\ldots,x_n) / (x_1,\ldots,x_n)$$

verwendet (s. Kap. 3.2.2). Ferner können endliche Fuzzy-Relationen durch Matrix-Darstellung, Pfeildiagramm oder Fuzzy-Relationsgraphen und unendliche Fuzzy-Relationen durch Possibilitätsgebirge visualisiert werden. Semantisch läßt sich der Zugehörigkeitsgrad als Stärke der Fuzzy-Relation $\tilde{R}$ zwischen den Elementen eines Tupels interpretieren.

Beispiel 3.22
Betrachtet man eine Fuzzy-Relation zwischen zwei endlichen Grundräumen X und Y, so bietet sich eine Darstellung mittels einer Inzidenzmatrix an. Dabei bezeichnet der Wert des Matrixelements $m_{i,j}$ den Zugehörigkeitsgrad zwischen dem i-ten Element von X und dem j-ten Element von Y.
    Als Beispiel sei hier die Entfernung von deutschen Städten betrachtet. Dazu definieren wir X := {Osnabrück, Dresden, München} und Y := {Bremen, Hamburg}. Die Fuzzy-Relation „*ist weit entfernt von*" und wird dann durch folgende Matrix gegeben:

$$\tilde{T} := \begin{array}{c} \\ \textit{Osnabrück} \\ \textit{Dresden} \\ \textit{München} \end{array} \begin{array}{cc} \textit{Bremen} & \textit{Hamburg} \\ \left(\begin{array}{cc} 0.1 & 0.4 \\ 0.8 & 0.8 \\ 0.9 & 1.0 \end{array} \right) \end{array}.$$

Graphisch läßt sich diese Fuzzy-Relation darstellen durch

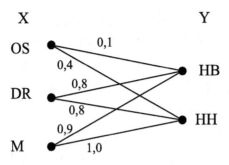

Abb. 3.9 Beispiel für eine Fuzzy-Relation

Operationen auf Fuzzy-Relationen

Zwei Fuzzy-Relationen $\tilde{R}, \tilde{S}$, die auf einer gemeinsamen Grundmenge $G = X_1 \times \ldots \times X_n$ definiert sind, können ebenso wie eindimensionale Fuzzy-Mengen mengentheoretisch geschnitten und vereinigt werden. Der Schnitt von

$$\tilde{R}(X_1 \times \ldots \times X_n) \quad \text{und} \quad \tilde{S}(X_1 \times \ldots \times X_n), \quad \tilde{R} \cap \tilde{S}(X_1 \times \ldots \times X_n),$$

und die Vereinigung $\tilde{R} \cup \tilde{S}(X_1 \times \ldots \times X_n)$ werden durch Verknüpfung der Zugehörigkeitsgrade mit einer entsprechenden t- bzw. s-Norm gebildet

$$\mu_{\tilde{R} \cap \tilde{S}}(x_1, \ldots, x_n) = t\left(\mu_{\tilde{R}}(x_1, \ldots, x_n), \mu_{\tilde{S}}(x_1, \ldots, x_n)\right)$$

$$\mu_{\tilde{R} \cup \tilde{S}}(x_1, \ldots x_n) = s\left(\mu_{\tilde{R}}(x_1, \ldots, x_n), \mu_{\tilde{S}}(x_1, \ldots, x_n)\right),$$

die Negation der Relation $\tilde{R}, \tilde{R}^c$ in gleicher Weise durch Anwenden einer Negations-Funktion, etwa

$$\mu_{\tilde{R}^c}(x_1, \ldots, x_n) = 1 - \mu_{\tilde{R}}(x_1, \ldots, x_n)$$

für die Standard-Negation durch das Einer-Komplement nach Zadeh. Unter Verwendung der Standard-Operatoren von Zadeh erhält man

$$\mu_{\tilde{R} \cup \tilde{S}}(x, y) = \max\left(\mu_{\tilde{R}}(x, y), \mu_{\tilde{S}}(x, y)\right)$$

$$\mu_{\tilde{R} \cap \tilde{S}}(x, y) = \min\left(\mu_{\tilde{R}}(x, y), \mu_{\tilde{S}}(x, y)\right)$$

$$\mu_{\overline{\tilde{R}}}(x, y) = 1 - \mu_{\tilde{R}}(x, y).$$

Neben diesen üblichen mengentheoretischen Operationen gibt es für eine Fuzzy-Relation $\tilde{R}(X_1 \times \ldots \times X_n)$ zwei weitere bedeutende Operationen, die Projektion und die zylindrische Erweiterung:

Definition 3.30 (Projektion einer Fuzzy-Relation)
Sei $\tilde{R} = \tilde{R}(X_1, \ldots, X_n)$ eine n-stellige Fuzzy-Relation über $G = X_1 \times \ldots \times X_n$ $(n > 1)$ als Grundmenge. Als Projektion von $\tilde{R}$ auf das k-stellige Teilprodukt $X_{i_1} \times \ldots \times X_{i_{k_j}}$ $(k < n)$ wird dann folgende k-stellige Fuzzy-Relation bezeichnet:

$$proj\left(\tilde{R}; X_{i_1} \times \ldots \times X_{i_k}\right) = \int_{x_{i_1}, \ldots, x_{i_k}} \left(\left(\max_{x_{j_1}, \ldots, x_{j_m}} \mu_{\tilde{R}}(X_1, \ldots, X_n)\right)\right) / \left(x_{i_1}, \ldots, x_{i_k}\right)$$

$$= \int_{X_1 \times \ldots \times X_n} \frac{\sup(X_1, X_2, \ldots, X_n)}{\left(X_{i_1} X_{i_2}, \ldots, X_{i_k}\right)} .$$

Hierbei ist $X = X_1 \times X_2 \times \ldots \times X_n$ der Grundraum. Durch eine Projektion wird ein n-Tupel

$$(x_1, x_2, \ldots, x_n) \in X$$

auf ein Element

$$\left(x_{i_1}, x_{i_2}, \ldots, x_{i_m}\right) \in X_{i_2} \times \ldots \times X_{i_m}$$

abgebildet. Dabei ist $x_{i_1}, x_{i_2}, \ldots, x_{i_m}$ eine Teilmenge der $x_1, \ldots x_n$. Die Projektion einer Fuzzy-Menge $\tilde{A}$ liefert eine Fuzzy-Menge $\tilde{A}_p$, die durch die Zugehörigkeitsfunktion von $\mu_{\tilde{A}_p}$ bestimmt ist.

Der Operator *proj* ordnet also einer n-stelligen Fuzzy-Relation eine k-stellige Fuzzy-Relation zu. Umgekehrt bildet der Operator *zyl* eine k-stellige Fuzzy-Relation auf eine n-stellige Fuzzy-Relation (n > k) ab:

Definition 3.31 (Zylindrische Erweiterung einer Fuzzy-Relation)
Sei $\tilde{R} = \tilde{R}\left(X_{i_1}, \ldots, X_{i_k}\right)$ eine k-stellige Fuzzy-Relation über der Grundmenge $G = X_{i_1} \times \ldots \times X_{i_k}$. Dann wird deren Erweiterung auf das n-stellige kartesische Produkt $X_1 \times \ldots \times X_n (k < n)$ gemäß

$$zyl\left(\tilde{R}; X_1 \times \ldots \times X_n\right) = \int_{x_1, \ldots, x_n} \left(\left(\mu_{\tilde{R}}(X_1, \ldots, X_n)\right)\right) / \left(x_1, \ldots, x_n\right)$$

als zylindrische Erweiterung der Relation $\tilde{R}$ *auf* $X_1 \times \ldots \times X_n$ bezeichnet.

Komposition von Fuzzy-Relationen

Für den klassischen Relationsbegriff ist die Komposition (Verkettung) von Relationen eine der wichtigsten Verknüpfungen, die beispielsweise in relationalen Datenbanken von grundlegender Bedeutung ist. Für zwei scharfe Relationen $R_1(X,Y)$, $R_2(Y,Z)$ definiert man die Komposition

$$R_2 \circ R_1 \subseteq X \times Z$$

durch die Gleichung

$$R_2 \circ R_1 = \left\{ (x,z) \mid \exists y \in Y \; mit : \left((x,y) \in R_1 \wedge (y,z) \in R_2 \right) \right\}.$$

Mit Hilfe der Projektion und der zylindrischen Erweiterung kann die Komposition von Relationen auf die Fuzzy-Logik übertragen werden. Hier kann sowohl die Verkettung zweier unscharfer Relationen als auch die Komposition einer Fuzzy-Menge und einer Relation betrachtet werden.

Für eine Fuzzy-Menge $\tilde{A}$ auf X und eine Relation $\tilde{R}(X \times Y)$ kann die Komposition von $\tilde{A}$ mit $\tilde{R}$ berechnet werden, indem der Schnitt der zylindrischen Erweiterung von $\tilde{A}$, $zyl\left(\tilde{A}, X \times Y\right)$, mit $\tilde{R}(X \times Y)$ berechnet und die Schnittmenge auf Y projiziert wird. Die resultierende Fuzzy-Menge $\tilde{B}$ auf Y ist also gegeben durch:

$$\tilde{B} = \tilde{A} \circ \tilde{R}(X,Y) = proj\left(zyl\left(\tilde{A} \cap \tilde{R}(X \times Y) \right), Y \right).$$

Wird für die Schnittbildung der Minimumoperator verwendet, so gilt für den Zugehörigkeitsgrad von $\tilde{B}$:

$$\mu_{\tilde{B}}(y) = \max_{x \in X} \; \min\left(\mu_{\tilde{A}}(x), \mu_{\tilde{R}}(x,y) \right) \quad bzw.$$

$$\mu_{\tilde{B}}(y) = \mu_{\tilde{B}}(y) = \sup_{x \in X} \; \min\left(\mu_{\tilde{A}}(x), \mu_{\tilde{R}}(x,y) \right).$$

Für die Schnittbildung kann hierbei anstatt des Minimumoperators natürlich auch jede andere t-Norm verwendet werden. In ähnlicher Weise kann die Verkettung zweier unscharfer Relationen gebildet werden. Üblicherweise erfolgt die Komposition über die max-min-Komposition.

Max-Min-Komposition

Bei der max-min Komposition werden max und min zur Berechnung des Zugehörigkeitsgrades von dem Element (x, z) zur Relation $\tilde{T}$ verwendet. Dabei wird zunächst der minimale Zugehörigkeitsgrad der Elemente (x, y) und (y, z) für jedes $y \in Y$ bestimmt. Den gesuchten Zugehörigkeitsgrad für das Element (x, z) erhält man schließlich als maximalen Wert aller Minima. Dabei wird von einer endlichen Relation ausgegangen. Bei unendlichen Relationen erhält man den Zugehörigkeitsgrad, indem anstelle des max-Operators entsprechend das Supremum berechnet wird.

Definition 3.32 *(max-min-Komposition)*
Es seien X, Y, Z klassische Mengen und $\tilde{R}_1(X,Y)$ und $\tilde{R}_2(Y,Z)$ zwei Fuzzy-Relationen. Die max-min-Komposition von $\tilde{R}_1$ mit $\tilde{R}_2$ ist dann die Fuzzy-Relation

$$\tilde{R}_2 \circ R_1(X,Z) \quad \text{über} \quad X \times Z \quad \text{mit}$$

$$\mu_{\tilde{R}_2 \circ \tilde{R}_1}(x,z) = \max_{y \in Y} \left(\min\left(\mu_{\tilde{R}_1}(x,y), \mu_{\tilde{R}_2}(y,z) \right) \right)$$

bzw.

$$\tilde{R}_2 \circ R_1(X,Z) \quad \text{über} \quad X \times Z$$

$$\text{mit} \quad \mu_{\tilde{R}_2 \circ \tilde{R}_1}(x,z) = \sup_{y \in Y} \left(\min\left(\mu_{\tilde{R}_1}(x,y), \mu_{\tilde{R}_2}(y,z) \right) \right)$$

Auch hier ist die max-min-Komposition nur eine Möglichkeit, die Verkettung von unscharfen Relationen zu definieren. Allgemeiner kann anstatt des Minimums-Operators wieder eine beliebige t-Norm zur Definition verwendet werden, so daß

$$\tilde{R}_2 \circ R_1(X,Z) \quad \text{über} \quad X \times Z \quad \text{mit} \quad \mu_{\tilde{R}_2 \circ \tilde{R}_1}(x,z) = \sup_{y \in Y} t\left(\mu_{\tilde{R}_1}(x,y), \mu_{\tilde{R}_2}(y,z) \right)$$

gilt.
    Zur Erläuterung betrachten wir folgendes Beispiel:

Beispiel 3.23
Gegeben seien die Mengen

$$X := \{x_1, x_2\}$$
$$Y := \{y_1, y_2, y_3\}$$
$$Z := \{z_1, z_2\}$$

sowie die Fuzzy-Relationen $\tilde{R}$ durch

$$\tilde{R} := \begin{matrix} & y_1 \quad y_2 \quad y_3 \\ \begin{matrix} x_1 \\ x_2 \end{matrix} & \begin{pmatrix} 0.2 & 0.6 & 0.9 \\ 0.4 & 0.6 & 1.0 \end{pmatrix} \end{matrix}$$

und $\tilde{S}$ durch

$$\tilde{S} \; := \; \begin{array}{c} \\ y_1 \\ y_2 \\ y_3 \end{array} \begin{array}{cc} z_1 & z_2 \\ \begin{pmatrix} 0.1 & 0.5 \\ 0.6 & 0.4 \\ 0.8 & 0.9 \end{pmatrix} \end{array}.$$

Die Fuzzy-Relation $\tilde{T}$ ist eine Teilmenge des kartesischen Produkts $X \times Z$, wobei sich die Zugehörigkeitsfunktion von $\tilde{T}$ durch

$$\tilde{T} \; := \; \begin{array}{c} \\ x_1 \\ x_2 \end{array} \begin{array}{cc} z_1 & z_2 \\ \begin{pmatrix} 0.8 & 0.9 \\ 0.8 & 0.9 \end{pmatrix} \end{array}$$

ergibt. Für den Zugehörigkeitsgrad von (x_1, z_1) zu $\tilde{T}$ gilt dabei

$$\begin{aligned}
\mu_{\tilde{T}}(x_1, z_1) \; &= \; \max \Big(\min \big(\mu_{\tilde{R}}(x_1, y_1), \mu_{\tilde{S}}(y_1, z_1) \big), \\
& \qquad \min \big(\mu_{\tilde{R}}(x_1, y_2), \mu_{\tilde{S}}(y_2, z_1) \big), \\
& \qquad \min \big(\mu_{\tilde{R}}(x_1, y_3), \mu_{\tilde{S}}(y_3, z_1) \big) \Big) \\
&= \max \; (0.1, 0.6, 0.8) \; = \; 0.8
\end{aligned}$$

Abschließend stellen wir noch einige Eigenschaften der max-min-Komposition zusammen.

Satz 3.2

Für die max-min-Komposition gelten die Eigenschaften

6. Die max-min-Komposition ist assoziativ.
7. Die max-min-Komposition ist beiderseitig distributiv über der Fuzzy-Vereinigung, d.h. seien

$$\tilde{R} \subset Y \times Z, \tilde{S} \subset X \times Y \; und \; \tilde{T} \subset X \times Y$$

Fuzzy-Relationen, dann gilt

$$\tilde{R} \circ \big(\tilde{S} \cup \tilde{T} \big) = \big(\tilde{R} \circ \tilde{S} \big) \cup \big(\tilde{R} \circ \tilde{T} \big).$$

Die max-min-Komposition ist nicht kommutativ und nicht distributiv über dem Fuzzy-Durchschnitt.

Max-Produkt-Komposition

Eine andere Art der Komposition stellt die max-Produkt-Komposition dar. Dabei wird anstelle des Minimums die Produktbildung als Durchschnittsoperator verwendet. Wäre beispielsweise in dem obigen Beispiel 3.23 die Mengen X, Y und Z durch

$$
\begin{aligned}
X &:= \{\text{Bremen, Hamburg}\} \\
Y &:= \{\text{Osnabrück, Dresden, München}\} \\
Z &:= \{\text{Münster, Berlin}\}
\end{aligned}
$$

gegeben, so würde das Element (Bremen, Münster) mit dem Zugehörigkeitsgrad 0.8 zur Relation der entfernt liegenden deutschen Städten gehören. Dies ist ein Grund, warum KLIR und FOLGER den min-Operator als „optimistischen" Durchschnittsoperator bezeichneten. Berechnet man $\tilde{T}$ hingegen aus der max-Produkt-Komposition, so ergeben sich die Zugehörigkeitswerte der Elemente aus $\tilde{T}$ gemäß

$$
\mu_{\tilde{T}}(x,z) = \max_{y} \left(\mu_{\tilde{R}}(x,y) * \mu_{\tilde{S}}(y,z) \right)
$$

zu

$$
\tilde{T} \cong
\begin{array}{c}
\quad\; z_1 \quad\; z_2 \\
\begin{array}{c} x_1 \\ x_2 \end{array}
\left(
\begin{array}{cc}
0.72 & 0.81 \\
0.80 & 0.90
\end{array}
\right)
\end{array}
$$

Satz 3.2 gilt ganz entsprechend. Allgemein lassen sich natürlich auch Kompositionen mit beliebigen t-Normen betrachten. Auch für diese Verknüpfungen gelten die Eigenschaften aus Satz 3.2.

   In der Mathematik stößt man häufig auf symmetrische, reflexive oder andere Relationen, wie z.B. Äquivalenzrelationen. Diese Konzepte lassen sich auch auf Fuzzy-Relationen erweitern, sollen aber hier nicht weiter betrachtet werden. Für Details sei auf (KLIR et al., 1988) verwiesen.

3.4 Fuzzy-Logik

Fuzzy-Mengen gehen aus den klassischen Mengen mittels Fuzzyfikation, also der Ausweitung des Bildbereichs der charakteristischen Funktion χ, aus den klassischen Mengen hervor. Auch Fuzzy-Relationen sind eine Erweiterung des klassischen Relationsbegriffs und enthalten als Grenzfall den normalen Relationsbegriff. Um die zweiwertige Aussagenlogik auf eine mehrwertige Fuzzy-Aussagenlogik zu verallgemeinern, wird das gleiche Prinzip angewendet, es wird hier anstatt der charakteristischen Funktion der

Bildbereich der Wahrheitswertefunktion δ auf das reelle Intervall [0,1] erweitert.

3.4.1 Fuzzy-Aussagenlogik

Während in der zweiwertigen Logik eine Aussage wahr oder falsch ist, wird einer Aussage in der Fuzzy-Aussagenlogik ein Wahrheitsgrad aus dem Intervall [0,1] zugeordnet. Der Wahrheitswert 1 steht hierbei für die wahre Aussage, der Wahrheitswert 0 für die falsche Aussage.

Die Syntax der Fuzzy-Aussagenlogik ist analog zur Definition 3.5 der zweiwertigen Aussagenlogik erklärt, lediglich der 2. Punkt der Definition muß angepaßt werden:

Definition 3.33 *(Syntax der Fuzzy-Aussagenlogik)*

1. Kleine lateinische Buchstaben sind zulässige Ausdrücke.
2. Die Zeichen 1,0 sind zulässige Ausdrücke.
3. Sind A und B zulässige Ausdrücke, so sind auch (A), ¬A, (A ∨B), (A ∧ B), (A → B), (A ↔ B) zulässige Ausdrücke.

Für die Priorität der Operatoren und die damit verbundene Klammerung werden die gleichen Vereinbarungen wie in der klassischen Aussagenlogik getroffen. Entsprechend wird die Semantik der Fuzzy-Aussagenlogik erklärt:

Definition 3.34 *(Semantik der Fuzzy-Aussagenlogik)*

1. Ist Ω die Menge aller zulässigen Ausdrücke, so wird mit dem δ-Operator gemäß

$$\delta : \Omega \rightarrow [0, 1]$$

jedem zulässigen Ausdruck ein Wahrheitswert des Einheitsintervalls zugeordnet.

2. Für einen n-stelligen zulässigen Ausdruck $A(x_1,...,x_n)$ berechnet sich der Wahrheitswert bei gegeben Wahrheitswerten $(\delta(x_1),...,\delta(x_n))$ gemäß

$$\delta\big(A(x_1,\cdots,x_n)\big) = A\big(\delta(x_1),...,\delta(x_n)\big).$$

3. Die Junktoren bezeichnen die

   – fuzzy-logische *Negation*   „¬": $\delta(\neg a) = 1 - \delta(a)$
   – fuzzy-logische *Disjunktion* „∨": $\delta(a \vee b) = \max(\delta(a), \delta(b))$

- fuzzy-logische *Konjunktion* „∧" : $\delta\,(a \wedge b) = \min\,(\delta\,(a),\, \delta\,(b))$
- fuzzy-logische *Subjunktion* „→" :

$$\delta\,(a \to b) = \min\,(1,\, 1 + \delta\,(b) - \delta\,(a))$$

- fuzzy-logische *Bijunktion* „↔" : $\delta\,(a \leftrightarrow b) = 1 - |\,\delta\,(a) - \delta\,(b)\,|$.

Für eine einfache (nicht zusammengesetzte) Aussage muß der Wahrheitswert im Einzelfall festgelegt werden, kann aber dabei nicht nur wahr oder falsch sein, sondern auch Werte zwischen 0 und 1 annehmen. Die Bewertung einer einfachen Aussage ist dabei meist sehr subjektiv, wie folgende Aussage zeigt: „die Mathematik-Klausur war schwer." Es entspricht der Realität, daß verschiedene Studenten den Wahrheitsgehalt dieser Aussage, je nach ihrem Talent, ihrem Verständnis des Stoffes und ihrer Vorbereitungszeit unterschiedlich bewerten werden. Die Zweiwertigkeit der klassischen Aussagenlogik wäre bei dieser Aussage an ihre Grenzen gestoßen.

Der Wahrheitswert einer mittels Fuzzy-Operatoren zusammengesetzten Aussage kann, wie in der klassischen Logik, formal berechnet werden.

Beispiel 3.24

Betrachten wir die folgende Aussage: „Diplom-Mathematiker mit Kenntnissen in Informatik und der Betriebswirtschaftslehre haben gute Berufsaussichten in der Entwicklung und im Management." Für Diplom-Mathematiker H. werden folgende Bewertungen festgelegt:

B: „H. hat Kenntnisse in Informatik": $\delta\,(B) = 0.9$

C: „H. hat Kenntnisse in BWL": $\delta(C) = 0.7$

D: „H. hat gute Berufsaussichten in der Entwicklung": $\delta\,(D) = 0.8$

E: „H. hat gute Berufsaussichten im Management": $\delta\,(E) = 0.4$

Der Wahrheitswert der Aussage ergibt sich dann zu:

$$
\begin{aligned}
\delta\,(A) &= \delta((B \wedge C) \to (D \vee E)) \\
&= \min\,(1,\, 1 - \delta\,(B \wedge C) + \delta(D \vee E)) \\
&= \min\,(1,\, 1 - \min\,(\delta\,(B),\, \delta\,(C)) + \max\,(\delta\,(D),\, \delta\,(C))) \\
&= \min\,(1,\, 1 - \min\,(0.,9,\, 0.7) + \max\,(0.8.\, 0.4)) \\
&= \min\,(1,\, 1 - 0.7 + 0.8) \\
&= \min\,(1,\, 1.1) \\
&= 1
\end{aligned}
$$

Allgemein ist für die Fuzzy-Subjunktion nach Lukasiewicz $\delta\,(A \to B)$ nur dann kleiner 1, wenn $\delta\,(A) > \delta(B)$ gilt. In Analogie zur klassischen Aussagenlogik werden die Begriffe „erfüllbar", „allgemeingültig", „unerfüllbar", „Äquivalenz" und „Implikation" definiert.

Definition 3.35 *(erfüllbar, allgemeingültig, unerfüllbar)*
Es sei $A(x_1,...,x_n)$ ein n-stelliger zulässiger Ausdruck.

1. $A(x_1,...,x_n)$ heißt fuzzy-logisch allgemeingültig oder auch eine fuzzy-logische Tautologie, wenn für jede Belegung $(\delta(x_1),...,\delta(x_n))$ der $x_1,...,x_n$ gilt: $\delta(A(x_1,...,x_n)) = 1$.

2. Es heißt A fuzzy-logisch erfüllbar, wenn es wenigstens eine Belegung $(\delta(x_1),...,\delta(x_n))$ mit $\delta(A(x_1,...,x_n)) \neq 0$ gibt.

3. A heißt fuzzy-logisch unerfüllbar, wenn für jede Belegung $(\delta(x_1),...,\delta(x_n))$ $\delta(A(x_1,...,x_n)) = 0$ oder anders ausgedrückt ¬A allgemeingültig ist.

Definition 3.36 *(fuzzy-log. Äquivalenz, fuzzy-log. Implikation)*
Es sei $A(x_1,...,x_n)$ ein fuzzy-logisch allgemeingültiger Ausdruck, also $\delta(A) = 1$ für jede Belegung $(\delta(x_1),...,\delta(x_n))$.

1. Hat A die Form einer Bijunktion zweier zulässiger Ausdrücke B,C, also $A(x_1,...,x_n) \equiv B(x_1,...,x_n) \leftrightarrow C(x_1,...,x_n)$, so kennzeichnet man die fuzzy-logische Tautologie durch das metasprachliche Zeichen „⇔" und nennt

$$B(x_1,...,x_n) \Leftrightarrow C(x_1,...,x_n)$$

eine fuzzy-logische Äquivalenz.

2. Hat A die Form einer Subjunktion zweier zulässiger Ausdrücke B, C gemäß $A(x_1,...,x_n) \equiv B(x_1,...,x_n) \rightarrow C(x_1,...,x_n)$ so benutzt man für die fuzzy-logische Tautologie das metasprachliche Zeichen „⇒" und nennt

$$B(x_1,...,x_n) \Rightarrow C(x_1,...,x_n)$$

eine fuzzy-logische Implikation.

Beispiel 3.25
Beispiele für fuzzy-logische Äquivalenzen sind unter anderem viele Gesetze für die Konjunktion und Disjunktion von Aussagen, die auch aus der zweiwertigen Logik bekannt sind:

Kommutativgesetz	$a \wedge b \Leftrightarrow b \wedge a$	$a \vee b \Leftrightarrow b \vee a$
Assoziativgesetz	$a \wedge (b \wedge c) \Leftrightarrow$ $(a \wedge b) \wedge c$	$a \vee (b \vee c) \Leftrightarrow$ $(a \vee b) \vee c$
Distributivgesetz	$a \wedge (b \vee c) \Leftrightarrow$ $(a \wedge b) \vee (a \wedge c)$	$a \vee (b \wedge c) \Leftrightarrow$ $(a \vee b) \wedge (a \vee c)$
Absortptionsgesetz	$a \wedge (a \vee b) \Leftrightarrow a$	$a \vee (a \wedge b) \Leftrightarrow a$
Idempotenzgesetz	$a \wedge a \Leftrightarrow a$	$a \vee a \Leftrightarrow a$
De Morgan-Gesetz	$\neg(a \wedge b) \Leftrightarrow \neg a \vee \neg b$	$\neg(a \vee b) \Leftrightarrow \neg a \wedge \neg b$
Neutralelement	$a \wedge 1 \Leftrightarrow a$	$a \vee 0 \Leftrightarrow a$
Faktorelement	$a \wedge 0 \Leftrightarrow 0$	$a \vee 1 \Leftrightarrow 1$

Das Prinzip der Dualität ist aus der Tabelle direkt ersichtlich. Die Gesetze lassen sich dabei direkt anhand von Wahrheitstafeln oder durch einfache Umformungen nachweisen. Es sei hier exemplarisch der Nachweis der De-Morgan-Gesetze geführt:

Zu zeigen ist jeweils die Gleichheit des Wahrheitswertes der linken und rechten Seite:

$$\delta(\neg a \vee \neg b) = \max(1 - \delta(a), 1 - \delta(b)) \qquad \delta(\neg a \wedge \neg b) = \min(1 - \delta(a), 1 - \delta(b))$$

$$= 1 - \min(\delta(a), \delta(b)) \qquad\qquad = 1 - \max(\delta(a), \delta(b))$$

$$= 1 - \delta(a \wedge b) \qquad\qquad = 1 - \delta(a \vee b)$$

$$= \delta(\neg(a \wedge b)) \qquad\qquad = \delta(\neg(a \vee b))$$

Andere in der zweiwertigen Aussagenlogik gültige Gesetze und Äquivalenzen lassen sich nicht in die Fuzzy-Aussagenlogik übertragen. Beispielsweise sind die so genannten Komplementgesetze

$$(((a \wedge \neg a) \Leftrightarrow 0) \text{ und } ((a \vee \neg a \Leftrightarrow 1))$$

in der Fuzzy-Aussagenlogik nicht gültig, wie man direkt an speziellen Belegungen sieht, etwa für $\delta(a) = 0.4$:

$$\delta(a \wedge \neg a) = \min(\delta(a), 1 - \delta(a)) = \min(0.4; 0.6) = 0.4 \neq 0$$

$$\delta(a \vee \neg a) = \max(\delta(a), 1 - \delta(a)) = \max(0.4; 0.6) = 0.6 \neq 1.$$

Weiter ist die für die zweiwertige Logik existierende Äquivalenz

$$(a \rightarrow b) \Leftrightarrow (\neg a \vee b)$$

in der Fuzzy-Aussagenlogik nicht gültig, es darf also so die Subjunktion nicht ersetzt werden.

Analog zu den Äquivalenzen lassen sich auch Implikationen und aussagenlogische Schlüsse der zweiwertigen Logik nicht einfach auf die Fuzzy-

Aussagenlogik übertragen. Zum Beispiel ist der Modus-Ponens in der Fuzzy-Logik nicht mehr allgemeingültig, wie man etwa mit der Belegung $\delta(a) = 0.8$, $\delta(b) = 0.3$ sieht:

$$
\begin{aligned}
\delta((a \wedge (a \rightarrow b)) &= \min(\delta(a), \delta(a \rightarrow b)) \\
&= \min(0.8, \min(1, 1 + \delta(b) - \delta(a))) \\
&= \min(0.8, \min(1, 1 + 0.3 - 0.8)) \\
&= \min(0.8, 0.5) \\
&= 0.5 \neq 1
\end{aligned}
$$

3.4.2 Grundlagen des Approximativen Schließens

Im alltäglichen Sprachgebrauch sind wir ständig mit unscharfen Aussagen konfrontiert und müssen aus den unscharfen Aussagen anderer Personen unsere Schlüsse ziehen. Betrachtet man die unscharfe Aussage „Michael ist klein", so ziehen wir daraus einen Schluß auf Michaels Körpergröße.

Ziel des approximativen Schließens (unscharfen Schließens, fuzzy-reasoning) ist die Herleitung nicht-präziser Folgerungen aus nicht-präzisen Prämissen. Ebenso wie in der klassischen Aussagenlogik das logische Schließen erfolgt das unscharfe Schließen nach formalen Rechenvorschriften.

Um eine gegebene unscharfe Aussage p: „X ist $\tilde{A}$ " bewerten zu können, wird der Begriff der Possibilitätsverteilung eingeführt. Eine Possibilitätsverteilung ordnet einer unscharfen Aussage eine Fuzzy-Menge zu, die angibt, mit welcher Möglichkeit die Fuzzy-Variable X einen bestimmten Wert annimmt.

Definition 3.37 *(Possibilitätsverteilung)*
Für eine Aussage p: „*Y* ist $\tilde{A}$" über einer Grundmenge *G* für *X* und $\tilde{A}$ eine Fuzzy-Menge auf *G* induziert p eine Possibilitätsverteilung (*possibility distribution*) $\prod_X$ gemäß

$$
\prod_X \tilde{A}
$$

und es gilt

$$
\mathrm{poss}(X = u \mid X \text{ ist } \tilde{A}) = \mu_{\tilde{A}}(u).
$$

Man sagt auch, daß die Fuzzy-Variable *X* durch $\tilde{A}$ restringiert wird.

Beispiel 3.26

Für die unscharfe Aussage p: „Michael ist eine kleine Person" fungiert die Größe von Michael als Fuzzy-Variable X. Zur Restriktion kann die Fuzzy-Menge

$$K L E I N \; = \; \frac{0.3}{150} + \frac{1}{160} + \frac{0.5}{170} + \frac{0.1}{180} + \frac{0}{190} + \frac{0}{200}$$

über der diskreten Grundmenge G von Körpergrößen in cm, $G = \{150, 160, 170, 180, 190, 200\}$ zu Grunde gelegt werden. Es gilt also

$$\prod_{Gr\ddot{o}\beta e(Michael)} = K L E I N \cdot$$

Als Ergebnis erhält man, daß Michael am ehesten 160cm groß ist, eine Größe von 170cm ist möglich vom Grad 0.5, eine Größe von 150cm ist möglich vom Grad 0.3, usw.

Für eine Fuzzy-Aussage p mit n Variablen $X_1, X_2, \ldots, X_n$ erklärt man analog die n-stellige Possibilitätsverteilung mit Hilfe einer n-stelligen Fuzzy-Relation $\tilde{R} = \tilde{R}(X_1, \ldots, X_n)$ vermöge

$$\prod_{X_1, \ldots, X_n} = \tilde{R} \cdot$$

Der Possibilitätswert für eine Variablenbelegung

$$x = (x_1, \ldots, x_n) \in X = X_1 \times \ldots \times X_n$$

wird mit Hilfe der Possibilitätsverteilungsfunktion π_X gemäß

$$\pi_X : G_1 \times \ldots \times G_n \to [0, 1] \; mit \; (x_1, \ldots, x_n) \to \pi_X (x_1, \ldots, x_n) = \mu_{\tilde{R}} (x_1, \ldots, x_n),$$

also durch den Mitgliedsgradwert von $x = (x_1, \ldots, x_n)$ in $\tilde{R}$ definiert.

Da n-stellige Possibilitätsverteilungen über n-stellige Fuzzy-Relationen erklärt sind, lassen sich das Projektionsprinzip und die zylindrische Erweiterung von Fuzzy-Relationen direkt auf Possibilitätsverteilungen übertragen.

Definition 3.38 (*Projektion einer Possibilitätsverteilung*)
Ist

$$\prod_X = \prod_{(X_1, \ldots, X_n)}$$

eine Possibilitätsverteilung über der Grundmenge $G = G_1 \times \ldots \times G_n$, so liefert der Projektionsoperator $proj_{X_s}$ daraus die (n − k)-stellige Possibilitätsverteilung der Subvariablen X_s gemäß

$$\prod_{X_s} = proj_{X_s} \prod_X proj_{(X_{i_1},\ldots,X_{i_k})} \prod_{(X_1,\ldots,X_n)}$$

mit

$$\pi_{X_{i_1},\ldots,X_{i_k}}\left(x_{i_1},\ldots,x_{i_k}\right) = \max_{x_{j_1},\ldots,x_{j_m}} \pi\left(X_1,\ldots,X_n\right)\left(x_1,\ldots,x_n\right) ,$$

wobei der Max-Operator ggf. durch das Supremum zu ersetzen ist.

Somit ist es beispielsweise möglich, aus den Possibilitätswerten einer n-stelligen Possibilitätsverteilung auf die Possibilitätswerte einer eingeschränkten Possibilitätsverteilung zu schließen:

Beispiel 3.27
Bei der Ausführung einer Montageoperation sind die 7 unterschiedlichen Aktivitäten X_1 bis X_7 auszuführen. Es stehen dafür 10 Mechaniker M_1 bis M_{10} zur Verfügung, die bereits in vorherigen Arbeitsgruppen eingesetzt waren. Ihre Zusammenarbeit wird von der folgenden Possibilitätsverteilung eingeschätzt, wobei Teams mit einem Possibilitätswert von 0 nicht aufgeführt sind:

	X_1	X_2	X_3	X_4	X_5	X_6	X_7	$\prod_X(x)$
1	M_1	M_3	M_4	M_6	M_7	M_8	M_2	0.8
2	M_1	M_3	M_4	M_6	M_7	M_5	M_2	0.9
3	M_1	M_3	M_4	M_6	M_7	M_9	M_2	0.7
4	M_2	M_1	M_5	M_3	M_7	M_8	M_9	0.4
5	M_2	M_1	M_5	M_4	M_6	M_9	M_{10}	0.5
6	M_2	M_4	M_3	M_7	M_1	M_{10}	M_9	0.8

Sind alle Aktivitäten gefragt, so ist Team 2 mit der in der zweiten Zeile der Tabelle dargestellten Arbeitsaufteilung die beste Wahl. Für eine Wartungsarbeit werden nun aber nur die Aktivitäten X_2, X_3, X_5 und X_7 benötigt. Es ist also das beste Viererteam für diese Arbeit festzulegen: Die entsprechende Subvariable lautet $X_s = (X_2, X_3, X_5, X_7)$ und die entsprechende Projektion lautet:

$$\prod_{(X_2,X_3,X_5,X_7)} = proj_{(X_2,X_3,X_5,X_7)} \prod_{(X_1,\ldots,X_7)} \cdot$$

Nach Anwendung der Definition erhält man

X_2	X_3	X_5	X_7	$\prod_{X_s}(x_2,x_3,x_5,x_7)$
M_3	M_4	M_7	M_2	0.9
M_1	M_5	M_7	M_9	0.4
M_1	M_5	M_6	M_{10}	0.5
M_4	M_3	M_1	M_9	0.8

und es empfiehlt sich, M_3, M_4, M_7 und M_2 für die jeweiligen Arbeiten einzusetzen.

Eine weitere Methode des approximativen Schließens ist die so genannte *Partikularisierung*. Man versteht hierunter die Neubewertung einer Possibilitätsverteilung $\prod_X$ einer Variablen X, wenn sich die Possibilitätsverteilung $\prod_{X_s}$ einer Subvariablen X_s von X verändert hat und damit $\prod_X$ entsprechend angepaßt werden muß.

Definition 3.39 (*Partikularisierung*)
Auf den Grundmengen $G = G_1 \times \ldots \times G_n$ und $G_s = G_{i_1} \times \ldots \times G_{i_k}$, wobei $s = (i_1, \ldots, i_k)$ ein Teiltupel von (1,...,n) bezeichnet (k ≤ n), seien die Possibilitätsverteilungen

$$\prod_X = \prod_{(X_1,\ldots,X_n)} \ auf \ G \quad und \quad \prod_{X_s} = \prod_{(X_{i_1}\ldots X_{i_k})} \ auf \ G_s$$

bekannt, wobei jede Variable X_i auf G_i erklärt sei. Es seien $\prod_X$ restringiert durch die n-stellige Fuzzy-Relation $\tilde{R} : \prod_X = \tilde{R}$ und $\prod_{X_s}$ restringiert durch die k-stellige Fuzzy-Relation $\tilde{T} : \prod_{X_s} = \tilde{T}$. Dann heißt

$$\prod_X \left[\prod_{X_s} = \tilde{T} \right] = \tilde{R} \cap zyl(\tilde{T}, G_1, \ldots, G_n)$$

die Partikularisierung der Possibilitätsverteilung $\prod_X$.

Beispiel 3.28
In der Situation von Beispiel 3.27 fällt kurzfristig eine Maschine für den Arbeitsvorgang X_5 aus. Es muß daher eine veraltete Maschine eingesetzt werden, mit der die Mitarbeiter unterschiedlich gut umgehen können. Dabei werden nur die 4 verbliebenen Teams und die für den Arbeitsvorgang verbleibenden Mitarbeiter M_7, M_6 und M_1 betrachtet. Die Possibilitätsverteilung

für die Beherrschung der Maschine durch diese drei Mitarbeiter wird dabei durch die folgende Fuzzy-Menge restringiert:

$$\tilde{T} = \frac{0.9}{M_1} + \frac{0.3}{M_6} + \frac{0.6}{M_7}$$

Nach Anwendung der Partikularisierung (mit dem Minimum-Operator für die Schnittbildung) erhält man die folgende neue Possibilitätsverteilung $\Pi_{x'_r}$:

X_2	X_3	X_5	X_7	$\Pi_{x'_r}(x_2, x_3, x_5, x_7)$
M_3	M_4	M_7	M_2	0.6
M_1	M_5	M_7	M_9	0.4
M_1	M_5	M_6	M_{10}	0.3
M_4	M_3	M_1	M_9	0.8

Somit ist in der neuen Situation das Team bestehend aus M_4, M_3, M_1 und M_9 bevorzugt einzusetzen.

Definition 3.40 (*minimale und maximale Restriktion*)
Es seien $\Pi_X = \tilde{A}$ und $\Pi_Y = \tilde{B}$ zwei durch die Fuzzy-Mengen $\tilde{A}$ bzw. $\tilde{B}$ restringierte Possibilitätsverteilungen. Dann bezeichnet man die Schlußfigur

$$\frac{\Pi_X = \tilde{A} \; und \; \Pi_Y = \tilde{B}}{\Pi_{(X,Y)} = \tilde{A} \times \tilde{B}} \quad bzw. \quad \frac{\left(X \; ist \; \tilde{A}\right) und \left(Y \; ist \; \tilde{B}\right)}{\left(X,Y\right) ist \; \tilde{A} \times \tilde{B}}$$

mit $\mu_{\tilde{A} \times \tilde{B}}(x,y) = \min\left(\mu_{\tilde{A}}, \mu_{\tilde{B}}\right)$ als Regel der maximalen Restriktion. Als Regel der minimalen Restriktion wird die Schlußfigur

$$\frac{\Pi_X = \tilde{A} \; oder \; \Pi_Y = \tilde{B}}{\Pi_{(X,Y)} = \left(\tilde{A}^c \times \tilde{B}^c\right)^c}$$

mit $\mu_{\left(\tilde{A}^c \times \tilde{B}^c\right)^c}(x,y) = \max\left(\mu_{\tilde{A}}(x), \mu_{\tilde{B}}(y)\right)$ bezeichnet.

Ebenso wie für Vereinigung und den Schnitt von Fuzzy-Mengen und Fuzzy-Relationen auch s- bzw. t-Normen verwendet werden können, ist es auch für die Regeln der Restriktion möglich, andere Normen zu verwenden.

3.4.3 Fuzzy-„If-Then" Regeln und der generalisierte Modus ponens

Im Kapitel 3.3.2 wurde die Komposition von zwei Fuzzy-Relationen $R_1(X,Y)$ und $R_2(Y,Z)$ und die Komposition von einer Fuzzy-Menge $\tilde{A}$ über X mit einer Fuzzy-Relation $R(X,Y)$ definiert. Die Komposition von Possibilitätsverteilungen wird im Gebiet des approximativen Schließens als Kompositionsregel der Inferenz bezeichnet.

Definition 3.41 *(Kompositionsregel der Inferenz)*
Für zwei Fuzzy-Relationen $\tilde{R}_1 = \tilde{R}_1(G_1,G_2), \tilde{R}_2 = \tilde{R}_2(G_2,G_3)$ auf den Grundmengen $G_1 \times G_2$ und $G_2 \times G_3$ heißt die Schlußfigur

$$\prod\nolimits_{(X,Y)} = \tilde{R}_1(G_1,G_2) \qquad\qquad wenn \ \tilde{R}_1$$

$$\frac{\prod\nolimits_{(Y,Z)} = \tilde{R}_2(Y,Z)}{\prod\nolimits_{(X,Z)} = \tilde{R}_2 * \tilde{R}_1(X,Y)}, \qquad \frac{und \ \ \tilde{R}_2}{dann \ \ \tilde{R}_2 * \tilde{R}_1},$$

wobei $*$ für eine max(sup)-t-Komposition der Relationen $\tilde{R}_1$ und $\tilde{R}_2$ gemäß Definition 3.32 steht, die Kompositionsregel (Verkettungsregel) der Inferenz (compositional rule of inference).

Mit der Hilfe der Kompostionsregel der Inferenz kann aber auch von einer Fuzzy-Menge $\tilde{A}$ über U und einer Fuzzy-Relation $\tilde{R}$ zwischen U und V auf eine Fuzzy-Menge $\tilde{B}$ über V geschlossen werden, indem man die zylindrische Erweiterung von $\tilde{A}, zyl(\tilde{A},Y)$, durch eine t-Norm mit der Fuzzy-Relation $\widetilde{R}$ schneidet und das Ergebnis des Schnittes auf Y projiziert. Es ist dann $\widetilde{B}$ über Y unter Verwendung des Minimumoperators als t-Norm gegeben durch die Zugehörigkeitsfunktion:

$$\mu_{\tilde{B}}(y) = \max_{x \in X}\left(\min\left(\mu_{\tilde{A}}, \mu_{\tilde{R}}\right)\right)$$

Beispiel 3.29
Auf den Grundmengen

$$X = Y = \{1,2,3,4\}$$

sei die Fuzzy-Menge

$$\text{„GROSS"} = \frac{0}{1} + \frac{0,2}{2} + \frac{0,6}{3} + \frac{1}{4}$$

$$= \left\{ \mu(1) = 0, \ \mu(2) = 0,2, \ \mu(3) = 0,6, \ \mu(4) = 1 \right\}$$

und die Relation

$$\text{„ETWA GLEICH“} =$$

$$\frac{1}{(1,1)} + \frac{1}{(2,2)} + \frac{1}{(3,3)} + \frac{1}{(4,4)} + \frac{0.5}{(1,2)} + \frac{0.5}{(2,1)} + \frac{0.5}{(3,2)} + \frac{0.5}{(2,3)} + \frac{0.5}{(4,3)} + \frac{0.5}{(3,4)}$$

über X × Y gegeben. Das Ergebnis der Max-Min-Komposition von GROSS mit ETWA GLEICH ist dann gegeben durch

$$GROSS * ETWA\,GLEICH =$$

$$\begin{pmatrix} 0 & 0.2 & 0.6 & 1 \end{pmatrix} * \begin{pmatrix} 1 & 0.5 & 0 & 0 \\ 0.5 & 1 & 0.5 & 0 \\ 0 & 0.5 & 1 & 0.5 \\ 0 & 0 & 0.5 & 1 \end{pmatrix} = \begin{pmatrix} 0.2 & 0.5 & 0.6 & 1 \end{pmatrix}$$

Das Ergebnis der Max-Min-Komposition könnte hier als „mehr oder weniger groß" aufgefaßt werden.

Neben der Fuzzy-Relation gibt es noch die Möglichkeit, den Zusammenhang zwischen zwei Possibilitätsverteilungen Π_X und Π_Y durch IF-THEN- Regeln (Wenn-dann-Regeln) festzulegen. Eine IF-THEN-Regel ist eine Formel der Art:

$$\text{IF X IS A THEN Y is B,}$$

wobei die Aussage „X IS A" die Prämisse (antecedent) der Regel und die Aussage „Y IS B" die Konsequenz der Regel genannt wird.

Da die Prämisse und die Konsequenz der Regel jeweils durch eine Possibilitätsverteilung repräsentiert werden, kann die kausale Bedeutung einer IF-THEN-Regel als Relation zwischen den Grundmengen G_1 und G_2 aufgefaßt werden. Um die kausale Bedeutung einer IF-THEN-Regel in einer Fuzzy-Relation angeben zu können, wird eine Implikationsfunktion benutzt:

Definition 3.42 (*Fuzzy-Implikation nach Zadeh*)
Es seien

$$\Pi_X = \tilde{A} \quad \text{und} \quad \Pi_Y = \tilde{B}$$

zwei Possibilitätsverteilungen und IF X IS $\tilde{A}$ THEN Y IS $\tilde{B}$ eine IF-THEN-Regel. Der durch die IF-THEN-Regel induzierte kausale Zusammenhang zwischen X und Y ist dann gegeben durch die Relation $\tilde{R}(X,Y)$ mit

$$\mu_{\tilde{R}}(x,y) = \max\left(\min\left(\mu_{\tilde{A}}(x),\ \mu_{\tilde{B}}(y)\right), 1 - \mu_{\tilde{A}}(x)\right).$$

Die $\tilde{R}$ definierende Implikation wird Zadeh-Implikation (Zadehsche Maximumsregel oder Wenn-dann-Inferenzregel) genannt und liefert die Berechnungsformel zur Auswertung einer IF-THEN-Regel.

Beispiel 3.30

Es seien $G_1 = G_2 = \{1, 2, 3, 4\}$ und

$$\text{IF X IS GROSS THEN Y IS KLEIN}$$

eine IF-THEN-Regel.

Seien ferner

$$GROSS = \frac{0}{1} + \frac{0,2}{2} + \frac{0,6}{3} + \frac{1}{4}$$

$$= \left\{ \mu_{GROSS}(1) = 0, \ \mu_{GROSS}(2) = 0,2, \ \mu_{GROSS}(3) = 0,6, \mu_{GROSS}(4) = 1 \right\}$$

und

$$KLEIN = \frac{1}{1} + \frac{0,6}{2} + \frac{0,2}{3} + \frac{0}{4}$$

$$= \left\{ \mu_{KLEIN}(1) = 1, \mu_{KLEIN}(2) = 0,6 \right.$$

$$\left. \mu_{KLEIN}(3) = 0,2, \mu_{KLEIN}(4) = 0 \right\}$$

zwei Fuzzy-Mengen.

Dann ergibt sich die Relation $\tilde{R}$, welche die Bedeutung der IF-THEN-Regel

$$\text{IF X is GROSS THEN Y is KLEIN}$$

mittels der Zadehschen Implikation repräsentiert, zu:

x \ y	1	2	3	4
1	1	1	1	1
2	0.8	0.8	0.8	0.8
3	0.6	0.6	0.4	0.4
4	1	0.6	0,2	0

Für x = 2 und y = 3 ergibt sich

$$\max \left(\min \left(\mu_{GROSS}(2), \mu_{KLEIN}(3) \right), 1 - \mu_{GROSS}(2) \right)$$

$$= \max \left(\min(0,2, \ 0,2), 1 - 0,2 \right)$$

$$= \max(0,2, 0,8)$$

$$= 0,8.$$

Wie in Kapitel 3.4.1 gezeigt wurde, ist der Modus ponens in der Fuzzy-Aussagenlogik nicht allgemeingültig. Mit Hilfe der Kompositionsregel der Inferenz und der Zadehschen Maximumsregel wird in der Fuzzy-Aussagenlogik der sogenannte *Verallgemeinerte Modus Ponens* definiert:

Definition 3.43 *(verallgemeinerter Modus Ponens)*
Es seien $\tilde{A}'$, $\tilde{A}$ Fuzzy-Mengen über einer Grundmenge G_1, $\tilde{B}$ und $\tilde{B}'$

Fuzzy-Mengen über einer Grundmenge G_2. Dann heißt die Schlußfigur

$$X\ IS\ \tilde{A}'$$

$$\underline{IF\ X\ IS\ \tilde{A}\ THEN\ Y\ IS\ \tilde{B}}$$

$$Y\ IS\ \tilde{B}'$$

der verallgemeinerte Modus Ponens (*generalized modus ponens*).
Die IF-THEN-Regel wird dabei durch einen Fuzzy-Implikationsoperator formalisiert, der Übergang zur Konklusion (Konsequenz, Schlußfolgerung) wird durch die Kompositionsregel der Inferenz (compositional rule of inference) berechnet.

Beispiel 3.31
Es seien $\tilde{A}$, $\tilde{B}$ und die IF-THEN Regel analog zu Beispiel 3.30 gegeben. Weiter sei die Bedeutung der IF-THEN-Regel wie in Beispiel 3.30 durch die mittels der Zadeh-Implikation definierten Relation $\tilde{R}$ repräsentiert. Ist dann die Fuzzy-Menge $\tilde{A}' = \tilde{A}$ gegeben, so erhält man als Ergebnis des verallgemeinerten Modus Ponens mit Hilfe der Max-Min-Komposition als Inferenzregel:

0	0	0	0		1	1	1	1		0	0	0	0
0.2	0.2	0.2	0.2		0.8	0.8	0.8	0.8		0.2	0.2	0.2	0.2
0.6	0.6	0.6	0.6	$\cap$	0.6	0.6	0.4	0.4	$=$	0.6	0.6	0.4	0.4
1	1	1	1		1	0.6	0.2	0		1	0.6	0.2	0

$$\Rightarrow \boxed{1 \mid 0.6 \mid 0.4 \mid 0.4}$$

Es ist also

$$\tilde{B}' = \frac{1}{1} + \frac{0.6}{2} + \frac{0.4}{3} + \frac{0.4}{4}$$

das Ergebnis des verallgemeinerten Modus Ponens und damit das Ergebnis im Gegensatz zur klassischen Logik nicht identisch mit der Fuzzy-Menge $\tilde{B}$.

Im Zusammenhang mit IF-THEN-Regeln sind noch folgende Definitionen und Bemerkungen von Interesse.

Definition 3.44 *(IF-THEN-Regel, Prämisse, Konklusion)*
Die generelle Form von IF-THEN-Regeln lautet:

IF *Menge von Bedingungen* THEN *Menge von Konsequenzen.*

Entsprechend bezeichnet man den IF-Teil als Prämisse und den THEN-Teil als Konklusion.

Zur Formulierung der einzelnen Bedingungen bzw. Konsequenzen sind unterschiedliche Notationen gebräuchlich, z.B.

$$X \text{ is } \tilde{A}$$

$$\text{oder } X \text{ ist } \tilde{A}$$

$$\text{oder } X \in \tilde{A} .$$

Die Auswertung der einzelnen Bedingungen beschreibt den Akzeptanzgrad, mit dem X in $\tilde{A}$ liegt. Dieser Grad wird durch $\mu_{\tilde{A}}(x)$ angegeben.

Liegen mehrere Bedingungen vor, so sind sie konjunktiv zu verknüpfen. Der sich daraus ergebende Akzeptanzgrad der Prämisse stellt zugleich den Akzeptanzgrad der Konklusion dar.

Eine Fuzzy-IF-THEN-Regel

$$IF \ \tilde{A} \ THEN \ \tilde{B}$$

ordnet einer Fuzzy-Menge $\tilde{A}$ eine Fuzzy-Menge $\tilde{B}$ zu, wobei $\tilde{A} \subset G_1$ *und* $\tilde{B} \subset G_2$ für Grundräume G_1 und G_2 gilt. Wie bereits beschrieben, läßt sich daher eine IF-THEN-Regel als eine Fuzzy-Relation $\tilde{R}$ zwischen den Grundräumen G_1 und G_2 auffassen. Man erhält somit mittels einer Fuzzy-Relation $\tilde{R}$, die durch die Fuzzy-Regel

$$IF \ \tilde{A} \ THEN \ \tilde{B}$$

induziert wird, die folgende Gleichung

$$\tilde{B} = \tilde{A} \circ \tilde{R} ,$$

wobei $\circ$ für eine max(sup)-t-Komposition steht.

Sind $\tilde{A}$, $\tilde{A}'$ und $\tilde{B}$, $\tilde{B}'$ Fuzzy-Mengen und $R(X,Y)$ die durch die Fuzzy-IF-THEN-Regel

$$IF \ \tilde{A} \ THEN \ \tilde{B}$$

induzierte Relation, dann gilt für den generalisierten Modus Ponens

$$X\ IS\ \tilde{A}' \qquad\qquad R_1(X) = \tilde{A}'$$

$$\underline{IF\ X\ IS\ \tilde{A}\ THEN\ Y\ IS\ \tilde{B}} \quad bzw.\quad \underline{R_2(X,Y) = R}$$

$$Y\ IS\ \tilde{B}' \qquad\qquad R_3(Y) = \tilde{B}'$$

Insgesamt folgt somit

$$R_3(Y) = R_2(X,Y) \circ R_1(X),\ oder\ kurz$$

$$\tilde{B}' = R(X,Y) \circ \tilde{A}'$$

Die in Fuzzy-IF-THEN-Regeln auftretenden Größen werden auch als „Linguistische Variablen" bezeichnet. Dies sind Variablen sprachlicher Art, deren Werte linguistische Terme genannt werden und sich verbal erklären lassen. Zur Modellierung von linguistischen Termen werden entsprechende Fuzzy-Mengen verwendet.

Definition 3.45 *(Linguistische Variable)*
Eine linguistische Variable ist ein Tupel $< X, A_X, G, M_X >$.

X bezeichnet dabei den symbolischen Namen der *linguistischen Variable* und G die Grundmenge, auf der die linguistische Variable definiert ist. A_x ist die Menge der *linguistischen Werte (Ausprägungen, linguistischen Terme)*, die von der linguistischen Variablen angenommen werden können und M_x eine Funktion, welche einem linguistischen Wert aus A_x eine Fuzzy-Menge über der Grundmenge G zuordnet.

Beispiel 3.32
Für die Grundmenge G = [150, 250] soll die linguistische Variable X der Körpergröße (in cm) definiert werden. Mögliche Ausprägungen der linguistischen Variable sind etwa „sehr klein", „klein", „mittel", „groß", „sehr groß" und „riesig", also A_x = {sehr klein, klein, mittel, groß, sehr groß, riesig}. Die Funktion M_x ordnet den Ausprägungen der linguistischen Variable die entsprechende Bedeutung durch eine restringierende Fuzzy-Menge über G zu, $M_X : A_X \to \tilde{A}_X$, beispielsweise

$$mittel \to MITTEL = \tilde{T}(160,175,185,190)$$

für eine mittlere Körpergröße.

Neben der Fuzzy-Implikation nach Zadeh (Definition 3.41) gibt es noch einige andere alternative Fuzzy-Implikations-Operatoren, z.B.

Zadeh	:	$\tilde{A} \to \tilde{B}$	$\max\left(\min\left(\mu_{\tilde{A}}, \mu_{\tilde{B}}\right), 1 - \mu_{\tilde{A}}\right)$
Mamdani	:	$\tilde{A} \to \tilde{B}$	$\min\left(\mu_{\tilde{A}}, \mu_{\tilde{B}}\right)$
Lukasiewicz	:	$\tilde{A} \to \tilde{B}$	$\min\left(1, 1 - \mu_{\tilde{A}} + \mu_{\tilde{B}}\right)$
Gödel	:	$\tilde{A} \to \tilde{B}$	$\begin{cases} 1 & falls\ \mu_{\tilde{A}} \le \mu_{\tilde{B}} \\ \tilde{B} & sonst. \end{cases}$

Diese verschiedenen Definitionen einer Fuzzy-Implikation besitzen unterschiedliche „algebraische" Eigenschaften. Entsprechend sind auch die Eigenschaften des generalisierten Modus Ponens unterschiedlich, je nach dem, welche Fuzzy-Implikation zugrunde gelegt wird.

Einige dieser algebraischen Eigenschaften bzw. Kriterien, die an den generalisierten Modus Ponens gestellt werden können, sind in den Tabellen 3.7 und 3.8 wiedergegeben.

Tabelle 3.7 Algebraische Eigenschaften

K I	$\tilde{A}' \ge \tilde{A} \Rightarrow \ \delta\left(\tilde{A}' \to \tilde{B}\right) \le \delta\left(\tilde{A} \to \tilde{B}\right)$
K II	$\tilde{B}' \le \tilde{B} \ \Rightarrow \ \delta\left(\tilde{A} \to \tilde{B}'\right) \le \delta\left(\tilde{A} \to \tilde{B}\right)$
K III	$gilt\ \delta\left(\tilde{A}\right) = 0\ so\ folgt\ \delta\left(\tilde{A} \to \tilde{B}\right) = 1$
K IV	$gilt\ \delta\left(\tilde{A}\right) = 1\ so\ folgt\ \delta\left(\tilde{A} \to \tilde{B}\right) = \delta\left(\tilde{B}\right)$
K V	$\delta\left(\tilde{A} \to \tilde{B}\right) \ge \delta\left(\tilde{B}\right)$
K VI	$\delta\left(\tilde{A} \to \tilde{A}\right) = 1$
K VII	$\delta\left(\tilde{A} \to \left(\tilde{B} \to \tilde{C}\right)\right) = \delta\left(\left(\tilde{A} \to \tilde{B}\right) \to \tilde{C}\right)$
K VIII	$\delta\left(\tilde{A} \to \tilde{B}\right) = 1 \ \Leftrightarrow \ \delta(\tilde{A}) \le \delta(\tilde{B})$
K IX	$\to$ ist ein stetiger Operator

Tabelle 3.8 Implizite Kriterien, die an den generalisierten Modus ponens gestellt werden

Kriterium	1. Prämisse: X ist $\tilde{A}'$	Folgerung: Y ist $\tilde{B}'$
K 1	X ist $\tilde{A}$	Y ist $\tilde{B}$
K 2a	X ist sehr $\tilde{A}$	Y ist sehr $\tilde{B}$
K 2b	X ist sehr $\tilde{A}$	Y ist $\tilde{B}$
K 3a	X ist mehr oder weniger $\tilde{A}$	Y ist mehr oder weniger $\tilde{B}$
K 3b	X ist mehr oder weniger $\tilde{A}$	Y ist $\tilde{B}$
K 4a	X ist nicht $\tilde{A}$	Y ist unbekannt
K 4b	X ist nicht $\tilde{A}$	Y ist nicht $\tilde{B}$

Die Kriterien der Tabelle 3.8 beschreiben, wie sich die Abweichung der ersten Prämisse $\left(X \text{ ist } \tilde{A}' \right)$ von der Voraussetzung der zweiten Prämisse $\left(X \text{ ist } \tilde{A} \right)$ auf die entsprechende Abweichung der Konklusion $\left(Y \text{ ist } \tilde{B}' \right)$ von der Konsequenz der zweiten Prämisse $\left(Y \text{ ist } \tilde{B} \right)$ fortsetzen. Hierbei beziehen sich die Kriterien auf den generalisierten Modus Ponens in der Notation

$$\frac{X \text{ ist } \tilde{A}'}{\underline{\text{wenn } X \text{ ist } \tilde{A}, \text{ dann } Y \text{ ist } \tilde{B}}} \qquad \frac{\tilde{A}'}{\underline{\tilde{A} \to B'}}$$
$$Y \text{ ist } \tilde{B}' \qquad\qquad\qquad B'$$

Tabelle 3.7 enthält einige algebraische Eigenschaften von Fuzzy-Implikations-Operatoren „→", die als wünschenswert anzusehen sind. Für ihre Gültigkeit bei den unterschiedlichen Definitionen für eine Fuzzy-Implikation gilt:

Für die Zadehsche Fuzzy-Implikation gilt sowohl für die max-min-Komposition als auch für die max-Produkt-Komposition das Kriterium K 4a. Der Operator erfüllt zusätzlich die algebraischen Eigenschaften K II bis K IV sowie K IX.

Auch für die Lukasiewicz-Implikation gilt in Verbindung mit der max-min-Komposition und der max-Produkt-Komposition nur Kriterium K 4a. Allerdings werden von diesem Operator die algebraischen Eigenschaften K I bis K IX erfüllt. Bezüglich des generalisierten Modus ponens schneidet also der Lukasiewicz-Operator nicht besser als der Zadehsche-Operator ab. Aufgrund der „optimalen" Erfüllung der algebraischen Eigenschaften wird diesem Operator ein besonderes Interesse eingeräumt.

Der Gödel-Operator schneidet bezüglich des generalisierten Modus ponens in Verbindung mit der max-min-Komposition als auch mit der max-Produkt-Komposition am besten ab. Hier sind die Bedingungen K 1, K 2b,

K 3a und K 4a erfüllt. Aus algebraischer Sicht treffen auch die Kriterien K I bis K VIII zu. Als Nachteil wirkt sich für diesen Operator allerdings die fehlende Stetigkeit aus, weshalb er weniger Verwendung findet.

Weitere Beispiele für Fuzzy-IF-THEN-Regeln und deren Auswertung werden im Zusammenhang mit Fuzzy-Controllern (Kap.3.7) gegeben.

3.5 Fuzzy-Zahlen

Fuzzy-Zahlen sind Fuzzy-Mengen mit bestimmten Zusatzeigenschaften. Die klassische Arithmetik auf reellen Zahlen läßt sich mit Hilfe des sogenannten Extensionsprinzips auf Fuzzy-Zahlen fortsetzen.

3.5.1 Allgemeine Definitionen

Im folgenden sei mit $\tilde{P}(X)$ die Menge aller Fuzzy-Mengen über der Grundmenge X bezeichnet

Definition 3.46 *(Konvexe Fuzzy-Menge)*
Eine Fuzzy-Menge $\tilde{a} \in \tilde{P}(X)$ heißt konvex, falls gilt

$$\mu_{\tilde{a}}\left(\lambda x_1 + (1-\lambda)x_2\right) \geq \min\left(\mu_{\tilde{a}}(x_1), \mu_{\tilde{a}}(x_2)\right)$$
$$\forall\ x_1, x_2 \in X\ und\ \lambda \in [0,1]$$

Abbildung 3.10 veranschaulicht diese Definition.

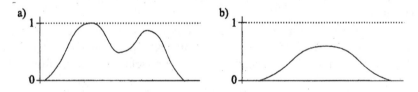

Abb. 3.10 a) Nicht-konvexe, normale Fuzzy-Menge b) Konvexe, nicht-normale Fuzzy-Menge

Definition 3.47 *(Fuzzy-Zahl)*
Eine Fuzzy-Menge $\tilde{a} \in \tilde{P}(IR)$ heißt Fuzzy-Zahl, falls $\tilde{a}$ eine normale und konvexe Fuzzy-Menge über IR ist, für die gilt:

1. Es existiert genau ein $x_0 \in IR$ *mit* $\mu_{\tilde{a}}(x_0) = 1$. x_0 heißt dann Mittelwert oder Modalwert von $\tilde{a}$.

2. Die Zugehörigkeitsfunktion $\mu_{\tilde{a}}(x)$ ist stückweise stetig.

Die Menge der Fuzzy-Zahlen über IR soll im folgenden mit FZ bezeichnet werden. Ähnlich wie bei reellen Zahlen können wir auch hier positive und negative Fuzzy-Zahlen betrachten.

Wegen der Bedingung 1. aus Definition 3.47 ist jede Fuzzy-Zahl normal.

Definition 3.48 *(positive und negative Fuzzy-Zahlen)*
Eine Fuzzy-Zahl $\tilde{A} \in FZ$ heißt positiv, falls für die Zugehörigkeitsfunktion gilt

$$\mu_{\tilde{A}}(x) = 0 \;\; \forall x \leq 0 .$$

Entsprechend heißt $\tilde{A}$ negativ, falls

$$\mu_{\tilde{A}}(x) = 0 \; \textit{für alle } x \geq 0$$

gilt.

Beispiele 3.33
Die Fuzzy-Zahl „ungefähr 4" könnte folgende charakterische Funktion haben:

$$\mu(x) = \begin{cases} 0 & \textit{für } x \leq 3,5 \wedge x \geq 4,5 \\ 2x - 7 & \textit{für } 3,5 < x \leq 4,0 \\ -2x + 9 & \textit{für } 4,0 < x < 4,5 \end{cases}$$

Zu sehen ist diese Funktion in Abb. 3.11:

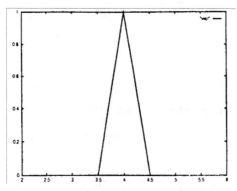

Abb. 3.11 Die Fuzzy-Zahl „ungefähr 4"

Abbildung 3.12 zeigt eine mögliche Darstellung der Fuzzy-Zahl „3".

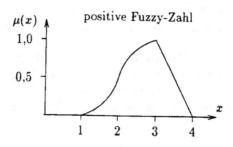

Abb. 3.12 Beispiel für eine positive Fuzzy-Zahl „3"

3.5.2 LR-Darstellung

Definition 3.48 schränkt zwar die Menge der Fuzzy-Mengen ein, die als Fuzzy-Zahlen verwendet werden können, ist aber so allgemein gehalten, daß eine allgemeingültige, einfache Darstellung von Fuzzy-Zahlen nicht möglich ist. In der Praxis werden daher nur bestimmte Typen von Fuzzy-Zahlen eingesetzt. Weite Verbreitung haben Fuzzy-Zahlen in LR-Darstellung nach [Dubois, Prade, 1978] sowie eine ihrer besonders einfachen Varianten – die triangulären Fuzzy-Zahlen – gefunden.

Definition 3.49 (LR-Darstellung von Fuzzy-Zahlen)
Für eine Fuzzy-Zahl $\tilde{a} \in FZ$ in LR-Darstellung $\tilde{a} = \left(a_m, a_l, a_r \right)_{LR}$ gilt:

$$\mu_{\tilde{a}}(x) = \begin{cases} L\left(\dfrac{a_m - x}{a_l} \right) & , \ f\ddot{u}r \ a_m - a_l \leq x < a_m \\[2ex] R\left(\dfrac{x - a_m}{a_r} \right) & , \ f\ddot{u}r \ a_m \leq x \leq a_m + a_r \\[2ex] 0 & , \ sonst. \end{cases}$$

L und R sind monotone Referenzfunktionen mit

L, R : [0, 1] → [0, 1] und L(0) =R(0) = 1 sowie L(1) = R(1) = 0.

Beispiel 3.34
Die Abbildung 3.13 zeigt ein Beispiel für eine Fuzzy-Zahl vom Typ LR. Sie besitzt monotone und stückweise stetige Referenzfunktionen.

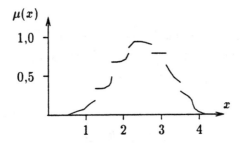

Abb. 3.13 Beispiel für eine Fuzzy-Zahl vom Typ LR

Da Fuzzy-Zahlen spezielle Fuzzy-Mengen sind, läßt sich in Analogie zu Fuzzy-Mengen definieren:

Definition 3.50 (*Träger einer Fuzzy-Zahl*)
Sei $\tilde{a} \in \tilde{P}(X)$ eine Fuzzy-Zahl. Dann heißt der Abschluß der Menge $\{x \in X \mid \mu_{\tilde{a}}(x) > 0\}$ der Träger von $\tilde{a}$ und wird mit $Tr(\tilde{a})$ bezeichnet.

Definition 3.51 (*α-Schnitt einer Fuzzy-Menge*)
Es sei $\tilde{A} \in \tilde{P}(X)$ eine Fuzzy-Menge. Dann wird die crispe Menge

$$\tilde{A}_a := \left\{ x \in X \mid \mu_{\tilde{A}}(x) \geq \alpha \right\}$$

für $\alpha \in (0,1]$ mit α-Schnitt oder Niveaumenge von $\tilde{A}$ bezeichnet. Die crispe Menge

$$\tilde{A}_{\tilde{\alpha}}^{s} := \left\{ x \in X \mid \mu_{\tilde{A}}(x) > \alpha \right\}$$

heißt strenger α-Schnitt oder strenge Niveaumenge.

Betrachten wir diese Definition für Fuzzy-Zahlen $\tilde{A}$, so entspricht der α-Schnitt $\tilde{A}_{\alpha}$ dem Intervall $\left[a_{\alpha}^{-}, a_{\alpha}^{+} \right]$. Für $\alpha = 0$ liefert Definition 3.50 gerade den Grundraum X. Deshalb definieren wir hier α-Schnitte gemäß Definition 3.50 nur für $\alpha > 0$.

Sei nun $a_{\alpha}^{-} = \inf\left(a_{\alpha} \right)$ und $a_{\alpha}^{+} = \sup\left(a_{\alpha} \right)$. Aufgrund der Konvexität der Fuzzy-Zahlen gilt für $\tilde{a} \in FZ : a_{\alpha} = \left[a_{\alpha}^{-}, a_{\alpha}^{+} \right]$. Man erhält somit für Fuzzy-Zahlen $\tilde{a} \in FZ$ die einfache Darstellung

$$\tilde{a} = \bigcup_{\alpha \in (0,1]} \alpha \left[a_{\alpha}^{-}, a_{\alpha}^{+} \right].$$

Beispiel 3.35

Die Abbildung 3.14 zeigt eine Fuzzy-Zahl $\tilde{a}$ in LR-Darstellung mit den Referenzfunktionen L und R sowie dem Modalwert a_m und dem Träger $T_r(\tilde{a}) = [a_m - a_l, a_m + a_r]$.

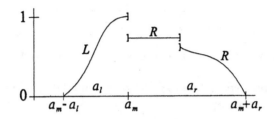

Abb. 3.14 Fuzzy-Zahl mit Modalwert und Träger

Der Bereich a_l wird auch als „*linker Träger*" bzw. der Bereich a_r als „*rechter Träger*" bezeichnet.

Eine Fuzzy-Zahl $\tilde{a}$ in LR-Darstellung kann damit durch die Angabe dreier reeller Werte a_m sowie der Angabe der beiden Referenzfunktionen L und R vollständig charakterisiert werden. Die drei reellen Werte beinhalten den Modalwert a_m, den linken Träger und den rechten Träger. Daher hängt der Aufwand für die Speicherung und Berechnung einer solchen Fuzzy-Zahl vor allem von der Komplexität von L und R ab.

Für den praktischen Einsatz nimmt man deshalb in der Regel spezielle Fuzzy-Zahlen mit einfachen Funktionen L und R, die sog. Dreieckszahlen.

Definition 3.52 *(Trianguläre Fuzzy-Zahl)*

Eine Fuzzy-Zahl $\tilde{a} = (a_m, a_l, a_r)_{LR} \in FZ$ heißt trianguläre Fuzzy-Zahl, wenn folgende Darstellung für ihre Zugehörigkeitsfunktion existiert:

$$\mu_{\tilde{a}}(x) = \begin{cases} \dfrac{x}{a_l} - \dfrac{a_m - a_l}{a_l}, & \text{für} \quad a_m - a_l \leq x < a_m \\[2mm] -\dfrac{x}{a_r} + \dfrac{a_m + a_r}{a_r}, & \text{für} \quad a_m \leq x \leq a_m + a_r \\[2mm] 0, & \text{sonst.} \end{cases}$$

a_m heißt *Modalwert*, a_l, a_r linke bzw. rechte *Unschärfe* von $\tilde{a}$.

Die Darstellung $\tilde{a} = (a_m, a_l, a_r)_{LR}$ einer triangulären Fuzzy-Zahl ist eine LR-Darstellung mit linearen Referenzfunktionen L und R. Zur

Unterscheidung von anderen Fuzzy-Zahlen wird für trianguläre Fuzzy-Zahlen auch folgende Schreibweise verwendet:

$$\tilde{a} = \left(a_m, a_l, a_r\right)_{trian} = \left(a_m, a_\lambda, a_\rho\right)^{trian}$$

wobei $a_\lambda := a_m - a_l$ die linke Trägergrenze und $a_\rho := a_m + a_r$ die rechte Trägergrenze von $\tilde{a}$ ist. Die Menge aller triangulären Fuzzy-Zahlen über $I\!R$ wird mit $F\hat{Z}$ bezeichnet.

Trianguläre Fuzzy-Zahlen werden durch die Angabe von drei reellen Werten vollständig charakterisiert. In der Software-Implementierung sind sie daher unter geringem Aufwand abzuspeichern. Aufgrund der einfachen linearen Referenzfunktionen können konkrete Zugehörigkeitswerte zu einer Zahl aus $F\hat{Z}$ schnell berechnet werden.

Beispiel 3.36
Die Abbildung 3.15 zeigt ein Beispiel für eine trianguläre Fuzzy-Zahl.

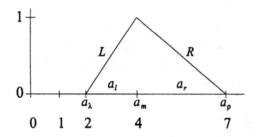

Abb. 3.15 Die trianfguläre Fuzzy-Zahl $\left(4,2,3\right)_{trian} = \left(4,2,7\right)^{trian}$

Eine trianguläre Fuzzy-Zahl ist eine *Fuzzy-Null*, wenn es eine reelle Zahl r>0 gibt mit $\mu_{\tilde{a}}(-r) \neq 0$ und $\mu_{\tilde{a}}(r) \neq 0$.

3.5.3 Ordnungsrelationen und skalare Operationen

Auf Fuzzy-Zahlen lassen sich Ordnungen und auf einfache Weise skalare Operationen einführen.

Definition 3.53 (*Kleiner-Relation*)
Es seien $\tilde{a}, \tilde{b} \in FZ$ Fuzzy-Zahlen. Dann heißt $\tilde{a}$ *kleiner gleich* $\tilde{b}$, also $\tilde{a} \leq \tilde{b}$, wenn für alle $\alpha \in (0,1]$

$$a_\alpha^- \leq b_\alpha^- \quad \text{und} \quad a_\alpha^+ \leq b_\alpha^+.$$

$\tilde{a}$ heißt *echt kleiner* $\tilde{b}$, falls $\tilde{a} \leq \tilde{b}$ gilt und zusätzlich ein $\alpha_0 \in (0,1]$ existiert, für daß

$$a_{\alpha_0}^- < b_{\alpha_0}^- \quad und \quad a_{\alpha_0}^+ < b_{\alpha_0}^+.$$

Aus der Definition 3.52 (Trianguläre Fuzzy-Zahl) ergibt sich auch die Möglichkeit, daß es zwei Fuzzy-Zahlen gibt, so daß keine der beiden kleiner als die andere ist.

Beispiel 3.37

Für die beiden Fuzzy-Zahlen $\tilde{a}$ und $\tilde{b}$ aus Abbildung 3.16 gilt, daß weder $\tilde{a} \leq \tilde{b}$ noch $\tilde{b} \leq \tilde{a}$ gültig ist.

Gilt sowohl $\tilde{a} \leq \tilde{b}$ als auch $\tilde{b} \leq \tilde{a}$ für Fuzzy-Zahlen $\tilde{a}, \tilde{b} \in FZ$ so folgt daraus die Gleichheit $\tilde{a} = \tilde{b}$ beider Fuzzy-Zahlen. Diese Ordnung stellt allerdings nur eine Halbordnung dar, wie anhand von Abbildung 3.16 leicht zu sehen ist. Mit Hilfe der Halbordnung läßt sich nun folgende Definition angeben:

Definition 3.54 (*Dichte*)

Es sei $\cup \subset X$ eine nichtleere Teilmenge. Dann liegt $\cup$ genau dann dicht in X, falls es zu beliebigen zwei Elementen $a, b \in \cup$ mit $a < b$ stets ein $c \in \cup$ mit $a < c < b$ gibt.

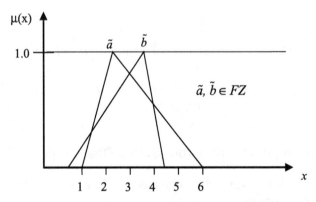

Abb. 3.16 Fuzzy Zahlen, die nicht in einer Kleinen-Gleich-Relation zueinander stehen

Im Anschluß an Definition 3.53 (Kleiner-Relation) wurde gezeigt, daß sich jede Fuzzy-Zahl $\tilde{\alpha} \in FZ$ durch

$$\tilde{\alpha} = \bigcup_{\alpha \in (0,1]} \alpha \left[\alpha_\alpha^-, \alpha_\alpha^+ \right]$$

darstellen läßt, dabei wird α gemäß Intervallarithmetik mit jedem Element des Intervalls multipliziert. $\left[\alpha_\alpha^-, \alpha_\alpha^+\right]$ ist das Intervall, das zu dem entsprechenden α-Schnitt gehört.

Mit Hilfe dieser Darstellung läßt sich für beliebige Fuzzy-Zahlen die skalare Multiplikation definieren:

Definition 3.55 *(Skalare Multiplikation)*
Es sei $\tilde{a} \in FZ$. Dann wird die skalare Multiplikation mit $x \in I\!R$ durch

$$x * \tilde{a} = \bigcup_{\alpha \in (0,1]} \alpha \left[x * a_\alpha^-, x * a_\alpha^+ \right] \ \textit{für } x \geq 0,$$

$$x * \tilde{a} = \bigcup_{\alpha \in (0,1]} \alpha \left[x * a_\alpha^+, x * a_\alpha^- \right] \ \textit{für } x < 0$$

definiert.

Auf die gleiche Weise läßt sich auch die Addition einer Fuzzy-Zahl mit einer reellen Zahl. auf die Intervallarithmetik zurückführen. Probleme entstehen dann, wenn Fuzzy-Zahlen mit Fuzzy-Zahlen addiert oder multipliziert werden sollen. Hierfür werden andere Hilfsmittel zur Fuzzifizierung benötigt.

3.6 Fuzzy-Arithmetik

Fuzzy-Arithmetik wird im Wesentlichen zwischen Fuzzy-Zahlen betrieben. Dazu müssen klassische Konzepte von den reellen Zahlen auf Fuzzy-Zahlen fortgesetzt werden. Das üblicherweise verwendete Hilfsmittel dabei ist Zadehs Extensionsprinzip. Daneben existieren noch andere Erweiterungskonzepte. Hierzu sei auf [Dubois et al. 1980] hingewiesen.

3.6.1 Extensionsprinzip

In den vorangegangenen Kapiteln haben wir durch die Fortsetzung der charakteristischen Funktion auf das Einheitsintervall $[0,1]$ grundlegende Konzepte der Fuzzy-Set-Theorie entwickeln können. Diese Art der Fuzzifizierung stößt aber bei nicht mengenbasierten Theorien an ihre Grenzen. Bevor wir daher Fuzzy-Arithmetik betrachten können, haben wir zunächst ein anderes Fortsetzungskonzept einzuführen.

Dieses als Extensionsprinzip (Zadeh 1965, Zadeh 1975a) bezeichnete Verfahren ist für die gesamte Fuzzy-Set-Theorie von fundamentaler Bedeutung. Es ermöglicht die Fortsetzung klassischer mathematischer Konzepte auf die ihnen entsprechenden unscharfen Konzepte der Fuzzy-Set-Theorie.

Die reellen Rechenoperationen, z.B. $+,-,\times$ werden mit Hilfe des Extensionsprinzips auf Fuzzy-Zahlen erweitert. Das Extensionsprinzip dient dazu, reelle Funktionen so auf Fuzzy-Funktionen zu erweitern, daß die reelle Funktion in die Fuzzy-Funktion eingebettet ist, d.h. beide Funktionen müssen im Reellen übereinstimmen.

Eindimensionale Fassung

Bevor wir eine allgemeine Version des Extensionsprinzips darstellen, formulieren wir zunächst eine eindimensionale Variante des Verfahrens. Dazu seien X und Y zunächst endliche Grundräume und f eine Funktion, für die gilt $f : X \to Y$. Des weiteren sei $\tilde{A}$ eine Fuzzy-Menge in X. Gesucht ist eine Fuzzy-Menge $\tilde{B}$ in Y, die vermöge der scharfen Funktion f aus $\tilde{A}$ entsteht. Dazu sind den Elementen aus Y Zugehörigkeitswerte zuzuordnen. Hier scheint eine Zuordnung $\mu_{\tilde{A}}(x) = \mu_{\tilde{B}}(y)$, wobei $f(x) = y$ gilt, sinnvoll. Da f aber nicht injektiv zu sein braucht, können somit einem y mehrere Zugehörigkeitswerte zugeordnet werden. Für solche Elemente wählen wir den maximalen Zugehörigkeitsgrad. Insgesamt ergibt sich nunmehr die einfachste Fassung des Extensionsprinzips

$$\mu_{\tilde{B}}(y) := \begin{cases} \max\limits_{\substack{x \\ y=f(x)}} \left(\mu_{\tilde{A}}(x)\right) & \textit{wenn } f^{-1}(y) \neq \phi \\[2em] 0 & \textit{sonst.} \end{cases}$$

Sind X und Y nicht endliche Grundräume, so müssen wir in obige Gleichung anstelle des Maximums das Supremum über die Zugehörigkeitswerte von $\mu_{\tilde{A}}(x)$ bilden. Das eindimensionale Extensionsprinzip für unendliche Grundräume ergibt sich somit zu

$$\mu_{\tilde{B}}(y) := \begin{cases} \sup\limits_{\substack{x \\ y=f(x)}} \left(\mu_{\tilde{A}}(x)\right) & \textit{wenn } f^{-1}(y) \neq \phi \\[2em] 0 & \textit{sonst.} \end{cases}$$

Beispiel 3.38

Als Beispiel betrachten wir zunächst die Funktion $f(x) = -x$ und die Fuzzy-Zahl $\tilde{A}$ (s. Abb. 3.12). Gesucht wird nun eine Fuzzy-Zahl $\tilde{B}$, die gerade das Bild von $\tilde{A}$ unter der Funktion f darstellt. Da $f(x) = -x$ eine streng monotone Funktion ist, vereinfacht sich die nachfolgende Berechnung der Zugehörigkeitsfunktion von $\tilde{B}$ ganz erheblich. Zunächst wird $\tilde{B}$ gemäß des Extensionsprinzips durch die Gleichung

$$\mu_{\tilde{B}}(y) := \begin{cases} \sup\limits_{\substack{x \\ y=f(x)=-x}} \left(\mu_{\tilde{A}}(x)\right) & \text{wenn } f^{-1}(y) \neq \phi \\[2em] 0 & \text{sonst.} \end{cases}$$

gegeben. Die Zugehörigkeitsfunktion von $\tilde{B}$ ergibt sich also als Bild von $\tilde{A}$, indem der Grad der Zugehörigkeit eines $y \in I\!R$ zu $\tilde{B}$ als maximaler Zugehörigkeitswert der möglichen Urbilder von $y = f(x)$ zu $\tilde{A}$ berechnet werden. Aufgrund der strengen Monotonie von f gibt es nur ein einziges Urbild zu $y = -3$ und damit ergibt sich der Zugehörigkeitsgrad zu

$$\mu_{\tilde{B}}(-3) := \mu_{\tilde{A}}(3) = 1$$

Ebenso erhält man für alle anderen $y \in I\!R$ die entsprechenden Zugehörigkeitsgrade, so daß sich $\tilde{B}$ wie in Abb. 3.17 darstellen läßt, denn ganz allgemein gilt für die Zugehörigkeitsfunktion von $\tilde{B}$

$$\mu_{\tilde{B}}(y) = \mu_{\tilde{A}}(-y).$$

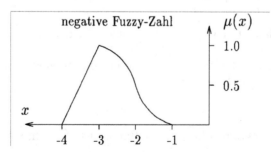

Abb. 3.17 Ergebnis der negierten positiven Zahl aus Abb. 3.12

Neben der Negation spielt auch die Division von Zahlen eine wichtige Rolle in der Fuzzy-Set-Theorie. Daher betrachten wir im folgenden Beispiel die Fuzzifizierung der Funktion $f(x) = 1/x$.

Beispiel 3.39

Gegeben sei die Funktion $f(x) = 1/x$ für $x \in IR \setminus \{0\}$. Ganz analog zu Beispiel 3.38 ergibt sich aus der Definition des Extensionsprinzips

$$\mu_{\tilde{B}}(y) := \begin{cases} \sup\limits_{\substack{x \\ y=f(x)=1/x}} \left(\mu_{\tilde{A}}(x)\right) & : \quad \textit{wenn } f^{-1}(y) \neq \phi \\\\ 0 & : \quad \textit{sonst.} \end{cases}$$

Da auch $x \in IR \setminus \{0\}$ mittels $f(x) = 1/x$ bijektiv auf $IR \setminus \{0\}$ abgebildet wird, gibt es für jedes $x \in IR \setminus \{0\}$ ein eindeutiges Urbild, so daß sich die Zugehörigkeitsfunktion der Fuzzy-Menge $\tilde{A}^{-1}$ einfach zu

$$\forall x \in IR \setminus \{0\}: \mu_{\tilde{A}^{-1}}(x) = \mu_{\tilde{A}}(1/x)$$

ergibt.

Ähnlich wie in der reellen Arithmetik, bei der nicht durch Null geteilt werden darf, so gibt es auch für die Bildung der multiplikativen Inversen gewisse Restriktionen. So führt die Division einer Fuzzy-Null zwar weiterhin zu einer Fuzzy-Menge über IR, diese aber ist im allgemeinen keine Fuzzy-Zahl mehr, da die a-Schnitte nicht mehr zusammenhängend sind und die Fuzzy-Menge daher nicht mehr konvex ist (vgl. Abbildung 3.18).

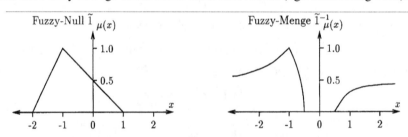

Abb. 3.18 Fuzzy-Zahl und ihr multiplikatives Inverses

Als ein weiteres Beispiel sei hier die Quadratbildung eingeführt. Dazu betrachten wir folgendes Beispiel:

Beispiel 3.40

Es sei f die Funktion $f(x) = x^2$. Offenbar ist f nicht streng monoton, und die Urbildmenge eines Elementes $y > 0$ daher nicht mehr einelementig, aber höchstens zweielementig und damit endlich. Gegeben sei nun die

Fuzzy-Zahl $\tilde{A}$ aus Abb. 3.19. Für das Bild $\tilde{B}$ von $\tilde{A}$ unter der scharfen Funktion $f(x) = x^2$ ergibt sich nun

$$\mu_{\tilde{B}}(y) := \begin{cases} \sup\limits_{\substack{x \\ y=f(x)}} \left(\mu_{\tilde{A}}(x) \right) & : \text{wenn } f^{-1}(y) \neq \phi \\[2em] 0 & : \text{sonst.} \end{cases}$$

Hier ergibt sich nun der Zugehörigkeitsgrad von $\tilde{B}$ für ein $y \in IR_+$ als maximaler Zugehörigkeitsgrad der beiden Urbilder $+\sqrt{y}$ und $-\sqrt{y}$ zu $\tilde{A}$. Offenbar ist somit der Zugehörigkeitsgrad einer negativen reellen Zahl zur Fuzzy-Zahl $\tilde{B}$ gleich Null.

Beispielsweise ergibt sich der Zugehörigkeitsgrad von $\tilde{B}$ an der Stelle 0.49 zu

$$\mu_{\tilde{B}}(0.49) = \max \left(\mu_{\tilde{A}}(0.7), \mu_{\tilde{A}}(-0.7) \right)$$

$$= \max (0.85, 0.15) = 0.85$$

Die Darstellung von $\tilde{B}$ ist sehr aufwendig, da keine funktionale Beschreibung der Zugehörigkeitsfunktion vorliegt.

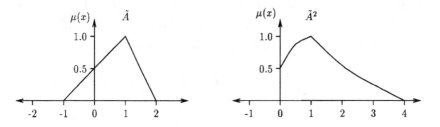

Abb. 3.19 Beispiel für das Quadrat einer triangulären Fuzzy-Zahl

Mehrdimensionale Fassung

Im folgenden soll das Extensionsprinzip auf mehrdimensionale Grundräume verallgemeinert werden. Als Basis dient das cartesische Produkt $\tilde{A}$ von Fuzzy-Mengen $\tilde{A}_1, \ldots, \tilde{A}_n$

$$\mu_{\tilde{A}}(x_1,\ldots,x_n) = \min_{(x_1,\ldots,x_n) \in X^n} (\mu_{\tilde{A}_1}(x_1),\ldots,\mu_{\tilde{A}_n}(x_n))$$

Definition 3.56 (*Extensionsprinzip*)

Es sei $X = X_1 \times \cdots \times X_n$ das cartesische Produkt von Grundmengen X_i mit $1 \le i \le n$, und $\tilde{A}_i \subset X_i$ seien Fuzzy-Mengen in X_i. Dann ist

$$\tilde{A} := \tilde{A}_1 \times \cdots \times \tilde{A}_n := \int\limits_{X_1 \times \ldots \times X_n} \min\!\left(\mu_{\tilde{A}_1}(x_1), \ldots, \mu_{\tilde{A}_n}(x_n)\right)/(x_1, \ldots, x_n)$$

eine Fuzzy-Menge in X. Es sei $f : X_1 \times \cdots \times X_n \to Y$ eine Abbildung vermöge $f(x_1 \ldots, x_n) = y$. Dann läßt sich eine Fuzzy-Menge $\tilde{A}$ mittels f in eine Fuzzy-Menge $\tilde{B}$ überführen. $\mu_{\tilde{B}}(y)$ wird dabei wie folgt definiert

$$\mu_{\tilde{B}}(y) = \begin{cases} \sup\limits_{\substack{(x_1, \ldots, x_n) \\ y = f(x_1, \ldots, x_n)}} \left(\min\!\left(\mu_{\tilde{A}_1}(x_1), \ldots, \mu_{\tilde{A}_n}(x_n)\right)\right) : wenn\ f^{-1}(y) \ne \emptyset \\[2em] \qquad\qquad 0 \qquad\qquad\qquad\qquad\qquad : sonst. \end{cases}$$

Dabei ist $f^{-1}(y)$ das Urbild von y. $\mu_{\tilde{B}}(y)$ ist der größte Zugehörigkeitswert von $\mu_{\tilde{A}_1} \times \cdots \times \mu_{\tilde{A}_n}(x_1, \ldots, x_n)$ bezüglich aller $(x_1, \ldots, x_n) = y$.

Beispiel 3.41

Als Beispiel betrachten wir nun die zweidimensionale Funktion $f(x, y) = x + y$ und erhalten durch die Fuzzyfizierung dieser Funktion die Fuzzy-Addition von Fuzzy-Zahlen. Es seien

$$\tilde{A} = \int\limits_1^{2.5}\!\left(\frac{x-1}{1.5}\right)/x + \int\limits_{2.5}^{3}\!\left(\frac{3-x}{0.5}\right)/x \quad und$$

$$\tilde{B} = \int\limits_3^{4.5}\!\left(\frac{x-3}{1.5}\right)/x + \int\limits_{4.5}^{6}\!\left(\frac{6-x}{1.5}\right)/x$$

trianguläre Fuzzy-Zahlen aus $F\hat{Z}$ (vgl. Abb. 3.20).

Gesucht ist dann die Fuzzy-Zahl $\tilde{C} = \tilde{A} + \tilde{B}$, die sich als Ergebnis der Funktion $f(x, y) = x + y$ ergibt, wenn anstelle von x und y Fuzzy-Zahlen $\tilde{A}$ und $\tilde{B}$ als Funktionsargumente verwendet werden.

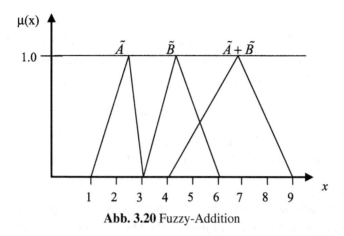

Abb. 3.20 Fuzzy-Addition

Gemäß Definition 3.56 ergibt sich die Zugehörigkeitsfunktion von $\tilde{C}$ zu

$$\mu_{\tilde{C}}(z) = \sup_{\substack{(x,y) \\ z=x+y}} \left(\min \left(\mu_{\tilde{A}}(x), \mu_{\tilde{B}}(y) \right) \right) .$$

Offenbar gilt dann $\mu_{\tilde{C}}(z') = 1$ nur für $z' = 2.5 + 4.5 = 7$, denn aufgrund der Normalität von $\tilde{A}$ und $\tilde{B}$ gilt nur für die Modalwerte

$$\mu_{\tilde{A}}(2.5) = \mu_{\tilde{B}}(4.5) = 1 .$$

Zusätzlich können wir aus obiger Gleichung die Gültigkeit von

$$\forall z \leq 1 + 3 \text{ und } \forall z \geq 3 + 6 : \mu_{\tilde{C}}(z) = 0$$

ablesen. Für alle $z' \in \,]4,9[$ ergibt sich der Zugehörigkeitsgrad von $\mu_{\tilde{C}}(z')$ zu α, wenn x' und y' aus den Trägern von $\tilde{A}$ und $\tilde{B}$ so gewählt sind, daß sowohl $x' + y' = z'$ als $\mu_{\tilde{A}}(x') = \mu_{\tilde{B}}(y')$ gilt. In diesem Fall ist dann $\mu_{\tilde{A}}(x') = \mu_{\tilde{B}}(y') = \alpha$. Insgesamt ergibt sich dann $\tilde{C}$ zu (vgl. Abb. 3.23)

$$\tilde{C} = \int_{4}^{7} \left(\frac{x-4}{3} \right) / x + \int_{7}^{9} \frac{(9-x)}{2} / x$$

In diesem Beispiel ist die Summe von zwei triangulären Fuzzy-Zahlen wiederum eine trianguläre Fuzzy-Zahl. Dies läßt sich auch ganz allgemein nachweisen.

Satz 3.3

Es seien $\tilde{A}, \tilde{B} \in FZ$ trianguläre Fuzzy-Zahlen. Dann liefert die mittels des Extensionsprinzips definierte Summe beider Mengen wiederum eine trianguläre Fuzzy-Zahl $\tilde{C}$ für die gilt:

$$\tilde{C} = \left(a_m + b_m, \, a_l + b_l, a_r + b_r\right)_{trian}.$$

Dabei stehen a_m, b_m für die Modalwerte von $\tilde{A}$ und $\tilde{B}$. Mit a_l, b_l und a_r, b_r werden die linken bzw. rechten Unschärfen von $\tilde{A}$ und $\tilde{B}$ bezeichnet.

Beweis:

Wir weisen den Satz in zwei Schritten nach. Zunächst zeigen wir, daß wir für die Berechnung von $\mu_{\tilde{C}}(z)$ nur die Punkte x, y zu betrachten haben, für die $\mu_{\tilde{A}}(x) = \mu_{\tilde{B}}(y)$ und zusätzlich z = x + y gilt. Abschließend haben wir dann zu zeigen, daß $\tilde{C}$ triangulär ist.

1. Aufgrund des Extensionsprinzips folgt unmittelbar

$$\mu_{\tilde{C}}(z) = \begin{cases} 0 : & \text{für } z \le a_m - a_l + b_m - b_l \\ 0 : & \text{für } z \ge a_m + a_r + b_m + b_r \end{cases}.$$

Es genügt offensichtlich

$$x \in \,]a_m - a_l, a_m + a_r[\quad \text{und} \quad y \in \,]b_m - b_l, b_m + b_r[$$

zu betrachten. Da Fuzzy-Zahlen per definitionem normal sind, gilt nur für die Modalwerte von $\tilde{A}$, $\tilde{B}$ die Gleichung

$$\mu_{\tilde{A}}(a_m) = \mu_{\tilde{B}}(b_m) = 1.$$

Offenbar ist $\mu_{\tilde{C}}(z) = 1$ genau für $z = a_m + b_m$ erfüllt. Sei nun $\alpha \in \,]0,1[$ fest gewählt. Betrachten wir zunächst nur die linke Referenzfunktion: Dann gibt es aufgrund der strengen Monotonie von L genau ein x' mit

$$x' \in \,]a_m - a_l, a_m + a_r[\quad \text{und} \quad y \in \,]b_m - b_l, b_m + b_r[$$

so daß $\mu_{\tilde{A}}(x') = \alpha = \mu_{\tilde{B}}(y')$ gilt. Sei nun $z' = x' + y'$, so folgt $\mu_{\tilde{C}}(z') = \alpha$. Denn für $x \ne x'$ mit $x \in \,]a_m - a_l, a_m[$ und $y' \ne y$ mit $y \in \,]b_l, b_m[$ und $x + y = z'$ gilt entweder $\mu_{\tilde{A}}(x) < \alpha$ oder $\mu_{\tilde{B}}(y) < \alpha$ aufgrund der strengen Monotonie der linken Referenzfunktion. Mit dem Extensionsprinzip ergibt sich somit

$$\mu_{\tilde{C}}(z') = \sup\left(\min_{x+y=z'}\left(\mu_{\tilde{A}}(x), \mu_{\tilde{B}}(y)\right)\right) = \alpha \quad \text{für } z' = x' + y'.$$

Insgesamt gilt dann für die linke Unschärfe $c_l = a_l + b_l$. Analog folgen die Überlegungen bei der rechten Referenzfunktion R .

2. Wir haben nun noch nachzuweisen, daß die linke und rechte Referenzfunktion von $\tilde{C}$ linear ist, d.h. daß

$$L_{\tilde{C}}(z) = R_{\tilde{C}}(z) = \max(0, 1 - z)$$

gilt. Auch hier betrachten wir zunächst die linke Referenzfunktion $L_{\tilde{C}}$ von $\tilde{C}$. Sei dazu $\alpha \in \,]\,0,1\,[$. Nach 1) gibt es genau ein

$$x' \in \,]\,a_m - a_l, a_m\,[\text{ und ein } y' \in \,]\,b_m - b_l, b_m\,[$$

mit $\mu_{\tilde{A}}(x') = \mu_{\tilde{B}}(y') = \alpha$

Da $\tilde{A}$ und $\tilde{B}$ triangulär sind, folgt

$$L\left(\frac{a_m - x'}{a_l}\right) = L\left(\frac{b_m - y'}{b_l}\right) = \alpha$$

mit $L = L_{\tilde{A}} = L_{\tilde{B}} = \max(0, 1 - x)$.

Aufgrund der strengen Monotonie von L existiert auch L^{-1} und es gilt:

$$L^{-1}L\left(\frac{a_m - x'}{a_l}\right) = L^{-1}L\left(\frac{b_m - y'}{b_l}\right) = L^{-1}(\alpha) .$$

Wir erhalten nunmehr aus $x' = a_m - a_l * L^{-1}(\alpha)$ und $y' = b_m - b_l * L^{-1}(\alpha)$

$$x' + y' = a_m + b_m - (a_l + b_l) * L^{-1}(a) .$$

Setzen wir $z' = x' + y'$ so folgt durch Anwendung von L:

$$\alpha = L\left(\frac{a_m + b_m - (x' + y')}{a_l + b_l}\right) = L\left(\frac{a_m + b_m - z'}{a_l + b_l}\right) = \mu_{\tilde{C}}(z') .$$

Dies gilt mit 1) für alle $z' \in \,]\,a_m + b_m - (a_l + b_l), a_m + b_m\,[$. Damit gilt dann $L_{\tilde{C}}(z) = L(z) = \max(0, 1 - z)$, was aber bedeutet, daß die linke Referenzfunktion linear ist. Der Nachweis der Linearität der rechten und Referenzfunktion verläuft analog.

Wir haben also gesehen, daß trianguläre Fuzzy-Zahlen bezüglich der Addition abgeschlossen sind. Satz 3.1 sagt aus, daß wir im Fall der Addition von triangulären Fuzzy-Zahlen lediglich folgendes zu berechnen haben:

$$\left(a_m, a_l, a_r\right)_{trian} \tilde{+} \left(b_m, b_l, b_r\right)_{trian} = \left(a_m + b_m, a_l + b_l, a_r + b_r\right)_{trian} .$$

Neben der Fuzzy-Addition ist auch die Subtraktion von triangulären Fuzzy-Zahlen von Interesse. Letztere können wir mit Hilfe von Beispiel 3.38 auf die Negation von Fuzzy-Zahlen zurückführen.

Beispiel 3.42
Sei f(x,y)=x-y. Durch Anwendung des Extensionsprinzips erhält man eine Fuzzy-Subtraktion für Fuzzy-Zahlen. In Abb. 3.21 ist dies am konkreten Beispiel zweier Dreiecks-Fuzzy-Zahlen demonstriert:

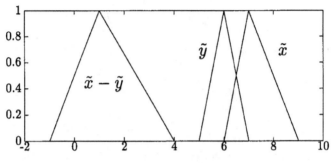

Abb. 3.21 Fuzzy-Subtraktion

In einem weiteren Beispiel betrachten wir nun die Fortsetzung der Multiplikation $f(x,y) = x * y$ auf Fuzzy-Zahlen.

Beispiel 3.43
Die Fuzzy-Zahlen $\tilde{A}$ und $\tilde{B}$ seien wie in Beispiel 3.41 gegeben. Gesucht ist nun die Zugehörigkeitsfunktion der Fuzzy-Zahl $\tilde{C}$, die sich gerade als Produkt der Fuzzy-Zahlen $\tilde{A}$ und $\tilde{B}$ ergibt. Ganz analog zu Beispiel 3.41 gilt für $\mu_{\tilde{C}}(z)$:

$$\mu_{\tilde{C}}(z) = \begin{cases} 0 & \text{für} & z \geq 3*6 = 18 \\ 1 & \text{für} & z = 2.5*4.5 = 11.25 \\ 0 & \text{für} & z \leq 1.5*3 = 4.5 \\ \in\,]\,0,1[& \text{sonst.} \end{cases}$$

Anders als bei der Addition von triangulären Fuzzy-Zahlen kann man nun nicht mehr davon ausgehen, daß es sich bei dem Produkt um eine trianguläre Fuzzy-Zahl handelt. Denn die Zugehörigkeitsfunktion von $\tilde{C}$ nimmt genau an den Stellen $6.5625 \neq 7.875$ und $14.4375 \neq 14.625$ den Zugehörigkeitsgrad 0.5 an $\left(\mu_{\tilde{C}}(1.75*3.75) = \mu_{\tilde{C}}(2.75*5.25) = 0.5\right)$. Damit verläuft die linke Referenzfunktion oberhalb der linearen Verbindung zwischen Modalwert und linker Trägergrenze, wohingegen die rechte Referenzfunktion unterhalb der linearen Verbindung zwischen Modalwert und rechter Trägergrenze verläuft (vgl. Abb.3.20 und Abb. 3.22).

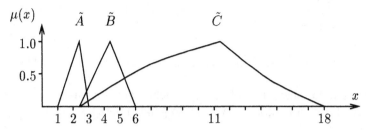

Abb. 3.22 Beispiel für die Multiplikation von triangulären Fuzzy-Zahlen

Ebenso wie wir die Subtraktion auf die Addition zurückgeführt haben, läßt sich auch die Division auf die Multiplikation unter Verwendung der multiplikativen Inversen zurückführen. Es muß nur sichergestellt werden, daß nicht durch eine Fuzzy-Null geteilt wird. Addierten sich bei der Addition die Unschärfen der Summanden, so multiplizieren sich bei der Multiplikation die Trägergrenzen.

3.6.2 Eigenschaften des Extensionsprinzips

In diesem Abschnitt sollen nun noch einige inhärente Eigenschaften des Extensionsprinzips vorgestellt werden. Bei der Fortsetzung der Addition als auch der Multiplikation konnten wir beobachten, daß durch die Vergrößerung der Unschärfen der Faktoren auch die Unschärfe des Produkts zunahm. Diese Eigenschaft läßt sich wie folgt formalisieren.

Definition 3.57 (*Überdeckungs-Monotonie*)
Es sei $\tilde{f} : F\hat{Z}^n \rightarrow F\hat{Z}$ eine stetige Funktion (mittels des Extensionsprinzips fortgesetzte stetige Funktion). Dann heißt die Funktion $\tilde{f}$ überdeckungs-monoton, wenn zu jedem

$$\tilde{a} = (\tilde{A}_1, ..., \tilde{A}_n)^T \in F\hat{Z}^n \text{ und } \tilde{b} = (\tilde{B}_1, ..., \tilde{B}_n)^T \in F\hat{Z}^n$$

mit $\tilde{A}_i \subset \tilde{B}_i$ (für alle $1 \le i \le n$) auch $\tilde{f}(\tilde{a}) \subset \tilde{f}(\tilde{b})$ gilt.

Diese Eigenschaft besagt kurz, daß Fuzzy-Teilmengen unter Verwendung des ZADEHschen Fuzzy-Teilmengigkeits-Begriffs

$$\left(\forall\, x \in \mathrm{IR} : \tilde{A} \subset \tilde{B} \Leftrightarrow \mu_{\tilde{A}}(x) \le \mu_{\tilde{B}}(x) \right)$$

auf Fuzzy-Teilmengen abgebildet werden (vgl. Abbildung 3.23).

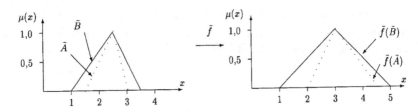

Abb. 3.23 Beispiel für eine überdeckungs-monotone Fuzzy-Funktion

Aufgrund der oben angeführten Beobachtungen zur Fuzzy-Addition und Fuzzy-Multiplikation können wir nun folgenden Satz festhalten:

Satz 3.4
Die Fuzzy-Addition und die Fuzzy-Multiplikation von triangulären Fuzzy-Zahlen $\tilde{A}, \tilde{B} \in F\hat{Z}$ sind überdeckungs-monoton.

Ist die fortsetzende Funktion stetig, so besitzt die fuzzifizierte Funktion die folgende Eigenschaft:

Definition 3.58 *(Überlappung)*
Eine Funktion $\tilde{F}: F\hat{Z}^n \to F\hat{Z}^m$

$$\text{mit} \quad \tilde{F} = \left(\tilde{f}_1, \dots, \tilde{f}_m \right) \text{ und } \tilde{f}_j : F\hat{Z}^n \to F\hat{Z}^m \text{ für } 1 \leq j \leq m$$

heißt überlappend, falls für beliebige Fuzzy-Vektoren $\left(\tilde{A}_1, \dots, \tilde{A}_n \right)$ und $\left(\tilde{B}_1, \dots, \tilde{B}_n \right)$ mit $Tr\left(\tilde{A}_i \right) \subset Tr\left(\tilde{B}_i \right)$ für alle $1 \leq i \leq n$ auch schon $Tr\left(\tilde{f}_j\left(\tilde{A}_1, \dots, \tilde{A}_n \right) \right) \subset TR\left(\tilde{f}_j\left(\tilde{B}_1, \dots, \tilde{B}_n \right) \right)$ für alle $1 \leq j \leq m$ gilt.

Gelten die Voraussetzungen von Definition 3.58, so schreiben wir auch

$$Tr\left(\tilde{F}\left(\tilde{A}_1, \dots, \tilde{A}_n \right) \right) \subset Tr\left(\tilde{F}\left(\tilde{B}_1, \dots, \tilde{B}_n \right) \right),$$

wenn $Tr\left(\tilde{f}_j\left(\tilde{A}_1, \dots, \tilde{A}_n \right) \right) \subset Tr\left(\tilde{f}_j\left(\tilde{B}_1, \dots, \tilde{B}_n \right) \right)$ für alle $1 \leq i \leq m$ gilt.

Die Eigenschaft, daß eine Funktion $\tilde{f}: F\hat{Z} \to F\hat{Z}$ überlappend ist, läßt sich wie in der Abbildung 3.24 an einem Beispiel darstellen. Die Eigenschaft „überlappend" zu sein, beinhaltet offenbar die Eigenschaft „überdeckungs-monoton" zu sein, denn bei ersterer ist alleine die binäre Enthaltensein-Relation eines Intervalls in einem anderen von Bedeutung und damit der Verlauf der Zugehörigkeitsfunktionen unwesentlich. Verblüffend ist nun die Tatsache, daß für stetige Funktionen beide Eigenschaften äquivalent sind.

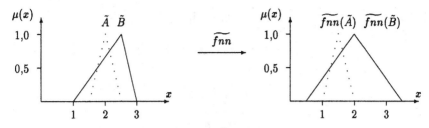

Abb. 3.24 Beispiel für die Überlappungseigenschaft

Genauer gilt der folgende Satz:

Satz 3.5

Es sei $\tilde{f}$ eine beliebige stetige überdeckungs-monotone Funktion, dann ist $\tilde{f}$ auch überlappend.

Auf den Beweis soll an dieser Stelle nur verweisen werden (s. Feuring 1996). Zum Abschluß dieses Kapitels betrachten wir noch die Verknüpfung von Multiplikation und Addition von Fuzzy-Zahlen. Während über den reellen Zahlen das Distributivgesetz gilt, läßt sich für Fuzzy-Zahlen nur die schwache Distributivität nachweisen. Es gilt:

Satz 3.6

Es seien $\tilde{A}, \tilde{B}$ und $\tilde{C}$ beliebige Fuzzy-Zahlen aus FZ. Dann gilt die schwache Distributivität, d.h. es gilt:

$$\tilde{A} \tilde{*} \left(\tilde{B} \tilde{+} \tilde{C} \right) \subseteq \left(\tilde{A} \tilde{*} \tilde{B} \right) \tilde{+} \left(\tilde{A} \tilde{*} \tilde{C} \right).$$

Sind $\tilde{A}, \tilde{B}$ und $\tilde{C}$ hingegen positive Fuzzy-Zahlen, so gilt sogar

$$\tilde{A} \tilde{*} \left(\tilde{B} \tilde{+} \tilde{C} \right) = \left(\tilde{A} \tilde{*} \tilde{B} \right) \tilde{+} \left(\tilde{A} \tilde{*} \tilde{C} \right).$$

Beweis:

Es soll nur der zweite Teil des Satzes bewiesen werden. Dazu seien für

$$\alpha \in \left] 0,1 \right]$$

$$A_\alpha = \left[a_1, a_2 \right] \; mit \; 0 < a_1 \le a_2$$

$$B_\alpha = \left[b_1, b_2 \right] \; mit \; 0 < b_1 \le b_2$$

$$C_\alpha = \left[c_1, c_2 \right] \; mit \; 0 < c_1 \le c_2$$

die α-Schnitte von $\tilde{A}, \tilde{B}$ und $\tilde{C}$. Dann gilt

$$\left[\tilde{A} \tilde{*} \left(\tilde{B} \tilde{+} \tilde{C}\right)\right]_{\alpha} = \tilde{A}_{\alpha} * \left(\tilde{B} \tilde{+} \tilde{C}\right)_{\alpha}$$

$$= \tilde{A}_{\alpha} * \left(\tilde{B}_{\alpha} + \tilde{C}_{\alpha}\right)$$

$$= \left[a_1, a_2\right] * \left(\left[b_1, b_2\right] + \left[c_1, c_2\right]\right)$$

$$= \left[a_1 * \left(b_1 + c_1\right), a_2 * \left(b_2 + c_2\right)\right]$$

$$= \left[a_1 * b_1, a_2 * b_2\right] + \left[a_1 * c_1, a_2 * c_2\right]$$

$$= \left(\left[a_1, a_2\right] * \left[b_1, b_2\right]\right) + \left(\left[a_1, a_2\right] * \left[c_1, c_2\right]\right)$$

$$= \left[\left(\tilde{A} \tilde{*} \tilde{B}\right) + \left(\tilde{A} \tilde{*} \tilde{C}\right)\right]_{\alpha}$$

Probleme treten im obigen Beweis dann auf, wenn negative und positive Fuzzy-Zahlen vorkommen. Wird zum Beispiel eine positive Fuzzy-Zahl $\tilde{A}$ mit einer negativen $\tilde{B}$ multipliziert, so berechnet sich der α-Schnitt des Produkts zu $\left[a_2 * b_1, a_1 * b_2\right]$. Im allgemeinen Fall müssen schließlich auch

Fuzzy-Nullen in Betracht gezogen werden. Eine Berechnung ähnlich des oben angegebenen Beweises wird dann unmöglich. Allerdings läßt sich das Distributivgesetz auch für den Fall, daß $\tilde{A}$ negativ ist und $\tilde{B}, \tilde{C}$ positive Fuzzy-Zahlen sind, nachweisen.

3.7 Regelbasierte Fuzzy-Systeme

Eine der Hauptanwendungsbereiche der Fuzzy-Logik sind regelbasierte Fuzzy-Systeme, auch Fuzzy-Entscheidungssysteme genannt. Fuzzy-Entscheidungssysteme besitzen zwei wesentliche Anwendungsbereiche:

In der Prozeßsteuerung ist das Ziel, einen laufenden Prozeß so zu steuern, daß ein stabiler Zustand gehalten oder erreicht wird bzw., daß ein vorgegebener Endzustand erreicht wird. Typischerweise erhält eine Steuereinheit dabei Meßwerte aus dem Prozeß und ermittelt daraufhin Stellwerte, die den Prozeßablauf beeinflussen. Dieser Vorgang wird iterativ wiederholt, solange es notwendig ist. Fuzzy-Entscheidungssysteme, die in solchen Systemen als Steuereinheit dienen, werden Fuzzy-Controller genannt. Für viele Steuerungsprobleme ist der Entwurf eines passenden Fuzzy-Controllers einfach und aufgrund der unkomplizierten Berechnungen auch schnell und günstig in Hardware realisierbar. Daher konnte die Industrie in den letzten Jahren bemerkenswerte kommerzielle Erfolge mit Fuzzy-Controllern feiern.

In Expertensystemen, in der Mustererkennung oder bei anderen Filter-aufgaben liegt eine Menge an Daten vor, die von einer Entscheidungseinheit interpretiert werden soll. Üblicherweise ist dies kein iterativer Prozeß. Die Daten werden ermittelt und daraufhin eine Entscheidung gefällt. Fuzzy-Entscheidungssysteme werden in diesem Umfeld als Fuzzy-Expertensysteme oder auch Fuzzy-Filter bezeichnet.

Der Aufbau und die Funktionsweise von Fuzzy-Controllern, Fuzzy-Expertensysteme und -Filtern sind dabei in ihrer Grundstruktur stets gleich. Daher werden sie hier unter dem Begriff der regelbasierten Fuzzy-Systeme zusammengefaßt.

Die Basis ihrer Struktur stellen meistens IF-THEN-Regeln dar, wie sie in Kapitel 3.4.3 beschrieben wurden. Dagegen besteht der klassische Ansatz zur Lösung der oben aufgeführten Probleme in der Entwicklung eines – häufig idealisierten – Modells, das mit Hilfe mathematischer Ausdrücke den Prozeßablauf, den Diagnose- oder Filterprozeß beschreibt. Die Entwicklung eines solchen Modells erfordert nicht nur Experten, die das Problemumfeld kennen, sondern auch mathematisches Fachwissen. In vielen Steuerungsproblemen wird so ein System von Differentialgleichungen aufgestellt, deren Auswertung oft sehr rechenintensiv ist.

Ein anderer Ansatz ist, die Steuerung des Prozesses von einem Experten vornehmen zu lassen und sein Verhalten mathematisch zu erfassen. Der Experte wird seine Kenntnisse dabei nicht mittels mathematischer Formeln erklären, sondern bereits durch linguistische Regeln in der Form von IF-THEN-Regeln, wodurch die Entwicklung der Regelbasis vereinfacht wird.

Beschreibt ein Experte z.B. eine Regel zur Verkehrssteuerung durch die Formulierung

IF (*Verkehrsdichte hoch*) THEN (*Rotphase kurz*)

so sind die entsprechenden Variablen für das regelbasierte Fuzzy-System durch *Verkehrsdichte* und *Rotphase* bereits vorgegeben. Exakt auszuprägen sind noch mit Hilfe des Experten die Fuzzy-Mengen *hoch* und *kurz*, wozu seine evtl. etwas vagen Vorstellungen davon, was z.B. eine *hohe Verkehrsdichte* bedeutet, modelliert werden müssen.

Eine andere Möglichkeit zur Erstellung von IF-THEN-Regeln für eine Regelbasis ist die Auswertung von gegebenen Beispieldaten mit geeigneten mathematischen Methoden.

Beide Vorgehensweisen können aber auch in der Praxis zu einigen Problemen führen. Auf diese Problematiken und Möglichkeiten zu ihrer Beseitigung wird in Kap. 5 näher eingegangen.

Bereits 1972 wurde von L. Zadeh das Konzept eines regelbasierten Fuzzy-Systems eingeführt (Zadeh 1972, Zadeh 1973)]. Die ersten konkreten Fuzzy-Controller wurden von F. Mamdani und S. Assilian in (Mamdani 1974, Mamdani et. Al 1975) entwickelt. Diese sog. Mamdani-Controller besitzen heute noch die größte Verbreitung in Theorie und Praxis. M. Sugeno und T. Takagi modifizierten den Mamdani-Controller zu einer effizienteren, aber bzgl. der Feinheit der Steuerung auch etwas eingeschränkten, Variante, dem sog. Sugeno-Controller (Sugeno 1985).

Der erste in größerem Umfang realisierte Einsatz von Fuzzy-Controllern erfolgte durch die Firma Sony, die in ihre Camcorder einen Fuzzy-Controller zur Vermeidung von Verwackelungen einbaute. Heute finden sich Fuzzy-Controller in vielen technischen Geräten, von Waschmaschinen bis zu Automobilen. Da sie die weitverbreiteste Form von regelbasierten Fuzzy-Systemen darstellen, wird im folgenden auf sie näher eingegangen.

Ähnlich wie die Approximationssätze bei künstlichen Neuronalen Netzen existieren auch für Fuzzy-Entscheidungssysteme entsprechende Aussagen. In (WANG 1992) wird gezeigt, daß ein auf dem Mamdani-Ansatz beruhendes System jede stetige Funktion beliebig genau approximieren kann. In (BUCKLEY 1993) findet sich ein entsprechender Satz für bestimmte Sugeno-Controller.

Allerdings handelt es sich auch hier um reine Existenzaussagen. Die Sätze geben keinerlei Hinweis, wie Fuzzy-Mengen und -Regeln zu wählen sind, um eine gegebene Funktion zu approximieren.

3.7.1 Mamdani-Controller

Ausgangspunkt für einen Mamdani-Controller ist ein zu steuernder Prozeß, der über Sensoren verfügt, die Meßdaten über den aktuellen Zustand des Systems liefern, und der über Stelleinheiten verfügt, durch die der aktuelle Zustand des Systems verändert werden kann. Seien $X_1 \times ... X_n \subset X$ der Eingaberaum, der durch die möglichen Werte für die Meßdaten gegeben ist, z.B. $X = IR^n$, und $Y_1 \times ... \times Y_m \subset Y$ der Ausgaberaum, der durch die möglichen Werte für die Stellgrößen gegeben ist, z.B. $Y = IR^m$. Dann ist ein Mamdani-Controller gegeben durch

Definition 3.59 *(Mamdani-Controller)*
Ein Mamdani-Controller ist eine Steuereinheit, die Meßdaten empfängt und Stelldaten ausgibt. Die vier Hauptkomponenten des Controllers sind:

1. *Fuzzifizierer*
   Der Fuzzifizierer wandelt die crispen Eingaben in Fuzzy-Mengen um.
2. *Regelbasis (rule base)*
   Die Regeln sind in der Regelbasis festgehalten. Die Regelbasis besteht aus einer endlichen Menge von Regeln R_i der Form

   $$R: \text{ IF } (x_1 = \tilde{A}_1) \text{ AND } \dots \text{ AND } (x_n = \tilde{A}_n) \text{ THEN } (y_k = \tilde{B}_k).$$

3. *Entscheidungslogik (Inference Machine)*
   Die Entscheidungslogik wendet linguistische Regeln auf die fuzzifizierten Eingaben an. Sie gibt Fuzzy-Werte aus.
4. *Defuzzifizierer*
   Die Fuzzy-Ausgaben der Entscheidungslogik werden von einem Defuzzifizierer in reelle Ausgabewerte umgerechnet.

Alle Komponenten des Controllers haben Zugriff auf die Fuzzy-Mengen, die zur Beschreibung der Ein- und Ausgaberäume dienen. Diese Fuzzy-Mengen werden auch als *Datenbasis (data base)* bezeichnet. Die *Regelbasis* zusammen mit der Datenbasis werden manchmal auch als Wissensbasis (*knowledge base*) bezeichnet Hinsichtlich der unterschiedlichen Darstellungsformen der IF-THEN-Regeln, z.B. in Form von

$$R: \text{ IF } (x_1 \text{ IS } \tilde{A}_1) \text{ AND } \dots \text{ AND } (x_n \text{ IS } \tilde{A}_n) \text{ THEN } (y_k \text{ IS } \tilde{B}_k)$$

sei auf Kap. 3.4.3 verwiesen.

Den Aufbau eines solchen Fuzzy-Controllers veranschaulicht schematisch die Abb. 3.25:

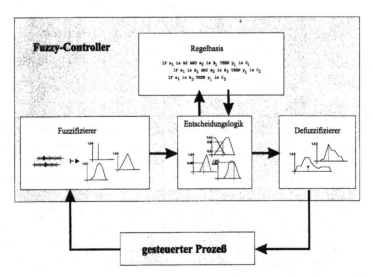

Abb. 3.25 Schematischer Aufbau eines Fuzzy-Controllers nach Mamdani

Beispiel 3.44

Als Beispiel für den Einsatz eines Fuzzy-Controllers nach Mamdani soll das sogenannte Stabbalancierproblem dienen, das auch unter dem Begriff des „inversen Pendels" bekannt und dessen Aufbau in Abbildung 3.26 dargestellt ist:

Ein Wagen steht auf einer waagerechten Grundfläche. Auf dem Wagen ist ein Pendel so angebracht, daß es sich nach rechts und links bewegen kann. Der Winkel 0 zwischen der Längsachse des Pendels und einer Senkrechten zur Grundfläche ist der Neigungswinkel. Steht das Pendel senkrecht zur Grundfläche, so ist $\theta = 0$. Der Wertebereich von θ ist das Intervall [-90, 90], wobei die negativen Werte eine linksseitige, die positiven entsprechend eine rechtsseitige Neigung bedeuten.

Das Pendel bewegt sich mit der Winkelgeschwindigkeit λ, die auf den Wertebereich [-45, 45] normiert ist. Analog zum Vorzeichen des Winkels bedeuten negative Werte eine Bewegung nach links, positive Werte eine Bewegung nach rechts.

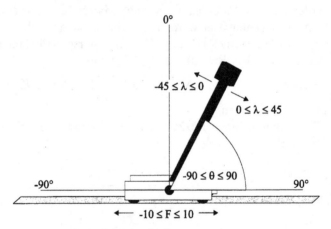

Abb. 3.26 Das Stabbalancierproblem

Der Wagen kann sich auf Schienen nur nach rechts oder links bewegen. Dazu muß eine Kraft F auf ihn einwirken. F ist auf den Bereich [-10, 10] beschränkt. Negative Werte symbolisieren eine Bewegung des Wagens nach links, positive Werte entsprechen einer Bewegung nach rechts. Zur Vereinfachung wird davon ausgegangen, daß dem Wagen in beide Bewegungsrichtungen beliebig viel Platz zur Verfügung steht.

Ausgangszustand ist eine Stellung des Pendels, bei der nicht gleichzeitig $\theta = 0$ und $\lambda = 0$ gelten. Wird das Pendel losgelassen, fällt es daher nach rechts oder links. Ziel des Systems ist, die auf den Wagen wirkende Kraft F so zu wählen, daß das Pendel balanciert wird (d.h. es soll stets -90 < θ < 90 gelten).

Beim Stabbalancierproblem sind X_1 = [-90, 90] und X_2 = [-45, 45] die Eingabeteilräume. Der Ausgaberaum ist Y = Y_1 = [-10, 10]. Aufgrund der Messung von θ und λ soll der Fuzzy-Controller einen geeigneten Wert für F ermitteln. Die folgenden linguistischen Bezeichner werden gewählt

$X_1 \sim$ *Winkel*, $X_2 \sim$ *Geschwindigkeit* und $Y_1 \sim$ *Kraft*.

In den folgenden Abschnitten dieses Kapitels wird das Beispiel fortgesetzt und so sukzessive ein Mamdani-Controller erzeugt, der das Stabbalancierproblem lösen kann. Dabei wird die Übersichtlichkeit des Beispiels, nicht die Leistungsfähigkeit des Systems, im Vordergrund stehen.

Ein- und Ausgabe-Fuzzy-Mengen

Die Regeln, die das Herzstück des Entscheidungssystems bilden, werden mit Hilfe von Fuzzy-Mengen formuliert. Für jeden der Teilräume X_i, Y_j des Ein- bzw. des Ausgaberaums werden solche Mengen definiert. Üblicherweise werden einem Teilraum dabei mehrere Fuzzy-Mengen zugewiesen, die einander teilweise überlappen. Man spricht dann von einer Partitionierung des Teilraums.

Das bedeutet konkret, daß einem Teilraum X_i von X Fuzzy-Mengen A_i ($1 \leq i \leq n$) zugewiesen sind. Diese Mengen A_i sind durch ihre jeweilige Zugehörigkeitsfunktion definiert. Analog werden für die Teilräume Y_j von Y Fuzzy-Mengen B_j ($1 \leq i \leq m$) festgelegt.

Die nun zum Aufbau der Regelbasis verwendbaren Fuzzy-Mengen heißen Fuzzy-Eingabemengen bzw. Fuzzy-Ausgabemengen. In der Praxis wird jede einzelne Menge üblicherweise mit einem linguistischen Ausdruck bezeichnet, der sie charakterisiert.

Beispiel 3.45
Auch das Stabbalanciersystem muß zunächst mit einer Partitionierung der Ein- und Ausgaberäume versehen werden. In diesem Beispiel können z.B. drei trianguläre Fuzzy-Mengen pro Teilraum gewählt werden. Im einzelnen sind dies:

$$X_1: \quad \tilde{a}_{1,1} = (-90,0,90)_{\text{trian}}, \quad \tilde{a}_{1,2} = (0,45,45)_{\text{trian}}, \quad \tilde{a}_{1,3} = (90,90,0)_{\text{trian}}$$

$$X_2: \quad \tilde{a}_{2,1} = (-45,0,35)_{\text{trian}}, \quad \tilde{a}_{2,2} = (0,22,22)_{\text{trian}}, \quad \tilde{a}_{2,3} = (45,35,0)_{\text{trian}}$$

$$Y_1: \quad \tilde{b}_{1,1} = (-10,0,10)_{\text{trian}}, \quad \tilde{b}_{1,2} = (0,3,3)_{\text{trian}}, \quad \tilde{b}_{1,3} = (10,10,0)_{\text{trian}}$$

Die Zugehörigkeitsfunktionen der Fuzzy-Ein- und Ausgabemengen sind in Abbildung 3.27 dargestellt. Als linguistischer Ausdruck sei für die jeweils am weitesten links liegende Menge der Bezeichner *negativ* gewählt. Analog werden die restlichen Mengen mit *zero* bzw. *positiv* umschrieben.

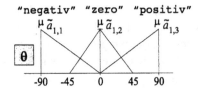

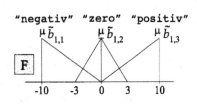

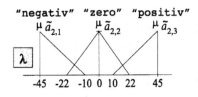

Abb. 3.27 Partitionierung für Beispiel 3.45

Fuzzifizierer

Die ankommenden Meßdaten (Eingabevektor) liegen zunächst in crisper Form vor. Die Regelbasis benötigt jedoch Fuzzy-Werte. Daher müssen die Meßdaten zunächst in Fuzzy-Zahlen umgewandelt werden. Dies geschieht durch den Fuzzifizierer.

Zur Fuzzifizierung gibt es verschiedenen Methoden. Ist z.B. das Fehlerverhalten der Sensoren, die die Meßdaten liefern, bekannt, so kann dieses Fehlerverhalten als Basis zur Fuzzifizierung benutzt werden. Teilweise wird auch eine Transformation in eine Trapezmenge oder eine Gaußmenge vorgeschlagen. Das Problem ist jedoch in diesem Fall eine gute Abschätzung für die Unschärfen zu finden.

Die in der Praxis am häufigsten verwendete Fuzzifizierungs-Methode ist jedoch der Singleton-Fuzzifizierer. Sei Vorteil liegt vor allem darin, daß auf seiner Basis (s. Definition 3.60) eine besonders einfache Auswertung der Regelbasis erfolgen kann. Er ist gegeben durch

Definition 3.60 (*Singleton-Fuzzifizierer*)
Sei X eine Grundmenge. Die Singleton Fuzzy-Menge zu einem Element $x' \in X$ ist definiert durch

$$\mu_{SF(x')}(x) = \begin{cases} 1 & \textit{falls } x = x' \\ 0 & \textit{sonst} \end{cases}$$

Um das Enthaltensein einer Singleton-Menge in einer anderen Fuzzy-Menge zu messen, wird folgende Definition benutzt

Definition 3.61 (*Zugehörigkeitsgrad bei Singleton-Fuzzifizierung*)
Sei X eine Grundmenge, $x' \in X$ sowie $\tilde{a}$ eine Fuzzy-Menge über X. Dann ist die Singleton-Fuzzy-Menge zu x' zum Grad $\mu_{\tilde{a}}(x')$ in $\tilde{a}$ enthalten.

Beispiel 3.46
Hat ein ankommendes Meßdatum den Wert 2.0, so zeigt Abb. 3.28 das Ergebnis der Singleton-Fuzzifizierung bzw. eine mögliche Fuzzifizierung in eine Dreiecks-Menge.

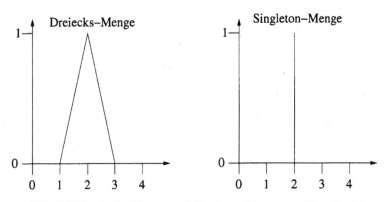

Abb. 3.28 Dreiecks-Menge und Singleton-Menge zur Eingabe 2.0

Regelbasis

Die Regelbasis wird häufig als das Herzstück des Controllers bezeichnet, da sie das Verhalten des Controllers grundlegend beeinflußt. In der Regelbasis werden endlich viele linguistische Regeln in Form von Fuzzy-IF-THEN-Regeln, die das Wissen eines Operators repräsentieren, gespeichert. Dabei wird für jede Dimension des Eingaberaumes $X_1 \times ...X_n \subset X$ und jede Dimension des Ausgaberaumes $Y_1 \times ...\times Y_m \subset Y$ eine linguistische Variable X_i bzw. Y_i definiert.

Weiter müssen die Ausprägungen der linguistischen Variablen und die zugrunde liegenden restringierende Fuzzy-Mengen, wie zuvor beschrieben, bereitgestellt sein. Normalerweise werden folgende Voraussetzungen verlangt:

1. In der Prämisse werden ausschließlich Konjunktionen als Verknüpfungsoperatoren zwischen den Teilprämissen verwendet.
2. Die Konklusion jeder Regel enthält genau eine Fuzzy-Ausgabemenge.

Dies ist die übliche Form der Regeln in den meisten Implementierungen. Regeln, die nicht diese Gestalt besitzen, müssen entsprechend umgeformt werden.

Konklusionen, in denen mehrere Aussagen durch AND verknüpft sind, stellen lediglich eine vereinfachende Schreibweise dar und werden zu mehreren Regeln mit „Einzelkonklusionen" aufgespalten.

Im allgemeinen werden in einer Regelprämisse nicht alle Eingabeteilräume angesprochen. Zudem ist die Reihenfolge der Teilbedingungen theoretisch (und in der Praxis auch tatsächlich) beliebig.

Die Fuzzy-Konjunktionen in der Prämisse werden mit Hilfe einer t-Norm (im folgenden symbolisiert durch AND) realisiert.

Beispiel 3.47

Einige Regeln für das Stabbalancierproblem lassen sich einfach formulieren. So liegt es z.B. nahe, den Wagen nicht zu bewegen, wenn das Pendel so gut wie senkrecht steht und sich kaum bewegt. Unter Verwendung der in den vorherigen Abschnitten eingeführten linguistischen Ausdrücke ergibt diese Überlegung folgende Regel:

R_1 : IF (Winkel IS zero) AND (Geschwindigkeit IS zero) THEN (Kraft IS zero).

Auch folgende Regeln sind einfach einzusehen:

R_2 : IF (Winkel IS pos.) AND (Geschwindigkeit IS zero) THEN (Kraft IS pos.)

R_3 : IF (Winkel IS neg.) AND (Geschwindigkeit IS zero) THEN (Kraft IS neg.)

Eine synonyme Formulierung von R_1, R_2 und R_3 ist:

R_1 :   IF $(x_1$ IS $\tilde{a}_{1,2})$ AND $(x_2$ IS $\tilde{a}_{2,2})$ THEN $(y_1$ IS $\tilde{b}_{1,2})$

R_2 :   IF $(x_1$ IS $\tilde{a}_{1,3})$ AND $(x_2$ IS $\tilde{a}_{2,2})$ THEN $(y_1$ IS $\tilde{b}_{1,3})$

R_3 :   IF $(x_1$ IS $\tilde{a}_{1,1})$ AND $(x_2$ IS $\tilde{a}_{2,2})$ THEN $(y_1$ IS $\tilde{b}_{1,1})$

In Abbildung 3.29 ist eine komplette Regelbasis inklusive der verwendeten Partitionierungen gezeigt. Die Tabellendarstellung der Regelbasis ist wie folgt zu lesen:

In der linken Spalte sind alle Partitionierungsmengen für X_1 enthalten. Die obere Zeile gibt die zu X_2 gehörigen Mengen wieder. Aus der linken Spalte und der oberen Zeile wird jeweils eine Menge ausgewählt (z.B. *negativ* von links und *zero* von oben). So erhält man zwei Teilbedingungen für die Prämisse der Regel (hier: $(x_1$ IS *negativ*), $(x_2$ IS *zero*)). Wegen der Kommutativität von AND ist die Reihenfolge der Teilbedingungen unwesentlich. Die zugehörige Konklusion steht am Kreuzungspunkt der gewählten Spalte und Zeile (hier: $(y_1$ IS *negativ*)). In der Tabelle sind somit sieben Regeln enthalten.

Man beachte, daß in die Tabelle nur Regeln eingetragen werden können, die beide Eingabeteilräume in ihrer Prämisse berücksichtigen. In dem Beispiel gibt es nur solche Regeln. Um Regeln darzustellen, die nur einen

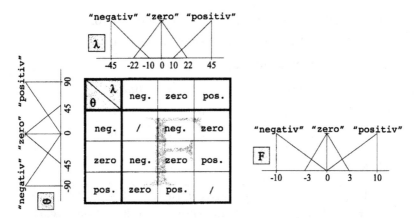

Abb. 3.29 Regelbasis und zugehörige Partionierungen

Eingabeteilraum abfragen, ist eine Zeile bzw. Spalte für die leere Menge einzufügen.

Beispiel 3.48

Sollen als Eingaben zur Steuerung eines Heizkörpers Meßwerte für die Temperatur und die Luftfeuchtigkeit verwendet werden, so ist $X_1 \times X_2$ mit

$X_1 = [10,30]$ für die Temperatur in Grad Celsius und

$X_2 = [0,100]$ für die Luftfeuchtigkeit in Prozent

ein geeigneter Eingaberaum.

Linguistische Terme für x_1 sind z.B.

$$\{\text{kalt, mittelwarm, warm}\}$$

und für x_2

$$\{\text{trocken, normal, feucht, sehr feucht}\}.$$

Zu diesen Termen sind jeweils passende Fuzzy-Mengen auf X_1 bzw. X_2 zu definieren, z.B. Dreiecksmengen (l, m, r), die gegeben sind durch

kalt	$\triangleq$	$\tilde{A}_{1,1}$	$= (10,14,18)$
mittelwarm	$\triangleq$	$\tilde{A}_{1,2}$	$= (14,18,22)$
warm	$\triangleq$	$\tilde{A}_{1,3}$	$= (18,24,30)$
trocken	$\triangleq$	$\tilde{A}_{2,1}$	$= (0.15,30)$
normal	$\triangleq$	$\tilde{A}_{2,2}$	$= (15,35,55)$
feucht	$\triangleq$	$\tilde{A}_{2,3}$	$= (50,70,90)$
sehr feucht	$\triangleq$	$\tilde{A}_{2,4}$	$= (80,90,100)$

Liegt die Einstellung der Heizleistung zwischen 0 und 10, so ist

$$Y = [0, 10] \text{ ein geeigneter Ausgaberaum.}$$

Eine geeignete Partitionierung ist:

schwach	$\hat{=}$	$\tilde{B}_1$	=	(0,2,4)
mittelstark	$\hat{=}$	$\tilde{B}_2$	=	(3,6,9)
stark	$\hat{=}$	$\tilde{B}_3$	=	(8,9,10)

Passende Regeln sind:

R_1: IF x_1= kalt	AND x_2=sehr feucht	THEN Y=stark
R_1: IF x_1= kalt	AND x_2= feucht	THEN Y=mittelstark
R_1: IF x_1=mittelwarm	AND x_2=normal	THEN Y=mittelstark
R_1: IF x_1=warm	AND x_2=trocken	THEN y=schwach

Entscheidungslogik

Die Entscheidungslogik berechnet nach dem Prinzip des verallgemeinerten Modus Ponens aus den Regeln der Regelbasis und der Eingabe-Fuzzy-Mengen $\tilde{A}_r$, die der Fuzzifizierer liefert, Ausgabe-Fuzzy-Mengen $\tilde{B}_j$ für jede Dimension des Ausgaberaumes. Zur Bestimmung jeder Ausgabe-Fuzzy-Menge werden jeweils alle Regeln berücksichtigt, deren Konklusion die zugehörige Ausgabe-Dimension betreffen.

Liegt ein Prozeß vor, der durch m, $m>1$, Stellwerte gesteuert wird, so können die Regeln der Regelbasis in m Mengen voll Regeln unterteilt werden, wobei die i-te Menge diejenigen Regeln enthält, deren Konklusion sich auf die i-te Dimension des Ausgaberaumes bezieht. Die Aufgaben der Entscheidungslogik können dann für jede Dimension des Ausgaberaumes mit Hilfe der einzelnen Teilmengen der Regeln der Regelbasis getrennt betrachtet werden.

Im folgenden erfolgt eine schrittweise Beschreibung der einzelnen Schritte der Entscheidungslogik zur Berechnung der Ausgaben. Dabei wird vorausgesetzt, daß ein Singleton-Fuzzifizierer verwendet wurde, da dies die in der Praxis am meisten verwendete Methode ist.

Berechnung des Erfüllungsgrades der Prämisse

Als erstes wird für jede Regel einzeln der *Erfüllungsgrad der Prämisse* berechnet. Dies ist ein Maßstab dafür, zu welchem Grad die Eingabe mit der Regel-Prämisse übereinstimmt. Da ein Singleton-Fuzzifizierer verwendet wird, entfallen die Berechnung der Eingabe-Fuzzy-Mengen und die vom generalisierten Modus Ponens bekannte Kombination von

Fuzzy-Mengen. Der Erfüllungsgrad der Prämisse einer Regel wird in zwei Schritten berechnet:

1. Zuerst werden die Zugehörigkeitsgrade der Eingabe-Werte zu jeder Fuzzy-Menge der Regel-Prämisse bestimmt.
2. Anschließend werden diese Werte mit einer t-Norm verknüpft.

Für jede Regel der Art

$$\text{IF } (x_1 = \tilde{A}_1) \text{ AND } \dots \text{ AND } (x_n = \tilde{A}_n) \text{ THEN } (y_k = \tilde{B}_k)$$

werden somit in der Prämisse zunächst die einzelnen Teilkomponenten ($x_i = \tilde{A}_i$) einzeln berechnet, und anschließend die Ergebnisse dieser Einzelberechnung mittels t-Norm verknüpft, um so die AND-Verknüpfung zu realisieren.

Beispiel 3.49
Es seien die Regeln und Partitionierungen aus Beispiel 3.48 gegeben. Sei ferner die Eingabe (17.0, 85.0) (d.h. Temperatur beträgt 17 °C und die Luftfeuchtigkeit 85%).

Der Erfüllungsgrad der Prämisse von Regel 1 ist dann unter Verwendung des min-Operators als t-Norm (wurde auch von Mamdani vorgeschlagen)

$$E_1 = \min(\mu_{\tilde{A}_{1,1}} (17), \mu_{\tilde{A}_{2,4}} (85)) = \min(0.25, 0.5) = 0.25$$

Berechnung des Ergebnisses einer Regel

Als nächstes wird für jede Regel R_k das Ergebnis der Anwendung dieser Regel bestimmt, d.h. die Konklusion ausgewertet. Bezieht sich die

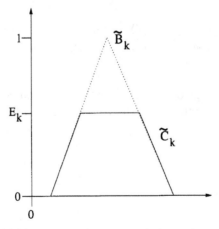

Abb. 3.30 Bestimmung des Ergebnisses einer Regel

Konklusion von Regel R_k auf Ausgabe-Dimension Y_j, *so* ist dieses Ergebnis eine Fuzzy-Menge $\tilde{C}_k \subset Y_j$.

Zur Berechnung von $\tilde{C}_k$ wird der Erfüllungsgrad der Prämisse von Regel R_k, E_k, mit der Fuzzy-Menge B_k der Konklusion dieser Regel verknüpft. Zum Verknüpfen wird eine Fuzzy-Implikation verwendet. Mamdani hat hier zur Vereinfachung der Berechnung das Minimum ausgewählt, es sind jedoch auch andere Definitionen möglich. Für $\tilde{C}_k$ gilt:

$$\mu_{\tilde{C}_k}(y_j) = \begin{cases} \mu_{\tilde{B}_k}(y) & \mu_{\tilde{B}_k}(y) \prec E_k \\ E_k & \mu_{\tilde{B}_k}(y) \geq E_k \end{cases}$$

Das Ergebnis $\tilde{C}_k$ der Anwendung von Regel R_k entsteht somit durch „*Abschneiden*" von B_k in Höhe des Erfüllungsgrades E_k der Prämisse, wie in Abb. 3.30 verdeutlicht.

Berechnung der Ausgabe-Fuzzy-Mengen
Nun wird für jede Ausgabe-Dimension die Ausgabe-Fuzzy-Menge berechnet. Hierzu werden zunächst alle diejenigen Regeln zusammengefaßt, die die gleiche Ausgabedimension in ihrer Konklusion besitzen. Danach wird jeweils die Vereinigung sämtlicher Ergebnis-Fuzzy-Mengen $\tilde{C}_k$ gebildet, die in dieser Ausgabe-Dimension liegen. Zur Vereinigung wird eine t-Conorm verwendet. Mamdani wählte dazu das Maximum, es sind jedoch auch andere Definitionen möglich.

Für die Ausgabe-Fuzzy-Menge $\tilde{D}_j$ auf der Ausgabe-Dimension Y_j gilt somit

$$\tilde{D}_j = \tilde{C}_1 \cup ... \cup \tilde{C}_h,$$

wobei die $\tilde{C}_k$ die Ergebnis-Fuzzy-Mengen auf der Ausgabe-Dimension Y_j sind und h die Anzahl der Regeln ist, die sich auf die Ausgabe-Dimension Y_j beziehen.

Die Abb. 3.31 zeigt die Berechnung der Ausgabe-Fuzzy-Menge für eine Ausgabedimension, die in der Konklusion von Regeln vorkommt:

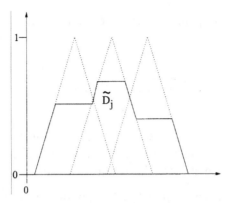

Abb. 3.31 Berechnung der Ausgabe-Fuzzy-Menge

Defuzzifizierer

Da als Stellwerte crispe Werte benötig werden, die gemäß 3.6.1.5 berechneten Ausgaben jedoch Fuzzy-Mengen sind, müssen diese in einem letzten Schritt defuzzifiziert werden, d.h. aus $\tilde{D}_j$ eine reelle Zahl y_j berechnet werden. Die y_j, $1 \leq i \leq m$, bilden zusammen den Ausgabevektor aus Y.

Konkret existieren zahlreiche Defuzzifizierungsmethoden. Die drei bekanntesten sollen kurz vorgestellt werden.

Maximum-Methode

Eines der einfachsten Defuzzifizierungsverfahren ist die Maximum-Defuzzifizierung (MAX). Dabei wird ein beliebiger Punkt des Trägers von $\tilde{D}_j$ gewählt, für den $\mu_{\tilde{D}_j}$ den maximalen Zugehörigkeitsgrad annimmt.

Problematisch hierbei ist, daß die Menge der x, für die $\mu_{\tilde{D}_j}$ maximal ist, nicht einelementig sein muß. Wählt man allerdings einen Punkt aus dieser Menge zufällig aus, so führt dies zu Nichtdeterminismus des Reglers. Um dies zu vermeiden, kann z.B. immer die kleinste Zahl gewählt werden, für die $\mu_{\tilde{D}_j}$ maximal ist.

Vorteil der Methode ist, daß die Berechnung des Ausgabewertes sehr schnell erfolgt. Als weiterer Nachteil kann angesehen werden. daß das genaue Aussehen von $\mu_{\tilde{D}_j}$ nicht berücksichtigt wird und damit offenbar viel Information verloren geht.

Schwerpunkt-Methode

Eine aufwendigere Methode ist die Schwerpunkt-Defuzzifizierung (COG-center of gravity). Als crisper Ausgabewert y_j wird der Wert verwendet, der unter dem Schwerpunkt der durch die Funktion $\mu_{\tilde{D}_j}$ erzeugten Fläche liegt.

$$y_j = \frac{1}{\int\limits_{x \in Tr(\mu_{\tilde{D}_j})} \mu_{\tilde{D}_j}(x)dx} * \int\limits_{x \in Tr(\mu_{\tilde{D}_j})} x * \mu_{\tilde{D}_j}(x)dx$$

Die Schwerpunktmethode hat den Vorteil, fast immer ein relativ glattes Regelverhalten zu erzeugen, vergleiche [KRUSE ET AL. 1993]. Außerdem berücksichtigt sie alle Zugehörigkeitswerte von $\mu_{\tilde{D}_j}$.

Die Nachteile der Schwerpunktmethode bestehen darin, daß dieses Verfahren sehr aufwendig zu berechnen ist und unsinnige Ausgaben erzeugt werden, falls der Träger von $\mu_{\tilde{D}_j}$ kein Intervall ist (vergleiche dazu Abbildung 3.32 und Beispiel 3.50).

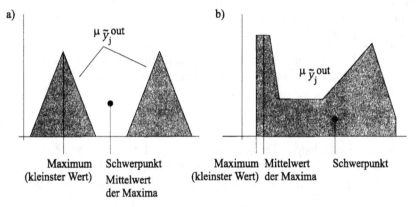

Abb. 3.32 Defuzzifizierungsergebnisse der verschiedenen Methoden a) Schwerpunkt-Defuzzifizierung und „Mittelwert der Maxima"-Methode liefern einen unsinnigen Ausgabewert, für den $\mu_{\tilde{D}_j} = 0$ ist b) alle Methoden liefern brauchbare Werte

„Mittelwert der Maxima"-Methode

Ein weiteres Verfahren ist die „Mittelwert der Maxima"-Methode (MOM). Diese Verfahren berechnet den Mittelwert der Maxima von $\mu_{\tilde{D}_j}$.

Allerdings kann die Verwendung bestimmter Typen von Fuzzy-Mengen zu einem unstetigen Verlauf der Regelkurve führen. Wie auch COG, kann dieser Ansatz versagen, wenn der Träger von $\mu_{\tilde{D}_j}$ kein Intervall ist. Vorteile dieser Methode sind eine schnelle Berechnung und die Berücksichtigung zumindest aller maximalen Werte von $\mu_{\tilde{D}_j}$.

Beispiel 3.50
Es soll ein Fuzzy-Controller zur Lenkung eines automatischen Fahrzeugs (z.B. selbständiger Staubsauger oder Rasenmäher) eingesetzt werden. Die Regeln sehen vor, daß bei einem Hindernis nach links oder nach rechts ausgewichen werden kann. Hierzu werden auf dem Ausgabe-Raum Y (Lenkereinschlag) geeignete Fuzzy-Mengen für *links* und *rechts* definiert. Fährt das Fahrzeug auf ein Hindernis zu, ist folgende Situation möglich:

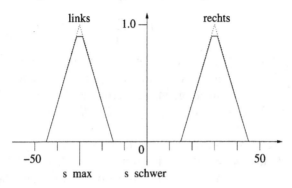

Abb. 3.33 Effekte der Schwerpunkt- und Maximum-Methode

Die Regeln zum Ausweichen nach links und nach rechts haben denselben, maximalen Erfüllungsgrad der Prämisse, z.B. 0.9; alle anderen Regeln haben einen Erfüllungsgrad der Prämisse gleich Null. Dadurch hat die Ausgabe-Fuzzy-Menge $\tilde{D}$ die Gestalt aus Abb. 3.33. Die mit der Schwerpunkt-Methode berechnete Ausgabe (s_schwer) ist 0. Der Schwerpunkt der Möglichkeiten „nach links ausweichen" und „nach rechts ausweichen" ist genau in der Mitte, und das bedeutet in diesem Fall „geradeaus fahren", d.h. das Fahrzeug stößt mit dem Hindernis zusammen! Mit der Maximum-Methode ergibt sich als Ausgabe (s_max) der Wert -30, d.h. das Fahrzeug fährt links am Hindernis vorbei.

Beispiel 3.50 zeigt, wie sich unterschiedliche Defuzzifizierungsmethoden auf die berechnete Ausgabe auswirken. In diesem Extremfall hängt sogar der Erfolg von der Wahl der richtigen Methode ab. Es ist jedoch zu bemerken, daß auch bei Verwendung der Schwerpunkt-Methode eine korrekte Steuerung eines Fahrzeugs möglich ist, falls die Partitionierungen und die Regeln geeignet definiert werden. Für die korrekte Erstellung eines Fuzzy-Controllers sind alle Bestandteile von Bedeutung, insbesondere die Art der Defuzzifizierung, die Partitionierungen und die Regeln. Welches Defuzzifizierungsverfahren letztlich eingesetzt werden sollte, hängt vom jeweiligen aktuellen Problem ab. Generelle Empfehlungen können nicht gegeben werden.

Am Beispiel des Stabbalancierproblems soll der Ablauf der Berechnungen bei einem Mamdani-Controller noch einmal erläutert werden:

Beispiel 3.51

Ausgangspunkt ist das Stabbalancierproblem aus Beisp. 3.47.

Seien $x_1 = 20$ und $x_2 = 10$ die aktuellen Meßwerte zum Status des Pendels. In den Prämissen der Beispielregelbasis kommen alle Fuzzy-Eingabemengen vor. Folgende Werte sind also zu berechnen:

$$\mu_{\tilde{a}_{1,1}}(20) = 0, \quad \mu_{\tilde{a}_{1,2}}(20) = \frac{4}{9}, \quad \mu_{\tilde{a}_{1,3}}(20) = \frac{2}{9}$$

$$\mu_{\tilde{a}_{2,1}}(10) = 0, \quad \mu_{\tilde{a}_{2,2}}(10) = \frac{6}{11}, \quad \mu_{\tilde{a}_{2,3}}(10) = 0$$

Wird eine Singleton-Fuzzifizierung eingesetzt, so verdeutlicht Abbildung 3.30 die Berechnung des Enthaltenseins graphisch.

Die so berechneten Einzelergebnisse werden mittels einer t-Norm konjunktiv verknüpft. Das Ergebnis ist der *Erfüllungsgrad* E der Regelprämissen.

Im Beispiel sei AND mittels des Minimumoperators realisiert. Dadurch ist für $x_1 = 20$ und $x_2 = 10$ der Erfüllungsgrad aller Regeln, in denen $\tilde{a}_{1,1}, \tilde{a}_{2,1}$ oder $\tilde{a}_{2,3}$ vorkommen, gleich Null. Es bleiben zu betrachten:

$$R_1: \text{IF } (20 \text{ IS } \tilde{a}_{1,2}) \text{ AND } (10 \text{ IS } \tilde{a}_{2,2}) \Rightarrow e_1 = \min(\frac{4}{9}, \frac{6}{11}) = \frac{4}{9}$$

$$R_2: \text{IF } (20 \text{ IS } \tilde{a}_{1,3}) \text{ AND } (10 \text{ IS } \tilde{a}_{2,2}) \Rightarrow e_2 = \min(\frac{2}{9}, \frac{6}{11}) = \frac{2}{9}$$

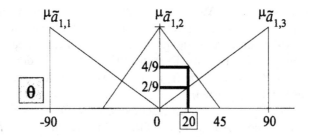

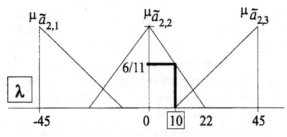

Abb. 3.34 Bestimmung der Singleton-Zugehörigkeiten

Nach der Berechnung der Prämissen können nun die Konklusionen berechnet werden.

Für die fünf Regeln mit Erfüllungsgrad Null werden nach dieser Vorschrift Fuzzy-Mengen erzeugt, deren Zugehörigkeitsfunktion konstant Null ist. Die beiden anderen Regeln liefern:

$$R_1: \quad \mu_{\tilde{y}_1}(y) = \min(\frac{4}{9}, \mu_{\tilde{b}_{1,2}}(y))$$

$$R_2: \quad \mu_{\tilde{y}_2}(y) = \min(\frac{2}{9}, \mu_{\tilde{b}_{1,3}}(y))$$

In der Abb. 3.35 sind diese Operationen dargestellt und die Zugehörigkeitsfunktionen (bzw. deren Graphen) der beiden neu erzeugten Mengen hervorgehoben.

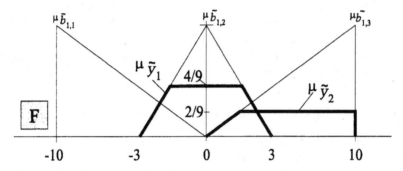

Abb. 3.35 Ausgabemengen der einzelnen Regeln

Im Beispiel des Stabbalancierbeispiels ist der Ausgaberaum eindimensional. Als t-Conorm wird der Maximumsoperator verwendet. Die fünf Zugehörigkeitsfunktionen, die konstant Null sind, sind damit irrelevant. Es gilt

$$\mu_{\tilde{y}_1}(y) = \max(\mu_{\tilde{y}_1}(y), \mu_{\tilde{y}_2}(y))$$

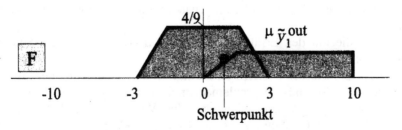

Abb. 3.36 Vereinigte Ausgabemenge mit Schwerpunkt

Abbildung 3.36 verdeutlicht die Zugehörigkeitsfunktion der Ausgabemenge durch die dunkle Einfärbung.

Jetzt liegt bereits eine Ausgabe vor, allerdings noch in Form einer Fuzzy-Menge. Je nach verwendeter Defuzzifizierungsmethode ergeben sich
unterschiedliche Werte:

- Die Maximum-Methode gibt einen Wert y aus, für den $\mu_{\tilde{y}_1} = \dfrac{4}{9}$ ist.

- Der Mittelwert der Maxima ist 0.

- Die Schwerpunkt-Methode liefert y $\approx$ 1.

3.7.2 Sugeno-Controller

Eine andere sehr weit verbreitete Variante für den Aufbau eines regelbasierten Fuzzy-Systems folgt dem Ansatz von Sugeno und Takagi in
(SUGENO 1985) und (SUGENO ET AL. 1985). Es handelt sich um eine
Modifikation der regelbasierten Fuzzy-Systeme nach Mamdani, die die
unter Umständen rechenaufwendige Defuzzifizierung überflüssig macht.

Zur Auswertung des THEN-Teils der Regeln wird hierbei nicht länger
eine Fuzzy-Menge bestimmt, sondern gleich ein scharfer Wert. Die Regeln
haben dann die Form

$$R_h: \text{IF } (x_1 = \tilde{A}_1) \text{ AND } \dots \text{ AND } (x_n = \tilde{A}_n) \text{ THEN } (y = f(x_1, \dots, x_n)).$$

Jede einzelne Regel liefert somit eine crispe Ausgabe.

Die Auswertung des IF-Teils erfolgt wie im vorherigen Abschnitt vorgestellt. Der Grad, zu dem die IF-Bedingung der Regel R_h erfüllt ist, sei
wieder mit $e_h \in [0, 1]$ bezeichnet.

Die Entscheidungslogik ermittelt zunächst für jede Regel den crispen
Ausgabewert. Die Gesamtausgabe y_j für den Ausgabeteilraum Y_j des Sugeno-Controllers ist gegeben durch:

$$y_j = \frac{\sum_{h=1}^{k} e_h f_h(x_1, \dots, x_n)}{\sum_{h=1}^{k} e_h}$$

wobei die Regeln R_h mit $h = 1, \dots, k$ genau alle Regeln mit Konklusionen in
Y_j seien.

Das ist die mit den Erfüllungsgraden der IF-Teile gewichtete Summe
der einzelnen Regelausgaben.

Der Nachteil dieses Systems ist die notwendige Festlegung der crispen
Funktionen f_h. Sie müssen problemabhängig immer wieder neu bestimmt
werden, wobei ein gewisses mathematisches Verständnis des Ein-/ Ausga-
beverhaltens des Gesamtsystems hilfreich ist. Der Einsatz dieses Typs
bietet sich daher nur unter bestimmten Rahmenbedingungen an.

4 Evolutionäre Algorithmen

4.1 Motivation

Die evolutionären Algorithmen (EA) orientieren sich am Vorbild des natürlichen Evolutionsprozesses. Dieser Prozeß, welcher vor allem durch die Arbeiten von Ch. Darwin bekannt wurde, setzt die Natur in die Lage, durch Manipulation des Erbgutes selbst komplexe Lebensformen und Organismen an ihre, sich teilweise kontinuierlich ändernden, Umwelt- und Lebensbedingungen anzupassen. Erstaunlich ist hierbei, daß dieser Prozeß auf dem Zusammenspiel einiger weniger und sehr einfacher Mechanismen beruht. Grundlage ist die Fortpflanzung der Individuen. Im Zuge der Fortpflanzung kommt es durch verschiedene Faktoren zu Veränderungen bzw. zur Vermischung des Erbgutes. Hierdurch entstehen dauernd unterschiedlich konkurrenzfähige Nachkommen. Diese stehen in permanentem Wettbewerb um Überleben und Fortpflanzung, wobei zwischen beiden ein enger Zusammenhang besteht: derjenige, der der Umwelt am besten angepaßt ist, ist stärker, verdrängt auch bei der Paarung den Schwächeren und gibt seine „besseren" Erbinformationen an die nächste Generation weiter.

Die Evolution ist somit eine Art von Suchprozeß im Raum der möglichen Erbanlagen. Ziel der Suche ist es, diejenigen Erbanlagen zu finden, die ein Individuum oder eine Art am besten dazu befähigen, sich im täglichen Kampf ums Dasein besser als andere zu bewähren. Betrachtet man einerseits die unvorstellbar große Anzahl von Alternativen, die die Evolution potentiell durchsuchen muß (man schätzt sie auf $10^{1.000.000.000}$) und anderseits die Perfektion, mit der die Evolution die Arten an ihre Umgebungen angepaßt hat, so zeigt sich hieraus die enorme Leistungs- bzw. Optimierungsfähigkeit des natürlichen Evolutionsprozesses. Wie bereits erwähnt, beruht dabei dieses Optimierungsverfahren auf lediglich drei einfachen Prinzipien: der Mutation des Erbgutes, der Rekombination der Erbinformation (Crossover) und der Selektion aufgrund der Lebensfähigkeit. Die erstaunliche Leistungsfähigkeit der Evolution beruht hierbei u. a. in einer geschickten Kombination von ungerichteten und gerichteten Suchprozessen.

Die Mutation ist eine zufällige Änderung des Erbgutes und damit eine ungerichteter Prozeß, dessen Sinn alleine in der Erzeugung von Alternativen und Varianten liegt. Durch die Mutation wird dem Problem des

Verharrens in lokalen Minima, wie es auch bei vielen künstlichen Neuronalen Netzen geschehen kann, begegnet.

Die Rekombination ist ein Zwitter zwischen gerichtetem und ungerichtetem Vorgehen. Bei ihr werden aus den beiden (vollständigen) Erbinformationen der Eltern Teilinformationen heraussortiert, gemischt und wieder zu einer (vollständigen) Erbinformation für die Nachkommen zusammengesetzt. Die Stellen, an denen eine Rekombination stattfindet, werden hierbei im Prinzip zufällig gewählt und bewirken somit eine zufällige Mischung des Erbgutes, d.h. dieser Teilprozeß der Rekombination ist ein ungerichtetes Vorgehen. Die Formulierung „im Prinzip" besagt jedoch, daß bei der Vermischung gewisse statistische Gesetzmäßigkeiten auftreten (Mendelsche Gesetze). So werden nahe beieinanderliegende und funktional verknüpfte Gengruppen seltener getrennt als weiter auseinander liegende, wodurch ein gewisses zielgerichtetes Vorgehen gewährleistet wird. Im Prinzip kann ein evolutionärer Algorithmus auch ohne Rekombination auskommen, in den meisten Fällen ist die Anwendung von Rekombination jedoch effizienter.

Die Selektion ist für die eigentliche Steuerung der Suchrichtung zuständig und ein streng zielgerichteter Prozeß. Sie legt fest, welche Phänotypen sich stärker vermehren und welche weniger stark, und bestimmt dadurch die grundlegende Ausprägung und Ausrichtung des Genoms seiner Art. Zwar ist sie prinzipiell deterministisch, jedoch unterliegt auch die Selektion gewissen Störungen. Diese bewirken, wenn auch in geringem Maße, einen gewissen Nichtdeterminismus. Wesentlich für diesen Prozeß ist hierbei ein Überschuß an Nachkommen. Die stochastischen Abweichungen unter den Nachkommen führen zu einer unterschiedlichen Tauglichkeit dieser Individuen im Überlebenskampf, welches auch als Fitneß bezeichnet wird. Hierbei wird die Qualität der Fitneß nicht nur durch die reine Überlebensfähigkeit bestimmt, sondern zusätzlich durch die Fähigkeit zur Erzeugung von (überlebensfähigen) Nachkommen im Vergleich zu den Artgenossen. Die aufgrund ihrer Eigenschaften besser den Umweltbedingungen angepaßten Mitglieder einer Population haben eine größere Chance, Nachkommen zu erzeugen und so ihre Erbanlagen weiterzugeben. Hierauf beruht die natürliche Auslese. Die Fitneß eines Individuums bestimmt sich somit aus der Kombination seiner Eigenschaften, d.h. jeder Kombination von Eigenschaften läßt sich ein zugehöriger Fitneßwert zuordnen. Trägt man nun jede Eigenschaft als Achse in einem Koordinatensystem ein und hat als zusätzliche Dimension die zugeordneten Fitneßwerte, so ergibt sich eine Fitneßoberfläche, analog zur Fehleroberfläche bei Künstlichen Neuronalen Netzen.

Die enorme Leistungsfähigkeit des natürlichen Evolutionsprozesses, verbunden mit der Einfachheit der Teilprozesse und der Möglichkeit des parallelen Suchens nach einer optimalen Lösung, haben schon frühzeitig

Wissenschaftler veranlaßt, die Prinzipien der Evolution als Muster für die Entwicklung von Programmen und Algorithmen vorzuschlagen. Aber erst ab der ersten Hälfte der sechziger Jahre entstanden unabhängig voneinander Forschungsgruppen, denen es erfolgreich gelang, die Prinzipien der Evolution nachzuahmen, um effiziente Optimierungsalgorithmen zu entwickeln. Hierbei haben sich unterschiedliche Varianten gebildet. Wie aus Abb. 4.1 ersichtlich, handelt es sich hierbei um

– Genetische Algorithmen (GA)
– Genetische Programmierung (GP)
– Evolutionstrategien (ES)
– Evolutionäre Programmierung (EP)

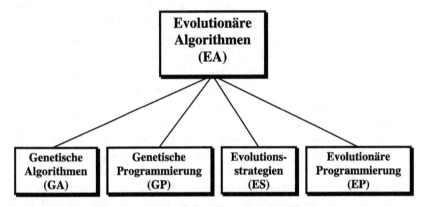

Abb. 4.1 Unterschiedliche Ausprägungsformen von Evolutionären Algorithmen

Die einzelnen Varianten unterscheiden sich hauptsächlich in der Modellierung von Details und der Repräsentation der Art und Weise, wie die Individuen einer Population mutiert und jeweils untereinander rekombiniert und selektiert werden. Alle vier bilden auf abstrakter Ebene die natürliche Evolution ab, aber sie imitieren das Evolutionsgeschehen auf unterschiedlichen Abstraktionsebenen.

4.2 Geschichtliche Entwicklung

4.2.1 Die historische Entwicklung der Evolutionstheorie

Als Vater der Evolutionstheorie gilt Ch. Darwin. Dennoch war er nicht der erste, der eine entsprechende Theorie entwickelte. Seit der Antike hatte sich zunächst der Gedanke von unwandelbaren Arten etabliert. Dieser Gedanke entsprach der Alltagserfahrung, denn auf Grund der relativen Kürze der Lebenszeit nehmen wir die Veränderung der Arten de facto nicht wahr. Konnte wirklich einmal eine Veränderung beobachtet werden, so wurde sie als Unglücksfall in der Natur angesehen. Man sprach von „kranken" Individuen oder von „Mißgeburten". Auch die aufgefundenen Fossilien, die eigentlich Hinweise auf unbekannte frühere Arten liefern, wurden als derartige Zufälle abgetan.

Dennoch waren es die Fossilien, die erstmalig Zweifel an dieser Theorie aufkommen ließen. So finden sich erstmalig bei Leonardo da Vinci (1452–1549) Vermutungen, saß es sich bei ihnen um Vertreter ausgestorbener Arten handelt. Der französische Naturforscher Georges Baron de Cuvier (1769–1852), der als einer der Begründer der modernen Paläontologie gilt, entwickelte auf Grund seiner Untersuchungen an Fossilien die Theorie, daß Arten sowohl neu entstehen als auch aussterben können. Für das Aussterben machte er Naturkatastrophen verantwortlich. Damit setzte er sich im Gegensatz zur bisherigen anerkannten Meinung, daß alle Arten bei der Schöpfung entstanden. Das Hauptproblem seiner These war, daß er den Vorgang zur Bildung einer neuen Art nach einer Katastrophe nur schwer erklären konnte. Den Gedanken an eine kontinuierliche Weiterentwicklung im Sinne einer evolutionären Prozesses lehnte er strikt ab.

Es war ein Landsmann und Zeitgenosse von ihm, der diese These erstmalig entwickelte. Jean Baptiste de Langmarck (1744–1829) begründete 1809 in seiner Abhandlung „philosophie zoologique" erstmalig eine in sich geschlossene und fundierte Abstammungstheorie. Auf Grund seiner Beobachtungen, daß viele Arten sehr viele Gemeinsamkeiten haben, aber gleichzeitig individuelle Besonderheiten aufweisen, durch die sie optimal ihren individuellen Lebensräumen angepaßt sind, vertrat er die Auffassung, daß Lebewesen eine Fähigkeit zur Höherentwicklung besitzen. Er entwickelte folglich eine Theorie der Vererbung erworbener Eigenschaften. Nach dieser Theorie können Lebewesen während ihres Lebens ihre Organe und Fähigkeiten auf Grund unterschiedlicher Inanspruchnahme bis zu einem gewissen Grad verändern. Wenig gebrauchte Organe bilden sich zurück, viel gebrauchte entwickeln sich weiter. Hierdurch entsteht eine schrittweise Anpassung der Arten an die gegebenen Umwelt- und Lebensbedingungen.

Zwischen Cuvier und Langmarck entstand ein heftiger wissenschaftlicher Streit, der in der gesamten naturwissenschaftlichen Welt weite Kreise zog und zu langen Diskussionen führte. Man muß sich vor Augen führen, daß die Evolutionstheorie das gesamte damalige philosophische Weltbild in Frage stellte. Im Rahmen dieser Diskussionen entstand eine Reihe von Abhandlungen, die nachweislich Darwin beeinflußt haben. Hierzu gehören der Geologe Lyell (1797–1875), der ein Anhänger der Theorien von Cuvier war und anstelle von spontanen Katastrophen langzeitliche Einwirkungen als Ursachen annahm. Er selbst postulierte seine Vorstellungen vor allem im Zusammenhang mit geologischen Veränderungen. Darwin übertrug seine

Ideen auf die Biologie. Daneben sind vor allem die Arbeiten von Alfred Russel Wallace (1825–1913) zu nennen. In seinem Artikel „Über das Gesetz, welches die Einführung neuer Arten reguliert" formulierte er 1855 viele Grundthesen der Evolutionstheorie. Darwin selbst benennt im Vorwort zur deutschen Ausgabe seines Buches „On the Origin of Species" über zwei Dutzend Autoren, die Teile seiner Theorien bereits lange vor ihm formuliert haben.

Es war vor allem die damalige gesellschaftliche Situation mit dem Erstarken des Bürgertums, welches den überragenden Erfolg von dem 1859 erschienen Werk von Darwin „On the Origin of Species by Means of Natured Selection" erklärt und nicht die oft vertretene Ansicht, daß die in diesem Werk vertretene These „Der Mensch stamme vom Affen ab" zu seinem großen Erfolg beigetragen habe. Hiervon ist in seinem Buch praktisch nie die Rede. Erst später, z.B. in dem 1871 erschienen Werk „The Decent of Men", ging er auf die Entwicklungsgeschichte des Menschen ein. Da er jedoch zwischen den einzelnen Lebewesen keinen Unterschied machte, ergab sich jedoch die Übertragung seiner Theorie auf den Menschen zwangsweise. Die erste Ausgabe seines Buches war bereits nach Tagen ausverkauft. Innerhalb der nächsten drei Monate mußten drei weitere Auflagen gedruckt werden. Sein Verdienst ist es, die Evolution als einen stufenweisen Prozeß erkannt zu haben, in dessen Zentrum das Wechselspiel zwischen Mutation und Selektion stehen.

Die Gesetzmäßigkeiten, denen die Vererbung unterliegt, wurden von dem Augustinerabt Gregor Johann Mendel (1822–1884) erforscht. Als Botaniker untersuchte er empirisch die Vererbungsregeln an Hand von Kreuzungsversuchen mit Erbsen. In seinem Werk „Untersuchungen über Pflanzenhybride" postulierte er 1865 seine Ergebnisse in drei nach ihm benannten Gesetzen: dem Uniformitätsgesetz, dem Spaltungsgesetz und dem Rekombinationsgesetz, und schuf damit die Grundlagen der modernen Genetik.

Das Uniformitätsgesetz besagt, daß bei der Kreuzung zweier Vorfahren, die sich in gewissen Merkmalen unterscheiden, nur einheitlich (uniform) aussehende Nachkommen in der ersten Nachfolgegeneration auftreten.

Das Spaltungsgesetz besagt, daß bei der Kreuzung der ersten Nachfolgegeneration untereinander anschließend in der zweiten Nachfolgegeneration eine Aufspaltung der Merkmalsausbildung auftritt, d.h. die Individuen der zweiten Filialgeneration sind nicht mehr uniform.

Das Rekombinationsgesetz besagt, daß sich bei mehreren Unterscheidungsmerkmalen bei den Vorfahren die einzelnen Merkmalspaare unabhängig voneinander aufgespalten und in der zweiten Nachfolgegeneration frei miteinander rekombiniert werden können. Damit kann zumindest prinzipiell das Erbgut in allen möglichen Kombinationen neu zusammengestellt werden.

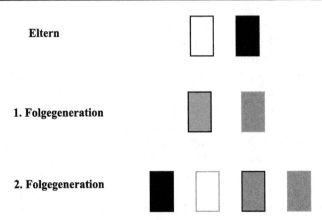

Abb. 4.2 Beispiel für die Mendelsche Gesetze

Diese Gesetze sind in Abb. 4.2 an Hand eines Beispiels erläutert. Der eine Elternteil besitzt die Ausprägung „weiß", der andere Elternteil die Ausprägung „schwarz". In der ersten Nachfolgegeneration sind alle Nachkommen „grau". In der zweiten Nachfolgegeneration gibt es „schwarze", „weiße" und „graue" Nachkommen.

4.2.2 Die Entwicklung der Evolutionären Algorithmen

Die systematische Umsetzung der Prinzipien der Evolutionstheorie in computergesteuerte Optimierungssysteme erfolgte zunächst ab Mitte der sechziger Jahre vollkommen unabhängig voneinander an verschiedenen Stellen.

Einer der Schwerpunkte war Berlin. An der TU Berlin waren es vor allem die Arbeiten von Ingo Rechenberg und Hans-Paul Schwefel, die an der Optimierung des Strömungswiderstandes bei verschiedenen Körperformen arbeiteten. Hieraus entstand später die Richtung der Evolutionsstrategien (ES). So gelang es Schwefel 1968 eine nach dem magnetohydrodynamischen Prinzip arbeitende Düse für Raumfahrzeuge mittels Evolutionsstrategien um ca. 20% in ihrem Wirkungsgrad gegenüber einer mittels konventioneller Methoden konstruierten Düse zu verbessern. Ähnliche Ergebnisse gelangen beiden Forschern bei der Optimierung von Rohrkrümmern, pneumatischen Reglern usw.

Eine Arbeitsgruppe am Institut für Thermodynamik an der TU Berlin unter Leitung von W. Körner untersuchte 1972 das Verhalten von Wärmeübergängen bei querangeströmten Kühlrippen. Als Ausgangsformen wurden ebene Rippen verwendet. Im Laufe der Evolutionsexperimente entwickelte sich diese Form langsam zu einer löffelähnlichen Form, die einen über 97% höheren Wärmeübergangskoeffizienten als die Ausgangsform hatte.

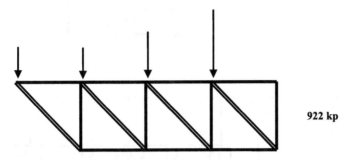

Abb. 4.3 Stabtragwerk konstruiert mit klassischen Methoden

Am Institut für Luft- und Raumfahrttechnik der TU Berlin arbeitete zu gleichen Zeit eine andere Gruppe an dem Entwurf eines gewichtsminimalen Stabtragwerks. Ziel war es, ein Stabtragwerk mit sechs Knotenpunkten und einem minimalen Gewicht zu finden. Die mit klassischen Methoden entwickelte Lösung zeigt Abb. 4.3. Sie hatte ein Gewicht von 922 kp.

Das mit Hilfe von Evolutionsstrategien gefunden Stabtragwerk zeigt Abb. 4.4. Es hatte ein Gewicht von nur 738 kp und war damit um rund 200 kp leichter.

Im Jahre 1975 erschien das Buch „Adaption in Natural and Artificial System" des Amerikaners H. Holland. Sein Interesse galt der Anwendung von Evolutionären Algorithmen in den Bereichen der künstlichen Intelligenz, des maschinellen Lernens bzw. der Ökonomie. Hieraus entstand die Richtung der Genetischen Algorithmen (GA). Als erster gebrauchte diesen Begriff jedoch J. D. Bagley von der University of Michigan in seiner 1967 erschienen Dissertation, die sich mit der Programmierung von Schachproblemen beschäftigte. J. R. Koza entwickelte Varianten der Genetischen Algorithmen, aus denen später die Richtung der Genetischen Programmierung (GP) entstand.

Inzwischen haben Evolutionäre Algorithmen ein breites Anwendungsspektrum gefunden, wobei allerdings Optimierungsprobleme im Vordergrund stehen. Neuerdings werden sie auch erfolgreich in der Kombination

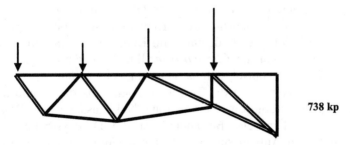

Abb. 4.4 Stabtragwerk konstruiert mit Evolutionsstrategien

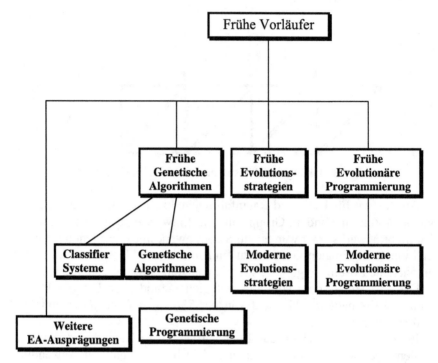

Abb. 4.5 Entwicklung und Ausprägungen innerhalb der Evolutionären Algorithmen

mit anderen Gebieten des Soft-Computing eingesetzt. Die Entwicklungs-geschichte und die einzelnen Ausprägungen zeigt Abb. 4.5 in einer gegen-über Abb. 4.1 etwas detaillierten Form.

4.3 Biologische Grundlagen

Bereits in Kap. 1 wurde der prinzipielle Aufbau von Nervenzellen be-schrieben. Dort standen jedoch der Informationsfluß innerhalb einer Zelle und der Informationsaustausch zwischen zwei Zellen im Vordergrund und damit die Vorgänge im Axon und an den Dendriten. Für die Vererbungs-vorgänge und die Mechanismen der Evolution ist jedoch der Zellkern (Nucleus) von besonderer Bedeutung. Im Kernplasma (Karyoplasma) des Nucleus befinden sich die *Chromosome*. Ihr Name rührt daher, daß sie durch Färben mikroskopisch sichtbar gemacht werden können.

Diese Chromosome sind die Träger der Gene, die die Erbinformation beinhalten. Die Chromosome bestehen aus Nukleinsäuren und Proteinen. Der wichtigste chemische Bestandteil ist die Desoxyribonukleinsäure (DNS). An ihrem Aufbau sind vier Basen beteiligt. Es handelt sich um

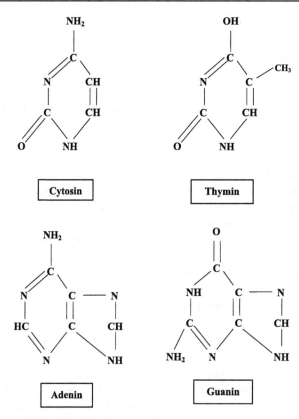

Abb. 4.6 Chemische Struktur der Basen der DNS

Aderin, Guanin, Cytosin und *Thymin*, die üblicherweise mit A, G, C und T abgekürzt werden. Ihre chemische Struktur zeigt Abb. 4.6.

Während der Zellteilung verdrillen sich die Chromosome zu einer längs-verdrillten „Strickleiter", der sogenannten *Helix*. Die „Stufen" bestehen hierbei aus Wasserstoffbrücken. Die Reihenfolge der Basen in der DNS ist wichtig, denn durch die Basensequenzen der DNS und durch die Anzahl der Basen wird der Informationsgehalt der Gene und damit die vollständige genetische Information codiert. Der Informationsgehalt der genetischen Information ist unglaublich groß, da er den kompletten „Bauplan" für ein Individuum enthält.

Eine der besonders wichtigen Bauanleitung ist die Information zur Herstellung von *Einweißen* bzw. *Proteinen*, da sie die Basis für höhere Lebewesen sind. Die Bausteine zur Herstellung von Eiweißen sind die *Aminosäuren*. Für die Eiweißsynthese im menschliche Körper werden 20 verschiedene Aminosäuren benötigt, wovon zwölf vom Organismus selbst aufgebaut werden können, während die verbleibenden acht dem Organismus mit der Nahrung zugeführt werden. Die Aminosäuren bilden über die sogenannten Peptidbildungen (-CO-NH-) Riesenmoleküle, die Eiweiße. Die Basensequenzen der DNS entsprechen nun einer bestimmten Reihenfolge der Aminosäuren im Eiweißmolekül.

Da nur die oben aufgeführten vier Basenbausteine existieren, andererseits aber die Eiweiße bzw. Proteine aus 20 Aminosäuren aufgebaut sein können, müssen jeweils mehrere Basen, also eine Basensequenz, eine Aminosäure codieren. Dies geschieht durch Dreiercodierung (Triplets). Da es somit $4^3 = 64$ mögliche Kombinationen gibt, aber nur 20 Aminosäuren codiert werden müssen, wird jede Aminosäure durch mehrer unterschiedliche Triplets codiert. Der Grund für diese Redundanz ist noch nicht bekannt.

Die Chromosome des Zellkerns vermehren sich ausschließlich durch Teilung. Durch die Zellteilung wird das Erbgut über die Chromosome auf die entstehenden Tocherzellen verteilt, so daß alle Tochterzellen wieder die vollständige Erbinformation erhalten. Man unterscheidet zwei Arten von Teilungsprozessen:

Die Regeneration bei Verletzungen und die Entwicklung eines vielzelligen Organismus aus einer einzigen befruchteten Eizelle beruht auf der *Mitose*. Sie ist eine erbgleiche Zell- und Kernteilung. Die Tochterzellen haben identisches Erbgut mit der Ausgangszelle. Daher müssen in einer Vorphase vor der eigentlichen Teilung zunächst die Chromosome verdoppelt werden.

Die *Meiose* ist im Gegensatz zur ungeschlechtlichen Zellteilung durch die Mitose eine geschlechtliche Teilung. Bei ihr werden die Chromosome durch das sogenannte *crossing-over* miteinander rekombiniert und dann auf die einzelnen Keimzellen verteilt. Es erfolgt hierbei also eine Vermischung des Erbgutes. Ferner wird hierbei die Anzahl der Chromosome halbiert.

Die Halbierung der Anzahl der Chromosome bei der Meiose ist notwendig, da sich sonst die Chromosomenzahl bei der sexuellen Fortpflanzung verdoppeln würde. Sowohl alle Körperzellen, als auch die befruchtete Eizelle besitzen üblicherweise einen doppelten Chromosomensatz. Man sagt, sie sind *diploid*. Die bei der Meiose entstehenden Geschlechtszellen (Gameten) besitzen dagegen nur einen einfachen Chromosomensatz. Sie sind *haploid*.

Wie oben beschrieben sind *Gene* bestimmte Abschnitte der DNS, die eine „Bauvorschrift" enthalten. Dies ist allerdings nur eine sehr grobe Sichtweise. Gene besitzen nicht unbedingt immer eine direkt zusammenhängende Substruktur der DNS, sondern können zerstückelt sein. Ferner können sie auch überlappend auftreten. Ein weiteres Phänomen ist, daß zwar alle Körperzellen die gleichen Gene besitzen, aber in jeder Zelle unterschiedliche Gene aktiv sind. Die übrigen Gene sind hierbei inaktiv. Hierdurch erklärt sich das unterschiedliche Verhalten der einzelnen Zellen. Die genauen Ursachen, die zur Aktivierung bzw. Inaktivierung von Genen führen, sind noch nicht ganz geklärt.

Die Gesamtheit der Gene eines Lebewesens bezeichnet man als *Genotyp*, das konkrete Erscheinungsbild eines Lebewesens dagegen als *Phänotyp*. Ein Gen kann unterschiedliche Ausprägungen besitzen. So kann z.b. das Gen, welches die Haarfarbe bestimmt, als dunkel oder blond ausgeprägt sein. Diese Ausprägung nennt man *Allele*. Allerdings ist die Gleichung „ein Gen = eine phänotypische Eigenschaft" nicht korrekt. Eine phänotypische Eigenschaft eines Organismus kann durch das Zusammenwirken von mehreren Genen bedingt werden und umgekehrt kann ein einzelnes Gen bereits mehrere phänotypische Eigenschaften bestimmen.

Für den evolutionären Prozeß sind nun die Veränderungen der Gene relevant. Die geschieht z.b. bei jeder Meiose durch das crossing-over. Eine weitere Möglichkeit besteht durch eine Mutation. Hierbei handelt es sich um Chromosomenmutationen, Genommutationen oder um Genmutationen. Bei Chromosomenmutationen, auch Chromosomenaberrationen genannt, handelt es sich um strukturelle Veränderungen der gesamten Chromosomen. Dies kann z.b. der Verlust oder die Verdoppelung von Teilstücken sein. Bei den Genommutationen wird die Anzahl einzelner Chromosome oder ganzer Chromosome gegenüber der normalen Anzahl der Chromosome eines Individuums verändert. Bei Genmutationen handelt es sich um Veränderungen der Basensequenzen der DNS. Die Mutationshäufigkeit ist relativ gering. Man schätzt sie bei höheren Lebewesen auf eine Mutation auf 10^5 bis 10^9 Gene. Ursachen für Mutationen sind äußere und innere Einflüsse, z.b. UV-Strahlen, Nitrite usw.

4.4 Grundprinzipien

Wenn sich auch die verschiedenen Ausprägungen der Evolutionären Algorithmen zunächst relativ unabhängig voneinander entwickelten, so besitzen sie auf Grund ihres gemeinsamen Vorbildes doch sehr viele Gemeinsamkeiten.

Hierzu gehört u. a. die Terminologie, die sich durch ihre Orientierung am biologischen Vorbild auszeichnet, und sich daher von der sonstigen Terminologie innerhalb des Soft-Computing unterscheidet. Leider ist diese Terminologie nicht ganz einheitlich, so daß einige Synonyme existieren.

Grundlage ist die Lösung des gegebenen Problems. Innerhalb der Evolutionären Algorithmen wird sie definiert durch:

Definition 4.1 (*Individuum*)
Ein Individuum ist ein Repräsentant einer Lösung, die in einer geeigneten Codierung vorliegt.

Anstelle des Begriffs Individuum findet man auch die Begriffe *Lösung, Struktur* bzw. *Chromosom*. Mathematisch gesehen repräsentiert ein Individuum einen Punkt im Suchraum, in dem das Optimum bestimmt werden soll. Vor allem im Zusammenhang mit Genetischen Algorithmen ist anstelle des Begriffs Individuum auch der Begriff Chromosom gebräuchlich.

Definition 4.2 (*Population*)
Unter einer Population versteht man eine Menge von Individuen.

Da die Vererbung bereits erworbener Eigenschaften ein wesentlicher Bestandteil von Evolutionären Algorithmen ist, gilt ferner:

Definition 4.3 (*Eltern*)
Unter Eltern versteht man die aus der Population zur Reproduktion ausgewählten Individuen. Anstelle des Begriffs Eltern findet man auch den Begriff *Vorfahren*.

Definition 4.4 (*Nachkommen*)
Die aus den Eltern auf der Basis von genetischen Operationen entstehenden Individuen heißen Nachkommen. Anstelle des Begriffes Nachkommen spricht man auch von *Kindern*.

Die Erzeugung von Nachkommen beruht gemäß Def. 4.5 auf der Anwendung von genetischen Operationen.

Definition 4.5 (*Genetische Operation*)
Unter einer Genetischen Operation versteht man die Auswahl eines neuen Punktes des Suchraums in Abhängigkeit von der Position des oder der Vorfahren.

Die genetischen Operationen zur Erzeugung von Nachkommen lassen sich in zwei Klassen einteilen:

Definition 4.6 (*Crossover*)
Crossover ist ein genetischer Operator, der bei der Erzeugung von Nachkommen die Merkmale der Eltern vermischt.

Definition 4.7 (*Mutation*)
Mutation ist ein genetischer Operator, der Nachkommen durch Veränderung eines einzelnen Individuums erzeugt.

Die Basis für die Selektion bildet die Fitneßfunktion, durch die die Überlebensfähigkeit eines Individuums bestimmt wird:

Definition 4.8 (*Fitneß*)
Unter dem Begriff Fitneß bezeichnet man die Übereinstimmung eines Individuums mit einer gegebenen Menge von Eigenschaften.

Der Fitneßwert ist ein Kennwert, der die Güte einer speziellen Lösung zu einem Optimierungsproblem beschreibt. Ziel der Optimierung ist es, eine Lösung mit einem möglichst guten Fitneßwert zu finden.
In der Tabelle 4.1 sind diese Begriffe mit ihrer Bedeutung und die zugehörigen Synonymen noch einmal zusammengefaßt.

Tab. 4.1 Zusammenfassung der wichtigsten Begriffe

Begriff	*Bedeutung*	*Synonym*
Individuum	Repräsentant einer Lösung	Struktur, Lösung, Chromosom
Population	Menge von Lösungen	
Eltern	Zur Reproduktion aus der Population ausgewählte Individuen	Vorfahren
Nachkommen	Aus den Eltern durch Reproduktion erstandene Individuen	Kinder
Genetische Operationen	Verfahren zur Reproduktion (Modifikation)	
Crossover	Genetische Operator, der Elemente verschiedener Eltern vermischt	Rekombination
Mutation	Genetischer Operator, der jeweils ein Individuum modifiziert	
Fitneß	Lösungsgüte bezogen auf die Ziele	Güte, Qualität, Bewertung
Generation	Im Verlaufe eines Verfahrensschrittes entstehende Population	

Das Grundschema der Vorgehensweise bei Evolutionären Algorithmen ist bei allen Ausprägungen ziemlich identisch. Die Unterschiede liegen mehr in den Details, vor allem in den gewählten Datenstrukturen zur Repräsentation der Lösungen bzw. in der Realisierung des Evolutionszyklus. Das Grundschema besteht aus drei Phasen:

1. *Initiierung*
   Zunächst muß eine geeignete Codierung der Individuen (Lösungen) und die Form der Bestimmungen der Fitneßwerte festgelegt werden. Die Codierung kann mit Hilfe von binären oder reellwertigen Zeichenreihen (strings), Vektorformen oder über Baumstrukturen erfolgen. Oft repräsentiert ein Teilabschnitt des Codes eine spezielle Eigenschaft der Lösung. Betrachtet man z.B. das in Kap. 2.5 beschriebene Problem des Handlungsreisenden, so repräsentiert die Codierung einer möglichen Lösung eine Rundreise. Die speziellen Eigenschaften sind hierbei

Ortsname, Reihenfolge und ggf. Entfernung zu den Nachbarorten. Diese speziellen Eigenschaften werden als Parameter oder Entscheidungsvariablenbezeichnet.

Danach muß die Fitneßfunktion festgelegt werden. Üblicherweise ist dies eine Funktion, die von allen codierten Parametern abhängig ist. Allerdings existieren auch Problemstellungen, bei denen die Fitneß eines Individuums nicht einfach als Funktion seiner Parameter berechenbar, sondern nur durch Beobachtung der Verhaltensweise des Individuums über einen längeren Zeitraum bestimmbar ist. In diesem Fall muß der Fitneßwert entweder experimentell oder durch Simulation bestimmt werden.

Ferner muß eine Startpopulation festgelegt werden. Hierzu werden eine bestimmte Anzahl von Individuen aus dem Suchraum zufällig oder in Kombination mit verschiedenen Kriterien bestimmt. Letzteres ist vor allem dann sinnvoll, wenn Vorwissen über die Eigenschaften von ausreichend guten Lösungen vorhanden ist. In diesem Fall verwendet man bekannte Partiallösungen des Problems als Startpopulation. Die Startpopulation (Anfangspopulation) sollte aus möglichst unterschiedlichen Individuen bestehen. Den Grad der Verschiedenheit bezeichnet man als *Diversität*.

2. *Evolutionszyklus*

    Der Evolutionszyklus simuliert das Entstehen genetisch neuer Arten und das Aussterben alter Individuen, deren Fitneß zum Überleben zu schlecht ist. Es gibt zwei grundsätzlich unterschiedliche Ansätze: Entweder wird gleichzeitig die komplette Population durch eine neue ausgetauscht (*generationsbasierter Ansatz*) oder es wird eine kleine Teilpopulation betrachtet und innerhalb dieser werden Individuen ersetzt (*steady-state-Ansatz*). Mittels Selektion werden Individuen ausgewählt, die – je nach Algorithmus – entweder in der Population bleiben und/oder zur Erzeugung neuer Individuen verwendet werden. Es gibt verschieden Selektionsverfahren. Die Gemeinsamkeit aller Verfahren ist die Verwendung der Individuenfitneß als Selektionskriterium. Nach der Selektion werden die ausgewählten Individuen verändert. Die geschieht mit Hilfe der genetischen Operatoren. Diese können entweder ein einzelnes Individuen verändern (Mutation) oder aus zwei Individuen ein neues erstellen (Crossover).

3. *Abbruchkriterium*

    Das Wechselspiel aus der Anwendung genetischer Operatoren und die Bevorzugung der besten Lösungen durch die Selektion führen im Verlaufe vieler sukzessiver Generationen zu immer besseren Lösungsvorschlägen. Dieser Prozeß wird solange fortgesetzt, bis ein Abbruchkriterium erfüllt ist. Dieses Abbruchkriterium muß bereits in der Initialisierung festgelegt werden.

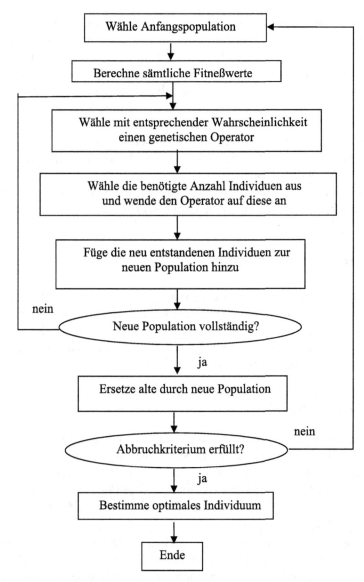

Abb. 4.7 Allgemeines Ablaufschema für Evolutionäre Algorithmen

Das allgemeine Ablaufschema bei Evolutionären Algorithmen zeigt Abb. 4.7.

Die einzelnen Ausprägungen der Evolutionären Algorithmen unterscheiden sich vor allem in der Ausgestaltung der Selektion, der Codierung sowie der genetischen Operationen. Auf die einzelnen Ausprägungen wird in den folgenden Kapiteln näher eingegangen. Grundsätzlich läßt sich bezüglich der einzelnen Ausprägungen als Charakteristiken festhalten:

–   Genetische Algorithmen benutzen überwiegend eine binäre Codierung. Die Selektion erfolgt stochastisch, so daß auch Individuen mit einer schlechten Fitneß eine gewisse Chance zur Reproduktion besitzen.

–   Genetische Programmierung ist eine Variante der Genetischen Algorithmen. Bei ihr repräsentieren die Individuen Programme. Entsprechend muß die Codierung nicht binär gewählt werden, sondern sie orientiert sich an Syntaxbäumen.

–   Evolutionsstrategien verwenden als Codierung einen Vektor bestehend aus reellen Zahlen. Die Selektion erfolgt deterministisch, d.h. nur die besten Individuen überleben.

–   Evolutionäre Programmierung ist eine Variante der Evolutionsstrategien. Hier wird jedoch mit einer stochastischen Form der Selektion gearbeitet.

4.5 Genetische Algorithmen

Genetische Algorithmen (GA) gehen auf Arbeiten von John Holland zurück. Sie sind diejenige Ausprägung der Evolutionären Algorithmen, die in der Praxis am häufigsten angewandt werden. Inzwischen hat sich aus dem Holland'schen Grundkonzept eine Reihe von Varianten entwickelt, auf die jedoch im Detail nicht näher eingegangen wird.

4.5.1 Codierung

Die Genetischen Algorithmen arbeiten mit einer binären Codierung, d.h. im Regelfall ist ein Individuum ein String bestehend aus Nullen und Einsen. Anstelle des Begriffs Individuum wird bei den GAs meistens der Begriff *Chromosom* verwendet. Die i-te Position eines Chromosoms $\vec{x} = <x_1,\ldots,x_i,\ldots,x_n>$ heißt das i-te *Gen* des Chromosoms. Der jeweilige Wert eines Gens heißt *Allel*.

Die Gene entsprechen somit den Variablen, d.h. den speziellen Eigenschaften der Lösung. Da der Informationsgehalt eines einzelnen Bits sehr gering ist, repräsentieren meistens mehrere Bits, d.h. eine Teilsequenz des Chromosoms, eine derartige spezielle Eigenschaft. Eine derartige Teilsequenz nennt man auch *Segment*. Bei einigen Autoren werden diese Segmente auch mit dem Begriff Gen bezeichnet.

Beispiel 4.1
Gegeben sei das Chromosom

$$\vec{x} = <1,1,0,0,1,0,0>.$$

Das erste, zweite und fünfte Gen haben das Allel „1", das dritte, vierte, sechste und siebte Gen haben das Allel „0".

Beispiel 4.2
Eine Lösung besitzt zwei Variablen y_1 und y_2. Zur Codierung von y_1 werden drei Bits und zur Codierung von y_2 wird ein Bit benötigt. Dann existieren zwei Darstellungsformen für ein zugehöriges Chromosom. Seien $\vec{y}_1 = \, <1,0,1>$ und $\vec{y}_2 = 0$. Dann läßt sich das Chromosom $\vec{x} = \, < \vec{y}_1, \vec{y}_2 >$ entweder darstellen durch

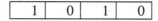

oder durch

$$<<1,0,1,>,0>.$$

In diesem Fall ist es sinnvoll, von den Genen $\vec{y}_1$ und $\vec{y}_2$ zu reden, wobei das Allel von $\vec{y}_1$ der Vektor $<1,0,1>$ ist und das Allel von $\vec{y}_2$ das Bit 0 ist.

Ein Chromosom besteht somit aus der Aneinanderreihung von binär codierten Variablen der Lösung. Jeder Variablen sind eindeutig eine feste Länge und eine Position innerhalb des Gesamtstrings zugeordnet. Da der Gesamtstring endlich sein muß, darf jede Variable nur eine endliche Anzahl an Werten annehmen.

Die aus einem Chromosom durch Decodierung erzeugte Lösung heißt *Phänotyp*. Damit eine Decodierung überhaupt erfolgen kann, dürfen die genetischen Operatoren bei ihrer Anwendung die Länge und die Position von Teilsequenzen, die eine Variable repräsentieren, nicht verändern. Daher ist in vielen Fällen die zweite Darstellungsform aus Bsp. 4.2 vorteilhafter, da die Teilsequenzen einfacher zu erkennen sind und nicht durch „Abzählen" bestimmt werden müssen.

Durch die Beschränkung auf eine endliche Länge können Lösungen oft nur mit beschränkter Genauigkeit dargestellt werden. Diese Problematik zeigt Bsp. 4.3 anhand von reellen Zahlen.

Beispiel 4.3
Eine Variable y kann kontinuierliche Werte aus dem Bereich $-1 \le y \le 2, y \in I\!R$ annehmen. Wegen der Notwendigkeit einer endlichen Darstellung muß zunächst die benötigte Genauigkeit festgelegt werden. Unter der Annahme, daß die erste Dezimalstelle nach dem Komma ausreicht, erhält man eine Einteilung von y in 30 Intervalle der Länge 0,1. Es werden zur Codierung von y somit 5 Bits benötigt.

Wurde früher hauptsächlich mit direkter binärer Codierung gearbeitet, so verwendet man heute im allgemeinen eine Gray-Codierung. Der Vorteil der Gray-Codierung liegt darin, daß der Hamming-Abstand zweiter benachbarter Codewörter stets 1 ist.

Definition 4.9 (*Hamming-Abstand*)
Unter dem Hamming-Abstand zweier Codewörter versteht man die Anzahl der Bits, an denen sich diese beiden Codewörter unterscheiden.

Die Tabelle 4.2 enthält eine Gegenüberstellung der Codierung der Ziffern 0 bis 9 im direkten Code und im Gray-Code, sowie den Hamming-Abstand zwischen zwei aufeinanderfolgenden Ziffern k und k-1.

Tabelle 4.2 Direkter Code und Gray-Code

Ziffer k	Direkte Codierung	Hamming-Abstand (k, k-1)	Gray-Codierung	Hamming-Abstand (k, k-1)
0	0000	-	0000	-
1	0001	1	0001	1
2	0010	2	0011	1
3	0011	1	0010	1
4	0100	3	0110	1
5	0101	1	0111	1
6	0110	2	0101	1
7	0111	1	0100	1
8	1000	4	1100	1
9	1001	1	1101	1

Man sieht, daß bei der direkten Codierung bei jedem Übergang von einer Zahl vor einer Zweier-Potenz zu der Zweier-Potenz alle Bits verändert werden. So werden beim Übergang von 7 zur 8 genau 4 Bits verändert. Betrachtet man die benachbarten Zahlen

$$1023 = 01111111111$$

und

$$1024 = 2^{10} = 10000000000$$

so unterscheiden sich diese benachbarten Zahlen nach ihrer Codierung an 11 Stellen. Dieser Effekt tritt bei jeder Zweierpotenz 2^n auf und wird mit der Größe von n immer drastischer. Er kann sich bei Genetischen Algorithmen sehr negativ auswirken. Nimmt man an, daß das gesuchte Optimum genau bei 1024 liegt und geht man ferner davon aus, daß man bereits den Wert 1023 erreicht hat, so ist davon auszugehen, daß jede Anwendung einer genetischen Operation zu einer Verschlechterung der bereits gefundenen Lösung führen wird. Dies liegt daran, daß die Wahrscheinlichkeit, daß durch eine genetische Operation alle Bits geändert werden, sehr gering ist. Damit zusammenhängend existiert noch ein weiteres Problem bei der direkten Codierung, die Decodierung einer n-stelligen Binärzahl $< x_1, ..., x_n >$ erfolgt im direkten Code gemäß

$$x = x_1 \cdot 2^{n-1} + ... + x_n \cdot 2^o .$$

Wird durch die Anwendung einer genetischen Operation x_n geändert, so unterscheidet sich die neu entstandene Zahl nur geringfügig (genauer um genau „1") von der ursprünglichen Zahl. Bei jeder Änderung eines Bits, welches weiter „links" steht, wird der Abstand zur ursprünglichen Zahl größer. Im Extremfall, wenn x_1 geändert wird, ändert sich der Wert um den Faktor 2^{n-1}. Um diesen Effekt zu kompensieren, muß bei Genetischen Algorithmen oft mit Mutationen gearbeitet werden, bei denen die Mutationswahrscheinlichkeit eine Funktion der Position der einzelnen Gene ist. Auch dieser Effekt spricht für die Verwendung des Gray-Codes.

Neben der binären Codierung werden allerdings auch andere Repräsentationsformen wie reellwertige Vektoren, Matrizen oder Baumstrukturen eingesetzt. Sie erfordern aber entsprechend abgeänderte genetische Operationen. Grundsätzlich ist jedoch festzuhalten, daß die Form der Codierung für der Erfolg oder Mißerfolg einer Verfahrens entscheidend sein kann.

4.5.2 Fitneß-Funktion

Die Fitneß-Funktion mißt, wie nahe ein Chromosom dem gesuchten optimalen Wert ist. Sie ist ein Maß für die Güte eines Chromosoms und wird anwendungsabhängig definiert.

Es ist jedoch zu beachten, daß die Fitneß eines Chromosoms nur indirekten Einfluß auf die Selektion besitzt. Je nach Selektionsalgorithmus werden nicht unbedingt nur diejenigen Individuen mit der besten Fitneß für die Erzeugung der nächsten Generation ausgewählt.

Die Fitneß kann relativ direkt zum Optimum oder auch z.B. proportional zum Verhältnis der Bewertung des einzelnen Chromosoms zur Summe der Bewertungen aller Chromosomen einer Generation berechnet werden. Populäre Definitionen der Fitneß-Funktion sind im Bsp. 4.4 angegeben.

Beispiel 4.4

Sei n die Anzahl der Chromosome in der aktuellen Generation und f_i die direkte Fitneß von Chromosom x_i, d.h. der Fehler zur optimalen Lösung, so läßt sich zunächst Populationsfitneß F (in der Literatur oft auch Φ benannt) definieren durch

$$F = \sum_{i \leq n} f_i \, .$$

Dann kann man folgende Definitionen vornehmen:

1. $Fit(x_i) = f_i$

    In diesem Fall ist die Fitneß direkt durch die Abweichung zum Optimum gegeben.

2. $Fit(x_i) = \mathrm{Prop}_{Fit}(f_i) = \dfrac{a \cdot f_i}{F}$

    Diese Definition nennt man *proportionale Fitneß*. Bei ihr wird die Fitneß eines Chromosoms proportional zum Verhältnis der Fitneß dieses Chromosoms zur Summe der Fitneß-Bewertungen aller Chromosome einer Population berechnet.

3. $Fit(x_i) = \dfrac{1}{F - f_i}$

4. $Fit(x_i) = \dfrac{1}{F - f_i \cdot k}$, k konstant.

4.5.3 Genetische Operationen

Die genetischen Operationen lassen sich in zwei Klassen einteilen:

1. *Crossover*, auch *Rekombination* genannt, simuliert die geschlechtliche Fortpflanzung zwischen zwei Individuen.
2. *Mutation* simuliert die in der Natur vorkommenden zufälligen Veränderungen von Genen durch äußere Einflüsse.

Rekombination

Die verschiedenen Rekombinationsschemata sind die wichtigsten genetischen Operationen bei Genetischen Algorithmen. Die Idee ist hierbei, durch Einsatz von gezielten Rekombinationsschemata den Suchraum effizient zu durchschreiten. Der Hauptgrund für die Konzentration der GA-Theoretiker auf die Crossover-Mechanismen ist, daß in ihnen problemspezifisches prozedurales Wissen über den Suchraum abgelegt werden kann. Der Grundalgorithmus eines GA bleibt unverändert, während die Crossover-Mechanismen individuell auf die speziellen Optimierungsprobleme zugeschnitten und angepaßt werden können.

Dies erklärt die vielen Varianten, die aus der Basisvariante, dem 1-Punkt-Crossover entstanden sind. Die wichtigsten Varianten werden im folgendem kurz beschrieben.

1-Punkt-Crossover

Der 1-Punkt-Crossover ist die einfachste Form der Rekombination. Mit Hilfe einer Zufallszahl wird eine sogenannte Trennstelle ermittelt, die die Position in der Chromosomendarstellung bestimmt, ab der die Allele der Gene der beiden Eltern vertauscht werden. Es entstehen somit zwei Kinder, wobei Kind 1 (Kind 2) bis zur Trennstelle die Werte von Elter 1 (Elter 2), ab der Trennstelle aber die Werte von Elter 2 (Elter 1) übernimmt. Diese Form der Rekombination kann sowohl für binäre als auch für reellwertige Darstellungsformen verwendet werden.

Die Erzeugung neuer Chromosome erfolgt somit durch den Algorithmus:

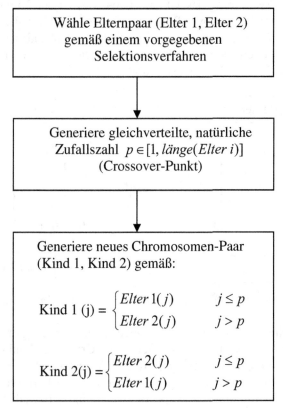

Die Abb. 4.8 illustriert das 1-Punkt-Crossover an einem einfachen Beispiel.

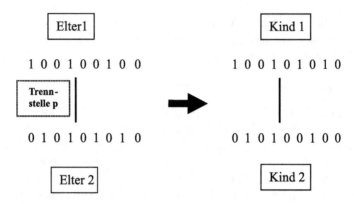

Abb. 4.8 Beispiel für 1-Punkt-Crossover mit binären Zahlen

N-Punkt-Crossover

Die direkte Erweiterung des 1-Punkt-Crossover ist der 2-Punkt-Crossover, indem man mit 2 Crossover-Punkten arbeitet. Zwischen diesen Trennstellen werden die Werte ausgetauscht, vor der ersten und nach der zweiten Trennstelle jedoch identisch übernommen. Dieser Operator ist wiederum für binäre und reelle Zahlen anwendbar.

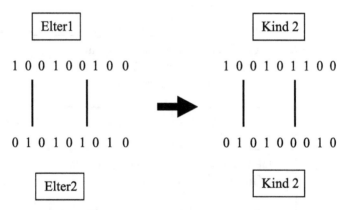

Abb. 4.9 Beispiel für 2-Punkt-Crossover mit binären Zahlen

Entsprechend läßt sich diese Vorgehensweise beliebig erweitern. Generell werden beim N-Punkt-Crossover N > 1 Crossover-Punkte stochastisch auf der Basis einer Gleichverteilung über p festgelegt. Sie sind für beide Elternstrings identisch (müssen aber für jedes neue Elternpaar neu bestimmt werden). Numeriert man die von Crossover-Punkten bzw. dem Stringanfang und Stringende begrenzten Abschnitte der Strings durch, so werden beim N-Punkt-Crossover alle Abschnitte mit gerader Numerierung zwischen den beteiligten Strings ausgetauscht. Die illustriert Abb. 4.10 für N=4.

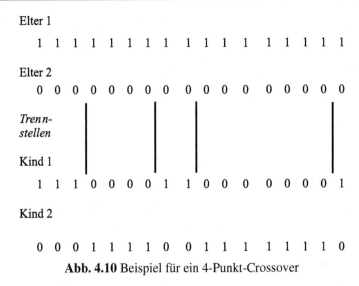

Abb. 4.10 Beispiel für ein 4-Punkt-Crossover

Uniform-Crossover

Beim Uniform-Crossover wird zuvor mit Hilfe von Zufallszahlen ein Bitmuster mit einer Länge, die der Anzahl der Positionen auf den Eltern entspricht, erstellt. Eine 1 an einer bestimmten Position des Musters bewirkt dann, daß der Wert von Elter 1 (Elter 2) an dieser Position an Kind 2 (Kind 1) übergeben wird; eine 0 bewirkt, daß der Wert von Elter 1 (Elter 2) an dieser Position an Kind 1 (Kind 2) übergeben wird. Diese Methode ist sowohl für binäre als auch für reelle Zahlen anwendbar. Für einen String der Länge 9 illustriert dies Abb. 4.11.

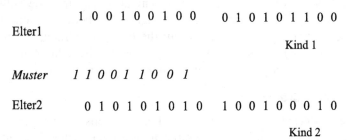

Abb. 4.11 Beispiel für Uniform-Crossover mit binären Zahlen

Shuffle-Crossover (Misch-Crossover)

Das Shuffle-Crossover untergliedert sich in mehrere Schritte. Es läßt sich in Verbindung mit 1-Punkt- oder N-Punkt-Crossover einsetzen. Die Abb. 4.12 verdeutlicht die Vorgehensweise am Beispiel des 1-Punkt-Shuffle-Crossover.

	1	1	1	1	0	
Gen-Nr.:	1	2	3	4	5	Eltern
	0	0	0	1	1	
Shuffle	1	1	0	1	1	
Gen-Nr.:	4	2	5	3	1	
	1	0	1	0	0	
Crossover	1	1	1	0	0	
Gen-Nr.:	4	2	5	3	1	
	1	0	0	1	1	
Unschuffle	0	1	0	1	1	
Gen-Nr.:	1	2	3	4	5	Nachkommen
	1	0	1	1	0	

Abb. 4.12 Beispiel für 1-Punkt-Shuffle-Crossover

Zunächst müssen die Gene auf dem String numeriert werden. Danach werden die Genpositionen auf beiden Eltern in identischer Weise stochastisch gemischt (shuffle). Anschließend erfolgt das 1-Punkt-Crossover (oder N-Punkt-Crossover) nach bekanntem Muster. Dann bringt man die Genpositionen wieder in ihre ursprüngliche Reihenfolge (unshuffle).

Auch diese Methode ist sowohl für binäre als auch für reelle Zahlen anwendbar. Ein gewisser Nachteil besteht darin, daß bereits erzielte Gensequenzen, die einen positiven Effekt auf die Fitneß bewirken, auseinandergerissen werden. Dies ist jedoch abhängig von den Beziehungen zwischen den einzelnen Genen und der individuellen Aufgabenstellung.

Intermediärer Crossover

Der Intermediäre Crossover ist eine Rekombinations-Variante speziell für reelle Zahlen, den man in der Literatur in unterschiedlichen Varianten findet. Dabei bezeichne $e_j(i)$ bzw. $k_j(i)$ jeweils den Wert an Position i in Elter j bzw. Kind j.

Beispielhaft seien zwei Varianten vorgestellt:

Bei der ersten wird aus zwei Eltern genau ein Kind erzeugt, das geometrisch die Mitte der beiden Eltern repräsentiert. Die Allele des Kindes werden mit folgender Gleichung berechnet:

$$k_1(i) = 0,5e_1(i) + 0,5e_2(i)$$

Diese Variante illustriert Abb. 4.13.

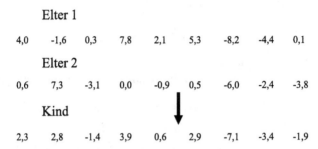

Elter 1

| 4,0 | -1,6 | 0,3 | 7,8 | 2,1 | 5,3 | -8,2 | -4,4 | 0,1 |

Elter 2

| 0,6 | 7,3 | -3,1 | 0,0 | -0,9 | 0,5 | -6,0 | -2,4 | -3,8 |

Kind

| 2,3 | 2,8 | -1,4 | 3,9 | 0,6 | 2,9 | -7,1 | -3,4 | -1,9 |

Abb. 4.13 Beispiel für 1. Variante des intermediären Crossover

Bei der zweiten werden aus den zwei Eltern genau zwei Kinder erzeugt. Zuvor wird jedoch für jede Position i eine Zufallszahl z_i zwischen 0 und 1 erzeugt. Die Kinder ergeben sich dann nach folgenden Gleichungen:

$$k_1(i) = z_i * e_1(i) + (1 - z_i) * e_2(i)$$
$$k_2(i) = z_i * e_2(i) + (1 - z_i) * e_1(i)$$

Diese Variante illustriert Abb. 4.14.

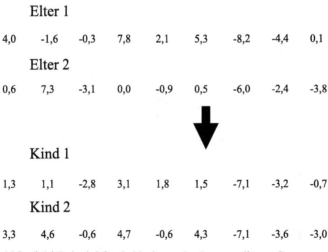

Elter 1

| 4,0 | -1,6 | -0,3 | 7,8 | 2,1 | 5,3 | -8,2 | -4,4 | 0,1 |

Elter 2

| 0,6 | 7,3 | -3,1 | 0,0 | -0,9 | 0,5 | -6,0 | -2,4 | -3,8 |

Kind 1

| 1,3 | 1,1 | -2,8 | 3,1 | 1,8 | 1,5 | -7,1 | -3,2 | -0,7 |

Kind 2

| 3,3 | 4,6 | -0,6 | 4,7 | -0,6 | 4,3 | -7,1 | -3,6 | -3,0 |

Abb. 4.14 Beispiel für 2. Variante des Intermediären Crossover

Linearer Crossover

Auch der Lineare Crossover ist ausschließlich für reelle Zahlen geeignet. Hierbei werden aus zwei Eltern drei neue Kinder erzeugt. Es existieren wieder unterschiedliche Varianten, von den ebenfalls zwei vorgestellt werden.

Bei der ersten erfolgt der Lineare Crossover gemäß den Gleichungen

$$k_1(i) = 0,5e_1(i) + 0,5e_2(i)$$
$$k_2(i) = 2,5e_1(i) - 1,5e_2(i)$$
$$k_3(i) = 2,5e_2(i) - 1,5e_1(i)$$

zur Berechnung der Kinder.

In der zweiten Variante werden die Kinder nach den Gleichungen

$$k_1(i) = 0,5e_1(i) + 0,5e_2(i)$$
$$k_2(i) = 1,5e_1(i) - 0,5e_2(i)$$
$$k_3(i) = 1,5e_2(i) - 0,5e_1(i)$$

berechnet.

Die Abb. 4.15 zeigt ein Beispiel für die zweite Variante.

Prinzipiell stellt der Lineare Crossover eine Kombination der beiden oben genannten Varianten für Intermediären Crossover dar, wobei auf die Zufallszahlen verzichtet wird. Bei dieser Art des Crossover besteht auch noch die Möglichkeit, nur die zwei mit der besten Fitneß der drei erzeugten Kinder als Nachkommen zu betrachten. Dadurch werden möglicherweise entstehende „schlechte" neue Individuen von vornherein ausgeschlossen.

Elter 1

| 4,0 | -1,6 | -0,3 | 7,8 | 2,1 | 5,3 | -8,2 | -4,4 | 0,1 |

Elter 2

| 0,6 | 7,3 | -3,1 | 0,0 | -0,9 | 0,5 | -6,0 | -2,4 | -3,8 |

Kind 1

| 2,3 | 2,8 | -1,4 | 3,9 | 0,6 | 2,9 | -7,1 | -3,4 | -1,9 |

Kind 2

| 5,7 | -6,1 | 1,1 | 11,7 | 3,6 | 7,7 | -9,3 | -5,4 | 2,1 |

Kind 3

| -1,1 | 11,8 | -4,5 | -3,9 | -2,4 | -1,9 | -4,9 | -1,4 | -5,8 |

Abb. 4.15 Beispiel für Linearen Crossover

Tausch-Crossover

Beim Tausch-Crossover werden aus zwei Eltern durch Tausch von je zwei Allelen zwei Kinder erzeugt. Dazu wird mittels Zufallszahl eine Tauschposition bestimmt. Aus Elter 1 wird dann die Position gesucht, die den Wert von Elter 2 an der Tauschposition enthält, und die Allele an den beiden Positionen werden vertauscht. Zur Erzeugung von Kind 2 wird analog verfahren. Die Abb. 4.16 illustriert diese Vorgehensweise

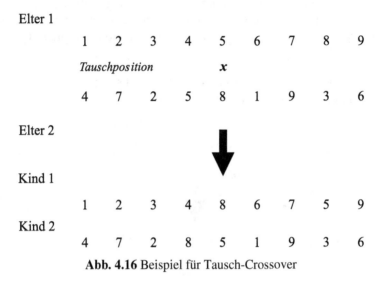

Elter 1

| 1 | 2 | 3 | 4 | 5 | 6 | 7 | 8 | 9 |

Tauschposition   *x*

| 4 | 7 | 2 | 5 | 8 | 1 | 9 | 3 | 6 |

Elter 2

Kind 1

| 1 | 2 | 3 | 4 | 8 | 6 | 7 | 5 | 9 |

Kind 2

| 4 | 7 | 2 | 8 | 5 | 1 | 9 | 3 | 6 |

Abb. 4.16 Beispiel für Tausch-Crossover

Mutationen

Mit der genetischen Operation Mutation wird versucht, die in der Natur vorkommenden zufälligen Veränderungen von Genen (etwa 10^{-10} bis 10^{-15} pro Zellteilung) innerhalb des Genetischen Algorithmus zu simulieren. Dafür wird ein Elter aus der aktuellen Population selektiert und dessen genetischer Code mittels eines Mutations-Operators verändert. Das entstehende Individuum wird als Kind bezeichnet und je nach Generationskonzept in die zukünftige oder die aktuelle Population eingefügt.

Die Mutation spielt bei den Genetischen Algorithmen nicht die Rolle, die sie bei den Evolutionsstrategien spielt. Im Vergleich zur Rekombination werden Mutationen nur selten angewandt, da sonst Allelfolgen, die bereits eine gute Fitneß bewirken, leicht wieder zerstört werden. Dennoch kann der Einsatz der Mutation auch bei Genetischen Algorithmen sinnvoll sein.

Auch bei der Mutation existieren verschiedene Varianten, von denen nur die wichtigsten vorgestellt werden.

Gleichverteilte Mutation

Bei der gleichverteilten Mutation wird ein Gen des ausgewählten Elters mittels einer gleichverteilten Zufallszahl ausgewählt und verändert. Die Art der „Veränderung" richtet sich dabei nach der Kodierungsform: bei binären Zahlen wird das entsprechende Bit einfach invertiert, bei reellen Zahlen wird ein zufällig oder mittels Wahrscheinlichkeitsverteilung ermittelter Summand zum aktuellen Wert hinzuaddiert. Dieser Summand wird auch als Mutationsschrittweite bezeichnet, welche nicht zu hoch gewählt werden darf.

Im Fall von binären Werten ergibt sich somit der folgende Algorithmus für die Durchführung einer gleichverteilten Mutation bei einem Chromosom $\vec{x} = < x_1, ..., x_n >$:

- Wähle eine gleichverteilte Zufallszahl p mit $1 \leq p \leq n$.
- Ändere Gen x_p gemäß $x_p = 1 - x_p$

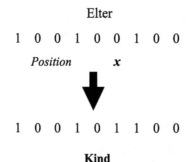

Abb. 4.17 Beispiel für einfachen Mutations-Operator mit binären Zahlen

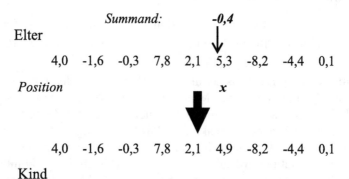

Abb. 4.18 Beispiel für einfachen Mutations-Operator mit reellen Zahlen

Man kann diesen grundlegenden Mutations-Operator auch erweitern, indem man nicht nur ein Gen mutiert, sondern für jedes Gen separat zufällig entscheidet, ob es mutiert wird oder nicht.

Elter									
	1	0	0	1	0	0	1	0	0
Positionen	*x*	*x*				*x*		*x*	
Kind									
	0	1	0	1	0	1	1	1	0

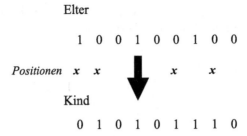

Abb. 4.19 Beispiel für erweiterten Mutations-Operator mit binären Zahlen

Summanden:	*0,8*	*-0,1*				*-0,4*		*0,3*	
Elter	4,0	-1,6	-0,3	7,8	2,1	5,3	-8,2	-4,4	0,1
Positionen	*x*	*x*				*x*		*x*	
Kind	4,8	-1,7	-0,3	7,8	2,1	4,9	-8,2	-4,1	0,1

Abb. 4.20 Beispiel für erweiterten Mutations-Operator mit reellen Zahlen

Gleichverteilte Mutation/2

In dieser Variante der gleichverteilten Mutation ist die Mutationswahrscheinlichkeit pro Gen, d.h. die Wahrscheinlichkeit mit der dieses Gen verändert wird, ist im Mittel nur halb so groß. Das Verfahren lautet

- Wähle eine gleichverteilte Zufallszahl p mit $1 \le p \le n$
- Ändere Gen x_p gemäß
  a) wähle $p' \in [0,1]$ zufällig
  b) $x_p := p'$

Normalverteilte Mutation

Anstelle der Auswahl einer gleichverteilten Zufallszahl p kann man auch eine normalverteilte Zufallszahl auswählten. Hierdurch kann einer positionsabhängigen Wertigkeit einzelner Gene besser entsprochen werden.

Inversions-Operator

Die Anwendung des Inversions-Operators ist besonders sinnvoll für Permutationsfolgen, wenn zum Beispiel bei einer Rundreise ein bestimmtes Teilstück in der umgekehrten Reihenfolge abgearbeitet werden soll. Er ist jedoch auch für binäre und reelle Gene verwendbar.

Wie beim 2-Punkt-Crossover werden zunächst zwei Trennstellen mittels Zufallszahlen bestimmt. Anschließend werden die zwischen den Trennstellen befindlichen Werte in umgekehrter Reihenfolge auf dem Kind gespeichert. Die Werte vor der ersten und nach der zweiten Trennstelle werden unverändert auf das Kind übertragen.

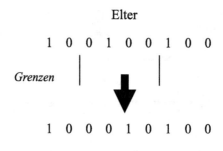

Abb. 4.21 Beispiel für Inversions-Operator mit binären Zahlen

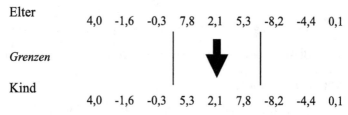

Abb. 4.22 Beispiel für Inversions-Operator mit reellen Zahlen

Verschiebe-Operator

Hier werden mit Hilfe von Zufallszahlen zwei Positionen auf dem Elter bestimmt. Die erste so bestimmte Position kann man als Entnahmestelle bezeichnen; der hier befindliche Wert wird aus dem Individuum entfernt und an der zweiten Position (der Einfügestelle) wieder in das Individuum eingeführt. Die zwischen den beiden Positionen befindlichen Werte verschieben sich somit um eine Stelle nach rechts oder links.

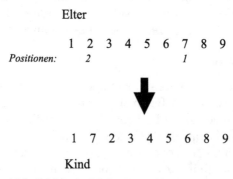

Abb. 4.23 Beispiel für Verschiebe-Operator

Translokations-Operator

Dieser Operator trennt das Elter mittels zweier durch Zufallszahlen ermittelter Trennstellen in drei Teilstücke und vertauscht anschließend das erste und das letzte Teilstück. Die Teilstücke werden in der neuen Reihenfolge auf dem Kind gespeichert.

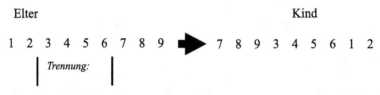

Elter   Kind

1 2 3 4 5 6 7 8 9 ➤ 7 8 9 3 4 5 6 1 2

| *Trennung:* |

Abb. 4.24 Beispiel für Translokations-Operator

Mix-Operator

Beim Mix-Operator werden wiederum mit Zufallszahlen zwei Trennstellen bestimmt. Anschließend wird jedem Gen auf dem Teilstück zwischen den Trennstellen zufällig eine neue Position innerhalb des Teilstücks zugeordnet. Die unveränderten Allele vor dem ersten und nach dem zweiten Trennstrich werden zusammen mit den neu sortierten Allelen auf dem Kind gespeichert.

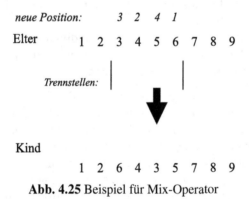

neue Position: *3   2   4   1*

Elter   1 2 3 4 5 6 7 8 9

Trennstellen:

Kind

1 2 6 4 3 5 7 8 9

Abb. 4.25 Beispiel für Mix-Operator

Schüttel-Operator

Der Schüttel-Operator ist eine Erweiterung des obigen Mix-Operators. Hierbei wird allen Allelen des Elters zufällig eine neue Position auf dem Kind zugeordnet.

Elter	1	2	3	4	5	6	7	8	9
neue Position:	*5*	*2*	*7*	*1*	*8*	*4*	*9*	*6*	*3*

⬇

Kind	4	2	9	6	1	8	3	5	7

Abb. 4.26 Beispiel für Schüttel-Operator

4.5.4 Selektion

Selektion ist ein Sammelbegriff für eine Reihe unterschiedlicher Auswahl-entscheidungen, die beim Durchlauf durch einen Zyklus anfallen können. Hierzu gehören

- Auswahl der an einer Rekombination beteiligten Individuen
- Auswahl eines Individuums, welches mutiert werden soll
- Auswahl einer bestimmten Anzahl von Individuen aus einer gegebenen Menge von Individuen mit dem Ziel, eine neue Population zu bilden
- Auswahl eines Individuums, welches in eine neue Population über-nommen werden soll (Reproduktion), oder welches zu einer Menge von Individuen hinzugefügt werden soll, die danach für weitere Aus-wahl zur Verfügung steht
- Auswahl einer bestimmten Anzahl von Individuen aus der Menge der durch eine Reproduktion entstandenen Kinder, die als Ergebnis einer Rekombination betrachtet werden sollen.

Die Wahl des zu verwendenden Selektionsalgorithmus hat einen großen Einfluß auf das Verhalten des Genetischen Algorithmus. Es wird allgemein empfohlen, einen guten Kompromiß zwischen *exploitation* – Nutzung be-reits gefundenen guten Materials – und *exploration* – Untersuchung weiterer erfolgversprechender Bereiche im Suchraum – zu finden.

Der Grund liegt darin, daß die Gefahr des Verharrens in einem lokalen Minimum verringert wird. Auf Grund der oben aufgeführten unterschiedli-chen Selektionsprozesse existieren eine Reihe von unterschiedlichen Selek-tionsalgorithmen.

Roulette-Selektion

Dieser Algorithmus ist auch unter den Namen *Roulette-Wheel, Stochastic Universal Sampling (SUS)* oder *fitneßproportionale Selektion* bekannt. Es ist der am häufigsten eingesetzte Algorithmus, wenn festgelegt werden soll, welche Individuen einer Population zur Erzeugung neuer Chromoso-men beim Crossover herangezogen werden sollen. Ein Individuum wird dabei mit einer Wahrscheinlichkeit selektiert, die proportional zu seinem Fitneßwert ist. Ziel hierbei ist es, Individuen mit guter Fitneß mit höherer Wahrscheinlichkeit auszuwählen als Individuen mit schlechter Fitneß und somit die durchschnittliche Fitneß innerhalb der Population kontinuierlich zu steigern. Man kann dieses Verfahren veranschaulichen, indem man sich einer Roulettescheibe mit verschieden großen Sektoren vorstellt, wobei die Größe eines zu einem Individuum gehörigen Sektors proportional zu dessen Fitneßwert ist. Man ermittelt dann eine Zufallszahl (entspricht der Kugel im Roulette-Spiel), die in einem bestimmten Sektor liegt, und das zum Sektor gehörigen Individuum wird selektiert.

Beispiel 4.5
Gegeben seien die vier Chromosome A, B, C, D mit den Fitneßwerten

$$f(A)=0,1$$
$$f(B)=1,1$$
$$f(C)=0,4$$
$$f(D)=2,5$$

Hieraus ergibt sich ein Rouletterad mit vier Sektoren wie es in Abb. 4.27 dargestellt ist.

Durch μ-faches Drehen werden jetzt μ Chromosome (bestehend aus den Chromosomtypen A, B, C, D) zu einer neuen Population *(„mating-pool")* zusammengefaßt.

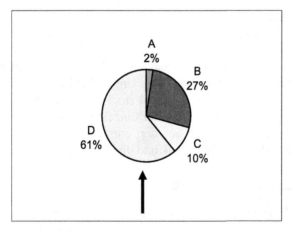

Abb. 4.27 Rouletterad aus Beispiel 4.5

Ein Nachteil besteht darin, daß die Häufigkeit der Chromosomentypen im mating-pool von der durch die relative Fitneß bestimmte erwartete Häufigkeit stark abweichen kann. Es ist somit beispielsweise möglich, μ-mal den gleichen Chromosomentyp in den mating-pool zu übernehmen. Diese Abweichung wird als *spread* bezeichnet.

Ein weiterer Nachteil der Roulette-Selektion ist, daß die Fitneß-Werte alle positiv sein müssen. Andererseits hat diese Form der Selektion den Vorteil, daß auch Individuen mit schlechter Fitneß eine Chance haben, selektiert zu werden, wenn auch nur mit vergleichsweise geringer Wahrscheinlichkeit. Das verringert die Gefahr, daß der Genetische Algorithmus in einem lokalen Optimum „hängen bleibt" und das globale Optimum nicht findet.

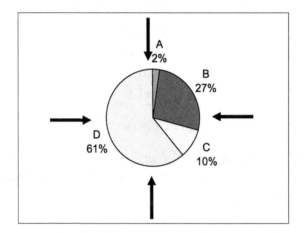

Abb. 4.28 Rouletterad gemäß SUS für Beispiel 4.5

Bei dem oben erwähnten SUS handelt es sich um eine Variante, die versucht den spread zu minimieren. Der Unterschied besteht darin, daß das Rad μ Zeiger besitzt, und nur einmal stochastisch am Rad gedreht wird. Es werden genau so viele Kopien der einzelnen Chromosome in den mating-pool kopiert, wie Zeiger auf den entsprechenden Abschnitt zeigen. Dies illustriert Abb. 4.28 für $\mu = 4$ und die Werte aus Beispiel 4.5.

Selektion durch Zufallszahlen

Bei diesem Verfahren werden einfach mittels zweier gleichverteilter Zufallszahlen zwei Individuen aus der Population ausgewählt und jenes mit der höheren Fitneß selektiert. Diese Form der Selektion hat mehrere Vorteile:

– Das Verfahren hat nur einen geringen Rechenaufwand.
– Es ist leicht parallelisierbar.

– Es müssen nicht die Fitneßwerte aller Individuen zuvor berechnet werden.

– Es ist leicht möglich, in die Gegenrichtung zu selektieren (man wählt das Individuum mit der geringeren Fitneß), um z.B. ein Individuum zu bestimmen, das zugunsten eines besseren aus der Population entfernt werden soll.

Ein kleiner Nachteil dieses Selektions-Operators besteht jedoch darin, daß das Individuum mit der niedrigsten Fitneß nie ausgewählt wird.

Dieser Algorithmus ist auch unter den Namen *Wettkampf-* bzw. *Turnier-Selektion* bekannt.

Heirat-Selektion

Bei der Heirats-Selektion handelt es sich um eine abgewandelte Form der Selektion durch Zufallszahlen: Zunächst wird ein Individuum zufällig gleichverteilt aus der Population ausgewählt. Anschließend wird noch maximal eine zuvor festgelegte Anzahl Versuche unternommen, durch zufälliges Auswählen eines weiteren Individuums eines mit im Vergleich zu der des Ausgangsindividuums besserer Fitneß zu finden. Sobald ein solches besseres Individuum gefunden wurde, wird dieses selektiert. Falls nach der Maximalzahl von Versuchen kein besseres gefunden wurde, wird das Ausgangsindividuum selektiert. Der Selektionsdruck bei diesem Verfahren steigt mit der Anzahl der Versuche. Ist diese größer als zwei, dann ist der Selektionsdruck auf jeden Fall höher als bei der Wettkampf-Selektion. Hierbei versteht man unter dem Selektionsdruck die mittlere Wahrscheinlichkeit dafür, daß ein Individuum in Abhängigkeit von seiner Fitneß nicht überlebt.

Lineares Ranking

Beim Linearen Ranking werden zunächst alle Individuen der Population nach absteigenden Fitneßwerten sortiert. Für die individuellen Selektionswahrscheinlichkeiten definiert man eine Dichtefunktion

$$f(x_i) = \frac{1}{n}\left(\max - (\max - \min)\frac{i-1}{n-1}\right)$$

wobei $p(x_i) \geq 0, i = 1(1)n, \sum_{i=1}^{n} p(x_i) = 1$ und *min* + *max* = 2

Dabei bezeichnet n die Anzahl der Individuen der Population und i die Platznummer eines Individuums x nach absteigender Sortierung. Mit Hilfe der Verteilungsfunktion

$$P(k) = \sum_{i=1}^{k} p(x_i)$$

und einer im Intervall $(0,1]$ gleichverteilten Zufallszahl z kann man nun ein Individuum selektieren. Anschaulich trägt man z in einem Koordinatensystem an der Ordinate ab und findet über den Schnittpunkt mit P(k) die Platznummer des zu selektierenden Individuums (siehe Abb. 4.29).

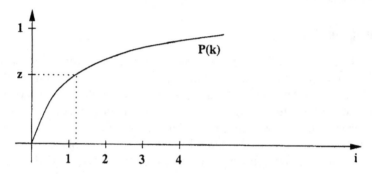

Abb. 4.29 Veranschaulichung des Linearen Rankings

Der Vorteil dieses Verfahrens gegenüber der Roulette-Selektion ist, daß die absoluten Fitneß-Unterschiede zwischen den Individuen keine Rolle spielen, nur die Rangfolge ist wichtig. Bei fitneßproportionaler Selektion taucht nämlich das Problem auf, daß bei vielen Individuen mit sehr ähnlicher Fitneß – z.B. bei sehr weit fortgeschrittenem Algorithmus – der Selektionsdruck zu gering wird. Auch kann passieren, daß ein Individuum der Population eine sehr hohe Fitneß besitzt, während alle anderen einen vergleichsweise geringen Fitneßwert haben. Dieses „Super-Individuum" würde wegen seiner hohen Selektionswahrscheinlichkeit dann sehr oft selektiert werden und könnte zur vorzeitigen Konvergenz des Algorithmus führen. Diese Probleme entstehen beim linearen Ranking jedoch nicht.

Exponentielle Selektion

Die Exponentielle Selektion basiert genau wie das Lineare Ranking auf der Rangliste der nach absteigender Fitneß sortierten Individuen, das Verfahren ist hier jedoch wesentlich einfacher: Man beginnt mit dem Individuum, das in der Rangliste ganz oben steht und damit die beste Fitneß besitzt. Dieses wird wiederum mit der Wahrscheinlichkeit p selektiert, usw., bis schließlich ein Individuum selektiert wurde oder aber man beim letzten

Individuum der Rangliste angelangt ist. Der Selektionsdruck und damit die Güte der Exponentiellen Selektion für den Algorithmus hängen natürlich maßgeblich von der Wahl der Wahrscheinlichkeit p ab.

Uniforme Selektion

Bei der Uniformen Selektion – ebenfalls auf der Rangliste der nach absteigender Fitneß sortierten Individuen basierend – mit dem Parameter $u \, (0 > u \leq 1)$ wird aus den $u \cdot n$ besten Individuen (n = Anzahl der Individuen der Population) eines zufällig gleichverteilt selektiert. Man muß hier natürlich beachten, daß sobald $u < 1$ ist, die $(1 - u) \cdot n$ schlechtesten Individuen gar nicht selektiert werden können; der Selektionsdruck ist bei kleinem u also sehr hoch. Andererseits wird bei großen u bzw. $u = 1$ keinerlei Rücksicht auf die Fitneß der Individuen genommen, ein „gutes" Individuum hat also die gleiche Wahrscheinlichkeit, selektiert zu werden, wie ein „schlechtes". Daher ist dieses Selektions-Verfahren für einen Genetischen Algorithmus eher als ungeeignet zu betrachten.

Das Verfahren der Uniformen Selektion ist auch unter dem Namen (N, μ) -Selektion bekannt, wobei N die Anzahl der Individuen in der Population bezeichnet und die μ besten selektiert werden können.

Welches Verfahren in einem bestimmten Genetischen Algorithmus nun verwendet werden sollte, läßt sich nicht so einfach festlegen. Die günstigste Variante hängt oft von der Aufgaben- und der Zielstellung ab und kann häufig nur durch umfangreiche Tests gefunden werden. Allgemein kann man aber feststellen, daß Verfahren mit hohem Selektionsdruck schneller konvergieren und somit Rechenzeit sparen; jedoch ist hier die Gefahr hoch, daß der Algorithmus vorzeitig in einem lokalen Optimum konvergiert. Verfahren mit geringerem Selektionsdruck benötigen mehr Rechenzeit, bringen aber im Allgemeinen bessere Ergebnisse.

Eine Möglichkeit, die Nachteile der einzelnen Verfahren zu umgehen, wäre, sie alle parallel in einem einzeigen Algorithmus zu verwenden, wobei für jede Selektionsoperation zufällig oder nach einem bestimmten Muster ein Verfahren bestimmt wird, mit dem die Selektion ausgeführt wird.

4.5.5 Abbruchkriterien

Zur Festlegung eines Abbruchkriteriums (s. Abb. 4.7) gibt es verschiedene Möglichkeiten. Das Abbruchkriterium bestimmt, wie lange die Evolution simuliert wird. Im Prinzip gibt es drei verschiedene Varianten:

1. Es wird abgebrochen, wenn die Fitneß eines erzeugten Individuums eine vorgegebene Güte erreicht hat. Voraussetzung hierfür ist, daß eine vorgegebene Mindestgüte definiert werden kann.
2. Es wird abgebrochen, wenn ein vorgegebenes Zeitlimit bei Simulation der Evolution überschritten wird.
3. In Analogie zu 2. kann auch abgebrochen werden, wenn eine vorgegebene Anzahl von Generationen neu erzeugt werden.

Bei den beiden letzten Kriterien muß jedoch beachtet werden, daß nicht durch einen zu frühzeitigen Abbruch das Finden einer optimalen Lösung verhindert wird.

4.5.6 Beispiel

Gegeben sei eine Anfangspopulation mit den Individuen

$$a_1: \quad 1\ 1\ 0\ 1\ 0\ 0$$
$$a_2: \quad 1\ 1\ 1\ 1\ 1\ 1$$
$$a_3: \quad 0\ 1\ 1\ 0\ 0\ 1$$
$$a_4: \quad 0\ 0\ 1\ 0\ 0\ 0$$
$$a_5: \quad 1\ 0\ 1\ 1\ 0\ 1$$
$$a_6: \quad 1\ 1\ 1\ 1\ 1\ 1$$

Wie man sieht, bestehen die Individuen aus Binärzahlen der Länge 6. Die Decodierung Γ erfolgt als Dualzahl, d.h. z.B. $\Gamma(000011) = 3$. Die Fitneßfunktion Φ sei definiert durch:

$$\Phi(a_i) = 32^2 - (\Gamma(a_i) - 32)^2 .$$

Im folgenden werden die ersten möglichen Zyklen aufgezeigt.

Zunächst werden die Fitneßwerte für die Individuen der Ausgangspopulation bestimmt. Sie ergeben sich zu:

$$\Phi(110100) = \Phi(52) = 1024 - (52 - 32)^2 = 624$$
$$\Phi(111111) = \Phi(63) = 1024 - (63 - 32)^2 = 63$$
$$\Phi(011001) = \Phi(25) = 1024 - (25 - 32)^2 = 975$$
$$\Phi(001000) = \Phi(8) = 1024 - (8 - 32)^2 = 448$$
$$\Phi(101101) = \Phi(45) = 1024 - (45 - 32)^2 = 855$$
$$\Phi(111111) = \Phi(63) = 1024 - (63 - 32)^2 = 63$$

Die Populationsfitneß, die sich durch Aufaddieren der Fitneßwerte der einzelnen Individuen ergibt, beträgt 3028. Unter Zugrundlegung von Rouletteselektion ergeben sich für die sechs Individuen folgende Selektionswahrscheinlichkeiten:

$$p_s(52) = \frac{624}{3028} = 0.206$$

$$p_s(63) = \frac{63}{3028} = 0.021$$

$$p_s(25) = \frac{975}{3028} = 0.322$$

$$p_s(8) = \frac{448}{3028} = 0.148$$

$$p_s(45) = \frac{855}{3028} = 0.282$$

$$p_s(63) = \frac{63}{3028} = 0.021$$

Die Roulettselektion sei wie folgt realisiert:

Die Individuen sind gemäß ihrer Reihenfolge auf einem Zahlenstrang von 0 bis 1 repräsentiert, d.h. das Individuum 000100 erhält das Intervall [0–0.206], das Individuum 111111 das Intervall [0.207–0.228] usw. Es wurden folgende Zufallszahlen bestimmt: 0.14, 0.1, 1, 0.67, 0.19, 0.31, so daß als Mating-Pool zustande kommt:

$$1: \quad 52 \approx 110\,100$$

$$2: \quad 52 \approx 110\,100$$

$$3: \quad 63 \approx 111\,111$$

$$4: \quad 8 \approx 001\,000$$

$$5: \quad 52 \approx 110\,100$$

$$6: \quad 25 \approx 011\,001$$

Als nächster Schritt findet eine Rekombination dieser Individuen aus dem Mating-Pool statt. Dies erfolgt auf der Basis von 1-Punkt-Crossover. Unter den Annahmen, daß als Elternkombination die Paare (1,4), (3,5) und (6,2) gewählt werden und der Crossoverpunkt für (1,4) bei Position 2, für (6,2) bei Position 4 und für (3,5) bei Position 3 liegt, ergeben sich als Kinder

Kind 1:   000 100
Kind 2:   111 000
Kind 3:   111 100
Kind 4:   110 111
Kind 5:   011 100
Kind 6:   100 001

Danach erfolgt (in diesem Beispiel) eine Mutation. Hierbei soll eine Bitposition genau dann mutiert werden, wenn bei einer willkürlich ausgewählten sechsstelligen Zufallszahl an dieser Position eine 1 steht. Die Zufallszahlen seien gegeben durch

Kind 1:   433 552
Kind 2:   225 266
Kind 3:   435 352
Kind 4:   242 442
Kind 5:   641 561
Kind 6:   233 523

Man sieht, daß lediglich bei Kind 5 an der dritten und der sechsten Position eine „1" auftritt. Entsprechend ergibt sich als neue Population

1:    000 100
2:    111 000
3:    111 100
4:    110 111
5:    010 101
6:    110 001

Es werden wieder die Fitneßwerte für die Individuen, dieses Mal der 2. Generation, bestimmt. Ihre Berechnung liefert

$$\Phi(000100) = \Phi(4) = 1024 - (4-32)^2 = 240$$

$$\Phi(111000) = \Phi(56) = 1024 - (56-32)^2 = 448$$

$$\Phi(111100) = \Phi(60) = 1024 - (60-32)^2 = 240$$

$$\Phi(110111) = \Phi(55) = 1024 - (55-32)^2 = 495$$

$$\Phi(010101) = \Phi(21) = 1024 - (21-32)^2 = 903$$

$$\Phi(110001) = \Phi(49) = 1024 - (49-32)^2 = 735$$

Die Populationsfitneß beträgt demnach aktuell 3061. Für die neu berechneten Selektionswahrscheinlichkeiten ergeben sich

$$p_s(4) = \frac{240}{3061} = 0.08$$

$$p_s(56) = \frac{448}{3061} = 0.15$$

$$p_s(60) = \frac{240}{3061} = 0.08$$

$$p_s(55) = \frac{495}{3061} = 0.16$$

$$p_s(21) = \frac{903}{3061} = 0.3$$

$$p_s(49) = \frac{735}{3061} = 0.24$$

Für die anschließende Rouletteselektion seien als Zufallszahlen gegeben

$$1, 0.25, 0.88, 0.98, 0.01, 0.27\,.$$

Nach dem oben beschriebenen Verfahren ergibt sich der neue Mating-Pool zu

$$
\begin{aligned}
1: \quad 49 \quad &\approx \quad 110\,001 \\
2: \quad 60 \quad &\approx \quad 111\,100 \\
3: \quad 49 \quad &\approx \quad 110\,001 \\
4: \quad 49 \quad &\approx \quad 110\,001 \\
5: \quad 4 \quad &\approx \quad 000\,100 \\
6: \quad 56 \quad &\approx \quad 111\,000
\end{aligned}
$$

Durch die Rekombination von den Paaren (5,1), (3,6) und (4,2) an der Austauschposition 4 bzw. 3 bzw. 1 ergeben sich die sechs Nachfolgechromosome

$$000101, 110000, 110100, 111001, 111100\,.$$

Führt man jetzt wieder eine Mutation wie oben durch und sind die zugehörigen Zufallszahlen gegeben durch

$$
\begin{aligned}
&\text{Kind 1:} \quad && 124\,251 \\
&\text{Kind 2:} \quad && 425\,622 \\
&\text{Kind 3:} \quad && 556\,624 \\
&\text{Kind 4:} \quad && 143\,123 \\
&\text{Kind 5:} \quad && 536\,252 \\
&\text{Kind 6:} \quad && 334\,413
\end{aligned}
$$

so ergibt sich als 3. Generation

$$
\begin{array}{ll}
1: & 100\,100 \\
2: & 110\,000 \\
3: & 110\,100 \\
4: & 011\,101 \\
5: & 110\,001 \\
6: & 111\,110
\end{array}
$$

Die neue Population hat jetzt die Fitneßwerte:

$$\Phi(100100) = \Phi(36) = 1024 - 32^2 = 1008$$

$$\Phi(110000) = \Phi(48) = 1024 - 32^2 = 768$$

$$\Phi(110100) = \Phi(52) = 1024 - 32^2 = 624$$

$$\Phi(011101) = \Phi(29) = 1024 - 32^2 = 1015$$

$$\Phi(110001) = \Phi(49) = 1024 - 32^2 = 735$$

$$\Phi(111110) = \Phi(62) = 1024 - 32^2 = 124$$

Die Populationsfitneß beträgt nun 4274.

4.6 Genetische Programmierung

Schon ab Mitte der fünfziger Jahre beschäftigten sich Wissenschaftler mit der Fragestellung, ob es möglich ist, Computer zu befähigen, selbständig Probleme zu lösen, ohne daß sie dafür explizit programmiert werden müssen. Diese „selbständige Generierung" von Programmen war allerdings mit den damaligen technologischen Fähigkeiten der Computer noch nicht lösbar. Der entscheidende Durchbruch gelang John Koza erst Anfang der neunziger Jahre auf der Basis evolutionärer Prinzipien. Er veröffentlichte seine Idee unter dem Begriff „Genetic Programming (GA)" und schuf durch seine Arbeiten eine inzwischen eigenständige Variante der Genetischen Algorithmen.

Ziel der Genetischen Programmierung ist es, anhand von Trainingsdaten automatisch ein Computerprogramm zu generieren, welches eine gegebene Aufgabenstellung löst. Dieses Ziel nennt man auch Programm-Instruktion. Die Individuen sind entsprechend Repräsentanten von Computerprogrammen und setzen sich daher aus Programmkomponenten wie z.B. Funktionen, Variablen und Konstanten zusammen. Prinzipiell existiert keine Einschränkung hinsichtlich der Wahl der Programmiersprache. Die für Genetische Programmierung am häufigsten verwandte ist jedoch die Programmiersprache LISP. LISP ist die Abkürzung für „**Lis**t **P**rocessing

Language" und gehört zur gleichen Generation von Programmiersprachen wie FORTAN oder ALGOL 60. Dennoch unterscheidet sich LISP schon im äußeren Bild wesentlich von diesen beiden Sprachen. Als ihr Vater gilt John McCarthy.

Einige Grundideen von LISP stammen aus der Sprache IPL (Information Processing Language), die auf A. Newell und H. A. Simon zurückgeht, und bereits im Sommer 1956 soweit entwickelt war, daß sie von den Autoren auf Konferenzen und Tagungen präsentiert werden konnte. Wegen ihres maschinennahen Niveaus geriet sie jedoch mit dem Aufkommen der höheren Programmiersprachen schnell in Vergessenheit. Die erste vollständige, aber noch vorläufige Beschreibung von LISP verfaßte P. A. Fox 1960 im ,LISP 1 Programmers Manual'. Die endgültige Beschreibung, die für lange Zeit Standard war, ist das „LISP 1.5 Programmers Manual" und wurde 1962 fertiggestellt.

Während die Beschreibung der Syntax auf konventionelle Weise durch Angabe einer Grammatik erfolgte, beschritt McCarthy bei der Beschreibung der Semantik einen neuen Weg, indem er sie durch Angabe eines Interpretierers maschinenunabhängig festlegte. Der Interpretierer selbst ist in einer einfachen Teilsprache von LISP geschrieben, für die er ein intuitives Verständnis voraussetzt. Man spricht von einer ,metazirkulären Definition'. Somit existieren zwei Darstellungsformen für Programme: In der Form, in der u.a. der Interpretierer geschrieben ist (Meta-Sprache) und in der Form von Daten (S-Ausdruck), wie sie der Interpretierer als Eingabe erwartet.

Vor allem diese zweite Darstellungsform macht LISP für die Genetische Programmierung so interessant, da in dieser Darstellungsform nicht zwischen Kontrollstrukturen, Daten, Konstanten und Variablen unterschieden wird.

Wenn auch, wie bereits erwähnt, alle Programmiersprachen als Basis für Genetische Programmierung gewählt werden können, beruhen die Mehrzahl der Ansätze auf funktionalen Sprachkonzepten, zu den auch LISP gehört.

Entsprechend basiert die Codierung auf einer Menge von problemangemessener elementarer Funktionen (*function set*), sowie einer Menge von problemangemessener Variablen und Konstanten (*terminal set*). Beide Mengen bilden die Grundlagen, auf deren Basis die Genetische Programmierung versucht Programme zu erzeugen, die das gegebenen Anwendungsproblem bestmöglich lösen.

Bei der Initialisierung sind u. a. die folgenden Entscheidungen zu treffen:

1. Festlegen des terminal set,
2. Festlegen des function set
3. Bestimmen eines geeigneten Fitneßmaßes
4. Festlegen der Strategieparameterwerte
5. Bestimmen des Abbruchkriteriums

Da sich Computerprogramme in GP aus Elementen des function set und des terminal set zusammensetzen, definiert der Benutzer in den ersten zwei vorbereitenden Schritten faktisch eine Sprache, in der GP die spätere Lösung ausdrückt. Die letzten drei Schritte korrespondieren mit vergleichbaren Aufgaben bei anderen EA.

Elemente des function sets können insbesondere sein:

- arithmetische Operationen (wie +, -, *),
- mathematische Funktionen (Sin, Cos usw.),
- Boolsche Operationen (AND, NOT usw.),
- Verzweigungen (If-Then-Else),
- Iterationen (For, Do-Until usw.),
- anwendungsspezifische Funktionen.

4.6.1 Repräsentation

Ein spezifisches Problem bei der Genetischen Programmierung besteht darin, daß die durch die genetischen Operationen erzeugten Individuen wieder korrekte Programme repräsentieren müssen. Daher beruht bei der Genetischen Programmierung im Gegensatz zu Genetischen Algorithmen die Codierung auf Baumstrukturen und nicht auf Strings. Diese Baumstrukturen orientieren sich vor allem an den Syntaxbäumen der Programme. Das Beispiel 4.6 demonstriert dies an dem einfachen Beispiel eines problembezogenen arithmetischen Ausdrucks.

Beispiel 4.6

Es soll ein Ausdruck zu einer Funktion gefunden werden, deren Bild die Punkte (0,1), (1,2), (2,5) und (3,10) enthält. Es ist Aufgabe des Anwenders, dem GP-System eine geeignete Menge von Funktionen vorzugeben.

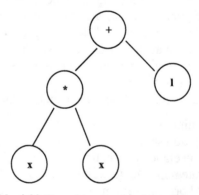

Abb. 4.30 Gesuchter Ausdruck aus Bsp. 4.6

In diesem Fall wären zum Beispiel die vier Grundrechenarten sinnvoll. Als Konstante könnten die Zahlen Eins, Zwei, Drei und Vier eingesetzt werden. Es wird nur eine Variable – x – benötigt, die den x-Wert der Stützpunkte repräsentiert. Der gesuchte Ausdruck ist in Abb. 4.30 dargestellt. Daß dieser Ausdruck korrekt ist, läßt sich dadurch verifizieren, daß man für x die Werte 0, 1, 2, 3 einsetzt.

Das Problem selbst ist durch Testdaten definiert. In Beispiel 4.6 waren dies die vier Stützpunkte. Die einzelnen Elemente der Testdaten werden Fitneß-Cases genannt und beinhalten jeweils Eingangs- und Ausgangsgrößen. Die Variablen, die als Blätter des Baumes verwendet werden, entsprechen jeweils einem Element der Eingangsgrößen.

4.6.2 Fitneß

Für jedes Individuum muß eine Fitneß berechnet werden. Dieser Wert sagt aus, wie gut ein Individuum das Problem löst. Die Fitneß wird berechnet, indem die Testdaten auf den Baum des Individuums angewendet werden. Der Baum wird für jeden Fitneß-Case einzeln ausgewertet. Zunächst werden die Eingangsgrößen den entsprechenden Variablen der Blätter zugewiesen. Der Baum wird dann – beginnend bei den Blättern – ausgewertet, bis der Wert der Wurzel bekannt ist. Der Wert der Wurzel soll nun der Ausgangsgröße des Testelements entsprechen. Die Abweichung zum Sollwert wird entweder als der Absolutwert der Differenz zwischen dem Wert der Wurzel und dem Sollwert berechnet oder als die quadrierte Differenz. Die Fitneß eines Individuums wird als die Summe aller Abweichungen für sämtliche Testdaten berechnet. Der Fitneßwert Null repräsentiert somit ein Individuum, das das Problem optimal löst. Je größer der Wert ist, desto schlechter ist das Individuum.

Beispiel 4.7

Es wird eine Funktion gesucht, deren Graph durch die beiden Stützpunkte (2,4) und (3,1) verläuft. Die Testdaten bestehen somit aus diesen beiden Fitneß-Cases, wobei die X-Werte jeweils Eingangsgröße und die Y-Werte Ausgangsgröße sind. Es soll nun die Fitneß des Baumes aus Beispiel 4.6 berechnet werden, wobei für die Abweichung zur gesuchten Lösung die quadratische Differenz benutzt wird. Für den Fitneß-Case (2,4) wird der Variablen x der Wert 2 zugeordnet. Die Wurzel steht demnach für den Wert (+(*22)1) = 5. Die quadratische Differenz zur Ausgangsgröße ist $(5-4)^2 = 1$. Für das zweite Element der Testdaten ist der Wert der Wurzel (+(*3 3)1) = 10 und die quadratische Differenz somit $(10-1)^2 = 81$. Die Fitneß des Individuums beträgt somit 1+81 = 82.

4.6.3 Genetische Operationen

Die genetischen Operationen entsprechen denjenigen, die in den Kapiteln 4.5.3 und 4.5.4 vorgestellt wurden. Sie dienen zur Erzeugung neuer Individuen (Programmen) aus bereits bestehenden. Eingesetzt werden Varianten des Crossover und der Mutation. Daneben existiert die Replikation, bei der ein Individuum unverändert in eine neue Population übernommen wird.

Bei den genetischen Operationen ist jedoch zu beachten, daß an Stelle von Strings nun Bäume existieren, und die entsprechenden Definitionen aus Kap. 4.5 entsprechend sinngemäß modifiziert werden müssen. Die Abb. 4.31 zeigt eine „entsprechende" Übertragung einer Crossover-Operation auf Bäume.

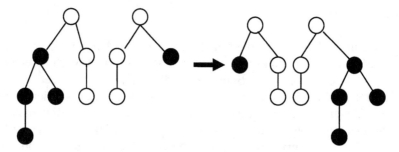

Abb. 4.31 Beispiel für eine Crossover-Operation zweier Bäume

Ein konkretes Beispiel für mögliche Crossover bei Bäumen liefert Bsp. 4.8.

Beispiel 4.8
Gegeben seien Elter 1 durch

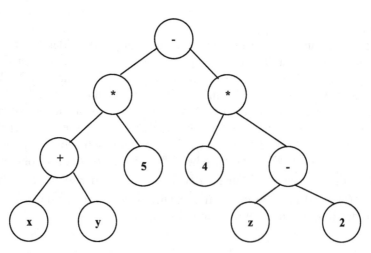

und Elter 2 durch

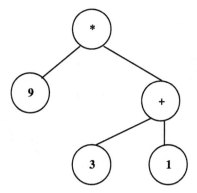

Seien ferner zur Durchführung des Crossover von Elter 1 der Unterbaum

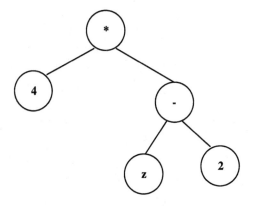

und von Elter 2 der Unterbaum

gegeben. Dann lassen sich durch Crossover die zwei Nachkommen

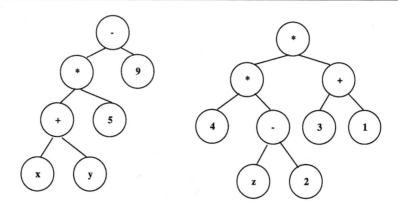

erzeugen.

Durch entsprechende andere Wahl der Crossover-Punkte wäre auch der Nachkomme

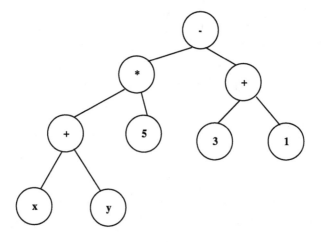

erstanden.

Bei Mutationen wird ein Knoten eines Baumes durch einen anderen ersetzt. Dieser neue Knoten kann für eine andere Funktion, eine andere Variable oder eine andere Konstante stehen. Wichtig ist nur, daß innere Knoten nur durch Funktionen und Blätter nur durch Variablen oder Konstanten ersetzt werden (s. Abb. 4.30).

4.7 Evolutionsstrategien

Die Evolutionsstrategien (ES) gehen auf die Arbeiten von Ingo Rechenberg und Hans-Paul Schwefel zurück. Sie wurden vor allem für Optimierungsaufgaben bei technischen Fragestellungen konzipiert. Sie unterscheiden sich von den Genetischen Algorithmen vor allem bei der Lösungsrepräsentation, den Selektionsmechanismen sowie dem Einsatz der genetischen Oparationen.

4.7.1 Codierung

Die Evolutionsstrategien beruhen auf einer an reellen Zahlen orientierten Codierung. Der Grund liegt in der Dominanz der technischen Ausrichtung der Anwendungen. Die einzelnen Informationen liegen in Form von reellen Zahlen bzw. Vektoren von reellen Zahlen vor. Die Chromosome werden mit diesen Vektoren identifiziert. Die Individuen einer Population sind somit Vektoren reeller Zahlen und eine Population eine Menge derartiger Vektoren.

Die Evolutionsstrategien modellieren ferner den Evolutionsprozeß primär auf der phänotypischen Ebene, also auf der Ebene von Individuen mit ihren Eigenschaften. Damit unterscheiden sie sich von den Genetischen Algorithmen, bei denen Chromosomen-Ebene im Vordergrund steht.

4.7.2 Genetische Operationen

Auch bei den Evolutionsstrategien lassen sich die genetischen Operationen in Rekombination und Mutation einteilen. Im Gegensatz zu den Genetischen Algorithmen stehen bei den Evolutionsstrategien die Mutationen im Vordergrund. Rekombinationsmechanismen spielen nur eine untergeordnete Rolle. Es können hierbei alle genetischen Operationen eingesetzt werden, die in Kap. 4.5.3 beschrieben wurden, soweit sie für reellwertige Darstellungsformen geeignet sind.

4.7.3 Selektion

Bei der Selektion in der Evolutionsstrategie bekommen nur jene μ Individuen eine Chance zur Übernahme in die Population der nächsten Generation, die sehr gute Eigenschaften, z.B. hohe Fitneßwerte (Zielfunktionswerte), besitzen. Es gibt jedoch verschiedene Varianten dieses Selektionsprozesses

- Plus-Selektion
- Komma-Selektion
- Sonstige Verfahren

Plus-Selektion

In der Form $(\mu + \lambda)$-ES (Plus-Selektion) treten μ Eltern und λ Nachkommen auf. μ und λ repräsentieren beliebige ganze Zahlen und sind immer so zu wählen, daß $\lambda \geq \mu \geq 1$ ist. Die Evolutionsschritte sind folgenden:

1. Aus den μ Eltern werden λ Eltern für die Erzeugung von λ Nachkommen (Duplikate) zufällig ausgewählt. Die Auswahl trifft mit gleicher Wahrscheinlichkeit jedes Individuum der Elternpopulation.
2. In zweiten Schritt wird das Duplikat (Kind) mutiert.
3. Als nächstes werden aus den μ Eltern und λ Kindern die μ besten Individuen als Eltern der nächsten Generation ausgewählt.

Bei dieser Form werden die Eltern und die Nachkommen einer Generation gemeinsam bewertet, und die jeweils μ besten überleben. Es handelt sich hierbei um eine Form der Elite-Selektion, denn ein Individuum, welches hinsichtlich der Qualitätsfunktion wesentlich besser ist als die meisten anderen Individuen, kann viele Generationen überleben. Die Qualität der Individuen verschiedener Generationen fällt nie, sie steigt stetig.

(1 + 1)-Evolutionsstrategie

Die (1 + 1)-Evolutionsstrategie ist die einfachste Variante der Plus-Selektion. Durch die Selbstreproduktion eines einzelnen Individuums (einem Vektor von Parametern in Form von reellen Zahlen) wird zunächst ein identischer Nachkomme erzeugt. Als nächstes werden, durch Addition zufälliger positiver oder negativer Werte, die einzelnen Komponenten des Nachkommens verändert (mutiert). Jetzt kann der mutierte Nachkomme und das Ausgangsindividuum mit Hilfe der Fitneßfunktion bewertet werden. Zum Schluß wird nach dem Prinzip „survival of the fittest" entschieden, welches der beiden Individuen zur Erzeugung weiterer Nachkommen verwendet wird. Das jeweils schlechtere Individuum wird gelöscht (selektiert). In dem Fall, daß beide Individuen den gleichen Qualitätswert haben, wird eines der beiden Individuen zufällig ausgewählt.

Diese einzelnen Schritte werden nun so lange wiederholt, bis eine ausreichend gute Lösung gefunden wurde. Ausreichend gute Lösung heißt hier, daß man für die Qualität einen Grenzwert festlegt, bei dessen Erreichen der Algorithmus stoppt. Dies wird vor allem bei Problemstellungen benötigt, bei denen man nicht weiß, ob es sich bei der jeweils gefundenen Lösung um das globale Optimum oder ein lokales Optimum handelt und es genügt, eine annähernd optimale Lösung zu finden.

Zudem können andere Abbruchkriterien eingeführt werden. So ist es beispielsweise denkbar, eine maximale Rechenzeit für die Simulation festzulegen oder eine maximale Anzahl an Generationsschritten durchzuführen.

Bei der Festlegung eines anderen Abbruchkriteriums als eines zu erreichenden Qualitätswertes besteht allerdings die Gefahr, daß das Finden einer optimalen Lösung durch frühzeitigen Abbruch verhindert wird.

Die hier beschriebene Evolutionsstrategie bearbeitet lediglich ein einziges Individuum (nur bis zur Selektion existieren kurzzeitig zwei Individuen) – es gibt keine Population – und verbessert dieses ausschließlich durch Mutationen.

($\mu + \lambda$)-Evolutionsstrategie

Bei der ($\mu + \lambda$)-Evolutionsstrategie handelt es sich um eine Verallgemeinerung der (1 + 1)-Evolutionsstrategie, die den seriellen Charakter der (1+1)-Evolutionsstrategie überwindet, indem nicht nur ein Individuum, sondern eine Population bearbeitet wird. Dabei ist μ die Anzahl der Elter-Individuen und λ die Anzahl der von diesen zu erzeugenden Nachkommen, wobei μ und λ ganze Zahlen und $\lambda \geq \mu \geq 1$ gilt.

Die Evolutionsschritte laufen prinzipiell genau so ab, wie bei der (1 + 1)-Evolutionsstrategie. Von den μ Eltern werden mit gleicher Wahrscheinlichkeit zufällig λ Eltern zur Erzeugung von λ Nachkommen gewählt. Dabei ist eine Mehrfachauswahl nicht nur möglich, sondern für den Fall, daß $\mu < \lambda$ ist, auch nötig. Wie auch bei der (1 + 1)-Evolutionsstrategie werden die λ Nachkommen mutiert und gemeinsam mit den Eltern bewertet. Aus dem Selektionspool, in der gleichermaßen die Eltern wie auch die mutierten Nachkommen landen, werden die μ besten Individuen als Eltern der nächsten Generation ausgewählt.

Aus dieser Strategie resultiert aufgrund der Tatsache, daß grundsätzlich die Eltern und Nachkommen zur Selektion herangezogen werden, der Effekt, daß die Qualität der Individuen einer Population von Generation zu Generation nie schlechter werden kann, wobei die Größe der Elternpopulation stets gleich bleibt.

Komma-Selektion

(μ, λ)-Evolutionsstrategie

Aufgrund der Tendenz von ($\mu + \lambda$)-Evolutionsstrategien in lokalen Optima zu landen, führte Hans-Paul Schwefel die Komma-Notation ein. Bei diesem Verfahren werden nur noch die λ Nachkommen zur Auswahl der μ Eltern der Folgegeneration herangezogen. Die Eltern der Vorgängergeneration werden grundsätzlich „vergessen", wodurch die Evolution zumindest naturgetreuer nachgeahmt wird, da es im Gegensatz zur ($\mu + \lambda$)-Evolutionsstrategie keine potentiell unsterblichen Individuen mehr gibt. Individuen leben somit nur noch genau eine Generation.

Die Gefahr der vorzeitigen Konvergenz zu einem lokalen Optimum führt oft dazu, daß das globalen Optimum nicht gefunden wird, da durch Mutation keine weitere Verbesserung erreicht werden kann. Zudem ändert sich der Verlauf der Fitneßfunktion. Mit der Fitneßfunktion kann das Verhalten der Individuen einer Population über mehrere Generationsschritte hinweg beschrieben werden. So kann man die Güte des Besten Individuums über die Generationsaschritte hinweg beobachten und als Qualitätsmaß auffassen. Während sich der Verlauf der Fitneßfunktion bei der $(\mu + \lambda)$-Evolutionsstrategie monoton (steigend oder fallend, je nach Optimierungsziel) verhält, verhält sich die Fitneßfunktion der (μ, λ)-Evolutionsstrategie unter Umständen stark nach oben und nach unten schwankend. Dies liegt daran, daß die Individuen der Eltergeneration durchaus eine bessere Qualität haben können, als die der Nachkommen. Da die Eltern stets „vergessen" werden, kann es so vorkommen, daß die Individuen der Folgegeneration schlechter sind, als die der Vorgängergeneration, was zu Rückschritten im Optimierungsprozeß führen kann.

Wie stark diese Schwankungen der Fitneßfunktion ausfallen, hängt in der Regel von der Stärke der Mutation ab. Bei einer geringfügigen Mutation treten im Allgemeinen auch geringfügige Änderungen der Fitneßfunktion auf. Geringfügige Mutationen führen deshalb auch bei Evolutionsstrategien zu besseren Ergebnissen.

Die $(\mu + \lambda)$- und die (μ, λ)-Evolutionsstrategien werden für den Fall, daß die Selektionsstrategie keine Rolle spielt, zur $(\mu \# \lambda)$- Evolutionsstrategie zusammengefaßt, wobei „ # " für „ + " oder „ , ' steht.

Sonstige Evolutionsstrategien

Neben der Komma- und der Plus- Selektion sind vor allem in jüngster Zeit eine Reihe von Alternativen vorgeschlagen worden, so z.B. die in Kap. 4.5.4.2 beschriebene Wettkampselektion. Daneben gibt es noch einige spezielle Evolutionsstrategien.

$(\mu/\rho\#\lambda)$-Evolutionsstrategie

Im Gegensatz zu den bisher beschriebenen Varianten nutzt diese Evolutionsstrategie die sexuelle Rekombination. Sie läuft im Prinzip genau so ab, wie die $(\mu \# \lambda)$-Evolutionsstrategie, mit der Ausnahme, daß anstelle des Klonens zur Erzeugung der Nachkommen eine Rekombination durchgeführt wird.

Zur Erzeugung eines Nachkommen werden jetzt nicht mehr ein Elter, sondern eine Gruppe von ρ Elter-Individuen herangezogen, was bedeutet, daß für die zu erzeugenden λ Nachkommen λ mal ρ Eltern rekombiniert werden. Die Elter-Individuen werden auch hier zufällig mit gleicher Wahrscheinlichkeit ausgewählt und dupliziert.

Um aus den Duplikaten der je ρ Elter-Individuen einen Nachkommen zu erzeugen, macht man sich die Tatsache zu Nutze, daß die Individuen in Form von Vektoren reeller Zahlen codiert sind.

Die Evolutionsstrategen nutzen meist eine der beiden folgenden unterschiedlichen Rekombinationsstrategien, mit deren Hilfe aus den ρ Elter-Individuen ein Nachkomme erzeugt wird.

Die erste Variante rekombiniert die Duplikate der Elter-Individuen dadurch, daß der Nachkomme für die jeweiligen Vektorpositionen den Durchschnittswert derselben Vektorpositionen der Elter-Individuen verwendet.

Bei der zweiten Variante werden die einzelnen reellen Zahlen der Duplikate der Elter-Vektoren gleicher Position zufällig untereinander vertauscht. Zum Schluß wird per Zufall einer der so entstandenen Nachkommen ausgewählt.

Nachdem ein Nachkomme durch die Rekombination erzeugt wurde, kann mit der Mutation und den weiteren Schritten der verwendeten $(\mu \# \lambda)$ -Evolutionsstrategie fortgefahren werden.

Evolutionsstrategien mit mehreren Populationen

Ein weiteres Modell, welches von Rechenberg entwickelt wurde, sind die Evolutionsstrategien mit mehreren Populationen. Sie sind besonders für die parallele Verarbeitung interessant. Hier ist die Notation durch das Einfügen einer weiteren Klammerebene erweitert worden. Die Werte innerhalb der runden Klammern bezeichnen dabei weiterhin Individuen und die Werte außerhalb bezeichnen Populationen.

Eine [4,8(12,16)]-Evolutionsstrategie beispielsweise bezeichnet vier unabhängige Populationen, die nach demselben Schema wie zuvor auf Individuenebene, acht neue Populationen erzeugen. Diese Populationen mit je zwölf Individuen erzeugen wie bisher sechzehn Nachfolger, die nach der Komma-Variante behandelt werden. Jetzt werden diese acht Populationen in eine Urne geworfen und die besten vier Populationen überleben nach der Komma-Variante.

Es gibt mehrere Gesichtspunkte nach denen diese Populationsauswahl stattfinden kann. Das Qualitätsmaß für Populationen könnte beispielsweise die durchschnittliche Qualität der in der Population enthaltenen Individuen sein. Man könnte aber auch die Qualität des besten Individuums der Population mit der Qualität der Population gleich setzen. Denkbar wäre auch, daß man die Varianz der Individuenqualität in die Bewertung einfließen läßt.

4.8 Evolutionäre Programmierung

Das Evolutionäre Programmieren (EP) wurde ab dem Beginn der sechziger Jahre von Lawrence J. Fogel als Optimierungsmethode für Künstliche Intelligenz entwickelt und von seinem Sohn David B. Fogel ab 1990 ergänzt. Zwar existierten bereits vorher erste Ansätze, darunter der von Friedberg 1958 verwendete, aber erst Fogel konnte mit seiner Strategie den ersten relevanten Meilenstein des Evolutionären Programmierens setzen. Neu an Fogels Überlegungen war, daß er eine Population von endlichen Automaten einsetzte und diese sich nach den natürlichen Prinzipien der Evolution weiterentwickeln ließ.

Fogels Motivation bestand darin, ein möglichst effizientes Verfahren zur Optimierung von Algorithmen zu finden. Während Friedberg einen binärcodierten Algorithmus benutzte, der sich durch Zufallsänderungen der Anweisungen der Umgebung anpaßt, trennte sich Fogel vom heuristischen Programmieren. Verfahren, die eine Optimierung mit Neuronalen Netzen anstrebten, fand er nicht ausreichend, da diese seiner Meinung nach dem (beschränkten) menschlichen Denken nachempfunden sind.

Die Individuen stellten einfache endliche Automaten (finite-state machines) dar. Neue Individuen wurden durch zufällige Änderungen im *transition table* erstellt. Ein Nachkomme wurde bewertet, indem ein Vergleich der durch das Individuum erzeugten Sequenz von Symbolen mit einer gegebenen Sequenz durchgeführt wurde. Der Prozentsatz der Übereinstimmungen ergab die Güte. Der Nachkomme und sein Elter wurden miteinander verglichen und nur der bessere überlebte. Das schlechtere Individuum wurde verworfen.

Fogel, Owens und Walsh waren bekannt, daß so ein Algorithmus in lokalen Minima hängen bleiben kann. Deshalb arbeiteten sie mit einer Population von Individuen. Es wurde genauso viele Nachkommen erstellt, wie Individuen in der Population waren. Durch Selektion wurde die jeweils bessere Hälfte der Eltern und Nachkommen ausgewählt und bildete die neue Population.

Obwohl Mutation als der hauptsächliche Operator angesehen wurde, erwähnte Fogel, Owens und Walsh die Möglichkeit der Verwendung einer Rekombination, die sogar zwischen mehr als zwei Eltern stattfinden könne.

Die Arbeiten von Fogel, Owens und Walsh können als erste erfolgreiche Anwendung Evolutionärer Algorithmen angesehen werden. Sie wurden aber für viele Jahre nicht beachtet bzw. abgelehnt.

Erst in den 80er Jahren kam es wieder zu einer Belebung des Evolutionären Programmierens, Dies ist insbesondere ein Verdienst von David Fogel, der die über lange Zeit ignorierten Arbeiten seiner Vaters wieder aufnahm bzw. fortführte. Dennoch ist die Evolutionäre Programmierung

diejenige Teildisziplin innerhalb der Evolutionären Algorithmen, die die geringste Verbreitung gefunden hat.
Man unterscheidet heute vier Varianten der Evolutionären Algorithmen

- Standard-EP
- Meta-EP
- R-meta-EP
- Fast EP (FEP),

die im folgenden kurz beschrieben werden.

4.8.1 Standard-EP

Bei der Technik des Standard-EP wird eine Population in einer speziellen Umgebung simuliert. Die Population besteht aus einer Anzahl von Individuen, die – wie in der Natur – mit der Umwelt in Wechselwirkung stehen.
Ein solches Individuum ist in den meisten Fällen ein Mealy-Automat, also ein endlicher Automat mit Ausgabe, mit einer geringen Anzahl von Zuständen. Eine hohe Zustandszahl ist zwar ebenfalls möglich, oft werden aber wegen der leichteren Überschaubarkeit vergleichsweise primitive Modelle verwendet. Die Automaten werden als Finite State Machines (FSM) realisiert und stellen gerichtete Graphen dar. Sie repräsentieren das Erbgut des implementierten Individuums.
Die Abb. 4.32 zeigt die Graphendarstellung eines solchen Automaten bestehend aus drei Zuständen. Die Zahlen 0,1 stehen für die Eingabesymbole, d.h. Symbole aus dem Umgebungsalphabet, und die Großbuchstaben für die Benennung der Zustände.

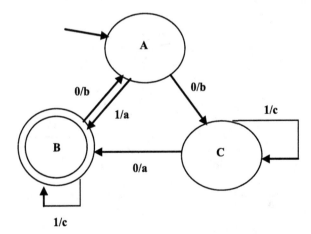

Abb. 4.32 Darstellung eines Individuums als Finite State Automaten (FSM)

Die Umgebung, die in der Natur den Bedingungen eines bestimmten Biotops entsprechen würde, besteht ebenfalls wegen der geringen Komplexität lediglich aus einer Folge von Symbolen, die periodisch ist. Das Alphabet dieser Symbole muß fest und endlich sein.

Die aus verschiedenen Individuen bestehende Population wird nun der Umgebung ausgesetzt. Ziel ist es, einen Automaten zu finden bzw. zu erzeugen, der möglichst exakt das nächste Symbol der Umgebungsfolge vorhersagen kann.

Jeder Automat erhält dazu als Eingabe das letzte Symbol der Umweltfolge. Er verarbeitet es und produziert ein Ausgabesymbol, das ebenfalls ein Element aus dem Alphabet der Folge sein muß. Da der Automat in einem Vektor codiert ist, ist eine typische Übergangsfunktion definiert durch

$$F(x) : IR^n \rightarrow IR,$$

d.h., der in einem Vektor implementierte Automat produziert genau ein Ausgabesymbol, das aus dem Alphabet der Umgebungsfolge (meist eine Teilmenge von IR) stammen muß.

Durch Mutationen und anschließende Selektion der Individuen findet eine Anpassung an das System statt, so daß nach genügend „Generationswechseln" die Population aus den an ihren „Lebensraum" adaptierten (angepaßten) Organismen besteht. Jeder Automat der Population repräsentiert also eine mögliche Lösung für das zu optimierenden Problem.

Die nächste Generation der Population entsteht jeweils nach Mutation der Eltern. Theoretisch wird das Individuum einer Zufallsmutation der Form

$$x_i' = x_i + N_i(0,1)$$

unterzogen.

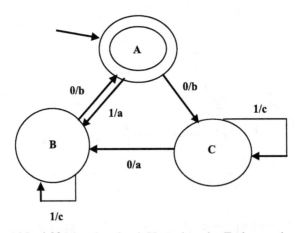

Abb. 4.33 Mutation durch Verändern des Endzustandes

Praktisch, bzw. phänotypisch können die Individuen durch fünf verschiedene Mutationen verändert werden: eine Änderung des Startzustandes bzw. der Endzustände, durch Hinzufügen oder Löschen von Zuständen oder durch Ändern der Übergangsfunktion. Dabei ist die Zahl der Mutationen pro Automat in der Regel nicht begrenzt. Hier sei ein wichtiger Unterschied zu den Genetischen Algorithmen erwähnt: EP benutzt nur diesen einzigen Optimierungsoperator, auf Rekombination wird vollkommen verzichtet.

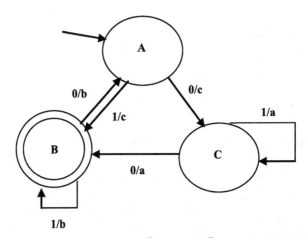

Abb. 4.34 Mutation durch Ändern der Übergangsfunktion

Wie in der Natur erhöht sich mit dem Erfolg einer bestimmten Mutation auch die Häufigkeit ihres Auftretens in zukünftigen Generationen.

Neben den Mutationen, die sich im „Phänotyp" des Automaten bemerkbar machen, sind auch „stumme Mutationen". Dann hat die Änderung keine Auswirkung auf das Verhalten des Organismus in seiner Umwelt.

In jeder Generation werden die Individuen einer Fitneßbewertung unterzogen. Dies leistet eine sogenannte Payoff-Funktion. Sie überprüft die Korrektheit der gemachten Vorhersagen mit stochastischen Methoden und bewertet den Phänotyp des Individuums in Bezug auf diese Vorgaben. Demnach gilt ein Individuum als optimal angepaßt, wenn es in 80% aller Fälle das nächste Symbol der Umgebungsfolge korrekt vorhersagt.

Ein Beispiel für eine Selektionsmethode ist das q-Tournament: Das Individuum wird mit q weiteren Individuen verglichen und erhält immer, wenn es selbst besser bewertet wird als der Konkurrent, einen Punkt. Am Ende werden die Individuen mit der besten Punktzahl in die nächste Generation übernommen.

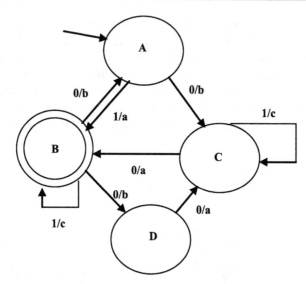

Abb. 4.35 Mutation des Individuums durch Hinzufügen eines weiteren Zustandes

Neben der Vorhersage ist ein weiteres Bewertungskriterium die Komplexität der Automaten. Um die Kosten für Speicher und Rechenzeit gering zu halten, wird eine geringe Zustandmenge positiv gewertet.

Mit der Payoff-Funktion wird Selektionsdruck auf die Gruppe ausgeübt. Ein Individuum wird nur dann als Nachkomme in die Population integriert, wenn es nach dieser Bewertung mindestens genauso „erfolgreich" ist wie seine Eltern.

Leider sind diese Optimierungsmethoden nur in einer statischen Umgebung erfolgreich. Besitzt die Umwelt ebenfalls Möglichkeiten, sich zu ändern, kompliziert sich die Evolution. Im schlimmsten Fall kann keine Adaption der Population erreicht werden, da die Umgebung immer ein anderes Verhalten entwickelt.

Zudem muß die Optimierung von Zeit zu Zeit daraufhin überprüft werden, ob die Evolution nicht auf ein lokales Maximum hinausläuft. Dann kann nämlich das Ziel, eine globale Lösung für das Problem zu finden, leicht verpaßt werden.

Anders als in der Natur wird keine Rücksicht auf die Fortpflanzungsfähigkeit zu einem bestimmten Zeitpunkt genommen (z.B. könnte die Fortpflanzungsfähigkeit erst nach einer „Geschlechtsreife" gegeben sein). Zudem wird nicht berücksichtigt, daß die Organismen eine nur beschränkte Lebensdauer besitzen. Bei dem beschriebenen Verfahren wäre es möglich, daß ein Automat Hunderte Generationen überlebt. Dies mag zwar nicht unbedingt dem biologischen Vorbild entsprechend, ist aber für die Anwendung des EP nicht von Vorteil.

4.8.2 Sonstige Varianten

Eine Erweiterung der Standard-EP ist das *meta-EP*. Im meta-EP wird jedem Individuum ein zusätzlicher Vektor mit Standardabweichungen zugeordnet. Dadurch erhält das Individuum die Fähigkeit zur Selbstadaption an das System. Die Standardabweichungen werden nach der Form

$$x_i' = x_i + \sigma_i * N_i(0,1)$$

(mit σ_i der zusätzlichen Standardabweichung und N(0,1) der Gaußschen Standard-Normalverteilung) in die Produktion von neuen Nachkommen eingebunden.

Eine weitere Spezifizierung des meta-EP ist das *R-Meta-EP*. Hier wird noch ein zusätzlicher Vektor von Korrelationskoeffizienten hinzugefügt, so daß eine Kovarianz-Matrix entsteht, die wiederum eine effizientere Selbstadaption der Individuen ermöglicht.

Die neueste Entwicklung auf dem Sektor des Evolutionären Programmierens ist das *Fast EP (FEP)*. Durch einen neu konstruierten Mutationsoperator erreicht die Population eher das globale Maximum, so daß sich die Evolution nicht in ein lokales Maximum verläuft.

5 Hybride Systeme

5.1 Motivation

Alle drei vorgestellten Prinzipien des Soft-Computing, künstliche Neuronale Netze, Fuzzy-Logik und Evolutionäre Algorithmen, besitzen ihre individuellen Vor- und Nachteile.

Künstliche Neuronale Netzen haben den Vorteil, daß zu ihrer Anwendung kein Wissen über ein konkretes Lösungsverfahren notwendig ist. Sie „erlernen" eine Lösung ausschließlich durch die Präsentation von Beispieldaten. Eine „explizite Programmierung" findet nicht statt. Einmal trainiert, erweisen sie sich als sehr robust gegenüber verrauschten Eingabedaten. Andererseits besitzen sie auch eine Reihe von Nachteilen. So müssen vor ihrer Anwendung auf ein gegebenes Problem zunächst eine Reihe von Entscheidungen getroffen werden, die über den Erfolg oder Mißerfolg entscheiden können. So müssen z.b. zunächst der konkrete Netztyp, die Topologie, die Lernmethode, die Initialisierung oder verschiedene Parameter festgelegt werden. Hierzu ist eine gewisse Erfahrung notwendig, da anderenfalls eine lange Trainingszeit durch Experimentieren mit unterschiedlichen Startkonfigurationen nach dem try-and-error-Prinzip entsteht. Hier offenbart sich eine gravierende Schwäche der Künstlichen Neuronalen Netze: Vorwissen über Beziehungen zwischen den Trainingsdaten oder über Vorgehensweisen zur Lösung des gegebenen Problems kann nicht in das System integriert werden. Zwar gibt es eine Reihe von Erfahrungswerten, die bei der Gestaltung berücksichtigt werden können, doch stellen sie keine echte Wissensrepräsentation dar. So bietet es sich z.B. bei einfachen assoziativen Systemen an, die Gewichte orthogonal zueinander und möglichst auch zu den Eingabevektoren zu initialisieren. Unter Wissensintegration versteht man jedoch, daß bestimmte Regeln über die Zusammenhänge der Eingabekomponenten untereinander oder zu der zugehörigen Ausgabe bekannt sind, die zur Initialisierung des Netzes benutzt werden. Damit zusammenhängend ist auch die „Black-Box"-Sicht, als die sich ein Künstliches Neuronales Netz repräsentiert. Sein Verhalten ist nur für eingegebene Daten bekannt. Es lassen sich hieraus jedoch nur eingeschränkt Rückschlüsse auf das Verhalten bei neuen Daten schließen. Ferner muß die zur

Verfügung stehende Menge von Beispieldaten genügend groß sein und den kompletten Eingaberaum geeignet überdecken.

Fuzzy-Logik gestaltet die Modellierung von vagem Wissen. Viele Situationen können dadurch viel exakter beschrieben werden, als dies mit der klassischen zweiwertigen Logik der Fall ist. Auf Fuzzy-Logik aufbauende regelbasierte Systeme werden in zunehmenden Maße zur Steuerung von Prozessen eingesetzt. Da ihre Regelbasis auf IF-THEN-Regeln basiert, kann ihr funktionales Verhalten relativ leicht nachvollzogen bzw. vorhergesagt und vorhandenes Wissen relativ einfach integriert werden. Bei Modifikationen des zu steuernden Prozesses können alte Regeln entweder direkt oder nach geringen Modifikationen übernommen werden. Durch die Verwendung von Fuzzy-Mengen in den Regeln erweisen sich Fuzzy-Controller auch robuster gegenüber Störungen als klassische Controller. Ein Problem kann jedoch in der Praxis die Aufstellung einer geeigneten Regelbasis sein. Hier erweist es sich als Nachteil, daß regelbasierte Fuzzy-Systeme im Gegensatz zu künstlichen neuronalen Netzen nicht adaptiv sind. Sie können also z.B. nicht „on-the-job" trainiert und dadurch verbessert werden. Jedes nicht akzeptable Fehlverhalten des Systems muß vom Entwickler analysiert und entsprechend des Ergebnisses der Analyse von der Hand korrigiert werden. Prinzipiell gibt es zur Erstellung einer Regelbasis zwei Vorgehensweisen:

1. „data-driven"-Methoden

    Voraussetzung zur Anwendung dieser Methoden ist die Existenz einer geeigneten Menge von Beispielen. Diese werden mit mathematischen Methoden analysiert und klassifiziert und aus den Ergebnissen die Regeln abgeleitet. Entscheidend ist hierbei, daß genügend viele Beispieldaten zur Verfügung stehen und diese auch alle „Randfälle" abdecken. Dies ist jedoch in der Praxis nicht immer gegeben bzw. die Unvollständigkeit wird nicht erkannt und die erzeugten Regeln führen dadurch, meistens erst nach einer Phase korrekten Arbeitens, zu fehlerhaften Verhalten. Auch sind die Möglichkeiten, mit mathematischen Methoden die Datenbasis so zu analysieren, daß unmittelbar Regeln extrahiert werden können, beschränkt.

2. „expert-driven"-Methoden

    Hier ist das Wissen eines menschlichen Experten der Ausgangspunkt. Sein Wissen über die Steuerungsmechanismen wird in Regeln umgesetzt. Da meistens der Experte nicht gleichzeitig der Entwickler des Controllers ist, treten auch hierbei in der Praxis eine Reihe von Problematiken auf. Dies sei an einem Beispiel demonstriert: Eine Anlage zur Herstellung einer Werkzeugmaschine soll auf einen vollautomatischen Betrieb umgestellt werden. Bisher erfolgte die Steuerung durch einen alten Meister, der die Anlage seit über 30 Jahre bediente. Die

Entwicklung des Controllers liegt in den Händen eines jungen Diplom-Ingenieurs, der über diesen Fertigungsprozeß nur geringe Ahnung besitzt. Er muß nun versuchen, durch gezielte Befragung dem Meister sein Wissen „aus der Nase" zu ziehen. Das erste Problem besteht darin, daß dem Meister sein vollständiges Wissen selbst kaum bewußt ist. Um das Wissen des Meisters vollständig zu erfassen, müßte der Diplom-Ingenieur dementsprechend zielgerichtet den Meister hinterfragen. Dies ist ihm jedoch nur dann möglich, wenn er selbst detaillierte Kenntnisse über den Fertigungsprozeß hat. Eine weitere Problematik besteht darin, daß beide nicht „die gleiche Sprache" sprechen. Eine Antwort wie „man hört doch, daß die Maschine nicht rundläuft" kann nicht in eine Regel umgesetzt werden, wenn man selbst keine Geräuschveränderung wahrnimmt.

Bei evolutionären Algorithmen erweist sich in der Praxis das Erstellen einer geeigneten Codierung sowie einer guten Fitnessfunktion oft als ein Problem. Auch kann es zu Problemen bezüglich der Zeitkomplexität kommen.

Mit dem Ziel, die aufgezeigten Vorteile der verschiedenen Soft-Computing-Prinzipien zu kombinieren und ihre Nachteile zu eliminieren, wurden eine Reihe von Konzepten entwickelt, die verschiedenen Prinzipien miteinander zu verbinden. Am verbreitetsten ist hierbei die Kombination von Künstlichen Neuronalen Netzen mit Fuzzy-Logik. Auf die unterschiedlichsten Ausprägungen einer derartigen Kombination wird daher im folgenden besonders eingegangen.

5.2 Optimierung regelbasierter Fuzzy-Systeme mittels Neuronaler Netze

5.2.1 Das Verfahren von Lin und Lee

Von C. T. Lin und C.S.G. Lee wurde anfangs der 90er Jahre ein Verfahren entwickelt, mit dem Mamdani-Controller optimiert werden können. Hierzu wird ein gegebener Controller zunächst in ein funktional äquivalentes fünfschichtiges künstliches neuronales Netz transformiert. Dabei werden in dem generierten Netz für die Gewichte anstelle der üblichen reellen Zahlen Fuzzy-Mengen verwendet. In der anschließenden Trainingsphase werden die Gewichte (und somit die Fuzzy-Mengen) mit Hilfe einer speziellen Lernregel auf der Basis des Backpropagation-Verfahrens angepaßt. Ferner ist es möglich, neue Ausgabe-Partitions-Mengen zu erzeugen und die Konklusionen von Regeln zu ändern.

Die Transformation der Regelbasis

Das erzeugte fünfschichtige Netz ist wie folgt aufgebaut: die Eingabe-schicht enthält für jeden Eingabewert ein Neuron. In Schicht 2 gibt es für jeden vorhandenen linguistischen Term der Eingabe-Partitionierungen ein Neuron. Dieses ist jeweils mit dem Eingabe-Neuron verbunden, das der gleichen Eingabe-Dimension zugeordnet ist. Als Gewicht wird dabei die Eingabe-Partitions-Menge verwendet, die den jeweiligen linguistischen Term repräsentiert. Die verwendeten Fuzzy-Mengen sind Gauß- bzw. Dreiecks-Mengen. Schicht 3 enthält für jede Regel ein Neuron. Dieses ist genau mit den Neuronen aus Schicht 2 verbunden, die für die linguisti-schen Terme der Prämisse dieser Regel stehen. Dabei werden keine Ge-wichte verwendet. In Schicht 4 gibt es analog zu Schicht 2 für jeden vor-handenen linguistischen Term der Ausgabe-Partitionierungen ein Neuron. Dieses ist jeweils mit allen Neuronen aus Schicht 3 verbunden, deren zu-gehörige Regel diesen Term als Konklusion hat. Dabei werden keine Ge-wichte verwendet. In der Ausgabeschicht gibt es für jede Ausgabe-Dimension ein Neuron. Dieses ist mit allen Neuronen aus Schicht 4 ver-bunden, deren linguistischer Term zu dieser Ausgabe-Dimension gehört. Als Gewicht wird jeweils die dem linguistischen Term zugeordnete Aus-gabe-Partitions-Menge verwendet.

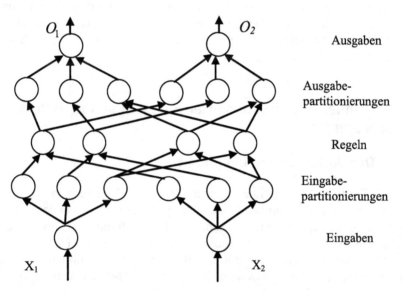

Abb. 5.1 Topologie des erzeugten Netzes

Die Regelbasis des Fuzzy-Controllers wird somit durch die Verbindun-gen zwischen den Schichten zwei, drei und vier gespeichert; die Partitio-nierungen werden in den Gewichten gespeichert.

Beispiel 5.1
Hat Regel 1 die Gestalt

$$IF \ \ x_1 = mittel \ \ \ UND \ \ \ x_2 = hoch \ \ THEN \ \ y_1 = schwach,$$

so gibt es folgende Verbindungen mit Neuron 1 aus Schicht 3:

- Aus der zweiten Schicht empfängt es Verbindungen von den Neuronen für *mittel* aus Eingabe-Partitionierung 1 und *hoch* aus Eingabe-Partitionierung 2.
- Zu Schicht 4 gibt es eine Verbindung mit dem Neuron für *schwach* aus Ausgabe-Partitionierung 1.

    Diese Verbindungsstruktur zeigt Abb. 5.2.

Die Berechnung der Netzausgabe entspricht der Berechnung der Ausgabe des gegebenen Fuzzy-Controllers. In Schicht 1 gibt jedes Neuron seine Eingabe unverändert weiter. Jedes Neuron aus Schicht 2 berechnet den Zugehörigkeitsgrad seines Eingabe-Wertes zu der Fuzzy-Menge, die als Gewicht der Verbindung mit Schicht 1 verwendet wird. In Schicht 3 berechnet jedes Neuron das Minimum seiner Eingabe-Werte. Dies ergibt den Erfüllungsgrad der Prämisse von der Regel, die es repräsentiert.

In Schicht 4 berechnet jedes Neuron das Minimum zwischen 1 und der Summe seiner Eingabe-Werte. Damit wird eine ODER-Verknüpfung realisiert, um die Schnitthöhe der zugehörigen Fuzzy-Menge zu bestimmen. In Schicht 5 berechnet jedes Neuron j seine Ausgabe wie folgt:

$$0_j = \frac{\sum_{i \in S_4} m_{5,i,j} \cdot w_{5,i,j} \cdot z_{4,i}}{\sum_{i \in S_4} w_{5,i,j} \cdot z_{4,i}}$$

wobei die Summe jeweils nur über die Neuronen i aus Schicht 4 läuft, mit denen das aktuelle Ausgabe-Neuron verbunden ist, $z_{4,i}$ die jeweilige Ausgabe ist und $m_{5,i,j}$ der Modalwert, $w_{5,i,j}$ die Weite der Fuzzy-Menge der Verbindungen mit Schicht 4 ist. Auf diese Weise wird eine Schwerpunkt-Defuzzifizierung approximiert.

Das so konstruierte Neuronale Netz ist offensichtlich funktional äquivalent zu dem gegebenen Ausgangs-Controller, d.h. für gleiche Eingaben erzeugt das Netz die gleichen Ausgaben wie dieser Fuzzy-Controller. Im Gegensatz zum gegebenen Fuzzy-Controller besteht jetzt zusätzlich die Möglichkeit, dieses Netz durch geeignetes Training zu verbessern.

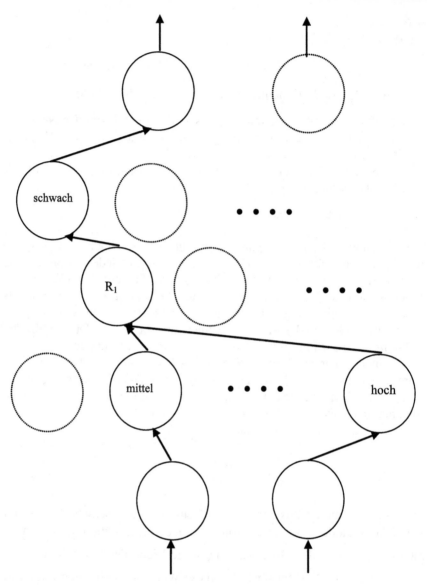

Abb. 5.2 Repräsentation der Regel 1 aus Beispiel 5.1

Die Lernregel

Beim Verfahren von Lin und Lee kommt eine hybride Lernregel zum Einsatz, welche auf dem Backpropagation-Verfahren beruht, d.h. die Gewichte des Netzes (und damit die Fuzzy-Mengen) werden mit einem Backpropagation-Verfahren trainiert.

Zusätzlich werden bei Bedarf neue Neuronen in Schicht 4 erzeugt, wobei gleichzeitig geeignete Verbindungen mit Schicht 3 und Schicht 5 generiert werden. Diese strukturelle Änderung des Netzes entspricht der Erzeugung neuer Ausgabe-Partitions-Mengen, sowie der Bildung neuer Konklusionen für einige Regeln.

Zur Entscheidung, ob neue Ausgabe-Fuzzy-Mengen benötigt werden, wird ein *Fuzzy-Ähnlichkeitsmaß E* mit Werten zwischen 0 und 1 verwendet:

Definition 5.1 *(Fuzzy-Ähnlichkeitsmaß E)*

Seien $\tilde{A}_1 \subset X$ und $\tilde{A}_2 \subset X$ Fuzzy-Mengen auf einer Grundmenge X. Dann gilt für das Fuzzy-Ähnlichkeitsmaß $E(\tilde{A}_1, \tilde{A}_2)$

$$E(\tilde{A}_1, \tilde{A}_2) := \frac{M(\tilde{A}_1 \cap \tilde{A}_2)}{M(\tilde{A}_1 \cup \tilde{A}_2)}$$

wobei

$$M(\tilde{A}) := \sum_{x \in X} \mu_{\tilde{A}}(x)$$

die Mächtigkeit einer Fuzzy-Menge $\tilde{A} \subset X$ ist.

Mit diesem Fuzzy-Ähnlichkeitsmaß wird der Grad der Gleichheit von zwei Fuzzy-Mengen bestimmt. Dabei gilt, je ähnlicher die Mengen sind, desto größer ist der Wert des Ähnlichkeitsmaßes.

Als direkte Folgerung aus Definition 5.1 ergibt sich, daß zwei gleiche Mengen das Ähnlichkeitsmaß 1 besitzen:

Satz 5.1

Zwei gleiche Mengen haben Ähnlichkeitsmaß 1, d.h. es gilt:

Sei $\tilde{A} \subset X$ eine Fuzzy-Menge auf einem Grundraum X. Dann gilt bei Verwendung des Minimums als T-Norm und des Maximums als T-Conorm:

$$E(\tilde{A}, \tilde{A}) = 1.0$$

Beispiel 5.2

Seien auf dem Grundraum X={1,2,3,4} die Fuzzy-Mengen $\tilde{A}_1$ gemäß

$$\mu_{\tilde{A}_1}(1) = 0.2, \quad \mu_{\tilde{A}_1}(2) = 0.4, \quad \mu_{\tilde{A}_1}(3) = 0.9, \quad \mu_{\tilde{A}_1}(4) = 0.7$$

und $\tilde{A}_2$ gemäß

$$\mu_{\tilde{A}_2}(1) = 0.4, \quad \mu_{\tilde{A}_2}(2) = 0.5, \quad \mu_{\tilde{A}_2}(3) = 0.8, \quad \mu_{\tilde{A}_2}(4) = 0.6$$

definiert.

Dann gilt:

$$E(\tilde{A}_1, \tilde{A}_2) = \frac{M(\tilde{A}_1 \cap \tilde{A}_2)}{M(\tilde{A}_1 \cup \tilde{A}_2)} = \frac{\sum\limits_{x \in X} \mu_{\tilde{A}_1 \cap \tilde{A}_2}(x)}{\sum \mu_{\tilde{A}_1 \cup \tilde{A}_2}(x)}$$

$$= \frac{\sum\limits_{x \in X} \min\{\mu_{\tilde{A}_1}(x), \mu_{\tilde{A}_2}(x)\}}{\sum\limits_{x \in X} \max\{\mu_{\tilde{A}_1}(x), \mu_{\tilde{A}_2}(x)\}}$$

$$= \frac{\min\{0.2, 0.4\} + \min\{0.4, 0.5\} + \{0.9, 0.8\} + \min\{0.7, 0.6\}}{\max\{0.2, 0.4\} + \max\{0.4, 0.5\} + \max\{0.9, 0.8\} + \max\{0.7, 0.6\}}$$

$$= \frac{0.2 + 0.4 + 0.8 + 0.6}{0.4 + 0.5 + 0.9 + 0.7} = \frac{2.0}{2.5} = 0.8$$

Das von Lin und Lee entwickelte Lernverfahren basiert auf der Annahme, daß eine aus der Ausgabe-Partitions-Menge $\tilde{B}_{j*}$ mit dem Backpropagation-Algorithmus berechnete Fuzzy-Menge $\tilde{B}_{j*}^{neu}$ die im Vergleich zu $\tilde{B}_{j*}$ bessere Konklusion einer Regel mit hohem Erfüllungsgrad ist. Daher soll bei Regeln mit hohem Erfüllungsgrad der Prämisse jeweils die Konklusion $\tilde{B}_{j*}$ durch $\tilde{B}_{j*}^{neu}$ ersetzt werden.

Dies geschieht jedoch nicht analog zum Backpropagation-Verfahren durch einfaches Ändern der Fuzzy-Mengen. Statt dessen wird eine der folgenden drei Möglichkeiten durchgeführt:

1. Ist $\tilde{B}_{j*}^{neu}$ ähnlich zu $\tilde{B}_{j*}$, wird die $\tilde{B}_{j*}$ geändert zu $\tilde{B}_{j*}^{neu}$.

2. Ist $\tilde{B}_{j*}^{neu}$ ähnlich zu einer anderen Fuzzy-Menge $\tilde{B}_{j*}^{x}$, wird diese als neue Konklusion der betroffenen Regeln eingesetzt.

3. Ist $\tilde{B}_{j*}^{neu}$ zu einer vorhandenen Ausgabe-Partitions-Menge ähnlich genug, wird $\tilde{B}_{j*}^{neu}$ als neue Ausgabe-Partitions-Menge eingefügt und als Konklusion betroffener Regeln eingesetzt.

Auf diese Weise erhält jede vorhandene Regel die optimale Konklusion. Fall 1 entspricht dem gewöhnlichen Backpropagation-Verfahren, Fall 2 ändert die Konklusion einer vorhandenen Regel und Fall 3 erzeugt eine zusätzliche Ausgabe-Partitions-Menge. Die Eingabe-Partitions-Mengen werden direkt mit dem Backpropagation-Verfahren adaptiert. Die neuen

Modalwerte und Weiten der Ausgabe-Partitions-Menge werden gemäß dem Backpropagation-Algorithmus nach folgenden Formeln berechnet:

$$\Delta m_{5,i,j} = \eta \cdot \left((w_{5,i,j} \cdot z_{4,i}) \cdot \frac{y_j - 0_j}{\sum\limits_{k \in S_4} w_{5,k,j} \cdot z_{4,k}} \right)$$

$$\Delta w_{5,i,j} = \eta \cdot \left(\frac{m_{5,i,j} \cdot \left(\sum\limits_{k \in S_4} w_{5,k,j} \cdot z_{4,k} \right) - \left(\sum\limits_{k \in S_4} m_{5,k,j} \cdot w_{5,k,j} \cdot z_{4,k} \right) \cdot z_{4,i}}{\left(\sum\limits_{k \in S_4} w_{5,k,j} \cdot z_{4,k} \right)^2} \cdot (y_j - 0_j) \right)$$

mit

1. $m_{5,i,j}$ und $w_{5,i,j}$ Modalwert und Weite der Ausgabe-Partitions-Menge, die Verbindungsgewicht zwischen Neuron i aus Schicht 4 und Neuron j aus der Ausgabeschicht ist

2. $z_{4,i}$ bzw. $z_{4,k}$ den Ausgaben von Neuron i bzw. k aus Schicht 4

3. 0_j der berechneten Ausgaben, y_j der gewünschten Ausgabe von Ausgabeneuron j

4. η der üblichen Lernrate.

Beispiel 5.3

Sei folgende Situation gegeben:

$$m_{5,1,1} = 10, w_{5,1,1} = 5, m_{5,2,1} = 20, w_{5,2,1} = 5, z_{4,1} = 0.2, z_{42} = 0.8, y_1 = 20, \ \eta = 0.1$$

Durch Einsetzen der Werte ergibt sich:

$$0_1 = \frac{m_{5,1,1} \cdot w_{5,1,1} \cdot z_{41} + m_{5,2,1} \cdot w_{5,2,1} \cdot z_{42}}{w_{5,1,1} \cdot z_{41} + w_{5,2,1} \cdot z_{42}} = \frac{10 \cdot 5 \cdot 0.2 + 20 \cdot 5 \cdot 0.8}{5 \cdot 0.2 + 5 \cdot 0.8} = 18$$

Somit ist der Fehler der berechneten Ausgabe $|y_1 - 0_1| = |20 - 18| = 2$ und es gilt

$$\Delta m_{5,1,1} = 0.1 \cdot \left((5 \cdot 0.2) \cdot \frac{20 - 18}{5 \cdot 0.2 + 5 \cdot 0.8} \right) = 0.1 \cdot \frac{2}{5} = \frac{1}{25}$$

$$\Delta w_{5,1,1} = 0.1 \cdot \left(\frac{10 \cdot 0.2 \cdot (5 \cdot 0.2 + 5 \cdot 0.8) - (10 \cdot 5 \cdot 0.2 + 20 \cdot 5 \cdot 0.8) \cdot 0.2}{(5 \cdot 0.2 + 5 \cdot 0.8)^2} \cdot (20 - 18) \right)$$

$$= 0.1 \cdot \frac{10-18}{25} \cdot 2 = 0.1 \cdot -\frac{16}{25} = -\frac{16}{250}$$

$$\Delta m_{5,2,1} = 0.1 \cdot \left((5 \cdot 0.8) \cdot \frac{20-18}{5 \cdot 0.2 + 5 \cdot 0.8} \right) = 0.1 \cdot \frac{8}{5} = \frac{4}{25}$$

$$\Delta w_{5,2,1} = 0.1 \left(\frac{20 \cdot 0.8 \cdot (5 \cdot 0.2 + 5 \cdot 0.8) - (10 \cdot 5 \cdot 0.2 + 20 \cdot 5 \cdot 0.8) \cdot 0.8}{(5 \cdot 0.2 + 5 \cdot 0.8)^2} \cdot (20-18) \right)$$

$$= 0.1 \cdot \frac{80-72}{25} \cdot 2 = 0.1 \cdot \frac{16}{25} = \frac{16}{250}$$

Die neuen Modalwerte und Weiten sind somit:

$$m_{5,1,1}^{neu} = 10 + \frac{1}{25} = 10.04$$

$$w_{5,1,1}^{neu} = 5 - \frac{16}{250} = 4.936$$

$$m_{5,2,1}^{neu} = 20 + \frac{4}{25} = 20.16$$

$$w_{5,2,1}^{neu} = 5 + \frac{16}{250} = 5.064$$

Damit ergibt sich als neue Ausgabe:

$$0_1^{neu} = \frac{9.911488 + 81.672192}{0.9872 + 4.0512} = \frac{91.58368}{5.0384} = 18.177135$$

Somit ist der Fehler der neuen berechneten Ausgabe

$$| y_1 - 0_1 | = | 20 - 18.177135 | = 1.822865$$

Dieses Beispiel zeigt, daß die in einem Schritt durchgeführten Änderungen der Modalwerte und Weiten eine Verbesserung der berechneten Ausgabe bewirken. Diese Änderungen werden jedoch nicht direkt durchgeführt. Der Ablauf des hybriden Lernverfahrens ist statt dessen wie folgt:

Es wird der Reihe nach für jede Ausgabe-Partitions-Menge $\tilde{B}_{j*}$ gemäß dem Backpropagation-Algorithmus eine modifizierte Fuzzy-Menge $\tilde{B}_{j*}^{neu}$ berechnet, ohne die ursprüngliche Menge zu verändern. Anschließend wird jeweils mit Hilfe des Ähnlichkeitsmaßes E bestimmt, zu welcher der vorhandenen Ausgabe-Partitions-Mengen der zugehörigen Ausgabe-Dimension die neue Menge am ähnlichsten ist.

Falls bei keiner der Ausgabe-Partitions-Mengen der Ähnlichkeitsgrad über einem Mindestwert liegt, wird ein neues Neuron in Schicht 4 eingefügt, das nun $\tilde{B}_{j*}^{neu}$ als neue Ausgabe-Fuzzy-Menge repräsentiert. Dieses Neuron wird verbunden mit allen Neuronen aus Schicht 3, die vorher mit dem Neuron aus Schicht 4 verbunden waren, das die gerade veränderte Fuzzy-Menge $\tilde{B}_{j*}$ repräsentiert. Als Gewicht wird dabei die neue Fuzzy-Menge verwendet. Gleichzeitig werden die ursprünglichen Verbindungen der betroffenen Neuronen aus Schicht 3 mit dem Neuron, das die alte Fuzzy-Menge $\tilde{B}_{j*}$ repräsentiert, gelöscht. Allerdings werden bei diesen Änderungen nur diejenigen Neuronen aus Schicht 3 berücksichtigt, deren Ausgabe über einem Schwellenwert liegt.

Im anderen Fall gibt es zwei Möglichkeiten:

1. Die ähnlichste Menge ist nicht die aktuelle Menge $\tilde{B}_{j*}$, sondern eine anderen Menge $\tilde{B}_{j*}^{x}$. In diesem Fall werden die Verbindungen von Schicht 3 zu dem Neuron, das die Menge $\tilde{B}_{j*}$ repräsentiert, umgehängt zu dem Neuron, das $\tilde{B}_{j*}^{x}$ repräsentiert. Auch hierfür werden nur die Neuronen aus Schicht 3 berücksichtigt, deren Ausgabe über einem Schwellenwert liegt.

2. Wenn die ähnlichste Menge die aktuelle Menge $\tilde{B}_{j*}$ ist, wird diese Menge verändert zu $\tilde{B}_{j*}^{neu}$. Ein „Umhängen" von Verbindungen findet nicht statt.

Durch dieses Verfahren können bei Bedarf beliebig viele neue Ausgabe-Fuzzy-Mengen erzeugt werden, ohne die vorhandenen Fuzzy-Mengen zu verändern. Dagegen würde der Backpropagation-Algorithmus als einziges Verfahren, falls die vor dem Training festgelegte Anzahl der Ausgabe-Fuzzy-Mengen nicht ausreichend ist, nur deren Werte wiederholt ändern. Ein erfolgreiches Training wäre so nicht möglich.

Ein Nachteil dieses Verfahrens ist, daß keine Fuzzy-Mengen gelöscht werden können. Da die neu erzeugten Fuzzy-Mengen $\tilde{B}_{j*}^{neu}$ nur mit den bereits im Netz vorhandenen Fuzzy-Mengen, nicht jedoch untereinander verglichen werden, steigt die Anzahl der Mengen in einem Durchgang oftmals stark an. Eventuell werden dabei Fuzzy-Mengen erzeugt, die eigentlich für eine korrekte Fuzzy-Regelung nicht notwendig sind. Ein weiterer Nachteil ist, daß es keine Möglichkeit gibt, auch neue Eingabe-Fuzzy-Mengen zu generieren oder neue Regeln zu erstellen. Falls bei der Initialisierung des Netzes weniger Eingabe-Fuzzy-Mengen oder Regeln verwendet werden, als unbedingt erforderlich sind, ist das System daher nicht in der Lage, einen optimal funktionierenden Fuzzy-Controller zu erstellen.

5.2.2 Das NEFCON-Modell

Das NEFCON-Modell wurde Mitte der 90er Jahre an der TU Braunschweig von D. Nauck, F. Klawonn und R. Kruse entwickelt. Ähnlich wie das Verfahren von Lin und Lee ist es in der Lage, einen gegebenen Mamdani-Controller dadurch zu optimieren, daß dieser Controller zunächst in ein funktional äquivalentes Künstliches Neuronales Netz transformiert wird, welches dann mit speziellen Lernverfahren trainiert und optimiert wird.

Fehlermaß

Ein zu regelndes System S ist im optimalen Zustand, wenn alle Meßgrößen genau den gewünschten Wert haben. Normalerweise ist ein System aber auch in einem „guten" Zustand, wenn die gewünschten Werte ungefähr angenommen werden. Daher bietet sich die Verwendung von Fuzzy-Mengen zur Bewertung der Güte eines Systems und zur Bestimmung des Fehlers an.

Für ein System gibt es zwei unterschiedliche Arten von „guten" Zuständen:

1. Sämtliche Meßwerte haben ungefähr die gewünschten Werte angenommen, d.h. das System ist insgesamt im optimalen Zustand. Am System muß nichts verändert werden.
2. Es haben nicht sämtliche Meßwerte ungefähr die gewünschten Werte, jedoch ist aufgrund der gemessenen Abweichungen von den gewünschten Werten eine Entwicklung in Richtung dieser Werte zu erwarten. Dies ist z.B. der Fall, wenn in einem Ofen die Temperatur zu gering ist, gleichzeitig aber die Gaszufuhr sehr hoch ist. In diesem Zustand ist zu erwarten, daß der Ofen sich aufheizen wird, d.h. die im Vergleich zu den gewünschten Werten geringere Temperatur und höhere Gaszufuhr gleichen sich aus. Diese wird als kompensatorische Situation bezeichnet.

Definition 5.2 *(Fuzzy-Güte)*
Sei S ein zu regelndes System mit n Meßgrößen $z_1 \in X_1, \ldots, z_n \in X_n$.

Seien die optimalen Werte der Meßgrößen durch die Fuzzy-Mengen $\tilde{A}_1^{opt}$ auf $X_1, \ldots, \tilde{A}_n^{opt}$ auf X_n repräsentiert.

Weiterhin seien für das System s kompensatorische Situationen bekannt, die durch Fuzzy-Relationen $\tilde{R}_i^{komp} \subset X_1 \times \ldots \times X_n, i = 1, \ldots, s,$ repräsentiert werden.

Dann ist die Fuzzy-Güte G des Systems bei gegebenen Meßwerten $r_1, \ldots, r_n$ definiert durch:

$$G : X_1 \times \ldots \times X_n \to [0,1]$$

$$G(r_1, \ldots, r_n) = g(G_{opt}(r_1, \ldots, r_n), G_{komp}(r_1, \ldots, r_n))$$

mit

$$G_{opt}(r_1, \ldots, r_n) = \tilde{\delta}(\mu_{\tilde{A}_1^{opt}}(r_1) \wedge \ldots \wedge \mu_{\tilde{A}_n^{opt}}(r_n))$$

$$G_{komp}(r_1, \ldots, r_n) = \tilde{\delta}(\mu_{\tilde{R}_1^{komp}}(r_1, \ldots, r_n) \wedge \ldots \wedge \mu_{\tilde{R}_s^{komp}}(r_1, \ldots, r_n))$$

Hierbei ist $\tilde{\delta}$ eine t-Norm z.B. das Minimum, und g eine Verknüpfung der einzelnen Gütemaße G_{opt} (Güte der Meßwerte) und G_{komp} (Güte der Kompensation) durchgeführt. Dies kann z.B. die Auswahl eines Wertes sein.

Definition 5.3 *(Fuzzy-Fehler)*
Der Fuzzy-Fehler E wird im NEFCON-Modell definiert durch

$$E(r_1, \ldots, r_n) = 1 - G(r_1, \ldots, r_n)$$

Ein Lernverfahren, das auf diesem Fuzzy-Fehlermaß basiert, heißt *Fuzzy-Fehler-Propagierung*. Der Ablauf ist ähnlich dem Backpropagation-Verfahren. Es wird ein verstärkendes Lernen angewendet, um den Einfluß „guter" Regeln zu verstärken und den Einfluß „schlechter" Regeln zu schwächen.

Konstruktion des Neuronalen Netzes

Ein *NEFCON-System* ist ein dreischichtiges neuronales Netz, welches einen Fuzzy-Controller repräsentieren kann. Der wesentliche Unterschied zu einem herkömmlichen Neuronalen Netz liegt darin, daß als Gewichte für die Verbindungen statt reeller Zahlen Fuzzy-Mengen verwendet werden (ähnlich wie bei dem Verfahren von Lin und Lee).

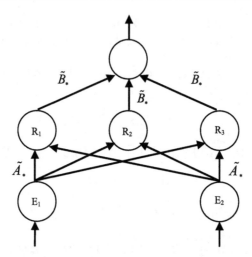

Abb. 5.3 Aufbau eines NEFCON-Systems

Sei S ein zu regelndes System mit n Meßgrößen und einer Stellgröße (ein System für mehrere Stellgrößen ist nicht vorgesehen). Zur Regelung seien r linguistische Regeln formuliert. Dann hat das Netz folgende Struktur:

Die Eingabeschicht besteht aus n Neuronen, die nur ihren Eingabewert weiterleiten. In Schicht 2, der *Regelschicht*, gibt es für jede Regel ein Neuron. Die Verbindungen von Schicht 1 sind jeweils mit einem linguistischen Term benannt. Dabei werden für die Verbindungen der Neuronen $E_1 ..., E_n$ aus Schicht 1 zu Neuron R_k aus Schicht 2 gerade die in der Prämisse von Regel R_k verwendeten linguistischen Terme genommen.

Schicht 3 besteht nur aus einem Ausgabe-Neuron. Die Verbindung von jedem Neuron R_k aus Schicht 2 ist mit dem linguistischen Term der Konklusion von Regel R_k benannt. Die Struktur des Netzes repräsentiert somit die Regelbasis eines Fuzzy-Controllers.

Beispiel 5.4
Hat Regel R_2 die Gestalt

$$IF\ x_1 = mittel\ UND\ x_2 = hoch\ THEN\ y = schwach,$$

dann gibt es folgende Verbindungen zum Neuron R_2 aus Schicht 2

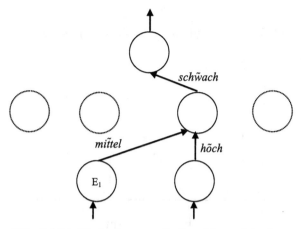

Abb. 5.4 Die Verbindungen, die Regel 2 repräsentieren

1. Die Verbindung von Neuron E_1 aus Schicht 1 wird mit *mittel* benannt, die Verbindung von Neuron E_2 wird mit *hoch* benannt. Als Gewicht wird die Fuzzy-Menge für *mittel* bzw. *hoch* verwendet.
2. Die Verbindung zum Ausgabe-Neuron wird mit *schwach* benannt und bekommt als Gewicht die Fuzzy-Menge, die den linguistischen Term *schwach* repräsentiert.

Es gibt in einer bestimmten Konstellation der Meßgrößen nur einen richtigen Wert für die Stellgröße. Da die Prämisse einer Regel für eine bestimmte Situation steht, gibt es keine zwei verschiedenen Regeln mit gleicher Prämisse. Voraussetzung für die Anwendung der Lernverfahren ist, daß die Zugehörigkeitsfunktionen der Fuzzy-Mengen des Ausgabe-Raumes über ihrem Träger monoton sind. In diesem Fall existiert die Umkehrfunktion, die für die Verfahren benötigt wird. Daher werden für die Ein- und Ausgabe ausschließlich spezielle Fuzzy-Mengen verwendet.

Definition 5.4 *(Zacken-Mengen)*
Eine Zacken-Menge ist eine Fuzzy-Menge $\tilde{B} = (m, b)$ mit:

$$\mu_{\tilde{B}}(x) = \begin{cases} \dfrac{x-b}{m-b} : x \in [b,m], \textit{ falls } b < m \\[2mm] \dfrac{b-x}{b-m} : x \in [m,b], \textit{ falls } m < b \\[2mm] 0 : \quad \textit{sonst} \end{cases}$$

Beispiel 5.5

Die Abbildung 5.5 veranschaulicht ein Beispiel für eine Zackenmenge:

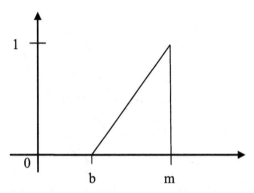

Abb. 5.5 Eine Zacken-Menge

Im NEFCON-Modell sind jetzt in der Eingabe nur Dreiecksmengen $\tilde{A} = (l,m,r)$ mit

$$\mu_{\tilde{A}}(x) = \begin{cases} \dfrac{x-l}{m-l} : x \in [l,m] \\ \dfrac{r-x}{r-m} : x \in [m,r] \\ 0 : \quad sonst \end{cases}$$

und in der Ausgabe nur Zackenmengen („halbiertes Dreieck") vorgesehen.

Die Berechnung der Netzausgabe entspricht der Berechnung der Ausgabe eines Fuzzy-Controllers. In Schicht 1 gibt jedes Neuron seine (reelle) Eingabe wieder aus. In Schicht 2 berechnet jedes Neuron R_k den Erfüllungsgrad der Prämisse von Regel R_k, d.h. die Ausgabe O_k wird berechnet durch

$$O_k = \tilde{\delta}(\mu_{\tilde{A}_{1\bullet}}(O_{E_1}) \wedge \ldots \wedge \mu_{\tilde{A}_{n\bullet}}(O_{E_n}))$$

mit $O_{E_1}, \ldots, O_{E_n}$ den Ausgaben der Neuronen aus Schicht 1 und $\tilde{A}_{1\bullet}, \ldots, \tilde{A}_{n\bullet}$ den Gewichten der Verbindungen von $E_1, \ldots, E_n$ zu R_k, sowie $\wedge$ einer T-Norm. Die Ausgabe-Norm berechnet eine Ausgabe gemäß

$$O = \frac{\displaystyle\sum_{R_k \in S_2} O_k \cdot \mu_{\tilde{B}_{k\bullet}}^{-1}(O_k)}{\displaystyle\sum_{R_k \in S_2} O_k}$$

mit $\tilde{B}_{k*}$ dem Gewicht der Verbindung von Neuron R_k aus Schicht 2 zum Ausgabe-Neuron.

Durch diese Konstruktion entspricht das Ein-Ausgabe-Verhalten des so konstruierten Neuronalen Netzes exakt dem funktionalen Verhalten der Regelbasis des gegebenen Fuzzy-Controllers. Im Gegensatz zu einem Fuzzy-Controller gibt es jedoch die Möglichkeit, Lernverfahren anzuwenden. Beim NEFCON-Modell werden zwei unterschiedliche Lernverfahren eingesetzt, von denen eines die vorhandenen Fuzzy-Mengen optimiert, und das andere unter Verwendung vorhandener Fuzzy-Mengen eine Regelbasis erzeugt.

Anpassung der Fuzzy-Mengen

Basis für die Anpassung der Fuzzy-Mengen ist eine Fuzzy-Fehler-Propagierung. Vorausgesetzt wird hierbei, daß die Regelbasis selbst korrekt ist, d.h., der noch vorhandene Fehler ist ausschließlich durch inkorrekte Fuzzy-Mengen begründet.

Die Fuzzy-Mengen sollen nun in Abhängigkeit vom Fuzzy-Fehlermaß verändert werden. Da der Einfluß einer Regel auf das Ergebnis vom Erfüllungsgrad ihrer Prämisse abhängt, wird dieser bei der Änderung berücksichtigt. Fuzzy-Mengen aus Regeln mit Erfüllungsgrad 0 werden gar nicht geändert. Es findet ein verstärkendes Lernen statt, das „gute" Regeln für ihren Einfluß belohnen und „schlechte" Regeln bestrafen soll.

Zur Bewertung der Regeln muß zunächst einmal festgestellt werden, welchen Beitrag t_k eine Regel R_k zum Ergebnis beisteuert. Aufgrund der Existenz der Umkehrfunktion bei den verwendeten Ausgabe-Fuzzy-Mengen und der Berechnung der Ausgabe o läßt sich dieser wie folgt berechnen:

Sei o_k die Ausgabe von Neuron R_k (entsprechend dem Erfüllungsgrad der Prämisse von Regel R_k). Sei $\tilde{B}_{k*}$ das Gewicht der Verbindung von R_k zum Ausgabe-Neuron (entsprechend der Fuzzy-Menge der Konklusion von Regel R_k). Dann gilt:

$$t_k = \mu_{k*}^{-1}(o_k)$$

Der Fuzzy-Fehler bewertet den gesamten Zustand des zu steuernden Systems. Zur Korrektur wird jedoch der Einfluß der einzelnen Regeln auf den Fehler benötigt. Um dies feststellen zu können, d.h. um den Einfluß einer Regel auf das Gesamtergebnis als „gut „ oder „schlecht" bewerten zu können, müssen daher zusätzlich zum Fuzzy-Fehler weitere Informationen über das richtige Ergebnis bekannt sein. Unter der Voraussetzung, daß (evtl. nach Normierung) die Stellgröße im optimalen Systemzustand den Wert 0 hat, kann für eine gegebene Situation entschieden werden, welches

Vorzeichen die Stellgröße haben muß. Der Beitrag t_k von Regel R_k wird dann als „gut" bewertet, wenn t_k das richtige Vorzeichen hat, andernfalls als „schlecht".

Das Ziel des Lernverfahrens ist es nun, den Einfluß der „guten" Regeln auf das Endergebnis zu verstärken und entsprechend den Einfluß der „schlechten" Regeln zu verringern.

Da sich der Einfluß einer Regel dadurch erhöht, daß der Erfüllungsgrad ihrer Prämisse erhöht wird, wird im Fall einer „guten" Regel der Träger der in der Prämisse verwendeten Fuzzy-Mengen vergrößert. Außerdem erhöht sich der Einfluß einer Regel R_k wenn der Betrag ihres Beitrags $|t_k|$ vergrößert wird. Dies wird durch Verschmälerung des Trägers der Fuzzy-Menge der Konklusion erreicht, da t_k mit der Unkehrfunktion berechnet wird. Für eine Verringerung des Beitrags einer Regel werden die gegenteiligen Aktionen durchgeführt.

Das Lernverfahren zur Anpassung der Fuzzy-Mengen besteht beim NEFCON-Modell aus sechs Einzelschritten. Diese werden sukzessive solange wiederholt, bis ein vorgegebenes Abbruchkriterium erfüllt ist. Dieses kann z.B. darin bestehen, daß innerhalb einer gewissen Anzahl von Testläufen der Fuzzy-Fehler E stets unterhalb einer vorgegebenen Schranke liegt.

Ist S ein zu regelndes System mit n Meßgrößen und einer Stellgröße, für welches r Regeln formuliert sind. Dann besteht das Lernverfahren aus der sukzessiven Anwendung der folgenden sechs Einzelschnitte:

NEFCON-Lernverfahren zur Modifikation der Fuzzy-Mengen

Schnitt 1
Berechne die Ausgabe o für die aktuellen Meßwerte. Wende anschließend o auf das zusteuernde System an und berechne die sich daraus ergebenden Meßwerte.

Schnitt 2
Berechne den Fuzzy-Fehler, der sich aus den neuen Meßwerten aus Schnitt 1 ergibt.

Schnitt 3
Bestimme das Vorrücken des richtigen Stellwertes im neuen Systemszustand.

Schnitt 4
Berechne für jede Regel R_k ihren Beitrag t_k zur Ausgabe. Hierbei ist das Fehlersignal F_k für jede Regel R_k gegeben durch

$$F_k := \begin{cases} -o_k \cdot E : & \textit{Vorzeichen von } t_k \textit{ richtig} \\ o_k \cdot E : & \textit{Vorzeichen von } t_k \textit{ falsch} \end{cases}$$

Schnitt 5
Modifiziere bei allen Regeln die Eingabe-Fuzzy-Mengen

$$\tilde{A}_{i*}^{(k)} = \left(l_{i*}^{(k)}, m_{i*}^{(k)}, r_{i*}^{(k)} \right)$$

die bei Regel R_k verwendet werden gemäß

$$\Delta l_{i*}^{(k)} = -\eta \cdot F_k \cdot \left(m_{i*}^{(k)} - l_{i*}^{(k)} \right)$$
$$\Delta r_{i*}^{(k)} = \eta \cdot F_k \cdot \left(r_{i*}^{(k)} - m_{i*}^{(k)} \right)$$

Schnitt 6
Ändere bei allen Regeln die Ausgabe-Fuzzy-Mengen

$$\tilde{B}_{j*}^{(k)} = \left(m_{j*}^{(k)}, b_{j*}^{(k)} \right)$$

die bei Regel R_k verwendet werden gemäß (Lernrate $\eta > 0$)

$$\Delta b_{j*}^{(k)} = \begin{cases} \eta \cdot F_k \cdot \left(b_{j*}^{(k)} - m_{j*}^{(k)} \right) : b_{j*}^{(k)} < m_{j*}^{(k)} \\ \eta \cdot F_k \cdot \left(m_{j*}^{(k)} - b_{j*}^{(k)} \right) : b_{j*}^{(k)} < m_{j*}^{(k)} \end{cases}$$

Dieses Lernverfahren zur Modifikation der Fuzzy-Mengen beim NEF-CON-Modell sei anhand des nachfolgenden Beispiels demonstriert:

Beispiel 5.6
Zur Demonstration des NEFCON-Lernverfahrens zur Modifikation der Fuzzy-Mengen wird auf das bereits bekannte Beispiel des inversen Pendels zurückgegriffen.

Als Wertebereich für den Winkel θ wurde [-90,90] festgelegt, für die Winkelgeschwindigkeit λ [-200,200] und für die Kraft F [-25,25]. Da die Ausgabe-Fuzzy-Mengen für die Anwendung des Lernalgorithmus monoton sein müssen, wird aus Symmetriegründen bei jeder Partitionierung die Fuzzy-Menge *ungefähr null (un)* durch die Mengen *negativ null (nn)* und *positiv null (pn)* ersetzt. Folgende Regelbasis wird verwendet:

R_{01} : *IF* x_1 = *ng UND* x_2 = *ng THEN* y = *ng* R_{14} : *IF* x_1 = *pn UND* x_2 = *pn THEN* y = *pn*

R_{02} : *IF* x_1 = *nm UND* x_2 = *ng THEN* y = *ng* R_{15} : *IF* x_1 = *pk UND* x_2 = *pn THEN* y = *pk*

R_{03} : *IF* x_1 = *ng UND* x_2 = *nm THEN* y = *ng* R_{16} : *IF* x_1 = *pm UND* x_2 = *pn THEN* y = *pk*

R_{04} : *IF* x_1 = *nm UND* x_2 = *nm THEN* y = *nm* R_{17} : *IF* x_1 = *pn UND* x_2 = *pk THEN* y = *pn*

R_{05} : *IF* x_1 = *nk UND* x_2 = *nm THEN* y = *nm* R_{18} : *IF* x_1 = *pk UND* x_2 = *pk THEN* y = *nk*

R_{06} : *IF* x_1 = *nn UND* x_2 = *nm THEN* y = *nk* R_{19} : *IF* x_1 = *pm UND* x_2 = *pk THEN* y = *pm*

R_{07} : IF x_1 = ng UND x_2 = nk THEN y = ng R_{20} : IF x_1 = pg UND x_2 = pk THEN y = pg

R_{08} : IF x_1 = nm UND x_2 = nk THEN y = nm R_{21} : IF x_1 = pn UND x_2 = pm THEN y = pk

R_{09} : IF x_1 = nk UND x_2 = nk THEN y = pk R_{22} : IF x_1 = pk UND x_2 = pm THEN y = pm

R_{10} : IF x_1 = nn UND x_2 = nk THEN y = nn R_{23} : IF x_1 = pm UND x_2 = pm THEN y = pm

R_{11} : IF x_1 = nm UND x_2 = nn THEN y = nk R_{24} : IF x_1 = pg UND x_2 = pm THEN y = pg

R_{12} : IF x_1 = nk UND x_2 = nn THEN y = nk R_{25} : IF x_1 = pm UND x_2 = pg THEN y = pg

R_{13} : IF x_1 = nn UND x_2 = nn THEN y = nn R_{26} : IF x_1 = pg UND x_2 = pg THEN y = pg

Folgende Partitionierungen, mit denen die Steuerung versagt, wurden definiert (Dreiecks-Mengen auf X_1 und X_2, Zacken-Mengen auf Y):

auf X_1:

$$ng \triangleq \tilde{A}_{11} = (-90,-90,-70)$$
$$nm \triangleq \tilde{A}_{12} = (-60,-50-40)$$
$$nk \triangleq \tilde{A}_{13} = (-30,-20,-10)$$
$$nn \triangleq \tilde{A}_{14} = (-5,0,0)$$
$$pn \triangleq \tilde{A}_{15} = (0,0,5)$$
$$pk \triangleq \tilde{A}_{16} = (10,20,30)$$
$$pm \triangleq \tilde{A}_{17} = (40,50,60)$$
$$pg \triangleq \tilde{A}_{18} = (70,90,90)$$

auf X_2:

$$ng \triangleq \tilde{A}_{21} = (-200,-200,-150)$$
$$nm \triangleq \tilde{A}_{22} = (-140,-120,-100)$$
$$nk \triangleq \tilde{A}_{23} = (-90,-70,-50)$$
$$nn \triangleq \tilde{A}_{24} = (-40,0,0)$$
$$pn \triangleq \tilde{A}_{25} = (0,0,40)$$
$$pk \triangleq \tilde{A}_{26} = (50,70,90)$$
$$pm \triangleq \tilde{A}_{27} = (100,120,140)$$
$$pg \triangleq \tilde{A}_{28} = (150,200,200)$$

auf Y:

$$ng \triangleq \tilde{B}_1 = (-25,0)$$
$$nm \triangleq \tilde{B}_2 = (-20,0)$$
$$nk \triangleq \tilde{B}_3 = (-15,0)$$
$$nn \triangleq \tilde{B}_4 = (0,-15)$$
$$pn \triangleq \tilde{B}_5 = (0,15)$$
$$pk \triangleq \tilde{B}_6 = (15,0)$$
$$pm \triangleq \tilde{B}_7 = (20,0)$$
$$pg \triangleq \tilde{B}_8 = (25,0)$$

Nach dem Training ergaben sich folgende Partitionierungen, mit denen die Steuerung in jeder Situation funktionierte:

auf X_1:

$$ng \triangleq \tilde{A}_{11} = (-90,-90,-70)$$
$$nm \triangleq \tilde{A}_{12} = (-90,-50,0)$$
$$nk \triangleq \tilde{A}_{13} = (-90,-20,0)$$
$$nn \triangleq \tilde{A}_{14} = (-10,0,0)$$
$$pn \triangleq \tilde{A}_{15} = (0,0,10)$$
$$pk \triangleq \tilde{A}_{16} = (0,20,90)$$
$$pm \triangleq \tilde{A}_{17} = (0,50,90)$$
$$pg \triangleq \tilde{A}_{18} = (70,90,90)$$

auf X_2:

$$ng \triangleq \tilde{A}_{21} = (-200,-200,-150)$$
$$nm \triangleq \tilde{A}_{22} = (-170,-120,-70)$$
$$nk \triangleq \tilde{A}_{23} = (-200,-70,0)$$
$$nn \triangleq \tilde{A}_{24} = (-200,0,0)$$
$$pn \triangleq \tilde{A}_{25} = (0,0,200)$$
$$pk \triangleq \tilde{A}_{26} = (0,70,200)$$
$$pm \triangleq \tilde{A}_{27} = (45,120,200)$$
$$pg \triangleq \tilde{A}_{28} = (150,200,200)$$

auf Y:

$$ng \triangleq \tilde{B}_1 = (-25,-4)$$
$$nm \triangleq \tilde{B}_2 = (-20,-15)$$
$$nk \triangleq \tilde{B}_3 = (-15,-10)$$
$$nn \triangleq \tilde{B}_4 = (0,-10)$$

$$pn \triangleq \tilde{B}_5 = (0,10)$$
$$pk \triangleq \tilde{B}_6 = (15,10)$$
$$pm \triangleq \tilde{B}_7 = (20,15)$$
$$pg \triangleq \tilde{B}_8 = (25,2)$$

Mit diesem Lernverfahren lassen sich gegebene Fuzzy-Mengen optimieren, unter der Voraussetzung, daß bereits eine geeignete Regelbasis vorhanden ist. Innerhalb des NEFCON-Modells ist jedoch auch ein zweites Lernverfahren vorgesehen, mit dessen Hilfe eine Regelbasis erzeugt werden kann.

Erlernen einer Regelbasis

Ist keine geeignete Regelbasis vorhanden, so kann innerhalb des NEFCON-Modells mit Hilfe eines weiteren Lernverfahrens automatisch eine entsprechende Regelbasis erstellt werden.

Voraussetzung für die Anwendung dieses Verfahrens ist, daß zumindest einigermaßen geeignete Fuzzy-Mengen für die Eingaberäume und den Ausgaberaum definiert sind. Dabei muß insbesondere die Anzahl der definierten Fuzzy-Mengen korrekt sein. Eine genaue Anpassung der Fuzzy-Mengen (d.h. Feinabstimmung) erfolgt dann im Anschluß an das Erlernen der Regelbasis mit der im Abschnitt „Anpassung der Fuzzy-Mengen" beschriebenen

Verfahren. Zusätzlich muß, wie beim Lernverfahren zur Anpassung der Fuzzy-Mengen, das richtige Vorzeichen der Stellgröße bekannt sein.

Die Idee bei dem verwendeten Verfahren ist es, zunächst alle (!) Regeln zu erstellen, die mit den zuvor vom Anwender definierten Fuzzy-Mengen erzeugt werden können. Sind für die Eingabe-Dimensionen $X_1, \ldots, X_n$ jeweils p_i, $i = 1, \ldots, n$, Fuzzy-Mengen gegeben, und für den Ausgaberaum Y q Fuzzy-Mengen, so lassen sich damit $N = q \cdot \prod_{i=1}^{n} p_i$ verschieden Regeln bilden. Für die Prämisse wird jede mögliche Kombination von Fuzzy-Mengen auf den Eingabe-Dimensionen verwendet, als Konklusion wird dazu jeweils jede gegebene Fuzzy-Menge auf dem Ausgaberaum eingesetzt. Von diesen Regeln werden nun iterativ die falschen und überflüssigen entfernt, bis eine beeignete Regelbasis übrig bleibt.

Dieser Vorgang wird in zwei Phasen durchgeführt. In der ersten Phase werden jeweils alle Regeln entfernt, deren Beitrag zum Ergebnis das falsche Vorzeichen hat. In der zweiten Phase werden von den verbliebenen Regeln jeweils alle mit gleicher Prämisse zu einer Menge von Regeln zusammengefaßt. Aus jeder dieser Mengen wird dann pro Durchgang eine Regel ausgewählt, die zur Berechnung des Ergebnisses verwendet wird. Danach wird der Fehleranteil jeder verwendeten Regel gespeichert und aufsummiert. Anschließend wird aus jeder Menge die Regel mit dem geringsten Fehleranteil ausgewählt. Die andren Regeln werden gelöscht, ebenso Regeln, die nur selten *aktiv* sind.

Hierbei gilt

Definition 5.5 *(Aktive Regeln)*
Eine Regel heißt aktiv, wenn der Erfüllungsgrad ihrer Prämisse, bzw. die Ausgabe o_k des entsprechenden Neurons R_k größer als Null ist.

Ist S ein zu regelndes System mit n Meßgrößen und einer Stellgröße. Seien ferner bei gegebenen Ein- und Ausgabe-Partitionierungen alle N möglichen Regeln erstellt. Dann besteht das Lernverfahren zum Erlernen einer Regelbasis aus zwei Phasen:

NEFCON-Lernverfahren zum Erlernen einer Regelbasis

Phase 1
Für jede Regel $R_k, k = 1, \ldots, N$, wird ein Zähler C_k definiert, der zählt, wie oft eine Regel aktiv ist. Folgende Schritte werden m_1 mal wiederholt:

1. Ausgabe o zu aktuellen Meßwerten berechnen
2. Für jede Regel R_k Beitrag t_k zur Ausgabe berechnen
3. Vorzeichen des richtigen Stellwerts im aktuellen Zustand bestimmen
4. Alle Regeln R_k mit falschem Vorzeichen entfernen, N entsprechend verringern
5. Für jede Regel R_k mit Ausgabe $o_k > 0$ den Zähler C_k um 1 erhöhen
6. Ergebnis o auf das System anwenden und neue Meßwerte bestimmen.

Phase 2
Die noch verbleibenden Regeln werden in Klassen R_p von Regeln mit gleicher Prämisse aufgeteilt. Für jede Regel R_k wird ein Zähler Z_k für den Fehleranteil definiert. Die Zähler C_k werden unverändert übernommen. Folgende Schritte werden m_2 mal wiederholt:

1. Aus jeder Klasse R_p eine beliebige Regel R_{k_p} auswählen
2. Mit den ausgewählten Regeln und den aktuellen Meßwerten das Ergebnis o berechnen
3. o auf das System anwenden und danach die neuen Meßwerte ermitteln
4. Für jede verwendete Regel R_{k_p} Beitrag t_{k_p} zur Ausgabe berechnen
5. Vorzeichen des richtigen Stellwerts im neuen Systemzustand bestimmen
6. Fehlersignal F_{k_p} jeder verwendeten Regel R_{k_p} berechnen (s. Lernverfahren 1) und zu ihrem Zähler Z_{k_p} dazu addieren
7. Für jede verwendete Regel R_{k_p} mit Neuron-Ausgabe $o_{k_p} > 0$ den Zähler C_{k_p} um 1 erhöhen.

Anschließend wird aus jeder Klasse R_p eine Regel R_{k_p} ausgewählt, für die Z_{k_p} minimal ist und alle anderen Regeln dieser Klasse gelöscht. Gelöscht werden anschließend noch alle Regeln R_k für die $C_k < \dfrac{m_1 + m_2}{\beta}$ ist, mit einem $\beta \geq 1$ und $m_{1,} m_2 \in IN$. Als Ergebnis erhält man ein optimiertes N.

Beispiel 5.7
Zur Demonstration des NEFCON-Lernverfahrens zum Erlernen einer Regelbasis wird wieder auf das Beispiel des inversen Pendels zurückgegriffen. Als Partitionierungen wurden die in Beispiel 5.6 optimierten Fuzzy-Mengen verwendet. Durch das Training wurde die nachfolgende Regelbasis erzeugt, mit der die Steuerung ebenfalls in jeder Situation funktioniert:

R_{01} : IF x_1 = ng UND x_2 = ng THEN y = ng R_{14} : IF x_1 = ng UND x_2 = nn THEN y = ng

R_{02} : IF x_1 = nm UND x_2 = ng THEN y = ng R_{15} : IF x_1 = nm UND x_2 = nn THEN y = ng

R_{03} : IF x_1 = nk UND x_2 = ng THEN y = ng R_{16} : IF x_1 = nk UND x_2 = nn THEN y = ng

R_{04} : IF x_1 = nm UND x_2 = nm THEN y = nk R_{17} : IF x_1 = nn UND x_2 = nn THEN y = nn

R_{05} : IF x_1 = nk UND x_2 = nm THEN y = nk R_{18} : IF x_1 = pn UND x_2 = pn THEN y = pn

R_{06} : IF x_1 = nn UND x_2 = nm THEN y = nm R_{19} : IF x_1 = pk UND x_2 = pn THEN y = pm

R_{07} : IF x_1 = pn UND x_2 = nm THEN y = nk R_{20} : IF x_1 = pm UND x_2 = pn THEN y = pk

R_{08} : IF x_1 = pk UND x_2 = nm THEN y = ng R_{21} : IF x_1 = pk UND x_2 = pk THEN y = pn

R_{09} : IF x_1 = pm UND x_2 = nm THEN y = ng R_{22} : IF x_1 = pk UND x_2 = pk THEN y = pk

R_{10} : IF x_1 = ng UND x_2 = nk THEN y = ng R_{23} : IF x_1 = pm UND x_2 = pk THEN y = pg

R_{11} : IF x_1 = nm UND x_2 = nk THEN y = nm R_{24} : IF x_1 = pn UND x_2 = pm THEN y = pg

R_{12} : IF x_1 = nk UND x_2 = nk THEN y = nn R_{25} : IF x_1 = pk UND x_2 = pm THEN y = pk

R_{13} : IF x_1 = nn UND x_2 = nk THEN y = nk R_{26} : IF x_1 = pm UND x_2 = pm THEN y = pg

Für die Güte der mit diesem Verfahren erzeugten Regelbasis sind verschiedene Faktoren verantwortlich. Die Parameter m_1, m_2 und β müssen geeignet gewählt werden. Es ist wichtig, die beiden Phasen ausreichend lange laufen zu lassen, je nach Situation z.B. in 2000 bis 3000 Durchgängen. Für β haben sich Werte zwischen 1.00 und 1.03 bewährt. Bei zu hohen Werten werden sonst eventuell selten gebrauchte, aber für Ausnahmesituationen wichtige Regeln gelöscht. Außerdem sollte das System während des Lernvorgangs alle möglichen typischen Zustände durchlaufen. In jedem Fall ist eine automatisch erzeugte Regelbasis nur als ein erster Vorschlag zu beachten, der noch überprüft und verbessert werden sollte. Wenn z.B. eine generierte Regel intuitiv als ungünstig erscheint, ist sie nachträglich durch eine geeignetere Regel zu ersetzen.

Es ist auch möglich, diesen Lernalgorithmus mit vorhandenem Teil-Wissen zu kombinieren. Wenn etwa für eine bestimmte Situation schon eine passende Regel bekannt ist, kann sie im voraus erzeugt werden. Dem Lernalgorithmus wird dann verboten, diese Regel zu entfernen, andere Regeln mit der gleichen Prämisse werden gar nicht erst erzeugt. Wenn dagegen bekannt ist, daß bestimmte Folgerungen für eine Situation falsch sind, wird die Regelmenge R_p für diese Situation (Prämisse) ohne Regeln mit Konklusionen angelegt, die für diese Folgerungen sehen.

Beide Lernverfahren wurden mit verschiedenen Einstellungen erfolgreich am Beispiel des inversen Pendels getestet. Lernalgorithmus 1 ist in der Lage, ungünstige Fuzzy-Mengen zu transformieren. Lernalgorithmus 2 erzeugt eine Regelbasis, mit der das Pendel auch in künstlich erzeugten Extremsituationen sicher zu steuern ist. Eine genauere Darstellung dieser Tests findet sich in (Nauck 1996).

Ein Nachteil des NEFCON-Systems ist die Voraussetzung, daß die Zugehörigkeitsfunktionen der Fuzzy-Mengen des Ausgaberaumes auf ihrem Träger monoton sein müssen, wodurch die Auswahl der verwendeten Fuzzy-Mengen eingeschränkt wird. Das ist ungünstig, da speziell die nicht monotonen Dreiecks-Mengen und Gauß-Mengen häufig für Fuzzy-Controller verwendet werden. Fuzzy-Controller, die Mengen dieser Typen verwenden, sind grundsätzlich für Optimierungen mit dem NEFCON-System nicht geeignet. Ein weiter Nachteil ist die Festlegung auf nur einen Ausgabewert. Daher ist es nicht ohne weiteres möglich, einen beliebigen, bereits erstellten Fuzzy-Controller auf das NEFCON-System zu übertragen und optimieren zu lassen.

Weiterhin fehlt z.B. die Möglichkeit, vorhanden Regeln zu überprüfen und gegebenenfalls zu korrigieren, oder fehlende Fuzzy-Mengen erzeugen zu lassen. Daher ist ein sinnvoller Einsatz nur für Fuzzy-Controller möglich, die die genannten Voraussetzungen erfüllen (Monotonie, ein Ausgabewert), wobei zumindest die Anzahl der benötigten Fuzzy-Mengen bekannt sein muß. Falls eine für die korrekte Steuerung notwendige Fuzzy-Menge vergessen wurde, kann das NEFCON-System sie nicht erzeugen und daher mit den vorgestellten Verfahren keine in jeder Situation funktionierenden Fuzzy-Controller erstellen.

5.2.3 Das ANFIS-System

Das ANFIS-System (**A**daptive-**N**etwork-based-**F**uzzy-**I**nference-**S**ystem) wurde Anfang der neunziger Jahre als universelles System zur Modellierung und Optimierung von Sugeno-Controllern entwickelt. Auch bei diesem System wird ein gegebener Controller in ein funktional äquivalentes Neuronales Netz transformiert. Diese Transformation gestaltet sich jedoch etwas einfacher, da bei Sugeno-Controllern die Defuzzifizierung entfällt.

Systemaufbau

Zur Vereinfachung der Konstruktion wird vorausgesetzt, daß sich jede Regel nur auf eine Ausgabe-Dimension bezieht. Aufgrund äquivalenter Umformungsmöglichkeiten stellt dies keine Einschränkung dar. Eine Regel, die zwei Ausgabe-Dimensionen verwendet, wird durch zwei Regeln, die jeweils eine Ausgabe-Dimension verwenden, ersetzt. Ein ANFIS-Netz besteht aus fünf Schichten. In Schicht 1 gibt es ein Neuron für jede Eingabe-Partitions-Menge. Schicht 2, Schicht 3 und Schicht 4 enthalten jeweils für jede Regel ein Neuron. Jedes Neuron in Schicht 2 ist mit genau den Neuronen aus Schicht 1 verbunden, die bei der Prämisse der zugehörigen Regel verwendet werden. So wird die Prämisse der Regeln in diesen Verbindungen gespeichert. Schicht 3 und Schicht 2 sind total verbunden. Jedes Neuron aus Schicht 4 ist genau mit dem Neuron aus Schicht 3 verbunden, das dieselbe Regel repräsentiert. Jedes Ausgabe-Neuron (Schicht 5) ist mit allen Neuronen aus Schicht 4 verbunden, deren zugehörige Regel sich auf die entsprechende Ausgabe-Dimension bezieht.

Jedes Neuron in Schicht 1 repräsentiert eine Eingabe-Partitions-Menge. Als Parameter werden die Werte dieser Fuzzy-Menge verwendet, z.B. m, w (Modalweit und Weite) bei Gauß-Mengen. Als Ausgabe wird der Zugehörigkeitsgrad der Eingabe zu dieser Menge berechnet. Jedes Neuron aus Schicht 2 berechnet eine T-Norm seiner Eingaben, z.B. das Produkt der Eingaben. Damit entspricht die Ausgabe dieser Neuronen dem Erfüllungsgrad E_k der Prämisse der zugehörigen Regel R_k. In Schicht 3 berechnet jedes Neuron $N_{3,k}$ den *gemittelten Erfüllungsgrad* ME_k von Regel R_k.

Definition 5.6 *(gemittelter Erfüllungsgrad)*
Der gemittelte Erfüllungsgrad ME_k einer Regel R_k einer Regelbasis ergibt sich zu

$$ME_k = \frac{E_k}{\sum_{R_l \in \mathrm{Reg}(j)} E_l}$$

wobei *Reg (j)* die Menge aller Regeln bezeichnet, deren Konklusion sich auf dieselbe Ausgabe-Dimension Y_j bezieht wie die Regel R_k.

In Schicht 4 berechnet jedes Neuron das Produkt seiner Eingabe ME_k mit der Konklusion der zugehörigen Regel c_k (reell) bzw. f_k, falls die Konklusion eine lineare Funktion ist. Die Ausgabe dieser Neuronen ist somit der gemittelte Anteil der zugehörigen Regel am Ergebnis. In Schicht 5 berechnet jedes Neuron die Summe seiner Eingaben, um die Netzausgabe zu erhalten. Auf diese Weise liefert das ANFIS-Netz zu denselben Eingabe-Werten dieselben Ausgabe-Werte, wie der modellierte Sugeno-Controller.

Beispiel 5.8
Gegeben sei eine Regelbasis mit den Regeln

$$R_1 : IF \ x_1 = \tilde{A}_{11} \ UND \ x_2 = \tilde{A}_{21} \ THEN \ y = c_1$$

$$R_2 : IF \ x_1 = \tilde{A}_{12} \ UND \ x_2 = \tilde{A}_{22} \ THEN \ y = c_2$$

$$R_3 : IF \ x_1 = \tilde{A}_{13} \ UND \ x_2 = \tilde{A}_{23} \ THEN \ y = c_3$$

wobei die c_i reelle Konstanten aus *IR* sind. Der Aufbau des hieraus konstruierten ANFIS-Systems zeigt Abbildung 5.6.

Durch diese Konstruktion werden die Erfüllungsgrade E_k der Prämissen offensichtlich korrekt berechnet.

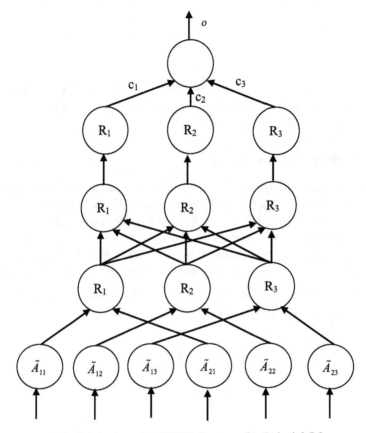

Abb. 5.6 Aufbau des ANFIS-Systems für Beispiel 5.8

Für die Ausgabe des Sugeno-Controllers ($s, \ldots, s_m$) gilt

$$s_j = \frac{\sum\limits_{R_k \in \mathrm{Reg}(j)} E_k \cdot f_k}{\sum\limits_{R_k \in \mathrm{Reg}(j)} E_k}$$

somit gilt für die Netzausgabe ($o_1, \ldots, o_m$):

$$o_j = \sum_{R_k \in \mathrm{Reg}(j)} \frac{E_k}{\sum\limits_{R_l \in \mathrm{Reg}(j)} E_l} \cdot f_k = \sum_{R_k \in \mathrm{Reg}(j)} \frac{E_k \cdot f_k}{\sum\limits_{R_l \in \mathrm{Reg}(j)} E_l} = \frac{\sum\limits_{R_k \in \mathrm{Reg}(j)} E_k \cdot f_k}{\sum\limits_{R_l \in \mathrm{Reg}(j)} E_l} = s_j$$

d.h. das ANFIS-Netz führt exakt dieselben Berechnungen durch wie der Sugeno-Controller, lediglich die Reihenfolge ist verändert. Schicht 3 berechnet die Werte von

$$\frac{E_k}{\sum\limits_{R_l \in \mathrm{Reg}(j)} E_l}.$$

In Schicht 4 werden diese Werte mit den f_k multipliziert und Schicht 5 summiert diese Produkte auf. Demnach verhält sich das Netz so, wie der Fuzzy-Controller, den es repräsentiert.

Das Optimierungsverfahren

Die Optimierung erfolgt bei den ANFIS-Systemen ausschließlich auf der Basis eines Gradientenabstiegsverfahrens bzw. eines „linearen" Lernverfahrens. Dies bedeutet, daß lediglich die Parameter der Fuzzy-Mengen auf dem Eingaberaum, sowie der reellen Konklusionen optimiert werden. Die zugrundeliegende Fehlerfunktion F für den Gradientenabstieg ist der mittlere quadratische Fehler. Die Anpassung der Parameter m_{i*} (Modalwert), w_{i*} (Weite) der Fuzzy-Mengen auf dem Eingaberaum und der Regel-Konklusionen c_k erfolgt gemäß:

$$\Delta m_{i*} = -\eta \cdot \frac{\partial F}{\partial m_{i*}}$$

$$\Delta w_{i*} = -\eta \cdot \frac{\partial F}{\partial w_{i*}}$$

$$\Delta c_{i*} = -\eta \cdot \frac{\partial F}{\partial c_{i*}}$$

wobei $\eta > 0$ eine konstante Lernrate ist.

Alternativ wird ein hybrides Verfahren aus dem Gradientenabstieg und einem linearem Lernverfahren eingesetzt: werden die Parameter der Fuzzy-Mengen auf dem Eingaberaum als fest vorausgesetzt, läßt sich die Netzausgabe als Linearkombination der Regel-Konklusionen c_k und der gemittelten Erfüllungsgrade der Regeln ME_k (Ausgaben Schicht 3) darstellen:

$$o_j = \sum_{R_k \in \mathrm{Reg}(j)} ME_k \cdot c_k$$

Unter dieser Voraussetzung sind für jedes Trainingsbeispiel die einmal berechneten Werte ME_k fest. Somit ist zur Bestimmung der optimalen

Werte der Regel-Konklusionen c_k ein lineares Gleichungssystem zu lösen. Analog zum linearen Assoziierer wird der Fehler mit Hilfe der Pseudo-Inversen minimiert. Nach Bestimmung der optimalen Werte der Regel-Konklusionen c_k bei gegebenen Werten ME_k werden die Fuzzy-Mengen auf dem Eingaberaum angepaßt. Anschließend werden die neuen Werte ME_k bestimmt und ein neues lineares Gleichungssystem erstellt. Das hybride Verfahren ist ein online-Training mit zwei abwechselnden Phasen:

1. Forward-Pass: Anpassung der Werte von c_k mit Hilfe der Pseudo-Inversen.
2. Backward-Pass: Anpassung der Werte von m_{j*} und w_{j*} mit Hilfe des Gradientenabstiegs.

Da im Forward-Pass die Werte der c_k für die jeweils aktuellen Werte von m_{j*} und w_{j*} sofort in einem Schritt optimiert werden, ermöglicht das hybride Verfahren ein schnelleres Lernen als das reine Gradientenab-stiegsverfahren.

Ein entscheidender Nachteil des ANFIS-Systems ist, daß ausschließlich die Parameter der vorhandenen Fuzzy-Mengen und der Regel-Konklusionen optimiert werden. Ein Erzeugen oder Korrigieren von Regeln ist nicht vorgesehen. Falls eine notwendige Regel bei der Initialisierung eines ANFIS-Netzes nicht berücksichtigt wurde, ist somit eine optimale Anpassung des Systems nicht möglich. Gleiches gilt, falls zu wenig Eingabe-Partitions-Mengen definiert wurden, da auch das Erzeugen neuer Fuzzy-Mengen nicht durchgeführt wird.

Für den erfolgreichen Einsatz eines ANFIS-Netzes muß die Anzahl der Partitions-Mengen und Regeln vorher bestimmt werden. Eine Möglichkeit ist, nach Festlegung der Eingabe-Partitionierungen *jede* Kombination der Eingabe-Fuzzy-Mengen als Regel-Prämisse zu verwenden. Bei drei Eingabe-Dimensionen mit jeweils sieben Mengen ergibt dies bereits $7 \cdot 7 \cdot 7 = 343$ mögliche Kombinationen. Die meisten davon stellen allerdings Situationen dar, die bei der Anwendung nicht auftreten, so daß auf diese Weise viele unnötige Regeln erzeugt werden. Einige Autoren empfehlen die geeignete Struktur des Netzes (Anzahl Neuronen Schicht 1 = Anzahl Eingabe-Partitions-Mengen, Anzahl Neuronen Schicht 2, 3 und 4 = Anzahl Regeln) durch Ausprobieren herauszufinden. Dies entspricht der Vorgehensweise beim Einsatz von Standard-Multilayer-Perceptrons. Hier wird versucht, basierend auf Erfahrungswerten, durch Ausprobieren eine hinrechend gute Netzstruktur zu finden.

Ein klassisches MLP ist jedoch nicht so stark abhängig von der Anzahl der Neuronen, d.h. der Anwender hat mehr Spielraum. Grund hierfür ist der Aufbau der Neuronen eines MLP: jedes verborgene Neuron berechnet die gewichtete Summe seiner Eingaben und setzt diesen Wert in eine sigmoide Funktion ein. Falls ein verborgenes Neuron entfernt wird, fehlt bei den gewichteten Summen der nächsten Schicht jeweils ein Summand. Dies wird durch entsprechend angepaßte Gewichtswerte weitestgehend ausgeglichen, so daß meistens eine hinreichende Fehlerminimierung immer noch möglich ist. Konsequenz ist, daß die Anzahl der Schichten und verborgenen Neuronen beim MLP relativ unkritisch ist.

Bei einem ANFIS-Netz verhält sich dies anders: jedes Neuron in Schicht 1 repräsentiert eine Eingabe-Partitions-Menge. Die Partitionierungen teilen die Eingabe-Dimensionen in verschiedene Abschnitte auf, in denen unterschiedliche Ausgaben gewünscht sind. Falls in einem Bereich, der von einer einzigen Fuzzy-Menge überdeckt wird, verschiedene Ausgaben korrekt sind, ist dies mit nur einer Fuzzy-Mengen nicht zu erreichen. In den Schichten 2 bis 4 repräsentiert jedes Neuron eine Regel. Um die richtigen Ausgaben zu berechnen, muß für jede praktisch mögliche Situation die korrekte Regel vorhanden sein. Eine *andere* Regel wird in einer *anderen* Situation aktiv. Somit ist es beim ANFIS-Netz nicht möglich, analog zum MLP das Fehlen einzelner verborgener Neuronen durch Adaption der Gewichts-Werte zu kompensieren.

5.2.4 Die MFOS-Systeme

Die MFOS-Systeme (**M**ünsteraner-**F**uzzy-**O**ptimierungs-**S**ysteme) wurden ab Ende der neunziger Jahre an der Universität Münster von W.-M. Lippe, St. Niendieck und A. Tenhagen entwickelt. Betrachtet man die prinzipiellen Möglichkeiten, regelbasierte Fuzzy-Systeme zu optimieren, so ergeben sie sich zu:

1. Veränderung bestehender Regeln
2. Löschen bestehender Regeln
3. Erstellung neuer Regeln
4. Veränderung von Fuzzy-Mengen
5. Löschen von Fuzzy-Mengen
6. Erstellung von neuen Fuzzy-Mengen.

Die MFOS-Systeme wurden mit dem Ziel entwickelt, die von den anderen Systemen dieser Art bekannten Einschränkungen hinsichtlich der Art der verwendeten Fuzzy-Controllern bzw. der Optimierungsmöglichkeiten zu vermeiden und ermöglichen daher alle obigen Optimierungsarten. Eine weitere Zielrichtung war es, eine höchstmöglichste Flexibilität zu ermöglichen. Die einzelnen Optimierungsschritte können interaktiv von Benutzer gesteuert werden. So ist es z.B. möglich, festzulegen, daß keine neuen Regeln oder neue Partitionsmengen erzeugt werden sollen, falls deren Anzahl z.B. durch eine Spezialhardware o.ä. eingeschränkt ist.

Für die Partitionierungen der Ein- und Ausgabe-Dimensionen stehen Dreiecks- und Gauß-Mengen zur Verfügung, da sie in der Praxis am häufigsten verwendet werden. Eine Erweiterung um zusätzliche Mengen-Typen ist auf einfache Weise möglich. Es existieren zwei Varianten: eine für Mamdani-Controller und eine für Sugeno-Controller. Als Fuzzy-Implikation wird entsprechend der Definition des Mamdani-Controllers das Minimum verwendet. Bei der Defuzzifizierung stehen die Schwerpunkt-Methode und die Maximums-Methode zur Wahl. Eine Erweiterung um zusätzliche Methoden ist auch hier auf einfache Weise möglich.

Die Prämisse jeder Regel wird mit UND verknüpft, und jede Regel bezieht sich in der Konklusion nur auf eine Ausgabe-Dimension. Aufgrund äquivalenter Umformungsmöglichkeiten stellt dies keine Beschränkung der Allgemeinheit dar (s. Feuring 1996). Folgerungen für mehrere Ausgabe-Dimensionen werden durch mehrere Regeln mit der gleichen Prämisse realisiert. Für die Fuzzifizierung wird ein Singleton-Fuzzifizierer verwendet, wodurch sich die Berechnungen des Erfüllungsgrades der Prämissen wesentlich vereinfachen. Da in Anwendungen üblicherweise Singleton-Fuzzifizierer werden, stellt dies keine Einschränkung bezüglich des Einsatzes dar. Insbesondere lassen sich auch bei Verwendung von Singleton-Fuzzifizierern alle stetigen Funktionen beliebig genau approximieren, so daß die Leistungsfähigkeit nicht beeinträchtigt wird.

Die MFOS-Systeme existieren in zwei Varianten: eine Version zur Optimierung von Mamdani-Controllern (MFOS-M) und eine Version zur Optimierung von Sugeno-Controllern (MFOS-S). Beide Versionen beruhen auf ähnlichen Grundprinzipien.

Das Grundschema der MFOS-Systeme zeigt Abb. 5.7:

Ein gegebener Controller wird zunächst in ein funktional äquivalentes Neuronales Netz transformiert, d.h. die Ausgabe des Netzes entspricht exakt der Ausgabe des Controllers. Anschließend wird dieses Netz mit

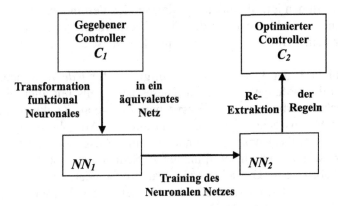

Abb. 5.7 Arbeitsweise der MFOS-Systeme

Hilfe verschiedener Lernverfahren optimiert. Durch dieses Lernverfahren können die verschiedenen Bestandteile des Fuzzy-Controllers angepaßt werden. Nach dem Training können aus dem Netz die optimierte Regelbasis und die optimierten Partitionierungen wieder extrahiert und separat für einen neuen optimierten Fuzzy-Controller benutzt werden. Alternativ läßt sich das System nach dem Training selber als Fuzzy-Controller einsetzen. Die Erfahrung hat jedoch gezeigt, daß die Anwender einen Fuzzy-Controller vorziehen, da sie seine Regelbasis – und damit seine Arbeitsweise – besser verstehen können. Im folgenden wird zunächst das MFOS-M-System beschrieben und anschließend die Modifikationen für MFOS-S-Systeme erläutert.

Konstruktion des Neuronalen Netzes

Zur Repräsentierung des gegebenen Fuzzy-Controllers wird ein vierschichtiges Neuronales Netz konstruiert. Außer den oben beschriebenen Voraussetzungen gibt es keine Einschränkungen für die verwendeten Regeln und Partitionierungen. Als Gewichte werden Fuzzy-Mengen verwendet.

In der Eingabeschicht gibt es für jede Eingabe-Dimension ein Neuron, welches nur seine Eingabe weiterleitet. In Schicht 2, der *Prämissenschicht*, gibt es für jede Regel R_k ein Neuron, welches ebenfalls mit R_k bezeichnet wird. Dieses ist mit allen Neuronen aus Schicht 1 verbunden, deren zugehörige Eingaben bei dieser Regel verwendet werden. Somit lassen sich auch linguistische Regeln einsetzen, die nicht alle Eingabe-Werte berücksichtigen. Als Gewicht wird für jede Verbindung die Fuzzy-Menge genommen, die den entsprechenden linguistischen Term aus der Prämisse von Regel R_k für die zugehörige Eingabe-Dimension repräsentiert.

Jedes Neuron R_k in Schicht 2 berechnet den Erfüllungsgrad der Prämisse von Regel R_k. Dazu werden zunächst die Zugehörigkeitsgrade der Eingabewerte zu den jeweiligen Fuzzy-Mengen der Verbindungen mit Schicht 1 berechnet. Anschließend werden diese Werte rekursiv mit einem UND-Operator zum Erfüllungsgrad verknüpft. Dieser ist dann die Ausgabe des Neurons.

In Schicht 3, der *Konklusionsschicht*, gibt es für *jede* verwendete Ausgabe-Partitions-Menge ein Neuron. Dieses ist jeweils mit allen Neuronen aus Schicht 2 verbunden, deren Regel diese Menge als Konklusion hat. Da sich nach Voraussetzung jede Regel nur auf eine Ausgabe-Dimension bezieht, läßt sich die Konklusion eindeutig einer Ausgabe-Partitions-Menge zuordnen, woraus sich die Verbindung zu Schicht 3 ergibt. Diese Verbindungen haben keine Gewichte bzw. 1 als unveränderliches Gewicht (die Ausgabe-Partitions-Mengen sind die Gewichte der Verbindungen zwischen Schicht 3 und Schicht 4).

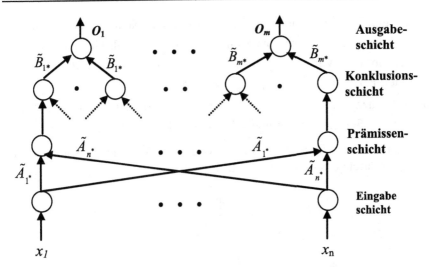

Abb. 5.8 Struktur des Neuronalen Netzes bei MFOS

Jedes Neuron in Schicht 3 berechnet das Maximum seiner Eingaben und gibt es aus. Dieser Wert wird als Schnitthöhe für die Ausgabe-Partitions-Menge genommen, die das Neuron repräsentiert. Das Berechnen des Maximums entspricht dem Vereinigen von gleichen Partitions-Mengen, die in verschiedenen Höhen abgeschnitten wurden. Da die Vereinigung assoziativ ist und als Maximum berechnet wird, lassen sich die Schnittmengen derselben Partitions-Menge auf diese Weise vorab vereinigen, ohne das Ergebnis der Vereinigung aller Schnittmengen zu verändern. Dadurch wird zur Berechnung der Ausgabe-Fuzzy-Mengen nur eine Schnittmenge pro Partitions-Menge erzeugt, wodurch sich die Berechnung der Ausgabe-Fuzzy-Mengen wesentlich vereinfacht.

Die Struktur des Netzes repräsentiert somit die Regelbasis des Ausgangs-Fuzzy-Controllers vollständig. In den Gewichten werden die Partitionierungen ebenfalls vollständig gespeichert, d.h. bei der Übertragung eines Fuzzy-Controllers auf das MFOS-M-Netz gehen keine Informationen verloren. Die Korrektheit dieser Transformation wurde in (Tenhagen 2000) bewiesen.

Hat z.B. eine Regel R_4 die Gestalt

$$IF\ x_1 = \tilde{A}_{13}\ UND\ x_2 = \tilde{A}_{21}\ THEN\ y_1 = \tilde{B}_{12}$$

so hat das Neuron R_4 aus Schicht 2 folgende Verbindungen:

1. Es gibt je eine Verbindung mit Neuron 1 und Neuron 2 aus Schicht 1 mit den Eingabe-Partitions-Mengen $\tilde{A}_{13}$ bzw. $\tilde{A}_{21}$ als Gewichte.
2. Es gibt eine Verbindung mit dem Neuron aus Schicht 3, das die Ausgabe-Partitions-Menge $\tilde{B}_{12}$ repräsentiert.
3. Die Fuzzy-Menge $\tilde{B}_{1*}$ ist das Gewicht der von dem betroffenen Neuron aus Schicht 3 weitergehenden Verbindung zu Ausgabe-Neuron 1.

Innerhalb des Neuronalen Netzes wird diese Verbindung somit wie in Abb. 5.9 durchgestellt repräsentiert:

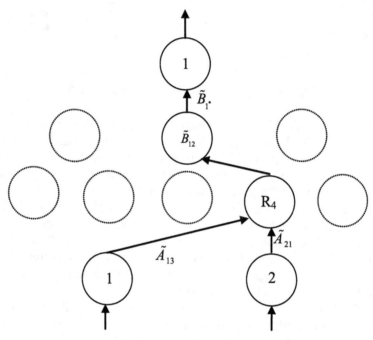

Abb. 5.9 Repräsentation der Regel R_4

Beispiel 5.9
Als Ausgangspunkt sei wieder das einfache Fuzzy-Entscheidungs-System für das Stabbalancierproblem (inverses Pendel) gewählt. Seine Regelbasis und die Partitionierungen seiner Fuzzy-Mengen zeigt noch einmal Abb. 5.10:

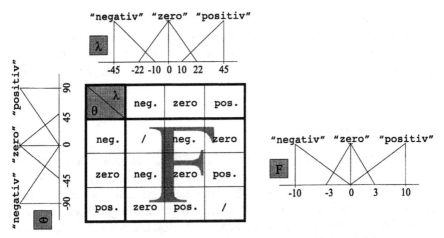

Abb. 5.10 Regelbasis und Partitionierungen aus Beispiel 5.9

Das hieraus entstehende und funktional äquivalente Neuronale Netz zeigt Abb. 5.11:

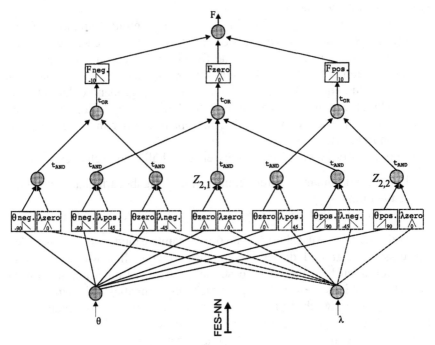

Abb. 5.11 Das korrespondierende Neuronale Netz

In Abbildung 5.11 sind die Gewichte als Rechtecke dargestellt und zusätzlich numeriert, wo t-Norm bzw. t-Conorm angewendet werden. Die Neuronen der zweiten Schicht sind aus Gründen der Übersichtlichkeit nicht in der Reihenfolge ihrer Indizes angeordnet. (siehe z.B. $Z_{2,1}$ und $Z_{2,2}$).

Die Lernverfahren

Sämtliche Lernverfahren basieren auf der Repräsentation von Trainingsbeispielen. Diese sollen möglichst vielseitig sein und alle typischen Situationen abdecken, um eine optimale Anpassung zu ermöglichen. Für fast alle Verfahren werden zusätzlich zu den Eingaben die gewünschten Ausgaben benötigt (überwachtes Lernen). Die Beschreibung der Verfahren erfolgt getrennt nach Verfahren zur Anpassung der Regeln und Verfahren zur Anpassung der Partitions-Fuzzy-Mengen.

Modifikation der Regeln

Korrigieren bestehender Regeln

Die Prämisse einer Regel repräsentiert eine bestimmte Situation des zu steuernden Systems. Die Konklusion entspricht einer Steueraktion bzw. einem Stellwert für das System. Eine Regel wird daher als „falsch" bzw. „zu korrigieren" charakterisiert, falls ihre Konklusion einen für die entsprechende Situation, „falschen", d.h. mit einem zu großen Fehler behafteten Stellwert erzeugt. In diesem Fall muß die richtige Konklusion bestimmt werden. Die richtige Konklusion entspricht der in der gegebenen Situation richtigen Aussage.

Bei der Bewertung der Regeln müssen zwei Fälle unterschieden werden:

1. Eine Regel enthält in ihrer Prämisse alle Eingabevariablen („erschöpfende Prämisse").
2. Eine Regel enthält in ihrer Prämisse nur ein Teil der Eingabevariablen.

Da die richtige Ausgabe immer vom Gesamtzustand des zu steuernden Systems abhängt und dieser Gesamtzustand von allen Meßwerten und damit von allen Eingabewerten beschrieben wird, ist eine direkte Bewertung der Konklusion einer Regel, die nicht alle Eingabe-Variablen berücksichtigt, nicht möglich. Dennoch sind solche Regeln in bestimmten Fällen sinnvoll, um *Tendenzen* für die Ausgabe vorzugeben.

Dies sei an dem folgenden Beispiel demonstriert:

Beispiel 5.10
Bei einem Brennofen gilt bezüglich einer Steuerung grundsätzlich, daß die
Gaszufuhr eher hoch zu wählen ist, wenn die Temperatur niedrig ist. Daher
wird die Regel

$$R_1 : IF \; x_1 = niedrig \; THEN \; y_1 = hoch$$

verwendet, mit x_1 der Temperatur und y_1 der Gaszufuhr. Damit ist die
Tendenz gegeben, bei niedriger Temperatur die Gaszufuhr zu erhöhen. Der
richtige Wert für die Gaszufuhr hängt noch von weiteren Faktoren wie
Kohlendioxidgehalt und Brennzeit ab. Deshalb sind für die optimale Steuerung weitere Regeln mit anderen Eingaben nötig.

Da der Einfluß einer Regel auf das Gesamtergebnis vom Erfüllungsgrad
ihrer Prämisse abhängt, werden zur Beurteilung einer Regel nur Trainingsbeispiele verwendet, die einen hohen Erfüllungsgrad ergeben, denn für ein
Beispiel, das bei einer Regel einen niedrigen Erfüllungsgrad bewirkt, ist
die Konklusion dieser Regel irrelevant.

Konklusionswahl bei erschöpfender Prämisse
Hat die Prämisse einer Regel, die alle Eingabe-Variablen verwendet, einen
hohen Erfüllungsgrad, so ist das zu steuernde System zu einem genau so
hohen Grad in demjenigen Zustand, den diese Regel repräsentiert. Die
Regel mit dem höchsten Erfüllungsgrad der Prämisse beschreibt die entsprechende Situation am besten, andere Regeln sind für andere Situationen
vorgesehen. Deshalb werden für jedes Trainingsbeispiel nur die Regeln
mit dem höchsten Erfüllungsgrad der Prämisse überprüft. Aufgrund der
Form der Regeln (eine Ausgabe-Dimension pro Regel) können mehrere
Regeln die gleiche Prämisse und somit den gleichen Erfüllungsgrad haben.
Von den Regeln mit maximalem Erfüllungsgrad der Prämisse wird jede
separat getestet.

Falls das einzeln mit einer solchen Regel berechnete Ergebnis einen hohen Fehler aufweist, besitzt die Regel eine falsche Konklusion. Dies wird
korrigiert durch Auswahl der optimal geeigneten Ausgabe-Partitions-
Menge aus der zugehörigen Ausgabe-Dimension. Dazu werden alle vorhanden Ausgabe-Partitions-Mengen der zugehörigen Ausgabe-Dimension
nacheinander als Konklusion eingesetzt und jeweils nur mit Berücksichtigung der zu korrigierenden Regel die Ausgabe berechnet. Die Partitions-
Menge, die dabei den geringsten Fehler verursacht, ist die (zunächst) optimale Konklusion dieser Regel.

Bei dieser Vorgehensweise muß die gewählte Defuzzifizierungsmethode
mit berücksichtigt werden, da je nach verwendeter Methode unterschiedliche Mengen optimal sein können. Zur Durchführung dieses Verfahrens

werden für jede Regel, die alle Eingabe-Variablen verwendet, folgende Schritte ausgeführt:

1. Bestimme das Trainingsbeispiel, welches den maximalen Erfüllungsgrad bewirkt.
2. Falls der maximale Erfüllungsgrad über einer vorgegebenen Schranke liegt, berechne nur mit der zu überprüfenden Regel die Ausgabe zu den Eingaben des gewählten Trainingsbeispiels.
3. Bestimme den Fehler der berechneten Ausgabe.
4. Falls der Fehler über einer vorgegebenen Schranke liegt, bestimme die neue Konklusion gemäß
   - gehe alle Partitions-Mengen der zugehörigen Ausgabe-Dimension durch
   - berechne jeweils mit der zu überprüfenden Regel die Ausgabe unter Verwendung dieser Partitions-Menge, sowie den Fehler dieser Ausgabe
   - bestimme die Partitions-Menge, die zum minimalen Fehler führt
   - neue Konklusion wird diese Partitions-Menge.

Das Verfahren sei anhand von Beispiel 5.11 erläutet:

Beispiel 5.11
Ausgangspunkt ist ein einfacher Fuzzy-Controller zur Steuerung eines Heizgeräts. Die Eingabe ist die Temperatur in °C. Die zugehörigen Partitionen sind Dreiecks-Mengen auf dem Grundraum [13,23] und gegeben durch

$$sehr\,kalt \;\triangleq\; \tilde{A}_1 \;=\; (13,15,17)$$
$$kalt \;\triangleq\; \tilde{A}_2 \;=\; (16,18,20)$$
$$warm \;\triangleq\; \tilde{A}_3 \;=\; (19,21,23)$$

Die Ausgabe ist die Heizleistung. Die zugehörigen Partitionen sind Dreiecks-Mengen auf dem Grundraum [0, 10] und gegeben durch

$$schwach \;\triangleq\; \tilde{B}_1 \;=\; (0,2,4)$$
$$mittel \;\triangleq\; \tilde{B}_2 \;=\; (3,5,7)$$
$$hoch \;\triangleq\; \tilde{B}_3 \;=\; (6,8,10)$$

Die linguistischen Variablen sind x für die Temperatur und y für die Heizleistung.
Die richtigen Regeln lauten:

$R_1 : IF\ x = sehr\ kalt\ THEN\ y = hoch$

$R_2 : IF\ x = kalt \qquad THEN\ y = mittel$

$R_3 : IF\ x = warm \qquad THEN\ y = schwach$

Durch versehentliches Vertauschen von hoch und schwach bei Erstellung der Regelbasis ergeben sich folgende Regeln:

$R_1 : IF\ x = sehr\ kalt\ THEN\ y = schwach$

$R_2 : IF\ x = kalt \qquad THEN\ y = mittel$

$R_3 : IF\ x = warm \qquad THEN\ y = hoch$

Das oben beschriebene Verfahren erkennt diese Fehler und korrigiert sie, so daß genau die richtigen Regeln wieder hergestellt werden.

Konklusionswahl bei nicht erschöpfender Prämisse
Hat eine Regel R eine nicht erschöpfende Prämisse, so reicht die Auswahl eines Trainingsbeispiels X, für das R einen hohen Erfüllungsgrad besitzt, nicht aus, da die Prämisse nicht alle Eingaberäume abdeckt und nur einen Teilaspekt des Systemszustands beschreibt.

Eine derartige Regel wird jedoch verwendet um Tendenzen für die Ausgabe vorzugeben (s. Beispiel 5.11). Eine Regel, die nicht alle Eingaben verwendet, hat in verschiedenen Situationen, in denen verschiedene Ausgaben korrekt sind, einen hohen Erfüllungsgrad der Prämisse. Hierfür genügt es, daß die verwendeten Eingaben im von der Regel-Prämisse beschriebenen Bereich liegen. Alle anderen Eingaben haben keinen Einfluß auf den Erfüllungsgrad, wohl aber auf die richtige Ausgabe. Daher muß bei der Korrektur einer solchen Regel überprüft werden, ob die *Tendenz* ihrer Konklusion richtig ist.

Falls das einzeln mit einer Regel, die nicht alle Eingabe-Variablen verwendet, berechnete Ergebnis bei *jedem* Beispiel, das einen hohen Erfüllungsgrad der Prämisse bewirkt, einen hohen Fehler hat, dann liegt die Konklusion dieser Regel in einem falschen Bereich. Dies wird korrigiert durch Auswahl der optimal geeigneten Ausgabe-Partitions-Menge aus der zugehörigen Ausgabe-Dimension als neue Konklusion. Dazu werden alle vorhandenen Ausgabe-Partitions-Mengen der zugehörigen Ausgabe-Dimension nacheinander als Konklusion eingesetzt und jeweils nur mit Berücksichtigung der zu korrigierenden Regel die Ausgabe berechnet. Die Partitions-Menge, die am häufigsten einen Fehler unterhalb einer vorgegebenen Schranke verursacht, ist die (zunächst) optimale Konklusion.

Auch bei diesem Verfahren wird die gewählte Defuzzifizierungs-Methode berücksichtigt. Zur Durchführung dieses Verfahrens werden für jede Regel, die nicht alle Eingabe-Variablen verwendet, folgende Schritte ausgeführt:

1. Gehe alle Trainingsbeispiele durch, die einen Erfüllungsgrad über einer gegebenen Schranke bewirken.
2. Berechne jeweils mit der zu überprüfenden Regel die Ausgabe zu den Eingaben dieses Beispiels und den Fehler.
3. Falls der Fehler jedesmal über einer Schranke liegt, bestimme die neue Konklusion gemäß
   - bestimme für jedes verwendete Beispiel die Ausgabe-Partitions-Menge, die bei Berechnung der Ausgabe nur mit der zu korrigierenden Regel den minimalen Fehler ergibt
   - bestimme die Ausgabe-Partitions-Menge, die bei den verwendeten Beispielen am häufigsten einen Fehler unter einer Schranke ergibt
   - neue Konklusion wird diese Partitions-Menge.

Das Verfahren sei anhand von Beispiel 5.12 erläutert:

Beispiel 5.12
Ausgangspunkt ist wieder ein einfacher Fuzzy-Controller zur Steuerung eines Heizgeräts wie bei Beispiel 5.11. Zusätzlich wird jetzt bei der Steuerung noch berücksichtigt, ob es Nacht ist oder nicht, wobei gilt, daß nachts grundsätzlich nur schwach geheizt werden soll.

Für Eingabe 1 (Temperatur in °C) und die Ausgabe werden die gleichen Dreiecks-Mengen wie für Beispiel 5.12 verwendet. Eingabe 2 gibt an, ob es Nacht (kodiert durch „3") oder Tag (kodiert durch „1") ist, dies wird repräsentiert durch Dreiecks-Mengen auf [0,4]:

$$Tag \quad \hat{=} \tilde{A}_{21} = (0,1,2)$$
$$Nacht \quad \hat{=} \tilde{A}_{22} = (2,3,4)$$

Die linguistischen Variablen sind x_1 für die Temperatur, x_2 für Tag/Nacht und y für die Heizleistung.
Die richtigen Regeln lauten:

$$R_1 : IF \ x_1 = sehr \ kalt \ UND \ x_2 = Tag \ THEN \ y = hoch$$
$$R_2 : IF \ x_1 = kalt \quad UND \ x_2 = Tag \ THEN \ y = mittel$$
$$R_3 : IF \ x_1 = warm \quad UND \ x_2 = Tag \ THEN \ y = schwach$$
$$R \ : IF \ x_2 = Nacht \quad\quad\quad THEN \ y = schwach$$

Ist nun Regel 4 versehentlich als

$$IF \ x_2 = Nacht \ THEN \ y = hoch$$

erzeugt worden, so erkennt das oben beschriebene Verfahren diesen Fehler und stellt die korrekte Regel wieder her.

Erzeugung neuer Regeln

Für eine optimale Steuerung eines Systems ist es notwendig, für jede Situation des Systems, die von einem Fuzzy-Controller geregelt werden soll, geeignete Regeln zu erzeugen. Falls für eine konkrete Situation gar keine Regel definiert wurde, übernehmen andere Regeln, die für andere Situationen vorgesehen sind, maßgeblich die Bestimmung der Ausgabe. Dabei sind Fehler zu erwarten, da üblicherweise in verschiedenen Situationen verschiedene Ausgaben korrekt sind.

Eine neue Regel ist notwendig, wenn unter den Trainingsbeispielen solche sind, die von keiner Regelprämisse ausreichend gut abgedeckt werden. Der Bedarf an neuen Regeln kann also einfach dadurch festgestellt werden, daß für jedes Trainingsbeispiel X überprüft wird, ob es mindestens eine Regel gibt, deren Erfüllungsgrad für X über einer vorgegebenen Schranke liegt. Ist dies nicht der Fall, so spiegelt das Beispiel eine Situation wieder, für die das System keine adäquate Regel besitzt.

In diesem Fall wird eine neue Regel (bzw. mehrere neue Regeln) erzeugt. Als Prämissen werden diejenigen vorhandenen Partitions-Mengen gewählt, die die Eingangskomponenten des Beispiels am besten überdecken. Entsprechend wird bei der neuen Konklusion verfahren. Ist die Ausgabe mehrdimensional ($m>1$), so werden m neue Regeln erzeugt – für jede Ausgabedimension eine – die sich nur in den Konklusionen unterscheiden. Dies erfordert einen Eingriff in die Topologie und Verbindungsstruktur des Netzes: m neue Neuronen werden in Schicht 2 erzeugt, ihre Gewichte und Verbindungen zu den Schichten 1 und 3 entsprechend initialisiert.

Zur Durchführung dieses Verfahrens werden für jedes Trainingsbeispiel die folgenden Schritte ausgeführt:

1. Berechne für jede Regel den Erfüllungsgrad der Prämisse.
2. Ist der Erfüllungsgrad bei jeder Regel unterhalb einer Schranke, erzeuge eine neue Regel gemäß
   - bestimme für jeden Eingebe-Wert die Partitions-Menge aus der zugehörigen Eingabe-Dimension, die den höchsten Zugehörigkeitsgrad ergibt
   - die so bestimmten Eingaben-Partitions-Mengen ergeben die Prämisse der zu erzeugenden Regel(n)
   - bestimme für jede Ausgabe-Wert die Partitions-Menge aus der zugehörigen Ausgabe-Dimension, die den höchsten Zugehörigkeitsgrad ergibt
   - die so bestimmten Ausgabe-Partitions-Mengen ergeben die Konklusion der erzeugenden Regel(n) (pro Ausgabe-Dimension wird eine Regel erzeugt)

Das Verfahren sei anhand von Beispiel 5.13 erläutert:

Beispiel 5.13

Ausgangspunkt ist das Beispiel 5.11 mit den dort angegebenen optimalen Regeln und Partitionsmengen. Wird nun bei der Erzeugung der Regelbasis die Regel 1

$$IF\ x_1 = sehr\ kalt\ THEN\ y = hoch$$

vergessen, so erzeugt das oben beschriebene Verfahren genau diese Regel, und die Regelbasis ist vervollständigt.

Löschen vorhandener Regeln

Bei der Berechnung der Ausgabe eines Fuzzy-Controllers wird jedesmal *jede* Regel ausgewertet, d.h. es wird ihr Erfüllungsgrad berechnet, die zugehörige Schnitt-Menge gebildet und mit den anderen Schnitt-Mengen der selben Ausgabe-Dimension vereinigt. Diese Berechnungen werden auch dann durchgeführt, wenn die Regel keinen Einfluß auf das Ergebnis hat. Die Entfernung nutzloser Regeln bewirkt somit keine Verringerung des Ausgabe-Fehlers (hat eine Regel keinen Einfluß auf das Ergebnis, verursacht sie auch keinen Fehler), erhöht aber die Performance des Fuzzy-Controllers und ist somit sinnvoll.

Die Identifizierung nutzloser Regeln basiert auf folgender Heuristik: von versehentlich mehrfach definierten Regeln wird sofort jedes überzählige Exemplar gelöscht. Aufgrund der Arbeitsweise des MFOS-M-Systems gibt es zwei weitere Möglichkeiten, um überflüssige Regeln zu finden: der Erfüllungsgrad der Prämisse einer Regel ergibt die Schnitthöhe für die Ausgabe-Partitions-Menge der Regel-Konklusion. Falls in verschiedenen Situationen die gleiche Folgerung korrekt ist, gibt es verschiedene Regeln mit derselben Konklusion. In diesem Fall erhält das zu der Konklusion gehörige Neuron in Schicht 3 die Erfüllungsgrade der Prämissen sämtlicher dieser Regeln als Eingaben und berechnet davon das Maximum. Das heißt, es bestimmt bei jedem Beispiel von allen Regeln mit derselben Konklusion diejenige verwendete Schnitthöhe, deren Prämisse den höchsten Erfüllungsgrad hat.

Beispiel 5.14

Sei die Ausgabe-Partitionsmenge $\tilde{B}$ wie in Abb. 5.12 gegeben. $\tilde{B}$ werde an den Stellen (Höhen) E_1, E_2 und E_3 abgeschnitten. Entscheidend und damit verwendet wird nur die Schnitthöhe E_3.

Hierdurch ergeben sich drei verschiedene Szenarien, bei den Regeln, die gelöscht werden können, erkannt werden.

1. Mehrfach orhandene Regeln
   Im vorgegebenen Fuzzy-Entscheidungs-System können durch ein Versehen Regeln mehrfach identisch definiert sein. Diese Situation kann – unabhängig von der Wahl von t_{AND} – durch einfaches Vergleichen der Prämissen und Konklusionen festgestellt werden. Gegebenenfalls werden alle identischen Regeln bis auf eine gelöscht.
2. Vorherrschende Regel
   Wenn bei jedem Trainingsbeispiel von allen Regeln mit der gleichen Konklusion immer dieselbe Regel den maximalen Erfüllungsgrad der Prämissen hat, bestimmt diese Regel alleine die Schnitthöhe der zugehörigen Ausgabe-Partitions-Menge. Alle anderen Regeln mit dieser Konklusion haben niemals Einfluß auf das Ergebnis. Also können sie gelöscht werden. Zur Durchführungen dieses Verfahrens werden jeweils alle Regeln mit der gleichen Konklusion gemeinsam betrachtet und die folgenden Schritte ausgeführt:
   - Gehe alle Trainingsbeispiele durch.
   - Bestimme die Regel, deren Prämisse den maximalen Erfüllungsgrad hat.
   - Falls jedesmal die Prämisse derselben Regel den maximalen Erfüllungsgrad hat, werden die anderen betrachteten Regeln gelöscht.

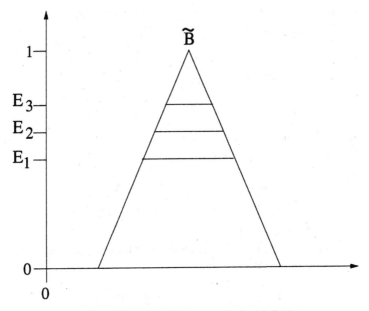

Abb. 5.12 Schnitthöhen aus Beispiel 5.14

3. Irrelevante Regel
   Das Szenario der irrelevanten Regel ist die Umkehrung von 2:
   wenn bei jedem Beispiel von allen Regeln mit der gleichen Konklusion
   immer dieselbe Regel den minimalen Erfüllungsgrad der Prämissen
   hat, bestimmt diese Regel niemals die Schnitthöhe und hat niemals
   Einfluß auf das Ergebnis. Also kann sie gelöscht werden. Zur Durchführung dieses Verfahrens werden jeweils alle Regeln mit der gleichen
   Konklusion gemeinsam betrachtet und folgenden Schritte ausgeführt:
   - wiederhole, bis nur eine Regel übrig bleibt oder bis sich nichts mehr
     ändert
   - gehe alle Trainingsbeispiele durch
   - bestimme die Regel, deren Prämisse den minimalen Erfüllungsgrad
     hat
   - falls jedesmal die Prämisse derselben Regel den minimalen Erfül-
     lungsgrad hat, wird diese Regel gelöscht.

Das Verfahren zum Löschen existierenden Regeln sei anhand von Beispiel 5.15 erläutert:

Beispiel 5.15
Seien die folgenden Fuzzy-Mengen und Regeln definiert:

Die Eingabe 1 besitze als Partitionen Dreiecks-Mengen auf dem Grundraum [1,11], die gegeben sind durch:

$$Klein \quad \hat{=} \quad \tilde{A}_{11} \quad = \quad (1,3,5)$$
$$Mittel \quad \hat{=} \quad \tilde{A}_{12} \quad = \quad (4,6,8)$$
$$gro\beta \quad \hat{=} \quad \tilde{A}_{13} \quad = \quad (7,9,11)$$

Die Eingabe 2 besitze als Partitionen Dreiecks-Mengen auf dem Grundraum [2,9], die gegeben sind durch:

$$Niedrig \quad \hat{=} \quad \tilde{A}_{21} \quad = \quad (2,4,6)$$
$$Hoch \quad \hat{=} \quad \tilde{A}_{22} \quad = \quad (5,7,9)$$

Die Ausgabe besitze als Partitionen Dreiecks-Mengen auf dem Grundraum
[5,31], die gegeben sind durch:

$$Klein \quad \hat{=} \quad \tilde{B}_{1} \quad = \quad (5,10,15)$$
$$Mittel \quad \hat{=} \quad \tilde{B}_{2} \quad = \quad (13,18,23)$$
$$gro\beta \quad \hat{=} \quad \tilde{B}_{3} \quad = \quad (21,26,31)$$

Die Regeln lauten:

$$R_1 = IF\ x_1 = klein\quad UND\ x_2 = niedrig\ THEN\ y = klein$$

$$R_2 = IF\ x_1 = mittel\ UND\ x_2 = niedrig\ THEN\ y = klein$$

$$R_3 = IF\ x_1 = gro\beta\quad UND\ x_2 = niedrig\ THEN\ y = klein$$

$$R_4 = IF\ x_1 = klein\quad UND\ x_2 = hoch\quad THEN\ y = mittel$$

$$R_5 = IF\ x_1 = mittel\ UND\ x_2 = hoch\quad THEN\ y = mittel$$

$$R_6 = IF\ x_1 = gro\beta\quad UND\ x_2 = hoch\quad THEN\ y = gro\beta$$

$$R_7 = IF\ x_2 = niedrig\qquad\qquad THEN\ y = klein$$

Durch das Verfahren zum Löschen von Regeln werden die ersten drei Regeln entfernt. Die übrigen Regeln

$$R_4 : IF\ x_1 = klein\quad UND\ x_2 = hoch\quad THEN\ y = mittel$$

$$R_5 : IF\ x_1 = mittel\ UND\ x_2 = hoch\quad THEN\ y = mittel$$

$$R_6 : IF\ x_1 = gro\beta\quad UND\ x_2 = hoch\quad THEN\ y = gro\beta$$

$$R_7 : IF\ x_2 = niedrig\qquad\qquad THEN\ y = klein$$

ergeben genau dieselben Ausgaben wie alle Regeln zusammen.

Modifikation der Mengen

Während sich die Regelmodifikationen in der Veränderung von Topologie und Verbindungsstruktur des Neuronalen Netzes auswirken, entsprechen die Mengenmodifikationen im wesentlichen der Anpassung von Gewichten. Allerdings können Regel- und Mengenmodifikationen nicht immer strikt getrennt betrachtet werden. Das Erzeugen und Entfernen von Mengen muß sich zwangsläufig auf die Regeln und damit die Verbindungsstruktur auswirken und umgekehrt.

Erzeugung von Mengen

Die Regeln des Fuzzy-Controllers verwenden in der Prämisse und der Konklusion die Partitions-Mengen. Daher ist es notwendig, das Erzeugen von Fuzzy-Mengen wie auch das Löschen von Fuzzy-Mengen unter Berücksichtigung der Regeln durchzuführen. Eine neue Fuzzy-Menge hat nur einen Sinn, wenn sie auch von mindestens einer Regel berücksichtigt wird. Aus diesem Grund sind die Verfahren zur Erzeugung neuer Fuzzy-Mengen in die Verfahren zur Korrektur bzw. Erzeugung von Regeln integriert.

Das MFOS-M-System erzeugt bei Bedarf Eingabe- und Ausgabe-Partitions-Mengen. Der Modalwert wird jeweils auf geeignete Weise aus den Eingabe- bzw. Ausgabe-Werten der Trainingsbeispiele bestimmt. Als

Weite wird das 1.2-fache des Abstandes zum Modalwert der nächsten Nachbar-Menge festgelegt. Auf diese Weise wird eine gute Überlappung der Fuzzy-Mengen erreicht, die in den meisten Fällen von Vorteil ist. Sollten die erzeugten Fuzzy-Mengen dennoch nicht zu hinreichend guten Ergebnissen führen, ist eine anschließende Optimierung im Rahmen des weiter unten beschriebenen Fine-Tunings möglich. Da die Verfahren zur Erzeugung von Fuzzy-Mengen in die Verfahren zur Korrektur bzw. Erzeugung von Regeln integriert sind, folgt eine Beschreibung getrennt nach diesen Methoden.

Anpassung von Mengen bei Regeln mit erschöpfender Prämisse
Bei der Korrektur einer Regel, die alle Eingabe-Variablen verwendet, wird die Partitions-Menge aus der zugehörigen Ausgabe-Dimension bestimmt, mit der das einzeln mit dieser Regel berechnete Ergebnis den minimalen Fehler aufweist. Falls dieser minimale Fehler über einer Schranke liegt, ist keine passende Ausgabe-Partitions-Menge für diese Regel vorhanden. Daher wird während der Anwendung des Korrektur-Verfahrens eine geeignete Fuzzy-Menge erzeugt und als Konklusion der Regel für die neue Partitionsmenge festgelegt:

1. Der Modalwert ergibt sich aus der gewünschten Ausgabe.
2. Die linke bzw. rechte Unschärfe ergibt sich als der 1,2-fache Abstand zum Modalwert der nächsten (rechts bzw. links) Nachbarmenge.

Beispiel 5.16
Seien die richtigen Partitions-Mengen und Regeln die in Beispiel 5.11 verwendeten. Wurde die Ausgabe-Partitions-Menge für *mittel* nicht erzeugt und statt der Regel

$$IF\ x = kalt\quad THEN\ y = mittel$$

die Regel

$$IF\ x = kalt\quad THEN\ y = hoch$$

verwendet, so wird durch das oben beschriebene verfahren bei der Korrektur dieser Regeln die Partitions-Menge (3.2,5,6.8) erzeugt, die nun für *mittel* steht. Gleichzeitig wird die Regel

$$IF\ x = kalt\quad THEN\ y = hoch$$

korrigiert zu

$$IF\ x = kalt\quad THEN\ y = mittel$$

Mit der so erzeugten Fuzzy-Menge berechnet der Fuzzy-Controller genauso gute Ergebnisse wie mit der ursprünglichen Fuzzy-Menge (3,5,7).

Anpassung der Mengen bei nicht-erschöpfender Prämisse
Bei der Korrektur einer Regel, die nicht alle Eingabe-Variablen verwendet, wird die Partitions-Menge aus der zugehörigen Ausgabe-Dimension bestimmt, bei der das einzeln mit dieser Regel berechnete Ergebnis am häufigsten einen Fehler unter einer Schranke ergibt. Wenn der Fehler nie unter dieser Schranke liegt, ist keine passende Ausgabe-Partitions-Menge für diese Regel vorhanden. Daher wird während der Anwendung des Korrektur-Verfahrens eine geeignete Fuzzy-Menge erzeugt und als Konklusion festgelegt. Ihre Dimension ergibt sich durch die folgenden beiden Schritte:

1. Der Modalwert ergibt sich als der Durchschnitt der gewünschten Ausgaben von Trainingsbeispielen, die einen Erfüllungsgrad der Prämisse über einer Schranke bewirken.
2. Die linke bzw. rechte Unschärfe ergibt sich wie zuvor als der 1.2-fache Abstand zum Modalwert der nächsten Nachbarmenge.

Beispiel 5.17
An Anlehnung an Beispiel 5.12 ergeben die folgenden Fuzzy-Mengen und Regeln einen einfachen Fuzzy-Controller zur Steuerung eines Heizgerätes. Dabei wird auch in diesem Fall berücksichtigt, ob es Nacht ist oder nicht. Für Eingabe 1 (Temperatur in °C), Eingabe 2 (Tag/Nacht) und die Ausgabe (Heizleistung) werden dieselben Partitions-Mengen wie in Beispiel 5.12 verwendet. Im Gegensatz zu Beispiel 5.12 soll die Heizleistung tagsüber entweder mittel oder hoch sein, nachts grundsätzlich nur schwach. Die richtigen Regeln lauten daher in diesem Fall:

$$R_1 : IF\ x_1 = sehr\ kalt\ \ UND\ x_2 = Tag\ \ \ THEN\ y = hoch$$

$$R_2 : IF\ x_1 = kalt\ \ \ \ \ \ \ \ UND\ x_2 = Tag\ \ \ THEN\ y = hoch$$

$$R_3 : IF\ x_1 = warm\ \ \ \ \ \ UND\ x_2 = Tag\ \ \ THEN\ y = mittel$$

$$R_4 : IF\ x_2 = Nacht\ \ \ \ \ \ \ \ \ \ \ \ \ \ \ \ \ THEN\ y = schwach$$

Wurde die Ausgabe-Partitions-Menge für *schwach* nicht definiert und statt der Regel

$$IF\ x_2 = Nacht\ \ \ THEN\ \ \ y = schwach$$

die Regel

$$IF\ x_2 = Nacht\ \ \ THEN\ \ \ y = mittel$$

verwendet, so wird durch das oben beschriebenen Verfahren bei der Korrektur dieser Regel die Partitions-Menge (0.2,2,3.8) erzeugt, die nun für *schwach* steht. Gleichzeitig wird die Regel

$$IF\ x_2 = Nacht\ \ \ THEN\ \ \ y = mittel$$

korrigiert zu

$$IF\ x_2 = Nacht\quad THEN\quad y = schwach$$

Mit der erzeugten Fuzzy-Menge liefert der Fuzzy-Controller genauso gute
Ergebnisse wie mit der ursprünglichen Fuzzy-Menge (0,2,4).

Erzeugung neuer Regeln
Bei der Erzeugung einer Regel werden für die Prämisse und die Konklusion die Partitions-Mengen bestimmt, bei denen die Eingabe-Werte bzw.
Ausgabe-Werte des betrachteten Trainingsbeispiels den höchsten Zugehörigkeitsgrad ergeben. Falls für einen Wert der Zugehörigkeitsgrad bei
keiner Partitions-Menge aus der zugehörigen Eingabe- bzw. Ausgabe-
Dimension über einer Schranke liegt, ist keine passende Partitions-Menge
für diesen Wert vorhanden. Daher wird während der Anwendung der Verfahrens zur Erzeugung neuer Regeln eine geeignete Fuzzy-Menge erzeugt
und als Menge aus der Prämisse bzw. als Konklusion der Regel wie folgt
festgelegt:

1. Der Modalwert ist der betroffenen Ein- bzw. Ausgabewert.
2. Die linke bzw. rechte Unschärfe ergibt sich als der 1.2-fache Abstand
   zum Modalwert der nächstgelegenen Nachbarmenge.

Beispiel 5.18
Werden in der Situation von Beispiel 5.11 die Eingabe-Partitions-Menge
für $kalt \mathrel{\hat{=}} \tilde{A}_2 = (16,18,20)$ und die Regel

$$IF\ x = kalt\quad THEN\quad y = mittel$$

vergessen, so wird durch das oben beschriebene Verfahren bei der Erzeugung der vergessenen Regel die Partitions-Menge (16.2,18,19.8) generiert,
die nur für kalt steht. Gleichzeitig wird die vergessene Regel erstellt. Mit
der erzeugten Fuzzy-Menge liefert der Fuzzy-Controller genauso gute
Ergebnisse wie mit der ursprünglichen Fuzzy-Menge (16,18,20).

Das Beispiel 5.18 ist auch ein Beispiel für eine Situation, die weder von
dem Verfahren von Lin und Lee noch von dem NEFCON-Modell erfolgreich behandelt werden kann, da beide Verfahren keine neue Eingabe-
Partitions-Mengen erzeugen können.

Löschen von Mengen
Ebenso wie unnötige Regeln verringern auch unnötige Fuzzy-Mengen die
Effektivität eines Fuzzy-Controllers. Die Eingabe-Partitions-Mengen un-
terteilen die Eingabe-Dimensionen in verschiedene zu unterscheidende

Bereiche, in denen verschiedene Ausgaben korrekt sind. Daher ist die Eingabe-Partitionierung zu fein gewählt, falls es verschiedene Eingabe-Partitions-Mengen in einem Bereich gibt, in denen die gleiche Ausgabe richtig ist. Solche Fuzzy-Mengen lassen sich zu einer einzigen Fuzzy-Menge zusammenfassen. Das Löschen von Fuzzy-Mengen kann nicht ohne Einbeziehung der Regeln durchgeführt werden, da die Regeln sich nur auf vorhandene Fuzzy-Mengen beziehen dürfen. Nachdem das MFOS-M-System zwei gleichwertige Fuzzy-Mengen zusammengefaßt hat, werden daher alle Regeln, die sich nur in der Verwendung dieser Mengen unterscheiden, ebenfalls zusammengefaßt. Somit werden nicht nur unnötige Fuzzy-Mengen entfernt, sondern auch unnötig gewordene Regeln, die mit dem Verfahren zum Löschen von Regeln nicht identifiziert werden können.

Ob es möglich ist, zwei benachbarte Fuzzy-Mengen zusammen zu fassen, wird gemäß folgender Heuristik erkannt: falls im gesamten Bereich von zwei benachbarten Mengen bei jedem Trainingsbeispiel dieselbe Ausgabe richtig ist, können diese beiden Mengen zu einer größeren Menge zusammengefaßt werden. Da die richtige Ausgabe jedoch von allen Eingabe-Werten abhängt, müssen bei der Überprüfung von zwei Nachbar-Mengen alle Eingaben berücksichtigt werden. Der Wechsel eines Eingabe-Wertes von einer Partitions-Menge zur Nachbar-Menge könnte durch Änderungen der anderen Eingabe-Werte ausgeglichen werden, so daß die richtige Ausgabe gleich bleibt. Die separate Überprüfung von zwei Nachbar-Mengen ergibt kein Kriterium, um zu entscheiden, ob diese Mengen gleichwertig sind. Daher werden zwei Nachbar-Mengen wie folgt verglichen:

Es werden jeweils alle Trainingsbeispiele gemeinsam betrachtet, bei denen ein Eingabe-Wert in einer von zwei Nachbar-Mengen liegt, und alle anderen Eingabe-Werte jeweils in derselben Menge. Dabei wird die Partitions-Menge, in der ein Wert liegt, als diejenige bestimmt, bei der der Zugehörigkeitsgrad am höchsten ist. Falls bei allen gemeinsam betrachteten Beispielen jedesmal die gewünschte Ausgabe im selben Bereich liegt (bei verschiedenen Beispielgruppen dürfen es verschieden Bereiche sein), ist es gleichwertig, in welcher der beiden überprüften Nachbar-Mengen sich der Eingabe-Wert befindet. Somit können diese Mengen zusammengefaßt und die dann überflüssige Menge gelöscht werden. Als Modalwert der neuen Partitions-Menge wird das arithmetische Mittel der Modalwerte von den beiden Nachbar-Mengen festgelegt. Die Breite wird so gewählt, daß der gesamte Bereich beider Mengen abgedeckt wird. Anschließend werden noch alle Regeln zusammengefaßt, die sich nur bei den betrachteten Nachbar-Mengen unterscheiden. Dazu werden die folgenden Schritte durchgeführt:

1. Betrachte jeweils alle Trainingsbeispiele gemeinsam, bei denen ein Eingabe-Wert in einer von zwei Nachbar-Mengen liegt, und alle anderen Eingabe-Werte in derselben Menge.
2. Bestimme für alle betrachteten Beispiele die Ausgabe-Partitions-Mengen, in denen die gewünschten Ausgaben liegen.
3. Wenn die gewünschten Ausgaben jeweils bei allen gemeinsam betrachteten Beispielen in den gleichen Partitions-Mengen liegen, fasse die beiden Nachbar-Mengen zusammen:
   - Modalwert: arithmetisches Mittel der Modalwerte der Nachbar-Mengen
   - Breite: Breite des gemeinsam überdeckten Bereiches.
4. Fasse danach alle Regeln zusammen, die sich nur in den beiden Nachbach-Mengen unterscheiden.
   - Eingaben, die einer der Nachbar-Mengen zugeordnet sind, werden der zusammengefaßten Menge zugeordnet.
   - Die Konklusion bleibt unverändert.

Beispiel 5.19

Sei die gleiche Situation wie in Beispiel 5.12 gegeben. Ersetzt man die Partitions-Menge für *sehr kalt* $\hat{=} \tilde{A}_{11} = (13,15,17)$ durch zwei Mengen, ergeben sich z.B. folgende Partitionierungen:

Für die Eingabe 1 (Temperatur in °C) die folgenden Dreiecks-Mengen auf [13,23]:

$$besonders\ kalt \hat{=} \tilde{A}_{11} = (13,14.25,15.5)$$

$$sehr\ kalt \qquad \hat{=} \tilde{A}_{12} = (14.5,15.75,17)$$

$$kalt \qquad \hat{=} \tilde{A}_{13} = (16,18,20)$$

$$warm \qquad \hat{=} \tilde{A}_{14} = (19,21,23)$$

Für Eingabe 2 und die Ausgabe werden die gleichen Partitions-Mengen wie in Beispiel 5.12 verwendet.

Die richtigen Regeln lauten nun:

$$R_1 : IF\ x_1 = besonders\ kalt \quad UND\ x_2 = Tag\ THEN\ y = hoch$$

$$R_2 : IF\ x_1 = sehr\ kalt \qquad UND\ x_2 = Tag\ THEN\ y = hoch$$

$$R_3 : IF\ x_1 = kalt \qquad UND\ x_2 = Tag\ THEN\ y = mittel$$

$$R_4 : IF\ x_1 = warm \qquad UND\ x_2 = Tag\ THEN\ y = schwach$$

$$R_5 : IF\ x_1 = Nacht \qquad\qquad THEN\ y = schwach$$

Das oben beschriebene Verfahren erkennt, daß die Aufteilung des unteren Temperaturbereiches in *besonders kalt* und *sehr kalt* nicht nötig ist und faßt beide Partitions-Mengen zur Partitions-Menge (13,15,17) zusammen, die nun für *sehr kalt* steht. Gleichzeitig werden die Regeln

$$IF\ x_1 = besonders\ kalt\ UND\ x_2 = Tag\ THEN\ y = hoch$$

und

$$IF\ x_1 = sehr\ kalt\ UND\ x_2 = Tag\ THEN\ y = hoch$$

zusammengefaßt zu

$$IF\ x_1 = sehr\ kalt\ UND\ x_2\ Tag\ THEN\ y = hoch$$

Die nun überflüssige Partitions-Menge für besonders kalt wird gelöscht. Damit entsprechen die Partitions-Mengen und Regeln den ursprünglich in Beispiel 5.12 verwendeten.

Anpassung vorhandener Mengen
Zur Feinabstimmung der Partitions-Fuzzy-Mengen werden ein Verschieben der Mengen und eine Änderung der Breite durchgeführt. Die Partitions-Fuzzy-Mengen sind die Gewichte der Verbindungen des verwendeten Neuronalen Netzes. Das Ziel ist es, die Gewichte so zu verändern, daß der Fehler der einzelnen Neuronen und damit der Fehler der Netzausgabe minimiert wird. Um mit diesem Verfahren zur endgültigen Optimierung des Fuzzy-Controllers die Feinabstimmung durchzuführen, sollten vor seiner Anwendung die Regeln korrekt definiert sein, ebenso sollten die Partitions-Mengen „ungefähr" stimmen. Insbesondere muß die Anzahl der Partitions-Mengen passend sein.

In machen Fällen ist es allerdings auch von Vorteil, die Anpassung der vorhandenen Mengen *vor* den übrigen Verfahren anzuwenden. Falls in einem Bereich der Eingabe- oder Ausgabe-Dimensionen keine geeignete Fuzzy-Menge vorhanden ist, wird mit den Pre-Tuning-Verfahren eine entsprechende Menge erzeugt. Es besteht jedoch die Möglichkeit, daß durch die Anwendung des Fine-Tuning-Verfahrens (s. unten) eine bereits vorhandene Fuzzy-Menge genau in diesen Bereich verschoben wird. Damit wäre das Erzeugen einer neuen Fuzzy-Menge unnötig. Dies ist insbesondere möglich, falls die Anzahl der erzeugten Partitions-Fuzzy-Mengen korrekt ist, und nur die Positionen nicht optimal sind, d.h. durch die Anpassung ihr vorhandenen Mengen als ersten Schnitt läßt sich eventuell das unnötige Erzeugen zusätzlicher Partitions-Fuzzy-Mengen vermeiden.

Während die bisher vorgestellten und im MFOS-M-System implementierten Verfahren auch die Struktur des Netzes verändern, wird bei der Anpassung vorhandener Mengen – in den MFOS-Systemen auch als „Fine-Tuning" bezeichnet – ausschließlich die Gewichte des Netzes modifiziert.

Zunächst soll daher die Frage geklärt werden, welche Konsequenzen eine Änderung der Breite bzw. ein Verschieben einer Partitions-Fuzzy-Menge für einen Fuzzy-Controller hat. Wird eine Fuzzy-Menge in Richtung eines Punktes verschoben, so vergrößert sich dessen Zugehörigkeitsgrad zu dieser Meng; wird die Fuzzy-Menge von dem Punkt weggeschoben, so verringert sich sein Zugehörigkeitsgrad zu dieser Menge. Wird eine Fuzzy-Menge verbreitert, so vergrößern sich die Zugehörigkeitsgrade der Punkte ihres Trägers, außerdem wird der Träger selber verbreitert. Eine Verschmälerung der Fuzzy-Menge bewirkt das Gegenteil.

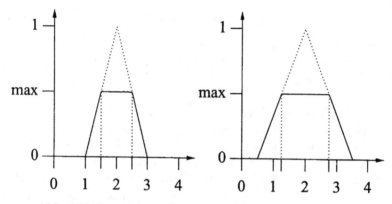

Abb. 5.13 Verschiebung der ersten und letzten maximalen Stelle

Bei den Eingabe-Partitions-Mengen hat daher eine Änderung der Breite oder ein Verschieben eine Erhöhung oder Verringerung des Erfüllungsgrades der Prämissen von Regeln, die diese Mengen verwenden, zur Folge. Ein Verschieben einer Ausgabe-Partitions-Menge hat eine Verschiebung des Schwerpunktes der berechneten Ausgabe-Fuzzy-Menge zur Folge. Falls in der verschobenen Menge der maximale Zugehörigkeitsgrad liegt, wird dieser ebenfalls verschoben. Ein Ändern der Breite einer Ausgabe-Fuzzy-Menge erhöht oder reduziert den Anteil dieser Menge am Ergebnis. Außerdem wird damit die erste und die letzte Stelle mit maximalem Zugehörigkeitsgrad verschoben, falls dieser in der veränderten Menge liegt (s. Abb. 5.13). Daher läßt sich der Ausgabe-Wert auf diese Weise stark beeinflussen.

Die Anpassungen der Fuzzy-Mengen beim Fine-Tuning erfolgt auf der Basis des bewährten Gradientenabstiegsverfahrens. Allerdings entstehen dabei im Gegensatz zum Multilayer-Perceptron einige spezielle Probleme, die auf den Besonderheiten des MFOS-M-Netzes beruhen. Da es verschiedene Defuzzifizierungsmethoden und Fuzzy-Mengen gibt, werden im Forward-Pass unterschiedliche Funktionen angewendet. Aufgrund der Struktur des verwendeten Netzes gibt es für Schicht 2 teilweise gekoppelte

Gewichte, wodurch Schwierigkeiten bei den Gewichtsänderungen entstehen. Je nach gewählter Defuzzifizierungs-Methode und der verwendeten Fuzzy-Mengen werden verschiedene Aktivitäts- und Ausgabe-Funktionen beim MFOS-M-System verwendet. Die Details hierzu sind in [Niendieck 2003] beschrieben.

Reihenfolge der Einzelschritte
Wie bereits erwähnt, gibt es eine Reihe von Wechselwirkungen zwischen den einzelnen Optimierungsverfahren. Für das MFOS-M-System werden die folgenden Empfehlungen für Reihenfolgen angegeben:

- zunächst die Regeln korrigieren, anschließend unnötige Regeln löschen
- zunächst die Regeln korrigieren, anschließend unnötige Fuzzy-Mengen löschen
- zunächst das Fine-Tuning durchführen, anschließend die Regeln korrigieren
- zunächst neue Regeln erzeugen, anschließend unnötige Regeln löschen
- zunächst unnötige Fuzzy-Mengen löschen, anschließend neue Regeln erzeugen
- zunächst das Fine-Tuning durchführen, anschließend neue Regeln erzeugen
- zunächst Partitions-Mengen erzeugen, anschließend unnötige Regeln löschen
- zunächst unnötige Fuzzy-Menge löschen, anschließend unnötige Regeln löschen
- zunächst das Fine-Tuning durchführen, anschließend unnötige Regeln löschen
- zunächst das Fine-Tuning durchführen, anschließend unnötige Fuzzy-Mengen löschen
- zunächst das Fine-Tuning durchführen, anschließend neue Partitions-Mengen erzeugen

Diese Empfehlungen können wie in Abb. 5.14 graphisch dargestellt werden.

Prinzipiell ergibt sich somit die folgende Reihenfolge für einen optimalen Einsatz des MFOS-M-Systems:

1. Fine-Tuning
2. Regeln korrigieren und bei Bedarf neue Partitions-Mengen erzeugen
3. Partitions-Mengen löschen
4. Regeln erzeugen und bei Bedarf neue Partitions-Mengen erzeugen
5. Regeln löschen

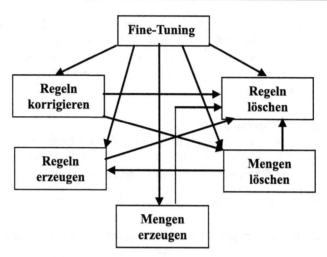

Abb. 5.14 Abhängigkeiten der einzelnen MFOS-M-Verfahren

Dies ist die Reihenfolge, die sich aus den Abhängigkeiten und Wechselwirkungen zwischen den einzelnen Verfahren ergibt. Es läßt sich zeigen, daß die Anwendung des Fine-Tunings vor den anderen Verfahren das Erzeugen nicht unbedingt benötigter zusätzlicher Fuzzy-Mengen verhindern kann. Da das Fine-Tuning keine negativen Auswirkungen hat, ist gegen seine Anwendung als erstes Verfahren nichts einzuwenden. In der Praxis muß im Einzelfall entschieden werden, welches die optimale Reihenfolge ist. Falls gar keine Regeln und Partitions-Mengen vordefiniert wurden, muß mit dem Erzeugen von Regeln und Partitions-Mengen begonnen werden. Anschließend erfolgt eine weitere Optimierung mit dem Fine-Tuning. Falls einige Regeln und Partitions-Mengen vordefiniert wurden, sollte zunächst eine Optimierung der vorhandenen Regeln und Partitions-Mengen versucht werden. Nur wenn dies nicht zu hinreichend guten Ergebnissen führt, fehlen offensichtlich benötigte Regeln bzw. Fuzzy-Mengen und müssen erzeugt werden. Anschließend kann in jedem Fall mit dem Fine-Tuning eine weitere Optimierung erfolgen.

Das Fine-Tuning erfüllt also zwei Aufgaben. Wird es als erstes Verfahren eingesetzt, schiebt es ungünstig positionierte Partitions-Mengen an die richtige Stelle, so daß keine eigentlich überflüssigen Fuzzy-Mengen generiert werden. Nachdem mit Hilfe der übrigen Verfahren alle Bestandteile des Fuzzy-Controllers korrekt eingestellt wurden, sind die berechneten Ausgaben des Fuzzy-Controllers hinreichend gut. Anschließend ist es möglich, mit den Fine-Tuning Verfahren eine weitere Verbesserung der Ergebnisse zu erreichen. In diesem Fall wird mit dem Fine-Tuning tatsächlich die eigentliche Feinabstimmung der Fuzzy-Mengen durchgeführt.

Für die konkrete Anwendung des MFOS-M-Systems muß man somit zwei Anwendungsfälle unterscheiden:

Einsatz des MFOS-M zum Erzeugen eines Fuzzy-Controllers
Hier empfiehlt sich folgende Vorgehensweise:

1. Erzeugen neuer Regeln und bei Bedarf Erzeugen neuer Fuzzy-Mengen
2. Fine-Tuning

Da erzeugte Regeln korrekt sind, ist eine Korrektur nicht erforderlich. Ebensowenig ist das Löschen von Regeln oder Partitions-Mengen nötig, da in diesem Fall nur unbedingt notwendige Regeln und Fuzzy-Mengen erzeugt werden. Das Fine-Tuning bewirkt die Feinabstimmung der erzeugten Mengen und somit deren Optimierung.

Einsatz des MFOS-M zur Optimierung eines vorhandenen Fuzzy-Controllers
Hier empfiehlt sich folgende Vorgehensweise:

1. Fine-Tuning
2. Regeln korrigieren und bei Bedarf neue Partitions-Mengen erzeugen
3. Partitions-Mengen löschen
4. Regeln erzeugen und bei Bedarf neue Partitions-Mengen erzeugen
5. Regeln löschen
6. Fine-Tuning

Das Fine-Tuning zu Beginn verschiebt falsch positionierte Partitions-Mengen an die richtige Stelle. Damit wird schon eine Verbesserung der berechneten Ausgaben erreicht. Insbesondere ist nun eventuell die Korrektur bzw. Erzeugung von bestimmten Regeln nicht mehr notwendig, d.h. es werden weniger neuer Regeln erzeugt als ohne vorherigen Fine-Tuning. Es ist sogar möglich, daß der Fuzzy-Controller nach dem Fine-Tuning schon so weit optimiert wurde, daß weitere Verfahren nicht mehr eingesetzt werden müssen. Andernfalls werden im weiteren Verlauf die Regeln und Partitions-Mengen erzeugt werden. Das abschließende Fine-Tuning bewirkt die Feinabstimmung der Mengen und damit die weitere Optimierung.

MFOS-S

Bei den MFOS-Systemen existiert auch eine Variante zur Repräsentation und Optimierung von Sugeno-Controllern, genannt MFOS-S. Da ein Sugeno-Controller keine Ausgabe-Partionsmengen verwendet, muß das verwendete Neuronale Netz einen anderen Aufbau besitzen als ein MFOS-M-Netz. Aus dem gleichen Grund müssen auch die einzelnen Lernverfahren modifiziert werden.

Aufbau des Systems

Im Gegensatz zum vierschichtigen MFOS-M-Netz ist das MFOS-S-Netz für Sugeno-Controller dreischichtig (s. Abb. 5.15). Da die Prämissen der Regeln und die Rechnung der Erfüllungsgrade der Prämissen bei Fuzzy-Controllern nach Mamdani und Sugeno-Controllern exakt gleich sind, werden die Schichten 1 und 2 direkt vom MFOS-M-Netz übernommen. Beim MFOS-M-Netz enthält Schicht 3 für jede Ausgabe-Partitions-Menge eine Neuron. Diese Schicht entfällt beim MFOS-S-Netz. Statt dessen ist nun Schicht 3 die Ausgabeschicht, jedoch mit geänderten Aktivierungs- und Ausgabe-Funktionen.

In Schicht 2, der *Regelschicht*, gibt es für jede Regel R_k ein Neuron, welches ebenfalls mit R_k bezeichnet wird. Dieses ist mit allen Neuronen aus Schicht 1 verbunden, deren zugehörige Eingabe bei dieser Regel verwendet werden. Somit lassen sich auch linguistische Regeln einsetzen, die nicht alle Eingabe-Werte berücksichtigen. Als Gewicht wird für jede Verbindung die Fuzzy-Menge genommen, die den entsprechenden linguistischen Term aus der Prämisse von Regel R_k für die zugehörige Eingabe-Dimension repräsentiert.

Jedes Neuron R_k in Schicht 2 berechnet den Erfüllungsgrad der Prämisse von Regel R_k. Dazu werden zunächst die Zugehörigkeitsgrade der Eingabewerte zu den jeweiligen Fuzzy-Mengen der Verbindungen mit Schicht 1 berechnet. Anschließend werden diese Werte rekursiv mit einem UND-Operator zum Erfüllungsgrad verknüpft. Dieser ist dann die Ausgabe des Neurons.

In der Ausgabeschicht gibt es für jede Dimension des Ausgaberaumes ein Neuron. Dieses ist mit allen Neuronen aus Schicht 2 verbunden, deren zugehörige Regel sich auf diese Ausgabe-Dimension bezieht.

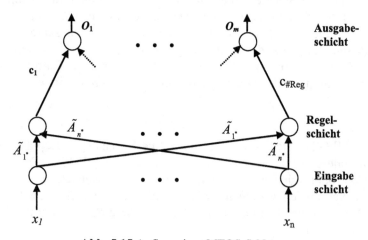

Abb. 5.15 Aufbau eines MFOS-S-Netzes

Als Gewicht wird jeweils die reelle Konklusion dieser Regel genommen. Jedes Neuron in der Ausgabeschicht berechnet den Stellwert für seine Ausgabe-Dimension gemäß folgender Formeln:

Aktivitätsfunktion von Neuron j der Ausgabeschicht

$$f_{a\_3,j} = \sum_{k \in V_2(j)} O_{2,k} \cdot c_k$$

Ausgabefunktion von Neuron j der Ausgabeschicht

$$f_{o\_3,j} = \frac{f_{a\_3,j}}{\sum_{k \in V_2(j)} O_{2,k}}$$

mit

- $V_2(j)$ der Menge der Verbindungen zwischen Neuron j der Ausgabeschicht und den Neuronen aus Schicht 2
- $O_{2,k}$ der Ausgabe von Neuron k aus Schicht 2
- c_k der Konklusion von Regel R_k
- (Regel R_k wird durch Neuron k aus Schicht 2 repräsentiert)

Die Struktur des Netzes repräsentiert somit vollständig die Regelbasis des gegebenen Controllers. Die Eingabe-Partitionierungen und die Regel-Konklusionen werden ebenfalls vollständig gespeichert. Das so erzeugte Neuronale Netz ist somit funktional äquivalent zum gegebenen Controller. Durch das MFOS-S-Netz steht somit eine Methode zur Verfügung, einen potentiell beliebigen Sugeno-Controller durch ein Neuronales Netz zu simulieren.

Beispiel 5.20
Hat Regel R_4 die Gestalt

$$IF\ x_1 = \tilde{A}_3\ UND\ x_2 = \tilde{A}_{21}\ THEN\ y_1 = c_4$$

so hat das Neuron R_4 aus Schicht 2 folgende Verbindungen:

1. Es gibt je eine Verbindung mit Neuron 1 und Neuron 2 aus Schicht 1 mit den Eingabe-Partitions-Mengen $\tilde{A}_{13}$ bzw. $\tilde{A}_{21}$ als Gewicht.
2. Es gibt eine Verbindung mit Ausgabe-Neuron 1, die als Gewicht c_4 erhält.

Die Abb. 5.16 zeigt dies graphisch:

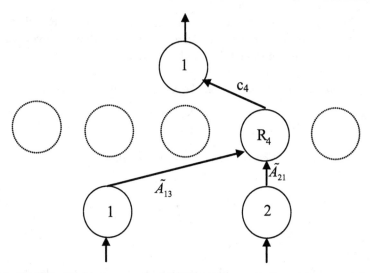

Abb. 5.16 Die Verbindungen des MFOS-S-Netzes, die Regel 4 repräsentieren

Die Lernverfahren

Die Lernverfahren des MFOS-S-Systems ähneln denjenigen von MFOS-M. Es sind jedoch einige Modifikationen notwendig, da beim Sugeno-Controller und somit beim MFOS-S-System prinzipiell keine Ausgabe-Partitions-Mengen und keine Schnitthöhen dieser Mengen zur Verfügung stehen. Damit entfällt ein wichtiges Kriterium zur Bewertung von Regeln bzw. Konklusionen, welches bei einigen Verfahren des MFOS-M-Systems verwendet wird. Daher müssen für die Lernverfahren des MFOS-S-Systems Alternativen gefunden werden. Grundsätzlich sind mit dem MFOS-S-System dieselben Modifikationen möglich wie mit dem MFOS-M-System:

1. Modifikation bestehender Regeln
2. Erzeugen neuer Regeln
3. Löschen vorhandener Regeln
4. Modifikation bestehender Fuzzy-Mengen
5. Erzeugen neuer Fuzzy-Mengen
6. Löschen vorhandener Fuzzy-Mengen

Wie das MFOS-M-System bietet das MFOS-S-System die Möglichkeit, *alle* diese Modifikationen durchzuführen. Dabei bleibt die Entscheidung, welche Modifikationen in welcher Reihenfolge angewendet werden, dem Benutzer überlassen. Sämtliche Verfahren basieren auf der Repräsentation von Trainingsbeispielen.

Korrigieren bestehender Regeln
Die Heuristiken sind dieselben wie beim MFOS-M-System. Jedoch muß das Kriterium zur Bewertung des Fehlers und zur Bestimmung der korrekten Konklusion modifiziert werden.

Regeln mit erschöpfender Prämisse
Zur Durchführung dieses Verfahrens werden für jede Regel, die alle Eingabe-Variablen verwendet, folgende Schritte ausgeführt:

1. Bestimme das Trainingsbeispiel, welches den maximalen Erfüllungsgrad bewirkt.
2. Berechne die Abweichung der Regel-Konklusion von der gewünschten Ausgabe des gewählten Trainingsbeispiels, falls der maximale Erfüllungsgrad über einer Schranke liegt.
3. Falls die Abweichung über einer Schranke liegt, so wähle als neue Konklusion die korrekte Ausgabe des gewählten Trainingsbeispiels.

Diese Vorgehensweise entspricht dem Verfahren zum Korrigieren von Regeln des MFOS-M-Systems, da bei einem Sugeno-Controller das einzeln mit einer Regel berechnete Ergebnis immer der Regel-Konklusion entspricht.
Sei

$$R_k : IF \ x_1 = \tilde{A}_{1*} \ UND \ ... \ UND \ x_n = \tilde{A}_{n*} \ THEN \ y_j = c_k$$

eine Regel eines Sugeno-Controllers mit Erfüllungsgrad $E_k > 0$. Dann gilt für die nur mit dieser Regel berechnete Ausgabe s_j entsprechend der Definition eines Sugeno-Controllers:

$$s_j = \frac{E_k \cdot c_k}{E_k} = c_k$$

Beispiel 5.21
Die folgenden Fuzzy-Mengen und Regeln ergeben wieder die Partitionierungen und die Regelbasis für einen einfachen Sugeno-Controller zur Steuerung eines Heizgeräts:
Die Eingabe ist die Temperatur in °C. Die zugehörigen Partitionen sind Dreiecks-Mengen auf dem Grundraum [13,23] und gegeben durch

$$
\begin{array}{cccc}
\text{sehr kalt} & \hat{=} & \tilde{A}_1 & = & (13,15,17) \\
\text{kalt} & \hat{=} & \tilde{A}_2 & = & (16,18,20) \\
\text{warm} & \hat{=} & \tilde{A}_{31} & = & (19,21,23)
\end{array}
$$

Die linguistischen Variablen sind x für die Temperatur und y für die Heizleistung. Die richtigen Regeln lauten:

$$IF\ x = sehr\ kalt\ THEN\ y = 8$$
$$IF\ x = kalt \quad\quad THEN\ y = 5$$
$$IF\ x = warm \quad\quad THEN\ y = 2$$

Durch versehentliches Vertauschen der reellen Konklusionen 8 und 2 ergeben sich folgende Regeln:

$$IF\ x = sehr\ kalt\ THEN\ y = 2$$
$$IF\ x = kalt \quad\quad THEN\ y = 5$$
$$IF\ x = warm \quad\quad THEN\ y = 8$$

Das oben beschriebene Verfahren erkennt diese Fehler und korrigiert sie, so daß genau die richtigen Regeln wieder hergestellt werden.

Regeln mit nicht erschöpfender Prämisse
Falls die reelle Konklusion einer Regel, die nicht alle Eingabe-Variablen verwendet, bei jedem Trainingsbeispiel, das einen hohen Erfüllungsgrad der Prämisse bewirkt, eine hohe Abweichung von der gewünschten Ausgabe hat, dann liegt die Konklusion dieser Regel in einem falschen Bereich. Als richtige Konklusion wird der Durchschnitt der korrekten Ausgaben von Trainingsbeispielen, die einen Erfüllungsgrad der Prämisse dieser Regel über einer Schranke bewirken, gewählt. Zur Durchführung dieses Verfahrens werden für jede Regel, die nicht alle Eingabe-Variablen verwendet, folgende Schritte ausgeführt:

1. Gehe alle Trainingsbeispiele durch, die einen Erfüllungsgrad der Prämisse über einer Schranke bewirken.
2. Berechne jeweils bei der zu überprüfenden Regel die Abweichung der Regel-Konklusion von der gewünschten Ausgabe des aktuellen Trainingsbeispiels.
3. Bestimme die neue Konklusion, falls die Abweichung jedesmal über einer Schranke liegt, wobei die neue Konklusion der Durchschnitt der korrekten Ausgaben von Trainingsbeispielen ist, die einen Erfüllungsgrad der Prämisse dieser Regel über einer Schranke bewirken.

Beispiel 5.22
Die folgenden Fuzzy-Mengen und Regeln ergeben die Partitionierungen und die Regelbasis für einen einfachen Sugeno-Controller zur Steuerung eines Heizgeräts. Im Gegensatz zu vorhergehenden wird wie bei Beispiel 5.12 berücksichtigt, ob es Nacht ist oder nicht (codiert durch „1" für Tag

und „3" für Nacht). Dabei gilt, daß nachts grundsätzlich nur mit geringer Leistung geheizt werden soll:

Die erste Eingabe ist die Temperatur in °C. Die zugehörigen Partitionen sind wieder die Dreiecks-Mengen auf dem Grundraum [13,23] aus Beispiel 5.21

$$
\begin{aligned}
\text{sehr kalt} \ &\hat{=} \ \tilde{A}_1 \ = \ (13,15,17) \\
\text{kalt} \ &\hat{=} \ \tilde{A}_2 \ = \ (16,18,20) \\
\text{warm} \ &\hat{=} \ \tilde{A}_3 \ = \ (19,21,23)
\end{aligned}
$$

Die zweite Eingabe bezieht sich auf das Tag/Nacht-Verhältnis. Die zugehörigen Partitionen sind Dreiecks-Mengen auf dem Grundraum [0,4]:

$$
Tag \ \hat{=} \ \tilde{A}_{21} = (0,1,2)
$$

$$
Nacht \ \hat{=} \ \tilde{A}_{22} = (2,3,4)
$$

Die linguistischen Variablen sind x_1 für die Temperatur, x_2 für Tag / Nacht und y für die Heizleistung. Die richtigen Regeln lauten:

$$
IF \ x_1 = sehr \ kalt \ UND \ x_2 = Tag \ THEN \ y = 8
$$

$$
IF \ x_1 = kalt \ \ \ \ \ UND \ x_2 = Tag \ THEN \ y = 5
$$

$$
IF \ x_1 = warm \ \ \ UND \ x_2 = Tag \ THEN \ y = 2
$$

$$
IF \ x_2 = Nacht \ \ \ \ \ \ \ \ \ \ \ \ \ \ \ THEN \ y = 2
$$

Ist die letzte Regel versehentlich als

$$
IF \ x_2 = Nacht \ THEN \ y = 8
$$

erzeugt worden, so erkennt das oben beschriebene Verfahren diesen Fehler und stellt die korrekte Regel wieder her.

Erzeugen von Regeln

Hat bei einem Trainingsbeispiel die Prämisse von *jeder* Regel einen geringen Erfüllungsgrad, dann gibt es keine passende Regel für diese Situation. Also muß eine neue Regel erzeugt werden. Für die Prämisse wird die Eingabe-Partitions-Menge bestimmt, die am besten die Eingabe-Werte repräsentiert. Als Konklusion wird die korrekte Ausgabe des Trainingsbeispiels gewählt.

Zur Durchführung dieses Verfahrens werden für jedes Trainingsbeispiel die folgenden Schritte ausgeführt:

1. Berechne für jede Regel den Erfüllungsgrad der Prämisse.
2. Ist der Erfüllungsgrad bei jeder Regel unterhalb einer Schranke, erzeuge eine neue Regel gemäß
   - Bestimme für jeden Eingabe-Wert die Partitions-Menge aus der zugehörigen Eingabe-Dimension, die den höchsten Zugehörigkeitsgrad ergibt.
   - Die so bestimmten Eingabe-Partitions-Mengen ergeben die Prämisse der zu erzeugenden Regel.
   - Die Konklusion der zu erzeugenden Regel ist die korrekte Ausgabe des aktuellen Trainingsbeispiels.

Beispiel 5.23
Ausgangspunkt ist wieder das Beispiel 5.21. Wird bei Erstellung der Regelbasis die Regel

$$IF\ x = sehr\ kalt\ THEN\ y = 8$$

vergessen, so erzeugt das oben beschriebene Verfahren genau diese Regel, und die Regelbasis ist vervollständigt.

Löschen von Regeln
Beim MFOS-M-System wird mit Hilfe der unterschiedlichen Schnitthöhen einer Ausgabe-Partitions-Menge bestimmt, welche Regeln niemals einen Einfluß auf das Ergebnis haben und daher gelöscht werden können. Beim MFOS-S-System entfällt dieses Kriterium. Statt dessen werden hier (neben dem Löschen eventuell vorhandener doppelter Regeln) zwei alternative Verfahren durchgeführt:

1. Verfahren
Falls der Erfüllungsgrad der Prämisse einer Regel bei jedem Trainingsbeispiel unter einer Schranke liegt, ist der Einfluß dieser Regel so gering, daß sie entfernt werden kann. Zur Durchführung dieses Verfahrens werden für jede Regel die folgenden Schritte ausgeführt:

1. Bestimme für jedes Trainingsbeispiel den Erfüllungsgrad der Prämisse der aktuellen Regel.
2. Falls der Erfüllungsgrad der Prämisse bei jedem Beispiel unter einer Schranke ist, lösche dieses Regel.

Bei diesem Verfahren ist eine repräsentative Trainingsmenge, die jede mögliche Situation abdeckt, besonders wichtig. Falls für eine typische Situation kein Trainingsbeispiel vorhanden ist, wird eventuell eine Regel gelöscht, die nicht wegfallen darf.

Beispiel 5.24

Es seien die folgenden Fuzzy-Mengen und Regeln definiert:
Für Eingabe 1 gibt es Dreiecks-Mengen auf dem Grundraum [1,11]:

$$klein \quad \hat{=} \tilde{A}_{11} = (1,3,5)$$

$$mittel \quad \hat{=} \tilde{A}_{12} = (4,6,8)$$

$$gro\beta \quad \hat{=} \tilde{A}_{13} = (7,9,11)$$

Für Eingabe 2 gibt es Dreiecks-Mengen auf dem Grundraum[2,12]:

$$niedrig \quad \hat{=} \tilde{A}_{21} = (2,4,6)$$

$$hoch \quad \hat{=} \tilde{A}_{22} = (5,7,9)$$

$$sehr\ hoch \hat{=} \tilde{A}_{23} = (8,10,12)$$

Die linguistischen Variablen sind x_1 und x_2 für die Eingaben sowie y für die Ausgabe.
Die richtigen Regeln lauten:

$$IF \ x_1 = klein \quad UND \ x_2 = niedrig \quad THEN \ y = 10$$

$$IF \ x_1 = klein \quad UND \ x_2 = hoch \quad\quad THEN \ y = 10$$

$$IF \ x_1 = mittel \quad UND \ x_2 = niedrig \quad THEN \ y = 10$$

$$IF \ x_1 = mittel \quad UND \ x_2 = hoch \quad\quad THEN \ y = 18$$

$$IF \ x_1 = mittel \quad UND \ x_2 = sehr\ hoch \ THEN \ y = 18$$

$$IF \ x_1 = gro\beta \quad UND \ x_2 = hoch \quad\quad THEN \ y = 26$$

$$IF \ x_1 = gro\beta \quad UND \ x_2 = sehr\ hoch \ THEN \ y = 26$$

Eingabewerte am entgegengesetzten Ende der Eingabe-Dimensionen (z.B. $x_1 = 3$ und $x_2 = 10$) kommen nicht vor und gehören daher nicht zu den Trainingsbeispielen. Bei der Erstellung einer Regelbasis werden häufig aufgrund unzureichender Kenntnisse über mögliche Eingabewerte *alle* Kombinationen von Eingabe-Partitions-Mengen als Regel-Prämisse verwendet. Definiert ein Anwender bei diesem Beispiel daher zusätzlich folgende Regeln:

$$IF \ x_1 = klein \ UND \ x_2 = sehr\ hoch \ THEN \ y = 16$$

$$IF \ x_1 = gro\beta \ UND \ x_2 = niedrig \quad THEN \ y = 20$$

so erkennt das oben beschrieben Verfahren, daß diese Regeln nutzlos sind und entfernt sie.

2. Verfahren

Falls Regeln, die alle Eingabe-Variablen verwenden, einen Erfüllungsgrad der Prämisse über einer Schranke haben und die Varianz ihrer reellen Konklusionen gering ist, lassen sich diese Regeln zu einer Regel zusammenfassen. Die Prämisse wird von der Regel mit maximalem Erfüllungsgrad der Prämisse übernommen, Konklusion ist der Durchschnittswert der Konklusionen zusammengefaßter Regeln. Regeln, die nicht alle Eingabe-Variablen berücksichtigen, lassen sich auf diese Weise nicht zusammenfassen, da sie je nach Trainingsbeispiel mit unterschiedlichen Regeln gemeinsam einen hohen Erfüllungsgrad der Prämisse besitzen.

Definition 5.7 *(Durchschnittswert und Varianz einer Konklusion)*
Seien $c_1, \ldots, c_l$ die reellen Konklusionen (auf derselben Ausgabe-Dimension) von l ausgewählten Regeln.

Der Durchschnittswert D dieser Konklusionen ergibt sich zu

$$D = \frac{c_1 + \ldots + c_l}{l}$$

Die Varianz V dieser Konklusionen ergibt sich zu

$$V = \left(c_1 - D\right)^2 + \ldots + \left(c_l - D\right)^2$$

Beispiel 5.25
Für die reellen Konklusionen $\{5.1, 4.9, 4.8, 5.3\}$ ergibt sich D zu

$$D = \frac{5.1 + 4.9 + 4.8 + 5.3}{4} = \frac{20.1}{4} = 5.025$$

und V zu

$$V = \left(5.1 - 5.025\right)^2 + \left(4.9 - 5.025\right)^2 + \left(4.8 - 5.025\right)^2 + \left(5.3 - 5.025\right)^2$$

$$= 0.1475.$$

Zur Durchführung des 2. Verfahrens werden für jedes Trainingsbeispiel die folgenden Schritte ausgeführt:

1. Bestimme die Erfüllungsgrade der Prämissen aller Regeln.
2. Betrachte jeweils alle Regeln gemeinsam, die alle Eingabe-Variablen verwenden, deren Prämissen einen Erfüllungsgrad über einer Schranke haben und deren Konklusionen sich auf dieselbe Ausgabe-Dimension beziehen.

3. Liegt die Varianz der Konklusionen der betrachteten Regeln unter einer Schranke, fasse diese Regeln zusammen gemäß
   - Prämisse ist die Prämisse der Regel mit maximalem Erfüllungsgrad der Prämisse unter den betrachteten Regeln
   - Konklusion ist der Durchschnitt der Konklusionen der betrachteten Regeln.

Beispiel 5.26

Es sei die gleiche Situation wie in Beispiel 5.22 gegeben. Ersetzt man die Regel

$$IF\ x_1 = sehr\ kalt\ UND\ x_2 = Tag\ THEN\ y = 8$$

unnötigerweise durch zwei Regeln, z.B. durch folgende Regelbasis

$$IF\ x_1 = sehr\ kalt\ UND\ x_2 = Tag\ THEN\ y = 8.1$$

$$IF\ x_1 = sehr\ kalt\ UND\ x_2 = Tag\ THEN\ y = 7.9$$

$$IF\ x_1 = kalt\ \quad\ UND\ x_2 = Tag\ THEN\ y = 5$$

$$IF\ x_1 = warm\ \quad\ UND\ x_2 = Tag\ THEN\ y = 2$$

$$IF\ x_1 = Nacht\ \quad\quad\quad\quad\quad THEN\ y = 2$$

dann faßt das oben beschriebene Verfahren die ersten beiden Regeln zu einer Regel zusammen:

$$IF\ x_1 = sehr\ kalt\ UND\ x_2 = Tag\ THEN\ y = 8$$

Damit entspricht die Regelbasis der ursprünglichen Regelbasis in Beispiel 5.22.

Erzeugen von Fuzzy-Mengen

Neue Fuzzy-Mengen werden analog zum MFOS-M-System erzeugt, jedoch systembedingt nur Eingabe-Partitions-Mengen. Daher ist das Verfahren zum Erzeugen neuer Fuzzy-Mengen in das Verfahren zum Erzeugen neuer Regeln integriert.

Bei der Erzeugung einer Regel werden für die Prämisse die Eingabe-Partitions-Mengen bestimmt, bei denen die Eingabe-Werte des betrachteten Trainingsbeispiels den höchsten Zugehörigkeitsgrad ergeben. Falls für einen Wert der Zugehörigkeitsgrad bei keiner Partitions-Menge aus der zugehörigen Eingabe-Dimension über einer Schranke liegt, ist keine passende Partitions-Menge für diesen Wert vorhanden. Daher wird während der Anwendung des Verfahrens zur Erzeugung neuer Regeln eine geeignete Fuzzy-Menge erzeugt und als neue Partitions-Menge für die Prämisse der Regel festgelegt:

Modalwert: betroffener Eingabe-Wert
Breite: 1.2 mal Abstand zum Modalwert der nächsten Nachbar-
              menge

Beispiel 5.27
Werden in der Situation von Beispiel 5.21 die Eingabe-Partitions-Menge

$$kalt \,\hat{=}\, \tilde{A}_2 = (16, 18, 20)$$

und die Regel

$$IF \; x = kalt \; THEN \; y = 5$$

vergessen, so wird durch das oben beschriebene Verfahren bei der Erzeugung der vergessenen Regel die Partitions-Menge

$$(16.2, 18, 19.8)$$

generiert, die nun für kalt steht. Gleichzeitig wird die vergessene Regel
erstellt. Mit der erzeugten Fuzzy-Menge liefert der Sugeno-Controller
genauso gute Ergebnisse wie mit der ursprünglichen Fuzzy-Menge

$$(16, 18, 20).$$

Löschen von Fuzzy-Mengen
Das MFOS-M-System überprüft, ob zwei benachbarte Fuzzy-Mengen
gleichwertig sind, in dem festgestellt wird, ob zu allen Eingabe-Werten,
die in einer von zwei Nachbar-Mengen liegen, die korrekte Ausgabe in
der selben Ausgabe-Partitions-Menge liegt. Ist dies der Fall, werden die
beiden Nachbar-Mengen zu einer Fuzzy-Menge zusammengefaßt. Beim
MFOS-S-System entfällt das Kriterium „Zugehörigkeit zur Ausgabe-
Partitions-Menge". Daher wird statt dessen die *Varianz* der korrekten
Ausgabe-Werte zum Vergleich von Nachbar-Mengen herangezogen.

Definition 5.8 *(Durchschnittswert und Varianz von Ausgabewerten)*
Seien $y_j^{(1)}, ..., y_j^{(l)}$ die gewünschten Ausgabe-Werte für die Ausgabe-
Dimension Y_j von l ausgewählten Trainingsbeispielen.
Der *Durchschnittswert D* dieser Ausgabe-Werte ist

$$D = \frac{y_j^{(1)} + ... + y_j^{(l)}}{l}$$

Die *Varianz V* dieser Ausgabe-Werte ist

$$V = \left(y_j^{(1)} - D\right)^2 + ... + \left(y_j^{(l)} - D\right)^2$$

Beispiel 5.28

Die gewünschten Ausgabe-Werte sind $\{3.1, 3.9, 2.8, 3.3\}$.
Somit ergeben sich der Durchschnittswert D zu

$$D = \frac{3.1 + 3.9 + 2.8 + 3.3}{4} = 3.275$$

und die Varianz V zu

$$V = (3.1 - 3.275)^2 + (3.9 - 3.275)^2 + (2.8 - 3.275)^2 + (3.3 - 3.275)^2$$

$$= 0.6475$$

Die Varianz ist ein geeignetes Kriterium, die Abweichungen von gewünschten Ausgaben ausgesuchter Trainingsbeispiele zu bewerten. Ist die Varianz und damit die Stärke der Abweichungen ausgesuchter Trainingsbeispiele gering, ist es nicht notwendig, zur Unterscheidung dieser Trainingsbeispiele verschiedene Eingabe-Partitions-Mengen zu verwenden. Falls dennoch unnötigerweise verschiedene Eingabe-Partitions-Mengen zur Unterscheidung dieser Trainingsbeispiele definiert wurden, faßt das MFOS-S-Verfahren diese zu einer gemeinsamen Fuzzy-Menge zusammen.

Es werden jeweils alle Trainingsbeispiele gemeinsam betrachtet, bei denen ein Eingabe-Wert in einer von zwei Nachbar-Mengen liegt, und alle anderen Eingabe-Werte jeweils in derselben Menge. Dabei wird die Partitions-Menge, in der ein Wert liegt, als diejenige bestimmt, bei der der Zugehörigkeitsgrad am höchsten ist. Falls bei allen gemeinsam betrachteten Beispielen jedesmal die gewünschte Ausgabe ähnlich ist, ist es gleichwertig, in welcher der beiden überprüften Nachbar-Mengen sich der Eingabe-Wert befindet. Somit können diese Mengen zusammengefaßt und die dann überflüssige Menge gelöscht werden.

Als Modalwert der neuen Partitions-Menge wird das arithmetische Mittel der Modalwerte von den beiden Nachbar-Mengen festgelegt. Die Breite wird so gewählt, daß der gesamte Bereich beider Mengen abgedeckt wird. Anschließend werden noch alle Regeln angepaßt, die sich nur bei den betrachteten Nachbar-Mengen unterscheiden. Zur Durchführung dieses Verfahrens werden die folgenden Schritte ausgeführt:

1. Betrachte jeweils alle Trainingsbeispiele gemeinsam, bei denen ein Eingabe-Wert in einer von zwei Nachbar-Mengen liegt, und alle anderen Eingabe-Werte in derselben Menge.

2. Bestimme für alle betrachteten Beispiele – für jede Ausgabe-Dimension getrennt – die Varianz der gewünschten Ausgaben.

3. Wenn die Varianz für jede Ausgabe-Dimension unter einer Schranke liegt, fasse die beiden Nachbar-Mengen zusammen gemäß
   - Modalwert: arithmetisches Mittel der Modalwerte der Nachbar-Mengen
   - Breite: Breite des gemeinsam überdeckten Bereiches.
4. Danach werden alle Regeln angepaßt, die sich nur in den beiden Nachbar-Mengen unterscheiden, wobei gilt
   - Eingaben, die einer der Nachbar-Mengen zugeordnet sind, werden der zusammengefaßten Menge zugeordnet.
   - Die Konklusion bleibt unverändert.

Eine geeignete Festlegung der Konklusionen zusammengefaßter Regeln ist bereits in das Verfahren zum Löschen von Regeln integriert und muß daher an dieser Stelle nicht zusätzlich berücksichtigt werden, denn es gilt

1. Falls die zusammengefaßten Regeln dieselbe Konklusion besitzen, sind sie nun vollkommen gleich und überzählige Exemplare werden gelöscht.
2. Falls die Varianz der Konklusionen zusammengefaßter Regeln unter einer Schranke liegt, werden diese Regeln zusammengefaßt.

Beispiel 5.29
Es sei wieder die gleiche Situation wie in Beispiel 5.22 gegeben. Ersetzt man die Partitions-Menge für

$$\text{sehr kalt} \; \hat{=} \; \tilde{A}_{11} = (13, 15, 17)$$

durch zwei Mengen, so ergeben sich z.B. folgende Partitionierungen:
Für die Eingabe 1 (Temperatur in °C) gibt es Dreiecksmengen auf dem Grundraum [13,23], definiert durch

$$\text{besonders kalt} \; \hat{=} \; \tilde{A}_{11} = (13,14,15)$$
$$\text{sehr kalt} \quad \hat{=} \; \tilde{A}_{12} = (15,16,17)$$
$$\text{kalt} \quad \hat{=} \; \tilde{A}_{12} = (16,18,20)$$
$$\text{warm} \quad \hat{=} \; \tilde{A}_{13} = (19,21,23)$$

Für die Eingabe 2 (Tag/Nacht) gibt es Dreiecksmengen auf dem Grundraum [0,4], definiert durch

$$\text{Tag} \quad \hat{=} \; \tilde{A}_{21} = (0,1,2)$$
$$\text{Nacht} \quad \hat{=} \; \tilde{A}_{22} = (2,3,4)$$

Die verwendeten Regeln lauten

$$IF\ x_1 = besonders\ kalt\ UND\ x_2 = Tag\ THEN\ y = 8.1$$
$$IF\ x_1 = sehr\ kalt\quad UND\ x_2 = Tag\ THEN\ y = 7.9$$
$$IF\ x_1 = kalt\quad UND\ x_2 = Tag\ THEN\ y = 5$$
$$IF\ x_1 = warm\quad UND\ x_2 = Tag\ THEN\ y = 2$$
$$IF\ x_1 = Nacht\quad THEN\ y = 2$$

Das oben beschriebene Verfahren erkennt, daß die Aufteilung des unteren Temperaturbereiches in *besonders kalt* und *sehr kalt* nicht nötig ist und faßt beide Partitions-Mengen zur Partitions-Menge (13,15,17) zusammen, die nun für *sehr kalt* steht. Gleichzeitig werden die Regeln

$$IF\ x_1 = besonders\ kalt\ UND\ x_2 = Tag\ THEN\ y = 8.1$$
$$IF\ x_1 = sehr\ kalt\quad UND\ x_2 = Tag\ THEN\ y = 7.9$$

angepaßt zu

$$IF\ x_1 = sehr\ kalt\quad UND\ x_2 = Tag\ THEN\ y = 8.1$$
$$IF\ x_1 = sehr\ kalt\quad UND\ x_2 = Tag\ THEN\ y = 7.9\ .$$

Die nun überflüssige Partitions-Menge für *besonders kalt* wird gelöscht. Schließlich werden die beiden angepaßten Regeln zu einer Regel zusammengefaßt

$$IF\ x_1 = sehr\ kalt\ UND\ x_2 = Tag\ THEN\ y = 8.$$

Damit entsprechen die Partitions-Mengen und Regeln den ursprünglich in Beispiel 5.22 verwendeten.

Modifikation von Fuzzy-Mengen und Regel-Konklusionen

Zur Modifikation der Fuzzy-Mengen (Modalwert und Weite) sowie der reellen Regel-Konklusionen wird das Gradientenabstiegsverfahren eingesetzt. Die Aktivitäts- und Ausgabe-Funktionen in Schicht 1 und Schicht 2 sind exakt dieselben wie bei MFOS-M-Netzen. In Schicht 3 unterscheiden sich MFOS-M- und MFOS-S-Netze (eine vierte Schicht existiert bei MFOS-S-Netzen nicht). Analog zum MFOS-M-System werden Dreiecks- und Gauß-Mengen verwendet. Dies ist bei der Herleitung zu unterscheiden. Da keine Defuzzifizierung vorgenommen wird, gibt es somit zwei zu betrachtende Fälle:

1. MFOS-S-System mit Gauß-Mengen
2. MFOS-S-System mit Dreiecks-Mengen

Die zu ändernden Parameter sind die Modalwerte m und Weiten w der Eingabe-Partitions-Mengen sowie die reellen Konklusionen c der Regeln. Daher werden die partiellen Ableitungen der Fehlerfunktion F nach m,w und c separat berechnet und die Werte entsprechend folgender Formeln angepaßt

$$\Delta m = -\eta \cdot \frac{\partial F}{\partial m} \ , \ \Delta w = -\eta \cdot \frac{\partial F}{\partial w} \ , \ \Delta c = -\eta \cdot \frac{\partial F}{\partial c}$$

wobei $\eta > 0$ die üblichen Lernrate ist.

Analog zu einem MFOS-M-Netz muß auch hier sichergestellt werden, daß die Weiten der Fuzzy-Mengen nicht negativ werden. Daher gilt für die tatsächlich durchgeführte Änderung von w

$$\Delta w = -\eta \cdot \frac{\partial F}{\partial w} \ , \text{falls } \eta \cdot \frac{\partial F}{\partial w} < w.$$

Schicht 3

In Schicht 3 gibt es für jede Dimension des Ausgabe-Raumes ein Neuron. Für die Aktivitätsfunktion von Neuron j der Ausgabeschicht gilt

$$f_{a\_3,j} = \sum_{k \in V_2(j)} o_{2,k} \cdot c_k$$

und für die Ausgabefunktion dieses Neurons gilt

$$f_{O\_3,j} = \frac{f_{a\_3,j}}{\displaystyle\sum_{k \in V_2(j)} o_{2,k}}$$

mit

- $V_2(j)$ der Menge der Verbindungen zwischen Neuron j der Ausgabe-schicht und den Neuronen aus Schicht 2
- $o_{2,k}$ der Ausgabe von Neuron k aus Schicht 2
- c_k der Konklusion von Regel R_k
  (Regel R_k wird durch Neuron k aus Schicht 2 repräsentiert)

Die zugrundegelegte Fehlerfunktion ist

$$F = \frac{1}{2} \cdot \sum_{j=1}^{m} \left(y_i - o_{3,j} \right)^2$$

mit y_i der gewünschten und $o_{3,j}$ der tatsächlichen Ausgabe von Neuron j aus Schicht 3.

Da sich jede Regel R_k auf eine Ausgabe-Dimension j bezieht, werden zur Bestimmung der partiellen Ableitungen nach der Regel-Konklusion c_k jeweils die Aktivitäts- und Ausgabe-Funktionen des zugehörigen Ausgabe-Neurons j verwendet. Für die partielle Ableitung der Fehlerfunktion F nach der Regel-Konklusion von Regel R_k, C_k, gilt daher unter Anwendung der eindimensionalen Kettenregel und $o_{3,j}$ als Variablen

$$\frac{\partial F}{\partial c_k} = \frac{\partial F}{\partial f_{a\_3,j}} \cdot \frac{\partial F}{\partial f_{a\_3,j}} \cdot \frac{\partial f_{o\_3,j}}{\partial f_{a\_3,j}} \cdot \frac{\partial f_{a\_3,j}}{\partial c_k}$$

mit

$$\frac{\partial F}{\partial f_{o\_3,j}} = \left(\frac{1}{2} \cdot (y_j - o_{3,j})^2 \right)' = -(y_j - o_{3,j})$$

$$\frac{\partial f_{o\_3,j}}{\partial f_{a\_3,j}} = \frac{1}{\sum_{k \in V_2(j)} o_{2,k}}$$

$$\frac{\partial f_{a\_3,j}}{\partial c_k} = o_{2,k}$$

Schicht 2
In dieser Schicht gibt es für jede Regel ein Neuron. Dieses ist mit *dem* Neuron aus Schicht 3 verbunden, welches die Ausgabe-Dimension repräsentiert, auf die sich diese Regel bezieht. Sei j der Index des Neurons aus Schicht 3, das mit Neuron Nr. i aus Schicht 2 verbunden ist. Die Prämisse der jeweiligen Regel ist durch die Verbindungen mit den Neuronen aus Schicht 1 realisiert. Dabei werden als Gewichte gerade die Eingabe-Partitions-Mengen verwendet, die bei der Prämisse berücksichtigt werden. Falls eine Regel nicht alle Eingabe-Variablen berücksichtigt, gibt es zu den entsprechenden Eingabe-Neuronen (Schicht 1) keine Verbindung. Seien $l_1, ..., l_{r(i)}$ die Indizes der Neuronen aus Schicht 1, die mit Neuron Nr. i aus Schicht 2 verbunden sind. Die Ausgabe von Neuron Nr. i dieser Schicht wird berechnet durch:

$$f_{o\_2,i} = \min\left(\mu_{\tilde{A}_{il_1}}(o_{1,l_1}), ..., \mu_{\tilde{A}_{il_{r(i)}}}(o_{1,l_{r(i)}}) \right)$$

wobei $\tilde{A}_{il*}$ die Fuzzy-Mengen aus der Prämisse von Regel Nr. i sind, und o_{1,l_*} die Ausgaben der entsprechenden Neuronen aus Schicht 1.

Für die partielle Ableitung der Fehlerfunktion nach den Parametern der Eingabe-Fuzzy-Mengen gilt daher:

$$\frac{\partial F}{\partial m_{ik}} = \frac{\partial F}{\partial f_{o\_2,j}} \cdot \frac{\partial f_{o\_2,i}}{\partial m_{ik}} = \frac{\partial F}{\partial f_{a\_3,j}} \cdot \frac{\partial f_{a\_3,j}}{\partial f_{o\_2,i}} \cdot \frac{\partial f_{o\_2,i}}{\partial m_{ik}}$$

$$= \frac{\partial F}{\partial f_{o\_3,j}} \cdot \frac{\partial f_{o\_3,j}}{\partial f_{a\_3,j}} \cdot \frac{\partial f_{a\_3,j}}{\partial f_{o\_2,i}} \cdot \frac{\partial f_{o\_2,i}}{\partial m_{ik}}$$

mit

$$\frac{\partial F}{\partial f_{o\_3,j}} = \left(\frac{1}{2} \cdot (y_j - o_{3,j})^2 \right)' = -(y_j - o_{3,j}) =: \delta_{3,j}$$

Dies ist der Fehleranteil von Neuron Nr. j aus Schicht 3. $\delta_{3,j}$ wird daher direkt in diesem Neuron berechnet.

$$\frac{\partial f_{o\_3,j}}{\partial f_{a\_3,j}} = \frac{1}{\displaystyle\sum_{k \in V_2(j)} o_{2,k}}$$

$$\frac{\partial f_{a\_3,j}}{\partial f_{o\_2,i}} = c_i$$

Analog gilt

$$\frac{\partial F}{\partial w_{ik}} = \frac{\partial F}{\partial f_{o\_3,j}} \cdot \frac{\partial f_{o\_3,j}}{\partial f_{a\_3,j}} \cdot \frac{\partial f_{a\_3,j}}{\partial f_{o\_2,i}} \cdot \frac{\partial f_{o\_2,i}}{\partial w_{ik}}$$

Lediglich für die Berechnung von $\dfrac{\partial f_{o\_2,i}}{\partial m_{ik}}$ und $\dfrac{\partial f_{o\_2,i}}{\partial w_{ik}}$ muß zwischen Gauß- und Dreiecks-Mengen unterschieden werden.

Bei Verwendung von Gauß-Mengen gilt:

$$\frac{\partial f_{o\_2,i}}{\partial m_{ik}} = \begin{cases} 0: & \textit{falls } \mu_{\tilde{A}_{ik}}(z_{1k}) \textit{ nicht minimal} \\ \left(e^{\frac{-(z_{1k} - m_{ik})^2}{w_{ik}^2}} \right) & \textit{sonst} \end{cases}$$

dabei ist

$$\left(e^{\frac{-(z_{1k}-m_{ik})^2}{w_{ik}^2}} \right)' = e^{\frac{-(z_{1k}-m_{ik})^2}{w_{ik}^2}} \cdot \frac{2 \cdot (z_{1k}-m_{ik})^2}{w_{ik}^3}$$

Bei Verwendung von Dreiecks-Mengen gilt:

$$\frac{\partial f_{o\_2,i}}{\partial m_{ik}} = \begin{cases} 0: & \text{falls } \mu_{\tilde{A}_{ik}}(z_{1k}) \text{ nicht mimimal} \\ (1-\frac{m_{ik}-z_{1k}}{w_{ik}})' & \text{falls } m_{ik}-w_{ik} \le z_{1k} \le m_{ik} \\ (1+\frac{m_{ik}-z_{1k}}{w_{ik}})' & \text{falls } m_{ik} \prec z_{1k} \le m_{ik}+w_{ik} \end{cases}$$

dabei ist

$$\left(1-\frac{m_{ik}-z_{1k}}{w_{ik}}\right)' = -\frac{1}{w_{ik}}$$

$$\left(1+\frac{m_{ik}-z_{1k}}{w_{ik}}\right)' = \frac{1}{w_{ik}}$$

und

$$\frac{\partial f_{o\_2,i}}{\partial w_{ik}} = \begin{cases} 0: & \text{falls } \mu_{\tilde{A}_{ik}}(z_{1k}) \text{ nicht mimimal} \\ \left(1-\frac{m_{ik}-z_{1k}}{w_{ik}}\right)' & \text{falls } m_{ik}-w_{ik} \le z_{1k} \le m_{ik} \\ \left(1+\frac{m_{ik}-z_{1k}}{w_{ik}}\right)' & \text{falls } m_{ik} \prec z_{1k}m_{ik}+w_{ik} \end{cases}$$

dabei ist

$$\left(1-\frac{m_{ik}-z_{1k}}{w_{ik}}\right)' = \frac{m_{ik}-z_{1k}}{w_{ik}^2}$$

$$\left(1+\frac{m_{ik}-z_{1k}}{w_{ik}}\right)' = -\frac{m_{ik}-z_{1k}}{w_{ik}^2}$$

Beispiel 5.30

Sei die gleiche Situation wie zuvor gegeben. Bei den folgenden Fuzzy-Mengen und Regeln sind die Modalwerte und die reellen Konklusionen ungünstig gewählt und führen zu Fehlern bei der Ausgabe.

Für die Eingabe (Temperatur in °C) existieren Dreiecks-Mengen auf dem Grundraum $[12, 24]$, die gegeben sind durch

$$sehr\,kalt \;\hat{=}\; \tilde{A}_1 = (12,14,16)$$

$$kalt \qquad \hat{=}\; \tilde{A}_2 = (17,19,21)$$

$$warm \qquad \hat{=}\; \tilde{A}_3 = (20,22,24)$$

Ferner sind wieder x die linguistische Variable für die Temperatur und y die linguistische Variable für die Heizleistung.

Die verwendeten Regeln lauten

$$IF\;x = sehr\,kalt\;\;THEN\;\;y = 7$$

$$IF\;x = kalt \qquad THEN\;\;y = 4$$

$$IF\;x = warm \qquad THEN\;\;y = 1$$

Nach der Durchführung des Gradientenabstiegsverfahrens ergeben sich folgende Fuzzy-Mengen und Regeln, mit denen die berechneten Ausgabewerte korrekt sind:

$$sehr\,kalt \;\hat{=}\; \tilde{A}_1 = (14.56,15.8965,17.24)$$

$$kalt \qquad \hat{=}\; \tilde{A}_2 = (16.51,18.2862,20.06)$$

$$warm \qquad \hat{=}\; \tilde{A}_3 = (18.86,21.0604,23.26)$$

$$IF\;x = sehr\,kalt\;\;THEN\;\;y = 8$$

$$IF\;x = kalt \qquad THEN\;\;y = 5$$

$$IF\;x = warm \qquad THEN\;\;y = 2$$

Reextraktion der Regelbasis

Sämtliche vorgestellten Lernverfahren für ein MFOS-S-Netz verändern einzelne Parameter (Gewichte) des Netzes oder die Struktur des Netzes. Dabei entsteht jedoch immer ein Netz, das der Definition eines MFOS-S-Netzes entspricht:

1. Beim Korrigieren einer Regel wird der Wert der reellen Konklusion dieser Regel geändert. Eine Strukturänderung findet nicht statt.
2. Beim Erzeugen einer Regel wird ein neues Neuron in Schicht 2 eingefügt und mit Schicht 1 und Schicht 3 verbunden. Als Gewichte werden geeignete Eingabe-Partitions-Mengen und eine geeignete reelle

Konklusion gewählt. Somit entspricht das neu entstandene Netz der Definition eines MFOS-S-Netzes.

3. Beim Löschen einer Regel wird das zugehörige Neuron aus Schicht 2 sowie seine Verbindungen zu Schicht 1 und Schicht 3 entfernt. Auch hier entspricht das neu entstandene Netz weiterhin der Definition eines MFOS-S-Netzes.

4. Neue Fuzzy-Mengen werden parallel beim Erzeugen neuer Regeln erzeugt und als Gewichte der Verbindungen zwischen Schicht 1 und Schicht 2 eingefügt. Auch dies entspricht der Definition eines MFOS-S-Netzes.

5. Das Löschen von Fuzzy-Mengen ergibt dieselben strukturellen Änderungen wie das Löschen von Regeln.

6. Die Modifikation von Fuzzy-Mengen und der reellen Regel-Konklusionen ändert Gewichte. Eine Strukturänderung findet nicht statt.

Nach Anwendung der Lernverfahren steht somit in jedem Fall ein korrektes MFOS-S-Netz zur Verfügung, das einen Sugeno-Controller repräsentiert. Daher ist eine Rücktransformation dieses Netzes auf einen Sugeno-Controller möglich. Der optimierte Sugeno-Controller wird hierbei folgendermaßen aus dem trainierten und damit optimierten MFOS-S-Netz generiert:

Jedes Neuron in Schicht 2 repräsentiert eine Regel. Die Verbindungen zu Schicht 1 ergeben die Prämisse. Die Gewichte dieser Verbindungen entsprechen den Eingabe-Partitions-Mengen. Die Verbindung zu Schicht 3 mit dem reellen Gewicht entspricht der Konklusion der Regel. Ist Neuron R_k aus Schicht 2 mit den Neuronen $1,\dots,n$ aus Schicht 1 über die Gewichte $\tilde{A}_1{}^*,\dots,\tilde{A}_n{}^*$ verbunden und über das Gewicht c_k mit Ausgabe-Neuron 1, so ergibt sich Regel R_k wie folgt:

$$Rk : IF\ x1 = A1^*\ UND\ \dots\ UND\ xn = An^*\ THEN\ yi = ck$$

Falls Neuron R_k mit einzelnen Eingabe-Neuronen nicht verbunden ist, entfallen die entsprechenden Eingaben bei der Regel, d.h. die Regel berücksichtigt nicht alle Eingabe-Werte.

Beispiel 5.31

Sei das Neuron R_4 aus Schicht 2 mit folgenden Verbindungen gegeben:

1. Es gibt je eine Verbindung mit Neuron 1 und Neuron 2 aus Schicht 1 mit den Eingabe-Partitions-Mengen A_{13} bzw. A_{21} als Gewicht.

2. Es gibt eine Verbindung mit Ausgabe-Neuron 1, die als Gewicht c_4 erhält.

Daraus läßt sich gemäß obigem Verfahren die folgende Regel R_4 extrahieren

$$IF \; x_1 = A_{13} \; UND \; x_2 = A_{21} \; THEN \; y_1 = c_4.$$

5.2.5 Vergleich der Verfahren

Die vorgestellten Optimierungs-Systeme werden initialisiert, indem ein gegebener Fuzzy-Controller auf das entsprechende Neuronale Netz abgebildet wird. Somit repräsentiert das Neuronale Netz durch seine Struktur und Gewichte diesen Fuzzy-Controller und berechnet dieselben Ausgaben. Allerdings ist nicht jeder beliebige Fuzzy-Controller für die Übertragung auf die bei den einzelnen Systemen verwendeten Neuronalen Netze geeignet. Bei einem Vergleich muß man zwischen denjenigen Systemen unterscheiden, die als Ausgangsbasis Regeln nach Mamdani besitzen, und denjenigen, die als Ausgangsbasis Regeln vom Sugeno-Typ besitzen, d.h. zum einen Lin und Lee, NEFCON und MFOS-M und zum anderen ANFIS und MFOS-S.

Vergleich von Lin und Lee, NEFCON und MFOS-M

Bis auf das NEFCON-Modell werden bei allen Verfahren nur relativ geringe Voraussetzungen an den zu optimierenden Fuzzy-Controller gemacht. Prinzipiell optimieren die Verfahren Fuzzy-Controller nach Mamdani. Da Fuzzy-Controller nach Mamdani universelle Approximatoren sind, stellt dies keine wesentliche Einschränkung dar. Auch die Beschränkung auf bestimmte T-Normen und T-Conormen ist grundsätzlich unproblematisch.

Die Möglichkeit Gauß- und Dreiecks-Mengen zu verwenden ist für praktische Anwendungen in jedem Fall genügend und sichert ebenfalls Universalität. Die Beschränkung auf die Schwerpunkt-Methode beim Verfahren von Lin und Lee führt in speziellen Fällen eventuell zu Problemen (s. Kap. 3).

Das NEFCON-Modell unterscheidet sich in einigen wesentlichen Punkten von den anderen Systemen. Die verwendeten Zacken-Mengen gehören nicht zu den sonst üblichen Fuzzy-Mengen. Die häufig eingesetzten Dreiecks-Mengen und Gauß-Mengen sind als Ausgabe-Partitions-Mengen nicht wählbar. Die spezielle Berechnung der Ergebnisse mit Hilfe der Unkehrfunktion der Zugehörigkeitsfunktionen der Ausgabe-Partitions-Mengen ist ebenfalls unüblich und erschwert das Verständnis der Regeln und Zusammenhänge. Gerade diese Verständlichkeit ist ein Vorteil bei der Anwendung von Fuzzy-Controllern, der hier verloren geht. Die notwendige Normierung des Stellwertes und die

damit verbundene Skalierung der Meßwerte bringt zusätzliche Schwierigkeiten mit sich, da hierfür zumindest eine weitere Funktion definiert
werden muß, die in Wechselwirkung mit dem Fuzzy-Controller steht.

Sämtliche vorgestellten Optimierungs-Systeme übertragen einen Fuzzy-
Controller nach Mamdani auf ein spezielles Neuronales Netz (jedes System mit einer individuellen Methode), um dieses zu trainieren. Während
des Trainings werden strukturelle Änderungen des Netzes bzw. Änderungen der Gewichte durchgeführt. Diese Adaptionen des Neuronalen Netzes
korrelieren mit Anpassungen der zu optimierenden Bestandteile des verwendeten Fuzzy-Controllers, d.h. es werden durch das Training die Regeln
und die Partitionierungen des Fuzzy-Controllers eingestellt. Jedoch werden die gleichen Adaptionen mit demselben Ziel von den einzelnen
Optimierungs-Systemen z.T. mit unterschiedlichen Methoden realisiert.
Auch ist nicht mit jedem System jede theoretisch mögliche Modifikation durchführbar.

Bei den einzelnen Verfahren sind folgende Modifikationen prinzipiell
möglich:

Beim Verfahren von Lin und Lee:
Beim Verfahren von Lin und Lee sind innerhalb des Neuronalen Netzes
die folgenden Modifikationen vorgesehen

- Neufestlegung von Regel-Konklusionen
- Erzeugen neuer Ausgabe-Partitions-Mengen
- Modifikation von Eingabe-Partitions-Mengen (Modalwert und Weite)
- Modifikation von Ausgabe-Partitions-Mengen (Modalwert und Weite)
- Erzeugen neuer Ausgabe-Partitions-Mengen
- Modifikation von Eingabe-Partitions-Mengen (Modalwert und Weite)
- Modifikation von Ausgabe-Partitions-Mengen (Modalwert und Weite)

Diese Modifikationen werden von einem hybriden Lernalgorithmus si-
tuationsabhängig durchgeführt. Kriterium für die Wahl der Modifikationen
sind ausschließlich die mit dem Backpropagation-Algorithmus berechneten Änderungen der Ausgabe-Partitions-Mengen.

Beim NEFCON-Modell:
Beim NEFCON-Modell sind innerhalb des Neuronalen Netzes die folgenden Modifikationen vorgesehen

- Erzeugen neuer Regeln
- Modifikation von Eingabe-Partitions-Mengen (nur Weite)
- Modifikation von Ausgabe-Partitions-Mengen (nur Weite)

Das NEFCON-Modell stellt zwei Lernalgorithmen zur Verfügung. Lernalgorithmus 1 erzeugt bei vordefinierten Partitionierungen eine vollständige Regelbasis. Dazu wird zunächst *jede* Regel erzeugt, die sich mit den gegebenen Partitions-Mengen darstellen läßt, d.h. jede Kombination von Eingabe-Partitions-Mengen wird als Regel-Prämisse eingesetzt und jede Ausgabe-Partitions-Menge wird als Konklusion verwendet.

Anschließend werden „falsche" und überflüssige Regeln entfernt, bis eine geeignete Regelbasis übrig bleibt. Kriterium für die Einstufung einer Regel als „falsch" oder „richtig" ist ausschließlich das korrekte Vorzeichen des berechneten Ergebnisses der Regel.

Lernalgorithmus 2 führt eine Feinabstimmung der Partitions-Fuzzy-Mengen durch, jedoch ausschließlich eine Änderung der Weiten. Eine Verschiebung von Partitions-Fuzzy-Mengen (ändern von Modalwerten) ist nicht vorgesehen. Das Ziel dabei ist, den Einfluß „guter" Regeln zu stärken und den Einfluß „schlechter" Regeln zu verringern (wiederum mit Hilfe des Vorzeichens bewertet). Die Änderungen berücksichtigen den Fehleranteil der Regeln und den Erfüllungsgrad ihrer Prämissen. Durch Verbreitern von Eingabe-Partitions-Mengen wird der Erfüllungsgrad der Prämissen „guter" Regeln vergrößert. Durch Verbreitern von Konklusions-Mengen „guter" Regeln wird der Anteil dieser Regeln am Ergebnis vergrößert. „Schlechte" Regeln erfahren die gegenteiligen Modifikationen.

Beim MFOS-M-System:
Beim MFOS-M-System sind alle prinzipiell möglichen Modifikationen realisiert

- Neufestlegung von Regel-Konklusionen
- Erzeugen neuer Regeln
- Löschen unnötiger Regeln
- Erzeugen neuer Eingabe-Partitions-Mengen
- Erzeugen neuer Ausgabe-Partitions-Mengen
- Löschen unnötiger Partitions-Fuzzy-Mengen
- Modifikation von Eingabe-Partitions-Mengen (Modalwert und Weite)
- Modifikation von Ausgabe-Partitions-Mengen (Modalwert und Weite)

Die Auswahl und Reihenfolge der Modifikationen durch das MFOS-M-System kann durch den Benutzer gesteuert werden. Zur Neufestlegung von Regel-Konklusionen (d.h. Korrigieren von Regeln) wird diejenige Ausgabe-Partitions-Menge als neue Konklusion ausgewählt, mit der die überprüfte Regel den minimalen Fehler verursacht. Korrigiert wird jeweils die Regel mit dem maximalen Erfüllungsgrad ihrer Prämisse, da sie den höchsten Anteil am Ergebnis hat. Neue Regeln werden erzeugt, falls zu einem

Trainingsbeispiel keine geeignete Regel vorhanden ist. Kriterium hierfür ist der Erfüllungsgrad der Prämissen der Regeln.

Zur Definition der Prämisse einer neuen Regel werden diejenigen Eingabe-Partitions-Mengen ausgewählt, die das aktuelle Trainingsbeispiel am besten repräsentieren. Kriterium hierfür ist der Zugehörigkeitsgrad der Eingabe-Werte zu den Eingabe-Partitions-Mengen. Die Konklusion wird analog mit den Ausgabe-Partitions-Mengen bestimmt. Falls Regeln nachweislich keinen Einfluß auf das Ergebnis haben, werden sie gelöscht. Dies wird mit Hilfe der berechneten Schnitthöhen überprüft.

Falls beim Korrigieren bzw. Erzeugen von Regeln festgestellt wird, daß mit keiner vorhandenen Partitions-Fuzzy-Menge der Erfüllungsgrad groß genug ist bzw. der von einer Regel verursachte Fehler klein genug ist, werden neue Eingabe- bzw. Ausgabe-Partitions-Mengen erzeugt. Als Modalwert werden die Eingabe- bzw. Ausgabe-Werte des aktuellen Trainingsbeispiels verwendet. Die Weite wird so gewählt, daß eine Überlappung zu eventuellen Nachbar-Mengen gegeben ist.

Auf diese Weise wird erstens sichergestellt, daß die erzeugten Partitions-Fuzzy-Mengen perfekt zum aktuellen Trainingsbeispiel passen. Zweitens wird erreicht, daß sich die neu erzeugten Partitions-Fuzzy-Mengen in die vorhandenen Partitionierungen einfügen. Somit sind neu erzeugte Partitions-Mengen auch für andere Trainingsbeispiele mit ähnlichen Werten geeignet.

Neben dem Erzeugen neuer Partitions-Fuzzy-Mengen ist auch das Löschen unnötiger Partitions-Fuzzy-Mengen möglich. Gleichwertige Eingabe-Partitions-Mengen lassen sich zu einer Menge zusammenfassen. Kriterium hierfür ist, ob zwei Nachbar-Mengen zur Unterscheidung von Ausgabe-Werten notwendig sind oder nicht.

Zusätzlich kann eine Anpassung der Parameter der Eingabe- und Ausgabe-Partitions-Mengen (Modalwert und Weite) auf der Basis von Backpropagation oder einer der Variationen $\bar{\delta}$-δ -Regel, Momentum-Version oder einer Kombination von beiden erfolgen.

Die einzelnen Optimierungs-Systeme ermöglichen die Anpassung ausgesuchter Komponenten eines Fuzzy-Controllers. Jedoch ist es nur mit dem MFOS-M-System möglich, *jede* Komponente eines Fuzzy-Controllers nach Bedarf optimieren zu lassen. Die anderen Systeme beschränken sich jeweils auf einige vorgegebene Bestandteile.

Beim Verfahren von Lin und Lee bewirkt der hybride Lernalgorithmus, daß jede vorhandene Regel die optimale Konklusion erhält. Zudem werden die Eingabe- und Ausgabe-Partitions-Mengen optimiert. Jedoch ist weder ein Erzeugen zusätzlicher Eingabe-Partitions-Mengen noch ein Erzeugen zusätzlicher Regeln möglich. Wird beim Konfigurieren des zugehörigen Netzes eine zur korrekten Steuerung unverzichtbare Eingabe-Partitions-

Menge oder Regel nicht berücksichtigt, ist eine optimale Einstellung des Fuzzy-Controllers mit dem gegebenen Lernalgorithmus unmöglich. Dies sei an folgendem Beispiel demonstriert:

Beispiel 5.32
Ausgangspunkt ist der Fuzzy-Controller aus Beispiel 5.12 zur Steuerung eines Heizgerätes. Wird nun bei der Erstellung des Netzes die Eingabe-Partitions-Menge für *kalt* und die Regel

$$IF\ x = kalt\ THEN\ y = mittel$$

vergessen, so ist es mit dem Verfahren von Lin und Lee nicht möglich, einen korrekt funktionierenden Fuzzy-Controller zu erstellen. Hierfür wären eine zusätzliche Eingabe-Partitions-Menge und eine zusätzliche Regel erforderlich, die jedoch nicht erzeugt werden können.

Das Löschen von Regeln bzw. Partitions-Fuzzy-Mengen dient im wesentlichen nur zur Verbesserung der Performanz, es hat keinen Einfluß auf den Fehler. Daher ist es zur Optimierung des Ein- Ausgabe-Verhaltens nicht erforderlich. Unglücklicherweise werden jedoch mit dem hybriden Lernalgorithmus fast in jedem Schritt zusätzliche Ausgabe-Partitions-Mengen erzeugt, die eigentlich nicht erforderlich sind und eventuell einen Schritt später nicht mehr benötigt werden. Daher wäre eine Möglichkeit zum Löschen von Partitions-Fuzzy-Mengen bzw. eine Kontrolle über die Erzeugung neuer Partitions-Fuzzy-Mengen wünschenswert.

Im Gegensatz zum Verfahren von Lin und Lee ist es mit dem NEF-CON-Modell möglich, neue Regeln zu erzeugen. Jedoch beschränkt sich der Algorithmus auf das Kombinieren sämtlicher vordefinierter Partitions-Fuzzy-Mengen. Ein gezieltes Erzeugen einzelner Regeln nach Bedarf ist nicht vorgesehen.

Voraussetzung für die Erzeugung einer vollständigen Regelbasis ist, daß bis auf eine Feinabstimmung geeignete Partitionierungen vordefiniert wurden, d.h. falls eine zur korrekten Steuerung unverzichtbare Partitions-Fuzzy-Menge beim Konfigurieren des zugehörigen Netzes vergessen wurde, ist eine optimale Einstellung des Fuzzy-Controllers mit dem gegebenen Lernalgorithmus nicht möglich.

Beispiel 5.33
Es sei wieder die gleiche Situation wie in Beispiel 5.12 gegeben. Fehlen bei der Erstellung des NEFCON-Modells sowohl die Eingabe-Partitions-Menge *kalt* auf dem Eingaberaum als auch die Regel

$$IF\ x = kalt\ THEN\ y = mittel$$

so ist es mit Lernalgorithmus 1 nicht möglich, die gegebenen Fuzzy-Mengen so einzustellen, daß die Steuerung in jeder Situation funktioniert.

Hierfür wäre eine zusätzliche Eingabe-Partitions-Menge erforderlich, die jedoch nicht erzeugt werden kann.

Aus dem gleichen Grund kann auch Lernalgorithmus 2 beim Fehlen der Eingabe-Partitions-Menge *kalt* nicht eine für jede Situation geeignete Regelbasis erstellen. Durch Kombination der vorhandenen Partitions-Fuzzy-Mengen lassen sich in diesem Fall nicht alle tatsächlich benötigten Regeln erzeugen.

Zur optimalen Einstellung der Partitions-Fuzzy-Mengen ist lediglich eine Änderung der Weiten und nicht auch der Modalwerte vorgesehen. Das ist ungünstig, falls einzelne Mengen nicht optimal positioniert sind. Da keine neuen Partitions-Fuzzy-Mengen erzeugt werden können, müssen in jedem Fall die Partitionierungen vom Benutzer vordefiniert werden. Problematisch ist hierbei, daß häufig eine gleichmäßige Verteilung der Partitions-Fuzzy-Mengen gewählt wird. Dies ist jedoch nicht immer optimal. Eine Möglichkeit, Partitions-Fuzzy-Mengen zu verschieben, würde daher eine bessere Anpassung der Partitions-Fuzzy-Mengen ermöglichen.

Die Bewertung der Regel-Ergebnisse mit dem Ziel, den Einfluß „guter" Regeln zu vergrößern und den Einfluß „schlechter" Regeln zu verringern, ist im Prinzip eine gute Idee. Jedoch scheint das gewählte Kriterium zur Bewertung nicht optimal zu sein, da eine Regel ausschließlich danach bewertet wird, ob ihr Anteil am Ergebnis das richtige Vorzeichen hat. Dies führt zu Problemen, wie folgendes Beispiel zeigt:

Beispiel 5.34

Das richtige Ergebnis zu einem Trainingsbeispiel sei +0.1 und das berechnete Ergebnis von Regel 1 sei -0.1. Sei ferner das berechnete Ergebnis von Regel 2 gleich +10.0.

In diesem Fall verursacht Regel 1 einen Fehler von $| 0.1 - (-0.1) | = 0.2$ und Regel 2 verursacht einen Fehler von $| 0.1 - 10.0 | = 9.9$.

Dennoch wird Regel 1 als „schlecht" bewertet und Regel 2 als „gut", da nur das Ergebnis von Regel 2 das richtige Vorzeichen hat.

Dieses Beispiel zeigt, daß mit dem gegebenen Kriterium nicht in jedem Fall die tatsächlich beste Regel auch am besten bewertet wird. Daher scheint ein anderes bzw. zusätzliches Kriterium wie z.B. der verursachte Fehler für die Bewertung von Regeln besser geeignet zu sein als die ausschließliche Verwendung des Vorzeichens des mit der Regel berechneten Ergebnisses. Mit dem entsprechenden Algorithmus des NEFCON-Modells wird der Fehleranteil einer Regel bereits berechnet, jedoch wird er nur verwendet, um die Stärke der Änderungen zu steuern, und nicht, um die Regel zu bewerten.

Das MFOS-M-System bietet alle Modifikationsarten, die prinzipiell möglich sind. Vorhandene Regeln werden korrigiert und nach Bedarf werden zusätzliche Regeln erzeugt bzw. überflüssige Regeln gelöscht. Ebenso ist das Erzeugen und Löschen von Partitions-Fuzzy-Mengen vorgesehen. Somit unbedeutend, ob einzelne Regeln oder Partitions-Fuzzy-Mengen in der Ausgangsregelbasis noch nicht definiert sind, die dann vom MFOS-M-System generiert werden, oder ob vom MFOS-M-System lediglich vorhandene Partitions-Fuzzy-Mengen verändert werden müssen.

Beispiel 5.35
Sei wieder die gleiche Situation wie in Beispiel 5.12 gegeben. Fehlt bei der ursprünglichen Regelbasis die Eingabe-Partitions-Menge *kalt* auf dem Eingaberaum und die ebenso die Regel

$$IF\ x = kalt\ THEN\ y = mittel$$

so erzeugt das MFOS-M-Verfahren die fehlende Regel und eine neue Eingabe-Partitions-Menge

$$kalt \mathrel{\hat=} \tilde{A}_2 = (16.2, 18.0, 19.8)$$

mit der die berechneten Ergebnisse genau so gut sind wie mit der ursprünglichen Menge (16, 18, 20).

Damit läßt sich generell über die Verwendbarkeit der vorgestellten Optimierungs-Systeme festhalten:

1. Mit dem MFOS-M-System lassen sich *sämtliche* Komponenten eines Fuzzy-Controllers nach Bedarf optimieren. Konkrete Einschränkungen oder notwendige Voraussetzungen existieren nicht. Daher ist zu erwarten, daß mit dem MFOS-M-System in nahezu allen Fällen die Optimierung eines vorgegebenen Fuzzy-Controllers zu erreichen ist, unabhängig von der Konfiguration, die der Anwender vorgegeben hat.
2. Für einen erfolgreichen Einsatz des Verfahrens von Lin und Lee müssen in jedem Fall die Anzahl der Eingabe-Partitions-Mengen und die Anzahl der Regeln vorher korrekt bestimmt worden sein.
3. Für den erfolgreichen Einsatz des NEFCON-Modells sind – bis auf Feinabstimmung – unbedingt korrekte Partitionierungen erforderlich.

Vergleich von ANFIS und MFOS-S

Beide vorgestellten Systeme ermöglichen prinzipiell die Übertragung eines vorgegebenen Sugeno-Controllers auf ein funktional äquivalentes Neuronales Netz. Dabei werden keine besonderen Voraussetzungen gemacht. Die verwendeten Neuronalen Netze unterscheiden sich lediglich in der konkreten Art, einen Sugeno-Controller zu repräsentieren, d.h. die Struktur der verwendeten Netze und die Anzahl der verwendeten Schichten sind unterschiedlich.

Beide Optimierungs-Systeme übertragen einen Sugeno-Controller auf ein spezielles Neuronales Netz (jedes System mit einer individuellen Methode), um dieses zu trainieren. Während des Trainings werden strukturelle Änderungen des Netzes bzw. Änderungen der Gewichte durchgeführt. Diese Adaptionen des Neuronalen Netzes korrelieren mit Anpassungen der zu optimierenden Bestandteile des verwendeten Sugeno-Controllers, d.h. es werden durch das Training die Regeln, Konklusionen und die Eingabe-Partitionierungen des Sugeno-Controllers eingestellt. Jedoch werden die gleichen Adaptionen mit demselben Ziel von den einzelnen Optimierungs-Systemen z.T. mit unterschiedlichen Methoden realisiert. Auch ist nicht mit jedem System jede theoretisch mögliche Modifikation durchführbar.

Im ANFIS-System sind folgende Modifikationen prinzipiell möglich:

1. Modifikation von reellen Konklusions-Werten
2. Modifikation von Eingabe-Partitions-Mengen (Modalwert und Weite)

Es findet ausschließlich eine Adaption der Parameter statt. Die reellen Regel-Konklusionen werden mit Hilfe des Backpropagation-Algorithmus bzw. mit einer linearen Methode verändert. Die Modalwerte und Weiten der Eingabe-Partitions-Mengen werden nur mit Hilfe des Backpropagation-Algorithmus eingestellt. Ein Erzeugen neuer Partitions-Fuzzy-Mengen oder neuer Regeln etc. ist grundsätzlich nicht vorgesehen.

Im MFOS-S-System sind folgende Modifikationen prinzipiell möglich:

1. Neufestlegung von Regel-Konklusionen
2. Erzeugen neuer Regeln
3. Löschen unnötiger Regeln
4. Erzeugen neuer Eingabe-Partitions-Mengen
5. Löschen unnötiger Partitions-Fuzzy-Mengen
6. Modifikation von reellen Konklusions-Werten
7. Modifikation von Eingabe-Partitions-Mengen (Modalwert und Weite)
8. Ausgabe-Partitions-Mengen sind definitionsbedingt nicht vorhanden

Die Auswahl und Reihenfolge der Modifikationen durch das MFOS-S-System ist analog zum MFOS-M-System dem Benutzer überlassen. Zur Neufestlegung von Regel-Konklusionen (d.h. Korrigieren von Regeln) wird die korrekte Ausgabe des Trainingsbeispiels ausgewählt, welches den maximalen Erfüllungsgrad der Prämisse der überprüften Regel bewirkt. Neue Regeln werden erzeugt, falls zu einem Trainingsbeispiel keine geeignete Regel vorhanden ist. Kriterium hierfür ist der Erfüllungsgrad der Prämisse der Regeln. Zur Definition der Prämisse einer neuen Regel werden diejenigen Eingabe-Partitions-Mengen ausgewählt, die das aktuelle Trainingsbeispiel am besten repräsentieren. Kriterium hierfür ist der Zugehörigkeitsgrad der Eingabe-Werte zu den Eingabe-Partitions-Mengen. Die Konklusion wird mit Hilfe der korrekten Ausgaben des aktuellen Trainingsbeispiels bestimmt. Falls Regeln einen sehr geringen Einfluß auf das Ergebnis haben, werden sie gelöscht bzw. zusammengefaßt. Kriterium hierfür ist der Erfüllungsgrad der Prämisse der Regeln bzw. die Varianz der reellen Konklusionen. Falls beim Erzeugen von Regeln festgestellt wird, daß mit keiner vorhandenen Eingabe-Partitions-Menge der Erfüllungsgrad groß genug ist, werden neue Eingabe- Partitions-Mengen erzeugt. Als Modalwert werden die Eingabe-Werte des aktuellen Trainingsbeispiels verwendet. Die Weite wird so gewählt, daß eine Überlappung zu eventuellen Nachbar-Mengen gegeben ist. Auf diese Weise wird erstens sichergestellt, daß die erzeugten Partitions-Fuzzy-Mengen perfekt zum aktuellen Trainingsbeispiel passen. Zweitens wird erreicht, daß sich die neu erzeugten Partitions-Fuzzy-Mengen in die vorhandenen Partitionierungen einfügen. Somit sind neu erzeugte Partitions-Mengen auch für andere Trainingsbeispiele mit ähnlichen Werten geeignet. Neben dem Erzeugen neuer Partitions-Fuzzy-Mengen ist auch das Löschen unnötiger Partitions-Fuzzy-Mengen möglich. Gleichwertige Eingabe-Partitions-Mengen lassen sich zu einer Menge zusammenfassen. Kriterium hierfür ist, ob zwei benachbarte Eingabe-Partitions-Mengen zur Unterscheidung verschiedener Ausgabe-Werte notwendig sind oder nicht. Falls in dem von zwei Nachbar-Mengen überdeckten Bereich die korrekte Ausgabe nur wenig variiert, genügt eine größere Menge für diesen Bereich. Anderenfalls sind zwei einzelne Fuzzy-Mengen unverzichtbar. Zusätzlich ist eine Anpassung der Parameter der Eingabe-Partitions-Mengen (Modalwert und Weite) und der reellen Konklusionen auf der Basis eines Gradientenabstiegsverfahrens vorgesehen.

Beide Optimierungs-Systeme ermöglichen die Anpassung ausgesuchter Komponenten eines Sugeno-Controllers. Jedoch ist es nur mit dem MFOS-S-System möglich, *jede* Komponente eines Sugeno-Controllers nach Bedarf optimieren zu lassen. Das ANFIS-System beschränkt sich auf die Modifikation vorhandener reeller Werte. Mit dem ANFIS-System werden ausschließlich die Parameter der Eingabe-Partitions-Mengen und die reellen Regel-Konklusionen angepaßt. Eine Korrektur oder Erzeugung von neuen Regeln bzw. ein Erzeugen zusätzlicher Partitions-Fuzzy-Mengen ist nicht vorgesehen. Dies führt zu den bekannten Einschränkungen, falls bei der Konfiguration des zugehörigen Netzes zur korrekten Steuerung unverzichtbare Partitions-Fuzzy-Mengen bzw. Regeln vergessen wurden.

Beispiel 5.36

Betrachtet sei wieder die Steuerung eines Heizgeräts durch einfachen Sugeno-Controller mit den nachfolgenden Partitionierungen bzw. Regelbasis.

Die Eingabe ist die Temperatur in °C. Die zugehörigen Partitionen sind Gauß-Mengen (Modalwert, Weite) und gegeben durch

$$
\begin{array}{rcccl}
\text{sehr kalt} & \triangleq & \tilde{A}_1 & = & (15,3) \\
\text{kalt} & \triangleq & \tilde{A}_2 & = & (18,3) \\
\text{warm} & \triangleq & \tilde{A}_{31} & = & (21,3)
\end{array}
$$

Die linguistischen Variablen sind x für die Temperatur und y für die Heizleistung. Die richtigen Regeln lauten

$$IF\ x = sehr\ kalt\ THEN\ y = 8$$
$$IF\ x = kalt\quad\quad THEN\ y = 5$$
$$IF\ x = warm\quad\quad THEN\ y = 2$$

Wird nun bei der Erstellung des Netzes die Eingabe-Partitions-Menge *kalt* und die Regel

$$IF\ x = kalt\ THEN\ y = 5$$

vergessen, so ist es mit den ANFIS-Lernverfahren nicht möglich, die gegebenen Fuzzy-Mengen und Konklusionen so einzustellen, daß die Steuerung in jeder Situation funktioniert. Hierfür wären eine zusätzliche Eingabe-Partitions-Menge und eine zusätzliche Regel erforderlich, die jedoch nicht erzeugt werden können.

Den Autoren ist dieser Nachteil durchaus bewußt (Jang 1993). Sie empfehlen, die optimale Struktur des zugehörigen Netzes durch Ausprobieren, basierend auf Erfahrungswerten, herauszufinden, wie dies z.B. beim klassischen Multilayer-Perceptron üblich ist. Allerdings ist ein ANFIS-Netz wesentlich stärker von der gewählten Struktur abhängig als ein MLP. Daher ist das Herausfinden der geeigneten Netzstruktur i.a. nicht unproblematisch.

Eine automatische Unterstützung bei der Festlegung der Struktur eines ANFIS-Netzes wäre deshalb wünschenswert. Eventuell ist daher der Einsatz von anderen Systemen zur automatischen Generierung von Fuzzy-Regeln sinnvoll, um mit den erzeugten Regeln ein ANFIS-Netz zu erstellen und mit den ANFIS-Methoden weiter zu optimieren.

Das MFOS-S-System bietet alle Modifikationsarten, die prinzipiell möglich sind. Vorhandene Regeln werden korrigiert, nach Bedarf werden zusätzliche Regeln erzeugt bzw. überflüssige Regeln gelöscht. Ebenso ist das Erzeugen und Löschen von Partitions-Fuzzy-Mengen möglich. Bei der Konfiguration eines MFOS-S-Netzes wird ein vom Anwender vorgegebener Sugeno-Controller übernommen und nach Bedarf optimiert. Dabei ist es unbedeutend, ob einzelne Regeln oder Partitions-Fuzzy-Mengen noch nicht definiert sind, oder nur vorhandene Partitions-Fuzzy-Mengen verändert werden müssen.

Mit dem MFOS-S-System lassen sich somit sämtliche Komponenten eines Sugeno-Controllers nach Bedarf optimieren. Eine konkrete Einschränkung oder notwendige Voraussetzung wie beim ANFIS-System läßt sich nicht feststellen. Daher ist zu erwarten, daß mit dem MFOS-S-System in nahezu allen Fällen die Optimierung eines vorgegebenen Sugeno-Controllers zu erreichen ist, unabhängig von der Konfiguration, die der Anwender vorgegeben hat.

Das ANFIS-System ist von der Voraussetzung abhängig, daß bis auf Feinabstimmung korrekte Eingabe-Partitionierungen und Regeln gegeben sind.

Diese Bedingungen müssen vom Anwender sichergestellt werden. Dabei sind eventuell andere Systeme zur automatischen Generierung von Fuzzy-Mengen oder Fuzzy-Regeln hilfreich. Wenn die genannten Bedingungen erfüllt werden, ist mit jedem dieser Systeme die Optimierung eines Sugeno-Controllers zu erreichen.

Zusammenfassend läßt sich sagen:
Das ANFIS-System und das MFOS-S-System ermöglichen das Ändern von Regel-Konklusionen. Beim ANFIS-System wird lediglich mit dem Backpropagation-Algorithmus bzw. einer linearen Methode der Wert der reellen Konklusionen verändert. Beim MFOS-S-System besteht zusätzlich zur Anwendung des Backpropagation-Algorithmus die Möglichkeit, unter Verwendung der Trainingsdaten mit Hilfe eines speziellen Lernverfahrens gezielt eine neue Konklusion einzusetzen.

Der Vorteil des MFOS-S-Systems ist, daß bei fehlerhaften Konklusions-Werten in einem Schritt die korrekte Konklusion bestimmt wird. Das Backpropagation-Verfahren dient hier vorzugsweise der Feinabstimmung der Konklusions-Werte. Auch mit dem ANFIS-System ist eine korrekte Einstellung der Konklusions-Werte möglich. Durch die Kombination mit der linearen Methode ist das ANFIS-System schneller als bei ausschließlicher Verwendung von Backpropagation. Daher ist die potentiell mögliche Übertragung der MFOS-S-Methode zur direkten Festlegung der korrekten Konklusion nicht notwendig. Die Übertragung der linearen Methode auf das MFOS-S-System ist nicht möglich, da die Ausgabefunktion bei diesem System keine Linearkombination der Eingaben.

Beide vorgestellten Optimierungs-Systeme ermöglichen die Modifikation von Eingabe-Partitions-Mengen unter Verwendung des Backpropagation-Verfahrens. Dabei wird der Gradient jeweils mit den in den einzelnen Neuronen verwendeten (in jedem System unterschiedlichen) Funktionen berechnet. Eine Übertragung dieser Verfahren von einem System auf das andere ist daher offensichtlich nicht sinnvoll. Die speziellen Möglichkeiten

- Neufestlegung von Regel-Konklusionen
- Erzeugen neuer Regeln
- Löschen unnötiger Regeln
- Erzeugen neuer Eingabe-Partitions-Mengen
- Löschen unnötiger Partitions-Fuzzy-Mengen

stellt nur das MFOS-S-System zur Verfügung.

5.3 Optimierung von Lernregeln mittels Fuzzy-Controllern

Im vorherigen Abschnitt wurde gezeigt, wie die adaptiven Fähigkeiten Neuronaler Netze genutzt werden können, um regelbasierte Fuzzy-Systeme zu optimieren. Optimierungsbedarf besteht aber auch bei Neuronalen Netzen. In ihren Lernregeln treten oft eine Vielzahl von Parametern auf, die, um einen Lernerfolg zu erreichen, optimal eingestellt werden müssen. Unter Umständen ist es sogar notwendig, die Parameter während des Trainings individuell den aktuellen Gegebenheiten anzupassen. Diese Problematik ist um so größer, je komplexer die Lernregel ist.

Eine Möglichkeit, dieser Problematik zu begegnen, ist die Steuerung der Parameter durch einen Fuzzy-Controller, also der umgekehrte Fall wie im letzten Abschnitt. Dies sei am konkreten Fall einer Kombination der Momentum-Variante von Backpropagation und der von Jacobs entwickelten $\bar{\delta}$-δ -Regel demonstriert. (Siehe Kapitel 2.4.5)

5.3.1 Schwächen der Lernregeln

Zunächst seien diese beiden Modifikationen des klassischen Backpropagation-Verfahrens mit den ihnen zugrunde liegenden Heuristiken bzw. sich hieraus ergebenden Vor- und Nachteilen noch einmal kurz erläutert.

Momentum-Version

Die Momentum-Version ist eine weit verbreitete Variante der Backpropagation-Lernregel. Sie besitzt keine individuellen Lernraten. Ihre Heuristik besteht darin, auf flachen Plateaus, die durch konstant gleiches Vorzeichen des Gradienten gekennzeichnet sind, die Schrittweite, die beim klassischen Backpropagation-Verfahren ausschließlich durch die „konstante" Lernrate η gegeben ist, zu vergrößern. Im Gegenzug soll die Schrittweite in Tälern, die durch stetig wechselnde Vorzeichen gekennzeichnet sind, verringert werden. Konkret wird bei der Momentum-Version im Backward-Pass im Schritt t jedes Gewicht $w_i(t)$ des Netzes nach folgender Vorschrift modifiziert:

$$w_i(t+1) = w_i(t) + \Delta w_i(t)$$

$$\Delta w_i(t) = -(1-\alpha)\eta\frac{\partial F(t)}{\partial w_i(t)} + \alpha\Delta w_i(t-1)$$

$$= -(1-\alpha)\eta\sum_{j=0}^{t}\alpha^j\frac{\partial F(t-j)}{\partial w_i(t-j)}\ ,$$

wobei F das MSE-Fehlermaß, $\alpha \in [0,1)$ der sogenannte Momentum-Term und $\eta > 0$ die Lernrate sind. Der Term $\Delta w_i(t-1)$ gibt an, wie das Gewicht w_i bei der letzten Veränderung modifiziert wurde. Durch Addition von $\alpha \cdot \Delta w_i(t-1)$ wird dem Gradientenabstiegsverfahren von Backpropagation ein Trägheitsmoment verliehen.

Der Momentum-Term α steuert das Verhältnis der aktuell berechneten Ableitung von F für w_i und der letzten Änderung von w_i bei der Bestimmung von $w_i(t+1)$. Für $\alpha=0$ ist die Vorschrift identisch mit der klassischen verallgemeinerten δ-Regel. Die Summen-Formel zeigt, daß $\Delta w_i(t)$ im Wesentlichen die exponentiell gewichtete Summe aller bisher für w_i berechneten Ableitungen ist. Der Einfluß einer solchen Ableitung ist um so kleiner, je „älter" sie ist, da wegen $\alpha \in [0,1)$ der Wert α^j mit steigendem j kleiner wird.

Die o.a. Heuristik kommt folgendermaßen zum Tragen:

Haben (zeitlich) aufeinander folgende Ableitungen gleiche Vorzeichen, wächst die Summe (und w_i wird stärker modifiziert), ansonsten bleibt sie klein (und w_i wird weniger stark modifiziert). Allerdings wirkt sich diese Steuerung nur auf die Gewichte und nicht auf die (universelle) Lernrate aus.

Die Momentum-Version hat zwei Schwächen:

1. Das Trägheitsmoment wirkt sich auf flachen Gebieten der Fehleroberfläche sehr vorteilhaft auf die Lerngeschwindigkeit des Netzes aus. Die Summe über j kann aber eine obere Schranke besitzen (z.b. wenn alle Ableitungen konstant gleich sind). Damit ist auch die größtmöglichste Gewichtsänderung beschränkt, was in flachen Gebieten der Fehleroberfläche nicht unbedingt erwünscht ist.

2. Die Summe ab j = 1 kann ein anderes Vorzeichen besitzen als der Summand für j = 0 (die momentane Ableitung); im Extremfall ist sie sogar betragsmäßig größer. Das Verfahren verschiebt dann $\vec{w}$ in die Richtung des Gradienten, vergrößert also den Fehler des Netzes. Aus diesem Grund kann für das Verfahren keine Konvergenz garantiert werden.

Durch die Wahl von unterschiedlichen Werten für α kann das Verhalten des Verfahrens stark beeinflußt werden. Typischerweise wird α nah bei 0.9 gewählt, um den Vorteil des Trägheitsmomentes auf flachen Gebieten ausnutzen zu können.

In stark gekrümmten Gebieten versagt das Verfahren jedoch schnell, wenn α zu groß ist (siehe oben). Es wäre also wünschenswert, wenn sich der Wert des *Momentum-Terms* verändern und an die Krümmungseigenschaften der Fehleroberfläche anpassen könnte.

Erst durch Experimente kann für ein gegebenes Problem das am besten geeignete α bestimmt werden. Daher bietet es sich an, α gezielt zu steuern. Hierzu benötigt man jedoch Informationen über das Krümmungsverhalten der Fehlerfunktion. Daher sollen zunächst ihre Eigenschaften betrachtet werden.

Beim Trainieren von Künstlichen Neuronalen Netzen mit dem Backpropagation-Verfahren hat man es häufig mit sehr langen Lernphasen zu tun, was dem praktischen Einsatz dieser Netze in vielen Bereichen entgegensteht. Ein Grund für die langen Lernphasen ist zum einen, daß bei komplexeren Problemen sehr große Trainingsmengen verwendet werden müssen. Ein weiterer wesentlicher Grund ist aber auch die sehr klein zu wählende Lernkonstante, die maßgeblich für das Voranschreiten auf der Fehleroberfläche verantwortlich ist.

Es ist nur schwer möglich, Aussagen über das Aussehen der Fehleroberfläche zu treffen, da ihre Gestalt wesentlich von der Netztopologie und den Trainingsbeispielen abhängt. Erschwerend für eine solche Charakterisierung wirkt sich ebenso die hohe Dimensionalität der Fehleroberfläche aus. Gleichwohl wurden wichtige Eigenschaften einer typischen Fehleroberfläche mittels Tests und allgemeiner Überlegungen von R. Hecht-Nielsen in (Hecht-Nielsen 1991) ermittelt. Diese Überlegungen bilden das Fundament, auf dem eine Optimierung der Lernphase im Backpropagation-Netz aufbauen soll. Sie werden daher in der folgenden Bemerkung vorgestellt.

Eigenschaften der Fehleroberfläche

Zwei wesentliche Eigenschaften typischer Fehleroberflächen sind:

1. Viele Fehleroberflächen besitzen ausgedehnte „flache" Gebiete und „Rinnen" mit geringen Steigungen, in denen $|\nabla_w F(w)|$ klein ist. Dabei ist w der Vektor aller Gewichte des Neuronalen Netzes.
2. Das Backpropagation-Netz besitzt viele Symmetrien. In jeder Schicht können die Neuronen beliebig permutiert werden, ohne die Netzausgabe zu verändern. Das aber führt zur Existenz vieler lokaler Minima. Zwischen diesen Minima befinden sich typischerweise „Furchen" auf der Fehleroberfläche. Dort weist die Richtung des Gradienten aus der Furche heraus, allerdings die entgegen gesetzte Richtung kaum zu einem der Minima, sondern vielmehr zur Mitte der Furche.

Das Backpropagation-Verfahren führt, wie bereits beschrieben, einen Gradientenabstieg über der Fehleroberfläche durch. Dabei gilt allerdings $F(w^{neu}) < F(w^{alt})$ nur für eine nicht zu groß gewählte Lernrate $\eta > 0$. Berücksichtigt man nun die Gestalt der Fehleroberfläche, so hat die Anwendung der Lernregel

$$w_p^{neu} = w_p^{alt} - \eta \frac{\partial F}{\partial w_p^{alt}} \; \text{für } 1 \le p \le q \; ,$$

wobei q die Anzahl der Gewichte im Neuronalen Netz angibt, die im folgenden beschriebenen Konsequenzen.

Schwächen der Gradientenabstiegsverfahren

Das Gradientenabstiegsverfahren besitzt im Wesentlichen drei Schwächen:

1. Die (betragsmäßige) Größe der Gradientenkomponenten bewirkt, daß eine anteilsmäßig kleine Modifizierung der Gewichte nur eine geringe Verkleinerung des Fehlers zur Folge hat. Das passiert in zwei Situationen:
    a) Verläuft die Fehleroberfläche in der Dimension eines Gewichtes ziemlich flach, ist die zugehörige Ableitung klein. Die Lernregel bewirkt in dieser Situation nur eine kleine Veränderung und damit nur einen kleinen Schritt hin zum Minimum.
    b) Ist die Fehleroberfläche dagegen stark gekrümmt in einer Gewichtsdimension, so ist die zugehörige Ableitung betragsmäßig groß. Dann wird aber das Gewicht w_p stark modifiziert, so daß u.U. das Minimum der Fehleroberfläche übersprungen werden kann.

2. Der negative Gradient der Fehlerfunktion zeigt im allgemeinen nicht zum Minimum der Fehleroberfläche.
3. Aufgrund von Rechenungenauigkeiten kann das Verfahren abbrechen, obwohl ein absolutes Minimum noch nicht erreicht worden ist.

Diese Nachteile wurden auch bereits von R. Jacobs erkannt (Jacobs 1988). Offenbar besitzt also die Fehlerfunktion Eigenschaften, die die Schwächen des Gradientenabstiegs sehr begünstigen. Es ist daher auch nicht verwunderlich, daß das Backpropagation-Verfahren z.B. mit der verallgemeinerten δ-Regel oft nur sehr langsam lernt.

Ziel einer Verbesserung muß es also sein, die Gewichtsmodifikation so zu ändern, daß die vorliegenden lokalen Informationen effektiver genutzt werden können. Dabei soll das Backpropagation-Verfahren aber gewissermaßen als Rahmen bestehen bleiben, da zur Berechnung der Komponenten des Gradienten $\partial F / \partial w_p$ nur lokale Information eines jeden Neurons benötigt werden. Dies ist ein großer Vorteil des Backpropagation-Verfahrens. Wir gehen nun weiter auf die Überlegungen von R. Jacobs ein (vgl. Jacobs 1988), da diese für die späteren Betrachtungen von großer Bedeutung sind. Dabei sind die beiden Ansatzpunkte, die sich unmittelbar aus den obigen Überlegungen ergeben, die Individualität der Lernraten und die Veränderbarkeit der Lernraten:

1. Da eine einheitliche Lernrate nicht die in jeder Dimension unterschiedlichen Krümmungseigenschaften der Fehleroberfläche berücksichtigt, sollte jedes Gewicht der zu minimierenden Fehlerfunktion eine individuelle Lernrate besitzen. Ein Nachteil liegt in dem höheren Speicheraufwand, denn durch individuelle Lernraten wird für jedes Gewicht eine weitere Speicherzelle benötigt. Des weiteren stellt dieses Verfahren keinen Gradientenabstieg dar. Damit ist auch die Konvergenz des Verfahrens nicht mehr ohne weiteres gewährleistet.
2. Jede Lernrate sollte ihren Wert mit der Zeit verändern können:
   a) Wenn die Ableitung für einen Parameter der Fehlerfunktion über mehrere aufeinander folgende Schritte das gleiche Vorzeichen hat, sollte die Lernrate des entsprechenden Gewichts erhöht werden. Die Fehlerfunktion ist dann in dieser Dimension meist nur schwach gekrümmt.
   b) Wechselt die Ableitung für einen Parameter dagegen in einigen aufeinander folgenden Schritten, sollte die entsprechende Lernrate verringert werden, da wir in diesem Fall von einer starken Krümmung in der entsprechenden Gewichtsdimension ausgehen können.

$\overline{\delta}$-δ -Regel

Diese Heuristiken wurden von Jacobs in der $\overline{\delta}$-δ -Regel zusammengefaßt, die einen „parallelen Koordinatenabstieg" anstelle des Gradientenabstiegs realisiert.

Gemäß 1. enthält die $\overline{\delta}$-δ -Regel individuelle Lernraten:

Sei q die Anzahl der Gewichte eines Backpropagation-Netzes (also $\vec{w} \in IR^q$) dann werden statt einer Lernrate η derer q $\eta_1, \ldots, \eta_q > 0$ verwendet.

Die neue Lernregel, nach der nun die Gewichte verändert werden, lautet

$$w_p^{neu} = w_p^{alt} - \eta_p \frac{\partial F}{\partial w_p}$$

oder für den Gewichtsvektor des Netzes:

$$\vec{w}^{neu} = \vec{w}^{alt} - \left(\eta_1 E_{1,1} \nabla_{\vec{w}} F(\vec{w}) + \ldots + \eta_q E_{q,q} \nabla_{\vec{w}} F(\vec{w}) \right)$$

$$= \vec{w}^{alt} - \sum_{i=1}^{q} \eta_i E_{i,i} \nabla_{\vec{w}} F(\vec{w}) .$$

Dabei ist $\eta_i > 0$ die zu w_i gehörende Lernrate und $E_{i,i}$ ist eine $q \times q$ Matrix, die nur in der i-ten Zeile und Spalte eine 1 trägt und sonst in jeder Komponente Null ist $(1 \le i \le q)$.

Durch die Verwendung individueller Lernraten wird ein Punkt auf der Fehleroberfläche von der Lernregel nicht mehr in die Richtung des negativen Gradienten verschoben, so daß kein Gradientenabstiegsverfahren durchgeführt wird.

Tatsächlich liegt nun eine Art Koordinatenabstiegsverfahren vor. Dabei wird nicht mehr $F(\vec{w})$ direkt minimiert, sondern für jede Komponente w_i von $\vec{w}$ wird nach dem $\min_{w_i} (F(\vec{w}))$ gesucht.

Im Unterschied zu „normalen" Koordinatenabstiegsverfahren, bei denen alle Gewichte nacheinander, wie zum Beispiel bei der Gauss-Southwell-Methode (Luenberger 1989), verändert werden, werden hier alle Komponenten von $\vec{w}$ *parallel* modifiziert.

In Abwandlung eines Satzes aus (Ortega und Rheinboldt 1970) kann folgender Satz bewiesen werden:

Satz 5.2

Sei $G : D \subset IR^q \to IR$ differenzierbar für $\vec{w} \in$ interior (D).

Für ein $\vec{v} \in IR^q$ gelte

$$\nabla G(\vec{w})\vec{v} > 0.$$

Dann gibt es ein $\beta > 0$, so daß

$$G(\vec{w} - \alpha\vec{v}) < G(\vec{w}), \qquad \text{für alle } \alpha \in (0,\beta).$$

Beweis:
Wegen der Differenzierbarkeit von G in $\vec{w}$ ist

$$\lim_{a \to 0} \frac{G(\vec{w} - \alpha\vec{v}) - G(\vec{w})}{\alpha} + \nabla G(\vec{w})\vec{v} = 0 \qquad (*).$$

Da $\vec{w} \in$ interior (D), gibt es $\beta > 0$, so daß

$$\vec{w} - \alpha\vec{v} \in D, \qquad \text{für alle } \alpha \in (0, \beta).$$

Aufgrund von $(*)$ kann β dabei so klein gewählt werden, daß aus $\nabla G(\vec{w})\vec{v} > 0$

$$\frac{G(\vec{w} - \alpha\vec{v}) - G(\vec{w})}{\alpha} + \nabla G(\vec{w})\vec{v} < \nabla G(\vec{w})\vec{v}$$

für alle $\alpha \in (0,\beta)$ folgt.

Damit ergibt sich

$$\frac{G(\vec{w} - \alpha\vec{v}) - G(\vec{w})}{\alpha} < 0 \qquad \text{für alle } \alpha \in (0,\beta)$$

$$\Rightarrow \qquad \textit{Behauptung.}$$

Aufbauend auf Satz 5.1 läßt sich ferner zeigen

Satz 5.3
Das oben beschriebene, parallele Koordinatenabstiegsverfahren besitzt die Eigenschaft der globalen Konvergenz, wenn die Lernraten eine gewisse Schranke nicht überschreiten.

Beweis:
F ist das MSE-Fehlermaß. Es ist bekannt, daß $F : IR^q \to IR$ differenzierbar in jedem beliebigen Vektor $\vec{w} \in IR^q$ ist.

Sei $\vec{w} \in IR^q$ beliebig mit $\nabla F(\vec{w}) \neq 0$. Sei ferner

$$\vec{v} = \left(\eta'_1 \frac{\partial F}{\partial_{w_1}}, \ldots, \eta'_q \frac{\partial F}{\partial_{w_q}} \right)^T \in IR^q, \ mit \ \eta'_1, \ldots, \eta'_q > 0.$$

Dann ist

$$\nabla F(\vec{w})\vec{v} = \left(\frac{\partial F}{\partial w_1}, \ldots, \frac{\partial F}{\partial w_q} \right) \left(\eta'_1 \frac{\partial F}{\partial w_1}, \ldots, \eta'_q \frac{\partial F}{\partial w_q} \right)^T$$

$$= \sum_{i=1}^{q} \eta'_i \left(\frac{\partial F}{\partial w_i} \right)^2 > 0$$

Damit sind die Voraussetzungen für Satz 5.1 erfüllt und es gilt:
    Es gibt $\beta > 0$ mit

$$F(\vec{w} - \alpha \vec{v}) < F(\vec{w}) \qquad \forall \alpha \in (0, \beta).$$

Ist $\nabla F(\vec{w}) = 0$, dann ist $\vec{v} = 0$ und es gilt:

$$F(\vec{w} - \alpha \vec{v}) \leq F(\vec{w}) \quad \forall \alpha \in IR.$$

Insgesamt folgt die Behauptung, denn die η'_i müssen nur so gewählt sein, daß für ein $\alpha_0 \in (0, \beta)$ gilt

$$\eta_i = \eta'_i \alpha_0 \ \text{für} \ i = 1, \ldots, q^1.$$

$\alpha_0 \vec{v}$ ist dann der Vektor, den das Koordinatenabstiegsverfahren von $\vec{w}$ subtrahiert.

Ähnlich wie beim Gradientenabstiegsverfahren, wird auch beim parallelen Koordinatenabstiegsverfahren nicht die Konvergenz gegen ein globales Minimum garantiert, sondern nur gegen ein lokales Minimum. Allerdings ist die Konvergenz, anders als z.B. beim QUICKPROP-Algorithmus, global.
    Die vollständige $\delta - \delta -$ Regel lautet nun

$$\eta_i(t+1) = \eta_i(t) + \Delta\eta_i(t),$$

hierbei ist

$$\Delta\eta_i(t) = \begin{cases} \kappa & , \text{falls } \bar{\delta}_i(t-1)\delta_i(t) > 0 \\ -\phi\eta_i(t) & , \text{falls } \bar{\delta}_i(t-1)\delta_i(t) < 0 \\ 0 & \text{sonst} \end{cases}$$

wobei

$$\delta_i(t) = \frac{\partial F(t)}{\partial w_i(t)}$$

und

$$\overline{\delta}_i(t) = (1-\theta)\delta_i(t) + \theta\,\overline{\delta}_i(t-1)$$

$$= (1-\theta)\sum_{j=0}^{t}\theta^j\delta_i(t-j)$$

mit

$w_i(t)$ ist ein Gewicht des Netzes im Schritt t,

$\eta_i(t)$ die zugehörige Lernrate

und κ,ϕ,θ sind Konstanten mit $\phi,\theta \in [0,1]$ *und* $\kappa > 0$.

Die Formeln zeigen, daß $\overline{\delta}_i$ ein exponentiell gewichteter Durchschnitt der momentanen und aller früheren Ableitungen für w_i ist. Je „älter" eine frühere Ableitung ist, desto geringer ist ihr Einfluß auf $\overline{\delta}_i(t)$, da $\theta \in [0,1]$.

Die $\overline{\delta}$-δ -Regel realisiert die Verbesserungsvorschläge wie folgt:

1. Stimmt das Vorzeichen der momentanen (Schritt t) Ableitung mit dem des exponentiellen Durchschnitts bis zum Schritt (t–1) überein ($\approx$ die Fehleroberfläche ist flach), wird die Lernrate um eine Konstante κ vergrößert, da in diesem Fall $\overline{\delta}_i(t-1)\,\delta_i(t) > 0$ ist.

2. Ist $\overline{\delta}_i(t-1)\,\delta_i(t) < 0$, sind die Vorzeichen unterschiedlich ($\approx$ die Fehleroberflache ist stark gekrümmt) und die Lernrate wird um den ϕ-ten Anteil verringert.

Die $\overline{\delta}$-δ -Regel vergrößert Lernraten linear, womit verhindert wird, daß sie zu schnell groß werden können.

Die Lernregel verringert die η_i jedoch exponentiell; dadurch ist gewährleistet, daß immer $\eta_i > 0$ gilt und daß die Lernraten schnell verringert werden können. Somit sind bei dieser Lernregel die Schwächen der $\delta - \delta$ -Regel nicht vorhanden und tatsächlich liefert sie in der Praxis sehr zufrieden stellende Ergebnisse.

Auch das Verfahren, das von der $\overline{\delta}$-δ -Regel durchgeführt wird, garantiert globale Konvergenz, denn der Beweis von Satz 5.3 funktioniert auch, wenn die Lernraten während jedes Schrittes verändert werden.

Um tatsächlich Konvergenz zu erhalten, muß die Steuerung allerdings dafür sorgen, daß die Lernraten nicht zu groß werden.

Der Grad der Verbesserung der Leistungsfähigkeit des Netzes hängt nun wesentlich von der Wahl für κ ab:

1. Wird es auf einen zu kleinen Wert gesetzt, können die Lernraten nur langsam wachsen. Damit liegt wieder das inzwischen bekannte Problem auf flachen Gebieten vor.

2. Ist κ dagegen zu groß, wird das gesamte Verfahren zu ungenau, da die Lernraten zu schnell zu groß werden.

Berücksichtigt man eine der Erkenntnisse über Fehleroberflächen – sie besitzen oft ausgedehnte „flache" Bereiche – wird die Bedeutung eines gut gewählten κ deutlich, denn gerade in „flachen" Gebieten der Fehleroberfläche kommt der erste Fall der Fallunterscheidung zum Tragen.

An dieser Stelle sei daher angemerkt, daß ein variables κ, mit einer geeigneten Steuerung versehen, die Leistung der $\bar{\delta}$-δ-Regel steigern kann. Bis zu dessen Einführung muß der Benutzer des Netzes einige Zeit damit verbringen, durch Testen ein geeigneten Wert für κ zu finden.

5.3.2 Die hybride Lernregel

Wie im vorangegangenen Abschnitt ausgeführt, haben sowohl die Momentum-Version als auch die $\bar{\delta}$-δ-Regel ihre Vor- und Nachteile. Es bietet sich daher an, beide Regeln zu kombinieren.

Die Kombination verwendet die Lernratenmodifizierung der $\bar{\delta}$-δ-Regel. Die Gewichte werden gemäß der Momentum-Version modifiziert, wobei nun jedes Gewicht seine individuelle Lernrate besitzt (es gibt aber weiterhin nur einen Momentum-Term):

$$w_i(t+1) = w_i(t) + \Delta w_i(t)$$

$$\Delta w_i(t) = -(1-\alpha)\eta_i(t+1)\frac{\partial F(t)}{\partial w_i(t)} + \alpha\Delta w_i(t-1)$$

$$= -(1-\alpha)\sum_{j=0}^{t}\alpha^j\eta_i(t+1-j)\frac{\partial F(t-j)}{\partial w_i(t-j)}$$

$$= -(1-\alpha)\sum_{j=0}^{t}\alpha^j\eta_i(t+1-j)\frac{\partial F(t-j)}{\partial w_i(t-j)}$$

Für das Zusammenspiel der beiden Regeln gilt:

1. Je größer der Momentum-Term ist, desto weniger spielt die Lernrate eine Rolle bei der Veränderung eines Gewichtes. Die aufwendige Steuerung der Lernrate durch die $\bar{\delta}$-δ-Regel kann sich damit nicht mehr so stark auswirken.

2. Andererseits arbeitet die Momentum-Version effektiver, wenn der Momentum-Term groß ist (allerdings nur auf „flachen" Gebieten).

Ohne weitere Veränderungen arbeiten beiden Verfahren also offensichtlich nicht gut zusammen. Dies ließ auch den 1988 unternommenen Versuch von Jakobs (Jacobs 1988), beide Verfahren zu kombinieren, scheitern. Bevor wir jedoch eine Lösung dieser Problematik vorstellen, soll noch das Verhalten dieser hybriden Lernregel hinsichtlich ihres Konvergenzverhaltens untersucht werden.

Sei q die Anzahl der Gewichte im betrachteten Netz. Entsprechend dem Beweis von Satz 5. setzt man

$$\vec{v} = \left(v_1, \ldots, v_q\right)^T \; mit \; v_i = \left(1-\alpha\right) \sum_{j=0}^{t} \alpha^j \eta'_i \left(t+1-j\right) \frac{\partial F\left(t-j\right)}{\partial w_i\left(t-j\right)}$$

mit

$$\vec{v} \in I\!R^q, \; \eta'_1\left(t\right), \ldots, \eta'_q\left(t\right) > 0 \quad \text{für alle } t \in I\!N_0.$$

Der Vektor $\vec{v}$ entspricht (bis auf die Benutzung von η_i' statt η_i) demjenigen Vektor, den die hybride Regel vom aktuellen Gewichtsvektor des Netzes subtrahiert, um den neuen Gewichtsvektor zu erhalten.

Um, wie in Satz 5.3, die globale Konvergenz des hybriden Verfahrens folgern zu können, müßte für die i-te Komponente v_i von $\vec{v}$ gelten:

$$\frac{\partial F\left(t\right)}{\partial w_i\left(t\right)} v_i > 0, \; \text{(falls } \frac{\partial F}{\partial w_i\left(t\right)} \neq 0 \text{ ist).}$$

Bei Anwendung von Satz 5.1 würde dann die Behauptung geliefert werden, wobei die Variabilität der Lernraten die Beweisführung nicht beeinflußt.

Es gilt

$$\frac{\partial F\left(t\right)}{\partial w_i\left(t\right)} v_i = \frac{\partial F\left(t\right)}{\partial w_i\left(t\right)} \left(1-\alpha\right) \sum_{j=0}^{t} \alpha^j \eta'_i\left(t+1-j\right) \frac{\partial F\left(t-j\right)}{\partial w_i\left(t-j\right)}$$

$$= \left(1-\alpha\right) \left(\eta_i'\left(t+1-0\right) \left(\frac{\partial F\left(t-0\right)}{\partial w_i\left(t-0\right)} \right)^2 + \sum_{j=1}^{t} \alpha^j \eta'_i\left(t+1-j\right) \frac{\partial F\left(t-j\right)}{\partial w_i\left(t-j\right)} \right),$$

wobei $\left(1-\alpha\right), \eta'_i\left(t\right) > 0$ für alle $t \in I\!N_0$.

Wie bei der Momentum-Version kann hier die Summe ab $j = 1$ negativ und betragsmäßig so groß sein, daß die Gesamtsumme < 0 ist.

Man erhält somit

1. Die hybride Regel garantiert nicht ohne weiteres globale Konvergenz.
2. Durch geeignete Steuerung der η_i bzw. Wahl eines genügend kleinen Momentum-Terms kann das Verfahren zur Konvergenz gebracht werden.

5.3.3 Die Fuzzy-Steuerung der hybriden Lernregel

Grundkonzepte des Controllers

Eine mögliche Lösung der o.a. Problematiken liegt in der Verwendung eines geeigneten Fuzzy-Controllers zur Steuerung der Parameter in der hybriden Lernregel.

Es liegt nach den bisherigen Ausführungen nahe, daß die Parameter κ ($\bar{\delta}$-δ -Regel) und α (Momentum-Version) gesteuert werden sollten, denn für beide Werte ist schon deutlich geworden, daß ihre Variabilität die Leistung der zugehörigen Regeln steigern müßte und auch ihr Zusammenspiel in der hybriden Regel verbessern sollte.

Es wurden auch Tests, bei denen nur α, nur κ oder Parameter der $\bar{\delta}$-δ -Regel gesteuert wurden, durchgeführt. Doch diese lieferten durchweg schlechtere Ergebnisse, als die hybride Regel mit Fuzzy-Steuerung. Auch Versuche, in denen nicht die hybride Regel, sondern nur die $\bar{\delta}$-δ -Regel oder die Momentum-Version verändert wurden, führten zu unbefriedigenden Ergebnissen. Die oben geschilderte Erwartung traf also voll zu.

Ziel der Steuerung ist es, die Stärke der Momentum-Version auf flachen Gebieten auszunutzen und trotzdem vom Steuerungsmechanismus der $\bar{\delta}$-δ -Regel profitieren zu können.

Der steuernde Fuzzy-Controller basiert auf denselben Heuristiken wie die $\bar{\delta}$-δ -Regel:

1. Je länger der Gewichtsvektor $\vec{w}$ des Netzes sich auf einem flachen Bereich der MSE-Fehleroberfläche bewegt, desto größer sollen κ und α sein. Dabei muß κ groß genug werden können, um sich trotz eines großen α auswirken zu können.
2. In stark gekrümmten Bereichen der Fehleroberfläche soll α klein sein, damit im Wesentlichen die $\bar{\delta}$-δ -Regel die Steuerung des Verfahrens übernimmt. Außerdem soll auch κ klein sein. Falls das Verfahren den stark gekrümmten Bereich verläßt, wird dann die Lernrate zunächst nur „vorsichtig" erhöht.

Ein Fuzzy-Controller wird benutzt, da diese Regeln damit einfach implementiert werden können, ohne exakte Angaben über die Krümmung der Fehleroberfläche ermitteln zu müssen (wie etwa die Berechnung höherer Ableitungen von F). Die Ausgaben des Controllers sind innerhalb der gesteckten Grenzen flexibel und Überlegungen über lineare oder exponentielle Veränderungsraten sind überflüssig. Es wird ein Sugeno-Controller eingesetzt, um eine rechenaufwendige Defuzzifizierung überflüssig zu machen.

Der eingesetzte Controller soll nun im Detail beschrieben werden:

Für jedes Gewicht w_i des Netzes wird eine neue Variable $c[i]$ eingeführt. Mit ihrer Hilfe wird darüber „Buch geführt", wie oft jeder der beiden o.a. relevanten Fälle abgearbeitet wurde. Die neue Variable repräsentiert dann die Krümmung der Fehleroberfläche in der i-ten Gewichtsdimension (hier gehen die Heuristiken der $\bar{\delta}$-δ -Regel ein): Je größer $c[i]$ ist, desto länger befindet sich das Verfahren schon in einem flachen Gebiet. Es gilt:

$$c[i] := \begin{cases} c[i]+1\,, & \text{falls } \eta_i \text{ um } \kappa \text{ erhöht wurde,} \\ c[i]-5\,, & \text{falls } \eta_i \text{ um } \phi\eta_i\left(t\right) \text{ verringert wurde.} \end{cases}$$

κ und ϕ sind dabei die bekannten Parameter der $\bar{\delta}$-δ -Regel. Zusätzlich wird sichergestellt, daß $c[i] \in [-1,100]$ ist. Ferner ist $c[i]$ auch die Eingabe an den Fuzzy-Controller.

Fuzzifizierer

Wir benutzen einen Singleton-Fuzzifizierer in folgender Weise:

Die $c[i]$ werden auf Fuzzy-Mengen $\Lambda_{c[i]}$ abgebildet, deren Zugehörigkeitsfunktionen auf $[-1,100]$ definiert sind. Diese haben die typische Singleton-Gestalt:

$$\mu\Lambda_{c[i]} : [-1,100] \to \{0,1\}\,,$$

mit

$$\mu\Lambda_{c[i]}(x) = \begin{cases} 1 & ,\text{falls } x = c[i], \\ 0 & ,\text{falls } x \in [-1,100] \text{ und } x \neq c[i] \end{cases}.$$

Regelbasis

Vier Fuzzy-Mengen beschreiben die Eingabemenge „Krümmung der Fehleroberfläche" mit linguistischen Mitteln: Die Mengen heißen VERYLOW;

LOW; NOTSURE; HIGH, die zugehörigen membership-functions μ_V, μ_L, μ_N und μ_H können aus Abb. 5.1 entnommen werden. Sie wurden durch praktische Versuche bestimmt.

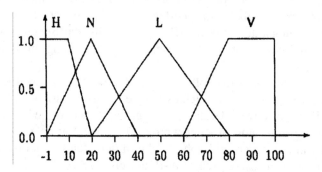

Abb. 5.17 Zugehörigkeitsfunktionen für die Fuzzy-Mengen (V)ERYLOW, (L)OW, (N)OTSURE, und (H)IGH

Die Regelbasis enthält acht Regeln (vier für die Steuerung von α, vier für die von κ, die die oben beschriebene heuristische Steuerung der Parameter implementieren. Die Regeln sind in Tab. 5.1 dargestellt:

Tabelle 5.1 Die Regelbasis des Controllers

IF $\left(c[i] \in_F \ldots\right)$	THEN $\alpha := \ldots$	$\kappa := \ldots$
(V)ERYLOW	0.9	$100\,\kappa_0$
(L)OW	0.7	$10\,\kappa_0$
(N)OTSURE	0.3	κ_0
(H)IGH	0.01	$\kappa_0 /10$

Jede der unteren vier Zeiten enthält zwei Regeln (je eine für α und κ). Indem für „..." in der Kopfzeile jeweils aus derselben einer dieser vier Zeilen eingesetzt wird, ergeben sich zwei ausformulierte Regeln. Der Wert κ_0 ist ein vom Benutzer zu wählender Ausgangswert.

Inferenz-Einheit

Die Ausgabe des Controllers wird nun ermittelt, indem alle acht Regeln ausgewertet werden.

Anhand der Regel

$$\text{IF } \left(c[i] \in_F \textit{ VERYLOW} \right) \textit{THEN } \alpha := \dots$$

soll die Bestimmung des Erfüllungsgrades der IF-Bedingung gezeigt werden: Es wird die Fuzzy-Minimum-Schnittmenge des fuzzifizierten c[i] (das ist $\Lambda_{c[i]}$) mit der Fuzzy-Menge VERYLOW gebildet:

$$B := \Lambda_{c[i]} \cap_F \textit{ VERYLOW}.$$

Für $x \neq c[i]$ ist $\mu_{\Lambda_{c[i]}}(x) = 0$ *und daher* $\mu_{\Lambda_{c[i]}}(x) \leq \mu_V(x)$.

Für $x = c[i]$ ist $\mu_{\Lambda_{c[i]}}(x) = 1$ *und daher* $\mu_{\Lambda_{c[i]}}(x) \geq \mu_V(x)$.

Also gilt für die Zugehörigkeitsfunktion μ_B von B:

$$\mu_B(x) = \begin{cases} \mu_V\left(c[i]\right) & \textit{, falls } x = c[i], \\ 0 & \textit{, falls } x \in [-1, 100] \textit{ und } x \neq c[i]. \end{cases}$$

Als Erfüllungsgrad der IF-Bedingung wird nun der einzig mögliche positive Wert von B nämlich $\mu_V\left(c[i]\right)$ gewählt.

Zur Auswertung der restlichen Regeln werden analog die weiteren Erfüllungsgrade $\mu_L\left(c[i]\right), \mu_N\left(c[i]\right)$ *und* $\mu_H\left(c[i]\right)$ berechnet.

Ausgabe

Der Sugeno-Controller liefert schließlich folgende Ausgaben

$$\kappa = \frac{\left(\mu_V * 100 + \mu_L * 10 + \mu_N * 1 + \mu_H * 0.1 \right) \kappa_0}{\mu_V + \mu_L + \mu_N + \mu_H},$$

$$\alpha = \frac{\left(\mu_V * 0.9 + \mu_L * 0.7 + \mu_N * 0.3 + \mu_H * 0.01 \right) \kappa_0}{\mu_V + \mu_L + \mu_N + \mu_H},$$

wobei (aus Gründen der Übersichtlichkeit) $\mu_X = \mu_X\left(c[i]\right)$ sein soll.

Hierbei werden κ und α für jedes Gewicht in jedem Schritt neu berechnet, so daß ihre Werte nicht gespeichert werden müssen.

Einstellung der Fuzzy-Steuerung

Der oben vorgestellte Controller ist das Ergebnis zahlreicher Tests, die von Th. Feuring, W.-M. Lippe und A. Tenhagen Mitte der neunziger Jahre durchgeführt wurden (Feuring et al. 1994). Vor allem um die scharfen Funktionen der THEN-Konsequenzen (hier wurden dafür konstante Werte benutzt, um den Rechenaufwand gering zu halten) festlegen zu können, ist sehr viel Erfahrung nötig.

In die Auswahl dieser „Funktionen" geht Wissen um die unterschiedlichen Verhaltensweisen des Backpropagation-Netzes bei der Veränderung von α und κ ein, wie es nur durch Experimentieren gewonnen werden kann.

Es läßt sich sagen, daß kleine Änderungen um etwa 25 Prozent an den Konstanten nicht viel an der Netzleistung ändern. Das Spektrum von κ (von $\kappa_0/10$ bis $100\kappa_0$) ist recht vorsichtig gewählt. Allerdings kann es bei größeren Spektren manchmal zu Problemen beim Lernvorgang kommen, weshalb die vorsichtige Einstellung beibehalten wurde.

Die Zugehörigkeitsfunktionen μ_V, μ_L, μ_n und μ_H sind so gewählt, daß eine Krümmung recht schnell als „niedrig" oder sogar „sehr niedrig" eingestuft wird. Der Grund dafür ist, daß flache Gebiete der Fehleroberfläche schnell als solche erkannt werden sollen.

Um aber auch hier wieder die Vorsicht in den Vordergrund treten zu lassen, wurde c[i] auf [-1,100] begrenzt, obwohl sich zeigte, daß c[i] oft Werte weit über 100 erreichen kann. Doch beim Eintritt in ein stark gekrümmtes Gebiet würde es zu lange dauern, dieses mittels c[i] zu erkennen, wenn c[i] zuvor einen sehr hohen Wert erreicht hätte. Aus demselben Grund wird c[i] auch um 5 statt um 1 verringert, wenn die Krümmung zunimmt.

Die Leistung des Netzes für ein spezielles Problem kann durch eine „Feineinstellung" der Steuerung sicher noch erhöht werden. Wichtiger ist aber, daß das Netz schon bei der „vorsichtigen" Einstellung sehr zufrieden stellende Lerngeschwindigkeiten zeigt.

Die folgende Konvergenzüberlegung zeigt, daß die „vorsichtige" Einstellung gerechtfertigt ist.

Globale Konvergenz

Da die hybride Regel mit Fuzzy-Steuerung nicht nur die Lernraten, sondern auch den Momentum-Term variiert, gilt für die Gewichtsmodifikation

$$w_i(t+1) = w_i(t) + \Delta w_i(t)$$

$$\Delta w_i(t) = -(1-\alpha(t))\eta_i(t+1)\frac{\partial F(t)}{\partial w_i(t)} + \alpha(t)\Delta w_i(t-1)$$

$$= \sum_{j=0}^{t}\left(\prod_{h=1}^{j}\alpha(t+1-h)\right)\left(-(1-\alpha(t-j))\right)\eta_i(t+1-j)\frac{\partial F(t-j)}{\partial w_i(t-j)}$$

Um entsprechend dem Beweis zu Satz 5. globale Konvergenz zu gewährleisten, muß gelten:

$$\frac{\partial F(t)}{\partial w_i(t)}v_i = \frac{\partial F(t)}{\partial w_i(t)}\sum_{j=0}^{t}\left(\prod_{h=1}^{j}\alpha(t+1-h)\right)(1-\alpha(t-j))\eta'_i(t+1-j)\frac{\partial F(t-j)}{\partial w_i(t-j)}$$

$$= (1-\alpha(t))\,\eta'_i(t+1)\left(\frac{\partial F(t)}{\partial w_i(t)}\right)^2$$

$$+\sum_{j=1}^{t}\left(\prod_{h=1}^{j}\alpha(t+1-h)\right)(1-\alpha(t-j))\,\eta'_i(t+1-j)\frac{\partial F(t-j)}{\partial w_i(t-j)} > 0$$

Dies muß nicht ohne weiteres der Fall sein. Die Steuerung muß also dafür Sorge tragen, daß die Summe ab j = 1 betragsmäßig kleiner ist, als der Summand für j = 0, wenn die Summe ab j = 1 negativ ist.

Damit gilt:

Die hybride Regel mit Fuzzy-Steuerung kann globale Konvergenz liefern, wenn Momentum-Term und Lernraten so gesteuert werden, daß obige Bedingungen an die Summe erfüllt sind.

Zusätzlicher Aufwand

Es soll noch kurz auf den zusätzlichen Speicher- und Rechenaufwand eingegangen werden, der für die Ausführung der hybriden Regel mit Fuzzy-Steuerung gegenüber dem unmodifizierten Backpropagation-Verfahren nötig ist:

1. Zusätzlicher Speicher wird benötigt für
   a) Individuelle Lernraten η_i ($\bar{\delta}$-δ -Regel).
   b) Werte der $\bar{\delta}_i$ ($\bar{\delta}$-δ -Regel).
   c) Werte der Δw_i (Momentum-Version)
   d) Werte der c[i] (fuzzy-controller).
   Insgesamt also (4×(Anzahl der Gewichte)-1) zusätzliche Variablen.
2. Zusätzliche Rechenschritte sind notwendig um die Gewichts- und Lernratenmodifikationen zu implementieren.
   In einem „normalen" forward- und backward-pass werden allerdings wesentlich mehr Rechenschritte durchgeführt, als bei der neuen Lernregel hinzukommen. Da ein Netz mit der neuen Lernregel weniger Durchläufe benötigt, bleibt ein solches Netz insgesamt schneller.

Tests

Es folgen sechs Tests der hybriden Regel mit Fuzzy-Steuerung („fuzzy-hybrid"). Ihre Leistung wird jeweils verglichen mit der verallgemeinerten δ-Regel („δ") und derjenigen der $\bar{\delta}$-δ -Regel („$\bar{\delta}$-δ ").

Auch die Leistungen der Momentum-Version sowie die der unmodifizierten hybriden Regel wurden getestet, sind in den folgenden Abbildungen aus Gründen der Übersichtlichkeit aber nicht abgebildet. Generell läßt sich sagen:

Die Momentum-Version ist gewöhnlich etwas besser als die verallgemeinerte δ-Regel. Die unmodifizierte hybride Regel ist etwas schlechter als die $\bar{\delta}$-δ -Regel.

Vorgestellt werden relativ einfache Beispiele, da sie ein intensives Experimentieren mit den verschiedenen Parametern möglich machen. Jede Lernregel wurde so eingestellt, daß sie möglichst optimal funktionieren sollte. Bei einer ernsthaften Applikation würde die große Anzahl der dazu nötigen Versuche zuviel Zeit kosten. Allerdings zeigen auch komplexe konkrete Anwendungen, daß die hybride Lernregel zusammen mit der Controller-Steuerung traditionellen Lernregeln vielfach überlegen ist. (Dallmöller et al. 1998).

In den Diagrammen wird der Fehler auf der Trainingsmenge angegeben, da dieser ein besseres Bild vom Einfluß der verschiedenen Parameter auf das Lernverhalten liefert. Natürlich wurden die Regeln auch mit Testmengen getestet (außer bei XOR) und es zeigte sich bei allen, daß der Fehler auf der Testmenge immer etwa um das 10fache höher liegt. Overtraining wurde in keinem der Tests beobachtet.

Offensichtlich ist die Leistung der hybriden Regel mit Fuzzy-Steuerung erheblich besser, als die der $\bar{\delta}$-δ -Regel und der verallgemeinerten δ -Regel.

Im Laufe der Experimente hat sich weiterhin gezeigt, daß die optimale Einstellung der $\bar{\delta} - \delta$ – Regel recht langwierig ist. Wie in den Überlegungen vorausgesagt, erweist sich vor allem die geeignete Wahl von κ als kritisch. Die neu entwickelte Lernregel ist nicht so empfindlich. Zwar kann auch hier ein falsch eingestelltes κ_0 einen Lernprozeß verhindern, doch kann ein geeigneter Wert nach wenigen Versuchen gefunden werden.

Bei der $\bar{\delta}$-δ -Regel und der hybriden Regel mit Fuzzy-Steuerung können die Lernraten zur Sicherheit mit 0 initialisiert werden.

Der Parameter θ der $\bar{\delta}$-δ -Regel wirkt sich kaum auf das Lernverhalten aus. Er wurde daher in allen Fällen auf 0.5 gesetzt.

Der Parameter ϕ der $\bar{\delta}$-δ -Regel steuert, wie stark die Lernraten auf stark gekrümmten Oberflächen reduziert werden. Es ist zu beobachten, daß $\phi > 0.5$ fast immer notwendig ist, um Konvergenz zu garantieren. Bei kleinem ϕ kommt es oft vor, daß der Fehler des Netzes während des Lernens ab und zu kurz ansteigt.

Die einzige kritische Einstellung bei der neu entwickelten Lernregel ist somit die Wahl von κ_0, die, wie gesehen, aber nicht sehr kompliziert ist. Dies ist (außer der höheren Lerngeschwindigkeit) ein weiterer Vorteil der neuen Lernregel.

Die nachfolgenden Abbildungen zeigen die Ergebnisse von Vergleichen zwischen der δ-Regel, der $\bar{\delta}$-δ -Regel und der hybriden Regel. Hierbei ist zu beachten daß

1. die y-Achse jeweils logarithmisch skaliert ist
2. und η_0 der Wert ist, mit dem die Lernraten initialisiert werden.

Im ersten Beispiel soll das Netz jedesmal die XOR-Funktion lernen. Das Problem wurde 40-mal mit jeweils unterschiedlichen Startgewichten bearbeitet. Die Tab. 5.2 zeigt die Werte für die Parameter bei den drei Lernregeln:

Tabelle 5.2 Parameter für die Vergleichsuntersuchungen bei XOR

Lernregel-Parameter:				
δ	$\eta = 0.8$			
$\bar{\delta} - \delta$	$\eta_0 = 0$	$\kappa = 0.001$	$\phi = 0.5$	$\theta = 0.5$
fuzzy-hybrid	$\eta_0 = 0$	$\kappa_0 = 0.001$	$\phi = 0.1$	$\theta = 0.5$

Die folgende Abbildung zeigt den Durchschnitt dieser Resultate:

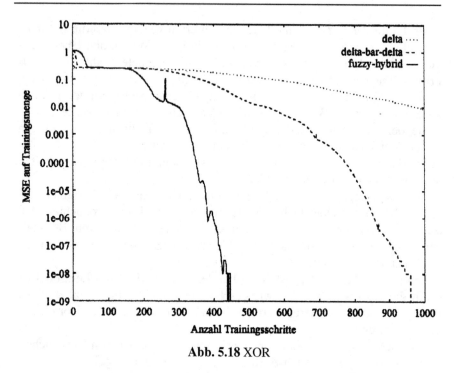

Abb. 5.18 XOR

Das nächste Beispiel ist das Training der Funktion f(x,y) = x + y. Die Trainingsmenge ist {1,...,5}. Die Werte der Parameter zeigt Tab. 5.3:

Tabelle 5.3 Parameter für f(x,y) = x + y

Lernregel-Parameter:				
δ	$\eta = 0.1$			
$\bar{\delta} - \delta$	$\eta_0 = 0$	$\kappa = 0.005$	$\phi = 0.85$	$\theta = 0.5$
fuzzy-hybrid	$\eta_0 = 0$	$\kappa_0 = 0.001$	$\phi = 0.8$	$\theta = 0.5$

Das Ergebnis eines Lernversuches zeigt Abb. 5.19:

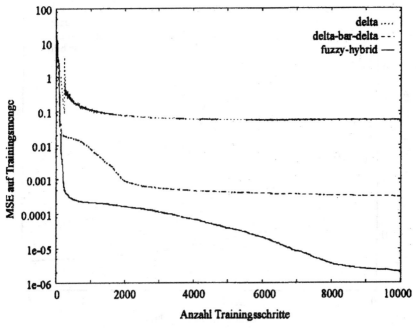

Abb. 5.19 f(x,y) = x + y

Das nächste Beispiel ist das Training der Funktion $f(x,y,z) = x \cdot y + z$. Die Trainingsmenge ist wieder $\{1,...,5\}$. Die Werte der Parameter zeigt Tab. 5.4:

Tabelle 5.4 Parameter für f(x,y,z) = x y+z

Lernregel-Parameter:				
δ	$\eta = 0.1$			
$\bar{\delta} - \delta$	$\eta_0 = 0$	$\kappa = 0.01$	$\phi = 0.7$	$\theta = 0.5$
fuzzy-hybrid	$\eta_0 = 0$	$\kappa_0 = 0.001$	$\phi = 0.5$	$\theta = 0.5$

Der Durchschnitt über jeweils 10 Lernversuche ist in Abb. 5.20 zu sehen:

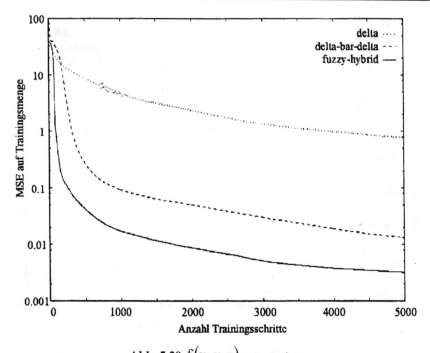

Abb. 5.20 $f(x,y,z) = x \cdot y + z$

Das nächste Beispiel ist das Training der Funktion

$$f(x,y) = \left(\cos(x+y), x \cdot y \right).$$

Die Trainingsmenge ist $\{-10,\ldots,+10\}$. Die Parameter zeigt Tab. 5.5:

Tabelle 5.5 Parameter für $f(x,y) = (\cos(x+y), x \cdot y)$

Lernregel-Parameter:				
δ	$\eta = 0.001$			
$\bar{\delta} - \delta$	$\eta_0 = 0$	$\kappa = 0.0005$	$\phi = 0.6$	$\theta = 0.5$
fuzzy-hybrid	$\eta_0 = 0.1$	$\kappa_0 = 0.0001$	$\phi = 0.6$	$\theta = 0.5$

Die folgende Abbildung zeigt das Ergebnis eines Lernversuches:

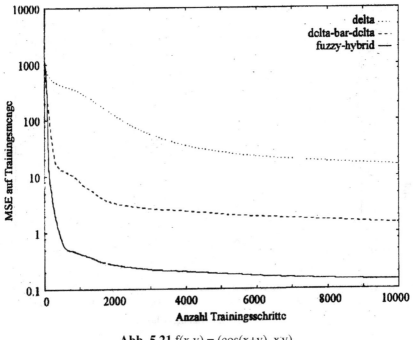

Abb. 5.21 $f(x,y) = (\cos(x+y), x\,y)$

Das vierte Beispiel ist das Training der Funktion $f(x) = x^2$. Die Trainingsmenge besteht aus 28 Beispielen, wobei $x \in [1, 10]$ ist. Die Parameter zeigt Tab. 5.6:

Tabelle 5.6 Parameter für $f(x,y) = x^2$

Lernregel-Parameter:				
δ	$\eta = 0.001$			
$\overline{\delta} - \delta$	$\eta_0 = 0$	$\kappa = 0.0005$	$\phi = 0.8$	$\theta = 0.5$
fuzzy-hybrid	$\eta_0 = 0$	$\kappa_0 = 0.0005$	$\phi = 0.8$	$\theta = 0.5$

Die Abbildung zeigt das Ergebnis eines Lernversuches:

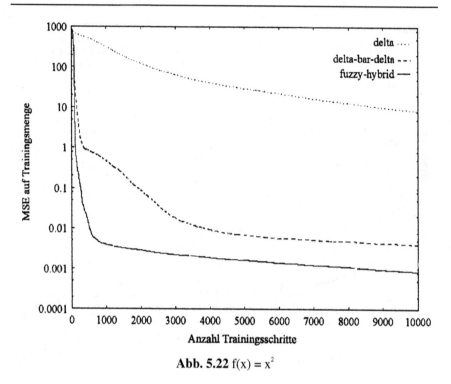

Abb. 5.22 $f(x) = x^2$

Das letzte Beispiel ist ein Vergleich für das Training der Funktion $f(x) =$ sin (x). Die Trainingsmenge ist $\{x \mid x = 0.01 \times k,$ mit $k = 0,...,628\}$. Die Parameter zeigt Tab. 5.7:

Tabelle 5.7 Parameter für $f(x) = \sin(x)$

Lernregel-Parameter:				
δ	$\eta = 0.2$			
$\bar{\delta} - \delta$	$\eta_0 = 0$	$\kappa = 0.075$	$\phi = 0.7$	$\theta = 0.5$
fuzzy-hybrid	$\eta_0 = 0$	$\kappa_0 = 0.05$	$\phi = 0.7$	$\theta = 0.5$

In der Abb. 5.23 ist das Ergebnis eines Lernversuches zu sehen:

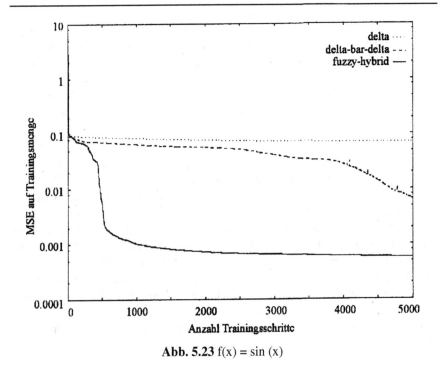

Abb. 5.23 f(x) = sin (x)

5.4 Fuzzifizierte Neuronale Netze

Es werden unterschiedliche Gründe, die allerdings nur zum Teil biologischer Natur sind, für die Betrachtung von Fuzzy-Neuronen genannt. So schreibt L. KUNCHEVA in [Kuncheva 1994] beispielsweise: *„One argument to include fuzziness into the neuron's model is that the biological prototype has no constant characteristics. They may vary due to physiological and psychological reasons: happiness, fatigue, etc."* und nimmt damit Argumente aus [Anderson et al. 1988, Lee et al. 1975] auf. I. REQUENA begründet seine Untersuchungen von Fuzzy-Neuronen damit, daß das menschliche Gehirn vage Informationen verarbeiten und daraus auch Schlüsse ziehen kann [Requena et al. 1992]. Dagegen motiviert H. ISHIBUCHI die Verwendung von Fuzzy-ähnlichen Strukturen in Neuronalen Netzen anders. Er bezieht sich auf L. ZADEHs Inkompatibilitätsprinzip (vgl. [Zadeh 1975]) und schreibt in [Ishibuchi et al. 1993b]: *„It is known as the principle of incompatibility that high precision is incompatible with high complexity"*. Das klassische Neuronenmodell stellt eine sehr starke Vereinfachung der biologischen Abläufe dar (vgl. Kapitel 2). Es werden zum Beispiel die Ionenkonzentrationen des umgebenden Mediums oder auch im synaptischen Spalt, die eine nicht unwesentliche Rolle bei der

Reizweiterleitung spielen, nicht berücksichtigt. Sicherlich ist es schwierig, wenn nicht gar unmöglich, alle diese Bedingungen in ein modifiziertes und zudem leicht steuerbares Modell zu integrieren. Eine Möglichkeit, mit dem Neuron mehr Informationen zu verarbeiten, besteht aber in der Verwendung von Fuzzy-Zahlen, denn, ähnlich wie in einem Filmausschnitt mehr Informationen enthalten sind als in einzelnen Bildern, so tragen auch Fuzzy-Zahlen mehr Informationen als reelle Zahlen.

Der wesentliche Grund für die Verwendung von Fuzzy-Mengen in Form von Fuzzy-Zahlen besteht allerdings darin, daß unsere Netze in der Lage sein sollen, unscharfe Mengen auf ebensolche abzubilden. Bei vielen Steuerungsprozessen, zu denen Neuronale Netze verwendet werden, liegen unscharfe Daten in Form von Messungen mit gewissen Meßfehlern vor. Diese ungenauen Werte werden gewissermaßen defuzzifiziert, bevor sie in das Netz eingespeist werden. Damit gehen aber Informationen verloren, die für den Steuerprozeß von Bedeutung sein können. Ähnliches gilt für die Ausgabe von Neuronalen Netzen. Ziel ist es daher, ein fuzzifiziertes Neuronales Netz zu entwickeln, welches nicht nur mit scharfen Ein- und Ausgabedaten, sondern auch mit Fuzzy-Zahlen trainiert werden kann. Ein solches Netz stellt somit eine natürliche Erweiterung Neuronaler Netze dar.

5.4.1 Fuzzy-Neuronen

Seit Anfang der siebziger Jahre gibt es eine Reihe von Ansätzen zur Untersuchung von fuzzifizierten Neuronalen Netzen, wobei die unterschiedlichsten Ansätze verfolgt wurden. Die wichtigsten sind im folgenden kurz skizziert:

Ansatz von Lee und Lee

Der wohl erste Versuch, die Fuzzy-Set-Theorie in Neuronale Netze zu integrieren, stammt von S. LEE und E. LEE [Lee et al. 1974, Lee et al. 1975]. Sie verallgemeinern dort das Neuronenmodell von McCulloch-Pitts, welches ein binäres Element ist, zu einem kontinuierlichen Ausgabeelement. Dabei berechnet sich die Neuronenausgabe aus

$$E = e_1(k) + \cdots + e_n(k),$$

wobei $e_j(k)$ für den Erregungsgrad der j-ten exzitatorischen Eingabe zur Zeit k steht. Dieses Fuzzy-Neuron feuert dann zur Zeit k +1, wenn alle inhibitorischen Eingaben zur Zeit k Null sind und zusätzlich $E > \theta$ gilt. Dabei ist $\theta \in [0, 1]$ ein reeller Schwellenwert des Fuzzy-Neurons. Hierbei interpretieren S. LEE und E. LEE die Neuronenausgabe $E \in \{0\} \cup] \theta, 1]$ als Grad der Erregtheit eines Neurons. Ansonsten verwendeten sie allerdings keine Elemente der Fuzzy-Set-Theorie, so daß der Begriff des Fuzzy-Neurons nur bedingt gerechtfertigt ist.

Fuzzy-Neuronen von T. YAMAKAWA

Einen weiteren Ansatz stellt T. YAMAKAWA in [Yamakawa 1990, Yamakawa et al. 1992a, Yamakawa et al. 1992b] vor. Er verwendet ein Neuronenmodell, das – wie beim vorherigen Ansatz – reelle Eingaben zu reellen Ausgaben verarbeitet. Die Gewichte werden in diesem Modell durch Zugehörigkeitsfunktionen beschrieben. Bei der Erkennung von handgeschriebenen Buchstaben verwendet T. YAMAKAWA dabei trapezförmige Zugehörigkeitsfunktionen. Die Verarbeitung in den Neuronen stützt sich hier auf den Minimums-Operator. Ebenso wie S. LEE unterscheidet T. YAMAKAWA zwischen erregenden und hemmenden Neuroneneingaben. Exzitatorische Verbindungen werden mittels des Minimums-Operators verknüpft und auf inhibitorischen Synapsen wird vor der Anwendung des Minimums-Operators das Komplement gebildet. In dem bereits erwähnten Beispiel wurden die Gewichte noch nicht durch einen Lernalgorithmus eingestellt.

Fuzzy-Neuronale Netze von H. ISHIBUCHI, H. TANAKA und H. OKADA

In (Ishibuchi et al. 1992a, Ishibuchi et al. 1992b)]untersuchen H. ISHIBUCHI, H. TANAKA und H. OKADA ein Neuronales Netz, in dem sie die Gewichte durch Intervalle ersetzen. Sie verwenden Intervallarithmetik zur Berechnung der Neuronenausgaben. Dabei betrachten die Autoren Intervalle als vereinfachtes Modell für Fuzzy-Mengen. Dies hat den Vorteil, daß ihr Modell sehr effizient in Bezug auf Speicherung und auf Rechenoperationen ist. Durch die Verwendung der Intervallarithmetik umgehen die Autoren zusätzlich die Probleme, die bei der Verwendung der Fuzzy-Arithmetik auftreten.

M. Gupta's Fuzzy-Neuronen

Ein voll fuzzifiziertes Neuron wird schließlich von M. GUPTA und D. RAO in (Gupta 1992, Gupta et al. 1994) vorgestellt. Dabei sind sowohl die Neuroneneingaben als auch die Gewichte Fuzzy-Mengen. Sie verwenden Fuzzy-Logik-Operationen zur Verarbeitung der Fuzzy-Mengen in den Neuronen. Die Multiplikation modellieren sie durch eine t-Norm und mit der zugehörigen t-Conorm die Addition.

Fuzzifizierte Neuronale Netze von Feuring

Aufbauend auf dem Ansatz von Gupta entwickelte Feuring 1994 ein vollständig fuzzifiziertes Neuronales Netz. Wie bei Gupta sind alle Parameter Fuzzy-Zahlen. Zusätzlich verwendet er auf dem Extensionsprinzip beruhende Fuzzy-Arithmetik zur Berechnung der Neuronenausgabe, um Stetigkeit bezüglich der Netzeingabe in die Netzausgabe sicherzustellen. Damit ist es ihm möglich, auch fuzzifizierte Lernalgorithmen zu realisieren, die auf der Basis von Backpropagation beruhen.

Dieses fuzzifizierte Neuronale Netz von Feuring soll im folgenden näher beschrieben werden. Darüber hinaus gehende Details können aus [Feuring 1994] entnommen werden.

Generell besteht ein fuzzifiziertes Neuronales Netz aus Fuzzy-Eingaben, Fuzzy-Gewichten, fuzzifizierten Aktivierungs- und Ausgabefunktionen sowie einer fuzzifizierten Lernregel.

Allgemein läßt sich ein Fuzzy-Neuron definieren durch

Definition 5.9 *(Fuzzy-Neuron)*
Ein Fuzzy-Neuron ist ein Verarbeitungselement, welches aus einer Fuzzy-Eingabe, also einem Fuzzy-Vektor $\tilde{x} = (\tilde{x}_1, \ldots, \tilde{x}_n) \in FZ^n$ mittels eines Gewichtsvektors $\tilde{w} \in FZ^n$ eine Fuzzy-Zahl $\tilde{o} \in FZ$ erzeugt. Durch ein Fuzzy-Neuron wird somit eine Fuzzy-Funktion zwischen Fuzzy-Mengen des FZ^n und FZ beschrieben.

Im klassischen Backpropagation-Netz ergibt sich die Aktivierung eines Neurons durch die gewichtete Summe seiner Eingabe. Um die Ausgabe zu berechnen, wird hierauf eine sigmoide Funktion angewandt.

Aktivierungsfunktion

Zur Berechnung der Aktivierung wird das Fuzzy-Produkt zwischen dem Eingabevektor $\tilde{x} = (\tilde{x}_1, \ldots, \tilde{x}_n) \in FZ^n$ des Neurons und dem Gewichtsvektor $\tilde{w} = (\tilde{w}_1, \ldots, w_n) \in FZ^n$ gebildet. Hierfür werden die mittels des Extensionsprinzips auf Fuzzy-Zahlen fortgesetzte Multiplikation $\tilde{*}$ und Addition $\tilde{+}$ verwendet:

$$\tilde{z}_i = \tilde{w}_i \,\tilde{*}\, \tilde{x}_i \qquad i = 1, \ldots, \eta$$

Die Aktivierung des Neurons ergibt sich durch Aufaddieren (Fuzzy-Addition) der $\tilde{z}_i$.

Ausgabefunktion

Die Ausgabe erhält man durch Anwendung einer fuzzifizierten sigmoiden Funktion auf die Aktivierung

$$\tilde{\sigma} = \tilde{s}_c \left(\sum_{i=1}^{n} \left(\tilde{w}_i \, \tilde{*} \, \tilde{x}_i \right) \right)$$

Die ursprüngliche sigmoide Funktion s_c muß nun fuzzifiziert werden. Da es sich um eine stetige monoton wachsende Funktion handelt, kann die fuzzifizierte Funktion aus dem Extensionsprinzip gewonnen werden. Es gilt dann

$$\mu_{\tilde{s}_c} \left(y \right) = \sup_{\substack{x \\ y = s_c(x)}} \min \left(\mu(x) \right)$$

Damit haben wir die Funktionsweise eines Fuzzy-Neurons vollständig beschrieben und können nun Fuzzy-Neuronale Netze definieren. Zunächst soll jedoch noch näher auf die verwendeten Zahlen und die Arithmetik eingegangen werden.

Verwendet werden ausschließlich trianguläre Fuzzy-Zahlen, d.h. Elemente aus $F\hat{Z}$. Da die aus dem Extensionsprinzip abgeleitete Fuzzy-Multiplikation nicht unbedingt wieder eine trianguläre Fuzzy-Zahl liefert (siehe Kap. 3.6), verwendet Feuring eine geeignete Approximation in Form einer Verbindung der ursprünglichen Trägergrenzen und des Modalwertes durch lineare Referenzfunktionen. Diese Art der Approximation wird bereits in [Dubois et al. 1980] vorgeschlagen. Formal ist die Multiplikation gegeben durch:

Definition 5.10 *(Multiplikations-Approximation)*
Die Multiplikation der beiden Zahlen $\tilde{a}$ *und* $\tilde{b}$ *aus* FZ_+ ist gegeben durch

$$\tilde{c} := \tilde{a} \, \hat{*} \, \tilde{b} \qquad mit$$

$$\tilde{c} = \left(a_m, a_\lambda, a_\rho \right)^{trian} \tilde{*} \left(b_m, b_\lambda, b_\rho \right)^{trian}$$

$$= \left(a_m * b_m, a_\lambda * b_\lambda, a_\rho * b_\rho \right)^{trian}.$$

Das durch $\hat{*}$ definierte Produkt von positiven triangulären Fuzzy-Zahlen liefert wieder eine Fuzzy-Zahl in Dreiecksform, d.h. eine Fuzzy-Zahl aus $F\hat{Z}_+$. Daher ist diese Form der Fuzzy-Multiplikation abgeschlossen auf $F\hat{Z}_+$.

Allgemein können wir nun die oben definierte Fuzzy-Multiplikation auch für beliebige trianguläre Fuzzy-Zahlen erklären, indem wir folgendes setzen

$$\tilde{a} \,\hat{*}\, \tilde{b} = \left(a_m * b_m, a_m * b_m - c_\lambda, c_\rho - a_m * b_m \right)_{trian} \quad (*)$$

dabei ergeben sich c_λ und c_ρ aus den Grenzen von $\tilde{a}$ und $\tilde{b}$ durch

$$c_\lambda = \min\left(a_\lambda * b_\lambda, a_\lambda * b_\rho, a_\rho * b_\lambda, a_\rho * b_\rho \right) \text{ und}$$

$$c_\rho = \max\left(a_\lambda * b_\lambda, a_\lambda * b_\rho, a_\rho * b_\lambda, a_\rho * b_\rho \right).$$

Diese Formel ist konsistent mit Definition 5.10.

Satz 5.4

Die in Definition 5.10 vorgestellte Fuzzy-Multiplikation $\hat{*}$ zwischen triangulären Fuzzy-Zahlen ist abgeschlossen in $F\hat{Z}$.

Beweis:

Seien $\tilde{a}$ und $\tilde{b}$ trianguläre Fuzzy-Zahlen aus $F\hat{Z}$ mit $\left(a_m, a_\lambda, a_\rho \right)$ und $\left(b_m, b_\lambda, b_\rho \right)$, so ist zu überprüfen, ob die gemäß Gleichung $(*)$ entstandene Fuzzy-Zahl zu $F\hat{Z}$ gehört. Wegen der Abgeschlossenheit der reellen Multiplikation gilt sicher $c_m, c_\lambda, c_\rho \in IR$ und aufgrund der Minimum- und Maximumbildung folgt $c_\lambda \leq c_m \leq c_\rho$. Damit gilt aber $\tilde{c} \in FZ$.

Durch die obigen Definitionen wird zwar theoretisch die Menge der möglichen Fuzzy-Zahlen stark eingeschränkt; für die Praxis ist dies jedoch ohne Bedeutung, da z.B. Fuzzy-Zahlen, wie sie in Abb. 3.13 dargestellt sind, in der Praxis kaum auftreten. Dagegen wird der benötigte Rechenaufwand bzw. Speicheraufwand stark reduziert.

De facto könnte man das Konzept noch weiter vereinfachen, indem man nur symmetrische trianguläre Zahlen zuläßt. Dies würde jedoch eine große Beschneidung der Grundideen von Fuzzy-Zahlen darstellen und ferner auch nicht immer den konkreten Gegebenheiten der Praxis entsprechen.

Die oben definierten Operationen beschreiben gewissermaßen eine erweiterte Intervallarithmetik. Alle wichtigen Rechenregeln bleiben daher erhalten. Deren Gültigkeit untersuchen wir im Folgenden genauer.

Satz 5.5

Die Fuzzy-Addition $\tilde{+}$ und die Fuzzy-Multiplikation $\hat{*}$ von triangulären Fuzzy-Zahlen genügen dem Kommutativgesetz und dem Assoziativgesetz.

Beweis:
Kommutativität und Assoziativität ergeben sich bei der Fuzzy-Multiplikation und der Fuzzy-Addition unmittelbar aus den entsprechenden Eigenschaften reeller Zahlen.

Für die theoretischen Betrachtungen ist folgendes Gesetz von besonderer Bedeutung:

Satz 5.6
Für positive trianguläre Fuzzy-Zahlen $\tilde{a}, \tilde{b}, \tilde{c} \in F\hat{Z}_+$ gilt das Distributivgesetz

$$\left(\tilde{a} \,\hat{\tilde{+}}\, \tilde{b} \right) \hat{\tilde{*}} \, \tilde{c} = \tilde{a} \,\hat{*}\, \tilde{c} \,\hat{\tilde{+}}\, \tilde{b} \,\hat{\tilde{*}}\, \tilde{c}$$

Beweis:
Auch die Eigenschaft überträgt sich aufgrund der entsprechenden Eigenschaften reeller Zahlen. Denn seien $\tilde{a}, \tilde{b}$ und $\tilde{c}$ trianguläre Fuzzy-Zahlen, dann gilt:

$$\left(\tilde{a} \,\hat{\tilde{+}}\, \tilde{b} \right) \hat{\tilde{*}} \, \tilde{c} = \left(a_m + b_m, a_\lambda + b_\lambda, a_\rho + b_\rho \right)^{trian} \hat{*} \left(c_m, c_\lambda, c_\rho \right)^{trian}$$

$$= \left(a_m * c_m + b_m * c_m, a_\lambda * c_\lambda + b_\lambda * c_\lambda, a_\rho * c_\rho + b_\rho * c_\rho \right)^{trian}$$

$$= \left(\tilde{a} \,\hat{*}\, \tilde{c} \right) \hat{\tilde{+}} \left(\tilde{b} \,\hat{*}\, \tilde{c} \right).$$

Damit ist der Satz bewiesen.

Für trianguläre Fuzzy-Zahlen läßt sich eine Metrik einführen. Dazu wird die Abbildung $\hat{d} : F\hat{Z} \times F\hat{Z} \rightarrow I\!R^+$ definiert, mit

$$\hat{d}\left(\tilde{a}, \tilde{b} \right) := \max \left(\left| (a_m - a_l) - (b_m - b_l) \right|, \left| a_m - b_m \right|, \left| a_m + a_r - (b_m + b_r) \right| \right).$$

Hierbei ist a_l die linke Unschärfe von $\tilde{a}$ $\left(a_\lambda = a_m = -a_l \right)$ und a_r die rechte Unschärfe $\left(a_\rho = a_m + a_r \right)$.

Hierzu betrachten wird den folgenden Satz.

Satz 5.7
Es seien $\tilde{a}, \tilde{b}$ und $\tilde{c}$ trianguläre Fuzzy-Zahlen in $F\hat{Z}$ und $\hat{d}$ die oben definierte Funktion. Dann gilt die Dreiecksungleichung

$$\hat{d}\left(\tilde{a}, \tilde{c} \right) \leq \hat{d}\left(\tilde{a}, \tilde{b} \right) + \hat{d}\left(\tilde{b}, \tilde{c} \right).$$

Beweis:
Es gilt offenbar

$$\hat{d}(\tilde{a},\tilde{c}) = \max\left(\,|\,a_m - c_m\,|, |\,a_\lambda - c_\lambda\,|, |\,a_\rho - c_\rho\,|\,\right)$$

$$\leq \max\left(\,|\,a_m - b_m\,| + |\,b_m - c_m\,|, |\,a_\lambda - b_\lambda\,| + |\,b_\lambda - c_\lambda\,|, |\,a_\rho - b_\rho\,| + |\,b_\rho - c_\rho\,|\,\right)$$

$$\leq \max\left(\,|\,a_m - b_m\,|, |\,a_\lambda - b_\lambda\,|, |\,a_\rho - b_\rho\,|\,\right) + \max\left(\,|\,b_m - c_m\,|, |\,b_\lambda - c_\lambda\,|, |\,b_\rho - c_\rho\,|\,\right)$$

$$= \hat{d}(\tilde{a},\tilde{b}) + \hat{d}(\tilde{b},\tilde{c})$$

woraus die Behauptung folgt.

Da zusätzlich genau dann $\hat{d}(\tilde{a},\tilde{b}) = 0$ gilt, wenn $\tilde{a} = \tilde{b}$ ist und offenbar $\hat{d}(\tilde{a},\tilde{b}) = \hat{d}(\tilde{b},\tilde{a})$ gilt, können wir insgesamt folgendes schließen:

Satz 5.8
Die Funktion $\hat{d}$ ist eine Metrik auf $F\hat{Z}$. Damit wird der Raum der trianguläen Fuzzy-Zahlen zu einem metrischen Raum.

Für die weiteren Betrachtungen ist nun noch folgende Vereinbarung zu treffen:

Definition 5.11 *(Fuzzy-Maximum, Fuzzy-Minimum)*
Es seien $\tilde{a}, \tilde{b} \in F\hat{Z}$ trianguläre Fuzzy-Zahlen. Dann ist das Fuzzy-Maximum $\mathrm{ma\hat{x}}$ und das Fuzzy-Minimum $\mathrm{mi\hat{n}}$ von $\tilde{a}$ und $\tilde{b}$ durch:

$$\mathrm{ma\hat{x}}(\tilde{a},\tilde{b}) \;:=\; \left(\max(a_m,b_m), \max(a_\lambda,b_\lambda), \max(a_p,b_p)\right)^{trian}$$

$$\mathrm{mi\hat{n}}(\tilde{a},\tilde{b}) \;:=\; \left(\min(a_m,b_m), \min(a_\lambda,b_\lambda), \min(a_\rho,b_\rho)\right)^{trian}$$

definiert.

Offenbar ist das Fuzzy-Maximum zweier Fuzzy-Zahlen $\tilde{a},\tilde{b}$ wieder eine Fuzzy-Zahl in $F\hat{Z}$. Allerdings muß nicht wie bei reellen Zahlen entweder $\mathrm{ma\hat{x}}(\tilde{a},\tilde{b}) = \tilde{a}$ oder $\mathrm{ma\hat{x}}(\tilde{a},\tilde{b}) = \tilde{b}$ gelten.

Man erhält aufgrund der reellen Stetigkeit von max und min auch die Fuzzy-Stetigkeit von $\mathrm{ma\hat{x}}$ und $\mathrm{mi\hat{n}}$. Allerdings gilt stets $\mathrm{ma\hat{x}}(\tilde{a},\tilde{b}) \geq \tilde{a}$ und $\mathrm{ma\hat{x}}(\tilde{a},\tilde{b}) \geq \tilde{b}$, auch wenn weder $\tilde{a} \leq \tilde{b}$ noch $\tilde{a} \geq \tilde{b}$ gilt.

Fuzzifizierte sigmoide Ausgabefunktionen

In herkömmlichen Backpropagation-Netzen wird meistens die sigmoide Funktion $s_c(x) = (1 + e^{-cx})^{-1}$ als Ausgabefunktion verwendet (vgl. Definition 2.5). Aus diesem Grund beschäftigte sich auch Feuring mit der Anwendung der Sigmoiden, bzw. ihrer Ableitung, auf trianguläre Fuzzy-Zahlen.

Zunächst ist festzuhalten, daß aufgrund von Definition 2.5 die Sigmoide auf IR für $c \neq 0$ streng monoton ist, und IR surjektiv und somit bijektiv auf $]0, 1[$ abbildet. Daher existiert auch die Umkehrfunktion, die wir mit $s_c^{-1} :]0, 1[\rightarrow IR$ bezeichnen.

Es gilt

$$s_c^{-1}(y) = -\frac{\ln\left(\frac{1}{y} - 1\right)}{c} \quad \textit{für } c \neq 0, y \in]0, 1[$$

Die sigmoide Funktion läßt sich nun mit Hilfe des Extensionsprinzips auf Fuzzy-Zahlen fortsetzen. Genauer gilt folgender Satz:

Satz 5.9

Es sei $\tilde{s}_c$ die auf der Basis des Extensionsprinzips fuzzifizierte sigmoide Funktion und $x \in F\hat{Z}$. Dann ist $\tilde{s}_c(\tilde{x})$ für $c \neq 0$ eine Fuzzy-Zahl in LR-Darstellung.

Beweis:

Zunächst ist die Sigmoide s_c für $c \in]0, \infty[$ streng monoton wachsend und umgekehrt für $c \in]\infty, 0[$ streng monoton fallend und bildet daher $(\textit{für } c \neq 0)$ IR bijektiv auf $]0, 1[$ ab. Mittels des Extensionsprinzips erhält man die Zugehörigkeitsfunktion von $\tilde{s}_c$ durch

$$\mu_{\tilde{s}_c(\tilde{a})} = \begin{cases} \sup_{x \in s_c^{-1}} \min(\mu_{\tilde{a}}(x)) & : \textit{wenn } s_c^{-1}(y) \neq \phi, \\ 0 & : \textit{sonst}, \end{cases}$$

$$= \mu_{\tilde{a}}(s_c^{-1}(y)).$$

Die Anwendung der fuzzifizierten Sigmoiden entspricht somit der Anwendung der Umkehrfunktion der Sigmoiden auf den Träger der triangulären Fuzzy-Zahl. Ein Intervall aus IR wird daher auf ein Intervall in $]0, 1[$ abgebildet. Damit ist $\tilde{s}_c(\tilde{a})$ zwar noch eine Fuzzy-Zahl vom Typ LR, aber diese muß nicht notwendig triangulär sein.

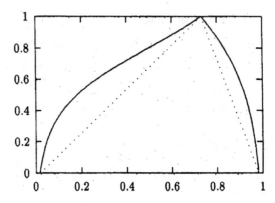

Abb. 5.24 Das Bild der sigmoiden Funktion $\tilde{s}_1$ von $(1, 5, 4)_{\text{trian}}$ und ihre Approximation

Die Ableitung der fuzzifizierten Sigmoiden spielt eine wichtige Rolle im Backward-Pass des Backpropagation-Verfahrens. Im Reellen gilt folgende Gleichung für s'_c:

$$s'_c(x) = cs_c(x)(1 - s_c(x))$$

Satz 5.10
Die gemäß des Extensionsprinzips definierte Anwendung der Ableitung der sigmoiden Funktion $\tilde{s}_c$ für $c \neq 0$ auf eine trianguläre Fuzzy-Zahl $\tilde{a}$ liefert eine Fuzzy-Zahl in LR-Darstellung.

Beweis:
Sei zunächst $c \in]0, \infty[$. Dann ist die Aussage für positive und negative Fuzzy-Zahlen klar, weil $s'_c(x)$ in $x = 0$ ein globales Maximum mit $s'_c(0) = c/4$ annimmt, für $x \rightarrow \pm\infty$ streng monoton gegen Null geht und somit sowohl IR_0^+ als auch IR_0^- bijektiv auf $]0, c/4[$ abbildet. Dann kann wie im Beweis zu Satz 5. gefolgert werden, daß gilt $\tilde{s}'_c(\tilde{a}) \in FZ$ mit:

$$\mu_{\tilde{s}'_c(\tilde{a})}(y) = \begin{cases} \sup_{x \in (s'_c)^{-1}(y)} \min(\mu_{\tilde{a}}(x)) & : \quad wenn \quad (s'_c)^{-1}(y) \neq \phi \\ 0 & : \quad sonst \end{cases}$$

$$= \mu_{\tilde{a}}\left((s'_c)^{-1}(y)\right) .$$

Eine Fuzzy-Null wird dadurch bei $x = c/4$ abgeschnitten, da sowohl der linke als auch der rechte Teil der Zugehörigkeitsfunktion auf $]0, c/4[$ abgebildet und dann das Supremum gebildet wird. Auf diese Weise kann man also eine Unstetigkeitsstelle in der rechten Referenzfunktion an der Stelle $c/4$ erhalten. Damit ist dann $\tilde{s}'_c$ noch eine Fuzzy-Zahl vom Typ LR, diese muß aber nicht mehr triangulär sein. Gilt nun $c \in]-\infty, 0[$ so ergibt sich die Behauptung ganz analog und der Satz ist bewiesen.

Schon aufgrund der Fuzzy-Multiplikation kann man nicht erwarten, daß, wie im reellen Fall, die Gleichung

$$\tilde{s}_c(\tilde{a}) = c\tilde{s}_c(\tilde{a}) \; \tilde{*} \; \left(1 - \tilde{s}_c(\tilde{a})\right)$$

auch für $\tilde{a} \in F\hat{Z}$ gilt. Fuzzifiziert man nämlich die reelle Gleichung $s'_c(x) = cs_c(x)\left(1 - s_c(x)\right)$, so ist zunächst $\tilde{s}(\tilde{a})$ genauso wie $\left(1 - \tilde{s}(\tilde{a})\right)$ eine Fuzzy-Zahl vom Typ LR. Die Träger von $\tilde{s}_c(\tilde{a})$ und $\left(1 - \tilde{s}_c(\tilde{a})\right)$ liegen beide in $]0,1[$, weshalb beide Faktoren positive Fuzzy-Zahlen sind. Da das Produkt zweier triangulärer Fuzzy-Zahlen in $F\hat{Z}_+$ wieder eine Fuzzy-Zahl in LR-Darstellung mit stetigen Referenzfunktionen L und R ist, gilt, daß $\tilde{s}_c(\tilde{a}) \; \tilde{*} \; \left(1 - \tilde{s}_c(\tilde{a})\right)$ wieder eine Fuzzy-Zahl ist, allerdings nun vom Typ $L'R'$ ist. Wobei L' und R' nicht linear sein müssen. Man erhält auf diese Weise als Ergebnis immer eine positive $L'R'$-Fuzzy-Zahl ohne Unstetigkeitsstellen in der Zugehörigkeitsfunktion. Das „termweise" fuzzifizieren entspricht somit nicht der „globalen" Anwendung des Extensionsprinzips.

Sowohl die fuzzifizierte sigmoide Funktion als auch deren Ableitung erzeugen Fuzzy-Zahlen, die nicht notwendig in $F\hat{Z}$ liegen müssen. Nun ist $\tilde{s}_c(\tilde{a})$ durch eine trianguläre Fuzzy-Zahl zu approximieren, damit man sich weiterhin (in diesen fuzzifizierten Neuronalen Netzen) auf Fuzzy-Zahlen aus $F\hat{Z}$ beschränken kann. Dazu wird $\tilde{s}_c(\tilde{a}) = \left(b_m, b_l, b_r\right)_{LR}$ durch Linearisierung der Referenzfunktionen als $\left(b_m, b_l, b_r\right)_{trian}$ aufgefaßt. Genauer läßt sich dies definieren durch:

Definition 5.12 (genäherte Fuzzifizierung der Sigmoiden)
Es sei $\tilde{a} = \left(a_m, a_l, a_r\right)_{trian} \in F\hat{Z}$ eine trianguläre Fuzzy-Zahl. Dann bezeichnen wir die Funktion $\hat{s}_c$ mit

$$\hat{s}_c(\tilde{a}) = \left(s_c(a_m), s_c(a_m) - s_c(a_m - a_l), s_c(a_m + a_r) - s_c(a_m)\right)_{trian}$$

für ein $c \in \,]0,\infty[$ als genäherte Fuzzifizierung der Sigmoiden (vgl. Abb. 5.24).

Die sigmoide Funktion $\hat{s}_c$ betrachtet man in der Definition nur für $c \in \,]0,\infty[$, da sich für ein negatives c zusätzlich eine Vertauschung der linken und rechten Unschärfe ergeben würde.

Von Feuring wurde für diese fuzzifizierten Neuronalen Netze gezeigt, daß sie überdeckungs-monotone stetige Fuzzy-Funktionen von $F\hat{Z}^n_+$ nach $F\hat{Z}$ beliebig genau approximieren können, d.h. es gilt der Satz

Satz 5.11
Fuzzy-Neuronale Netze nach Feuring sind universelle Approximatoren bezüglich stetiger überdeckungsmonotoner Funktionen von $F\hat{Z}^n_+$ nach $F\hat{Z}^m$.

5.4.2 Güteaussagen für Neuronale Netze

Überlappungs- und Überdeckungseigenschaften

Wie zu Beginn dieses Kapitels ausgeführt, besteht ein Problem bei der Anwendung Neuronaler Netze darin, daß ihr Ein-Ausgabeverhalten nur beschränkt vorausgesagt werden kann. Es ist für die Trainings- und Testdaten bekannt, für die übrigen während der Anwendung auftretenden Situationen kann jedoch hieraus auf das Verhalten nur eingeschränkt geschlossen werden. Alle bekannten Ansätze, die Semantik eines gegebenen Neuronalen Netzes genauer beschreiben zu können, haben bisher zu unzureichenden Ergebnissen geführt. Die in Kapitel 5.4.1 beschriebnen fuzzifizierten Neuronalen Netze bieten jedoch eine Möglichkeit, unter bestimmten Voraussetzungen, den maximalen Fehler - und damit die Güte - eines gegebenen Neuronalen Netzes für beliebige Eingabedaten vorherzusagen. Als Ausgangspunkt für dieses Verfahren zur Vorhersage des Netzverhaltens für beliebige Netzeingaben, welches von Th. Feuring und W.-M. Lippe entwickelt wurde, dienen hierbei ausschließlich die Ergebnisse für die Trainings- und Testdaten. Diese Methode kann auch auf crispe, d.h. klassische, Neuronale Netze übertragen werden.

Ermöglicht wird dies durch die zuvor beschriebenen Überlappungs- bzw. Überdeckungs-Eigenschaften. Es läßt sich zeigen

Satz 5.12
Ein nach Feuring fuzzifiziertes Neuronales Netz ist überdeckungs- bzw. überlappungs-monoton.

Beweis:

Gegeben sei ein nach Feuring fuzzifiziertes Neuronales Netz. Seien weiterhin $\tilde{a} = (\tilde{a}_1,...,\tilde{a}_n)$ und $\tilde{b} = (\tilde{b}_1,...,\tilde{b}_n)$ Elemente aus $F\hat{Z}^n$ mit $\tilde{a}_i \subset \tilde{b}_i$ für alle $1 \le i \le n$. Es ist zu zeigen, daß $\tilde{fnn}_j(\tilde{a}) \subset \tilde{fnn}_j(\tilde{b})$ für alle $1 \le i \le m$ folgt, wobei mit $\tilde{fnn}_j$ gerade die j-te Ausgabekoordinate bezeichnen ist.

Dazu betrachtet man zunächst ein Neuron der ersten verborgenen Schicht mit $k \le n$ eingehenden Verbindungen. Für die anliegenden triangulären Fuzzy-Zahlen gilt nach Voraussetzung $\tilde{a}_i \subset \tilde{b}_i$ für alle $1 \le i \le k$. Mit der Definition für trianguläre Fuzzy-Zahlen bedeutet das für die linke und die rechte Unschärfe $a_l \le b_l$ und $a_r \le b_r$. Damit gilt $\tilde{a}_i \,\hat{*}\, \tilde{w}_i \subset \tilde{b}_i \,\hat{*}\, \tilde{w}_i$ und insgesamt erhält man $\sum_{i=1}^{k} \tilde{a}_i \,\hat{*}\, \tilde{w}_i \subset \sum_{i=1}^{k} \tilde{b}_i \,\hat{*}\, \tilde{w}_i$. Somit liefert die Aktivitätsfunktion jedes Neurons bei unschärferen Eingaben auch unschärfere Ausgaben. Die Anwendung der genäherten sigmoiden Funktion $\tilde{s}_c$ auf trianguläre Fuzzy-Zahlen entspricht der Anwendung der gewöhnlichen Sigmoiden auf die Mitte, den linken und rechten Rand dieser Fuzzy-Zahl. Da diese aber für $c \in\,]0,\infty[$ streng monoton wachsend und für $c \in\,]-0,\infty[$ streng monoton fallend ist, kann die Unschärfe der Ausgabe nur zunehmen. Für $c > 0$ ergibt sich somit automatisch eine Erhöhung der Unschärfe. Für $c < 0$ muß zusätzlich beachtet werden, daß sich linker und rechter Rand vertauschen. Die erste verborgene Schicht verhält sich somit überdeckungs-monoton. Da aber auch die Ausgabe an Unschärfe zunimmt, folgt die Überdeckungs-Monotonie induktiv für jedes Neuron der Ausgabeschicht und somit insgesamt für die Netzausgabe.

Damit ist gezeigt, daß die fuzzifizierten Neuronalen Netze überdeckungs-monoton sind. Ist also ein Fuzzy-Eingabevektor $\tilde{a} \in F\tilde{Z}^n$ in einem anderen Fuzzy-Vektor $\tilde{b} \in F\tilde{Z}^n$ enthalten, das heißt

$$\mu_{\tilde{a}_i}(x) \le \mu_{\tilde{b}_i}(x) \text{ für } x\in\mathrm{IR} \text{ und } 1 \le i \le n,$$

so folgt diese Beziehung auch für die Netzausgaben. Es sei nochmals betont, daß eine solche Einschränkung auf überdeckungs-monotone Fuzzy-Funktionen in der Praxis keine ernsthafte Einschränkung darstellt. da in fast allen Prozessen eine Zunahme an Unsicherheit oder Unschärfe der Eingabe mit einer wachsenden Unschärfe in der Ausgabe einhergeht. Dieses Phänomen wird gerade durch die Definition der Überdeckungs-Monotonie formalisiert. Gleichzeitig kann man daraus schließen, daß für

Daten, die in einem Trainingsmuster gemäß obiger Beziehung enthalten sind, diese Beziehung auch bei der Netzausgabe erhalten bleibt. Damit läßt sich also für eine kleine Datenmenge bereits eine Art Lerngüte voraussagen. Die Verallgemeinerung für beliebige Eingaben ergibt sich durch die Überdeckungs-Monotonie. Hierbei handelt es sich um eine Teilmengen-Beziehung, die sich weniger auf die Zugehörigkeitsfunktion der Fuzzy-Zahlen sondern auf deren Träger bezieht. Diese Eigenschaft wurde in Definition 3.56 definiert. In Kapitel 3 wurde auch gezeigt, daß die Klasse der überdeckungs-monotonen Funktionen mit der Klasse der überlappungs-monotonen Funktionen identisch ist. Damit ist Satz 5.12 vollständig bewiesen.

Fehlerabschätzung

Damit erhält man folgendes Verfahren um den maximalen Fehler eines fuzzifizierten Neuronalen Netzes vorherzusagen:
Bestimmung des maximalen Fehlers eines fuzzifizierten Neuronalen Netzes

1. Wähle die Trainings- und Testdaten so, daß ihre Unschärfen den vollständigen Eingaberaum überdecken.
2. Bestimme den maximalen Fehler bzgl. aller Trainings- und Testdaten.
3. Der maximale Fehler bzgl. einer beliebigen Eingabe ist dann beschränkt durch den in 2. ermittelten maximalen Fehler.

Die notwendige Voraussetzung gemäß 1. skizziert Abb. 5.25:

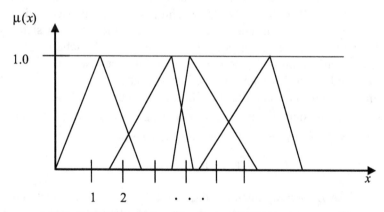

Abb. 5.25 Vollständige Überdeckung des Eingaberaumes

Diese Vorgehensweise läßt sich nun auf beliebige, d.h. crispe Backpropagation-Netze übertragen. Hierzu werden die gegebenen Trainings- und Testdaten zunächst so fuzzifiziert, daß ihre Unschärfen den vollständigen Eingaberaum überdecken, danach mit diesen Daten ein fuzzifiziertes Neuronales

Netz trainiert und anschließend defuzzifiziert, d.h. man verfährt nach folgendem Verfahren:
Bestimmung des maximalen Fehlers eines crispen Neuronalen Netzes

1. Fuzzifiziere die Trainings- und Testdaten so, daß ihre Unschärfen den vollständigen Eingaberaum überdecken.
2. Fuzzifiziere das vorgegebene Backpropagation-Netz gemäß dem Verfahren von Feuring.
3. Bestimme den maximalen Fehler bzgl. der Trainings- und Testdaten.
4. Defuzzifiziere das Netz.
5. Der maximale Fehler bzgl. einer beliebigen Eingabe ist dann beschränkt durch den in 3. ermittelten maximalen Fehler.

Bevor die Eigenschaften dieser beiden Verfahren vertieft werden, definieren wir die Güte eines Neuronalen Netzes durch

Definition 5.13 (*FL-Lerngüte*)
Unter der FL-Lerngüte versteht man den maximalen Fehler in der Ausgabe, den ein trainiertes Netz bei einer beliebigen Netzeingabe aus dem Eingaberaum machen kann.

Sei im folgenden mit $\tilde{fnn}$ die durch ein fuzzifiziertes Neuronales Netz repräsentierte Funktion von $F\hat{Z}^n$ nach $F\hat{Z}$ und $((\tilde{x}_1^{(j)},...,\tilde{x}_n^{(j)}),\tilde{y}^{(j)})$ für $1 \leq j \leq k$ die gewählte Trainingsmenge. Gegeben sei eine beliebige *crispe* Netzeingabe $(u_1,...,u_n)$ des Eingaberaumes. Dann liegt $(u_1,...,u_n)$ in mindestens einem Träger eines Trainings- oder Testmusters $(\tilde{x}_1^{(j)},...,\tilde{x}_n^{(j)})$ mit $j \in \{1,...,k\}$. Genauer gilt sogar

$$u_i \in \left](x_i^{(j)})_m - (x_i^{(j)})_l,(x_i^{(j)})_m\right[\text{ oder } u_i \in \left](x_i^{(j)})_m,(x_i^{(j)})_m + (x_i^{(j)})_r\right[.$$

Setzt man perfektes Lernen voraus, d.h. ist der Fehler aus den Trainings- und Testdaten gleich Null, so folgt aus der Überlapungseigenschaft

$$Tr(\tilde{fnn}(u_1,...,u_n)) \subset Tr(\tilde{fnn}(x_i^{(j)},...,x_n^{(j)})) = Tr(\tilde{y}^{(j)})$$

Damit ergibt sich aus der Überlappungseigenschaft

$$(\tilde{fnn}(u_1,...,u_n))_m \in \left](y^{(j)})_m - (y^{(j)})_l,(y^{(j)})_m\right[\text{ oder}$$

$$(\tilde{fnn}(u_1,...,u_n))_m \in \left](y^{(j)})_m,(y^{(j)})_m + (y^{(j)})_r\right[$$

Der maximale Fehler des defuzzifizierten Neuronalen Netzes, der bei der Netzausgabe eines beliebigen Eingabevektors entsteht, kann somit nach oben abgeschätzt werden durch

$$\max_{j \in \{1,\dots,k\}} ((y^{(j)})_l, (y^{(j)})_r)$$

Es gilt

Satz 5.13

Es sei $((\tilde{x}_1^{(j)},\dots,\tilde{x}_n^{(j)}),(\tilde{y}_1^{(j)},\dots,\tilde{y}_m^{(j)}))$ für $1 \le j \le k$ die Trainings- und Testmenge eines fuzzifizierten Neuronalen Netzes, die den Eingaberaum vollständig überdeckt und für die perfektes Lernen vorliegt. Dann ist die FL-Lerngüte des defuzzifizierten Netzes in jeder Ausgabedimension $i \in \{1,\dots,m\}$ gegeben durch

$$\max_{1 \le j \le k} ((y^{(j)})_l, (y^{(j)})_r)$$

Soll somit ein Neuronales Netz mit n Eingabe und m Ausgabeneuronen entwickelt werden, das einen maximalen Ausgabefehler von ε nicht überschreitet, so ist die Trainings- und Testmenge, die bezeichnet sei mit $((\tilde{x}_1^{(j)},\dots,\tilde{x}_n^{(j)}),(\tilde{y}_1^{(j)},\dots,\tilde{y}_m^{(j)}))$ für $1 \le j \le k$, gemäß folgender Kriterien zu wählen:

1. Die Menge der möglichen Netzeingaben muß vollständig durch $(\tilde{x}_1^{(j)},\dots,\tilde{x}_n^{(j)})$ überdeckt werden.

2. Für die Unschärfen der Trainings- und Testvorgaben $y_i^{(j)}$ muß gelten $(y_i^{(j)})_l < \varepsilon$ und $(y_i^{(j)})_r < \varepsilon$, $\forall\, j \in \{1,\dots,k\}$ und $\forall\, i \in \{1,\dots,m\}$.

Ist der mit ε bezeichnete maximale Netzfehler sehr klein für ein gegebenes Problem, so kann dieses Verfahren recht aufwendig werden. Ferner wurde stets perfektes Lernen vorausgesetzt. Man kann jedoch auch zu Aussagen über die Lerngüte von nicht perfekt trainierten fuzzifizierten Neuronalen Netzen gelangen, wenn die tatsächlichen Netzausgaben von den gewünschten Ausgaben überlappt werden, also die Träger der gewünschten Ausgaben in den Trägern der tatsächlichen Ausgaben liegen. Es gilt dann

$$Tr(\tilde{f}nn(\tilde{x}_1^{(j)},\dots,\tilde{x}_n^{(j)}) \subset Tr(\tilde{y}_1^{(j)},\dots,\tilde{y}_m^{(j)})\ \text{für}\ j \in \{1,\dots,k\}.$$

In diesem Fall ist die tatsächliche FL-Lerngüte kleiner als sie durch die Trainingsmenge vorgegeben wird. Hierdurch erhält man ferner ein Abbruchkriterium für das Training: Das Training kann abgebrochen werden, wenn obige Gleichung erfüllt ist.

Literaturverzeichnis

1. Adrian, E. D. (1926) The impulses produced by sensory nerve endings. J. Physiol. (London), 61, pp. 49–72
2. Aliev R.A., Aliev R. R. (2001) Soft Computing and its Application. World Scientific Publishing Co. Pte. Ltd., Singapore
3. Angeline, P. J. and Kinnear, K. E. (1996) Advances in Genetic Programming II. Cambridge, MIT Press
4. Angelov, P. P. (2002) Evolving Rule-Based Models. Physica-Verlag
5. Bäck, T. (1996) Evolutionary Algorithms in Theory and Practice – Evolution Strategies, Evolutionary Programming, Genetic Algorithms. Oxford University Press
6. Bäck, T. and Schwefel, H.-P. (1993) An overview of evolutionary algorithms for parameter optimization. Evolutionary Computation, 1(1), pp. 1–23
7. Beierle Ch., Kern-Isberner G. (2000) Methoden wissensbasierter Systeme – Grundlagen, Algorithmen, Anwendungen. Vieweg-Verlag
8. Bellmann R. E. Giertz M (1973) On the analytic formalism of the theory of fuzzy sets. Information Sciences 5, pp. 149–157
9. Beyer, H.-G., Schwefel, H.-P. (2002) Evolution strategies: A comprehensive introduction. Kluwer Academic Publishers
10. Bishop, C. M., Hinton, G. (1995) Neural Networks for Pattern Recognition. Clarendon Press
11. Black M (1937) Vagueness: An exercise in logical analysis. Philosophy of Science 4, pp. 427–455
12. Böhme G (1993) Fuzzy-Logik: Eine Einführung in algebraische und logische Grundlagen. Springer-Verlag
13. Brause Rüdiger (1995) Neuronale Netze. Teubner-Verlag
14. Brigham, E. O. (1997) FFT-Anwendungen. Oldenbourg-Verlag, München
15. Buckley, J. J. (1993) Sugeno-typ controllers are unviersal approximators. Fuzzy Sets and systems 53, pp. 299–303
16. Buckley, J. J., Feuring, T. (1999) Fuzzy and Neural: Interactions and Applications. Physica-Verlag
17. Buckley, J. J., Feuring, Th., Lippe W.-M., Tenhagen, A. (1999) Stability Analysis of Neural Net Controllers using Fuzzy Neural Networks. Fuzzy Sets and Systems, Special Issue: Analytical and Structural Considerations in Fuzzy Modeling, Vol. 101 (2)
18. Carpenter, G. A., Grossberg, St. (1987) A massively parallel architecture for self-organizing neural pattern recognition machine. Computer Vision, Graphics and Image Processing

540   Literaturverzeichnis

19. Carpenter, G. A. u. Grossberg, St. (1987) ART2: Self-organization of stable caterory recognition cades for analog input patterns. Applied Optics
20. Carpenter, G. A., Grossberg, St. (1990) ART3: Hierarchical Search Using Chemical Transmitters in Self-Organizing Pattern Recognition Architectures. Neural Networks, Vol. 3
21. Carpenter, G. A., Grossberg, St., Reynolds, J. H. (1991) ART-MAP: Supervised Real-Time Learning and Classification of Nonstationary Data by a Self-Organizing Neural Network. Neural Networks, Vol. 4
22. Cawsey, A. (1997) Künstlische Intelligenz im Klartext. Pearson Studium
23. Chipperfield, A. J. and Fleming, P. J. (1994) Parallel Genetic Algorithms: A Survey. Technical Report No. 518, Department of Automatic Control and Systems Engineering. University of Sheffield
24. Dallmöller K. (1998) Neuronale Netze zur Unterstützung von Matchingprozessen. Gabler-Verlag, Wiesbaden, 1998
25. Dayan, P., Abbott, L. F. (2001) Theoretical Neuroscience. The MIT Press, England
26. Dombi, J. (1982) A general class of fuzzy operators, the de Morgan-class of fuzzy operators and fuzziness measures induced by fuzzy operators. Fuzzy Sets and Systems, Volume 8, pp. 149–163
27. Dubois D, Prade H. (1980) Fuzzy Sets and Systems: Theory and Applications. Academic Press, New York
28. Dubois D, Prade H. (1985) A review of fuzzy set aggregation connectives. Information Sciences 36, pp. 36–121
29. Dubois, D., Prade, H. (1978) Operations on fuzzy numbers. Internation Journal of Systems Sciences, Volume 9, pp. 613–626
30. Dyckhoff, H., Pedrycz, W. (1984) Generalized means as a model of compensation connectives. Fuzzy Sets and Systems, Volume 14, pp. 143–154
31. Esken, P. (1999) Optimierung eines hybriden Neuro-Fuzzy Systems. Diplomarbeit, Westfälische Wilhelms-Universität Münster
32. Fahlman, S. E. (1988) An empirical study of learning speed in back-propagation networks in D. Touretzky, G. Hinton, T. Sejnowski (Eds.): Proc. Of the 1988 Connectionist Modes Summer School, Canegie Mellon University
33. Fahlman, S. E., Lebiere, Ch. (1990) The cascade-correlation learning architecture. Touretzky, D. S. (Ed.): Advances in Neural Information Processing Systems, Volume 2. Morgan Kaufmann Publishers, pp. 524–532
34. Feng, J. (2004). Computional Neuroscience – A comprehensive approach. Chapman & Hall/CRC Press Company
35. Feuring , Th., Tenhagen, A. (1997) Stability analysis of neural networks. Proceedings of the IEEE International Conference on Neural Networks, Houston, pp. 485–490
36. Feuring Th. (1995) Fuzzy-Neuronale Netze – Von kooperativen über hybride zu fusionierten vage-konnektionistischen Systemen. Dissertation, Universität Münster, 1995
37. Fogel, L. J., Owens, A. J. und Walsh, M. J. (1965) Artificial Intelligence through a Simulation of Evolution. In Biophysics and Cybernetic Systems, (M. Maxfield, A. Callahan und L. J. Fogel, Hrsg.), pp. 131–155, London. Macmillan & Co.

38. Fogel, D. B., Robinson, C. J. (2003) Computational Intelligence – The Experts Speak. IEEE Press, John Wiley & Sons, Inc., USA

39. Fogel, D. B. (1994) Applying Evolutionary Programming to Selected Control Problems. Comp. Math. App., 11(27), pp. 89–104

40. Fogel, D. B. (1995) Evolutionary computation: toward a new philosophy of machine intelligence. New York. IEEE Press

41. Fogel, L. J., Owens, A. J. and Walsh, M. J. (1955) Artificial Intelligence through Simulated Evolution. New York. John Wiley

42. Fromherz P. (2003) Neuroelectronic Interfacing: Semiconductor Chips with Ion Channels, Nerve Cells, and Brain. In "Nanoelectronic and Information Technology", Rainer Waser (editor), Wiley-VCH, page 781–810, Berlin

43. Fukushima K. (1975) Cognitron: a self-organizing multilayered neural network. Biological Cybernetics 20, pp. 121–136

44. Fukushima K., Miyake S., T. (1983) Ito Neocognitron: a neural network modell for a mechanismof visual pattern recognition. IEEE Trans. on System, Man and Cybernetics SMC-13, pp. 826–834

45. Fukushima, K. (1980) Neocognitron. A self-organizing neural network model for a mechanism of pattern recognition unaffected by shift in position. Biological Cybernetics 20, pp. 121–136

46. Georgopoulos, A. P., Schwartz, A. und Kettner, R. E. (1986) Neuronal population coding of movement direction. Science, 233, pp. 1416–1419

47. Gerstner W., Kistler W.M. (2002) Spiking Neuron Models (Single Neurons, Populations, Plasticity). http://diwww.epfl.ch/~gerstner/ SPNM/SPNM.html

48. Grauel A. (1992) Neuronale Netze: Grundlagen und mathematische Modellierung

49. Grauel A. (1992) Neuronale Netze: Vom Gehirn zum Neurocomputer

50. Grossberg, S. (1976). Adaptive pattern classification and universal recording: I. Parallel development and coding of neural feature deterctors. Biological Cybernetics 23, pp. 121–134

51. Grossberg, S. (1988) Adaptive pattern classification and universial recoding: I. Parallel development and coding of neural feature detectors. Biological Cybernetica 23: 121–134, auch in J. A. Anderson, E. Rosenfeld: Neurocomputing: Foundations of Research, Kap. 19, pp. 245–258. MIT Press

52. Hamacher, H. (1978) Über logische Verknüpfungen unscharfer Aussagen und deren zugehöriger Bewertungsfunktionen. Trappl, R., Klir, G. J., Ricciardi, L. (Eds.): Progress in Cybernetics and Systems Research, Volume 3, Hemisphere, Washington DS, S. 276–288

53. Haykin, S. (1998) Neural Networks: A Comprehensive Foundation. Prentice Hall

54. Hebb, D. (1949) The Organisation of Behavior. Wiley, New York

55. Hebb, D. O. (1988) The Organization of Behavior. Wiley, New York, Introduction and Chapter 4: The first stage of perception: growth of an assembly, pp. xi – xix, 60–78, auch in J. A. Anderson, E. Rosenfeld (Eds.): Neurocomputing, Foundations of Research, Kap. 4, pp. 45–56. MIT Press

56. Hecht-Nielsen, Robert (1987) Kolmogorov's mapping neural network existence theorem. Proc. 1st IEEE Int. Conf. on Neural Networks, 3, pp. 11–14

57. Hecht-Nielsen, Robert (1991). Neurocomputing, Addison-Wesley

58. Heinemann, Bernhard, Weihrauch, Klaus (1992) Logik für Informatiker, Teubner
59. Hinton, Geoffrey E. (1992) Wie Neuronale Netze aus Erfahrung lernen. Spektrum der Wissenschaften; Heidelberg
60. Hopfield J.J. (1982) Neural Networks and physical systems with emergent collective computational abilities, Proc. of the National Academy of Sciences, USA, Vol. 79, pp. 2554–2558, 1982
61. Hopfield J.J. (1984) Neurons with graded response have collective computational properties like those of two-state neurons, Proc,. of the National Academy of Sciences, USA, Vol. 81, pp. 3088–3092
62. Hopfield, J. J. (1982) Neural Networks and physical systems with emergent collective computational abilities. Proc. Of the National Academy of Sciences, USA, Vol. 79, pp. 2554–2558
63. Hopfield, J. J. (1987) Learning algorithms and probability distributions in feed-forward and feed-backward networks. Proceedings of the National Academy of Sciences, Volume 84, pp. 8429–8433
64. Jack, J.J.B. Noble, D. Tsien, R.W. (1975) Electric Current Flow in Excitable Cells. Oxford University Press, London.
65. Jacobs, R. A. (1988) Increased Rates of Convergence Through Learning Rate Adaption. Neural Networks 1, pp. 295–307
66. Jain L. C., Martin N. M. (Eds.) (1998) Fusion of Neural Networks, Fuzzy Sets and Genetic Algorithm CRC Press, International Series on Computational Intelligence
67. Jang, Roger, Shing, Jyh (1993) ANFIS:Adaptive-Network-Based Fuzzy Inference System. IEEE Trans. on Systems, Man and Cybernetics, Vol. 23, no. 3, pp. 665–685
68. Jang, J.-S. R., Sun, C.-T., Mizutani, E. (1997) Neuro-Fuzzy and Soft Computing. Prentice-Hall, Inc.
69. Jollife, I. T. (1986) Principal Component Analysis. Springer-Verlag,
70. Kandel, A., Langholz, G. (1998) Fuzzy Hardware Architectures and Applications. Kluwer Academic Publishers
71. Keynes R.D. (1992) Ionenkanäle in Nervenmembranen, Spektrum der Wissenschaft: Gehirn und Nervensystem, Spektrum der Wissenschaft Verlag, Heidelberg, 19. Auflage, S. 14–19
72. Kinnear, K. E. (1994) Advances in Genetic Programming. Cambridge: MIT Press
73. Klir G. J,. Folger T. A (1988) Fuzzy sets, uncertainty and information Prentice-Hall International, Englewood Cliffs. New York
74. Kohonen T (1982) Self-organized formation of topologically correct feature maps, Biological Cybernetics 43, pp. 59–69
75. Kohonen T. (1977) Associative Memory – A System Theoretic Approach, Springer Verlag
76. Kohonen T. (1984) Self-Organization and Associative Memory, Springer Series in Information Sciences, Springer-Verlag
77. Kohonen T. (1989) Self-Organization and Associative Memory, Springer Series in Information Sciences, Springer-Verlag, third edition

78. Kohonen, T. (1972) Correlation Matrix Memories IEEE Transactions on Computers C-21, pp. 353–359
79. Kohonen, T. (1982) Self-organized formation of topologically correct feature maps. Biological Cybernetics 43, pp. 59–69
80. Kohonen, T. (1988) Correaltion Matrix Memories. IEEE Transactions on Computers C-21: pp. 353–359, auch in J. A. Anderson, E. Rosenfeld (Eds.): Neurocomputing: Foundations of Research, Kap. 14, pp. 174–180. MIT Press
81. Kohonen, T. (1997) Self-Organizing Maps. Springer-Verlag, Berlin
82. Kohonen, T., Kangas, J., Laaksonen, J., Torkkola, K. (1992) LVQ-PAK, The Learning Vector Quantization Program Package. LVQ-Programming Team of the Helsinki University of Technology, Laboratory of Computer and Information Science, Version 2.1
83. Kolmogorov, A. N. (1957) On the representation of continous functions of many variables by superposition of continous functions of one variable and addition. Dokalady Akadimii Nauk SSSR, 114, S. 953–956 Englische Übersetzung in: American Mathematical Society Translations, Volume 28, S. 55–59, 1963.
84. Kosko B (1987) Foundations of fuzzy estimation theory. Ph.D. Dissertation, University of California at Irvine, 1987
85. Kost, B. (2003) Optimierung mit Evolutionsstrategien. Verlag Harri Deutsch, Frankfurt am Main
86. Koza, J. R. (1994) Genetic Programming I: Automatic Discovery of Reusable Programms. Cambridge. MIT Press
87. Koza, J. R. (1994) Genetic Programming II: On the Programming of Computers by Means of Natural Selection. Cambridge. MIT Press
88. Kruse, R. Gebhardt, J., Klawonn, F. (1993) Fuzzy Systeme. Teubner-Verlag, Stuttgart
89. Le Cun, Y. (1985) Une procedure d'apprentissage pour réseau à seuil asymétrique. Cognitiva 85, Paris, S. 599–604
90. Le Cun, Y., Denker, J. S., Solla, S. A. (1990) Optimal Brain Damage. Touretzky, D. S. (Eds.): Advances in Neural Processing Systems, Volume 2. Morgan Kaufamnn Publishers, pp. 598–605
91. Lee, C. C. (1990) Fuzzy logic in control systems: Fuzzy logic controller. IEEE Transactions on Systems, Man & Cybernetics, Volume 20, pp. 404–435
92. Lin, C. T., Lee, C. S. G. (1991). Neural-network-based fuzzy logic controll and decision system. IEEE Transaction on Computers, Vol. C-20, Nr. 12, pp. 1320–1336
93. Lin, C. T., Lee, C. S. G. (1993) Reinforcement structure/parameter learning for neural-network based fuzzy logic control systems. Proceedings of the IEEE International Conference on Fuzzy Systems, San Francisco CA, pp. 88–93
94. Lippe, W.-M., Büscher Th., Feuring, Th. (1995c) A fully fuzzified neural network based on the Backpropagation algorithm. Proceedings of the INNS World Congress on Neural Networks, Washington DC

95. Klingebiel, A, Lippe W.-M., Tenhagen, A. (1998c) A Gradient Descent Learning Rule for Fuzzy Neural Networks. Proceedings of the IASTED International Conference on Artifical Interlligence and Soft Computing, Cancun. IASTED/ACTA Press, Anaheim, pp. 493–497

96. Lippe, W.-M., Kühne, S., Tenhagen, A. (1998a) Implementing Backpropagation on Neural Hardware by Using Matrixes. Proc. of the 5th International Conference on Soft Computing and Information/Intelligent Systems, Iizuka 98, Japan. World Scientific Press, S. 89–92

97. Lippe, W.-M., Mischke, L., Feuring, Th. (1995b) Supervised Learning in Fuzzy Neural Networks. Proceedings of the INNS World Congress on Neural Networks, Washington DC

98. Lippe, W.-M., Neuwirth, St., Tenhagen, A. (1998b) Kohonen- SOM for the Neuro-Computer Synapse 1 N110. Proceedings of the 5th International Conference on Soft Computing and Information/Intelligent Systems, Iizuka 98, Japan. World Scientific Press, pp. 77–81

99. Lippe, W.-M., Tenhagen, A, Feuring, Th., Lahl, H., Henke, D. (1996) Seperation of Hashish signatures with neural networks. C. H. Dagli et al. (Eds.): Intelligent Engineering Systems through Artificial Neural Networks, Volume 6. ASME Press, New York, pp. 989–994

100. Lippe, W.-M., Tenhagen, A. Sprekelmeyer, U. (2000) A Fuzzy Kohonen Classifier. Proceedings of the 9th IEEE International Coference on Fuzzy Systems, San Antonio TX

101. Lippe, W.-M., Tenhagen, A., Feuring, Th. (1995a) A hybrid learning rule for a feedforward network. International Journal of Artificial Intelligence Tools, Volume 3, pp. 407–416

102. Lippe, W.-M., Tenhagen, A., Niendieck, St. (1999) Representing and Optimizing Fuzzy Controllers by Neural Networks. Proceedings of the 8th IEEE International Conference on Fuzzy Systems, Seoul

103. Lukasievicz, J. (1957) Aristoteles syllogistic: From the standpoint of modern formal logic. Clarendon Press Oxford, 2. Ed.

104. Maass W., Zador A.M. (1999) Computing and Learning with Dynamic Synapses. In: Pulsed Neural Networks. Hrsg.: W. Maass, C. M. Bishop. 2. Aufl., MIT Press 1999, pp. 321–336.

105. Maass, W. Bishop, C.M. (Hrsg.1998) *Pulsed Neural Networks.* MIT Press;

106. Mahowald M.A., C. Mead C (1991) The Silicon Retina. Issue of *Scientific American*, pp. 76–82

107. Malsburg, Ch. von der (1988) Self-organization of orientation Sensitive cells in the striate cortex. Kybernetik 14: 85–100. Auch in J. A. Anderson, E. Rosenfeld (Eds.): Neurocomputing: Foundations of Research, Kap. 17, pp. 212–228. MIT Press

108. Mamdani, E. H. (1974) Applications of Fuzzy Algorithms for Simple Dynamic Plant. Proc. Of the IEEE, Volume 121, pp. 1585–1588

109. Mamdani, E. H. (1975) An experiment in linguistic synthesis with a fuzzy logic controller. Int. Journal of Man-Maschines Studies 7, pp. 1–13

110. Marcos, N. (2000) Improving Fuzzy Expert System Rule Base in a Finance Application Throug Data and Neural Network Models. Proceedings of the 6th International Conference on Soft Computing, Izuka, Japan, pp. 388–395

111. McCulloch, W. S., Pitts, W. (1943) A logical calculus of the ideas immanent in nervous activity. Bulletin of Mathematical Biophysics 5, pp. 115–113

112. McCulloch, W. S., Pitts, W. (1988) A logical calculus of the ideas immanent in nervous activity. Bulletin of Mathematical Biophysics 5: 115–133, auch in J. A. Anderson, E. Rosenfeld (Eds.): Neurocomputing: Foundations of Research, Kap. 2, pp. 18–28, MIT Press

113. McCulloch, W., Pitts, W. (1943) A logical calculus of the ideas immanent in nervous activity. Bulletin of Mathematical Biophysics, Volume 5, S. 115–133

114. Mendel, J. M., Wang, L.-X. (1992) Fuzzy basis functions, universal approximation and orth. least squares learning. IEEE Trans. on Neural Networks 3, pp. 807–814

115. Michalewicz, Z. (1992) Genetic Algorithms + Data Structures = Evolution Programs. Berlin, Heidelberg, New York, Springer-Verlag

116. Minsky, M. L., Papert, S. A. (1969) Perceptrons. MIT Press

117. Minsky, M. Papert, S. (1988) Perceptrons. MIT Press, Cambridge, MA, Introduction pp. 1–20, and p. 73, auch in J. A. Anderson, E. Rosenfeld (Eds.): Neurocomputing: Foundations of Research, Kap. 13, pp. 161–170. MIT Press

118. Mordeson J. N. Nair P. S. (2001) Fuzzy Mathematics – An Introduction for Engineers and Scientists Physica-Verlag, Studies in Fuzziness and Soft Computing, Vol. 20

119. Natschläger Thomas (2000) Netzwerke von „spiking" Neuronen: Die dritte Generation von Modellen für Neuronale Netzwerke. www-Quelle: http://www.igi.tugraz.at/tnatschl/online/3rd_gen_ger/3rd_gen_ger.html

120. Nauck D.,F. Klawonn (1994), R. Kruse Neuronale Netze und Fuzzy-Systeme. Vieweg-Verlag

121. Nauck et al. (1994) Neuronale Netze und Fuzzy Systeme – Grundlagen des Konnektionismus, Neuronaler Fuzzy-Systeme und der Kopplung mit wissensbasierten Methoden. Vieweg-Verlag

122. Nauck, D. (1993) NEFCON-I Eine Simulationsumgebung für Neuronale Ruzzy-Regler. 1. GI-Workshop Fuzzy Systeme, Braunschweig

123. Nauck, D., Kruse, R. (1993) A Fuzzy Neural Network Learning Fuzzy Control Rules and Membership Functions by Fuzzy Error Backpropagation. Proceedings of the IEEE International Conference on Neural Networks, San Francisco CA, pp. 1022–1027

124. Nauck, D., Klawonn, F., Kruse, R. (1996) Neuronale Netze und Fuzzy-Systeme. Vieweg

125. Negotia, C. V., Ralescu, D. A. (1975) Applications of fuzzy sets to system analysis. Rirkhäuser-Verlag, Basel, pp. 18–24

126. Nguyen H. T. Walker E. A (1999) A First Course in Fuzzy Logic 2nd Edition, Chapman and Hall, CRC

127. Niendieck, Steffen (1998) Eine universelle Repräsentation von Fuzzy-Controllern durch neuronale Netze. Diplomarbeit, Westf. Wilhelms-Universität Münster

128. Nilson, N. J. (1965) Learning Machines – Foundations of Trainable Pattern Classifying Systems. McGraw-Hill, New York

129. Nissen, V. (1997) Einführung in evolutionäre Algorithmen: Optimierung nach dem Vorbild der Evolution. Braunschweig, Wiesbaden: Vieweg

130. Northmore, D.P.M. and Elias, J.G. (1996) Spike train processing by a silicon neuromorph: The role of sublinear summation in dendrites. Neural Computation 8, pp.1245–1265

131. Pal, S. K., Mitra, S. (1995) Fuzzy Multilayer Perceptron, Interferencing and Rule Generation. IEEE Transactions on Neural Networks, Volume 6, pp. 51–63

132. Parker, D. (1985) Learning Logic. Technical Report TR 87, Center for Computational Research in Economics and Management Science, MIT, Cambridge MA

133. Pöppel E. (2002) Informationsverarbeitung im menschlichen Gehirn. Informatik Spektrum 25, Heft 6, S. 427–437

134. Poznyak, A. S., Sanchez, E. N., Yu, W. (2001) Differential Neural Networks for Robust Nonlinear Control. World Scientific Publishing Co. Pte. Ltd.

135. Rall, W. (1964) Theoretical significance of dendritic trees for neuronal input-output relations. In Neural Theory and Modeling. Ed. R.F. Reiss, Stanford University Press, pp 73–79

136. Rawlins, G. J. E. (1991) Foundations of Genetic Algorithms, San Mateo, California, USA. Morgan Kaufmann Publishers

137. Rechenberg, I. (1994) Evolutionsstrategie'94. Stuttgart. Frommann-Holzboog

138. Rechenbert, I. (1973) Evolutionsstrategie – Optimierung technischer Systeme nach Prinzipien der biologischen Evolution. (Stuttgart). Frommann-Holzboog

139. Reis, D. J., Posner, J. B. (1997) Frontiers of Neurology – A Symposium in Honor of Fred Plum. The New York Academy of Sciences, New York

140. Rieke, F., Warland, D., Van Teveninck, R. d. R., Bialek, W. (1997) Spikes Exploring the Neural Code. The MIT Press, England

141. Rojas R (1993) Theorie der Neuronalen Netze. Springer-Verlag

142. Rosenblatt, F. (1958) The perceptron: a probabilistic model for information storage and organization in the brain. Psychological Review 65, pp. 386–408

143. Rosenblatt, F. (1962) Principles of Neurodynamics. Spartan Books, New York

144. Rumelhart D.E, McClelland J.L.(1986) Parallel Distributed Processing: Explorations in the Microstrucure of Cognition, Vol. 1: Foundations. The MIT Press

145. Rumelhart D.E., Hinton G.E. (1986) R.J. Williams Learning representations by back-propagating errors, Nature 323, pp. 533–536,

146. Rumelhart D.E., Hinton G.E., Williams R.J. (1986) Learning internal representations by error propagation. In: D.E. Rumelhart, J.L. McClelland (Eds.): Parallel Distributed Processing: Explorations in the Microstructure of Cognition, Vol. 1, MIT Press, Cambridge, MA, pp. 318–362

147. Rumelhart, D. E., Hinton, G. E., Williams, R. J. (1986) Learning representations by back-propagation errors. Nature 323, pp. 533–536

148. Russel B. (1923) Vagueness. The Australasian Journal of Psychology and Philosophy 1, pp. 84–92

149. Schöneburg, E., Heinzmann, F., Feddersen, S. (1994) Genetische Algorithmen und Evolutionsstrategien. Addison-Wesley
150. Schwefel, H.-P. (1995) Evolution and Optimum Seeking. Wiley & Sons, New York
151. Seng, T., Khalid, M., Yusof, R., Omatu, S. (1998) An adaptive neuro-fuzzy-controller system with a generic regression net. Journal of Intelligent and Robotic Systems, Volume 23
152. Speckmann, E.-J. (1988) Einführung in die Neurophysiologie. Wissenschaftliche Buchgesellschaft
153. Sprekelmeyer, U. (1999) Untersuchungen zu Güteaussagen bei fuzzifizierten Cascade-Correlation Netzen, Kohonenschichten, ART-2a Netzen. Diplomarbeit, Westfälische Wilhelms-Universität Münster
154. Sugeno, M. (1985) An introductory survey of fuzzy control. Information Sciences, Volume 36, pp. 59–83
155. Sugeno, M., Takagi, T. (1985) Fuzzy identification of systems and ist applications to modeling and control. IEEE Transactions of Systems, Man & Cybernetics, Volume 15, pp. 116–132
156. Tenhagen, A. (1994) Fuzzy-Steuerung der Parameter eines Backpropagation-Netzes. Diplomarbeit, Westfälische Wilhelms-Universität Münster
157. Tenhagen, A. (2000) Optimierung von Fuzzy-Entscheidungssystemen mittels konnektionistischer Methoden. Disseration, Westf. Wilhelms-Universität Münster
158. Thompson Richard F.(1985) The Brain, An Introduction to Neuroscience W. H. Freeman & Co
159. Tilli, Th.. (1993) Fuzzy-Logic. Franzis-Verlag
160. Tsodyks, M., Markram, H. (1997). The neural code between neocortical pyramidal neurons depends on neurotransmitter release probability. Proc. Netl. Acad. Sci., Vol. 94, pp. 719–23.
161. Wang, L.-X. (1992) Fuzzy Systems are universal approximators. Proc. 1st IEEE Int. Conf. on Fuzzy Systems, San Diego CA, pp. 1163–1170
162. Wassermann P.D (1989) Neural Computing, Theory and Practice, Van Nostrand Reinhold
163. Weicker, K. (2002) Evolutionäre Algorithmen. Teubner Verlag
164. Werbos, P. J. (1974) Beyond regression: new tools for prediction and analysis in the behavioural sciences. Ph. D. thesis, Harvard University, Cambridge, MA
165. Whitley, L. D. (1993) Foundations of Genetic Algorithms 2. San Mateo, California, USA. Morgan Kaufmann Publishers
166. Whitley, L. D. and Vose, M. D.(1995): Foundations of Genetic Algorithms 3, San Francisco, California, USA. Morgan Kaufmann Publishers
167. Widner R.O.(1989) Single-State logic, AIEE Fall General Meeting, 1960, in P.D. Wassermann: Neural Computing, Theory and Practice, Van Nostrand Reinhold
168. Widrow, B., Hoff, M. E. (1960) Adaptive switching circuits. 1960 IRE WESCON Convention Record, New York, IRE, pp. 96–104
169. Wilson, H. R. (1999) Spikes, decisions and actions. Oxford University Press

170. Wu, A., Tam, P. K. S. (1999) A simplified model of Fuzzy Inference System constructed by using RBG Neurons. Proc. IEEE Int. Fuzzy Systems Conf., Seoul, Korea, pp. 50–54

171. Yager R. R. (1980) On a general Class of fuzzy connectives. Fuzzy Sets and Systems 4, pp. 235–242

172. Zadeh L. (1965) Fuzzy Sets. Information and Control 8, pp. 338–353

173. Zadeh, L. (1972) A rationale for fuzzy control. Journal of Dynamic Systems, Measurement and Control, Volume 94 (6), S. 3–4

174. Zadeh, L. (1973) Outline of a new approach to the analysis of complex systems and decision processes. IEEE Transactions on Systems, Man & Cybernetics, Volume 3, S. 28–44

175. Zadeh, L. (1975) The concept of linguistic variable and its application to approximate reasing, Parts 1, 2 and 3 Information Sciences 8, pp. 199–249, 8, pp. 301–357, 9, pp. 43–80

176. Zador, A. M. (2001) Synaptic connectivity and computation. Nature, Neuroscience vol. 4(12), pp. 1157–1158

177. Zell, A. (1994) Simulation Künstlicher Neuronaler Netze. Oldenbourg, München

178. Zimmermann H.-J (1991) Fuzzy Set Theory and its Applications. Kluver Academic Publishers, 2nd Edition

179. Zimmermann, H.-J., Zysno, P. (1980) Latent connectives in human decision making. Fuzzy Sets and Systems, Volume 4, S. 37–51

180. Zinth, Christiane (1996) Modifikation des Verfahrens von Lin und Lee basierend auf dem Quickprop-Algorithmus. Diplomarbeit, Westf. Wilhelms-Universität Münster (Juli 1996).

Index